# 中華大藏經 續編 181

漢傳撰著部（一） 第七册

中華書局

# 第一八一册目録

# 大乘法苑義林章師子吼鈔

## 大乘法苑義林章師子頻伸鈔卷第十五《斷障章》之餘。

南都西京藥師大寺留學傳法相大乘宗教

沙門基辨撰

章第六、依行分别者。《鈔》曰：自下第六門。此中四文，此初標牒。行謂觀行也。若爾，何故不云依觀分别耶。答：觀就簡擇邊名之，行謂就心作行相有差别邊云之。行寬觀狹，有無簡擇行相故，今依其行相分别斷障故，云依行分别也。

章行有三種至諦十六行。《鈔》曰：此二總舉行品數。一、空、無相、無願行者，由薩婆多，苦諦下空、無我二行相立爲空門；苦諦下苦、無常，集諦下因、集、生、緣，道諦下道、如、行、出，十行相立爲無願門；無願者，無願樂也。滅諦下滅、靜、妙、離四行相立爲無相。

唯無漏者，名三解脱門能與解脱涅槃爲入門故，又通淨及無漏等持名。

三三摩地，成實宗説真智爲性，而隨方便名爲三門，謂假名空名空，人、法空名無相門，是空亦空名無願門。又大乘宗，《瑜伽》七十四曰：三解脱門(二)由三自性而得建立，謂由遍計故名空解脱門，由依他故名無願門，由圓成故名無相門。云云。

二、苦、麁等六行者，苦、麁、障三爲下界過患，靜、妙、離三爲上界功德，是名六行。

三、四諦十六行者，大小乘共説。小乘所説如《婆沙》第七、七十九，及《俱舍》二十三。大乘所説説苦四行，《雜集論》六説。

諸觀行者，於苦聖諦以四種行觀察共相，謂無常相、苦相、空相、無我相。無常相乃至廣説，第六四紙。已下至同卷(三)。十二紙一。

次説集諦四行，同論八十一紙。説。如是集諦總有四種行相，所謂因相、集相、生相、緣相。因相云何。謂能引發後有習氣因，是名因相，由業、煩惱是能引發後有習氣因故。集相云何。謂後後有情所集習氣，於彼彼有情類爲等起因，是名集相，由諸有情所集習氣，於人、天等有情類中能爲相似形貌種類平等起因故。生相云何。謂各別内身無量品類差別生因，是名生相，是諸有情各別内身相續決定趣生地等所有一切品類差别乃至有頂生因故。緣相云何。謂諸有情别别得捨因，是名緣相，能令有情得未曾得自體，捨已曾得自體故。如是名爲集諦體相，次説滅諦所由，辨文長。至第八卷。十七紙。

次説滅諦四行曰，滅諦有四種相，謂滅相、静相、妙相、離相。何故名滅相。煩惱離繫故，謂流轉因煩惱離繫故名滅。何故名静相。苦離繫故，行苦所攝不寂静相取蘊離繫故名静。何故名妙相。樂淨事故，諸煩惱苦究竟離繫，樂淨以爲自體故名妙。何故名離相。常利益事故，不復退還，最極安隱，如其次第名常利益，安穩利益最勝善性，是滅諦相。説此滅諦四行已。

次説道諦，資糧、加行、見、修、究竟五道，其差别相巨細，至第十五紙。訖。次説道諦有四行曰：道諦有四行相，謂道相、如相、行相、出相。何故名道相。因此尋求真實義故，由此聖道是諸聖者證真義路故，是名道。何故名如相。以能對治諸煩惱故，一切煩惱皆不如理，道能除此，是故名如。何故名行相。善能成辨心令不顛倒故。心不覺悟真實道理，於無常等法，起常等顛倒，善能修治此顛倒心，令離顛倒覺真實義，是故名行。何故名出相。越真常迹故。由此聖道能趣出離究竟常迹，是故名出。已上道諦四行相已。

次説就於諸諦中有十六行世、出世行有别。問：於諸諦中有十六行，皆通世間及出世間，世、出世行有何差别。答：於所知境不善悟入、善悟入性差别故，有障、無障性差别故，有分别、無分别性差别故。所以者何。於諸諦中，無常、苦等十六世間行，於所知境界不通達真如性故，煩惱所隨眠故，依名言門起戲論故，如其次第不善悟入，有障礙、有分别。出世間行與此相違，善悟入、無障礙、無分别。由此道理，世、出世行互有差别。云何出世行無有分别，而善悟入所知境界。由彼諸行現在前時，雖復現證見無常義，然不依名言戲論門，見此是無常義，如無常行於無常義，餘行於餘義，隨其所應亦如是。已上四諦十六行相問答。《對法論》文竟。又《顯揚論》十六二十一紙。曰：知八苦後，次正觀察四種諦理，起十六行智，前爲後後之所依止，謂爲對治四顛倒故，起苦諦四行。一、爲對治常顛倒故起無常行，二、爲對治樂淨倒故起於苦行，三、爲對治我顛倒故起於空行，四、即爲治此起無我行。所以者何。離諸行外，餘我空故，即諸行體非我性故。次於常、樂、淨、我四愛集諦，起因、集、生、緣四行。次於此斷滅諦，起滅、靜、妙、離四行。次於此能證道諦，起道、如、行、出四行。頌曰：從是轉修習，於心總厭離，諦簡擇決定，究竟覺生起。已上。《顯揚論》文，此即大乘所説四諦十六行相，必不可由唯小乘説。

**章**一、空、無相、無願行者。《鈔》曰：自下三别明。此中有三，初明空、無相、無願行。此中四文，今即四文，初、標牒也。

**章**若伏皆通至唯定所攝。《鈔》曰：二、舉《顯揚論》明三門觀皆能伏惑。

皆通者，能伏三門皆通。

《顯揚》第二等者，舉所據。此文意云：若不言空三摩地、無相三摩地等，但言空、無相、無願，則但作心行相故，亦通散聞、思義成。

若言空、無相等下，明加三摩地言則唯定，唯修惠，非散，非聞、思，而通有、無漏。

三摩地者，此云等持故，成繫心專注空等三行相，專注一境云等持故。

若言乃至解脱門等下，明加解脱門言，則就唯修惠無漏定心緣言空等三。若非無漏不可云解脱，唯修故，是唯定無漏心，自可知。

**章**故知三門至四善加行。《鈔》曰：三、章主成三行伏惑。秋篠云：此三門觀，亦雖通斷，今偏彰伏義，故云皆能伏惑。云云。

然正伏惑㈢下，明三門行於空行尤寬，是正伏惑意，謂唯以空觀心行相，能皆三乘共。伏惑故，三中爲最寬。三門觀行，三乘通行故，隨各乘所觀，得入自乘位。

依二空門等者，明大乘觀以觀十六行相入大乘位，如《瑜伽》七十四及《顯揚》二，以唯識三性作三門觀。今云依二空門入大乘位，二空門即唯識中道故。

觀四諦理等者，觀四諦十六行，作三門觀，則入二乘位故，非此唯空行，通餘二門，亦能伏惑。若不爾，應非大乘觀故。

此位乃在等者，今云唯伏非斷者，在四善根位。若通伏或斷，在見道已上故，云在四善加行也。

**章**若正斷者至諸文説異。《鈔》曰：四、明正斷行，大分爲五，此初總明文也。

諸文説異者，次文已下，舉諸説異。

**章**或説十六至相無爲故。《鈔》曰：明正斷行五文中，二、由隨轉理門，明以三門爲正斷行相。此中亦有五文，此初舉《伽》六十八説二行爲空者，空、無我二行，爲空解脱門也。

十行爲無願等者，苦下苦、無常二行，集下四行，道下四行，合十行爲無願解脱門。

有爲故者，謂有爲法，因緣所生，如幻化故，不願求也。

問：道諦雖有爲而是可欣樂，何故道四以爲無願耶。答：初依隨轉門，薩婆多宗入無餘時捨道諦故，故彼四行亦入無願。又依大乘真實理門解，則於如與智冥合相有別，道諦皆是無願樂，故全無違。已上私問答。

四行爲無相等者，滅諦下四行相爲無相解脱門。

無爲故者，明爲無相由。

**章**有説空如至相無漏故。《鈔》曰：約隨轉門五文之中，二、舉《對法》十一説。

空如前等者，空、無我二行，爲空解脱門，如前《伽》六十八説故云如前。

六行爲無願等者，《對法》云：六謂無常行、苦行、因行、果行、生行、緣行也。云云。

有漏故者，明無願樂由。

八行爲無相等者，《對法》云：八謂滅四行、道四行，由彼不能作諸相故。道四行雖有爲，是無漏故名無相也。無漏故三字，由無相由。

**章**有説空如至故非無相。《鈔》曰：隨轉五文之中，三、舉《伽》五十五五紙。説。

空如前者，爲空門二行，如前二論。

六行爲無願者，苦二行、集四行無[四]無願，不願求故。

四行爲無相者，滅諦四行是無相自可知。

道四非三等者，由道四行非三脱門。

非苦諦等者，示非三脱門由，非空門云非空。

非有漏等者，道是無漏故，非無願樂。

非無爲者，道是有爲，非無相，自可知。

**章**《顯揚》第二至隨三門攝。《鈔》曰：隨轉五文中，四、舉道四通三證。

空二者，空、無我二行。

無願六者，苦、無常、集四行。

無相四等者，滅四行。

同前者，同《伽》五十五説。

道四通三等者，道諦四行通三脱門。

道能作等者，道諦能作三門之方便故，隨三門攝，此意《顯揚》第二十七紙。説。緣智空道作道、如、行、出行，此即空行。又緣智無相道作道四行，是即無相行。又緣智無願道作道四行，是即無願行。云云。已上《顯揚論》文。《纂》云：案此論意，無我及空行通屬無願。若依此文，空、無相能斷伏，無願唯能伏。已上《秋篠抄》亦如是。

章有説空行至隨應同前。《鈔》曰：隨轉五文中，五、舉《伽》六十九説。

空行通十六者，空行謂苦下一行。

通十六者，此文尤難解。秋篠解云：此《伽》六十九文。彼文云：空門智，入智所攝，謂法、類四諦及出世間盡、無生智。無願門智，六智攝，謂法、類、苦、集、盡、無生智。無相門智，五智攝，謂法、類、滅、盡、無生智。《纂》中解云：空門既攝法、類四諦，故知遍於十六。然案彼文，法、類四諦，應非緣於安立諦也。盡、無生中唯出世故，既爾，未必緣十六也，更應勘文釋其義也。已上《秋篠抄》。基辨謹解云：通十六者，通四諦十六行相也，即以《瑜伽》説空門智謂法、類四諦應爲證空門攝四諦，故知空門通十六行相。已上私。

章有説空非至不決定故。《鈔》曰：明正斷行五文之中，第三、真理門以明正斷。此中三文，初、由《瑜伽》二十八説，以三性釋，今即此也。

空非緣諦等者，意言：空門非緣四諦，觀一切法空，是觀遍計所執都無，觀達都無，是即能斷故，非緣諦也。論説空門之境，非爲無爲，即所執性故，此門唯觀所執。

餘二隨應等者，無願、無相云餘二。於四諦中，苦、集二不願求，滅、道二不見過患，見永出離故，隨所應苦、集爲無願，滅、道爲無相。

二性之體等者，無願、無相依他、圓成二性，無漏依他是圓成故，云不決定。秋篠釋隨應與不決定云：隨應者，無相門境有二，一、常、無常門，諸常住法皆圓成故，即四諦中滅諦爲境。二、漏、無漏門，諸無漏法皆圓成故，即四諦中道諦爲境，爲顯此意故云隨應。無漏依他亦通圓成故，云二性之體不決定，故《纂》云：無漏道諦屬無願，是有爲故，或屬無相，涅槃因故。已上秋篠。

章有説三門至義分十六。《鈔》曰：真實理門明正斷三文中，二、於一念正智觀釋三門境，是《顯揚》二意。

三門者，空、無相、無願。

皆通十六者，通四諦十六行相。

於正智觀等下，示通所由，謂於一念正智無分別智，無所得境。觀義，所觀境義。分三門義，分十六行相，宛然現前故。

**章**故《瑜伽論》至義、理分故。《鈔》曰：真實理門明正斷中，三、舉二箇證，明三門俱正斷。《瑜伽論》五法等，是第一證。

五法中者，七十三、四，具說相、名等五法，今引其文。

若以解脱門等者，意言：若以解脱門，名寬言之出世間無漏。正智五法中正智修所成慧，即根本無分別智，由是正能斷智。所攝。

又《成唯識》等下，是第二證。

三門、三性等者，本疏釋云：謂緣依他上計執無，因顯成實，成實因空所顯，即爲空境。俱不於此空境。起願求故，爲無願境。如空緣此三計、依、圓。爲無相平等。故，爲無相境。云云。又《瑜伽》十二說：若於此處無有彼物，觀此名空名空性，即所觀空。無可希願，故名無願。即是遠離一切行相，故名無相。云云。是故三性共，一一具三門，理實三性一一皆通三門故，云理實皆通。

即於真理下，意言：理實皆通，所由謂即於真如淨法界絶言真理，具起緣起三門、空等三門故，知皆三門一一皆。通十六，十六行相，即一真淨法礙。於真觀一真法界。中義境界義、道理義，即能執、能詮。分，云寸。故有十六形相也。《周記》中設五箇問答，立總空、別空相攝理，復立總觀、別觀，以二箇或義分遠、近行。復次就依詮如，論復立一相二解義。復就有、無分別爲論，雖論丁寧大乘施設建立，於緣絶言真如之無分別惠，其惠所依、所緣等之誠言，論却失，故但不可依用，應依《本論疏》釋惠(五)也。又《秋篠抄》中，引《瑜伽》《唯識》以成得疏主意，次引《對法》成立三門皆能斷伏義，實爲允當。

云緣餘二性等下，釋意不足。若緣計執都無，緣依他起知絶言性，即緣圓成，是正斷，自可知，後學勿失實意。

**章**若以别行至唯苦諦故。《鈔》曰：真實理明正斷五文中，四、顯三門中正斷文。意言：若三門中，别行相安立義邊以言正斷，多分但以空解脱門觀正應斷惑，人、法二無我觀，即空解脱觀故，此二空觀達悟所顯但絶亡真理，即是總緣十六行相相所顯真理，非唯苦諦空行相故，云非别行相也。

**章**三門之義至道理無遮。《鈔》曰：真實理明正斷五文中，五、以三門攝根、後二智。

如别處説者，説三解脱門之義，如《瑜伽》七十二、七十四、十二、八十六，《顯揚》第二、六，《對法》十一，《智論》，《婆沙》等。

隨應攝在等者，此三門智，若正體智唯斷，後得智有無分别起有斷，亦有勢力伏，正體智有勢力伏。有漏唯伏非斷，亦後得有分别智，有加行伏，有此别故云隨應也。

**章**二苦等六行者。《鈔》曰：别明三文中，第二、以苦等六行分别斷障。此中六文，此初、標牒。

**章**此之六行至方便地。《鈔》曰：苦等六行分别六文中，二、辨六行有、無漏。

方便地者，加行方便之心地也。

**章**觀下苦、麁至惑非能斷。《鈔》曰：同六文中，三、約四道辨六行。文意言：觀察欲界下地苦或麁或障，此三觀中隨一行相爲無間道，而觀色、無色上地静或妙或離，此三觀中隨一行相爲解脱道，唯伏惑，欲。非能斷。

**章**通凡及聖至以受生故。《鈔》曰：同六文中，四、示此六行但在二乘非在菩薩。

在二乘者，二乘聖者由六行觀欲得生天上故。

十地菩薩等者，示六行非菩薩由。説三界極惡無過厭離是菩薩心，由是可知厭離心是二乘心。

**章**《本地分》説至不用爲勝。《鈔》曰：六文中，五、會違文。申菩薩多分不用六行，《本地分》是三十三文，即是違文。

初劫菩薩者，初僧祇劫資糧位中毘鉢舍那菩薩。

亦用六行一句，是今立非菩薩在二乘義之違文。然文〔六〕修者等下，正會違說，立六行非菩薩義。然者轉語，雖然之意，轉前違義。久修者者，對違應中初劫初資糧之初言，今云久修故，自四善加行至八地上，皆是久修，第二僧祇第三劫，皆是久，對違文初劫，可解了也。今舉順決擇分位菩薩對初劫資糧菩薩，順決擇分第二僧祇第二加行位，此等菩薩雖未得無漏不斷惑欲。而生上界故，是皆由似無漏行伏惑受生故，以唯地上菩薩云久修者。有解不對違文會，故難依用之。

不用爲勝者，結成六行非菩薩義。秋篠釋不用爲勝云有人傳言，此有二說。第一說云：久修菩薩修無漏智以爲勝行，不用六行修以之爲勝。第二說云：上文中通凡及聖下，合有二說。一說：六行唯在二乘，不通菩薩，即通凡聖至以受生故是也。一說：六行非但二乘用，亦通菩薩而用之，即《本地分》說至生上界故是也。此二說中，十地菩薩不用六行以之爲勝，故云不用爲勝。今謂不然，《本地分》說等下，即證上意，非別師說久相故。已上《秋篠抄》。基辨詳云：秋篠以有人傳爲非，恐爲不允，以《本地分》文爲證上文，是亦不然。上立六行非菩薩，《本地分》說初修菩薩亦用六行，義相違故爲證不成。如前所辨《本地分》說，舉違文義，次云然久修等，皆會違文，義炳可知。不用爲勝一句，會違已成前所立，以次引六十九文可照察已。

**章**然《瑜伽論》至二乘亦用。《鈔》曰：六文之中，六、舉會違證成。

菩薩中少分初修業者雖用六行，久修業者不用六行，受生是多分故。前云在二乘非菩薩之義，今云依多分說之一句，正成前義。

理實二乘等者，成二乘用六行同菩薩初修業

者故，今亦菩薩初修，云二乘亦用也。

**章**三十六行至非凡所得。《鈔》曰：別明三文之中，第三、明十六行相分別斷障。此中二文，初、正明，二、舉兩異説，此即初也。

亦唯伏非斷者，《秋篠抄》云：相見道中，緣安立諦起此十六。真見道中，唯緣非安立故，不起十六。加行道中雖修十六，而是方便非正真觀。由是明知，十六行相，唯伏非斷。已上秋篠敍章主意。復《廣章》破章主今所説云：既許三解脱門皆通十六行，此十六行非但緣安立，於一念正觀義分十六故。《對法論》云：淨惑所緣者，謂下地麁性、上地靜性，真如及四聖諦麁、靜性者。依世道説，由是制伏諸結故。真如及四諦者，依出世道説，略故真如，廣故四諦。四此未害隨眠故，既緣四諦依害隨眠，故知十六皆能正斷。已上《廣章》《纂》中破章主之文也。秋篠救之云：唯伏非斷者，據加行位伏見惑説，相見道中所起十六尚未伏見惑，何況斷見惑。故論第十云：彼障現起地前已伏。又第九云：分別隨眠真見道。已斷故，若迷事惑，以十六行亦能斷之故。論第十云：後得無分別智亦能永斷迷事隨眠。《對法論》意據是説斷，今章主意據伏見惑，故無相違。已上《秋篠抄》。今謂：秋篠所釋，實是妙哉。相見道無漏智勢力未曾得故，以其勢力悉伏障見道惑，及障第二地智惑，如本論説，詳覈可知。

入真觀時等下，審唯伏非斷意。真觀者，真見道根本無分別智，唯緣觀非安立諦離言法性斷惑，此智如與智冥，平等平等，非十六行相觀，是故相見道智緣安立諦，其時起十六行故，非斷唯伏已。

加行道中等下，示非菩薩所修真觀，菩薩修相見道，皆能法則真見修故，非正真觀，於非安立淨法界觀，兼修十六行，是即勝進次地方便故，云加行道等。

二乘正用等者，二乘修中六行相觀，有有、無漏智別。今所舉言斷惑十六行觀，正取無漏智章且分上、下至不須和會。《鈔》曰：四文之中，二、章主評第一異說文。

分上、下者，且爲誘童蒙，《佛性論》譯者真諦三藏，分上、下二根機，利、鈍令別。

此非大乘等者，《佛性論》所譯八十八使者，小乘所論，非大乘所論故，非大乘人所可以是爲證依用也。小乘所論，皆部執起，不可與大乘混合議論。

不須和會者，秋篠云：今章主意。真諦三藏述小乘義，以大乘義不須和會，如《廣章》云既非本文不須會，釋梵本有無不可決故，應據章主評釋也。

章其犢子部至說名住果。《鈔》曰：三、舉第二異說。

犢子部說等者，出《宗輪論疏》，而與今文稍作相違。彼疏云：一、苦法智即觀欲界苦。今此文云：一、苦法忍觀欲界苦，忍、智相違。又彼疏云：若法忍後，觀欲界苦諦惑斷，未斷，以猶緣十六行觀，有漏智者不關伏、斷，今云非凡所得也。

章然《佛性論》至八十八結。《鈔》曰：明十六行中，二、舉兩異說。此中四文，此文初舉第一異說。

《佛性論》者，第四卷《無變異品》文也。彼品全文曰：平等觀者，有利有鈍。若利根人於一念中，等觀四諦八十八惑，一時俱斷，皆名見諦。若鈍根人於次第觀者，即初念觀苦，不見餘三諦，但斷苦下名爲見諦。餘未斷者，皆屬思惟，是名見諦所滅。已上《佛性論》文。秋篠解此文云：思惟者修惑也，八十八結者見惑也。然根本惑，大小乘別，若依大乘，見惑百十二，修惑十六，合有一百二十八[七]，如《顯揚》第一卷說。若依小乘，見惑八十八，修惑唯[八]，合九十八使[九]。如小乘諸論法。今云文八十八結者，唯舉見惑。

苦法忍等者，初果見道之初無我行觀，一時頓斷八十八結，云通斷三界等。餘文自知。

有上界惑故，重觀斷等。今此文云：二、苦法見重觀欲苦審盡、未盡。今詳以猶有等十一字，明後重觀所由。

次第三苦類智下，亦云以苦諦三界盡故不復重觀之十一字，明不立苦類智忍由。忍謂忍可，決定義故。《唯識》《開發》出犢子計，與《宗輪論疏》文全無相違，而釋重觀云：初見此諦，見理未周故，復重觀。云云。由是此章傳寫爲誤，秋篠作云忍、智、見並惠異名之會釋，而通漫無意味。見雖有見照之義，非無分別智爲依，離云見照有分別見，多作偏執故，今評爲漫釋。

前十二心等者，犢子部自薩婆多部分出故，准對薩婆多説十五心爲行向，第十六心爲住果，作爲此計，《開發》及《宗輪疏》以兩説釋此第十三心名爲住果。初或説第十三心即道類智，第二念相續心名爲住果後。或説總觀四諦心名爲住果。《宗輪疏》意。《開發》委釋云：有説：十二別觀四諦，第十三心總觀四諦故，最後念方名住果，前三類智無二念故。云云。後説爲勝。已上《開發》。今云：行向初果向，住果者初果也，次第證、超越證初果之得果，第十三心得果，次第得第二、三果，十六心得果如常。已上《宗輪疏》意。

**章**非此所宗不須分別。《鈔》曰：四、評結異説。此謂指大乘宗。非所宗者，《佛性論》及犢子部説，與大乘宗相違，非所宗故，不須分別是非也。第六門已。

**章**第七依品分別者。《鈔》曰：自下第七門以界地九品分別斷障。此中三文，初、標門，即此文也。

**章**古德説有至斷亦九品。《鈔》曰：三文中第二、舉古師三説。古德説三字，標今舉三説，舊譯家議。

有言無品等下，舉第一説嘉祥一家意，由是意言無別品數。以真觀妄，無妄可除，斷尚難得，何況有品。三論言[一〇]義等所言，緣盡於觀，觀盡於緣是也。無品者，能斷、所斷共無別品類也。

以真形妄等者，以真形對於妄，住觀無可斷妄，不可有惑障品也。

有云三劫等下，舉第二説。此意言：品數無量，三大劫中念念起智，刹那刹那能壞諸惑。《成實》亦云：非八非九，以無量心斷諸煩惱等。今云：此第二師説，恐梁朝三大法師以《成實論》爲大乘人説乎。

古基法師云等下，舉第三説。此意言：聖道有九品，惑亦有九品，以下下品道能斷道。對治上上品結。所斷惑。古基法師者，梁朝道基法師，造《攝論章》四卷注釋梁論，其中有此釋也。《梁攝論章》云：若聞熏習下品生能對治上品本識，乃至聞熏習上品生能對治下品本識，故知能治、所治俱有九品，廣如彼章中説。已上舉古師三説已。

**章**今者不然至有所知障。《鈔》曰：三文之中，第三、舉今家義。此中四文，是初定障所在。

今者不然者，秋篠云：昔來諸德雖各異説，未分見、修及諸識故，義亦不盡，故云今者不然。

七識之中者，除第八識，餘七轉識爲二障所在處，如《深密》《楞伽》《瑜伽》《唯識》等經論。

**章**煩惱障中至地各九故。《鈔》曰：舉今家正義四文中，二、總明煩惱障品數并斷之頓漸。此中二文，此文初明六識煩惱品數及斷頓漸。秋篠云：下述正義。今説俗道斷障道理，迷境起惑，品類多種，隨境麁細，惑亦爾故。云云。

所餘六識等下，明除第七所餘六識修惑品類九九八十一品有。

見道十惑等下，明見惑品數。十惑者，十根本煩惱，此有九品必然。

麁細異故者，明十惑有九品必然由。秋篠釋麁細異云：麁細有二，一者、品類意[二]細據九品説，二者、難易、麁細據三心説。若據品類，初斷爲粗。若約難易，先斷名細。此有三句，有難斷不名細，即三心中第二、三品。有名細非難斷，即三心中初、中品等。有名細亦難斷，如九品中下下品等。文能治、所治，以分粗細，九品中從所治行相各名細，三心中從能治行相各名細。見道十惑，隨其所應有二粗細，故有九品。云云。

俱生六惑等下，秋篠科云：廣定障之品數，略顯斷之頓漸。云云。今云：秋篠分科尤爾，雖爾，不辨有總別之二科故，其釋尤粗。今此文科雖由秋篠，始終文科與彼差異，併讀可知。

俱生者，非俱起云俱生，任運生云俱生，分別、俱生之俱生。

修所斷惑唯六，六惑者，貪、瞋、癡、慢、身、邊二見。

斷即不同者，頓斷、漸斷種種不同，是修斷六惑之相。今此二句，總云斷頓漸不同。此次身見、邊見已下，別云六惑品類斷頓漸。

身見、邊見等五句，明俱生身、邊二見相應，唯下下品但頓斷。

此相應者，身、邊見俱遍行、五別境中所緣事。

同者隨惑等，此等皆但下下之一品。

九地而論等者，三界九地中，何地而論。但下下之一品。以九地言，但有下下品者，九品故斷時，頓斷下下一品相。

九地九品者，頓一時斷。

瞋唯一地九品者，合論見、修，十惑中瞋唯一地，欲界有九品別，九品漸斷。

餘獨頭貪[三]等下，此釋與本疏十末七紙右。有三解中，第一解意。彼文曰：所障有異，斷亦有殊，此中障種無粗細者八十一品，亦與有頂第九一類下下一品，第七識、第六識斷善根邪見等一一類。品攝，今此獨頭貪、慢、癡等，亦所餘六識俱獨起者，亦下下一品攝者。無精細下下品，別成能熏。九地各九品，如斷善邪見非無九品故成能熏。云云。是下下一品九地各有，品能熏別故，成九九八十一品。爾對治時斷下下一品時，頓斷如本疏五本七十九紙。釋。三界相望雖有九品，九地有九品。於其地地最下品故，第九品攝一切地地地各別上云。者，與有頂地第九下下品俱時頓斷，以各自地極微細故，同第七識、第六識障微細者同。障無學果，金剛心時頓斷也。已上本疏取意。上來總明二文中，初、明六識煩惱品類斷之頓斷已。

**章**第七識中至亦有二說。《鈔》曰：總明煩惱障品與斷頓漸有二文中，二、明第七識煩惱障品數與斷頓漸。此有四文，此初標牒。

九地者，三界九地。

亦有二說者，正標牒初文，本疏五本七十九紙。舉此二說，《疏》中前解爲勝。

**章**有義九地至故成能熏。《鈔》曰：二、舉第一說。本疏二說中，第一、解本論五三紙。說，此染意相應煩惱是俱生故非見斷，是染污故非非斷，極微細故，所有種子與有頂地下下煩惱一時頓斷，勢力等故，金剛喻定現在前時，頓斷此種成阿羅漢。云云。本疏五本。釋曰：名勢力等，欲界所繫第七識，與彼第六識有頂下下品。相似，不能發業潤生等故，與彼第六下下品。惑同金剛喻定現在前時斷，成無學。已上本疏文。

唯同者，勢力等云同。

非想第九品類者，第六識非想地第九下下品，勢力等云同。

自類有有者，意言：不待於他，下下一品自類有九，九地各成有九品，即成八十一品。

如增上邪見等者，舉自類有九例。秋篠云：如斷善邪見唯第九品，仍作九品能斷善根。此第七惑，應知亦爾，一品之中分九品故。

問：何以得知斷善邪見唯第九品，亦作九品而斷善根耶。解云：《婆沙》三十五說四種九品中云：對治九品者，謂下下品明麁品智。治上上品麁無明，乃至上上品明極品能斷智也。治下下品無明。極微細無明。

斷善九品者，謂下下品邪見斷上上品善，乃至上上品邪見極邪。斷下下品細善。若依斷善九品說，則彼邪見善根斷貌亦所對治善，立有九品，亦同邪見。則有九品。若依對治九品說，則有彼邪見即唯一品，下下之一品。以對治九品故，以有九品治善爲敵，能對治邪見，可云能對治有九品也。《俱舍》第十九亦同。解云：斷善邪見，即對治九品中，下下品所治攝，故唯第九品，仍作九品能斷善根。

問：斷善者斷現行乎。爲斷種歟。解云：誹謗因果邪見力故，障彼生得善種，令所現行不相結也，是名斷善根，可云唯斷現不斷種也。如《婆沙》三十五、六，《俱舍》十七，《瑜伽・本地分》等說。已上《秋篠抄》。

能斷善者亦有九品者，意云：斷善者言，指增上邪見云者。亦言亦所斷善根有九品，如所斷善根有九品，能斷邪見亦唯下下一品，所斷九品爲敵對故。

自類下下品者，於九品處作行用之道理自顯然故，云亦有九品。

彼亦如是等者，以例歸法。彼者，第七識九地煩惱品數。亦如是者，正以例歸法辭。意云：亦如邪見最下下品敵九品有品數，第七識惑唯第九品九地最下品相，與第六識非想第九品勢力等故，唯障第四無學，同一時金剛心頓斷故。

云亦如是有九品故等者，結成第七惑最下品相有九品義。

有九品故者，如斷善邪見唯第九品一品，而作九品能斷善根。此第七惑，亦同唯下下品中，仍作九品故。惑體有增減，以第三有增減義成云此識爲能熏識。

**章**有義九地至一時頓斷。《鈔》曰：明第七識煩惱障之品數頓漸斷四文中，三、舉第二說，本疏五本七十九紙。有二說中第二解。

九地各有一品等者，問：細分便成八十一品，九地各有九品，何故不云九地各有九品，云九地各有一品耶。答：雖有九品，品數同故，與有頂地下下品惑粗細同之故，云各有一品也。理實可言各有九地八十一品惑，其勢皆各同，於非想下下品惑故，金剛心一時頓斷。

**章**略此說煩惱品數斷已。《鈔》曰：明第七識惑之品斷四文之中，四、結。總略說略字，現本作由，寫誤，略者總略也。上來總略說已，自下別明。

**章**應分別言至心見道等。《鈔》曰：舉今家正義四文中，第三、別明。明[三]明者對前總略説，此下委細分別，明障品與斷之頓漸。今標應分別言示，委細分別説，非總略説。此中四文，初、明分別起隨眠斷之頓漸，二、明六識俱生隨眠斷之頓漸，三、明六識俱生煩惱習氣之漸斷，四、明第七識俱生煩惱頓斷。初中三文，初、明一品、二品斷，二、明分別惑正能斷唯無漏智，三、章主評釋，今即初明一品、二品斷文也。

唯一品斷者，一心真見道之頓斷故，云一品斷[一四]。謂一心見道者，示一品斷之由，謂如與智冥合，平等平等，無戲論，無所得故，二空頓一時證，二障頓一時斷，是一心真見道。

有説二品斷等者，秋篠云：若我執者，初一心斷我執初品，第三心中斷我執第二品，唯有下上而無中品，故云二品。斷法執亦復爾，第二心斷法執初品，第三心中斷法執第二品故，名二空斷。已上《伽抄》釋。此義相見道斷雖有三心，二品斷我、法執，是三心漸斷。已上《秋篠抄》。

三心見道等者，即三心相見道，是法則於真見道起故，一品斷中不舉之。《秋篠抄》云：問：此三心相見道通二乘否。答：一説唯菩薩，今家。義如《伽抄》説。二通二乘説，謂三心相見道。唯斷生執，以初心中遣離蘊我，第二心中遣即蘊我，第三心中捨二我執粗重，故成三心。又那爛陀寺海惠論師別立通二乘義云：初別觀法上我故，作無我行觀，名初心遣有清[一五]假。次作空行，遣屬我法假，除我所執，名第二心遣法假。第三心假我及屬我法，重觀我、我所下品空，故名通遣二假。然今取唯大乘爲勝。已上《秋篠抄》取意。基辨私云：有問：今云三心見道等之等言，等取何物耶。答：今舉觀非安立諦三品心，等取緣安立諦十六心見道，及觀下、上諦境十六心見道也。復問：三心見道爲二品斷，如前已辨領解已，二十六心見道云何爲二品斷。答：如本論九十四紙。説，此十六心八法忍、法智。觀真如，所取之境。八類忍、類智。觀正智，能取智，即前法忍、法智之智。法真見道無間、解脫，見自證分差別建立，名相見道。又觀下、上諦境，別立十六心現觀忍、現觀智，如應法則真見道無間、解脫，見分觀諦斷見所斷分別隨眠故，由忍、智二法，則觀斷法則亦二故，是亦云二品斷也。

**章**唯無漏正至隣近憍慢。《鈔》曰：明分別起隨眠斷之頓漸三文中，二、明分別惑正能斷唯無漏智。

無伏斷者，於分別惑雖有以無漏智正斷盡義，無由有漏道力暫伏現行義，今此云無伏斷，無起無漏智永伏不令現義，云無伏斷。此分別惑，無漏智起必斷盡故。

有漏諸道等者，地前所修六行智等，非加行智故，地前雖修，不能伏見斷惑，但伏俱生惑也。

故《瑜伽論》等者，五十八卷。十六丁，取意文。此論文意據異生、二乘說，不能伏分別煩惱，及彼俱生薩迦耶見隣近憍慢。若直往菩薩，彼障現起地前已伏。今云：此文中世間道唯能伏俱生煩惱，不能伏分別惑，云有漏六行智，云世間道伏分別惑也。

**章**此依六行至下《樞要》說。《鈔》曰：三文之中，三、章主評釋。章主意云：此言指前引《瑜伽論》說不能伏分別煩惱等文，此不能伏之言示以六行智不能伏也，非以二空觀等加行智不能伏也。

非加行智者，示前引不能伏分別惑文，依六行說不能伏，六行非加行智。

彼能伏故者，彼二空觀智等，加行智故，能伏分別惑，云彼能伏故也。

菩薩地前等者，意言：大乘菩薩，地前以二空觀，亦伏分別惑現行令不起，非以六行。四如實智等唯識觀等勢力以令不現。秋篠云：菩薩地前分別現行亦伏不起者，見惑等有二，一、依自分別之所起者，二、依邪教之所起者。今云：伏不起者，據自分別，若自邪教之所起者，即未能伏。《華嚴經》說第四住菩薩永離三界煩惱等者，據自分起而有此說，故不相違。云云。

仍定一品等者，一心真見是一品斷或二品斷者，三心相見道等二品斷如前明。

二品斷中九品何者先斷等者，依自邪思所起分別起煩惱，二品斷中先斷，又依他邪師邪教所引者後斷。或翻是說，如續善根，依邪教者先續勢薄弱故，先斷。依自邪思後續勢堅牢故。後斷。又解：離蘊計先斷粗故，即蘊計後斷細故。又解：不定地地皆有粗細，粗者先除，細者後斷。已上秋篠由論疏意所說取意文也。

如論第十下《樞要》說者，今云：此指《樞要》下末、《釋論》第十，說斷之先後文，故現本作第九，恐寫誤。彼文云：見道中自分別力粗先斷，他引力細後斷。云云。後學須覈。又《秋篠抄》改文，云如論第九與下《樞要》說。釋云：所以爾者，論第九說分別九品斷之先後，彼文云：然所知、煩惱二障各分爲二，若以九品粗品先斷，即十地修道應先斷粗。若以隨所知障道，以菩薩粗細九地不定乃至云見道中自分別力粗先斷，他引力細後斷等，廣如彼說。已上秋篠意。今云：秋篠亦引論第十文，成先後斷義爾，則余拙解亦非無理，後學擇而居諸。

**章**其六識中至斷即不同。《鈔》曰：四文則〔一六〕明中，二、明六識俱生隨眠斷之頓漸。此中二文，初、總敘頓漸斷不定，二、明頓漸斷不定有四類，此即初也。

俱生煩惱等者，此是頓漸不定，秋篠由論立三類中，第三類也。

除其習氣等者，意言：習氣二乘不斷，菩薩十地漸斷故，今不論故云除。

雖有九品者，俱生煩惱隨眠有九品，雖然，斷頓漸不定。

斷即不同者，示頓漸不定。秋篠云：依論第十總談二障斷之頓漸，其類有三，一、一向頓斷，謂六識中分別二障，及第七識煩惱、所知，隨其所應，三乘真見及金剛心一時故。二、一向漸斷，謂六識中俱生所知，菩薩十地漸次斷故。三、頓漸不定，謂六識中俱生煩惱，已上秋篠。此頓漸斷不定。今云：斷即不同。已上總敍頓漸斷定、不定文之義也。

**章**其隨眠等至各九品斷。《鈔》曰：此下二明六識隨眠斷之頓漸中，第二、明頓漸斷定、不定有四類。類有四故，文自有四，此即標牒類有四，明第一類文也。

隨眠等者，隨眠有多故云等也。菩薩、二乘俱總略爲論立四類，故云略有四類。

一者八十等下，明第一類，是顯論説三類中第三頓漸不定義。本論十説：餘六識俱修所斷者，隨其所應，一類二乘，今云：此一類次第證者，次第斷惑證四果者。三界九地惑，一一漸次九品別今云八十一度斷。斷。云云。

此依漸次二乘者，斷者此謂指云八十一品類別斷，次第得四果，次第證人漸斷名漸出離者。今云：漸次二乘者斷及異生斷(一七)者，菩薩地前異生，以有漏二空智伏斷修惑，八十一品類別漸伏。今云：及異生斷以此二者，斷與伏斷依八十一品類別斷惑伏同，合爲第一類。

然身、邊見等下，明八十一品別斷中，有各地唯九品斷，俱生身、邊見等與所餘修惑一一各九品斷差別。前文云，餘六識三界九地各有九品成八十一，見道十惑九品定然，粗細異故，俱生六惑。貪、瞋、癡、慢、身邊二見。斷即不同，身見、邊見及此相應唯第九品九地，而論但有九品，瞋唯一地，九品餘獨頭貪、慢、癡等八十一品，地各九故。云云。與今文應併考。

當第九品時斷者，八十一品別斷中，身、邊見等，各地第九品時一時頓斷。

餘各九品斷者，餘言身、邊見此相應之餘獨頭貪、癡、慢等，九地各九品漸次別斷。

**章**二者、隨其至便次第斷。《鈔》曰：四類之中，明第二類之文也。

隨其凡位等者，下八地惑隨其凡位已伏修斷惑多少別，後入見道，與見所斷一時頓斷，已伏修惑，所餘所未伏惑於修道中漸次而斷。

不伏不斷者，今云：餘於凡位所未伏者，入見道不能斷，但入見後，但至修道漸漸而斷。不伏者於凡不伏，不斷者，凡不伏惑，入見道時，不能俱斷。

以分品類等者，以已伏與未伏品類別，未伏品類，入見已後，修道漸斷故，云便次第斷。今云：此第二類，本論十說，三類中第三類頓漸不定中攝。

**章**三者、九地至頓超越故。《鈔》曰：此四類中，明第三類文也。

合爲九品斷者，論第十說：一類二乘，三界九地合爲一聚九品別斷。云云。今云：九品別斷者，此一類初果人，超中二果得第四果，超越記(八)云者如次第。

如預流果等者，《對法論》云：預流有二，一、漸，二、頓。頓出離者，謂入諦現觀已後，依止未至定發出世間道，頓斷三界一切煩惱，品品別斷，唯立二果，謂預流果、阿羅漢果。已上《對法》。

束三界九地等下，明頓出超越證相。《秋篠抄》解此文云：得初果已，總束九地八十一品修斷煩惱，用九無間、解脱道能攝盡，諸如割竹斷，斷欲上品之道，即此能斷有頂上品所有聖道，乃至下下應知亦爾。斷欲六已，斷上界八地六，不名一來，斷欲九品已，上界八地九品亦盡，不名不遍，預流頓至阿羅漢故。云云。

**章**四者、三界至不斷惑故。《鈔》曰：四類中是明第四類文也，謂諸菩薩金剛心斷。論第十云：菩薩要起金剛喻定，一刹那中三界頓斷是也。

合爲一品斷者，三界九地八十一品修所斷惑，菩薩歷十地間不障地故不斷，唯障佛地故，後至金剛心，三界九地八十一品俱生煩惱一時頓斷，是云合爲一品斷。

謂金剛心等者，明此一類唯菩薩斷，非在二乘。

十地因中等者，明一時頓斷由。

**章**然六識中至品類同故。《鈔》曰：別明四

**章**第七識中至習氣亦然。《鈔》曰：別明四文中，第四、明第七説俱生煩惱斷之頓漸。若説九品者，前所明第二師義，謂九各有九品，細分有八十一品，然八十一品俱勢力所障，皆同非非想下下品惑，金剛心一時頓斷義也。若説一品者，此前所明第一師義，九地唯同非想第九品惑也。

皆一品斷者，如是二師雖説有異，二師同云勢力所障，皆同有頂下下品惑故，金剛心一時頓斷，障體既爾，可知習氣亦同皆一品斷。二師俱所詮，要皆一品斷第七識俱生煩惱。

要三乘等者，明二師俱一品斷由。

習氣亦然者，謂第七識俱生煩惱之習氣無堪任性，金剛心解脱道斷，證如來果，障無學故，此心一時頓斷。

**章**其所知障斷即不爾。《鈔》曰：明今家義四文中，第四、明所知障品數，斷之頓漸之別。此中文四，初、總明，二、明六識分別起所知障品數頓斷，三、明六識俱生所知斷之頓漸，四、文中，三、明六識俱生煩惱習氣之漸斷。上來説斷隨眠，此下説斷習氣。

所有習氣者，習氣之名有二，一者、種子名習氣，現行熏習氣分故，如云等流習氣、異熟習氣等。二者、無堪任性名習氣，斷種子後所殘氣分，今名云習氣，故云煩惱所有習氣。《秋篠鈔》云：十地修道斷煩惱、習氣中有二説，一云：煩惱、習氣熏於所知故，斷所知時，彼亦隨斷，同障地故。二云：無有煩惱熏所知，但十地所有煩惱習極微細故，與所知等同，障於法空故，爲十地斷。十地漸漸各斷此九品習氣，習氣未斷種子已前斷之，如納筥麝香，香氣先失，香形尚在。

障十地故者，是此習氣障十地無漏智故，地地漸漸斷，生十地無漏智，此一句明十地漸斷由。

品類同故者，謂煩惱初品習氣，與所知障初品，其勢齊等，同障十地，微細品類乃至第九品二障等同，云品類同故，明二障同時漸斷。由，云故。

明第七識俱生所知斷之頓漸，今即初也。

斷即不爾者，所知障斷，非如煩惱也。

**章**六識之中至與煩惱同。《鈔》曰：明所知障品斷四文中，二、明六識分別起所知障品數頓斷。

有説定一品斷等者，明一心真見道斷分別二障故，有九品定一品斷。

有説二品斷等者，三心相見道斷名二品斷[一九]，如上已釋。

非六行所伏等者，六行但伏俱生惑，不伏分別二障。所知障亦與煩惱同，非六行伏。

**章**其六識中至八十一品。《鈔》曰：明所知障品斷四文中，三、明第六識俱生所知斷之頓漸。此中亦四，今此文初明所知障亦有八十一品。

亦有九地等者，亦于煩惱，謂煩惱障所依所知障故，與煩惱障九九八十一品同，所知障亦有八十一品。

**章**若與煩惱至他勢不行。《鈔》曰：二、明煩惱、俱生所知亦六行伏，謂若與修斷俱生煩惱障。

俱行所知障者，亦可云六行智伏。

他勢不行者，明可言伏由，謂依六行智伏煩惱時，與其伏煩惱俱行所知障亦可云伏，非謂六行能伏所知，但由害伴不起，伏煩惱時，以伏煩惱勢力不令現行所知障也。

**章**不俱生者至即能伏之。《鈔》曰：三、明煩惱不俱行所知障非六行伏，與修斷煩惱不俱行所知障云不俱生者，此所知障體并習氣亦雖有九品，品品皆非六行所伏。所知障障理故，二空理觀其加行智即能伏所知障，是此文意。

**章**爲十品斷至故無前後。《鈔》曰：四、正明所知障漸斷。

十地斷故者，明所知障爲十品斷由。

不分粗細等者，秋篠云：不隨界地粗細、前後粗細別斷，不廢初地斷有頂細，二地遍斷欲界粗者，但斷隨障此地故。云云。不論初粗次細，地地障者，以二空觀智即漸漸斷，由是斷無前後異也，是不分粗細已下意也。

**章**其第七識至現行等斷。《鈔》曰：明所知障品斷別四文之中，此下第四明第七識俱生所知障斷之頓漸別。此中有二，初、正明，後、會違文，今即初也。

説有九品者，前文明俱生第七識煩惱斷，第二師義。立九地各有九品故，云有九品。或説無品者，前文明第七俱生煩惱品斷，第一師義。此第七惑，於自地中無九品，與自地六識中第九品我見相似義，是等二師皆同許之，仍云一品斷。

金剛心中等者，明二師共一品斷由，立但金剛心一時頓斷故。

此説斷等者，明今云永一品斷，説斷捨種子以非伏現名，斷第七識所知現行地地先伏，此云隨眠即種子也。

**章**雖《無相論》至不可依用。《鈔》曰：此後會違文有二箇違，此初會《三無性論》違。《無相論》者，古業諸師説紛亂，此是非如古説，如《唯識章頻伸鈔》辨，指《三無性論》云《無相論》，後學擇居。

第二執識者，即第七識，心、意、識名第二故名第二，復名執，恒内執我故，名第二執。

識通皮肉煩惱等者，見斷惑名在皮，修斷惑名在肉。梁道基法師引《無相論》作此説云：若見諦肉煩惱識及心法，得出世道十六行究竟滅盡，餘殘未盡，但屬思惟，是名第一執識。（此中肉煩惱者，即見惑也。思惟者，是修惑也。秋篠由此釋。）依道基意難今家論云：若第七惑唯金剛斷，何故《無相論》云通見、修所斷耶。故今會云：《攝論》《唯識》《瑜伽》等諸論皆云第七惑唯修斷故，《無相論》云通見、修之説，既違《瑜伽》《唯識》等諸論故，今章主斥云：然彼文錯，不可依用。文錯者，爲翻譯家錯失也。

**章**《仁王經》言至心習煩惱。《鈔》曰：會二違中，後會《仁王經》違。有二譯本，若羅什譯者，上卷《教化品》文，若不空譯，上卷《行品》文，今章主所引經，羅什所譯。

前之三地等者，秋篠由藏師《疏》釋云：初、二、三地觀色諦無相，不取著色法故。經説前三之地斷三界色煩惱。

四、五、六地等者，同釋云：離色縛道理亦觀心諦無生。文之隱顯，從多分説四、五、六地能觀三界心諦無生，所取心想故，能斷迷心惑，通論亦斷迷色惑。由是經説四、五、六地斷三界心煩惱。《周記》立二義釋此經文云：一者、前兩位俱通現行，由所知障，亦名斷煩惱。後之二位，唯説習口，其第六意識中現不起故，第七識少分略而不論。二者，初二位雖實斷種，且説現行，不取其種。

七、八、九地等者，同釋云：七、八、九地，深證心、色無生故，能斷色、心等習。由是經説七、八、九地斷三界色習煩惱。

十地及佛地等者，同釋云：十地、佛地深觀空諦，究竟道中斷心習，或理亦斷色習。舊譯釋義相承，釋家由此經文難今家所論云：若第七惑唯金剛心斷，何故《仁王經》中説四、五、六地斷心煩惱。第七識惑即心惑故，今家會如是難，勢如次章文。

**章**色粗心細至亦不相違。《鈔》曰：此文今家意義正會難釋經文。

色粗心細等者，秋篠釋云：色法粗顯，迷惑亦粗，心法微細，迷惑説細故，云生惑亦然。《周記》以會難意釋生惑亦然句云：此有二種，一云：生者現行，前之四位，皆約種説，今云現行。二云：生者煩惱前之四位，但明所知，今説煩惱。云云。今云：二説之中，第一爲好。

爲别五忍等者，示第七惑非别有品類。五忍者，如前具釋，即地前、地上及佛地名爲五忍。階降者，階謂勝進不降，降謂下劣不進，爲差别了知如是勝劣，説斷細惑非粗，非謂别有粗或細第七識品類也，此理全無有相違。上來第七依品分别竟。

**章**第八、依障至於中有九。《鈔》曰：自下第八門。此中十文，此文其中初標牒門，以二障、煩惱、所智〔二〇〕。三障皮膚、骨害、羸微，惑、業、苦三種之三。等分別斷障安立此門，標云依障分別。

於中有九者，設九箇分別明故，總示有九文。

**章**一、二障至知障少分。《鈔》曰：十文中，二、就二障明三乘斷。此中有七，初、標牒，即此文。一二障三字，至次下第四、五障分別有分別字，恐此二障下亦脱分別二字歟。

二乘者斷下，七文之中，二、總明二乘者斷障。文意：謂二乘之人但滅惑，未除所知障，唯佛世尊滅彼智障。《秋篠鈔》云：二乘者斷煩惱障等者，薩婆多宗煩惱障中，五見及疑，七道所斷，貪、瞋、癡、慢貫通二斷，貪等迷理，見道所斷，貪等障事，修道所斷。二乘之人但滅惑未除智障，唯佛如來滅彼智障。《雜心論》云：佛除不染污無知。又《俱舍》云：智障永時障。今云：永斷所知障少分者，即是定障等根無知也。

問：二乘之人斷根障無知得非擇滅耶。解云：勝緣究竟永闕之位，方得非擇，二乘之人唯斷少分未斷全分，是故不得，唯佛世尊究竟斷盡，故得非擇。

問：若爾，《俱舍》二十七云斷圓德立四種，一、一切煩惱斷，二、一切定障斷，三、畢竟斷，四、并習斷。光法師云：唯彼論文，若一切煩惱障斷得擇滅，若不染無知定障斷得非擇滅，即前二障斷已不退名畢竟斷，通擇滅及非擇滅。此簡鈍根，既云簡異鈍根，明知利根二乘斷不染無知，得非擇滅。解云：畢竟斷中鈍根有退，利根不退，由此差別，名簡鈍根，非謂利根二乘，斷不染無知得非擇滅，故不相違，可勘疏文。已上秋篠。

習氣不盡者，此釋本由《順正行論》二十八卷。彼論有二意，一云：於味、勢、熟等，不勤求解惠，即於彼味等境中數習，於解無堪能智，此所引劣智名不染無知，即此劣智俱生心、心所法總名習氣，理定應然。云云。《光記》用之，遁麟亦用，慧暉第一釋用之。二云：或諸有情有煩惱位所有無染污心及相續，由諸煩惱間雜所熏，有能順生煩惱氣分故，諸無染心及眷屬似彼行相差別而生，如迦葉起舞，畢陵迦婆蹉呼婢子，對龍女等。由數習力相繼而起，故離過身中仍名有習氣，一切智人永斷不行。《光記》、惠暉第二釋用之。元瑜《正行鈔》中，會二義爲一義，尤有道理。《俱舍論》說：聲聞、緣覺雖滅諸冥，以染無知畢竟斷故，非斷一切種。由於佛法佛所知德。極遠時、八萬劫外。處，三千界之外。及諸義類無邊差別，不染無知由未斷故。今云：此約所知障釋不染污無知。《光記》云：體非染故名爲不染，於境不悟名爲無知，無知即不染名不染無知。已上光。

私問：由《俱舍》《正行》說不染無知即習氣，聲聞、緣覺由未斷，今此章文云二乘者斷煩惱盡、習氣不盡，而復次云亦能永斷所知少分。若爾，亦于習氣辨所知少分斷故，習氣亦少分斷耶。由《俱舍》說由未斷爲習氣，一向不斷盡歟。如何。答：就是古來有二義，一云：二乘人不染無知一分斷。寶《俱舍疏》云：不染無知有二種斷，一、緣縛斷，謂彼彼地斷第九品染無知時得緣縛斷。二、不生斷，謂於彼彼位得畢竟不生。二乘分斷，不生斷。佛全斷故。云云。二云：二乘人不染無知全不斷，光《俱舍記》云：二乘雖滅諸冥，與世尊等，以染無知畢竟斷故，名爲二乘，非斷一切種不染無知故，不名爲佛。云云。又云：然諸論說二乘能斷不染無知者，據緣縛斷說，非不生斷也。云云。今云：緣縛斷者，伏也，非斷也。又《寶疏》云：不染污者，聲聞、緣覺雖能盡，而由現行，唯有如來畢竟不起，煩惱、習氣俱永斷故。云云。今云：此釋亦一分斷義也。今由二《記》所釋，答前難勢習氣不盡，於不生斷，雖全不斷，一分有緣縛斷故。今云不盡，即由全不斷義，與說由未斷全意同也。又亦言，亦一分有緣縛斷，說所知障少分斷，永斷所知之斷。由《周記》意，永伏說斷，非云斷捨。《周記》云：亦能永斷所知少分者，斷定障生，而能伏彼畢竟得非擇滅者，名爲永斷，非斷彼種。

云云。今云：《周記》由《光記》意，光由緣縛斷非不生斷。若由《寶疏》，一分不生斷，云永斷所知一分不生，今此亦能永斷所知少分之文釋，由《俱舍》二《記》可釋，二《記》之中，以光爲勝，《俱舍・智品》説十力唯佛得故。又説佛於一切種能知是十力故，十智力境無礙故。云云。上來總明二乘者斷障已。

**章**然有差別至九地不定。《鈔》曰：七文中，二、别明次第超越證人斷障。

然有差別者，然言轉語，上總明二乘者斷障説，次下别明次第、超越證人斷障故，示所釋别，轉以斯一句，明二乘者次第證、超越證别有。

次句漸次初果等下，明次第證人，其次明超越證人等，至文可悉。云何二乘者有差别。謂斷煩惱障得四果中，次第、超越其類差别故，云然有差别。前三果中各有二種，一、次第得果，二、超越得果。今此文中，即明次第得果。

漸次初果等下，正明次第證人斷障。漸次者，障次第證之初果，云漸次初果。

唯斷三界等者，秋篠引《顯揚》曰：若隨勝説，永斷三結。若全攝者，永斷一切見所斷惑。云云。今約全攝故云唯斷三界分别煩惱。已上秋篠。今云：唯言障次第證人證初果不斷修惑，唯斷三界分别煩惱而得。

漸一來果等下，明次第證一來果者斷障，謂從預流果進斷欲界第六品，解脱道時，即得一來果。

此斷兼斷一來者，人中得道生欲天中，却來人間得究竟果具足，應云一往來者。今略往字不云往，名一來者，來而必有往，即不來，一即來故，名爲一來。已上秋篠意。

漸不還者下，明次第證不還果者斷障，謂自前一來果進修斷欲界第九品惑，住解脱道，名不還果。不還者，必不重生曾生處故，得不還名。餘至有頂等，謂除欲修惑九品之餘，色、無色修惑至有頂斷，其數不定。自斷欲九品已時得不還名，至斷有頂第九品惑無間道已前，皆名不還。九地不定者，《周記》云：通欲界言除欲界，外餘之八地，隨斷幾多，數數斷不定，是名不還。云云。

**章**其超越者至非想修九。《鈔》曰：七文中，四、明超越證者斷障。此中三文，初、標牒超越不還有二類不定，次、凡位超越後聖位超，今文此初、次也。

初果超越等者，秋篠云：超越之人有二，一者、凡位超，二者、後聖位超。此中凡位超者，於前三果應有超義，必非有於第四，以有頂惑非世間道能伏滅故。

超三果中超預流者，異生位中，用世間道能伏欲界修所斷惑一品、二品乃至五品，後依佛法出世間過。正修行故，入見諦者至十六心道類智時證預流果，名超越欲，修斷惑由世間伏，與諸見惑一時頓斷，名超越預流，即用見道，能離修惑前五品故，說名爲超。又解：預流必世超者，必無前果可超過故，諸聖教中不說預流名超越故，此解似勝，應更勘識乃至《義鏡》中廣說。引《菩薩處胎經》第五卷問答，兩重有之，學者可考。

一來超越者，先異生位用世俗道伏欲界修道已盡六品惑、七、八品惑，後入見道，得一來果名超一來。此人不取預流果故，超越前果故名超越。云云。已上秋篠意。

不還超越等者，同意云：超不還者，先用世道伏欲修惑九品盡。今云：伏盡超越得不還果也。故色界四地、無色下三地合，此七地中，或離一品，或後全空，隨其所應，後入見諦，道類智時，得不還果，不取前二果得不還故，名超不還。已上秋篠取意。

唯除非想修九者，斷色界四地、下三無色地修惑已，唯除非想地修惑九品，住不還果名超不還。已上私。

**章**有預流超至名預流故。《鈔》曰：超越斷障三文中，三、明後聖位超。《對法論》十三說：

預流果有二出離，一、漸，二、頓。頓出離者，謂入諦現觀已，依止未至定，發出世間道，頓斷三界一切煩惱，品品別斷，唯立二果，謂預流、阿羅漢二果也。品品別斷者，頓斷欲、色、無色三界修所斷上上品隨眠，如是乃至耎耎品故，廣說如彼論。秋篠解此意云：得初果已，總束九地八十一品修斷煩惱，用九無間、九解脱道能盡諸漏，如刈竹斷，斷欲一品之道，即此能斷有頂上品所有聖道，乃至下下應知亦爾。斷欲六品已，斷上界八地六品，不名一來。斷欲九品，上界八地九品亦盡，不名不還。預流頓至阿羅漢故，預流無間即立應果，不取中二句聖位超。已上秋篠取意。

**章**阿羅漢獨至即定障等。《鈔》曰：七文中，

五、明獨覺斷障得果，阿羅漢即獨覺。秋篠云：獨覺位同超不還，若至無學，一一同應果。

問：何故獨覺中不標前三果名，但標應果名耶。答：隆法師云：獨覺之果向、果差別微細難知，故但立一果名。

一切見、修者，三界一切見、修所斷煩惱。即定障等者，此說分斷所知障者，謂定障等。六十二云：又諸解脱由所知障解脱所顯，由此聲聞及獨覺等，於所知障，心得解脱。今即指彼故，云即定障等也。

**章**菩薩之人能斷一切。《鈔》曰：七文中，

六、明菩薩斷障得果。

能斷一切者，菩薩能斷三界九品二障，云斷一切。

**章**三乘皆能至皆如常釋。《鈔》曰：七文中，

七、三乘總簡伏除差別，謂伏二障現行。

三乘皆能由伏得等者，明三乘皆能用伏所知障得定等云伏得。

然菩薩伏等者，此云伏所知障得滅盡定，諸菩薩滅定有差別，或入初地而得，有七地滿心得，委如論說。

得果者[三]，得法空智果也。初地已上伏所知障，得法空智。秋篠云：問：二十七賢聖中，目

位伏定障名身證，何故目伏煩惱不名慧解脱耶。解云：惠解脱望永害所顯，其定障中不問斷伏，俱得勝定故，但伏得定亦名得脱。此是玄範法師作此釋。

約解脱分等者，秋篠云：此順解脱分位中，三乘伏障得定[三]等義如常釋，今略標初云順解脱分，亦不舉決擇分位，理亦標釋故。基法師云：薩婆多宗，見道已前方便道不斷煩惱。若成實宗，見道前五方便道中俱斷煩惱，廣如彼師《章》中。若依大乘，資糧、加行二位能伏障。此等諸義，如《唯識論》等説，故云如常。

**章**二、三障分別三障有三。《鈔》曰：當門十文中，第三、三種三障分別斷障。此中四文，今即初標牒文也。

**章**一、皮膚、骨至《唯識章》解。《鈔》曰：此文四文中，第一、三文。

一皮、膚、骨者，四文中，一、舉三住障。

二害伴下，四文中，三、舉三隨眠。《解深密經》第四《地波羅蜜品》説：觀自在菩薩復白佛言：世尊，此諸隨眠害伴、羸劣、微細三隨眠。幾種粗重斷所顯示。佛告觀自在菩薩曰：善男子，但由二種，謂由在皮粗重斷故，顯彼初二。復由在膚粗重斷故，顯彼第三。若在於骨粗重斷者，我説永離一切隨眠，位在佛地。今云：此經説皮、膚、骨。又《瑜伽論》四十八説皮、膚、骨，又同七十三説皮、肉、心，今此章文及《唯識章》亦同説皮、膚、骨。然本疏十末五丁。引四十八説云此論云由斯故説，即四十八説，而一在皮，二在膚，三在肉。今此章《秋篠鈔》亦引四十八已云：若依《攝論》可云皮、肉、心，今依《瑜伽論》故唯云皮、膚、肉。已上《義鏡》。基辨謹案：作皮、膚、骨，應爲善本。南都流傳本疏，作肉本尤數多，是書寫者誤取骨字，三分但取首冂，大書遂作肉而不書冐畫，成寫功已，畎澮相承。《秋篠鈔》中亦强立作肉理，根本起本疏寫誤者炳然，後學必勿迷。本論第十就煩惱、所知二障説三住斷，本疏十末具會，《瑜伽》《深密》説皮、膚、骨三住，約所知障斷云極喜住、無相住、如來住，此三住約煩惱障品，初住斷惡趣品，次住斷障無生忍品，後住斷一切煩惱習氣等。四十八已説，二障俱説已斷處。

本疏會釋二害伴隨眠等者[三]，四文中，第三、舉三隨眠文，如《唯識章》具明。

**章**三、惑、業、苦至《對法》文説。《鈔》曰：四文中，四、明惑、業、苦。此中二文，初、明分別起，二、明俱生所發業果，今即初也。

惑、業、苦者，發業潤生煩惱名惑，即一切欲界分別起煩惱，皆能發業。

皆是不善性者，能感後有，諸業名業即道一切總、別二業，順現、順後等業，除無漏善業及無記業，餘能感異熟生之業，今名爲業。如是業所引生衆苦名苦，即三苦、八苦等。此惑、業者，皆通分別、俱生，而今此文所言，先但明分別起故，云一切二障分別所發業、苦等見道所斷。

如前已解等者，如前當章出體門中，引《對法》第四所釋故，云如前已解。

**章**俱生業、苦至金剛心。《鈔》曰：明惑、業、苦二文中，二、明俱生所發業果。此中二文，初、明煩惱障所發業果。此有三文，初、總明，二、總明永不行，三、別明斷別，今即初也。《秋篠鈔》中舉有人説，以《對法》文説句爲此文。初斥云：此四字攝下文者非，不符文意，故不可據。今云：秋篠所斥尤有道理。閲前所引《對法》文，章家意爲明業及果是所斷障義，引《對法論》説見所斷一切分別起惑，及由是所發身、語業，并一切惡趣等蘊、界、處果報是見所斷文，成所斷義。復爲成立此義，舉《深密》及《成唯識》文結成故煩惱障所有業果皆是所斷。而次文復引《深密經》，舉《成唯識》解經文，成所知障所發業果亦所斷障。其次復引《佛地論》文，成二障所發業果等法皆二障攝故，一切有漏二障執及煩惱業之果云一切有漏。俱是所斷。其次所引《深密》文，説第二地所斷二愚文。故知前引《對法》明見斷文，今舉俱生業、苦下文明修斷文，二文合舉二斷煩惱業果永不行義。由是《對法》文説句攝上應理，此文總明，意言：俱生者簡分別所發業果，彰任運生福、不動業與人、天苦果，是爲今明修道斷障。

一切二障者，俱生二障所發業果中，今文所明。初、明俱生煩惱障所發業果、所知障所發業果斷障分別，在此次文。若爾，今此文但煩惱發業果，何故云一切二障耶。謂煩惱障現起，必以所知障爲依止故[二四]，今云一切二障。次、所明所知障所發業果斷捨，申煩惱障所斷、伏已後，於地地別道分分漸斷，俱生所知障所發業果，有漸、頓二斷故，欲明其別，次但明所知。初、總明煩惱爲首二障所發頓斷。至金剛心者，隨應永對治，彰金剛心一時頓斷盡。隨言隨其所應。云何所應。謂煩惱障中俱生業果罪業自性斷品類如惑，論説不動業唯緣縛斷，謂能斷緣彼雜彼煩惱、善、無記法，修道所斷，方究竟盡。准前各地第九品，盡有不動業亦不生斷，如無想定見道時斷，云不生斷。果亦如是，非自性斷。若斷於體，二乘入無餘時，菩薩至金剛心，共不生斷。有此別故，云隨永對治。

**章**煩惱業、若[二五]至此依總義。《鈔》曰：煩惱所發業、苦三文中，二、總明永不行，辨隨永對治。

隨其何地者，明俱生煩惱所發業、苦果永伏不現行，此是十地修道，斷障地地無漏所知障勢分力故，與所知障俱起煩惱障永伏不現，其所發業、若亦隨地地無漏勝進，永伏不現。明此道理云隨其何地，其者指十地中彼彼永伏者，何地者，隨逐地地斷捨所知障，煩惱、業、苦爲永伏不現行。

分段不生等下，明果斷捨，非云伏捨。

在於八地者，明分段生死不生斷捨在第八地。論第八卷疏，分段、變易作四句中，第三句三或亦受分段，亦受變易，謂前三果回心不定性人七地已前此句攝也。秋篠解云：此句約位説受二死，非於一人具受二死。前三果中，或受分段，或受變易，煩惱未盡故，已前亦爾。或有菩薩雖自堪能應受變易，爲代有情受三途苦，乃是定自在身故，爲彰此義，作第三句。云云。今云：秋篠此解實爲允當，此餘有破斥《廣章》并《西明疏》，是亦穩當，後學專須依用。

此依總義者，結成已上總明煩惱、業、苦斷別，簡次別明。

**章**若別業斷至九《論疏》釋。《鈔》曰：明煩惱障所發業累三文中，三、別明斷別，此文但明業斷，故立別科。

有黑黑等者，《瑜伽論》第九説有四種業，一者、黑黑異熟業，謂非福業，即三惡趣總報業，及五趣中別報業。二者、白白異熟業，謂不動業，即招色、無色界總、別二報善業。三者、黑白黑白異熟業，謂福業，即欲界人、天總業，及順五趣別善業，善爲不善之所怨對故，名黑白黑白業。由未斷黑業故，其福業得此名。四、非黑非白[三六]非異熟業，謂無漏業，永斷黑等三有漏業與異熟習氣故。

如《瑜伽》第九《論疏》説者，即指《瑜伽》第九、《略纂》二十四卷十一丁。釋文，彼廣説此四種業。若爾，不云《論抄》，何故云《論疏》耶。如《對法論疏》，此章主《章疏》中，云《對法抄》，亦云《對法疏》，故全無相違。

**章**所知障中至伏在八地。《鈔》曰：明俱生所發業果二文中，二、明所知障所發業果文。

業果等法斷等者，業果品類數多，故云業果等，法謂業果等法體。斷捨，若不斷法體但斷業果用，云伏非斷，今非伏現故云法斷。

分分漸斷者，十地中二道位斷障地所知障故，地地別斷云分分斷，地地隨斷障斷業果，非一時頓斷故，云分分漸斷也。

障與業果等者，斷障體在無間道，捨業果在解脱道，故云斷在別道，轉捨粗重通在十地因，七果不生唯在佛地。《本論疏》三本末。明斷在別道云：無間斷障，解脱斷業果，據實無間已斷業果，約傍故言在解脱。

伏在八地者，伏是永伏，非云暫伏，畢竟伏六識俱生所知，在第八地。由前道力，斷伏後地所知障現，令其不行名爲伏。八地已去，第六、七識何者猶行。謂六識俱者八地不行，以二空無漏無分別智心，及此果滅定後得智等相續不斷，能違第六識二執，是故不現行也。第七識俱者，第八地猶現行，以法空智及果方違法執第七，生空智及果行相，並粗不相違故，第七識猶起法執。

**章**三、四障分至《識章》中解。《鈔》曰：此中四當門十文中，三、以二種四障分別斷障。此中四文，初、標牒，二、明《寶性論》所説四障，三、舉唯無明四障，四、明不共無明，今即初、二。

一謂闡提不信等者，舉《寶性論》所説四障。四障者，一者、闡提不信障，二者、外道著我障，三者、聲聞畏苦障，四、緣覺捨心障。

如《唯識章》等者，《唯識章》中以二義解，一云：四障之中，初、二分別煩惱障，此二種子，入初地斷，斷分別起煩惱故。初、二中初障現行，十信第六信伏初障，信不退故。第二障，十住第四生貴住伏現行，此住分別我粗見不生，離惡趣故。後二俱所知障，後二中初障第三障。至第五地斷，樂下乘涅槃所知障時今云：聲聞畏苦者，因學下乘樂，畏苦入無餘，即是所知障也。斷此障種，復後障至第七地得妙無相道，斷執緣起觀生滅細相所知障。第六地中未知生滅細想，第六識上起相猶觀十二緣起，即執見生滅細相故，七地妙無相道以方斷。已上第一説。二云：初二不信、著我。煩惱種見道斷，後二畏苦、捨心。所知障俱煩惱障種，金剛心斷。已上第二説。

**章**二、又有四至纏四隨眠。《鈔》曰：此四障分別四文中，第三、明唯無明四障。

唯無明二障者，一、不共無明，二、相應無明。不共謂次明三不共無明，相應謂非次舉相應不共，别有不名不共，但名相應無明者，謂第六識與貪等本惑俱起時相應無明。是即俱起本惑中無明别名。何故又有四者，云唯無明二障耶。謂有四者，不共、相應、纏、隨眠，是爲四也。而今云唯無明二障意，謂雖有四障，唯無明二障義也[二七]。

**章**不共有三至煩惱障釋。《鈔》曰：四障分别四文中，四、明不共無明。此中三文，初、獨行不共，二、相應不共，三、恒行不共。

一獨行不共下，明獨行斷障，此獨行亦名爲主獨行不共，謂不與忿等俱。此無明種隨眠。唯見道斷，此無明纏現行。十住第四生貴住已伏纏故。

二相應不共下，二、明相應不共無明斷障，此無明亦名非主獨行不共。

謂與忿等俱者，隨分别、俱生等者。《秋篠抄》云：第二相應不共即隨分别，亦隨俱生，故云隨分别、俱生。有本云通分别、俱生，義亦好也。

纏及隨眠等者，初獨行不共所有纏及隨眠伏斷位次，即當處説已，第二相應所有纏及隨眠伏斷位次，如上二障門中所説。已上秋篠。今詳云：秋篠以有本作通爲好，復釋如上所説言，云如上二障門中所説。此釋恐不穩當，作通爲好之釋，亦不可爾。作隨現本，順文易解。今由本論第五所説，釋不共無明差别。無明有二，一者、相應無明[二八]，謂第六識與貪等本惑俱起相應無明，名相應無明，非今章文所云相應不共無明。二者、不共無明，謂與本惑不俱起無明，總名不共，是有二種。一、恒行不共無明，唯第七識俱起，餘識非有，二、獨行不共無明，唯第六識俱起，於第七識非有。此有二種，《瑜伽》五十八，四。一者、主獨行不共無明，謂與本惑不俱名獨行不共，但八大隨惑俱，與忿等十不俱，唯無明爲主，八大隨惑爲伴起，總十根本惑中隨一本惑起，必八大隨惑隨逐起者。故名主獨行不共無明，十住中第四生貴住已伏纏令離惡趣，隨眠唯見道斷。二者、非主獨行不共無明，今此文云相應不共無明者是也。此無明忿等俱相應起者，由是雖可云相應無明，此無明與餘本惑不俱故，名云獨行。十本惑中唯無明本惑現行故名。雖爾，忿等十不起，明不起故，爲忿等十惑爲伴故[二九]。不云主，名非主，合此等義，名非主獨行不共無明。此無明通見、修二斷，論説非主獨行亦修所斷。忿等皆通見所斷故，此中亦言，亦見所斷，以忿等知之，與忿等相應故。皆通言，彰通二斷。

問：此通二斷云斷隨眠歟。伏纏云斷歟。將如何。答：此非主獨行不共無明通二斷，伏纏與斷隨眠，俱論如前第七依品分別中別明四文，辨地前、地上六、七二識伏與斷。今文云：如上所説，指推別明四文。秋篠云：指上二障門，恐不爾歟。又隨分別起惑，見道斷種，隨逐其斷伏纏及隨俱生惑，修道斷隨眠，隨逐其斷伏現行。於其伏與斷，有頓漸位次，如前第七分別別明四文意則作隨，現本是下句，云伏、斷位次故，可知明伏、斷有差，其差隨逐見、修二斷別生炳然，是故作通言，義意難了，吾從作隨現本，後學擇而居諸。

**章**三、恒行不至煩惱障釋。《鈔》曰：明不共無明三文中，三、明恒行不共無明斷障。《樞要》下釋不共無明云：不共無明有二，一、與根本俱，恒行一切分，餘識所無名不共。二、不與根本俱名不共，此亦有二，一、與小、中、大隨惑俱，不與根本惑俱名不共。二、不共小隨惑及本惑俱，與中、大隨俱名不共。秋篠解是云：初二之中，初恒行不共，其後獨行不共，後二之中，初相應不共，其後相應不共之一分。言一分者，除小忿等十及本惑俱，餘無慚等二中隨惑及八大隨惑俱無明，是名相應不共之一分。已上《秋篠抄》解《樞要》取意。

入無漏觀等者，第六識入見道已後，入法空平等無漏觀，則法我執無明自不現行，是名伏第七識俱恒行不共無明，不起現行纏故。此恒行不共無明種子，金剛心斷障佛果故。

餘三准前等者，唯無明四障中，釋不共無明

已之餘三，二相應、三纏、四隨眠，此云餘三。

准前煩惱障者，上來已明諸門中，釋煩惱障處無多少，有相應纏隨眠釋文，準其義須審察云。

**章**四、五障分至無明住地。《鈔》曰：當門有十文中，五、五障分別。此中四文，初、標五障，即此文也。

諸五住地者，根本《勝鬘經》所説，《瑜伽論》四十七亦説攝持義故，説名爲住。謂此五種現行煩惱所居處故名之爲住，或能攝持現行煩惱故名爲住。言地者所依義，煩惱障中見所斷種名見一處，見四諦理一處斷故。三界九地雖有九品，以真見道一處斷故，所斷惑説名爲見，雖有愛等，見爲首故見爲首惑，一處而斷，名見一處。欲界修惑，名欲愛住地。色界修惑，名色愛住地。無色修惑，名有愛住地。外道多執無色涅槃，爲對治彼故，偏名有。修所斷中，愛爲自故，雖有慢等，總皆名愛。諸所知障，總名無明，雖有見等，無明爲本，總名無明，如《勝鬘經》廣説其相。已上《秋篠抄》。

**章**此各有二至准前伏斷。《鈔》曰：二、釋五住地。

一起即五等者，五之現行名爲現起，五之種子名爲住地。

**章**問若分別至初地已斷。《鈔》曰：三、舉舊人問答[三〇]。

**校勘記**

〔一〕底本原校云：「原本冠註曰：三解脱門，亦名三無忍。《瑜伽》三十八・三紙之文也，《顯揚》六・九紙、《伽》七十四・二紙具説，具如《唯識章頻鈔》八・二十二丁引釋。」

〔二〕底本原校云：「原本冠註曰：自同卷十三紙至第八卷十一紙，説煩惱、隨煩惱及善、不善等諸業是集諦。」

〔三〕底本原校云：「原本冠註曰：然正伏惑等，《周記》云：大乘以空爲近行，能伏於惑，無願、無相爲遠加行，若小乘人觀四諦理三種爲加行伏，與大乘別，遠、近合言得通三行。惑言二乘觀於四諦，以空行伏。云云。今云：周云大乘以空爲近，餘二爲遠，近能伏惑，此説一獨義。若絶亡我是無相所觀，其能觀智無分別能斷，若有分別，能觀是能伏智，必大乘不可爲執學。」

〔四〕「無」，疑爲「爲」。

〔五〕「惠」，底本原校疑爲「意」。

〔六〕「文」，疑爲「久」。

〔七〕底本原校云：「原本冠註曰：大乘合有百二十八等者，見惑合百十二者，欲界四諦下各有十惑，上界四諦除瞋各九，合前有百十二。欲修惑有六，謂貪、瞋、慢、癡、身邊二見，上二界修惑各五，除瞋。合有百二十八，大乘所云。」

〔八〕「唯」，疑後脱「十」字。

〔九〕「小乘」至「八使」，底本原校云：「原本冠註曰：小乘九十八使者，此中見惑八十八者，欲四諦中苦下十使，一、身，二、邊，三、邪，四、見惑，五、戒，六、貪，七、瞋，八、慢，九、疑，十、癡。集下七使，一、邪，二、見取，三、貪，四、瞋，五、慢，六、疑，七、癡。滅下亦七，與集下七同。道下八使，七同集、滅，更加戒取，故有八使。合有三十。色界四諦中，苦下九使，十中除瞋，餘如上説。集下六，一、邪，二、見取，三、貪，四、慢，五、疑，六、癡。滅下亦六，同集下六。道下七使，前六加戒。合有二十八。無色界四諦方有二十八，取數同色。欲界修道下有四使，一、貪，二、瞋，三、慢，四、癡。色界、無色界修道各三，謂貪、慢、癡。三界見、修合有九十八使也。」

〔一〇〕「言」，底本原校疑爲「玄」。

〔一一〕「意」，底本原校疑爲「菴」。

〔一二〕「貧」，底本原校疑爲「貪」，下一「貧」字同。

〔一三〕「明」，底本原校疑爲「別」。

〔一四〕底本原校云：「原本冠註曰：今一品斷者，分分別二障雖有九品，真見道中一品頓斷，故名一品斷。已上《伽抄》釋。」

〔一五〕「清」，底本原校疑爲「情」。

〔一六〕「則」，底本原校疑爲「別」。

〔一七〕底本原校云：「原本冠註曰：及異生斷，此章第二門引論第十明能伏道漸頓伏，彼文應併考。又第四門中說三乘四道能斷、伏，云一切二乘及餘異生有漏、無漏道皆唯無間正斷、伏，應併考知。又第六門中說空等三行能伏，云三門皆能伏惑，正伏惑唯以空行，依二空門入大乘位，現四諦理入二乘位，應併考知。」

〔一八〕「記」，疑爲「證」。

〔一九〕底本原校云：「原本冠註曰：二品斷，秋篠云：第二、第三，此二時心斷法執故名二品斷。問：三心之中，義無間道，義解脱道。解云：二說。一、古人云：初二無間，後一解脱，初二斷種，後一遣習。二、《周記》云：真見道中，或說三心、二心刹那，二即無間、解脱，三謂無間、解脱、勝進。故《唯識》云斷惑證滅，期心別故。云云。」

〔二〇〕「智」，疑爲「知」。

〔二一〕底本原校云：「原本冠註曰：秋篠云：有解：得果者，佛果也。此解非也。豈伏障得佛果耶。」

〔二二〕底本原校云：「原本冠註曰：得定、得果。《周記》云：得彼定者，名爲得定，生彼處故，名爲得果。此解脱分初修業者必以六行欣生彼地，或由是任業而生，非欣生。云云。」

〔二三〕底本原校云：「原本冠註曰：害伴隨眠等者，秋篠云：問：此三隨眠，二障中何障所收。答：此有三釋。一、此三但所知障。二、初二煩惱，第三所知。三、此三隨眠唯所知障。雖有三釋，後說爲正。又問：此三隨眠爲同體，將別體耶。答：此亦三說。一云，後後攝前前，寬狹不同，初狹後寬。二云，三眠體各不同，麁細異故。三云，此三約位辨異，體無差別，若在五地名爲害伴，至六、七地轉名羸劣，九地已上轉名微細。此三說中，第三爲正也。已上秋篠取意。」

〔二四〕底本原校云：「原本冠註曰：所知障種永不行，斷盡已，煩惱障者不應有故。今總明煩惱障所發業果一切斷盡，所知障所發業果亦一時頓斷永不行，由此等義。」

〔二五〕「若」，疑爲「苦」，下一「若」字同。

〔二六〕底本原校云：「原本冠註曰：《瑜伽》云：不染污故名非黑，非有漏善云非白。」

〔二七〕底本原校云：「原本冠註曰：此義意纏與隨眠即不共與相應二無明，唯無明二障，不共有纏、隨眠，相應亦有纏、隨眠故。雖云有四，唯二障。」

〔二八〕底本原校云：「原本傍註曰：云無明二障中相應無明是也。」

〔二九〕底本原校云：「原本冠註曰：忿等十是各别頭各爲主起，故名主與其主，忿等俱無明是伴，故名非主也。」

〔三〇〕底本原校云：「校者曰：以下闕丁歟。」

# 大乘法苑義林章師子頻伸鈔第十六

南都西京藥師寺傳法相大乘沙門基辨撰

**章**二諦深妙非略盡言。《鈔》曰：自下《二諦章》，大分爲三，初、示章標立門，二、由門分科，隨科釋成，三、示由師傳製此章。初中有二，初、示章，次、立門名，今即初也。

二諦深妙等二句，世尊説二諦義，深妙非凡智及，歎廢詮境云非略盡言也。云何深妙。謂《涅槃經・聖行品》曰：善男子，如來有時深説世諦，衆生謂佛説第一義諦。有時演説第一義諦，衆生謂佛説於世諦。是則諸佛甚深，非聲聞、緣覺所知。云云。又《迦葉品》説：善男子，我往一時在耆闍崛山與彌勒菩薩共論世諦，舍利弗等五百聲聞於此事中都不識知，何況出世第一義。云云。又《顯揚論》五曰：今此論中顯薄伽梵所説何法。頌曰：諸佛説如法，正依於二諦，一者名世俗，二者名勝義。云云。又《廣百論》曰：然佛所説無不甚深，二諦法門宗爲難測。云云。今存是等意故，云二諦深妙也。

非略盡言者，釋此一句右有三意。一者、秋篠云：略者簡略也，盡者極也，即無餘義。簡筌息於有無之外，盡理絶於淺深之津，故云非略盡言。二者、義寂《纂》中改云非略言盡，義亦同之。三者、護命《私記》云：有説：略者總略義，盡者繁廣義。二諦玄妙，廣略絶言，不可略言究其宗極，不可廣言辨其源底，故云非略盡言。云云。今云：三釋之中第三爲勝。又别解云：此謙讓詞。本疏一本曰：二諦道理難思，今於此中略示綱要。云云。今亦意趣相同。

**章**聊述綱紀至相攝問答。《鈔》曰：二、標立門。

聊述者，謙讓辭。

顯名者，經論所説立名不同，今初顯示。顯有顯列、顯釋二義，名有總、别二義。

辨體者，若但顯名不辨體性，無體有各[二]、有名無體，無體有用、無體無用，假名安立、有相安立，心變事理、證智真理，不可辨别，故次辨體。

三乘淺深者，初辨三乘二諦，後顯人、法淺深，故此門立名，相違得名。

相攝問答者，初諸教相攝，後問答分别，故此立名，亦相違釋。雖立三門，開有六門。若爾，何爲合云三門。答：由名辨體，離三乘無人、法淺深，離相攝無問答，故合爲三門。若由此義，依主得名。

**章**初門有二至二辨體。《鈔》曰：自下第二大段，由門立科，隨科釋成。此中三段，即三門今[三]别，此下第一門。此中有三，初、標門分科，二、示顯名，三、示辨體，今即初也。

**章**名中有二至初總後别。《鈔》曰：此下二示顯名。此中二文，初、分于科，後、釋成。

顯名者，顯言有列及釋，名言有總及别。

**章**列總名者至不可壞故。《鈔》曰：此下示顯名，中、後釋成。此有三，初、列總名，二、列别名，三、由列釋成。初中有六，初、立唯一淨名，二、示説二諦，三、二諦各立真俗，四、以三性立一諦，五、説四重二諦，六、出異名。初一句標《勝鬘經》中下初立一諦。經曰：四諦中苦、集、道三入有爲相，故是無常，無常者虚妄法，虚妄法非諦。一苦滅諦離有爲相，離有爲相者是常，常者非虛妄法，故是諦。是故滅諦是第一義不思議，是滅諦過一切衆生心識所緣，亦非一切阿羅漢、辟支佛智惠境界。云云。此經《述記》曰：此真如理離有爲相，非生等所遷，離彼相是常，常故非虛妄也。此一諦既非虛妄，是諦，諦故是常，常故可依，三乘究竟皆趣依彼教也。云云。秋篠由此《述記》意曰：曉云：四重諦中，三是世俗，唯一是真，真諦唯一，故名一諦。云云。今章家意，攝行歸真，總名一諦，唯如來藏是爲一實，餘有起盡，或是所取，非一實故。云云。此秋篠由《勝鬘述記》作此釋也。《述記》文如前所別。

**章**《仁王經》中至勝劣異故。《鈔》曰：已上列總名有六文中，初立唯一諦名已，今此文二示説二諦名。

《仁王經》者，舊經上十六丁。説。

人、法各有等者，明説二諦由。秋篠釋曰：經意：事、理相列唯立二諦，一真法界名爲勝義，餘名世俗。所知之法既勝劣異，能知之人亦有勝劣，故云人、法各有勝劣。云云。基辨委細釋云：人謂能知之人，約是[三]分、自證分。法謂所知法，約相分及本質。一切諸法一一識變説四分合成，故有能知人必有所知法，有所知必有能知故。今云人、法各有，彰相、見必不離自證。有謂依他緣起有，彰相、見分勝劣異，熏習力緣起自別。勝謂諸佛菩薩證智、人。不可言境，法。名爲真諦，劣謂二乘、凡夫證智、人。分全之妄執境，法。名爲俗諦，此云勝劣異也。

**章**《涅槃經》中至中、上智故。《鈔》曰：列總名六文中，三、示二諦立真俗二。

《涅槃經》等者，北本十三十丁紙。《聖行品》文也。

一一皆有等者，經曰：知聖諦有二智，一者、中，二者[四]、聲聞、緣覺智名中，諸佛菩薩智名上。云云。文。今謂：一一謂真俗一一境一切諸法，其一一法聲聞、緣覺證智，是中智境，法。名爲俗諦。又諸佛菩薩證智，是上智境，法。名爲真諦。

是皆熏習力故，相、見不離識變現云皆有等，有謂依他緣起有也。

問：前文有勝劣釋，以二乘、凡夫證智境爲劣，今復此有中、上文，經但以二乘智境爲中智，不云凡夫，云何爲別。答：二乘雖知真俗名，不知真俗實體究竟，故知真智亦俗智攝。由凡夫不識真俗名，是之二乘可謂中智，凡夫雖迷真俗，全不了故，不可云下智，而略之也。

**章**《顯揚》《中邊》至有差別故。《鈔》曰：六文釋中，第四、以三性釋二諦別。

《顯揚》者，第五四葉左。但説俗三不説真三。《中邊》者，舊《中邊論》上十九葉。文也，新《中邊論》亦同説也。《顯揚論》中三處説二諦，一者、第二卷初紙。説，二者、第五卷四紙已下。文，三者、第六卷十一丁左。説，三種俗安立文也。今此章文云二諦各三，本是《中邊論》説也。《顯揚論》中，但説三種俗安立，不説勝義三，是故《三十本論疏》六十四丁左。舉釋舊《中邊》三世俗已云如次配三性，《顯揚論》亦有此文，於勝義三下不云《顯揚》有此文，故知《顯揚》但説俗諦三，《中邊》二諦各三，雖有此別，今文合云《顯揚》《中邊》二諦各三也。俗假、行、顯即真義、得、行三，故云廢詮真聖智内證過前四俗復名勝義，亦云真不自真待四俗真，俗不自俗待四真俗，故待假、行、顯四俗有義、得、行四真。由是雖《顯揚》但説俗諦三，與《中邊》具説二合，結云二論俱二諦各三也。

假、行、顯等有差別故者，明説二諦各三由。《三十論》八曰：世俗有三，一、假世俗，二、行世俗，三、顯了世俗，如次應知，即是三性。文。《疏》九本六十四丁。云：第一、假世俗者，實無體性可名世俗，唯有其名，假名世俗，四世俗中第一俗攝。如瓶、盆等唯有名無實體，然通有用無明瓶、盆等無體有用，我、衆生等無體無用。二、行世俗者，有爲行正體是世俗，舊《中邊》云：取行世俗，唯有爲依他故，四世俗中第二、第三攝[五]。第二俗道理世俗，即蘊、處、界等心緣言説所安立故，自爲淺深及勝劣，有别體用，此是有爲，非無爲等。又第三俗證待世俗，即苦、集等四諦理，安立四果所依處。《顯揚》六、《涅槃》第十二等説。三、顯了世俗者，謂斷深依他、遍計取執無二空爲門所顯真如名圓成實，四世俗中第四世俗，或此世俗亦取四中第三，是無漏故，此三名與彼新《中邊論》同，如次配三性，《顯揚論》亦有此文。已上疏文，現流本疏文大錯亂，今訂正引之，後學勿怪相違。

又等言等取何者，謂舉假、行、顯三等勝義三。勝義三者，論第八三十七丁左。説：勝義有三，一、義勝義，謂真如勝殊勝無所得智云勝。之義義謂境界，即絶言境。故。《疏》云：依士釋也，第四勝義收。云云。此絶言境必依無所得智彰故，依能緣、所緣他功用名勝義，故依士得名。二、得勝義，謂涅槃勝即義故，《疏》六十四丁左。曰：持業釋也，第三勝義攝，因證顯故，約得辨故，真如舊成，不説爲得，涅槃後顯，故立得名。已上《疏》釋。三、行勝義，謂聖道勝爲義故無變無倒，隨其所應故，皆攝在圓成實性。已上論文。《疏》釋云：第三者，第二勝義攝，理稍勝故。今云：所親(六)理勝，能親智亦勝。若隨事者，今云：蘊、處分等爲所親，智爲行。亦初勝義攝，多財釋也。今云：能親聖道，能有蘊、處分等所親，多財也。舊《中邊》云：正行真實，今云：正行言攝一切無漏親行，真實言示無漏親行圓成實。此三新翻名體同此，前二義、得。無變，不生滅故，今云：真如、涅槃不生滅故無變。第三行勝義。無倒，今云：無漏親行故，無戲論親行故，云無倒。隨其所應，今云：勝義有三，由隨應離言故云。皆圓成實，無漏依他，此中説名圓成實故。今云：一切無漏淨智名圓成實，根本深經所説，亦《佛地論》等所論，由之此論所論故也。

**章**《瑜伽》《唯識》至下當廣辨。《鈔》曰：六段文中，五、示有四重二諦。

二各有四者，問：《伽》六十四説四世俗，不説四真，《成唯識》第九説四勝義，不説四俗，云何今云《瑜伽》《唯識》二名有四耶。答：《瑜伽》四俗中，後三俗即《唯識》前三真，《瑜伽》初俗等，《瑜伽》《唯識》所説第四真，但名爲俗。

由何知之。如疏主説，俗諦中初都無實體，假名安立無可勝過，故不名真，但名爲俗。第四勝義不可施設，以心緣口言不可安立。不可名俗，但名爲真。又此章下文説虚妄識性是第一俗，真實識性即第四真，由此等説自可知，無説初俗都無，云何説但名爲真一實第四。是故今文，《瑜伽》四俗《唯識》四真合論云二各有四也，此章下文自廣分別。

**章**此總名中至亦名真諦。《鈔》曰：六段文中，此文六、出異名。

一世俗諦者，下文云第一俗體假名安立，後三俗體有相安立。如瓶、盆等但有假名無實體，但從能詮説有別相，故名假名安立，假名安立有別相彰名諦。又後三俗中，第二俗諦心緣口言説緣三科法是一切法，心所變事相有別。後二俗心緣口言説緣四諦及二空如，是心所變理相有別，故云有相安立。但就心所變事、理設立差別，有別相，彰名爲諦，如《楞伽》第一説：俗故有別。

亦名隱顯諦者，如次文釋。世謂隱覆真理，可毀壞義，俗謂顯現隨世遷流，如結手巾爲兔等物，隱覆空理有相現義。

二勝義諦等者，第一世間勝義體，謂蘊、處、界等事，心緣口言有相安立，是即有名有實，如色、香等，《涅槃經》北本十三。説有名有實名第一義。今問：若三科法名第一義，何故復名世間。答：如次文言，三科事相粗顯，猶可破壞名世間。已上章主意。秋篠釋云：諸有學者世間言説以此爲有，即蘊、處、界等，蘊等事相粗顯，猶可破壞，名曰世間。已上《智鏡》。復問：三科等事粗可破壞，云何名爲勝義耶。答：此蘊等事相，後得聖智所知，過第一俗，名爲勝義。

二道理勝義者，諸有學者共心緣口言共立道理，四諦理等也。知、斷、證、修因果一切差別名爲道理，何故差別道理復名勝義耶。答：此等四諦，若彼性理即正智境，若彼相事即後得智境，俱是無漏智境，過前二俗，名爲勝義。

三證得勝義者，諸有學者以聖智無分別、有分別。方便，依詮空二空如。門顯理，真淨法界理。能證聖果名爲證得，凡愚不測，細微超過前三俗故，名爲勝義。

四勝義勝義者，諸有學者既修學已，以此深妙爲所證得，此所證得體妙離言，迥超衆法名爲勝義，即廢詮讚旨一真法界非安立如也，此是聖智内證，過前四俗事相顯現，復名勝義。

由此等義應知，後三俗名勝正智、後智所知，過前三俗殊妙[七]，名義境界道理二義，隨能緣、能詮所應自應思察[八]。第四真名勝，聖智内證超過四俗名殊妙也[九]，又名義多分依於道理廢詮讚旨，非境界故。

舊名第一義等者，舊謂羅什三藏、淨影遠公等。第者居居一也，新譯亦用此名。

**章**列別名者。《鈔》曰：此下釋成，三文中第二列名。此中六文，初、標牒，二、明二諦各立四重，三、列四重世俗名，四、會違示世俗非安立，五、列四重勝義名，六、以安、非安釋，此即初也。

**章**今明二諦至詮旨二諦。《鈔》曰：此下二明二諦各立四重，先示其由。

有、無體異者，明立初重真俗由。有謂世真，體三科故，有、無爲諸法體事，有別體用，異於初俗[一〇]。無謂初俗，瓶、盆等雖有用，都無體性，我、衆生等無用無體，雖用有、無，體俱都無，如是三科、瓶、我體有、無異，云體異也。

事、理義殊者，明立第二重真俗由。事謂道理世俗，心變緣起事相，隨有差別施設，詮緣如色、香等蘊等事法。理謂道理勝義，四諦知、斷、證、修因果差別。義殊者，事與理有差別，其差別名爲義，於引差別觀粗細，三科事相粗顯，四諦差別微細，故云義殊。

淺、深不同者，明立第三重真俗由。淺謂證得世俗，苦等四諦知、斷、證、修方便修學，爲施設染淨因果差別令其趣入，名爲證得。施設安立今名爲淺，深爲證得勝義，即二空如，諸有學者以此方便能證聖果，故名證得。本、後二智依詮空門顯真淨法界理，凡愚不測，過前三俗，名為勝義，今名為深。前淺有相易知，故為不同。

詮、旨各別者，明立第四重真俗由。詮謂勝義世俗，世間學者既修學已，以此殊妙為所證得，妙出衆法，聖者所知，名為勝義，心變真如假相安立，依詮空門非體離言，名云世俗，聖智依詮所顯今名為詮。旨者謂勝義勝義，諸有學者既修學已，以此深妙為所證得，此所證得體妙離言，迥超衆法名為勝義，即廢詮讚旨一真法界非安立如，聖智内證，過前四俗，事相顯現復名勝義。依詮與廢詮，心變理與内證，有相安立與無別相唯非安立，是云各別。

體異與義殊，不同與各別，是各立四重所由，故於二諦等二句，結二諦各立四重由。

亦名事二諦等者，此下正明二諦各有四重。亦言亦上舉總名，示二諦各立四重別名。

名、事二諦者，是世間真俗，初重二諦。名謂瓶、盆、軍、林等名，即世間俗，有名無實。事謂三科、色、香等事，但心緣口言有，故為世間。色、香等言及一切色，稍近無別，超於初俗，故名為真，説為勝義。

事、理二諦者，是道理真俗，第二重二諦。事謂三科，心變事相差別，故為道理，差別易知名為世俗。理謂四諦，苦等知、斷、證、修因果差別名為道理，此是無漏智境。微細過前二俗，名為勝義為真。

淺、深二諦者，是證得真俗，第三重二諦。淺謂四諦，世間學者方便修學，除惡修善，施設染淨因果差別，令其趣入名為證得。有相安立易知，名為世俗。深謂二空真如，諸有學者以此方便能詮聖果，故云證得。聖根、後。依詮空門顯真淨法界真理，名為證得。凡愚不測，過前三俗，名為勝義為真。故云淺深。

詮、旨二諦者，是勝義真俗，第四重二諦。詮謂諸有學者依詮空門既修學已，以所顯殊妙如為所證得。此所證果出過衆法，聖者所知，名為勝義為真。心變如故，假相安立，非體離言，名爲世俗爲詮。旨謂諸有學者既修學已，以此深妙爲所證得，此所證得體妙離言，迴超衆法，一真法界非安立如，名爲勝義，即聖智内證。廢詮談旨，過前四俗事相顯現，復名勝義，今但名旨。上來明立四重二諦由已。

**章**世俗諦四至非安立諦。《鈔》曰：列别名六文中三别四重世俗諦名，具釋四重名如次釋名中，今但略列别名。

世間世俗諦等者，如瓶、盆等隱覆真理，當世性有，墮虚僞中名曰世間，凡流皆謂有，依情名假説名爲世俗。此即有名無實義同，隨能詮説故名爲諦。

道理世俗諦等者，世間有情由尋求力小(二)緣口言道理體用差别，即藴等三科有、無爲法是，名爲道理。事相顯現，差别易知，名爲世俗。

隨事差别諦者，隨由尋求力緣詮道理體用事相現差别，假名安立故名隨事差别也。

證得世俗諦等者，世間學者施設安立四諦染淨因果差别，令其趣入名爲證得，有相可知，名爲世俗。此是令趣入方便施設安立，亦名方便安立。

勝義世俗諦者，聖者所知二空真如，妙出衆法，名爲勝義，依詮空門假相安立，非離言體，名曰世俗。

亦名假名等者，能顯依詮是假名自可知，所顯如是廢詮非安立亦自知，今能顯、所顯合名假名所顯。非安立也。

**章**《顯揚論》説至亦名安立。《鈔》曰：列别名六文中，四、問答會違，釋前文假名非安立。此中有三，初、問，次、答，後、章主會，此即初也。問意言：《顯揚》第六十一丁。説四世俗皆是安立，以《顯揚》説併讀今章前文，前三安立同前文自可知。云何假名非安立諦《顯揚》同前三説皆是安立耶。此就别《揚》説如是問會違也。

**章**勝義諦性至名勝義俗。《鈔》曰：此二答文，即引《顯揚》文答。

勝義諦性者，第四真廢詮談旨性，性謂體，任運體相爲性。

自内所證者，秋篠云：此答意顯圓成實性不可安立，自内取證但爲二空所顯，無別安立爲有、爲無、亦有亦無、非有非無。云云。

爲欲隨順等者，爲謂順助，欲謂欲求，意言：順助欲求隨順自内證智，引生彼真如智，依俗詮空門假立立妙。安立真如，名勝義，隨順自内證，復名世俗，是彰依詮空門。前文名假名非安立，亦復爲然。假名者，釋名二空所顯。非安立者，彰隨順自内所證，故前文意與《顯揚》說全無真違。

**章**初之三種至假名施設。《鈔》曰：三、章主會文。

初之三種者，前三俗也。

相可擬宜者，初三種俗如瓶、盆等，成如三科，或如四諦，其相白可擬宜也。擬謂議也，廣也，像也，揣度而待也。宜謂儀也，《詩》：我儀圖之。注：儀，宜也，過理云宜也。

第四勝義假名施設者，意言：第四勝義、世俗無可擬宜物，二空所顯如爲性故，如是離言非可云二空所顯，然今由無可擬宜物，依能顯詮空門示所顯如，其如爲性廢詮無別，名非安立，唯名勝義，約依能顯詮空門邊勝義言加世俗爲勝義世俗諦，第四亦名安立。雖然，約所顯如非安立離言體，前文不云安立，名非安立，能、所顯同時故，約名二空如邊，名假名非安立諦，故章主今釋云第四勝義假名施設，以深會相違了。

**章**勝義諦四至廢詮談旨諦。《鈔》曰：列別名六文中，五、列四重勝義諦名。

一世間勝義諦等者，謂蘊等法，心變有相有實體性，過初俗有名無實，故名勝義。事相粗顯隨緣出没，故云世間。雖三界事相隨緣没，今就事相粗顯亦名體用顯現體，體謂體相，用謂相用。

二道理勝義諦等者，苦、集等染淨因果差別，心緣口言名爲道理，是此差別性理即正智境，若彼相事即後得智境，總是無漏智境，凡流所不可測，過前二倍(三)，故名勝義。

三證得勝義諦等者，根、後聖智，依詮空門顯真淨法界理，名爲證得，凡愚不測，過前三俗，名爲勝義。依門者，依詮空門。顯實者，一實如現。

四勝義勝義諦等者，一實如理，體妙離言，迴超衆法，名爲勝義，聖智内證，過前四俗。前四俗事相顯現，第四俗雖勝義，能顯施設爲俗。今所言如不拘顯、不顯別，體妙離言，復名勝義。

亦名廢詮談旨諦者，彰體妙離言之名也，釋此名我朝古業相傳有二，一、廢詮談旨，此是音石先德所點。二、廢詮談旨，此是子島上綱所傳。今謂二家俱得體妙離言之義，復何如焉。今據此章前文檢章主意，以讀廢詮談旨，可云章主意歟。前文既云詮旨二諦，以旨言爲第四真諦故，以廢詮談自所顯旨，爲此諦炳然歟。後學者擇而居諸。

**章**前之三種至非安立勝義。《鈔》曰：列別名六文中，六、以安、非安立釋四勝義。前三真相可擬宜名爲安立，爲心言所及也，非安立廢詮談，自内所證可知。

**章**後釋名者至後釋別名。《鈔》曰：此下釋成三文中，三、由列釋名。此中有四，初、標勝，二、子科，三、釋總名，四、釋別名，今即初、二也。

**章**釋總名者至名隱、顯諦。《鈔》曰：此下三釋總名。此中有二，初、釋世俗諦名，後、釋勝義諦名。初中有四，初、標牒，二、護法菩薩義，三、常途義，四、離合釋，今即初、二也。

隱覆者，隱覆真理。

隱覆空理等者，隱覆二空所顯真淨法界理，色、心等有別相自顯現，喻如結手巾爲兔等物。此亦如是者，法合喻辭，謂空理上本無色等，由四緣會色相現，故今以喻示。

今隨古名等者，示翻林義翻。

**章**又復性隨至目之爲俗。《鈔》曰：三、常途義釋世俗言。

性隨起盡等者，意謂諸法性，有爲緣生必墮生滅，生滅是時、世。世謂代也，是遷變義故，今名爲世。凡墮起盡法，緣起有別顯現目之爲俗，俗謂風俗。徐曰：傳相習也，上行下效也，上所化爲風，下所習爲俗。云云。是皆隨緣顯現有別謂也。

**章**世即是俗至依士釋也。《鈔》曰：四、離合釋世俗言。初世俗二字對離合，謂有相顯現，體持隨起盡業用，持業釋也。亦墮起盡，體持有別現用，是持業釋。又俗言有別顯現四俗通名，世言墮起盡相，但在初俗簡以彰非後三俗，能依墮起盡用之俗，依士釋也。

諦者實義下，世俗諦三字對離合也，先釋諦言已合釋。

有如實有者，後三世俗以緣起有爲俗，是如實有。

無如實無者，初重世俗名有名無實，無如實都無，體用是如實無。

有無不虛者，初俗□，後三俗有全非虛妄如實有無。

名之爲諦者，諦謂帝也，王天下之號也，德配天地，不科公位，稱之曰帝。云云。由世儒釋，不私義與主宰義以釋帝言，以帝言釋諦言。今文云：諦者，實義，即不私義、主宰義也。

世俗即諦等者，合釋也。世俗之詮緣不虛不私，即諦斯體持世俗業用，亦世俗詮緣體持不私不虛業用，俱是持業釋。

世俗之諦等者，世俗是墮起盡，有別顯現之士用與依不虛諦實，依士釋也。

**章**勝謂殊勝至道理名義。《鈔》曰：釋總名二文中，二、釋勝義諦名。此中四文，初、釋勝義名，二、勝義二字對約四真別離合釋，三、勝義諦三字對約四真別離合釋，四、示亦名聖諦，今即初也。

勝謂殊勝者，云何於四真殊勝相，謂前三真

雖於智境可論差別，於第四真非境非智。廢詮談旨非境界，故非非境，非非智，説非安立自内證故，迴超衆法，强名一真法界，殊勝究竟，名爲勝義勝義。若於第三真能顯智依詮空門故，雖應唯俗所顯如體非安立非凡愚所測，超前二真，名爲殊勝。若於第二真境是染淨因果差別修學方便，設立道理雖應唯俗，智是無漏，根、後二聖過第一真，故殊勝名勝義。若於初真蘊等三科事境粗顯隨緣出没易知，雖應唯俗，無漏後得聖智能顯，起[三]第一俗當世情者唯墮虚僞，故名殊勝。此是爲四真殊勝别。

境界名義者，秋篠云：境界之義即通依主、有財，道理義唯持業義。基辨詳云：此秋篠釋粗漫，不解章意。境界名義中加之言，唯應依主。若有財釋，加入即言，應云境界即義名，不爾，如爲境故通文，云何解耶。至次文當辨之。又云：道理之義唯持業亦爲粗漫，此亦至次具辨。今所云有二種義言，義謂差別。若就能緣勝言爲殊勝智，則以所緣應釋義言，所緣境界即所差別，應云持業釋。（所緣境界體持所差别業用，名持業釋。）若就能詮勝字爲殊勝言，則以所詮應釋義言，所詮道理即所差別，應云持業釋。（所詮道理體持所差别業用，則名持業釋也。）此爲義言有二種別，爲下所言通依士、有財等釋，此二種義約四真名勝義，前三真與第四真別作釋，故有通依士、有財等釋。秋篠前後混合作釋，後學思察。

**章**第四、勝義至依士釋也。《鈔》曰：釋勝義四文中，二、勝義二字對約四真別離合釋。此中三文，初、以第四真持業釋名，二、以四勝義爲依士釋，三、明持業、依士、有財通釋，今即初、二也。

第四、勝義諦論多説等者，初句牒辨第四勝義離合。

諸論多説等者，今謂論中多分以云廢詮談旨非境界故文爲據，廢詮爲勝，道理爲義，廢詮勝即是道理義，持業得名。又少分云何説耶。謂少分廢詮即廢緣，意云：廢能詮則心廢，雖緣自烟然。立義應云廢緣談旨非詮理故，故應廢緣爲勝，境界爲勝，廢緣即義，持業得名也。

**章**論説依他至隨在何諦。《鈔》曰：勝義二字對約四真離合釋四文中，三、明持業、依主俱用，此辨由境界義，勝義之言隨應通持業、依士也。

論説依他等者，《顯揚論》等中説依他起相，亦是清淨所緣境界故，亦説爲勝義無性，無漏復得真智名勝，亦緣此依他爲境故。此依他亦名清淨所緣，勝之義故。《成唯識疏》九末三丁引。其所應者，意言依、圓二性約四真勝，深能應知隨應，第一真勝三科，第二真勝四諦，第三真勝二空，皆是施設安立心變依他。然第一真無漏後得智境，可名清淨所緣，是殊勝智之境界義，説爲勝義。又第二真苦等染淨因果差別所觀，説是後得智境，有相安立心變依他，亦清淨所緣殊勝智之境界義。若復如是，染淨因果歸一滅諦證離言體，根本真智所緣以如體勝即爲境，殊勝即境界義。又第三真後得聖智，依詮空門證圓成實，依詮空門心變依他施設安立後得清淨，所緣勝智之境界義説爲勝義。然約所證圓成實體，是根本真智月[四]內證真如體，勝即境界義。又若第四真廢詮談旨非境界故，是自內所證，非心變非安立，圓成實性非依他起，殊勝一實如理即道理義。如此於四真別約依他，或約圓成實，根、後二智所緣差別，道理境界差異隨此等所應，或應持業亦應依士等，熟察可知而已。此説隨應二智境所以也。

所以諸教等者，以上來所辨隨應所以約如體勝即境，此於前三真中離言體勝爲持業，如體持勝境義業用故也。

實通依士者，依殊勝智之境界義，前三真中以根、後二智能證用有相安立所顯，此爲境義，依士夫用得名爲勝之義也。

其無漏真智等者，釋通依士之由。其者，前三真中。無漏真智者，初真三科爲境，智是無漏後智，次真四諦、二空雖通根、後二智，今但取後得有相安立爲境故，此是安立依無漏殊勝智之安立境義，故今云隨在何諦也。

**章**亦以勝爲至通有財釋。《鈔》曰：四、明境界義通有財釋，亦謂亦于持業、依主。

以勝爲義等者，辨通有財釋由。意言：以殊勝言爲所緣境界義，則真如體殊勝即所緣境可知，爾則能緣，應無漏殊勝如與智冥合根本智，可謂勝義二言共如真，已由之能緣智爲能有，能有所緣境他財用，名能緣智、應勝智之即。境義，是有財得名義。通者，前已明勝即境，持業釋；勝之境，依士，合于一處，則有有財義，故今云通也。

**章**第四、勝義至境界名義。《鈔》曰：釋勝義諦名四文中，三、勝義諦三字對約四真別離合釋。此中二文，初、約四真別釋勝義二字。

第四勝義等下，明第四真由道理義名勝義勝義。

多分者，諸論中多分説道理義，少分用境界義，如前已明。

非境界故者，非根、後二智境義也。

前三勝義等者，明前三真境界義，此亦就多分爲境界義，少分道理義前已明已，二智境界故云境界名義也。

**章**諦者實義至二釋如前。《鈔》曰：後釋諦言，合釋如文，自可知已。

**章**雖無教説至目之爲諦。《鈔》曰：釋勝義諦名四文中，四、示亦名聖諦。

雖無教説者，秋篠云：問：《涅槃經》十三云：善男子知聖諦有二種智，一中上乃至廣説。又《勝鬘經》中説《無量聖諦章》，文既分明，何故今云雖無教説耶。解云：諸聖教中總言聖諦而不説言二聖諦等，既無二言，故不虛構。云云。今謂：此問答大好，復何加諸。

**章**次釋別名。《鈔》曰：自下由列釋成四文中，第四、釋別名。此中三文，初、標牒，二、釋四重世俗諦別名，三、釋四重勝義諦別名，今初也。

**章**世間世俗至名曰世俗。《鈔》曰：二、釋四重世俗諦別名。此中二文，初、正釋，後、離合釋，今即初也。

隱覆真理等者，如瓶、盆等但有假名而無實體，亦如結手巾現兔等想，如前已明。

當世情有等者，當世人妄情種種想現無一實事，墮虚僞中，凡夫皆謂實有，依人妄情隨世流名假名安立，名世間世俗，如前已辨。

道理世俗等者，秋篠曰：世間有情有尋伺者，所説道理體用俱有，即蘊、處、界有，無爲法是也。云云。

施設染淨等者，秋篠曰：世間學者方便修學，除惡務善，證得聖果，爲此施設苦等染淨因果差別令其趣入，故名證得，即四諦理等。

勝義世俗者，秋篠曰：世間學者既修學已，以此殊妙爲所證得，此等所證妙出衆法，聖者所知名爲勝義，即二空如也。已上秋篠。

妙出衆法者，《周記》云：問：第四真諦亦是超出衆法，名言豈濫耶。答：前言出超望前三俗，後云出超對前三真，故亦無過。已上《周記》。今詳云：此釋未穩，前云出，後云超，兩共超出之義也，但以依詮、廢詮別爲異而已，前以依詮勝義云妙出也，後以廢詮勝義云向超，以是無相濫也。

**章**此中世間至皆持業釋。《鈔》曰：二、世俗諦離合釋。

皆持業釋者，秋篠意云：准次時義離合釋，此世俗離合亦可説言，或世間之世俗乃至勝義之世俗，依士無失，但文略耳。已上秋篠。今云：此釋未盡，謂有二義別，名言一是通丁切言，一是義別局不通餘。別爲所依，通爲能依，以別簡通，以體別簡，依主得名。以用別簡，依士得名。而體用不離故，依主、依士唯一箇釋。又二義別言，一爲體，一爲用，有其體言持業用，言義持業得名，體用不離，如云硯石，言義硯體，亦持石業用義有。一切如是應知。

**章**世間勝義至復名勝義。《鈔》曰：釋別名三文中，三、釋四重勝義諦別名。此中二文，初、正釋，二、離合釋，今即初也。

事相粗顯等者，秋篠曰：諸有學者世間言説以此爲有，即蘊、處、界等，蘊等事相粗顯，猶可破壞，名曰世間。此蘊等事相從得聖智所知，過第一俗，名爲勝義。已上秋篠。

道理勝義等者，秋篠曰：諸有學者共立道理四諦理等，此名道理。如是四諦，若彼性理即正智境，若彼相事即後智境，總是無漏智境，過前二俗，名爲勝義。已上秋篠。

證得勝義者，秋篠曰：諸有學者以依詮空門方便顯一實如能證聖果，故名證得，即二空如也。此處凡愚不測，過前三俗名爲勝義。已上秋篠。

勝義勝義等者，秋篠曰：諸有學者既修學已，以此深妙爲所證得，此所證得，體妙離言，迴超衆法，名爲勝義，聖智内證，過前四俗，事相顯現。復名勝義。已上秋篠。

**章**此中世間至依士無失。《鈔》曰：二、離合釋。

皆持業釋者，世間爲體。持勝義諦業用，勝義諦爲體。持世間業用，如前已明。

依士無失者，今云：若作勝義之勝義，則上勝義體妙離言，下勝義言指自内證是智，依體妙勝義之内證勝義，依主得名。

或勝義之勝義諦者，現本脱勝義二字，秋篠所覽本作之勝義諦，復前文持業釋處作即勝義諦，故現本脱闕炳然。由是釋今文意，可謂依殊勝智境之勝義實諦，是依士無告也。

**章**次出諦體。《鈔》曰：自此已上當章大段三門分別，第一門顯名辨體二文中，初顯名已。自下第一門有二中，第二、辨體文。此中四文，初、標牒，二、辨四重世俗諦體，三、辨四重勝義諦體，四、令論真俗二諦歸三性，今即初也。

**章**第一世俗至輪等體無。《鈔》曰：二、辨四重世俗諦體。此中二文，初、正四重各別辨體，

二、總論四重俗諦體。初各別辨體中有四文，此即第一辨初世俗體也。

《顯揚論》說者，第六卷文也。瓶、軍、林等二句，舉無體有用、無體無用物亦都無體用。

或無實體等下，章主釋文。或無實體者，明瓶、軍、林等無體有假用。假謂似也。

或體實無等者，我、有情等不但無用，亦無實體，但有情、妄情。名，能詮。都無體性。有名無實如龜毛等。

然通有用等者，明雖無實體，通有用、無用二法。

瓶等有用者，有假用，假謂似也，似有用之妄情顯現。

我等用無者，謂不同瓶、衣等有受用法，但有妄情及能詮名。

名、句等五種世法者，《涅槃經》第十三《聖行品》所說，如當章下文引成。今略示云：善男子，世法隨世遷流可破壞，名爲世，世法體。有五，一、名世，二、句世，三、縛世，四、法世，五、執著世。名世者，男、女、瓶、衣、車乘、屋舍等。句世者，四句一偈，首盧偈等。縛世者，捲合、繫結、束縛、合掌。法世者，鳴鐘集僧，嚴鼓誡兵，吹貝知時等。執著世者，如望遠人有染衣者，生想執著，云是沙門，非婆羅門，見有結繩撲滅身上，便生心念，是婆羅門，非沙門等。是云五種世法。善男子，若有衆生於如是等五種世法，心無顛倒，如實而知有名無實，是名第一義諦也。

衆生等，秋篠曰：不但無體，亦無假用，此就實我。若假我者，即依他攝，非無假用，文。火輪等。同曰：小有能照用，而無實體，故云體無。文。

**章**第二、世俗體至異於初俗。《鈔》曰：二、辨第二世俗體。

所安立等者，證蘊、處、界是世俗諦。安立者，心緣詮言施設立有相體事。

即有、無爲等者，示道理世俗體，謂三科中，五蘊唯有爲法不通無爲，處、界門中，法處、法界一分是無爲，餘是有爲。

體事者，心變口詮自有體用差別，安立淺深、勝劣是爲道理，相待有相假名安立爲世俗，與初俗有名無實異故爲深爲劣，有別體用，明有淺深及勝劣體、相、功用也。

**章**第三、世俗至名爲世諦。《鈔》曰：三、辨第三世俗體。

《顯揚論》者，第六卷十丁右。文，《瑜伽》六十四四丁右。同説之。

謂所安立者，世俗之證。

預流果等者，《顯揚》六曰：證得世俗者，謂安立預流果等，及安立彼所依住法。云云。秋篠解曰：施設預流等四沙門果，及以安立四沙門果所依四諦，故名證得俗。云云。

及所依處者，《周記》意云：所依處者，四諦理，此安立四沙門果所依處，四諦也。云云。今謂：四諦理，所證得理，四沙門果，能證得智果，合能、所證得爲證得體，名爲證得。

即諸聖果等者，正示證得世俗體，此體即能、所證得合取故，今云即果理等。於智果勝劣施設四人，其體但智果，已能證如是，所證住法亦安立理，名爲世俗。

有八苦相等者，若説無八苦相、無法我，故雖第一義，今説有，故施設苦諦相安立因果差別云名爲世諦也。

**章**第四、世俗至名世俗也。《鈔》曰：四、辨第四世俗體。

《瑜伽論》説等者，六十四五十丁右。卷説文，意言：此所爲體勝勝諦性，廢詮談旨非安立故。第四真體非俗諦體，何故今明世俗體云勝勝諦性耶。有此疑故，今上句置所安立言。安立者，雖有種種，今所云作二無我親(一五)。何故名安立。欲顯得勝勝諦觀一切法緣起，常、一我、法等相都無體用通達，非依詮緣空修習，不能至非安立勝勝諦契會，修習都無體用觀心，如次所引《涅槃經》所説。於一切法常、一我、法，若燒若割，若死若壞等，心緣口言其觀徹已，二無我智自顯，自內證廢詮勝勝諦。今此安立二空所顯勝勝諦性，與第四真廢詮談旨非安立勝勝諦，體雖無二，今所言由二無我所顯，故云所安立名世俗，彰有能顯修觀，而所顯體勝勝性彰，與第四真無二云勝勝諦，復名勝義，後來學者必勿膠執。

**章**第一俗體至有相安立。《鈔》曰：辨世俗體二文中，二、總論四重俗諦。

假名安立者，第一俗有名無實，故所安立但有情名已，如龜毛等。

有相安立者，後三俗隨應雖有名有實，隨能顯智所顯有淺深、勝劣差別現，即有相安立。今云：後三俗中，第四俗體雖是無相，依詮空門有顯，故云有相安立也。

**章**第一勝義至亦是勝義。《鈔》曰：辨體四文中，此下三正四重各別辨體。自有四文。此即第一勝義體文也。

亦是勝義者，謂此蘊等有別體用，勝於初俗，故名勝義。

**章**第二勝義至第一義諦。《鈔》曰：二、辨第二真體。此是道理勝義體，即苦等四諦，此理深過初真，故云道理勝義。

苦、集、滅、道等者，謂先苦後集，先滅後道，厭果斷因，欣果修因，因迷難知，果顯易知。

**章**第三勝義至名勝義也。《鈔》曰：三、辨第三真諦，即二空如是體勝前證得世俗，故云勝義。

**章**第四勝義至而顯真故。《鈔》曰：四、辨第四真體，即非安立一真法界。一，謂更無二。真，謂是實、圓、遍也。法，謂一切諸法也。界者，因義，含藏義。

實體者等者，《涅槃》十三曰：真實者即是如來，如來者即是真實。真實者即是虛空，虛空即是真實。真實者即是佛性，佛性即是真實也。

又言無燒割等者，又《涅槃經》十三說：無燒無割，無死無壞，是名第一義。云云。今云：此即廢詮談旨非安立義也，無言能顯第一義故。

**章**前三勝義至相非安立。《鈔》曰：辨勝義諦體二文中，此文二總論四重真俗文。

**章**初之一俗至即是三性。《鈔》曰：辨體四文中，四、合論四重真俗歸三性。

即前三真者，後三俗即前三真，是真俗俱心變依他事理。

**章**上來第一顯名辨體。《鈔》曰：此文結，當章大段三門中第一門説。

**章**第二、三乘至後顯淺深。《鈔》曰：自下大段第二門。此門大分四文，初、標門分科，二、辨三乘二諦，三、於人、法顯淺深，四、總四真俗相對示淺深四諦結，今即初科之文也。

**章**二乘自説至許觀真俗。《鈔》曰：大分四文，第二、辨三乘有二諦。此中有二，初、總明三乘二諦，二、別明二乘二諦。初文有三，初、辨三乘應有二諦，二、引經立三乘有二諦，三、由智差別凡聖相望，結成三乘有二諦，此即初文也。意言：二乘自説，教文但説觀二諦，不説作二諦觀行悟入于真，雖爾，大乘學眼見小乘教，後教修學人雖不修法空觀，亦同大乘所學，觀生空無我證生空智果，加行時觀生空俗，入生空智必應爾。由是大乘評説云小乘亦觀二諦，今立三乘有二諦也。

**章**《涅槃經》云至如下廣説。《鈔》曰：二、引經立三乘有二諦，經是北本十五《聖行品》文。

皆有中智等者，經意以總相爲中智，一切種別同時同處分別而知爲五智，如次門廣辨。

此乃俗諦等下，章主文，此者前引經説知世諦等爲此，故俗諦有中二智。

一切行無常等者，明真諦有中、上二智。一切行等文，《涅槃經》文，此勝義中等下，章主文也。

以種別智等者，秋篠曰：分別而知名種別智，總相而知名爲總智。分別而知名之爲上，總相而知名之爲中，此總別智並據後得，不取正智，故《對法論》十一云：種別智者，謂出世門後所得慧。此等二智如下廣説。

**章**同《仁王經》至皆有二諦。《鈔》曰：三文中，三、由智差別，凡聖相望結成三乘各有二諦。

同《仁王經》下，引《仁王經》難勢，令義例准成人、法各有二諦，經舊經《二諦品》說。

諦不應一者，謂真智解一證無二理，能證智既一，所證諦亦一。

若世諦中有真諦者，諦有二故，智亦應二，故云諦不應一也。

智不應二者，謂知俗名俗智，知真名真智。若世諦中無真諦者，諦既一故，智亦應一，故云知不應二也。

即顯人、法等者，秋篠曰：諦既二故，智亦有二，能知之智爲人二諦，所知之諦爲法二諦，是故人、法皆有二諦。云云。

以人相望等者，意言：上既成人、法皆有二諦意，其中取人二諦能知之智有三：一、異生[一六]，二、二乘，三、如來。此能知智有三：下、中、上中，下非今所論，但取中、上，與人二諦相望，三乘各有二諦炳然，是立三乘二諦所由也。

由此人法等下，正結成三乘各有二諦義，能知、所知不離人、法各有三乘二諦，故云各分二重，以結成云是故三乘等也。

**章**聲聞乘二至亦不取之。《鈔》曰：自下明三乘二諦二文中，第二、別明三乘二諦。此中三文，初、聲聞乘二諦，二、獨覺乘二諦，三、菩薩乘二諦。初中有二，初、正明聲聞乘二諦，後、三乘相對辨。初正明中，牒章文有五，四重俗諦四文，真諦四重合牒也，今即初世俗文也。

不取實法等者，明唯取所執實我由，意言：聲聞乘人設起實有法執，不障聲聞所證果，故取實有法執，不云世間世俗，故云不取之也。

**章**第二、道理至三義觀故。《鈔》曰：二、明聲聞乘道理世俗諦。

多爲三義觀故者，《周記》云：三義觀者，即三科觀也。云云。多爲者，秋篠云：波羅蜜多，聲聞不但爲三義觀，亦兼作因緣觀等，是故名多也。文。又云：此觀聲聞皆作，佛及獨覺不作。云云。又云：在雜緣法念住後，總想念住前加行位起此觀，如《正理論》六十一説。已上秋篠。又《婆沙》第八云：如七處善三義觀，能於此法毘奈耶中速盡諸漏。解云：三義觀者，謂次第觀蘊、處、界也。

**章**第三、證得至修證得故。《鈔》曰：三、明聲聞乘證得世俗諦。

依此加行等者，依觀四諦十六行相加行，修習證得聲聞自果。加行修三學因，證得言果也。所安立等言，加行修時，十六行相等施設安立苦等理因果差別皆是施設，故云世俗也。

**章**第四、勝義至證真如故。《鈔》曰：四、明聲聞乘勝義世俗。

依生空門等者，聲聞乘人不觀法空，依生空無我有相觀門，但詮生空如，故云勝義世俗也。

**章**第一、世間至一真法界。《鈔》曰：此文正明聲聞乘四重真俗二諦中，已上文《鈔》釋四重世俗諦已，今此文明品〔一七〕重真諦，文文〔一八〕難四重合牒，准前可知，四重俱聲聞乘真諦。

理真所安立者，有相觀門安立。

證真所安立者，生空無依詮安立。

**章**此中安立至境界而説。《鈔》曰：明聲聞乘二諦二文中，後三乘相對辨文。

故諸論中等者，秋篠曰：三科、四諦多聲聞境。若依獨覺境界而説二三俗，十二有支爲第二俗，七十七智業爲第三俗。若依菩薩境界而〔一九〕二三諦，則十善巧等爲第二俗，唯識理等爲第三俗，而諸論中多依聲聞境界而説。已上秋篠，由次下章主意釋。

**章**獨覺乘二至故成差別。《鈔》曰：明三乘二諦三文中，二、明獨覺乘二諦。此中三文，初、示與聲聞異，二、正明獨覺二諦，三、與聲聞對辨，今即初也。文易可知。

**章**第一世間至不障果故。《鈔》曰：三、正明獨覺乘二諦。此中大分有二，初、明獨覺四重俗諦，後、明獨覺四重真諦。初中有四，初、世間俗，二、道理俗，三、證得俗，四、勝義俗，今即初世間俗也。文易可知。

**章**第二道理至此爲境故。《鈔》曰：明四俗中，二、道理俗。

所安立十二有支等者，安立者，獨覺乘有修觀心上所施設安立有相差别，此爲世俗。有支者，有謂三有，生有、死有、中有。支謂因義、分義，十二緣起法爲三有因。廣明十二有支，如《瑜伽》第九、十、九十三，《對法》四，《十地論》八，世親《十二因緣論》，《成唯識》八等説。

獨覺多緣等者，麟喻獨覺，不但爲因緣觀，亦作三義觀，故云多也，緣此十二有支爲所觀境也。

**章**第三證得至修證得故。《鈔》曰：四俗中，三、證得世俗。

所安立者，有相觀所施設也。

雜染順逆等者，《對法論》四十四右。曰：諸行緣起順逆者，謂雜染順逆故，清淨順逆故，是説緣起順逆。

雜染順逆者，或依流轉次第説，説者修觀。謂無明緣行，如是順次第説，或依安立諦説，説者修觀。謂老死苦，老死集，老死滅，老死趣滅行，如是等逆次第説。説者修觀。

清淨順逆者，謂無明滅故行滅，如是等順次第説。説者修觀。由誰無故老死無，由誰滅故老死滅，如是等逆次第説。説者修觀。應如是觀緣生起義，一切皆是緣生，唯除法界、法處一分諸無爲法，爲捨執著無因、不平等因我故觀察緣生。云云。已上《對法論》文。秋篠曰：問：順逆之名據何而立。解曰：此有三對，一、因果相對，先因後果，名之爲順，順生之理，返此名逆。二、細粗相對，先細後粗，名之爲順，順積集理，返是名逆。三、近遠相對，先近後遠，名之爲順，順觀適理，返是名逆。云云。是《婆沙》二十三説三對示順逆觀察。已上秋篠。

七十七智者，《瑜伽》第十十八丁。説：問：何因緣故依止緣起建立七十七智耶。答：爲顯有因雜染智故，又復爲顯於自相續自己所作雜染智故，又復爲顯後際諸支容有雜染還滅義故，又復爲顯支所不攝諸有漏慧偏〔三〇〕知義故，於一一支皆作七智，當知總有七十七智。云云。《倫記》三下三十二丁。舉基師、備師義云：七十七智者，謂緣現在老死有二智，一、緣現在生而有老死，二、非不緣現在生而有老死，現在自身自己作故。又緣過去老死有二智，一、緣過去生而有老死，二、非不緣過去生而有老死，觀於前際無始來老死無不皆以生爲緣故。又緣未來老死有二智，一、緣未來生而有老死，二、非不緣未來而有老死，未來雖不起，容有雜染還滅義故，觀雜染故成二智也。二智者，初智觀果有因，顯其所由。第二智觀果有因，非不失定，破外妄計，非不平等、無因靈〔三一〕。此中前六真實智，第七法住智，觀支所不攝法，諸有漏慧遍知義故，即法住智，遍知三世緣起教法名與不攝以爲第七智。前六真實智，合法住智一，真實六，故成七智。若依此義，聖者身中亦有法住智，異生身中亦有真實智，皆起七智觀，餘前十支亦然，故成七十七。云云。私云：問：十二有支中一一支云起七智觀，則可云八十四智，何故減一人七智云七十七智耶。答：如《倫記》舉基師説云：謂如老死以生爲因，乃至行支以無明爲因，此觀諸支有其因法也。無明更無其因，故智種自闕，故減七智云七十七智也。緣此雜染之所起智，名雜染智，咸能緣智，即是雜染。由《倫記》基師説私書記也。

**章**四十四智。《瑜伽論》第十十八丁。曰：問：何因緣故於緣起中建立四十四智耶。答：爲顯於一一支依四聖諦觀察道理，是故總有四十四智。云云。秋篠由《倫記》釋曰：此四智者，謂觀老死支爲四，一、老死苦，二、老死集，三、老死滅，四、老死趣滅行，乃至行支皆作此觀。無明無因，智種闕故不觀之。云云。今私云：此亦雖應云四十八智，闕無明四智故云四十四智也。

問：七十七智、四十四智有何別耶。答：約

通相，三乘同起，若約別相，并是聲聞觀。聲聞觀中鈍根人起四十四智，觀果由因，觀易成故；利根之人起七十七智，觀因生果，觀難成故。此二智門雖通後智，而正是當加行觀法，爲初生道之方便故也。

**章**第四勝義至生空真如。《鈔》曰：四俗中，四、勝義世俗。

所安立者，依詮安立，獨覺乘生空所顯如名爲勝義義，名勝義俗也。

**章**第一世間至一真法界。《鈔》曰：正明獨學乘二諦中，後明四重真諦。此中四文，初、世間真，二、道理真，三、證得真，四、勝義真，雖四文別，今合牒不別牒，文簡易故，准前應解。

第一世間者，獨覺乘初真。

所安立者，心念有支施設名安，流轉有相宛然名立，即是世間，難可壞相，有名有實名勝義。

第二道理者，獨覺乘第二真。前文應釋染淨、順逆觀修加行是所安立，七十七智、四十四智所觀名爲道理，緣起道理及雜染還滅顯得即是理真，名爲勝義。

第三證得者，獨覺乘第三真，與聲聞乘同所修觀安立生空無我所顯真如，是名證得，即是無差別平等相名爲真，是勝義。

第四勝義者，獨覺乘第四真勝義真，生空所顯廢詮真如。

**章**既與聲聞至餘聲聞境。《鈔》曰：獨覺乘二諦三文中，三、與聲聞對辨。

既與聲聞等者，明獨覺、聲聞不異。云何不異。謂所悟所悟[三]所證是一，二乘俱悟生空真如證無餘滅，復詮得廢詮如不異聲聞，悟、證不異聲聞。

問：何故所悟、證一云耶。答：即所安立生空真如及非安立生空無我、一真法界是二乘人間所悟、證，故不異聲聞也。

又復獨覺等下，正明聲聞與獨覺異。

根不同者，根謂機根，獨覺上根，聲聞下根，是爲不同。

行緣亦異者，所修、所觀云行緣，如上已明，聲聞唯三科、四諦、生空爲行緣，獨覺十二有支染淨、順逆觀察七十七智、四十四智生空無我爲行緣，故云行緣亦異。

上兼下等者，上智上根獨覺兼聲聞下智下根，故聲聞行緣必在獨覺乘法，前又既云獨覺多緣是爲境故不但觀緣起，亦兼觀三科、四諦故説爲多，是故獨覺所觀境中聲聞行緣必具，是上兼下義也，故云三科、四諦亦獨覺境。境者，所觀境也。

下不兼上者，下智下根聲聞法不兼上根上智獨覺乘法。

十二有支流轉還滅等者，明獨覺乘法非聲聞境。流轉者，十二有支雜染順逆觀察云流轉，此觀流轉次第故。還滅者，觀雜染滅無，故此云淨品，順逆因果等觀察，此云還滅。

除大利根者，秋篠曰：不問麟角部行，總望聲聞人獨覺皆名大利根也。

非餘聲聞境者，結獨覺乘非聲聞人所觀境也，已上。獨覺乘二諦已。

**章**菩薩乘二至悟、執亦異。《鈔》曰：別明三乘二諦三文中，三、明菩薩乘二諦。此中四文，初、明與二乘二諦別，二、正明菩薩乘二諦，三、與二乘對辨明菩薩乘各別，四、真俗四重相望明安立、非安立，今即初也。

根、性不同者，根謂增上義、出生義，二乘觀三科、四諦理爲增上緣，菩薩觀真如淨法界爲增上緣，二乘以三科、四諦出生自果，菩薩以離言説真如慧出生諸行。性者體相義，二乘生空無我爲心體相，又二乘自利爲心性，菩薩自利利他爲心性，故云與二乘根性不同也。

行、緣有別者，二乘以四諦事理爲觀行，爲所緣，菩薩二空真如爲所緣，以廢詮真如智爲觀行，是云有別。

悟、執亦異者，秋篠曰：問：悟有淺深，三乘各異，其義可爾，執無淺深，三乘同起，何得名異耶。解曰：人執雖同而法執異。此義云何。法執有二，一者、障果，二者、不障果，二乘法執不障自果，菩薩法執障自乘果，執體雖同，其用各異，故云悟執亦異也。

**章**第一、世間至障自果故。《鈔》曰：此下，二、正明菩薩乘二諦。此中大分二文，初、菩薩四重俗諦，後、菩薩四重真諦。初中有四，此即第一菩薩世間世俗諦。

通取實執等者，通一切，取實有固執人、法二執，爲菩薩世間世俗，有名無實物，障菩薩自果故。

**章**第二、道理至更加於諦。《鈔》曰：此二菩薩道理、世俗諦。

十六善巧者，《周記》云：《中邊》有十，《瑜伽》有六，合云十六，非是別有十六善巧。云云。秋篠曰：言善巧者，舊云勝智，若云善巧是緣彼智，即蘊之善巧乃至無爲法善巧，並依主釋也。云云。

《菩薩藏經》第十七等者，《唯識演祕》中引《菩薩藏經》第八及十，而云與《辨中邊論》所說十善巧大異，而爲會通云：《中邊》爲治十我見故，經爲菩薩修波羅蜜多，各據一意云十不同。云云。有人詳此會通云：此通釋及引第八及第十卷非也。秋篠云：正檢彼經第十七卷列十善巧，第十八、十九具明其相。云云。《菩薩藏經》合二十卷，竺法護譯也，《辨中邊論》引此經十七卷，與今文大同也。已上有人考。基辨詳有人考云：有人云竺法護譯二十卷者，檢明藏目録，云《佛說大乘菩薩藏正法經》二十卷者，舊作四十卷，惟淨譯，後竺法護等校譯作二十卷，現存。《寶積經》中與十二菩薩會同本異譯。予對檢如有人云，無別名《菩薩藏經》者，由此《演祕》所云亦別本歟。閱《寶積經·菩薩藏會》，如秋篠云：此皆緣彼智。又《演祕》中云《辨中邊論》與《菩薩藏經》說意相違，恐非歟。章主意非經論說意別。

菩薩緣此十種爲境除我、法執者，《辨中邊論》頌曰：十善巧真實，皆爲除我見。云云。今云：頌但云我見，除人我、法我二見故。長行釋曰：善巧真實復十種，爲欲除遣十我見故乃至善巧真實謂爲對治十我見，故說有十種。云何於蘊等起十我見耶。頌曰：於蘊等我見，執一因受者，作者自在轉，增上義及常，雜染清淨依，觀縛解者性。長行釋曰：於蘊等十法起十種我見，一、執一性，二、執因性，三、執受者性，四、執作者性，五、執自在轉性，六、執增上義性，七、執常性，八、執染淨所依性，九、執觀行者性，十、執縛解者性，爲除此見修十善巧。云何十種善巧真實依三根本真建立。以蘊等十無不收在三種根本自性中故。今云：三根本真實者，頌前文云：云何根本真實。諸三自性，一、遍計所執自性，二、依他起自性，三、圓成實自性，依此建立餘真實故。如何收在三自性中。頌曰：此所執分別，法性義在彼。長行釋曰：此蘊等十各有三義，且色蘊中有三義者，一、所執義色，謂色之遍計所執性。二、分別義色，謂色之依他起性，此中分別以爲色故。三、法性義色，謂色之圓成實性。如色蘊中有此三義，受等四蘊界等九法各有三義，隨應當知。如是蘊等由三義別，無不攝入彼三性中，是故當知十善巧真實皆依根本三真實而立。已上《辨中邊論》文。秋篠釋爲治十我說十善巧，廣設縷說，其中義有得失。基辨因《中邊論》義意詳云：初、蘊善巧釋無害，二、釋界善巧中，但云顯種因說界善巧，文簡難了，謂據論文應釋云能、所取、能謂眼等六内界，所謂色等六外界。彼取眼識等六識界。種子義名界善巧。三、釋處善巧，與論無違。四、釋緣起善巧[三]，與論相違。秋篠云：今顯諸法皆從緣生說緣起善巧，通漫論就十二緣起有增益、損減過，我爲因必因增，彼執無因因減過，增減果用皆有不平等過，於因果用無增減過爲緣起義，是緣起善巧，是論文意。五、釋處、非處善巧，云由惡行受不愛果，亦因善業受可愛果說處、非處，與《中邊》《顯揚》以七種不自在釋相違。論曰：處、非處義略有七種不得自在，應知其相：一、於非愛不得自在，謂由惡行，雖無愛欲而墮惡趣。二、於可愛不得自在，謂由妙行，雖無愛欲而昇善趣。三、於清淨不得自在，謂不斷五蓋，不修七學支，決定不能作苦邊際。四、於俱和不得自在，謂一世界無二如來、二種輪王俱時出現。五、於勝王不得自在，謂女不作轉輪王等。六、於證得不得自在，謂女不證獨覺、無上正等菩提。七、於現行不得自在。謂見諦者必不現行害生等事，諸異生類容可現行。《多界經》中廣説此等，應隨決了是處、非處。如是已説處、非處義。已上論文。此論《述記》曰：於頌中，第四結句云處、非處。今解：七種俱云非處，以非處義唯破我有自在，故終不明處。云云。又《顯揚論》十四六十。曰：云何處、非處善巧。頌曰：不作謂不純作妙善行故，是故無有自在之我。不趣謂離妙行不住善趣故，如經言：無處無容行身惡行乃至得生天上，必無是處，乃至廣説。不得，謂離善方便無漏聖道，定不能得道果所攝畢竟清淨，如經言：無處無容不永斷五蓋乃至不修七覺支能正證得苦盡邊際，必無是處。二體不轉，謂無處無容非前非後有二如來出現于世，乃至廣説。餘體不轉，謂離丈夫身外，餘身必無有作轉輪王等，如經言：無處無容女人得作轉輪聖王，乃至廣説。淨見無餘業。謂如經言：無處無容聖見具足補特伽羅故斷物命乃至受第八有，必無是處，有是處者謂諸異生。今於此中言不作者，謂所計我於因不得自在。不得者通於因果，淨見無餘業亦爾，餘唯於果。又處、非處者，於自果決定名之爲處，當知於餘餘者不於自果。名爲非處，由無倒慧於此善巧，是名處、非處善巧。已上《顯揚論》文。由《顯揚》説處、非處者，因於自果決定云處，不於自果於餘名爲非處，可云決定、不決定名處、非處。檢儒傳字畫，釋處字云定也、留也，若云決定名理，不決定名非理，則與《瑜伽》五十八云，何等爲處，於彼彼事慧道理云處，何等名非處，於彼彼事不契道理云非處之釋全相同。若由《中邊論》，則可云自在名處，不自在名非處歟。不然。《述記》釋七種不自在論文云：今解，七種俱言非處，以非處義唯破我有自在，故終不明處。云云。此意言：諸外道等執我體遍一切有，能自在力用，能作、能受，然今所説七種於果不自在者，由是見我不遍此七種耶。亦於七種不能自在耶。故彼計我執遍、常、能自在，虚妄，應非如實説。是故菩薩了知彼計我於因不得自在妄計，但自因於自果決定名處，於餘名爲非處，是無倒慧，於處、非處善巧。此《中邊》《顯揚》二論意同私釋。又可自因於自果自在緣生，是契理，故非處翻是，如是解，則《伽》五十八説理、非理名處、非處，亦可云《顯揚》《中邊》同義歟。必秋篠據義演説，但可愛、不愛果釋處、非處，學者須擇而居已。已上處、非處善巧已。六、秋篠釋根善巧，云執根是我，有能取增上勢力用，今顯諸根有能取用，非由於我，故説根善巧，與《中邊》《顯揚》拼[二四]觀簡約論説，意味稍相違。秋篠但云根是我能取增上，亦云諸根有能取用非由於我，諸根言似云二十二根，次云但有能取用故，但眼等六根炳然。然二論根善巧非但六根，以二十二根説，增上用亦非但能取故，秋篠所釋不盡。今據《顯揚論》應釋，論曰：若不見我於能取等是增上，故名根善巧。何以故。非所計我觀餘因緣於能取等增上自在，即餘因緣於能取等是增上故，是故計我不應道理。所言諸根二十二根。能取增上。眼等六根，於取六境增上名根。能生相續增上。男、女、命、三根。染污增上。憂、喜、苦等五受根，清淨增上。信等八根。此中顯示根善巧自體及彼障斷勝利，是名根善巧。七、世善巧，秋篠曰：執即蘊等我即是常，今顯有爲三世流轉故知蘊我非常，是説世善巧。八、諸善巧，執我是一爲染淨二法依，今顯四諦是染淨因果不由我，是諸善巧説。九、乘善巧，執我爲觀行主者，今顯三乘正智是能觀者，是説乘善巧。十、有爲、無爲善巧[二五]，《辨中邊》頌曰：謂若假、名等。若因、謂種子藏識。若相、謂器、身并受用具，及轉識攝意、取、思惟也。意謂輕時思量性識。取謂五識，取現境故。思惟即是第六意識，以能分別一切境故。如是若假、若因、若相，及相應法總名有爲。若寂靜者，謂所證滅及能證道、能寂靜。復所觀義。故謂即真如是寂靜，道所緣境故。如是所説，若諸寂靜、若所觀義，總名無爲。已上《辨中邊論》第十善巧文[二六]。

《瑜伽論》説等者，三十五説六善巧，自蘊至根。又同二十七説五善巧，謂蘊、界、處、緣起、處非處。或説七種者，《顯揚論》十四説七善巧，《瑜伽》六種加諦爲七也。

**章**第三、證得至而證得故。《鈔》曰：此三菩薩證得世俗諦。

所安立者，心緣口説，由聞、思、修慧熏習成，習修、得修等皆是安立。

三性、三無性者，《深密經》二《一切法相品》説三性，同卷《無自性品》説三無性。又《成唯識論》八説立三性，同第九卷説三無性。此中三性者何。謂一、遍計所執性，二、依他起性，三、圓成實性。周遍計度名爲遍計，能遍計、見分。所遍計相分。能、所合名妄情，此情二分。依虛妄分別熏習起性依他起，於能、所計妄情所妄執我、法相，總名遍計所執自性。此是自性體性都無，理教推求如龜毛等都不可得。依遍計之所執名遍計所執，依士釋也。又相、見二所依體自體分。實託虛妄熏習緣生，此性非無，名依他起，虛妄熏習緣種子因緣。所生故，由斯理趣衆緣所生，心、心所體及相、見分有漏、無漏皆依他起，依他衆緣而得起故，名依他起。又二空所顯圓滿成就諸法實性名圓成實，此即於彼依他起上常遠離前遍計所執，二空所顯真如爲性，顯圓成實與依他起不即不離。本頌説圓成實於彼，彼是前句所説依他起性。復《深密・勝義諦品》説此圓成實與彼依他起非異非不異，具立理成，如《成唯識》八卷。復《厚嚴經》説非不證見此圓成實而能見彼依他起性，亦本頌説如無常等性顯此圓成實與彼依他非一非異，此名圓成實性。

三無性者，本頌説即依此三性立彼三無性。初、相無性，由是顯初遍計所執性，其爲體相本來理無情畢竟都無如空華，立相無性。次、無自然性，亦云生無性，由是顯次依他起性，依他衆緣起相，無緣不能生起，如幻術所現事，無如計所執固執實有自然生性，故立自然生無性。後、勝義無性，亦云遠離前所執性，由是顯圓成實性如大虛空，雖遍衆色而是衆色無性所顯，遠離遍計所執我、法處所顯絶言緣起性，雖非全無二空無所顯絶言性，假云勝義無性。我慈恩一家相承，以說三性爲真勝義，說三無性爲世俗諦，三無性彰一法一法三性中道，施設方便名爲世俗。如他家云，無性爲真，三性爲假，至次自可知已。

唯識妙理者，一法一法唯識所變觀知已時，即知一切諸法依他緣生已，故了計所執本來情有理無，是一切法同時同處變現道理法爾具故，是圓滿、成就、真實，一法唯識實了知已，圓成實性絶言緣起一心現已，是名唯識妙理。

問：三性、三無性與唯識妙理云何爲別耶。答：唯識妙理是總說，如次前明，故三性、三無性別說也。離唯識變無依他起性，故無能、所遍計應起由，亦何處圓成實顯現。由是無三性故無三無性，今說唯識即說三性、三無性。又翻可言，三性、三無性是總說一切法，無法不依他緣生，故唯識變是別一法一法相故。如是理趣非但唯識教門，一切教門皆是有、空、中三性，即三無性皆是一法一法唯識離言中道，云唯識妙理而已。

緣此爲境等者，彰菩薩緣此妙理爲所觀境，而證得自棄果，故名爲證得，能觀心上所安立故，名爲世俗也。

**章**第四、勝義至二空如故。《鈔》曰：此四菩薩勝義世俗諦。

所安立者，心緣修觀以二空智，所觀、所證二空所顯如，故云菩薩雙證等也。

**章**第一、世間至十善巧等。《鈔》曰：上來正明菩薩乘二諦中，初明菩薩四重世俗諦竟，此下二明菩薩四重勝義諦文也。此中有四，初、菩薩世間勝義諦，即今此文也。

所安立者，菩薩乘人於十善巧等所觀境，心緣口詮於彼彼境起善巧智觀心安立，此是善巧觀境，待初世俗有名有實觀境名爲勝義，心緣口詮有相安立名爲世間，事相粗顯亦是世間。

**章**第二、道理至三性等理。《鈔》曰：二、菩薩道理勝義諦。

所安立者，菩薩乘人以三性、三無性等理爲所觀境，此境待理世俗十善巧等粗顯事相，則此是有名有實中微細理性。若觀三性即離，亦觀三性、三無性一法唯識變，稍近廢詮無別無相，故名勝義，是理性觀名爲道理。

**章**第三、證得至而證得故。《鈔》曰：三、菩薩證得勝義諦。

謂二空如者，以二空觀所顯真如名二空如，亦云空性真如。

依二空門等者，明此諦名證得勝義由。前二重所修三性、三無性觀非不二空觀門，而觀十善巧亦説爲除十我，皆是二空觀之方便也。待前加行修觀，今正云證得，彰昇廢詮之堂，云門亦示入堂故，故名證得勝義也。

**章**第四、勝義至一真法界。《鈔》曰：四、菩勝義勝義諦。

謂非安立二空等者，秋篠曰：問：二空無我並自安立，何故亦云非安立二空無我耶。解云：舉詮取旨，是故標二空，二無我即二空。理但可云非安立廢詮談旨一真法界。云云。今詳云：此解釋未穩當。若云安立二空無我等，則應知所難，今云非安立二空無我，以彰廢詮談旨，若不云二空無我簡二乘唯生空，則不彰示菩薩乘非安立無我故也。非安立二空無我者，彰菩薩乘廢詮。一真法界者，示菩薩乘談旨竟。

**章**所悟、所執至非二乘境。《鈔》曰：菩薩乘二諦四文中，三、與二乘對辨明菩薩乘差別。

所悟、所執等者，菩薩所悟即二空智，所執即二執也，二乘所悟即生空智，所執即二執也。法執雖通二乘，不障二乘果，故今云既異二乘也。

所證、所斷等者，菩薩所證即二空如，所斷即二執、二障也，二乘所證即生空理，所斷我執及煩惱障也，斷證相對顯示寬狹有別。

上必兼取下等者，明菩薩乘寬，謂上智、上根、上乘必兼取下等、下根、下智，菩薩兼了知二乘境行，故必兼取修如菩薩行十善巧法，攝入蘊、界等。

諸論多説等者，舉兼取理證，謂三科、四諦

雖二乘所修，大乘人亦爲所觀故。明四重世俗中，以三科、四諦爲二三體，雖所觀境等，取菩薩四諦歸滅、三科歸識。觀等能觀智有上下，次文具明。

下不及上等者，明二乘狹，如文可知。

**章**二、四諦中至自内證故〔三七〕。《鈔》曰：四、真俗四重相望明安立、非安立。二者真與俗二諦，四者二諦各有四重諦，諦言通二、四可觀。

有相安立者，心變緣起事相有別，心上安布道理有別，是名有相安立。

無差別相者，謂廢詮談旨之無差別相，故無別亦無不別。本疏七本釋論説真故相無別文，云既云廢詮何別不別之有。由是自知，今云無差別相者，無別亦無不別相，强名爲無差別相。唯非安立等二句，明廢詮無別相之由也。

上來大門大段第二，三乘淺深門有四中，初、二辨三乘二諦文竟。

**章**言淺深者至通二四諦。《鈔》曰：自下第二門大文有四中，第三、於人、法顯淺深。此中二文，初、總明，後、別明，此即初文也。此文中皆通二、四諦者，依人、依法，真、俗二諦各立四重。然次明文就法但明四重二諦，人二諦中但凡聖相對，明二諦別而不説四重。雖爾，理必應有，文但存略也。

**章**依人淺深至名爲世諦。《鈔》曰：此下後別明，此中亦二，初、依人明，二、依法明。初中有四，初、標牒，二、由就經所説凡聖智淺深説人二諦而成立，三、正引經成立實義，四、別示二諦別，今即初、二也，文義易知。

《涅槃經》者，北本十三《聖行品》文也。

淺深者，下劣道理名世俗諦，上勝道理名勝義諦，世俗爲淺，勝義爲深。

出世人知者等者，無漏智人知三科、四諦、二空、一實如，名勝人之義諦。

世人知者等者，意言：世者有漏也，有漏智人知瓶、盆、三科、四諦、二空、真如，是名世俗人之諦也。

**章**世諦即第至説有二諦。《鈔》曰：依人明中有四文，第三、正引經成立文義文也。

世諦即第一等者，謂世諦即第一義故雖不可説二諦，隨順衆生説有二諦[二八]，是佛有善方便故，經文意也。

**章**如五陰和合至無樂[二九]甲名字。《鈔》曰：有四文中，第四、別示二諦別。此中二文，初、就人不同明二諦説相別，二、明離知此説相別餘無第一義諦，今即初也。

如五陰和合等下五句，示世人粗相推求，是世俗諦相。經有八復次廣説此義，謂如五陰假和合有根身，由世人粗相推求稱云某甲，凡夫衆生任其所稱想像分齊，是名世俗諦。

解陰無有等者，示出世人微細推求，是即第一義諦相也。解謂出世人觀解也，五陰假和合身無有某甲名字，推求都不可得，離五陰身亦無某甲名字，是出世人觀解相也。

**章**出世之人至第一義諦。《鈔》曰：二、明離知此説相別餘無第一義諦。意言：出世無漏智人於所觀境，如其彼彼。性、無別。相有別。同一時處宛然具足，而能觀知之名第一義諦。

**章**依法淺深[三〇]至當廣顯示。《鈔》曰：此下別明二文，第二、依法明。此中四文，初、標牒，二、舉證推第三門，三、章家就境粗細明法二諦，四、引論示大乘真俗妙理，今即初二也。依法第一句，初、標牒，第二、科。

《涅槃經》中已下四句，二、舉證推第三門。經第十三《聖行品》以八復次説中，初復次依人，後七復次依法，故云自具解釋。下教攝中者，第三門也。

**章**如五蘊法至顯真如故。《鈔》曰：依法明四文中，三、章家就境粗細明法二諦。此中二文，初、明俗諦，後、明真諦，今即初也。

如五蘊法等者，一切法法[三一]一一之上具各有真俗二諦，今且舉五蘊一法相，例餘令知，此文示由觀心於五蘊一法上立四重真俗。秋篠曰：同三科、四諦等相望而説法淺深者，其義應爾。一五蘊上更無粗細，如何今云一法之上具有真俗耶。解云：五蘊之體雖無粗細，四義條然各有差別，所謂名、事、理、詮爲俗四義，事、理、詮、旨爲真四義，是故非無粗細、淺深。由是當知，就境粗細辨法淺深，誠有其因。云云。

若所執蘊等三句，示世間世俗有名無實相。意言：若因執實有五蘊，當情妄現故唯虛妄起都無體用爲第一俗。

此五蘊事等者，離妄執五蘊事體即理世俗。

五蘊之上等者，於五蘊假和合觀解染淨因果。即四諦道理也。等言等取三性、三無性道理，是亦於五蘊上觀解三性、三無性唯識妙理，是即第三證得世俗。是皆有相、有別、相待觀成證得，故名爲世俗也。

觀此五蘊等者，意言：上來所觀五蘊，今觀細分，無人我、法我二實執，依二無我觀成所自内證顯得真理，真謂絶亡妙理。是即第四勝義世俗。

以説依詮等者，釋上句真理言，示俗諦説真如由，此真理即是依詮所顯，如今名爲俗。

**章**其五蘊事至復復細故。《鈔》曰：章家約境粗細明法二諦二文中，二、明真諦四重。

即第一真者，問：何故以世俗五蘊事云第一真乃至以第四俗二空如云第三真耶。答：本疏一本。曰：真第四真。不自真，待俗前三俗。故真，即前三真亦説爲俗。俗第一俗。不自俗，待真前三真。故俗，即後三俗亦名爲真。云云。由是此第一真待初俗真。

因果等理等者，等有、無漏理云等理，即苦等四諦理。待第二俗，五蘊事真殊勝無別。云第二真。

此五蘊上等者，謂依他起性五蘊上遍計所執我、法二執及有所得法執。本來空無自(三)所顯得空性真如。今云依門顯實，二我無處顯得亦云二空真如。待第三俗，四諦因果道理云即第三真也。

觀五蘊如等者，明第四真。秋篠云：謂諸聖者無分別智緣真如境内證自體，百非俱泯，四句斯亡，能所永忘，心言悉息，是名内證。又云：此内證諸家説不同。一云：一切根本、後得内證真如而不變影，以無漏智緣真如故。二云：根、後二智能變影而非親證，不爾者唯識理不成故。三云：正智親證自體不變影像，如自證分無別相分，後得智變影而緣，以分別故。若不爾，則圓鏡智等緣真如境，正體、後得應無差別。雖有三説，大唐三藏及護法宗後説爲正，若廣分別，如《成唯識》第九卷釋。

即第四真者，待前三俗殊勝故名爲真。

前前爲粗者，以前前待後後亦粗顯故名爲俗也。

後後細故者，以後後待前前亦微細故名爲真也。

**章**《成唯識論》至今望真説。《鈔》曰：依法明四文中，四、引論示大乘真俗妙理。此中三文，初、約理真俗示妙理，二、約理世俗與第四真示妙理，三、約證俗與第四真，亦約初俗與第四真示妙理，今即初也。

若依世俗等者，此論文意彰大乘真俗非即非離絶言妙理，此文理真理俗相待即離説故。

事差別故者，示第二道理俗有別。由，謂五蘊事中識蘊、行蘊是差別故。

若依勝義等者，以理俗事與第二道理真相待説非即離妙理文也。

心所與心非離非即等者，《三十論疏》七本四十五紙。云：若依勝義者即四真中第二理真，依因果理不即不離，心所爲果，心王爲因，法爾因果道理非即非離。云云。

因果道理非即離故者，明第二理真由。十卷《楞伽》七《五法品》曰：心、心數法一時非前後，如日共光明而一時有分別種種相。云云。是非即離之誠證也。同疏七本同處。云：又約第三勝義依詮顯旨。若約能詮八識心所。依他別八，識非定即。若同二無我，八識心所。非定離。示真無別相。又約第三下但第三俗第三真相待示妙理已。又第四勝義既絶心言，何即何離。云云。

第三世俗準亦如是者，心王、心所五蘊事故。四世俗中第二理俗，四勝義中雖第一真，今取心所爲果心王爲因義邊，准四諦染淨因果道理，與四真中第二理真相待，示非即離妙理。若約第三證得世俗，則一法一法上染淨因果義門差別故，心、心所亦復如是。染淨因果義門有別法爾應爾，是亦約第二理真云，則心王、心所因與果同一時無別亦無不別，第二勝義無別廢詮，今依詮云因果道理非即離故。

今望真説者，意言：因果道理非即離故，望第二理真説。秋篠云：第三世俗等者，雖一四諦而義門別，若依俗門説爲第三，證俗。若依真門説爲第二。理真。今云非即離故，即望第二理真説。文意既如是。已上秋篠。

**章**又第七云至即第四真。《鈔》曰：二、約理俗與第四真示妙理。本疏七本四十五右。曰：前來所説三能變相是何。此依四俗中第二道理世俗説有八等，隨事差別非四重真諦中第四真勝義諦，勝義諦中窮八識理，分別心與言皆絶故，非一非異離四句等。前之心所望心一異，以第二俗諦第二、第三、第四真諦相對，今此八識差一異論文。以第二俗諦對第四真諦爲論。此前云不可言一異已，是明第二真諦因果等理訖。秋篠亦與此疏釋同釋。云云。即第二俗、即第四真，二句章主文也，其餘皆第七卷論文。

**章**又彼卷解至即第四真。《鈔》曰：三、約證俗與廢詮，亦約初俗第四真示妙理。

彼卷解者，第七卷論文也。《疏》七本。云：此非一異，依四勝義對四世俗皆得，如理應思，而無別配四重二諦，此文方配如文應知。

即第三俗者，説能熏與所熏、因與果同時同處非即非離，即第三俗能所、因果義差別。以是對觀窮八識理，分別至心言絶，一切義門同時同處非即非離故云即第四真也。

虚妄識性等者，亦約初俗、第四真示妙理。《疏》云：虚妄識性等者，取意而引，非正論文也。今謂，不拘虚真云識性，言示識變任運起心相也。如虚妄言云虚妄識性時，謂遍計所執也。所執相離妄識所變，則求都不可得，但有名都無實，故云是第一俗。世間世俗。又如真實言云真實識性時，謂如與智冥合，無戲論，無所得境智，此境智相心言俱絶，廢詮一如，今云即第四真。不拘虚空，但任運我變相等同一相都無差異，故今加即之言示虚妄、真實識性無差別。真實者廢詮故，今云第四真。

上來第三門中，大段四文第三依人、法顯淺深竟。

**章**即以初俗至通二、四諦。《鈔》曰：此文大段四文，第四、四重真俗相對示淺深四諦結成。秋篠釋云：初俗對四真即名名。事二諦，事者實義，亦名假實二諦。第二俗對三真即名事理二諦，事者三科事也，理者四諦、二空、一真也。第三俗對二真即名淺深二諦，淺者四諦理也，深者二空如、一實如也，即望四諦俱名深。第四俗對一真即名詮旨二諦，詮者二空如也，旨者一真如界也。此等二諦皆前前粗後後即細，故云一一推尋從粗入細，相對爲言通二、四諦。已上秋篠。今謂：秋篠所釋大好，即以初俗下對真俗二名立四重，是結上來所説，由準是理下正結成文。是理者，准四重真俗理推尋。一一推尋者，前前粗後後細推尋。

上來第二門訖。

**章**第三、相攝至問答分别。《鈔》曰：自下第三門，大分爲二，初、票〔三〕門分科，二、隨科釋成，今即初也。

**章**諸教相攝至應有五諦。《鈔》曰：此下，二、隨科釋成。此中大分爲二，初、正諸教相攝釋成，後、問答分别。三十八左第十行至四十一丁右第五行。有六番問答及四句總相别攝分别。初正教攝釋成中，大分五文，初、票牒科引《涅槃經》，相攝一切二諦説。自今葉初至三十五紙左第六行。二、以《瑜伽》《顯揚》四俗一真與《成唯識》四俗四真對辨相攝。自三十五丁左第六行至同丁第十行。三、以《勝鬘》《仁王》説相攝四俗四真。自三十五左第十行至次丁初行半。四、以《中邊》《顯揚》《唯識》三俗三真説相攝四俗四真。自二十六丁右至同丁左第二行。五、舉《瑜伽》等十諦相攝四真俗。有十一文，自一諦至十諦，説頌立十諦。初、引《涅槃經》相攝一切二諦所説。其中分三，初、舉《涅槃經》説，二、舉古師攝釋，二十九丁左第六行已下。三、章家述自義，諸教相收。二十二右第五行半下。初引《涅槃經》相攝中有六文，初、迦葉菩薩欲起問，白佛告往事，二、迦葉菩薩正設難，三、佛讚迦葉菩薩答，四、迦葉重難，五、佛答，此中有五文。六、舉經中文殊與佛之問答，成世諦即第一義諦，此中有十三文。今即初、二也。

問其多少乃至者，經全文曰：爾時，如來取其樹葉告諸比丘，我今手中所提葉多，一切因地草木葉多。諸比丘言：世尊，一切因地草木葉多不可稱計，如來所提少不足言。諸比丘，我所覺了一切諸法，如因大地生草木等，爲諸衆生所宣説者，如手中葉。迦葉難言。已下如文。秋篠申此問意云：如來昔説，我所覺法如地草木，所宣説如手中葉，其所聞法爲入四諦則爲已説，如其不入應有五諦。此即迦葉正問意也。

迦葉難言等者，已上告往事。此下迦葉正申問難，文意如秋篠釋。

**章**佛讚迦葉至唱言不説。《鈔》曰：三、佛讚迦葉菩薩答。經中讚文尤長，今取意引。秋篠釋云：依薩婆多虚空、非擇滅別有體性，非因果故非四諦攝，大乘無別體性，即真如上假建立也。真如即是四諦實性，所以二攝在四諦之中，由是佛答意云雖説與未説異法自攝在四諦之中。

迦葉復言等者，四、迦葉重問。意言：若如是一切所説法在四諦中，佛何故唱言不説。

**章**佛言善男至猶不名説。《鈔》曰：五、佛答。此中有五，初、略答，二、廣答，三、就五陰説智差別，四、就三科爲四諦説智差別，五、就二諦説智差別，今即初也。

入中猶不名説者，文意言：大凡苦之體不越二種生死，一切有漏果義説苦，即是皆在苦諦之中。雖爾，種種差別苦相未説，多有已雖説在苦諦之中，即是猶未名說。於集、滅、道應知亦爾。已上秋篠。

**章**何以故善至佛菩薩智。《鈔》曰：二、佛應答。秋篠云：就人辨智差別也。智別相望，二乘名下，大乘名上，今形凡位，二乘名中，菩薩名上。已上秋篠。

知聖諦者，觀知苦等四聖諦智就人有別。

**章**善男子知至曾不說之。《鈔》曰：佛答五文中，三、就五陰說智差別。

知諸陰苦等者，陰是五陰，積聚名爲陰。總知陰苦，是中智。諸陰有無量苦差別相，悉知此差別智名爲上智，非二乘所知故。此上智所知苦陰細相，佛於小乘經中曾不說之。是私申經意。

**章**處、界及色至智及上智。《鈔》曰：佛答五文中，四、就三科爲四諦，辨智差別。

處、界及色等者，上文但就五陰而說苦相，今文說就處、界、陰爲苦諦有總別相智，復次，就集、滅、道說總、別相智。處者生長門義，六識心、心所法生長處故，處即六根、六境差別，即六識生長處。界者姓義，於一身中有十八種姓不同故，是等皆有總、別苦相，如〔三〕總名中，知別名上，此於十二處、十八界、五陰說苦諦相。

并集、滅、道等者，就餘三諦說總、中。別上。相智。經全文曰：知愛因緣能生五陰，是名中智。即是說集諦中智，總相智故。一人起愛無量無邊，聲聞、緣覺所不能知，能知一切衆生所起如是等愛，是名上智。即是說集諦上智，別相智故。如是等義，我於彼經亦不說之，餘諦中上智廣說如經。

**章**善男子知至是名上智。《鈔》曰：佛答五文中，五、就二諦并智差別。此中有三，初、引經，二、古師釋文，三、章主釋經意，今即私也。此引經文有全文，有取意，有章主注。善男子知世諦等三句，經全文也。次句總相知故者，章主釋文。秋篠解云：明世諦中，中智所知即是前經已說之義也。分別世諦等四句，經全文。次句別相知故者，章主釋文。秋篠解云：約世諦中，上智所知即是先經未說之義也。知一切行等三句，經取意所引文。經全文曰：善男子，一切行無常，諸法無我，涅槃寂靜，是第一義，是名中智。云云。總知三法印故者，此六字句章主釋文。秋篠解云：等者，等餘三法印無常、無我、涅槃寂靜。是第一義者，是前經第一義，似中智故。上來所明，總相而知是中智，分別而知即是上智，即前經已說未說之義也。知第一義無量等五句，經全文也。

**章**古來解云至無量無邊。《鈔》曰：就二諦辨智別三文中，二、古師釋經義。秋篠云：此解遠法師等説也，舊人解。上所引經説知第一義無量無邊不可稱計，非二乘所知，是名上智之文也，故云古來釋云。彼《法師章》云：真諦之中義別有二，一、有，二、無。有者，所謂如來藏性恒沙佛法。無中有五，一者、真實如來藏中恒沙佛法同體緣集，無有一法別守自性，名之爲無乃至第五、此真中無彼妄想，空如來藏。此五通就如來體，第一義中隨義分別同是真諦，今經中云知第一義無量無邊等者，即真如理，如來藏中有恒沙德無量無邊，今即指彼，故云恒沙萬德無量無邊。

**章**此上經文至隨其所應。《鈔》曰：就二諦辨智別有三中，三、章主釋經意。

因迦葉問二諦等者，今問：由此上經文迦葉所問，但問如來所了無量諸法攝在四諦中否。爾章家釋云迦葉問二諦所由，何故不云問四諦所由耶。隨閲秋篠所釋，云此上經文因迦葉問四諦攝法，世尊答中顯二諦等。秋篠爲是，章家有何別意云二諦所由耶。答：若但云問二諦，則如所難，今既云問所由，所由者所趣，迦葉問無量諸法攝四諦不，即問佛説二諦所趣，觀知諸法有總、別二相智之佛答，即説二説別，故章主、秋篠至實義全無違。

以明二諦別故者，明顯攝四諦中一切法皆有上、中智所由，謂中智知俗智，上智知真智。

諦者實也者，秋篠云：實謂審實義，若有如《仁王經》説照解見無二也。

凡夫不了等者，明明[三五]上、中爲智別不云下智由，謂凡夫不證了二諦理，但緣諦言。今云：

不了唯聖者佛菩薩證二諦，諸佛爲上，菩薩是中，若菩薩爲上智，二乘聖者爲中，唯無漏人證故云但上、中，不云下智。

凡夫智緣等者，明凡智名下由。

由對彼智等者，彼智謂凡夫下智。

據實而説等者，明立二諦如實義，就法有勝細。劣、粗。智有深別相智無別亦無不別智。淺總相智有別智。但説二諦。爾今説中、上智，形待凡智不證諦實但緣名言，凡爲下，聖智説中、上也。欲彰證了諦實唯佛菩薩中、上智，今云證實唯二。

若總相説等者，總就凡夫爲下，二乘爲上，亦二乘爲下，菩薩爲上等説云，則二乘智爲上亦爲下也，故下、上二智攝。

如根上、下智力隨其所應者，結釋文意。施設上、中、下名，隨其所形應立，必勿膠柱。

**章**次經當顯至佛妄語耶。《鈔》曰：舉《涅槃經》説六文中，第六、舉上所引經文次文殊與如來之問答，成立世諦即第一義諦義。此中有十三文，初、票[三六]舉上所引經次文，今舉以文殊問發端。二、如來答。三、文殊重問。四、佛示説二諦所爲。五、示説二諦依詮顯旨。六、廣以八復次中第一復次義，明依人智有淺深顯二諦別。七、第一番釋，重顯前義，令知二諦依人相待亦建立之。此今家之本義也。八、第二番釋，就有名無實爲世、有名有實爲真作釋。九、第三番釋，有名無實、有名有實中粗爲世，有名有實中細者爲真釋。十、第四番釋，就無體有用爲世，心無倒如實如無爲真而釋。十一、第五番釋，就遮詮爲世，自爾宛然爲真而釋。十二、第六番釋，就遮諦有八苦相爲世，二無我等無八苦相爲真而釋。十三、第七番釋，就父母所生身有詮緣爲世，知因緣生有詮緣爲真也。今即初科也。

次經當顯等二句，票上所引經次文，今舉如其有者等意，謂如其世諦之中有第一義。

非別有二諦者，體應一諦，何故名爲二諦耶。如亦無第一義諦，但世諦有，云何説二諦耶。説有二諦，是非妄語耶。已上文殊問難意也。

章善男子，世至不相離義。《鈔》曰：十三文中，二、如來答。

此明二諦等者，此二句章主文，明二諦不異義。

章世尊若不者即無二諦。《鈔》曰：十三文中，三、文殊重問。問意云：若世諦即第一義諦，唯有一諦便無二諦，云何説二諦耶。

章佛言，善男至説有二諦。《鈔》曰：十三文中，四、佛示説二諦所爲。意言：世即第一義諦，佛説二諦意爲利生善巧方便。十善巧中諦善巧。

隨順衆生等者，如來大悲隨順一切衆生，因有相有別情執病説俗諦藥，俗自非俗，待真而俗，真自非真，待俗而真。故由病説藥，執藥爲病。病息藥亡，無別亦無不別，説世即第一義，由病説藥，説有二諦，其實非有二，非不有二。

章善男子，若至者出世法。《鈔》曰：十三文中，五、示説二諦依詮顯旨。秋篠云：若隨言説下，明言説道説有二種。《解深密經》曰：善男子，彼諸聖者於此事中離名言故現正等覺，即於如是離言法性爲欲令他現等正覺，故假立名相謂之無爲。准此經文，證智解一假立名相，隨順衆生説二諦也。已上秋篠。

章善男子，如至顯二諦別。《鈔》曰：十三文中，六、廣以八復次中第一復次義明依人智有淺深顯二諦別。其八復次中有七番釋，此次善男子已下是也。

此明依人等者，此三句章主釋文。秋篠云：所知之境雖體一，能知之智淺深不同。如一幻相二人異見，幻師知無，是喻見真，凡愚執實，是喻見俗，由此道理説有二諦。云云。今云：秋篠所釋尤法喻穩當。

章善男子，五至名第一義諦。《鈔》曰：十三文中，七、第一番釋，重顯前義，令知二諦依人相待亦建立之，已下經文。前文就世人、出世人所知、能智(三七)別名爲二諦，是八復次釋中第一復次也。今所藥文已下七番釋，併合八復次釋也。今此第一番釋，與前文所云世人、出世人所知、能智别爲二諦義全同，對世人、出世人之隨所稱如性相能知之别顯二諦别，依人相待雖同，所稱性相異，爲前後復次别。

五陰和合者，父母所生五陰假和合身。

隨其所稱者，示世人粗相推求，此俗諦相。

解陰無有等者，解謂觀解，陰爲五藴假合處。

此文已下示出世人微細推求，是即第一義諦相。

名第一義諦者，四重真俗相攝，如下具明。

大乘法苑義林章師子吼鈔第十六尾

## 校勘記

〔一〕「各」，疑爲「名」。

〔二〕「今」，疑爲「分」。

〔三〕「是」，疑爲「見」。

〔四〕「者」，底本原校疑後脱「上」字。

〔五〕底本原校云：「原本冠註曰：第三攝者，次文云第三世俗。體者，《伽》六十四、《顯揚》第六同説謂所安立須流果等，以餘三果及所依處四諦理，三安立四果所依也。即諸聖果四諦理等也。果所依處，四諦理也。《成唯識疏》九本云：第三攝者，心上變似四諦相，理不離於事，依他起攝。云云。《顯揚》六云：證得世俗者，謂安立預流果等，及彼所依住法四末。又《涅槃經》云：十二有八苦相，四諦中苦諦相名爲世諦。云云。」

〔六〕「親」，底本原校疑爲「觀」，下一「親」字同。

〔七〕底本原校云：「原本冠註曰：過謂超過，後後對前前，微細事、深妙理超過前前所觀事、理，自應分别。」

〔八〕底本原校云：「原本冠註曰：對能緣境界義，對能詮道理義。」

〔九〕底本原校云：「原本冠註曰：由十卷《楞伽》第十説真故相無别，謂一切諸法若麁、若細，就一切無别法體所證知處。若依詮了名依詮談旨，爲勝義俗。若廢詮自内所證，非心變理，强名云真理，亦名勝義勝義。」

〔一〇〕底本原校云：「原本冠註曰：異於初俗者，意云：望初俗初真是深、是勝云異也。」

〔一一〕「小」，底本原校疑爲「心」。

〔一二〕「倍」，疑爲「俗」。

〔一三〕「起」，底本原校疑爲「超」。

〔一四〕「月」，疑爲「自」。

〔一五〕「親」，底本原校疑爲「觀」。

〔一六〕底本原校云：「原本冠註曰：異生下智者，凡夫智緣而不能證名下智，今形凡位智説中、上，證實唯二，故云一一皆有中、上智。」

〔一七〕「品」，疑爲「四」。

〔一八〕「文」，疑衍。

〔一九〕「而」，底本原校疑後脱「説」字。

〔二〇〕「偏」，疑爲「徧」。

〔二一〕「靈」，疑爲「論」。

〔二二〕「所悟」，疑衍。

〔二三〕底本原校云：「原本冠註曰：緣起善巧，《顯揚》十四説：復次，即諸蘊相續，如捨命者及續生者補特伽羅性不可得，由善了知四種甚深緣起故，謂不從自生、不從他生、非自他生、非無因生，此中顯示緣起自體及彼障斷勝利，是名緣起善巧，由是應修學。」

〔二四〕「拼」，疑爲「併」。

〔二五〕底本原校云：「原本冠註曰：十有無爲善巧，秋篠曰：執我是能縛能解主者，今顯有爲體是漏縛無別，聖者無爲寂靜，離漏縛無別主者，故説有無爲善巧菩薩以十種善巧爲所觀境故，以生我、法執。云云。」

〔二六〕底本原校云：「原本冠註曰：三乘正智，《中邊論》云：若從他聞涅槃功德而起此智，由斯智得出離，是聲聞乘人。又不從他聞，自起此智，由此智故得出離者，是獨覺乘人。又若自然起無分別智，由此智故得出離者，是無上乘人。云云。」

〔二七〕底本原校云：「原本冠註曰：二、四諦中等者，秋篠云：今此文意，真俗相望而説安立故，非安立差別之義。若約空有而分別者，世俗四重通空及有，勝義四重唯有非空。空者，無也。遍計所執但妄情有，體實空無，故非勝義。此據護法義證應理圓實宗，若依青辨義，勝義皆空宗一切諸法世俗應有，勝義皆空，是故不説四重別也。云云。」

〔二八〕底本原校云：「原本冠註曰：隨順衆生說者（整理者按：「者」，今疑爲「有」。）二諦者，秋篠云：此總明說二諦意，爲衆生證知解一假立名相。云云。」

〔二九〕「樂」，疑爲「某」。

〔三〇〕底本原校云：「原本冠註曰：依法淺深，秋篠云：今解人、法淺深者，道理淺深、智境麁細以分二別，道理深淺並通人、法，智境麁細各其一體。所以爾者，凡論二師並通人、法，據智麁細說人二諦，就境麁細說法二諦。此義廣說如《無垢稱經疏》明。」

〔三一〕「法」，疑衍。

〔三二〕「自」，疑後脱「性」字。

〔三三〕「票」，疑爲「標」，下一「票」字同。

〔三四〕「如」，疑爲「知」。

〔三五〕「明」，疑衍。

〔三六〕「票」，疑爲「標」，下一「票」字同。

〔三七〕「智」，疑爲「知」，下一「智」字同。

# 大乘法苑義林章師子吼鈔卷第十

日本南都西京藥師寺法相大乘宗受菩薩戒

近住釋基辨撰

## 七《二諦章》之餘。

**章**復次善男至有名無實。《鈔》曰：十三文中，八、第二番釋，就有名無實爲世、有名有實爲真爲釋。此文有二，初、明法有有實、無實別，二、正作第二番釋，今即初也。

有名有實者，如五陰等。有名無實者，如我、衆生等。

**章**善男子有至第一義諦。《鈔》曰：二、正作第二番釋，即以有實、無實爲真與俗二諦。下章文云：以下六番依法勝劣相對建立。云云。章主意由上下釋文，云依人智淺深以顯二諦，依法勝劣相待建立二諦，由是讀經有名有實、有名無實文，雖不分有無別，義准自知四重真俗也。今此云有名無實是俗諦，即是初世間俗，以我、衆生等名無實故。

又云有名有實是第一義諦者，即論所説四種勝義，皆有名體故，或唯三科名真，對我等唯俗有名體故。

是第一義諦者，識知此言四重真俗相攝，以須解有名實無已。

**章**善男子如至一義諦。《鈔》曰：十三文中，九、第三番釋，有名無實、有名有實中麁者爲世，有名有實中細者爲真釋。

如我衆生等已下八名，皆是有名無實世俗者也。

凡夫、外道固執我有名無實者，衆生者，新翻所云有情，有情愛者執爲實義。壽命者，新所譯命者，實有命者。知見者，新所翻能知者，實有知見者。養育者，新翻云養育者。丈夫、作者、受者[二]，舊所翻我異名，凡外固執爲實有也，今謂此第三番就我等釋[三]。自我、衆生乃至諸陰、界、入是名世俗，苦、集、滅、道四諦理是爲勝義，陰、界、入三科待我、衆生等有名無實則是名勝義，三科有名有實故，雖爾，待苦等四諦，則此約麁細，麁是俗，細是真已，故今此番以陰、界、入爲世俗也。無體我等、有體三科，是等二類對四諦理俱爲世俗。

問：前第二番中，有名無實我、有情等對三科法名俗諦已，何故今此第三番中，無實我等復更説形云俗諦耶。答：舉我等法，不但形於三科之法名爲世俗，亦形四諦等名世俗，故前第二番以初有名無體用法形陰、界、入，陰、界、入法名爲真諦，即四真中初勝義攝，顯是非唯是勝義故，後以三科形於四諦事劣於理，即爲俗故，即是論中第二世俗，四諦是第二真。

**章**善男子世至第一義諦。《鈔》曰：十、第四番釋，就無體有用名世俗，心無倒知無名爲真建之也。下章釋意云：世法有五種爲世俗，知此爲真實有者爲初世俗，不唯我等，但有其名無體用法。其如旋火輪者亦是初俗，《顯揚》等説房舍、軍、林等亦初世俗，以無實體我等類同最卑劣故，無倒智觀此，但有蘊等，都無真實名句等法，是第一義，四勝義中皆無所説五世法故，或三科中實無此五，此番狀似説之非次。雖爾，第三番中以陰、界、入既説通真，恐此有用無體之法亦通真諦。爲顯不爾，因釋彼疑，故今方説五種世法。其中初二名句。能詮，次二縛法。所詮，後一執差。標相，顯能詮若情若事皆有假立非真實，故作差別説，更無異義。已上由下章文加私意注。

善男子，若有衆生等下，此第四番釋中示勝義諦心無顛倒如實而知者，顯於無體有用五種世法初世俗者，心無倒如實知無體用，同時同處隨智淺深四真自現，由是第一義諦言隨應知。

**章**復次善男至第一義諦。《鈔》曰：十三文中，十一、第五番釋，就遮詮爲世，爾自宛然爲真而爲之。

若燒、若割等者，是遮詮故名爲世俗。

無燒、無割等者，自爾宛然實相廢詮談旨一實如名真。由章主意今釋云：此一對釋二無我爲世俗，一實如名爲真。外道異生執我常一，佛説都無體用，説五蘊等可燒割等，無彼執我一常相故，割燒等是二無我也。次後番以此二無我待於苦諦理等説爲真諦，即第三真。今此第五番釋，以二無我對一實如爲世，一實如名爲真，一實如不依由可燒割等詮門顯故，即勝義勝義故名爲真諦，二無我如依詮顯實故名爲俗，第四世俗。若不爾，此一對説有何義利。世尊教示，諸佛不説無義言故，由是自知，今文無燒、無割、無壞者，第四勝義勝義廢詮談旨，一實如名爲真諦也。已上由下章文釋加私意匡。

**章**復次善男至第一義諦。《鈔》曰：十三文中，十二、第六番釋，就有苦諦上八苦相名爲世俗，二無我等無八苦相名真勝義，苦相有無相對建立。

有八苦相業者，八苦謂生、老、病、死等如常，此八苦即苦諦理故，偏舉一苦類全三諦，由下章文釋今此番，謂今以苦諦八苦相對二無我等無八苦相法即成世俗，第三證得世俗所攝。此番應在第五番説，前第五番應第六説，以言便故前後不定。秋篠云：此七番處從淺至深説二諦相，今觀經文前第五番標第四俗及第四真，此第六番彰第三俗及第三真，先深後淺，故次相濫，今以言便前后不定。

無生無老等者，是示二無我等無八苦相爲真。

**章**復次善男至第一義諦。《鈔》曰：十三文中，十三、第七番釋，就父母所生身有詮緣爲世，知因緣生有詮緣爲真釋。由下章文應釋斯番，云第七番中所説法喻，總明二諦體無差別。隨其人智及於法中空有事淺深詮旨，四重二諦勝劣相形成真俗，故世人但知父母所生名爲世俗，出世之人知因緣生名第一義，此隨人智以分二諦。父母所生假事麁淺，名爲世俗，因緣生者實法細深，名爲勝義，此隨於法以分二諦。總明二諦差別，法喻更無別門。已上下章文。

譬如一人等者，舉譬喻，一人謂父母所生所依身一人，而一身有多能。若其定時下舉多能。如是一人等結喻。法亦如是下合法真俗相對，云依因父母和合所生一身，此多能故多名生，則名世俗，假事麁淺之説故。又云十二因緣和合生之身緣生多能，其因即成多名，則名真諦，實相細深之説故。已上○三文中初舉《涅槃經》相攝有六，以問答成世諦即第一義諦義。十三文科已，○已下諸教相攝釋成。大文有五中，○初舉《涅槃經》相攝一切二諦説，有三文，○初舉涅槃經説已，此下○第二舉古師攝釋，第三章家述自義，諸教相攝文也。

**章**古來釋云至當法辨相。《鈔》曰：諸教相攝有三文中，上來初舉經訖，此下二舉古師攝釋。攝釋者，大小乘諸家所立一切二諦説。今以相攝經所説七番義中已，有古師與今家相違意。今先舉古師相攝釋，次舉今家相收，對辨如左。今自古來釋云至次下三十二丁右今據第六故名第一文，是即古師相攝之釋也。其次自上解雖精等已下文，今章家自由正義之文也。此中古師攝釋中也。

四文，初、古師總釋，二、立四宗釋經七番，三、以立惟宗説屬當經七番中，四、舉四宗二諦屬當《涅槃經》所説二諦，今即初文也。

古來釋云者，指何人説云古來釋耶。答：秋篠釋云：古來轉[三]云至今據第六故名第一二紙半文，是遠法師《涅槃經疏》第五卷文，少文無違，學者須勘。云云。今也末代法寶難得，但識其目忍古戀昔而已，不能視全璧也。今檢《濟恩傳燈目録》，云《大般涅槃經略疏》十五卷。惠遠分本末成二十卷，四百紙，西院西房本二十卷，缺一本末，三本五末。云云。

五陰和合以來者，經七番釋中第一番文，善男子，五陰和合稱言某甲已來七番經文。今云後之七番當法辨相者，令契當於法相辨明二諦義相，總是釋經七番説相也。

**章**於中麁分至細分有四。《鈔》曰：此文二立四宗釋經七番。此中三文，初、以麁細分宗，二、明四宗別，三、以經七番配當四宗二諦，今即初文。

一大二小者，謂四宗中初二是小乘中所立，後二大乘，故梗概分爲二名。

麁細分有四者，秋篠云：遠公言，此四乃是望義名法，經論無名。經論之中雖無四宗之名，實有此義意別，大小之中各分淺深故，立四宗名別，此委細論今云細分有四也。

**章**一立性宗至涅槃等也。《鈔》曰：此文二明四宗別。

一立性者，秋篠云：亦名因緣宗。小乘中淺宣説諸法，爲有法性，雖説有性，皆從緣生，不同外道立自然性，故名因緣宗也，此宗屬阿毘曇也。

薩婆多等也者，小乘二十部之一，此翻云説一切有，就立三世實有法體宗計爲名。

二破性宗者，亦名假名宗，秋篠云：小乘中深宣説諸法，實假無性，不同前宗立法自性，法雖無性，不無假相，此宗當彼《成實論》也。云云。

《成實論》等者，此論分齊，諸家判釋各各不同，如《三論玄義》具辨。

三破相宗者，亦名不真宗，秋篠云：大乘中淺宣説諸法，明前宗中虚假之相亦無所有，如人遠視陽炎爲水近見本無，不但無性，水相亦無，諸法像此。雖説無相，未顯法實。

《中》《百論》等者，今謂，《中》《百》二論論主意説廢詮中道，非如破相宗義，然今云《中》《百論》等者，就由《中》《百論》起計執者。《中》《百》論主實義如《中觀》《十二門》及《廣百論》等明。

四顯實宗者，遠公云：亦名真宗，大乘中深宣説諸法，應相故有妄相，無體起必託真。真者，所謂如來藏性，恒沙諸法同體緣集，不離不脱，不斷不異。此真如緣起集成生死涅槃，真所緣故無不真實，辨此實性故云真宗。已上《秋篠抄》。

《涅槃》等也者，支那梁、隋、唐諸家，由《涅槃經》立如見宗名《涅槃經》宗，爲所學者多，今所舉遠公亦爾。一切大乘經教實義皆應如是，爲淺深見皆是機熟淺深，豈應有淺深、頓漸定經教。

**章**於此四中至故備論之。《鈔》曰：此文三以經七番配當四宗二諦。

上七番中者，經七番説自今此文上已説，故云上七番也。

初三是其等者，七番中初番説五陰和合爲俗、如實如假爲真，第二番説無實爲俗、有實爲真，第三番説三科爲俗、四諦爲真，是自初三番説。今云初三，此三番二諦，爲立性宗所辨二諦。何故知爾。謂此三番皆如實有實諦理爲真故。

次二是其等者，第四、第五番爲次二。第四番五種世法爲俗，心無顛倒如實知無爲真。第五番燒、割、死、壞爲俗，無燒無死爲真，是即破性宗所辨二諦義。何故知爾。謂此二番皆知無，無死無壞爲真，故同破性宗法假無性、假亦不無。

次一破相宗等者，第六番爲次一。此番八苦相有爲俗，無八苦相爲真，無相爲實，是破相宗所辨。

後一顯實等者，第七番爲後一。此番依父母和合多名生爲俗，十二因緣和合實是一有多名爲真，是即顯實宗所言如來藏性，恒沙諸法同體緣集之義。

今此文中等者，意言：今此以經七番配於四宗，即以深攝淺門。

以深攝淺等者，遠公《疏》曰：約宗辨諦門，別有四，一、約宗分法，二、以深攝淺，三、歷法分別，四、辨即離。今以七番配於四宗，即約第二以深攝淺門，故云今此文中以深攝淺等。若小乘中立性爲淺，破性爲深，大乘宗中破相爲淺，顯實爲深，亦如破性宗中，法相世諦，謂一切法皆無常等，法實相故稱爲世諦，此世諦是立性宗真諦法也。餘皆准知。深宗俗中攝淺宗真，故云以深攝淺，應如彼遠法師《疏》中明。已上秋篠。

**章**就初宗中至不能繁引。《鈔》曰：此文三以立性宗説屬當經七番。此中二文，初、申立性宗所立依據。

《婆沙》等者，《婆沙論》七十七爲依，古師立立性宗説。等言等《俱舍》二十二、《雜心》第十。

不能繁引者，意言：具引《婆沙》等説屬當經七番，則彼宗説亦雖應有七番，今但次所辨七分別爲依，屬當經初三番，是不能繁引彼論故，此是示不屬當餘四番由。

**章**一、情理分至爲第一義。《鈔》曰：此下後由彼宗所據《婆沙》《雜心》義立七分別，以彼宗説屬當經初三番，此即七分別中初分別也。秋篠云：此七分別皆有所依據文，此七分別第一、第七依《雜心》文，餘之五分別文依《婆沙》説。《婆沙》七十七有八異説，此今初分別説，當彼第六之三義。《婆沙》説文云：復作是説，隨順世間所説名是勝義。云云。已上《婆沙》七十七有八復次，申二諦義，其中第六復次今取爲第一清理分別。此次章文釋云：第一先就清理分二，五陰和合稱云某甲，凡隨所稱計有我人，是名世諦。聖人解陰無有某甲，離陰亦無，名第一義。已上，下章文此即《婆沙》八復次中第六復次義也。秋篠云：問：我等情取爲有，於法本無説何爲諦耶。答：遠法師云：凡夫取陰，隨情取名爲我、人，説爲世諦，非全無。法其真諦者，聖人知陰非我、我所，從聖人解説爲無我，名爲真諦，亦非無法。云云。已上秋篠。

**章**二、假實分至説第一義。《鈔》曰：此七分別第二分別。

瓶、衣、車乘等者，依《雜心》説文也。瓶、衣等法有名無實名爲世諦，蘊等諸法有名有實説爲真諦，此屬當經第二番義。

故《雜心》云等者，《雜心論》第十卷文。彼論文云：若事分別時捨名，即説等分別無所捨，是即第一義。彼論釋云：若事分別時捨名者，是即等事。彼文注云：等事者，胡音云三佛栗提，翻云等事，亦云等積集，凡會有散無者名等集。已上論文。秋篠云：如瓶分別色、香、味、觸時，捨瓶名亦非捨色、香、味、觸別有瓶名，是故名等事。已上秋篠。若法分別等，論文作若事分別，事謂法體瓶等事相，分別瓶等法體色、味、香、觸，細分時捨瓶等名，意全無違。

分別無所等者，同師云：如五盛陰名苦諦，苦分別五陰時亦不捨苦名，以色是苦故，乃至識亦如是，應如彼説。已上秋篠。

**章**三、理事分至爲第一義。《鈔》曰：此七分別第三分別，陰、界、入等事，依《婆沙》四評家第三師義爲立性宗説。彼論文云：陰、界、入等事相差別説爲世諦，十六聖行通相之理以爲真諦。又云：四諦皆有世俗、勝義，四諦之事名爲世俗，四諦之理名爲真諦。又云：世俗、勝義俱攝十八界、十二處、五蘊，虚空、非擇滅亦二諦攝故。以此意解四諦事理云：苦諦事者，男、女、瓶、衣等事。苦諦理者，苦、無常、空、無我理，乃至道諦事者，謂佛説道如船筏乃至如花如水，是即事也。道諦理者，道、如、行、出理也。應如彼論七十七説。

**章**四、縛解分至滅道第一。《鈔》曰：此七分別第四分別，依《婆沙》説，此即當四評家第一師説，苦、集縛法説爲世諦，滅、道解法名爲真諦。如彼文云，於四諦中前二諦是世俗諦，男、女、行、住及瓶、衣等世間現見諸世俗事，皆入苦、集二諦中故，後二諦是勝義諦，諸出世間真實功德，皆入滅、道二諦中故。

**章**五、劣勝分至説爲第一。《鈔》曰：此七分別第五分別，先德謂此即當於《婆沙》四評家第二師義。云云。

劣勝分別者，今此分別苦、集及道三諦，有爲法故判爲世諦，滅諦無爲寂止勝法，説爲真諦。今章家既云非上爲世、精勝爲真，是即舉劣勝判，而苦、集、道三諦爲世，滅諦唯一爲真，若爾，有爲是劣，無爲是勝，是章家意。秋篠云：遠公章云爲無爲分別，彼師亦《涅槃疏》云劣勝分別，是義同也。此等判尤爲好，然秋篠引《婆沙》文云：於四諦中前三諦苦、集、滅三。是世俗諦，苦、集諦中有世俗事，義如前説，佛説滅諦如城、如宫或如彼岸，諸如是等世俗施設滅諦中有，是故滅諦亦世俗，唯一道諦是勝義諦，世俗施設此中無故。已上《婆沙》文，秋篠所引。今云：此所引《婆沙》文違於章主所云劣勝分別，此文云唯一道諦是勝義，前三諦苦、集、滅三。是世俗故，非有爲劣、無爲勝之義。若滅諦中世俗施設亦名世俗，恐此況等六空有分別中所判歟。後學尋《婆沙》文須研究已。

**章**六空有分至説爲第一。《鈔》曰：此七分別第六分別，先德謂此當於《婆沙》第三師義。

於彼四諦等者，與《婆沙》説相同，十六行相中除空、無我二行相，餘皆爲俗，空、無我二是理精妙爲真。今名空有四諦中有諸世俗事爲俗，四諦中唯是理精妙爲真，空空、無我亦空，真諦名空，施設事相名有。

問：前三苦、集、滅之三。諦中有世俗事，義如前説，道諦何有世俗事。前《婆沙》文道諦無世俗施設事名爲真故。秋篠引《婆沙》文云：道諦亦有世俗事，佛以沙門、婆羅門各説道諦故，唯一切法空、無我理是勝義諦，空、非我中諸世俗事絶施設故，廣如彼説。已上秋篠。

章七、行教分至名第一義。《鈔》曰：此七分別第七分別。先德謂此依《雜心》文。彼論第十云：經、律、阿毘曇是名俗正法，三十七覺品是名第一義。彼論釋云：經、律、阿毘曇是名俗。正法者，修多羅經、律、阿毘曇，是言説正法依名處起故，先已説。佛語是語自性，語即依名轉，以他處轉故，是故名俗故。顯第一義故名正法，以名顯義故，三十七覺品是第一義正法，離名起故，名有垢故不説第一義正法。慧讃若澄歟。師云：約此偈中，上半是俗正法，經、律、阿毘曇是名俗正法之二句。云云。謂《阿含》教依他故俗。下半真法，所謂覺品、三乘因果無漏故真，下半者，三十七覺品，是説第一義之二句也。廣如彼疏第十卷説。云云。此二句，秋篠引慧讃釋已推彼師疏也。今基辨檢永超《傳燈録》，有云《雜心論疏》十卷旨，而不記作者名，恐今此文所云慧讃師者，此是作者歟。秋篠推云如彼疏第十卷説，故基辨檢《傳燈録》，不見名贇[四]讃者，有惠證者。大乘光法師撰《婆沙鈔》次，載此《雜心論疏》十卷。若爾，此《雜心疏》者，大乘光法師所著，非慧讃歟。後學須考。《秋篠鈔》釋七分別已云：遠法師言：初宗之中具此七番，雖有七種事理二諦，正是宗歸，即當《婆沙》評家義也。

問：《婆沙》七十七云：尊者世友作如是説：能顯名是世俗，所顯法是勝義。已上世友。大德説曰：宣説有情、瓶、衣等事，不虛妄心所起言説是世俗諦，宣説緣性緣起等理，不虛妄心所起言説是勝義諦。尊者達羅達多説言：名自性是世俗，義自性是勝義。此等三義於此七番何番所攝。解云：世友、達多二師義第七番攝，能詮爲俗，所詮爲真。故大德之義第二番攝，假法爲俗，實法爲真故。又解：大德之義第七番中教一分攝，以唯約教説二諦故，既云不虛妄心所起言説，故知教攝。

章今此但彰至餘略不辨。《鈔》曰：上來就立性宗説七分別釋二諦竟，自下舉古師相攝釋四文中，第四、舉四宗二諦，屬當經説二諦。此中亦有四文，初、以立性宗七分别屬當經説。此中三文，初、總明，後、别明屬當，今即初也。

今此者，指前申立性宗所言七分别二諦義云今此也。

初之三門者，《涅槃經》所説七番中，初番、第二、第三之番會云初三門也。

餘略不辨者，章家意立性宗所云七分别二諦義，但屬經説初、二、三三箇番，餘四番經説，二諦義於立性宗未曾論之處也，故云餘略不辨也。此初以立性宗七分别中初之三門，屬經説二諦義，餘四分别不屬經説，總明之文也。

**章**第一、先就至名第一義。《鈔》曰：此下後别屬當經説初之三番。此中三文，初、就立性宗第一分别屬經説，次、就同宗第二分别屬經，後、就第三分别屬當，今即初文也。

先就情理者，標立性宗第一分别。

分二者，妄情所取我、衆生等以爲世俗，無我之理以爲勝義，是即情、理分别爲世俗、勝義二，故云分二。

五陰和合等者，以情、理言屬當經文。前所引經云：善男子，五陰和合稱言某甲，凡夫衆生隨其所稱是名世諦，解陰無有某甲名字，離陰亦無某甲名字，出世人如其性、相而能知之名第一義。云云。此經文意，與立性宗義隨陰和合凡稱言某甲，計實有我人，是爲世俗，如何雖無我人，隨情所取爲俗。出世聖人觀解某甲有無，如理能知不拘情取爲真，依情與理分别立真、俗諦更無相違，正今屬當。

**章**第二、約就至實爲第二。《鈔》曰：此二就立性宗第二分别屬當經文。

先分二法等者，《涅槃經》第二番中有二文，初、説復次善男子，示法有二，一者、有名有實，二者、有名無實。後、但説善男子，示有名無實法爲俗、有名有實法爲真，今文初後俱牒也。先分言，對後下就諦辨云先，分二者分有實、無實二法。是其實法者，簡假施設，彰有實體用名其實法，其謂彼，彼此云有名有實，陰、界、入等彰示有實法，依有名推求法體，有法體可得，用亦非無，即陰、界、入等，是云有實。

有名無實等者，彰但有名無實體者。

瓶、衣、車乘等者，彰其假法，如是一切雖無體，假施設其名，但有假名，推求都無其體，故云有名無實。

下就諦辨等者，對前文先分二法之先言，今云下猶云後也。此屬當經次但説善男子説二諦文，但有假名無體爲假世俗，有名有實爲具勝義。此即立性宗以假實分別真俗屬當經文，更無相違。

**章**第三、約就至爲第一義。《鈔》曰：此後就立性宗第三理事分別屬當經文。

理事分二者，今謂經文意有兩重相對，一者、有名無實我、衆生乃至龜毛、兔角、施[五]火輪等名爲世俗，有名有實陰、界、入等名爲勝義，是有、無實相待有實爲真、無實爲俗，俗是假事，真是有實事，故對假事名爲理。二者、諸陰、界、入雖有名有實對我、衆生等名爲理真，其實事相麁顯對苦、集、滅、道微隱法相道理名爲俗諦，苦等四諦名爲真諦，有如是兩重相對意。經説義意，今立性宗理、事分別，亦事有假、實，理有麁、隱，有兩重相對立真俗義，由是以此理、事分別屬當第三番經説二諦義也。上來以經文屬當立性宗初三分別已。

問：何故以立性宗餘四分別，不屬當經第四番已下二諦耶。答：立性宗除初之三分別，餘四分別不屬當經第四番已下文，經第四番五種世法無體有名爲俗，於其五世法心無倒如實知體無爲真，彼第四分別以四諦初二繫縛爲俗，後二是解脱法爲真故不屬當。又第五番經文，説若燒、若壞爲俗，是遮詮，爲世也。無燒、無壞爲真。是自爾宛然爲真也。彼立性宗第五分別苦、集、道三有爲爲劣理中非勝。名俗，滅諦一無爲諦法爲勝諦中爲種勝。名真，以[六]爲劣無爲勝分別四諦爲二諦不屬當經。又第六番經文說有八苦相爲世、無八苦相爲真，彼立性宗第六分別，於四諦十六行相，除空、無我二餘名世諦，空、無我二相理中精妙名爲真諦，是以四諦十六行空有相分別爲二諦不屬當經。又第七番經文說一人多能多名字，因父母和合所生依身而生爲世，十二因緣和合生以爲真，彼立性宗第七分別由《雜心》說教、經、律、論依名轉者。行三十七覺分菩提分法。如次名爲俗真，全無屬當義。由此等義，云立性宗但初之三分別屬經，餘界不辨也。

**章**次下就其至以辨二諦。《鈔》曰：此下舉四宗二諦，屬當經說二諦，四文中第二以破性宗義屬當經二諦。此中三文，初、以《成實》所立明前後兩門以辨二諦，二、以《成實》義屬當經第四番二諦，五種世法爲俗，如實知無爲真。三、舉經第五番二諦屬當《成實論》所說義，今即初也。

於中兩門者，以經第四番二諦與五番二諦爲前後兩門也。

前門就其等者，此三句文正以《成實》所立辨二諦也。前門之言示經第四番二諦以《成實》義辨，第五番之前二諦故名前門。

就其假法等者，其之言指破性成實宗義[七]。假法者，《成實》所立法雖無性，不無假相之假相，今云假法。空有者，云雖無性之無性，今云空，是《成實》所立真諦。有謂彼所立不無假相之假相，今云有，不無謂有。是彼所立俗諦。以此二諦辨經第四番二諦，故云前門就其乃至以辨二諦。

後門就其等者，今示經第五番二諦以《成實》義辨，居第四之後之番故云後門。其言指成實宗義。實法者，《成實》所立陰、界、入法性空爲真，是即實法，今所立無性是空。有謂陰、界、入假有是爲俗，屬辨第五番經說二諦，則無燒、割等是爲性空爲真，若燒、割、死、壞五陰等假有相是爲俗爲有。已上以《成實》所立辨經二諦也。

**章**就前門中至名無顛倒。《鈔》曰：以破性宗義屬當經二諦三文中，二、以成實宗屬當經說文。

就前門中等者，屬當經第四番故云就前門中。

先明世諦等者，第四番中世諦五種世法爲俗，今説無體有用五種世法爲俗，屬當此經文，以《成實》云何成宗義耶。今謂，彼立一切不無假相，即無體有用爲俗，屬當必然。

後於是五法等者，舉經説真諦文。

知其性空等者，釋心無顛倒，明經如實知言，謂於五種世法假有中，如實知因和合中其性空無，亦知法和合中其無性是無倒相。是經文意，以成實宗假有無性義，屬當此經文也。是由秋篠所引遠法師意釋。遠法師辨立性與破性兩宗同異，如秋篠《義鏡》中，文長且略，披文當知。

**章**就後門中至名第一義。《鈔》曰：以破性宗義屬當經二諦三文中，三、舉經第五番二諦，屬當《成實》所説義。

苦燒、割等等者，牒經説文屬《成實論》世諦。

五陰諸法者，是即《成實論》假有，彰五陰諸法虚假因緣集用，觀諸世法實爾名爲世諦，被燒、割等是虚假故。以經所説若死若壞名世諦文，屬《成實論》不無假相。無燒、割等等二句，牒經真諦。

諸法性空等者，是即《成實》所説諸法無性，屬無死壞爲真。秋篠云：就性空第一義中，無彼妄情我、人以爲真諦也。云云。

**章**次下就其至有斯别耳。《鈔》曰：舉四宗二諦屬當經説二諦四文之中，三、以破相宗義屬當經第六番已下二諦[八]，故云次下。此中二文，初、正屬當經第六番中百[九]八苦相爲世、無八苦相爲真，標牒以破相辨二諦，舉經二諦文。次下就其等三句標牒，八苦之相等四句正舉屬當經文。

問曰：此宗等下二問。答：對辨破性、破相兩宗異。此宗，指破相宗。立前者，指前破性宗。

古來釋云下，以遠法師説對辨兩宗異答問，此答中先對辨世諦。

前説等者，前破性宗中理相世諦即法虚假因

緣集用，世法實爾爲世，是今云因緣假有等也。此宗者，破相宗，即説一切世法道理悉皆妄想之有，如陽炎、水、健闥婆城等以名世諦，是云妄想之有。

前宗宣説等下，對辨真諦。前破性宗説因和合中知性空，法和合中知無性名心無倒爲真，亦諸法無性空爲真，此云衆性之空爲第一義。

此宗宣説等者，此破相宗説諸法畢竟妄相空寂，今云無相之空爲第一義也。

**章**次就第四至名爲第一。《鈔》曰：以四宗義屬當經説二諦四文中，四、以顯實宗義屬當經文[一〇]。此中二文，初、正屬當，後、舉古説辨，今即初也。次就第四等三句標牒科文。

事相緣起者，如一人名走者，亦名收刈者。

法性緣起者，如觀十二緣生。

譬如一人等下，示喻相。如是所説等下，合法而明。

**章**古來解云至故名第六。《鈔》曰：以顯實宗屬當經説二文中，二、舉古師立六重緣生辨。

一事因緣等者，事相因緣所生，謂陰、界、入等是立性宗俗諦，故云如毘曇説。

二法因緣等者，法相因緣生，即苦、無常等，是立性宗真諦法也。

三假因緣等者，假名因緣有，即破性宗俗諦也。

四妄想因緣等者，妄想因緣生，即破性宗真諦也。

猶如幻化者，示唯虚空起都無體用。

五是妄想因緣等者，妄想因緣有，即破相宗真諦。如夢所見者，明心外畢竟無性，但虚妄心想前起，故云如夢所見也。

六真實因緣等者，示真實因緣生，謂如來藏緣起集成生死、涅槃，是顯實宗真諦也。

如水起波者，彰不同前宗唯一如來藏隨緣作佛亦作因緣，佛性因緣非一非異，故云如水波也。

前五緣生等者，取捨六因緣生。

上來舉《涅槃經》相攝一切二諦三文中，第二文舉古師相攝釋已。

**章**上解雖精至所有二諦。《鈔》曰：舉《涅槃經》攝一切二諦説三文中，第三、章主自述自正義諸教相攝。此中二文，初、斥古釋，後、申今義，今即初也。

上解雖精等二句，略斥古師，意言：上來所舉遠法師解申四宗二諦別，屬經釋成，雖積且勤，今家所解意趣小齟齬。

此中二諦等者，申意趣差別旨。謂今家解經意，此《涅槃經》中二諦義，唯明遠法師所云四宗中顯實一宗中二諦，不説小乘二部及破相二諦，是爲今家各別意趣。

顯實自有等下，敘不説小乘及破相二諦所由，立理斥破。謂如來説二諦雖縷縷長，但顯實一宗故顯真實義，同一時處自應破相被斥已，無明暗俱有理，亦小乘教二十部別計執，然《涅槃經》中如來豈懸爲未來世中大唐所有違法師等，不説餘部所説二諦，獨別説薩婆多部及成實宗二諦理，如何爲有斯哉。由是遠法師所言經七番中初三立性宗所辨二諦，次二是破性宗所辨二諦等之説，可云妄談，我黨學者鳴鼓攻之可已。

**章**由此應言至亦建立之。《鈔》曰：章主申自正義二文中，後、申今義。此中十文，初、釋七番釋中第一番義，今文即是也。

由此應言者，標正申今義。

後七番中等者，經以八復次説二諦義，其第一復次明依人智有淺深顯二諦別，其經文云：善男子，如出世人之所知者名第一義諦，世人知者名爲世諦。除此第一復次，次後善男子已下，今云後七番中，其初番經文云：善男子，五陰和合稱言某甲，凡夫衆生隨其所稱是名世諦，解陰無有某甲名字、離陰亦無某甲名字，出世之人如其性相而能知之名第一義諦。此文今此云初番舉事，事相。釋前依人以立二諦之文。此云前依人等，即次前云第一復次明依人智有淺深顯二諦別之文。

後七番中初番舉事陰和合某甲名字有無等事相別。釋前經依人智淺深明二諦。文，經言凡夫其所稱等經文，即初番舉事釋文也。後學勿相濫經文，爲膚受麁漫學者不厭勞煩，再三敍之耳。

故知但是等已下，結初番義。後七番中初番文舉事，釋文今簡云但是重顯前義。經第一復次依人智有淺深明二諦文義歟。

依人相待者，世、出世人智淺深別，相待建立二諦也。

**章**以下六番至此中四事。《鈔》曰：敍今義十文中，二、總釋已下六番意。

依法勝劣等者，此亦不用古師義，別敍今家義。秋篠云：遠法師云《涅槃經》中具有八番以明二諦，初之一番明人二諦，後之七番明法二諦。今章主意，後七番中初番舉事，釋前依人立二諦意，後之六番依法劣勝相待建立，即釋法二諦也。已上秋篠。

雖不分明等四句，通伏難。難云：後七番中初番舉事重釋前意，則義可知，經亦所說，後六番是爲釋何文義，如何。已上伏難。章文通此難意言：雖不分明差別，經文分別四重真俗義，以道理義推求後六番意，即是《瑜伽》《顯揚》《瑜伽釋》《成唯識論》中所說四重真俗，經文説是立法勝劣、麁細，相待建立令有六番也。

**章**前第二番至相可知故。《鈔》曰：舉正義十文中，三、釋第二番義。前第二番等四句，牒經文爲四重世俗中世間俗也。前文所引第二番經文，有名無實爲世俗，即是四重俗中初世間俗爲俗文意。

《顯揚》等等説等者，等《成唯識》第九卷。《顯揚》第六十丁。曰：世間俗者，謂安立田、宅、瓶、盆、軍、林藪等，及安立我、有情等。云云。今略舉後安立，故云説如我等也，是與經第二番云有名無實名世俗諦，正爲同立，正與此同。

有名有實等下，申真諦四重。此下文有二意，一、四種勝義通名有名有實，皆有名體故。二、唯三科法名有名有實，對我等故，如文可知。已上秋篠。

即論所説等者，《成唯識》九所説，應説四重真。

即顯我有等下，顯我、有情有名無實是世間俗。最爲卑劣者，示唯俗非真由。

餘皆勝此等二句，除世間俗，餘三科、四諦、二空如、一真如界，皆對我、有情爲勝爲精，故相待爲勝義。

或唯三科等者，申有名有實言不爲於四種勝義，但以世間、勝義三科法對我、衆生有名實，以名真不違理。相可知故者，相易了知，故立唯三科有名實義也。

**章**第三番中至第二、勝義。《鈔》曰：舉正義十文中，四、釋經第三番義。如我衆生等下，牒經文釋。

此以二類者，一、我、衆生類，二、陰、界、入類也。四諦理對我、衆生等二類，至精妙理勝故，對此四諦二類共麁，事相劣卑故名爲俗。

我乃至等者，釋我、衆生類更重對四諦理爲世俗諦。

更重説等者，釋第二番中説我、有情名俗諦。今復第三番中更重説我乃至旋火之輪等，我有情等亦爲世俗諦，顯示我有情等唯不形待於世間勝義三科法名爲世俗，亦形待第二理真四諦等名世俗故。

準餘世俗等者，除世間真三科，准餘四諦、二空如理真證真，我、有情等爲世俗諦，皆亦通餘真可形待云俗也。

其餘界、入等下，會經與論文違。

以初有名等者，謂前經第二番以初世間世俗有名無體用法我、有情等，形待陰等三科，是有名有體法名爲真諦，即四真中初世間勝義攝。

顯此非唯是勝義故等者，顯此三科復爲俗諦，謂第三番中以三科形待四諦，三科麁顯事相，四諦精妙理性故。三科影像四諦智光隱没不現，故事三科。劣於理四諦。即爲理俗。

即是論中等者，謂三科即是《瑜伽》《顯揚》等論中第二理俗，四諦第二道理勝義。

**章**第四番中至五、世法故。《鈔》曰：正義十文中，五、釋第四番經文義。此中二文，初、示有名無實爲俗、無倒知無爲真。

第四番中等者，牒經文，顯初世俗但不有名無實用我、用[二]情等，亦陽炎、水等無體有用法初世俗。

《顯揚》等説等者，第六卷説房舍、軍、林牒無體有用亦初世間俗故，以我、有情等類同無實體最卑劣故名爲世俗。

無倒知此下舉經真諦，此謂指五種世法，五中名、句實唯聲，經縛、法、執著實唯色等五蘊，故今云此唯有蘊等都無真實名句等法，如是知實無是第一義。四勝義中等三句，明云無五種世法是第一義諦所論，四勝義是無別離言境故，無經説名句等事，故知無名句等五世法名俗者，即第一義之意。

**章**或三科中至更無異義。《鈔》曰：釋經第四番文二文中，後明有名無體爲體於此第四番説由。

實無此五者，秋篠云：三科之中實無此五，故唯初俗，不通真四，前第三番我、衆生等及陰、界、入形四諦理名爲世俗，四真名真。今此第四番似説非法，而經中説，此番意爲釋疑難。云云。

無此五者，無此五世法。

此番狀似等者，此第四番五種世名俗之説，似説相不爲次，然以第三番蘊、界、入既説通入真，恐今此第四番無體有用五種世法亦云通真諦，爲顯云五世亦通真不然申真俗，因釋彼疑難故，今第四番亦説無體有用五種世法名俗也。

五種世中等下，明五世無體有用。初二者名世句世，次二者縛世法世，後一標相者執著世[三]，標威儀相廣知沙門、婆羅門也。

顯能、所詮等下，若情者執著世，有假立者

但有假立名言，無體用云非真實，爲顯此有名無體用故，第四番中作不次與餘差别説。更無異義者名釋疑難，説差别不次之外無異義也。

**章**第五番中至即第三真。《鈔》曰：正義十文中，六、釋經第五番義。此中二文，初、示燒、割等爲世、二無我爲世遮詮義同故，今即此初科也。

若燒、割等下，答經顯第三真二無我，今爲世俗。

外道異生等下，明無我遮詮故與燒、割等義同同爲世俗，此番以廢詮真爲第一義故。

佛説爲無者，無謂燒、割等，五蘊和合身可燒、割故，無外道異生執常一我自都無。

燒、割等者即二無我名爲世俗，由是無燒、割等是廢詮真。此番第一義諦，後番以此等下〔三〕，顯第五番以二無我對一實如説爲世俗。雖然，後第六番説無八苦相，此二無我形四諦理以爲真諦，由是四勝義中以二無我爲證得勝義，亦四世俗中爲第四勝義世俗。

**章**今以之對至勝義勝義。《鈔》曰：釋經第五番義二文中，二、明此第五番中第一義第四廢詮真故，無我爲遮以名世俗。

無燒、無割等者，自爾宛然相即廢詮如義。

以之對一等者，以無我二空所顯如對第四廢詮一實真如。

真如不依可燒、割等已下文，立二無我言通真俗理。秋篠云：今第五番以無我對一實如説爲世俗，即第四勝義世俗所攝二空所顯。如，雖無燒、割等依燒、割詮言方所顯故，從其詮門説名燒、割等，一實廢詮真如不可燒、割，不依詮故即第四真攝。已上秋篠。由此理故，今云真如不依可燒、割等詮門顯故即勝義勝義故是自爾宛然義。由是秋篠云：由此應知，此第五番應在第六，其第六番顯第三欲故。云云。此解明似番狀非次，如次章釋。

不爾此言等者，正立理文。此文意言：若云

上來所申真俗二諦顯非或俗或真必是決定者有此義不爾，則經文中燒、割等無燒、割等言，有詮何理，佛示如是。世尊不說無義利言，大小乘教共所傳說。已上立理。若爾，則燒、割等無燒、割等言教，有何義理利益耶。謂彰無一法是決定俗非真亦是決定真非俗，如今家傳，俗自不俗，待真是俗，真自不真，待俗是真，於觀解此道理至其究極，一法一法非俗非俗[四]俗，非真非不真。若能如是觀解一法一法，則是人至諸佛證智境界，爲令如是有義利，有如是前後不定說。

一實真如等三句，答此言有何詮理。一實真如，諸佛證智境故，佛說言教體，一真如絶言境界，機有真俗教遂真俗。今示佛無無義言，云一實真如即是第四勝義勝義也。

**章**第六番中至前後不定。《鈔》曰：舉正義十文中，七、釋經第六番義。

八苦相等下牒經文，文意言：前第四番對蘊等三科爲俗，以苦等四諦爲真，今此第六番以第四番爲真，苦諦有八苦相，對二無我等無八苦相法爲真，苦等四諦即成世俗，四世俗中第三證得世俗所攝。

經有八苦相者，即是苦諦理故舉之爲俗，雖偏舉一苦諦，餘三類令知。已上文意。

此番應在等者，此文意言：此第六番四諦爲俗、二無我爲真，故應在第五番處說。前第五番二無我爲俗，以廢詮如爲真之說，應於此第六番處說。前後不次，此是何謂。會云：以言便故，前後不定。問：不次之說云何言便耶。答：第四番說如實知無爲真，故一切知無是真非俗，恐決定執，因觀待顯不定。第五番知無我遮爲俗，由是亦恐決定執一切遮無皆是俗諦說無燒、割等，示廢詮真除決定執，既說廢詮真故恐起如上說餘應說理無之執。第六番前番雖說四諦爲真，未說爲俗，故是亦恐四諦決定爲真，對二無我爲真爲俗，顯無我是雖遮因觀待以爲真。是等皆以前說二諦言便，及說俗言便說真相待，前後不決定，是即安立四重真俗之旨趣也。

章第七番中至更無別門。《鈔》曰：舉正義十文中，八、釋經第七番義。

第七番中等者，總下説四重真俗差別義。

總明二諦等者，文意言：此第七番中所説法與喻，非如前所説舉一門形待別申二諦，總明上來所説四重二諦之義法喻。所以何者。二諦爲體無差別故。云何無別。謂隨其人能説。智及於法所説。中空劣俗。有，勝真。此即初重真三科。俗，瓶、盆。世間真俗勝劣相形。又事劣俗。理，勝真。此是第二重道理真四諦。俗三科。勝劣相形。又淺劣俗。深，勝真。是第三重證得真二空如。俗諦。勝劣相形。又詮劣俗。旨，勝真。是第四重勝義真一實廢詮如。俗二空所顯如。勝劣相形，如是四重真俗妙理勝劣形待有能、所説，悉無不成真俗，於其法體一法一法非俗非不俗，非真非不真，心言俱絶，是二諦體無差別所由也。

世人但知父母等下，正釋第七番説真俗，是總示人與法二諦。由次章文私釋云：世人但知父母所生名爲世諦，出世之人知因緣生名第一義，此隨人知以分二諦，亦名迷悟二諦。

父母所生假事麁淺等者，此是明法二諦，亦名法體二諦，説實法細深名真，形是假事麁淺名俗，故就法體説。

此隨於法等者，結明法二諦。

總明二諦等者，意言：今此第七番總明二諦差別，法喻更無，舉一箇形待別門，由是今私立第七番釋之科文也。已上由章釋及秋篠所言私釋。

章審觀經意至勝義所攝。《鈔》曰：十文科中此文九中章主自意，明《瑜伽》《唯識》等四重二諦爲釋成佛説七番二諦。

與論無別者，明經七番所説與《瑜伽》《顯揚》《瑜伽釋》《三十論》等説四重真俗二諦全無別義。

經爲根本等者，明佛説契經安立諸義之根本故，欲宣説義令依託諸法相以爲宣揚，如説以世俗諦一切法相有別義。説第一義一切法性無別義。諦。

論是末宗等者，明重菩薩造論爲令成就安立佛説根本義，意言：稟承世尊説法言義爲釋成其所説理，故議論對揚真法深細以造諸論。由是可知，《瑜伽》等論所説四重皆爲釋成經説諸番二諦。

豈復自爲等者，承上立理。豈謂何也，復謂重也。佛既説七番二諦，故一切法無不攝，而重菩薩造論釋成佛説，欲令衆生開悟佛意，何爲經與論大義矛盾。但出菩薩胸襟而已，有釋成經義之理。由是自知，經與論所説大義全無差別，但由惠解及不及分別有不同已。

作此會經等者，章主承上申自釋意，謂經論所説大義無差別，故作爲此章釋。以《瑜伽》等四重真俗，會經七番二諦，亦契應道理允當。

何以得知等者，寄問云理，舉以四重真俗會之理證。得知者，問以何證經説七番即四重真俗耶。形無燒、割等三句，舉理證答。此文意言：以依可燒、割等詮門所顯二空真如爲俗，形待無燒、割等爲真，此真即一實真如，廢詮勝義勝義所攝之經説自備，准是可知餘番二諦亦以四真俗真釋成也。

**章**《涅槃》又説至其義云何。《鈔》曰：舉正義十文中，十、示一實真如勝義勝義之證。此中五文，初、文殊師利問佛。實諦者，真諦也，謂一實真如也。

**章**佛言善男至實諦之義。《鈔》曰：示實諦證五文中，二、佛答以七義示實諦義。七義者，一、真實法，二、無顛倒，三、無虚妄，四、名大乘，五、是佛所説，六、一道清淨，七、有常樂我淨，是爲七義。

佛言善男子等者，以真實法釋實諦。

善男子實諦等者，二、以無顛倒釋實諦。

實諦者無有等者，三、以不虚妄釋實諦。

實諦者名曰等者，四、以名大乘釋實諦。

實諦者是佛等者，五、以是佛所説釋實諦。

實諦者一道等者，六、以一道清淨釋實諦。

善男子有常等者，七、以常、樂、我、淨爲

實諦義。已上經文。

**章**此意即説至最殊勝故。《鈔》曰：此章主文舉示證文五文中，三、章主釋實諦。此意者，上來佛以七義答釋實諦之意也。章主彰如來答意，以一實如爲一實諦。前説經文以無燒、割等真如爲諦，此是非俗，唯是勝義，何以知可燒、割等。五藴即我以説世俗，而説無燒、割等以爲真諦，故非世俗唯是勝義，非廢詮如。指何等示。唯真故非俗唯是勝義，諦者一實真如，最殊勝故云勝義勝義諦。今舉七義所答示説實諦真法也。已上章主釋實諦文已，此下經文。

**章**文殊師利至無有差別。《鈔》曰：舉一實如勝義之證五文之中，四、文殊菩薩申難問，爲示依詮實諦通俗諦義，問意易了。由此問答，可知前三真通俗之證。

**章**佛告文殊至非謗是實。《鈔》曰：五文中，五、佛答文殊難。此中三文，初、總答前難，二、佛別釋答，三、章主釋文，今即初也。

有苦有諦等者，秋篠釋曰：四諦之中各有三重，一、有苦者苦相也，二、有諦者苦道理也，三、有實者苦諦性也。餘集、滅、道三諦亦准是知。已上由秋篠以私意釋。

問：有實者苦性耶。答：苦是苦逼迫處，爲苦體性，爲苦實體，故云有實者苦性，是依詮實云實云性。若廢詮苦，非苦非不苦，心言絶故。

次有集有諦乃至有道有諦等，准是可解。已上秋篠。

善男子如來等下，説廢詮境。是實者是廢詮實諦，虚空佛性是實亦復爾。已上佛總答文已。

**章**文殊師利至亦復如是。《鈔》曰：二、佛別釋答。

苦者爲無常相等者，且舉苦諦，餘三准知。今云苦者牒諦，爲無常已下釋也。意言：苦是果，苦果是無常相，故是可斷相，苦果可斷。集業、煩惱。因生苦果，故有漏業、煩惱集因自我、法二執生，二執本來都無體用，集因亦無，集因滅故，苦果亦成。此是俗中假相，如俗境知名爲實諦，故今云可斷相，是爲實諦。

如來之性等者，明如來之性是勝義諦。如來即諦故云如來性，是即實諦，此性無逼迫相故非苦，無遷流相故非無常，無可斷相故非可斷相，相滅之處自顯是爲實諦。虛空佛性亦離三相，故云亦復如是，彰是亦實諦也。

**章**此經文意至但是實攝。《鈔》曰：佛答文殊三文中，三、章主釋如上佛答文意。

在纏名佛性等者，秋篠云：廢詮一實真如隨位三名，一、在纏名佛性，二、在果名如來，亦名法身，三、通在二位名虛空，從能顯說非是非體空。已上秋篠。又云：問：此等三名皆是詮門依詮所顯，是第三真，何今云如來等三名皆第四真耶。解云：舉詮取旨，若不舉詮何以生智。今却談旨故第四真，此義應思。已上秋篠。

非安立故等者，今所云廢詮真如以三名顯，非安立諦非安立相，故非四諦所攝。

此經即是等者，具明非安立諦非四諦攝義。此經者，上來此經所說第一義，非云前三真，第四真廢詮談旨，一真法界。

苦、集、滅、道等下，明非四諦攝。苦等四諦者是安立門故，四諦事相名，四諦之諦言四道理名爲諦，故事非真，若諦實言則苦諦，如集諦如等應云諦也。

由此真如等者，結上來釋義，此經所說廢詮真如爲第一義故非苦，非無常故非諦，非如可斷相爲實諦之諦故非依詮門實諦但是廢詮實諦。結釋已，上來當章大段第三相攝。問答門有二文，初、諸教相攝文有五，初、舉《涅槃經》相攝文意，次、下二以《瑜伽》《顯揚》四俗一真，與《唯識》四俗四真對辨相攝，證經說第一義非安立諦，明依詮真亦通俗。

**章**又如前所至亦有差別。《鈔》曰：《瑜伽》《顯揚》等者，彰經所說實諦者廢詮談旨一真法界。《伽》六十四、《顯》第六說非安立真實者謂一切法真如實性，而但說俗有四，唯說真有一，諦即非安立諦。是即菩薩釋成經義。

前三不離等者，彰此二論如《伽釋論》及《成唯識》不説前三真由，謂前三真與俗後三重同故略不説。又有差別等下，明安、非安俗真名別，推《成唯識》説四俗四真，最勝子《瑜伽釋》亦同説四真俗。

示勝於等者，申説四真由。十卷《楞伽》第十説俗故相有別、真故相無別，今文有差別爲安立者，申俗故有別義，安立則相別，相別則可斷相，是無常，是可待等自可觀，今云安立有別故説四俗是也。

又無有差別等者，申真故相無別義，如前已明。非安立者相無別義，今云故唯一真是也。真自非真，待俗是真，俗自非俗，待真是俗，《成唯識論》等爲顯此義説四真四俗，廣如彼明。四俗是可待故，形待則有麁細、有能所、有事理、有詮非詮、有劣勝等自可知已，故云勝於俗等之勝爲真、劣爲俗，故今有四俗則有四真。

**章**《勝鬘》一諦至各自名攝。《鈔》曰：五文中，三、以《勝鬘》《仁王》説相攝四真四俗。《勝鬘經》意説，四聖諦中三是無常，一是常住，即據第四真而説滅諦義。彼經《一諦章》云：滅諦離有爲相，故是常住，故是非虚妄法，非虚妄故是諦，是常是依，是故滅諦是第一義。已上秋篠釋亦如是。今私觀解此經意云：苦、集二諦有漏因果，滅、道二諦無漏因果，先觀苦、集二諦，謂如是苦果從何因生。自業、煩惱有漏集因生。此有漏法爲因者，其體何物。論説漏是煩惱，我執爲根本煩惱障起，法執有根本所知障起，故知其我、法二執唯虚妄起，都無體用，情有理無。爾則一切業、煩惱集因都無體用，故集因無則知苦果亦虚妄起都無體用。復審觀此虚妄心如何滅，知以無漏智道諦可滅，於是起似無漏智，習修、得修，欲由得修力現前無漏正智，至一切相用畢竟不現，於是復審觀無漏道諦體相，是亦知欲治有漏病用無漏藥。若至有漏無對，何名無漏。有闇則云有明，本無闇則何有明名。無集因故，苦果亦無，苦、集二無，爲何修道。有有漏病故，有無漏藥，病息藥是對何名藥。故知無苦、集，道諦亦自無，於是初知因果、病藥有無皆是緣生有名，至觀非因非不因，非果非不果，非病非不病，非藥非不藥，非有非不有，非無非不無，由是可知唯是一切相用不現滅諦是第一義諦也。

《仁王》二諦等者，由人、法勝劣説二諦，故今云各自名攝。

**章**《中邊論》顯至論自説故。《鈔》曰：五文中，四、以説《中邊》《顯揚》《唯識》三俗三真相攝四重真俗。

一假世俗者，三性中遍計所執本來都無，但有假名名假世俗，此四俗中第一世間世俗攝者。

二行世俗者，一切有爲行，正體是世俗故簡勝義諦名行世俗。舊《中邊論》云，取行世俗者唯有爲依他故，四俗中第二、第三世俗所攝。行謂有爲事故，心上變似四諦相理，理不離事，故三性中依他性，第二、三科中蘊等。第三道諦爲主，苦、集爲境。世俗諦攝。

三顯了世俗者，根本正智斷染依他遍計所執，本來都無，二空爲門所顯真如名圓成實。此依能顯之真如，帶能所相名爲世俗，四俗中第四勝義俗。若取顯已真如體，第四真攝。若能顯了是無漏根本智，如與智冥合故，四真中第三真攝，三性中圓成實也。本經説淨依他是圓成實故。

如次應知等者，假謂計執，行謂依他，顯了謂圓成實，自可了知。

一義勝義等者，義謂第一義也，勝義謂殊勝即境智，此境智如與智冥合，平等平等，非境非不境，非智非不智。

此廢詮一等者，此下以三真三俗對上來所説四重二諦相攝也，文易了知。

行世俗等者，第二謂三科中心、心所也，第三謂四諦中道諦爲主，能斷故，餘是所觀所斷，如上已辨。

有爲事故者，有爲法者別故麁易了，故名爲事相。

心上變似者，是三科中心、心所法，第二俗攝。

四諦相理等者，明第三俗四諦攝。

理不離事等者，四諦理不離五陰等事故，第二、三共依他起攝，第二、第三世俗攝。

依二空門等者，如上已明。

其義勝義等者，義謂第一義，對假世俗之假言名義故是真是實爲第一義，如上已辨，今云第四真攝，故廢詮談旨勝義勝義也。

第三真攝者，二空所顯真如也，因證空，如自顯，如上已辨。

約得辨故者，上句云因證顯者就聖者得勝義，今約得辨者就凡夫所論而釋。秋篠釋云：真舊成不說爲得，涅槃後顯故立得名。云云。

第二真攝等者，第二道理真攝，無漏真智觀諦理，非因一往麁顯能觀所了，其理廣大深細，勝義故云理稍勝也。

若隨其事等者，意言：若不拘所觀理稍殊勝，但任其無漏真智事體相攝，則智是恵心所故，五蘊中行蘊攝，四真中第一世間真所攝。

隨其所應等者，若無漏智爲境起執，則第一世俗攝。若云無漏智事體，恵心所故五陰中行蘊第二理俗攝。若以無漏智有法觀行，則第三證俗攝。若以無漏智現二無我，則第四體强褒云殊勝，云勝義勝義，亦云第一義。若强名第一義爲體，則第一義體持殊勝勝義業用，即持業釋。若殊勝勝義體持第一義業用，亦持業釋。此是廢詮强褒作言，其實自内所證應知而已。秋篠釋云：義勝義者，無漏觀心名爲勝智，如即彼境名爲勝義，義是境故，爲簡復二勝義名義勝義。云云。又云：義勝義，依士釋也。云云。今云：秋篠所釋不善理也。依士釋，能、所相對釋，故廢詮真如以相對不可辨，故設依詮用相對應眠能、所言，故爲不好也。謂真如者，廢詮真如，次文云第四真攝。

二得勝義等者，得謂顯得，若通言云證得，可釋云謂涅槃故，今以證得勝義二空如釋此文，必須以顯得意，不爾，末學廣受恐混合四智生得義。

涅槃者，此云圓寂，謂真如本來自性清淨凝寂相，此凝寂相因證二空所顯得如，其體本來圓寂，今云涅槃。

三行勝義者，行謂能觀智，離能觀無所觀，離所觀無能觀，能所觀行非即非離，同時同處緣起顯現故，行是有爲無漏亦有漏心所現，似無漏能所觀亦是名行，以殊勝法爲義，境界義。名行勝義，今釋云謂聖道。第二道理勝義，菩薩觀察四諦，能觀是道諦，苦、集是所觀、所斷，能斷真、似無漏智能觀，地前凡夫由似無漏智義，不爲得修則真無漏境智不現，故今云聖道，真、似俱取，似是顯真之因也。此假世俗對勝義俗攝，故云隨其所應入四世俗，易可知也。

若說四諦等者，意言：若說苦等四諦是證得理故，由是安立名得勝義，則即《瑜伽》六十四、《顯揚》第六以四諦爲第三證俗。又《成唯識》九說四真，以四諦理第二理真攝，如是此等諸論有誠文，故今云論自說故。上來諸教相攝五文中，四以《中邊》《顯揚》《唯識》相攝了。

**章**《瑜伽》第四至第四真攝。《鈔》曰：諸教相攝五文中，第五舉《瑜伽》等十諦相攝。此中有十一文，此第一文舉《瑜伽論》總說已立一諦文。何名諦施設等二句，總說論文。

諦施設建立者，謂諸菩薩略有四種施設建立，謂一法（一五），二諦（一六），三理（一七），四乘（一八），今第二諦施設，所餘法、理、乘三施設如論廣說，《顯揚》第八亦有此文。

謂無量種者，今所說但自一至十諦，此委數有五十五諦，是有淺深、勝劣別法於人智上、中、下等，以形待則無量四重真俗自生，巨細難辨，今略云無量種。《顯揚》八曰：若廣分別無量。

成立二諦等者，是亦《瑜伽論》文，是說《勝鬘經》一諦，故云不虛妄諦，唯有一諦更無第二，故名一諦。景師云：莫問真俗，同有不虛妄義，實無顛倒義故總名一諦。

第四真攝者，第四真諦非因果等門故。今云一諦者，論說《勝鬘經》一諦，彼經曰：虛妄法者非諦、非常、非依，是故苦、集、道三非第一義諦。不虛妄者是諦、是常、是依，是故滅諦是第一義。今云不虛妄諦第四真攝也。

**章**或立二諦至二諦所攝。《鈔》曰：十一文中，二、立二諦。或立二諦等三句，《瑜伽》四十六文。

《仁王般若》等下，章主引《仁王經》相攝。

諦不應一者，諦理不應一。智不應二者，緣諦智不應二。

與《瑜伽》同等者，《仁王經》說世諦與第一義諦，是與《瑜伽》二諦說同，隨名次第，世諦即世俗諦攝，第一義諦即勝義諦攝也。

**章**或立三諦至後二所攝。《鈔》曰：十一文中，三、立三諦。或立三諦等四句，《瑜伽論》文也。

所詮、能詮等下，章主相攝文也。

一相諦者，相謂體也，謂即所詮諸法體相。

二語諦者，能詮教法云語諦，《顯揚論》說詮諦。

三用諦者，諸法作用名云用諦，如眼見色、耳聞聲用，此等作用名爲用諦，前相、語諦各有作用。

所詮、能詮等者，明說三諦由。相爲所詮，語爲能詮，此二是體，離之爲二，第三用諦是法作用，合之爲一，今說三諦。

相諦通真等下，章主四重相攝，謂相諦是所詮故通四真俗。若執所詮詮緣共初世俗，若詮緣蘊等理第二俗，若詮緣勝相諦理第三俗，若詮緣二無我平等理第四勝義俗。此四重中，對初世俗說緣蘊、界等理是爲初真，對形第二俗詮緣苦等諦理爲第二真，形第三俗緣二無我如爲第三真，形第四俗緣一實如爲第四真。

語用初三俗等者，明能詮語非後二真攝，由執發能詮語，是初俗，非真非執出能詮語，第二俗，第六心王尋、伺、遍行心所等，名、句、文、聲塵等可知。第三俗苦、集或道三諦。二無我廢詮非語用，故云唯非真中後二所攝。

章或立四諦至因果殊故。《鈔》曰：十一文中，四、立四諦。或立四諦等三句，《瑜伽論》文。如前已説等四句，章主釋文。《秋篠抄》云：生死果因名爲苦、集，涅槃果因名爲滅、道。此四諦義如前已引《涅槃經》第十三《聖行品》説，故云如前已説。雜染者生死，清淨者涅槃，是各因果故云各有因果殊。

問：何故先果後因名苦、集、滅、道，先因後果不説集、苦、道、滅耶。解云：《涅槃經》第十三云，諸佛世尊次第説之，以是因疏〔一九〕無量衆生得度生死。解云：次第有三，一、起次第，如九次第定等。二、説次第，如四正斷等。三、是〔二〇〕次第，如説四諦，苦因果以次第即先集後苦，先道後滅，今依見次故先苦後集，先滅後道。所以爾者，厭果斷因，欣果修因故。如先先知其病，次知病因，次求病癒，後求良藥，諸佛世尊作此次第，説四諦時無量衆生得度生死。又此説次第諸説不同，廣如《婆沙》七十八及《成實論》等。已上秋篠。

章或立五諦至後一真如。《鈔》曰：十一文中，五、立五諦。或立五諦等六句，《瑜伽論》文。

一因諦者，集、道二諦。

二果諦者，苦、滅二諦。

三智諦者，智及相應心、心所法等名能知諦，即知四諦智等。

四境諦者，有爲、無爲境界等名所知諦，即四諦境等，智之境名境諦。

五勝諦者，依詮、廢詮真如名勝義諦，殊勝之諦名勝諦也。《顯揚》云不二諦也。

前四安立等下，章主文釋五諦立二説，此即第一説。前四安立等五句，明立五諦之由。五諦之中前四安立，後一勝諦非安立，安立之中三句，明前四安立之由。

能有者，因諦即集、道二，所有者，果諦即苦、滅二。心謂智諦，心爲主故名心。境謂境諦，知之境故名境。

異故者，明前四安立之由之言。異謂安立，不異不可安立故。

初因果諦等下，章主釋五諦，第一説中四重真俗相攝。

境通真俗者，四重真俗俱爲所觀境故。

智唯第二等者，緣麁淺境能知之智，第二俗第一真攝，觀深細理之智，第二俗、第三俗、第一世真、第二理真攝，理不離事觀故第五勝諦。若約安立門，第四勝義俗、第三證得真攝，二空如故。若約非安立門，第四真攝，一實如故。

或初四種等下，章主釋五諦第二説。

初四種者，五諦中前四如次以集、苦、道、滅配攝。

後一真如者，即五勝諦，謂前四實性。《瑜伽》説非安立真如，謂一切法真如實性。秋篠云：此二説中，第一説寬及四重真俗，第二説狹但第三俗、第二真，此五諦相攝。

**章**或立六諦至第二真攝。《鈔》曰：十一文中，六、立六諦。或立六諦等七句，《瑜伽論》文。

一諦諦者，《顯揚》云真諦，又善法云諦諦。

二妄諦者，不善法等由次文，章主釋云：勝義、世俗二類有殊，諦諦者，勝義真，妄諦者，世俗故。云云。景師云：諦諦者即滅、道，妄諦者即苦、集。

三遍知諦者，即[三]諦，《顯揚》云應知諦也。

四應永斷諦者，即集諦，《顯揚》云應斷諦也。

五應作證諦者，即滅諦，《顯揚》云應證諦也。

六應修習諦者，即道諦，《顯揚》云應修諦也。

勝義、世俗二類等下，章主釋文。此有二説

中第一說，此文明立六諦之由。勝義謂諦諦，世俗謂妄諦，二類於諸法中有殊，故今立分二。

染淨者，淨爲諦諦，染爲妄諦，因謂第四、第六集、道也，果謂第三、第五苦、滅。

兩各異者，染與淨、因與果是云兩各異也。

諦諦通四等下，四重相攝，如文可知。

或諦諦是等下，章主第二説，如文易了。

**章**或立七諦至七非聖諦。《鈔》曰：十一文中，七、立七諦。此中三文，此即初舉《瑜伽論》文云七諦。

一愛味諦者，章主餘處釋云：愛味者集諦。景師亦同釋。興師云：諸有漏法能生愛心名愛味諦，又愛體能染順境故名愛味。

二過患諦者，章主餘處釋云：過患者苦諦。景師亦同。興師云：五欲境界能生貪、瞋等諸過失，故名過患。又煩惱體是其過患，故名過患。

三出離諦者，章主餘處釋云：滅諦或通道諦。景師云：出離是滅諦。興師云：能斷前二名出離諦。

四法性諦者，章主餘處釋云：法性者真如也。景云：法性者非安諦。興云：真如法性名法性諦。

五勝解諦者，章主餘處釋云：勝解者即勝解斯其苦果也。景云：勝解者即道諦。興云：於真如法性故起增上信解，故名勝解諦。

六聖諦者，章主餘處釋云：聖人所知名爲聖諦。景云：聖諦者即滅、道。興云：如來所知名爲聖諦。

七非聖諦者，章主餘處釋云：凡夫所知名非聖諦。景云：非聖諦即苦、集也。興云：外道所立名非聖諦，觀彼所立不得聖故。

**章**集、苦、道、滅至可初俗攝。《鈔》曰：立七諦三文中，二、章主釋文，此初五句明立七諦由。

集、苦、滅、道等者，因此文釋，則出離諦是道，法性諦爲滅諦，若爾，則所前舉《伽抄》釋，與今所言似稍相違，熟察義意全無違。

意解思惟者，第五勝解諦，謂於二空門作空行相，思惟勝解故云意解思惟。

聖凡所知者，聖者所知是即聖諦，凡夫所知即非聖諦，如是諦種類異故，是立七諦所以也。

初四諦者下，正四重真俗相攝，章主文，第三俗證得四諦世俗，即第二道理真，第四俗勝義世俗，二空如即真諦第三證真，意解思惟依詮緣作二無我行相所顯如也。

聖知有無等者，明四真俗俱聖諦由，聖者知初俗無，後三俗、四真有，初真、第二俗是事，第二、三、四真是理，即了四真、四俗別也。

凡於初俗下，釋非聖諦但是初世俗攝。

非二聖諦者，非真與俗之二聖諦。

聖知爲無等者，明初世俗攝由也。

**章**餘處或立至第二真攝。《鈔》曰：立七諦三文中，三、舉餘處說七諦。四重真俗相攝，愛味者觀集諦，過患唯除道諦，是能觀故觀苦諦，出離者觀滅諦。

應知等者，如次苦、集、滅、道。

單、重二觀等者，秋篠釋云，單謂偏義，重謂累義，愛味等三名爲重觀，於蘊等法累觀諦故。又應知等三名爲單觀，於因果等偏觀諦故。

第二觀中等者，同釋云：愛味第三名第二觀。若依文次，可云第一，今單、重相對名第二觀，此義如《雜集論》第十五中引《愛味經》應說。傳說單觀應修是能觀故，重觀前六諦，此所觀義猶離了，舉〔三〕者須勘。已上秋篠。

亦第三俗等者，正相攝，所觀是四諦故，第三證俗、第二理真相攝。

**章**或立八諦至正加行諦。《鈔》曰：十一文中，八、立八諦。此中四文，此初舉《瑜伽論》文。

一行苦等者，第八識俱舍受，是行苦體。

二壞苦等者，前六識俱樂受俱起根境，是壞苦體。

三苦苦等者，同苦受俱根境及相應法，是苦

苦體。

四流轉等者，生死爲流轉體。秋篠云：諸佛從真起化亦名流轉諦。今云：説佛識上所現有漏不善、無記相真善無漏界攝，故佛變化身非流轉體，秋篠釋庬漫。

五還滅諦者，涅槃爲還滅體。

六雜染諦者，生、業、煩惱三雜染爲體。

七清淨諦者，斷諸雜染得擇滅、非擇滅，是此體。

八正加行諦者，能斷無漏聖道，是此體也。《顯揚》云正方便諦，意相同。

**章**依於三苦至淨因果故。《鈔》曰：立八諦四文中，二、章主以《瑜伽論》八諦四重真俗相攝。依於三苦等四句，明立八諦由，文易了知。

初四及第六等下，正四重真俗相攝。

初四者，三苦及流轉。

第六者，雜染諦第二俗三科、五陰攝，第三俗四諦中苦諦中苦諦、集諦也，即初二真攝。

第五者，還滅諦也。

第七者，清淨諦也。

第三俗諦者，第五還滅。第七清淨。如次滅、道二諦所攝，諦因果故。此約剋性，文云淨因果故。

**章**或第四俗至真諦所攝。《鈔》曰：立八諦四文中，三、舉第五、第七相攝異説，此是相從異説，第七清淨亦通二空及一實如故，云或第四俗、第二、第四真諦所攝。

第八正加行諦者，此是無漏聖道第三俗道諦攝，亦第四俗二無我攝，即第二、三真攝。

**章**《勝鬘經》中至非安立故。《鈔》曰：立八諦四文中，四、舉《勝鬘》八諦四重真俗相攝。有作無作等五句，總明説八諦由，謂小乘有作四諦對劣機説淺理，又大乘無作四諦對勝機説深理，説四諦對機有如是别，故説八諦。

有作聲聞等下，正四重真俗相攝，有作四諦攝屬第三證俗、第二理真，由説四諦，無作四諦攝第三證俗、第二理真，亦說四諦。

或第四俗下四句，明第四俗二空如即第三真相攝，是名無作四諦，故與有作相攝別。

依詮顯旨等二句，明名無作由。

問：菩薩四諦何故名無作亦爲非安立耶。

答：上《唯識章》云安立、非安立即《勝鬘》有作、無作，亦《心經幽贊》云《勝鬘經》說安立四聖諦、非安立四聖諦，秋篠、子島等各作釋義，於中子島尤妙，具如六卷《私記》中。雖無復加今別設一解，謂依經《述記》意，《勝鬘》無作無生滅義，無量者無邊際義，是故無作四諦是無生滅、無邊際義，雖云四諦非四諦，非不四諦，即廢詮一實如、一真法界，《瑜伽》所說非安立一真法界，即《勝鬘》無作四諦，《幽贊》安四諦、非安立四諦是也。

問：何故不云無作真如，云無作四諦耶。

答：如章云俗自不俗待真有俗，真自不真待俗有真，故無四諦待何立衆作名。四諦宛然即無作故，欲彰雖俗無真名云無作四諦。有作即四諦准是可知。

有作即四諦者，四諦即有生滅故、有邊際故，其四諦全與無作四諦無別體故，觀四諦理有作、無作法體是一，由是不云無作真如，立無作四諦亦全無違。《勝鬘經》曰：如是八聖諦，如來說四重[三]諦，如是四無作聖諦義，唯如來應正覺事究竟，非阿羅漢、辟支佛事究竟。已上經文。彼經《述記》曰：二乘以欲界爲下智，色界智名中，無色名上，既起三界斷知，唯能證有作四聖諦，不能得彼無作四聖諦，故知非究竟。唯如來應等正覺不但知現在，亦知未來苦三諦等，總斷、修、證盡四諦，以此所以如來事究竟。已上《述記》。

依詮顯旨等者，依詮顯三字能顯也，旨謂所顯，即非安立真如，依詮顯之旨即非安立，如前所云勝義世俗諦亦名假名非安立諦。

**章**或說九諦至依涅槃諦。《鈔》曰：十一文中，九、立九諦。此中二文，此初舉《瑜伽論》文。

一無常諦者，《顯揚》云方便諦，已下四諦苦諦行相，此無常行能與苦、空等爲方便，故名方便諦。

二苦諦、三空諦、四無我諦者，苦諦行相可知。

五有愛諦、六無有愛諦者，此二諦即集諦。有愛謂於後有起常見生愛云有愛諦，無有愛謂於後有起斷見生愛爲不善云無有愛諦。

七彼斷方便諦者，此即道諦，斷前二愛見，無漏加行故名彼斷方便諦。

八有餘依涅槃諦、九無餘依涅槃諦者，此二諦即滅諦也。

**章**依苦四境至第二真攝。《鈔》曰：立九諦二文中，二、章主釋文，明立九諦由。四重真俗相攝，依苦四境等五句，立九所由。苦四境説初四諦，依苦果四行相以説立。

後有常、斷等者，五、六、二有愛諦，以愛見集因立。一道者，第七諦也。

二滅等者，八、九二諦依二涅槃滅諦立，由此等義立九諦也。

此是四諦等者，正四重真俗相攝，如文可知。

**章**或説十諦至正見果諦。《鈔》曰：十一文中，十、説十諦。此中三文，此初舉《瑜伽論》文。

一逼切苦諦者，《顯揚論》亦同名。秋篠釋云：初逼切苦諦中攝四苦，謂生、老、死之三、怨憎會苦，此四因逼切而生苦，故名逼切苦諦。

二財位置之苦諦者，《顯揚論》云所受不具足苦諦，即求不得苦。

三界不平等諦者，《顯揚》論云受性乖違苦諦。次文釋云：即是病苦。秋篠釋：因四界地、水、火、風。違而生苦，故不平等者即乖違義。云云。興師云：初逼切苦唯攝三苦，謂生、老、死第三界。不平等苦是怨憎會苦，謂由怨會今身不安，故云界不平等苦。今謂：興師釋不穩便。

四所愛變壞苦諦者，《顯揚論》云愛壞苦諦，即愛別離苦，次文釋之。

五麁重苦諦者，《顯揚論》亦同名，次文釋云第五是略攝一切五取蘊苦。秋篠釋云：一切諸苦皆是有漏取蘊所攝，故有此釋。此中一切諸苦言攝一切苦諦，第六已下集、滅、道三，如下章文釋。

六業諦、七煩惱諦者，此二諦是集諦。八聽聞正法、如理作意諦，九正見諦者，此二諦是道諦。十正見果諦者，此一諦是滅諦。《顯揚論》中六業諦已下與此《瑜伽》名相同。

**章**初五有漏至有差別故。《鈔》曰：立十諦中，此下二章主相攝釋文。此中二文，初四諦攝十諦，釋立十諦所由，後正四重真俗相攝，今即初也。

初五有漏果者，自初逼切苦諦至麁重苦諦，但舉苦果所有八苦相爲五諦。

次二等者，六、七二諦招異熟苦果因，此是集諦。

次二出世道等者，八、九、十三諦，四諦中道、滅二諦。

苦諦五中等下，以四諦相攝明立十諦所由。

初一攝四苦等下，四諦中苦攝八苦爲五之諦，如前具明。第五略攝等十一字，第五諦攝所餘一切五取蘊上苦已，略謂總略。

八苦二集等者，雖相攝四諦，以有苦諦八苦分五，集諦分二，道諦分二，滅諦分一之差別，故説十諦也。

**章**第三俗諦第二真攝。《鈔》曰：相攝二文中，後正四重真俗相攝，雖説十諦攝四諦故。第三證俗、第二理真，准前釋自可知。

**章**此中且略至皆應別説。《鈔》曰：立十諦三文中，三、此亦章主釋文，總結相攝。

此中等者，此立十諦中捨不論，今且總略配合四諦，四重真俗相攝，巨細義門皆應別處説也。

**章**頌曰不虚至十諦各初。《鈔》曰：十一文中第十一舉頌結。此頌自初立一諦至十諦，但舉十諦中初諦名作爲一頌也。

不虛者，立一諦門中不虛妄諦。真者，立二諦中初真勝義諦。相者，立三諦門初相諦。苦者，立四諦門初苦諦。因者，立五諦門初因諦也。諦者，立六諦門初諦諦也。愛者，立七諦門初愛味諦也。行者，立八諦門初行苦性諦也。無常者，立九諦門初無常諦也。逼切者，立十諦初逼切苦諦也。增十諦各初者。

問：何故於此十諦加增言云增十諦耶。答：自一至十增立十箇諦，云增十諦。

又問：如秋篠釋，云〔二四〕一諦云增一門乃至立十諦云增十門，增十自一增至十名增十，義可爾，立一有何增加名增一耶。答：如實義立諦名不過四聖諦也，然諸菩薩爲釋成佛世尊所説別立一諦乃至立十諦。初立一諦，四諦中苦、集、道三歸滅諦爲第一義，是《勝鬘》不虛妄諦，是即説滅諦故別立一諦者，增加世尊根本所説故云增一諦，爲有道理。立二諦亦增加世尊根本所説，故諦中苦、集、道三是世俗諦，滅諦是勝義諦。佛既立二諦已，今別立二諦，誠所增加故云增二門斷。餘准是可解。今此頌文自增一至增十，各初諦名結爲一頌，此是文意也。

上來當章大門第三段相攝科已，問答科自下文也。

**章**問答分別者。《鈔》曰：自下當章大門第三段，隨科釋成中第二問答分別。此中分三，初、標牒，二、問答，三、分別。今即初也。

**章**問曰雖説至後三諦故。《鈔》曰：此下二問答，已下有六番問答，初一後二章家問答，中三番問答《瑜伽論》六十四問答也。此問答第一問答，章主自問自答也。

四種不同者，謂真俗各有四重不同，於其中問安與非安，答中《顯揚論》第六卷説，《瑜伽論》六十四卷説。

故前三真等者，《成唯識》九説四真中前三真。亦是安立者，亦前三真相○，無別非安立。

體即是俗等者，明前三真相無別亦是後三俗相有別，有別與無別同一時處故非安立諦即安立諦。

**章**問若是安至亦得解脱。《鈔》曰：此第二問答，《瑜伽》六十四論文，問意易知。

二種解脱者，云離非安立別但説安立，則相與麁重二種縛解脱不應理故。

一者於相縛、二於麁重縛者，秋篠云：大唐三藏云：西方二釋。一云：一切有漏相分爲相分體，謂由有漏相分力故，見分心等不能了知諸有漏法皆如幻等非有似有，由無明故，便執實有色、心等法。若依此釋，相即是縛，持業釋也。二云：即末那識爲相縛體，謂由末那識相應四惑勢分力故，六識或中於諸相分不能了知如幻事等，故説末那名爲相縛。若依此釋，相謂相分，縛謂末那相之縛故，即依主釋。麁重縛者，亦有二種。一、有漏法上無堪任性名麁重縛，與有漏法非一非異。二、二障種子通名麁重，由此勢力令諸有漏五蘊等法無所堪任，即説是爲麁重縛。云云。已上秋篠。又本疏九末七十三丁。廣説二縛已云：此中言相縛者，一切有漏相。麁重縛者，一切有漏不安隱性。此釋與《伽》五十八同。

若有行於等下，文意言：若有觀行諸五蘊等、四諦理等安立諦，則觀行心相皆有所得。相，於諸相縛不得解脱相，有所得相分。不脱故，相若不脱。於麁重縛亦不解脱。若有行觀行。於非安立諦，不行觀行。於相，有所得有別相。無所得不行淺相，有所得相。故相分縛解脱，相縛解脱故麁重縛亦得解脱。已上私釋文意。

**章**問若非安至故立安立。《鈔》曰：第三番問答，《瑜伽論》文，問意自可了知，答中六十四等，下《伽》六十四卷文。

資糧者，十住、十行、十回向順解脱分位。方便道，第十回向滿心、四加行位順決擇分。於此二位安立、非安立並觀，於其時爲得清淨，大乘學人常恒安、非安並觀爲最，如本論第九廣説。

有所厭捨[三五]等下，章主釋文，謂資糧、加行二位唯伏非斷，云有所厭捨。

有所修習者，資糧位中但修有漏六度等行，云有所修習。

有所進趣者，初資糧位求解脱果，後加行位求決擇果，故云進趣。

有所了知者，資糧、加行二位中，依相似觀了知三性有無之義，故云有聖[三六]了知。

**章**問若行有至而能斷惑。《鈔》曰：第四番問答，《瑜伽論》文。

若行有相等者，問意云若資糧、加行等位中，修習安立諦有相觀，相、麁重二縛解脱有何失耶之問意也。答中有極善定心者，起無所得、無戲論、無漏心、世第一法定心。

依第四靜慮等者，《成唯識》第九説，菩薩起此煖等善根，雖方便煖、頂、下中忍位云方便，起上忍、世第一法加行故。時通諸靜慮，通四根本、初末至五。而依上忍、世第一法、最後入見道時唯依第四。第四方得成滿，託最勝所依入見道，故唯依俗界善趣身起。欲界人、天身入見道，餘界厭心劣故，餘趣惠心劣故。由是應知，依止第四定於煖、頂、忍下中，順次擇分善法中，上忍、世第一法。極善定心轉起，緣諸諦時於二種相、麁重二。縛應得解脱究竟若時於所緣，智都無所得心。清淨。已上論文。

以有相心等下，章主釋文。以地前有所得相相分縛猶在，若能對治心許有有所得相者，與所對治心有相心。竟有何別。

又世、出世等二句，論文立能治、所治心相有殊義，成有相心不得解脱，世謂有漏有所得心，出世謂無漏。無所得心。道謂心遊履處，既有心遊履處有相、無相差別，成有相心不得解脱二縛。

故行有相等下，章主釋文。意言：論説世道安立、出世道非安立二種有殊故，地前有所得心觀行修習不得解脱二縛，究竟清淨心得二縛解脱，要在依地上無相非安立諦而修習也。由此證知初地已上如與智冥合，平等平等無分別智定無相分而能無間斷惑。爲言。

**章**問但立一至何須立四。《鈔》曰：第五番問答，章主自問自答。何須立四者，問意言：以安、非安得縛解脱，則但立一俗一真，即得修習得縛解脱，云何立四俗、四真令修習安、非安並觀耶。已上問。

**章**答此諦但至皆有三種。《鈔》曰：已下章家自答，明立諦之種及名數經論誠説。此中有二，初舉一諦、二諦、三諦之名數，示經論誠文，後明云四重真俗由，示論説之誠證，今即初也。

此諦但應等三句，明説一諦由。意言：此説一諦，但應攝取有爲有、無漏行法歸第一義，總立一諦。

真謂一實廢詮如《勝鬘經》説等下，示經誠文。經説意云：四聖諦中三苦、集、道。是世俗，唯一滅。是真真諦，唯一故名一諦。唯是如來藏真，凝寂圓滿名滅，餘諦有生起。滅，盡。或是所執取境非一實體，歸真名一諦。《瑜伽》六十四説俗四重、真唯一諦，亦攝俗行。歸真之義。

若以事理等下，明説二諦由。意言：凡説二諦，若以事俗麁。理真麁。安立、俗有別依詮。非安立真無別廢詮。形待以論，但立二須對説。

不必立三、六、十四説等下，示説二諦經論誠文。

餘名世俗者，除廢詮一真法界之餘形待名真，亦有名俗義，對廢詮如一切皆世俗諦。《仁王經》説二諦，意與《伽》同。

若隨人、法等者，《涅槃經》説二諦，隨人、法之勝劣，人劣俗。勝、真。法劣勝如次。俗真，如前已明。

或俗及真等者，《涅槃經》意，出世人知真俗俱爲真，世人知真俗俱爲俗，説有二諦，此隨智淺深分真俗二。

若以空及等下，明説三諦由。

以空及事、理者，空謂遍計所執性，事云依他起性，理圓成實性，此是《顯攝(三七)》十六作如是説，與《中邊論》説假、行、顯配三性意相同也。此約三性説俗諦別，如前已明。

義、得、行者，是亦顯《顯揚》《中邊》説三勝義。義謂廢詮第一義，得謂所證得、所顯得，行謂觀行，即有斷惑證理無漏觀智。勝義有三，初勝義者，自内證智爲殊勝極，第一義廢詮云義故，其能證智非内證智。何者爲能證智。是殊勝極云勝，其境界亦云勝義，第一義即極殊勝智境，名爲義勝義。次得者所證得，即涅槃，四涅槃中初本性淨涅槃，第四無住處涅槃也。能證得能顯殊勝智之所顯所證得之境界義，名云得勝義。後行者能觀行無漏智，此聖道行，道行用真如勝法爲境界義，名行勝義。此約能證、能顯、能觀差別，勝義云有三種，其實非如體真差別，如前已明。

《顯揚論》等三句，舉立三諦證。等言，等《中邊》第二卷，如本論第九廣明。

**章**若以諸法至故非增減。《鈔》曰：第五番自答有二文中，二、明立四重真俗由，示論説四重真俗誠證。

若以諸法等六句，明立四重真俗由。諸法者一切諸法，有無者初重真俗，無謂瓶、盆等世俗，有謂三科等世真。事理者，第二重真俗，事謂三科等理俗，理謂四諦等理真。淺深者，第三重真俗，淺謂四諦等證俗，深謂二空如證真。詮旨者，第四重真俗，詮謂二空如勝義俗，旨謂廢詮談旨一實如勝義勝義。如是四重真俗勝劣形待，於一一法成真俗，故云二諦之中各説四重也。又《瑜伽釋》言第六句，舉立四重真俗所據，《瑜伽論》三十六《真實義品》文，今取意引也。彼品文云：云何真實義。謂界有二種，一者、依如所有性諸法真實性，秋篠釋云：教詮真諦名如所有性。二者、依盡所有性諸法一切性，秋篠解云：教詮俗諦名盡所有性。應知總名真實義。此真實義品類差別復有四種，一者、世間極成真實，謂一切世間於彼彼事隨順假立，世俗串習悟入覺慧所見同性，謂地唯是地非是火等，如地，如是水、火、風、色、聲、香、味、觸、飲食、車乘、衣服乃至男女、承事、田園、邸店、舍宅等當知亦爾，苦唯是苦非樂等，樂唯是樂非是苦等，此即如此非不如此，是即如是非不如是，決定勝解。所行境事一切世間從其本際展轉轉來，想自分別，共所成立，不由思惟、籌度、觀察然後方取。是名世間極成真實；二者、道理極成真實，謂諸智者有道理義。諸聰叡者、諸默慧者、能尋思者、能伺察者、住尋伺地者、具自辨才者、居異生位者、隨觀察行者依止現、比乃至教量，極善思釋[三八]決定智所行、所知事，由證誠道理所建立、所施設義。是名道理極成真實；三者、煩惱障淨智所行真實，謂一切聲聞、獨覺若無漏智、若能引無漏智、若無漏後得世間智所行境界，由緣是爲境從煩惱障智得清淨，於當來世無障礙住。彼於苦、集、滅、道四聖諦義極善思擇，證入現觀，入現觀已如實智生此諦現觀，二乘人能觀唯有法蘊可得，除諸蘊外我不可得，數習緣生諸行生滅相應惠故，數習異蘊補特伽羅無性見故，發生如是聖諦現觀。是名煩惱障淨智所行真實；四者、所知障淨智所行真實。謂於所知能礙智故名所知障，從所知障得解脱智所行境界，當知是名所知障淨智所行真實。此復云何。諸菩薩諸佛世尊入法無我，入已善淨於一切法離言自性，假説自性平等，平等無分別智所行境界，如是境界爲最第一真如無上所知邊際，齊此一切正法思擇皆悉退還不能越度。又安立此真實義相，當知即是無二所顯。所言二者，謂有、非有。此中有者，謂所安立假説自性，即是世間長時所執，亦是世間一切分別戲論根本，或爲色、受、相[三九]等五，或爲眼等六根、六識，或爲地、水、火、風，或爲色、聲等六境，或善等三性，或生滅，或緣生，或過、現、未三世，或有爲、無爲，或此世、他世，或日、月、星辰，或見、聞、覺、知，如是等類是諸世間共了諸法假説自性，是名爲有。言非有者，謂即諸色假説自性乃至涅槃，假説自性無事無相，假説所依一切都無，假立言説，依彼轉者，皆無所有，是名非有。如是有及非有二俱遠離法相所攝真實性事是名無二，由無二故説名中道，遠離二邊亦名無上，佛世尊智於此真實已善清淨，諸菩薩智於此真實學道所顯。又即此惠是諸菩薩能得無上正等菩提廣大方便乃至廣説，由此如來最勝至教，應知諸法離言自性。問：若如是者，何因緣故於一切法常言自性而起言説耶。答：若不起言説，則不能爲他説一切法離言自性，他亦不能聞如是義。若無有聞，則不能知此一切法離言自性，爲欲令他聞知諸法離言自性，是故於此離言自性而起言説，具如《真實義》中説。既説二所有性有四真實，明知世俗、勝義皆有世間所成等四，故由此誠言今家成立二諦名有四重。

證得所成者，前所引四真實中煩惱障淨智所行真實，既説聲聞、獨覺入四諦現觀故。

真理所成者，所知障淨智所行真實，既說如是境界爲最第一真如無上邊際故。

由是世俗等下，章主釋文，成立由此四真實文，於劣法世俗與勝法真義各有四重。

**章**問此二諦至餘可爲因。《鈔》曰：第六番問答，章主自問自答，問意易知，就立四重真俗此問難來。前三真與後三俗同，可云二諦爲同。若爾，初俗與第四真太異，由是不可云二諦同，以何爲正耶。

亦同亦異等者，舉證明亦同亦異。

《仁王經》云等者，經《二諦品》文也，破同義，成亦異義。

智不應二者，知俗名俗智，知真名真智。若世諦之中無第一義，唯一體，智不應二。

若言有者等者，破爲異義，成亦同義。若世諦之外有第一義，定有二諦，智不應一，真智論於無二，解一云何云不一。由此經意，亦同亦異爲如實義。

《涅槃經》言等者，《聖行品》文也。明說二諦意爲衆生，證智解一假立名相，隨順衆生說有二諦，此等二文如前已明。

故不可說等者，結成亦同亦異義。

第一世俗等下，釋初世俗成亦異義。

第四勝義等下，釋第四真成亦異義。

餘可爲同者，舉後三俗、前三真體同成亦同義，合是亦同亦異爲如實義。

上來第二問答竟。

**章**由此二諦至謂除前相。《鈔》曰：此下三分別。此中三文，此初四句分別，文易了知。

除前相者，非真亦非俗者，非此四句分別所論故除之。秋篠釋云：除前相者，疏第一曰：其第四句翻上應知，即翻於上第三俱句，其義應知。取何等法爲第四句，此有二釋。一云：第三句中即有二義，所謂表、遮。若表真俗成第三句，若遮真俗即第四句，謂真故非俗，俗非真。今云除前相者，除第三句表義，取其遮義爲第四句。何以得知。《西明疏》第一釋即蘊計我等三句中云：問：理應四句，何故唯三句。無亦即亦離。解云：非即非離，即是亦即亦離，故不別說。其義何[三〇]何。若表即離成第三句，若遮即離即第四句，謂即故非離，離故非即，故《顯揚論》《毘婆沙》等皆有此說。第三、四句由義有具而體無別，然此第三句與第四句，或有同體，或有異體，准此知耳。第二解云：取本質無爲第四句。何以得知。《涅槃經》三十云：復次瞿曇，世俗有二，一、有，二、無。有即虚空，無即兔角，此等二法，一是有故不從因緣，一是無故亦不從因緣。既云兔角不從因緣，明知非俗亦非真。然《涅槃》第十三説，兔角等無名世俗者，就影説無，故不相違同。若爾，何故。經云：世法有二，謂虚空、兔角等既云世法，豈不世俗攝。解云：經就名説，今約質説，故無妨也。已上秋篠。

**章**第四勝義至亦名爲真。《鈔》曰：分別三文中，二、四重真俗總別相對分別，此相對釋出《樞要》上三類相對釋。彼云：略有三類，一、總別相對，二、別餘相對，三、總餘相對。應如彼説。今此章中，但以初總別相對釋。此亦分三。初、以第四真與初俗爲別，以四真、四俗爲總，相對分別。二、以四真別對四俗別與總分別。三、以世俗別對四真總與別分別。今則初也。

亦名爲俗者，對第四真見前三真亦是世俗。

亦名爲真者，對初世俗見後三俗亦名爲真。

**章**第一勝義至四俗名勝。《鈔》曰：總別相對三文中，二、以四真別對四俗別與總分別。

待一俗者，待第一世間俗。

待二俗等者，世間、道理二俗。

待三俗等者，世間、道理、證得三俗。

**章**第一世俗至真名俗故。《鈔》曰：總別相對三文中，三、以世俗別對四真總與別分別。

待三真者，待後三真名俗。

待二真等者，待後二真名俗。

待一真者，待後一真。

**章**若有俗時至而建立故。《鈔》曰：分別三文中，三、真俗即離分別。

真家俗者，家謂第六轉屬聲，俗是屬真之俗，故真是俗家真，故無真亦無俗。

非遣依他等者，圓成實於彼依他顯，離依他起證圓成實無有是處，如《厚嚴經》説：不見圓成實，非如幻事等，知非有似有。依他起是有別世俗諦，圓成實是無別第一義。

真俗相依等者，如束蘆互相依，互爲因亦爲果，非因非不因，非果非不果。廢詮談旨一實如，大乘宗有二家。一、真妄具遣示[三]，如清辨等雙遣一切有爲、無爲。二、真妄俱存宗，如護法等存立二諦、三性等義。今破前宗，云非遣依他證圓成實也。

**章**如是所説至未能疎演。《鈔》曰：當章大大[三]文第三段，示由師傳製造此章。此中二文，初、申前代所傳難解，後、正勸依今家傳，歎宗義甚深，綿力藴才不能解盡，今即初也。

經論雖有者，上來所據四重二諦所説經論，自古諸德雖解經論傳二諦深妙義，然諸後學者未能開演其妙義。疎謂開也。

**章**基隨翻譯至和之璧耳。《鈔》曰：二文之中，後、正勸依今家傳，歎宗義甚深不能輒解。

略纂所聞者，總略纂集從三藏所聞製造斯章，其《略纂》中委細文義離解，旨義捨釋後更再諮問，審知所以，編集以此一章成，庶後代學徒由斯章意詳二諦義易解了矣。

可謂義高千葉等者，歎今家所傳旨義甚深不可輒解。本疏一本七十三丁。曰：真俗二諦今古所明，各爲四重曾未聞有，可謂理高百代，義光千載者歟。云云。今文亦由是可解了。

讚詠、吟諷等者，欲稱讚旨義之未曾有無力，雖值遇難遇文深教，庸愚短才何以暢其歡情，所深慚也。云云。

所恨徒響伯牙等者，大唐三藏所傳二諦深妙旨義，其調甚高無了者、無聞者，喻伯牙之琴其調高無和者，亦進卞和之玉璞，雖夜光連城之璧但爲石無見者，如是章主所深恨也。伯牙之琴，《吕氏春秋》故事。卞和之璧，《史記》故事。

虚盡者，盡謂歡，當作藎，《韻會》云：藎，進也。《詩經》之字，古藎盡通用。云云。

虚謂無知明珠者，《史記》云：卞和，楚國井里人，於荆山崑崙之谷得玉璞，獻厲王。王曰：石也，和欺寡人。刖右足。厲王死，子武王立，和復獻之。武王曰：石也。即刖左足。和不勝其任，抱玉璞哭於荆山之下，淚盡繼之以血，荆山爲崩頽。武王死，其子成王立，和復獻之。成王使玉人攻之，果得夜光之璧。云云。

伯牙等者，《吕氏春秋》云：伯子牙鼓琴，鍾子期聽之。伯牙意在太山，鐘子期云：善哉，巍巍若泰山。須臾，志在流水，子期云：哉〔三〕，蕩蕩若流水。子期死，伯牙破琴絶絃，終身不復鼓琴，以爲世無知音者也。

今舉兩故事，喻三藏所傳四重真俗旨義調尤高無了者、無解者，亦如不辨明玉爲石刖兩足，譬三藏所傳之四重真俗第一義無上明珠之玉璞，世人不識之，妄爲瓦石之想。此等所恨，章主述懷，勸後代傳大乘者。嗟乎，我黨莫忽諸。

大乘法苑義林章師子吼鈔卷第十七

寛正二庚戌年於興福寺蓮成院對屋校正之了。

法相大乘沙門基辨。燈統六十三一。

## 校勘記

〔一〕「受者」，底本原校云：「原本冠註曰：執時之炎者，亦云陽炎，亦云塵愛，莊周所云野馬、塵埃也。陽春見廣野陽氣所上似口流等。」

〔二〕底本原校云：「原本冠註曰：乾闥婆城，《法花玄贊》《無垢稱贊》三云健荼縛城，此云尋香城。西方散樂名云尋香，不作生業，唯尋食香而便作樂，伺彼乞求飲食，此幻化城樓櫓可愛，名尋香城。又海中水氣日光回照，遥見雉堞亦似幻城，水激爲聲微同作樂，似彼尋香城故，亦名尋香城，誑惑起故，今以爲吟，加《二十唯識疏》上。」

〔三〕「轉」，底本原校疑爲「釋」。

〔四〕「贊」，底本原校疑爲「慧」。

〔五〕「施」，疑爲「旋」。

〔六〕「以」，疑後脱「有」字。

〔七〕底本原校云：「原本冠註曰：《秋篠抄》中引遠法師疏云：破性宗中世諦有二，一、有，二、無。有中隨義分爲三種。一、事相世諦，爲陰、界等於事分齊，真實不虚故爲諦，此同立性宗世諦。二、法相世諦，諸法若無常等，法之實性故爲諦，同立性真諦。三、理相世諦，謂法虚假因緣集用，世法實爾名爲世諦，此不同立性宗。次無者，五陰凡夫横計我、人，世法中實無我、人故名世，此空無我立性一向爲真，破性宗義有兩兼，若就五陰事辨此無義爲世苦，就性空第一義無此妄情起我、人是爲真。真有二。一、因和合中無性之空，法和合中無性之空以真。二、就性空第一義中無彼妄情起我、人以爲真，此約經説，且開二門。云云。」

〔八〕底本原校云：「原本冠註曰：《秋篠抄》中引遠法師疏云破相宗中世諦有二，一、有，二、無。有中隨義分四。一、事相世，謂陰、界等，此同立性世諦事。二、法相世，苦、無常等，此同立性真諦。三、假名集用相世，此破性理相世。四、妄相世，謂世法道理悉是妄想，有如陽炎、水等，此不同前宗。次無者，隨義有二。一者、五陰無妄計我、人以爲世，若就無相真，無横計我、人以爲真。二、就五陰假名法中，無彼妄情所説自性，世諦法中實無此性名爲世。今入大乘破相宗中義有兩兼，若就五陰緣生法中無凡夫所執自性爲世，若就無相真無彼性名爲第一義。此中初義，今以爲世，真中義别爲三，一、畢竟忘相空寂爲真，二、此空中無横計我、人名真，三、此空中無凡夫所立自性以爲真。已上取意。」

〔九〕「百」，疑爲「有」。

〔一〇〕底本原校云：「原本冠註曰：顯實宗二諦，《秋篠抄》引遠公疏云：第四宗世諦有二，一、有，二、無。有中有六。一、事相之有，謂陰、界、入等。二、法相之有，苦、無常等。三、理相之有，法蘊假因緣集用世法實爾。四、妄相之有，如陽炎出。五、○。六、真實有，謂如來藏。次無，隨義有四。一、陰上無彼我、人乃至四妄相無，已上二種世諦也。真諦亦二，一、有，二、無。有者，如來藏恒沙佛法。無中五。一、真實無，謂如來藏中恒沙佛法同體緣集，無有一法別守自性，名真實無，乃至第五、此真中無妄相空如來藏也。此五通就如來藏體真諦中隨義分別，同是真諦。云云。」

〔一一〕「用」，疑爲「有」。

〔一二〕底本原校云：「原本冠註曰：秋篠云：猶如四鄔陀南翻爲標相，諸行無常等者，有爲標攝，乃至涅槃寂靜者，無爲標相。云云。」

〔一三〕底本原校云：「原本冠註曰：秋篠云：此文大意，二無我法形待非一故，或俗收，或勝義收。」

〔一四〕「俗」，底本原校疑爲「不」。

〔一五〕底本原校云：「原本冠註曰：法施設建立，《顯揚》第八十紙曰：法施設建立謂素呾覽等十二分教，次第撰集、安置、製造。」

〔一六〕底本原校云：「原本冠註曰：諦施設建立如章文。」

〔一七〕底本原校云：「原本冠註曰：理施設建立，四種道理，一、觀待道理，二、作用道理，三、證誠道理，四、法爾道理。」

〔一八〕底本原校云：「原本冠註曰：乘施設建立。聲聞、獨覺乘施設建立有七種，一、於四諦諸無顛倒惠，二、此惠所緣。○無上大乘施設建立有七，一、疏離言説一切法真如無分別平等出離惠，二、此惠所依，三、此惠所緣，四、此惠伴類，五、此惠所作業，六、助惠資糧，七、惠所證果，名大乘七種施設建立。」

〔一九〕「疏」，疑爲「緣」。

〔二〇〕「是」，疑爲「見」。

〔二一〕「即」，疑後脱「苦」字。

〔二二〕「舉」，底本原校疑爲「學」。

〔二三〕「重」，疑爲「聖」。

〔二四〕「云」，疑爲「立」。

〔二五〕底本原校云：「原本冠註曰：有所厭捨。○

秋篠云：總談修行略有四種，一、斷障，二、修習，三、求果，四、知境。此等四種皆通五位。初斷障者，如五位中伏、斷二障，資糧、加行唯伏非斷，三位中通伏及斷。二修習者，其資糧等五位中皆具自利利他二行及福智二十波羅蜜，隨位皆修故云修習。三求果者，即所趣求智、斷二果。四知境者，即所應知三性、三無性等境，故《攝大乘》說三性、三無性名所應知。今此文中說初二位，故云資糧及方便道。」

〔二六〕「聖」，疑爲「所」。

〔二七〕「攝」，疑爲「揚」。

〔二八〕「釋」，疑爲「擇」。

〔二九〕「相」，疑爲「想」。

〔三〇〕「何」，底本原校疑爲「如」。

〔三一〕「示」，疑爲「宗」。

〔三二〕「大」，底本原校疑衍。

〔三三〕「哉」，底本原校疑前脱「善」字。

# 法苑義林章師子吼鈔第十八

沙門基辨撰

## 大種造色章

**章**順世外道等。《義鏡》曰：順世宗中安立四義，一、體有唯四大，二、現有，過、未無，三、有情無往來，四、安立有界等。凡所立義多隨俗情順諸宗意，故名順世。云云。《法華玄贊》云：路伽耶陀者，先云惡答對人，正言路迦也底，云順世外道。云云。今按，彼外道所立義隨俗情，故不拘實義説計執義，是即惡答對人，今云順世亦示不拘實義作一所〔一〕計。數、勝二論亦雖不實義，微細觀察作計執，故於真實義起忘〔二〕計執，故不隨世俗。此順世計不由觀察起，但由邪智粗忘情起，故云惡答對人，又云順世也。

俱是四大者，《廣百論》二云：順世外道作如是解言：諸法及我大種爲性，四大種外無別有物，即四大種和合爲我及身心等。云云。又《三十論疏》一本(三)。曰：順世外道所計，此唯執有實常四大生一切有情(四)，一切有情稟此而有，更無餘物，後死滅時還歸四大。云云。今云：四大和合處雖有我及身心、心所等名，其體唯四大，故此章云俱是，未和合、已和合俱是四大也。

**章**然性是常等。《義鏡》曰：順世宗云，諸十八界法及以神我，並以大種爲其體性，除四大外更無別物，即四大種和合精虛最勝品者爲其神我，次精虛者爲其心法，粗滓穢者作色等法。欲以佛法内毘婆闍婆提義，離四大種外無别造色。今標彼意故云更無別物，廣敘彼宗如文軌師《廣百論疏》說。云云。按《唯識演祕》云：然有義，順世極微有其三種，一、極精虛，二、清淨，三、非虛淨，所生之果亦有其三，一、心，心所，二、眼等根，三、色、聲等，如其次第三因所生。詳曰：雖有此言，不知何據。准《廣百論》，難依用。彼論說云内外大種無差別，何得三種不同。云云。已上《祕》。基辨併考《演》《義鏡》兩說善珠所舉文軌師說，《演祕》云有義即指文軌師故，此分麁細之說非《廣百論》說，故如《演祕》所判尤難依用。然《了義燈》中舉此計云：外言，清妙四大造心，無礙，粗四大造色，故有礙。云云。《燈》主同文軌說，若爾，有別據歟。又《演祕》中云：彼計，能造四大無有礙、無礙差別，所造有差別。云云。今云：此《演祕》說，亦非章主意。既此章中云不別立有能造、所造，俱是四大更無別物，《演祕》由何據作能、所造別耶。由是《三十疏》亦不云能、所造，但云四大生一切，一切有情稟之而有，更無餘物。若云假用佛法能、所造言，則不可然，佛法能造四大、所造色等故。由此應知，彼所計執四大極微和合云生色、心諸法及我之相，雖爾，論其體性，但四大種，未和合時但名四大，和合已雖立諸法及我名，其體但四大，故《三十論疏》云一切有情稟之而有更無餘物，謂稟之言深述彼計意，彰不失四大體，如薩婆多等云雖粗大物其體極微。

**章**吠世史迦等。　此下四宗中第二舉勝論計，今云：此外道亦不別立有能造、所造，四大實句義攝，九實中初四實。實者諸法體實，於體實邊九實皆是不可標幟，然於九實上有德句義，隨應標幟，故知有實句。《十句論》云：有色、味、香、觸，此爲地乃至有色是爲空。云云。又云：如是二十四德是實之標幟。云云。又云：九實是和合因緣，德句義非和合因緣。云云。和合者，實與德必和合，其和合時九實體故爲所依託，是名因緣，德句相故能依託非所依，是故四大與色等五不可如佛法中言能、所造，立非所作四大及其標幟色等五故，非所作體及其標幟，如何名爲能、所造。故次文云四大非能造等四大乃是。今云：彼家地、水、火、風不名四大，唯名四實，然彼家大是德句中一，名大體德，此大體德但三微果已上四實有，不云極微、子微地等四有此德，如何則彼家地等極微非現境爲根本圓德。二微果位地等四實現境或非現境，是所作無常故非根本實，故今言大非彼地等四實體性，對佛家辨故且云大也。實句有礙，實句者實謂真實，即彰體性，彼計，世界中一切有質礙法以此地等四實極微爲其體性。具辨如十句義釋，有礙者，十句義意云：有彼此體、有動作、有勢用、實句爲有礙，翻是爲無礙。通常、無常。今云：彼計，地等四實極微非作常住，子微已上四實所作無常。《十句論》云：九種實中五是常，四分別，地、水、火、風非所作者常，所作者是無常，地、水、火、風是極微性，父母極微若劫壞時此等不滅，散在處處，體無生滅説爲常住，有衆多法，體非是一。後成劫時，兩兩極微合生一子微，三三合生第七子，七七合生第十五子，乃至大地，是皆從他生故性是無常，是章主述彼計意也，故云通常、無常。

眼根即火等，《義鏡》曰：眼根即火等者，《成實論》中述勝論計云：眼中火大多。所以者何。

以業因故。如經中説，施燈得眼，是故眼中火大多，乃至廣説。又云，眼是定能見色，色屬火故還見自性。如是虛空、地、水、風等，隨根偏多。云云。次引《成實論疏》而釋，釋已云，今意亦同，故云眼根即火等。已上《義鏡》。今詳曰：此《義鏡》釋非也，非今章意。按《成實論》第四。總云諸外道言不云勝論計，此諸外道中雖可亦有勝論，勝論有十八部異計，故爲通漫。今章主意，《三十論疏》述勝論計，但由慧月《十句論》，亦由根本《六句論》。《十句論》云：謂地、水、火、風、空是根，如是五根鼻根即地，味根即水，眼根即火，皮根即風，耳根即空。云云。既云眼根即火等，火實體即眼根。若四大合眼根雖成，於中火大偏多，故云眼根即火者，此眼根多合成應名眼根，餘四根亦應然，若多合成則如何云即火等耶。《十句論》因門中，説火合爲因，云地所有諸極微色、味、香、觸，而云色、味、香、觸若地所有皆是所作無常。由是應知，彼計多合爲所作無常，以子微已上火名爲眼根則雖應所作無常。若極微火名眼根時應非作常，既於根、非根門不分常、無常，但説地、水、火、風、空是五根，故彼計不見云多實合成根之説，故《成實論》中所明非勝論計。若云諸外道言有勝論計，則設應云勝論十八部末計中有多合成根之計，非今章主所取。《三十論疏》等，但由雲[五]月計釋故，秋篠所釋於今章文無用釋也。

耳根即空，問：此前句釋四大文若以根門釋四大，此一句應無用，何故舉之耶。答：彼計雖無如佛家能、所造別，以佛家所云能造、所造配合彼執辨體性，故先配佛家能造，初云四大乃是實句等，次欲配所造色等五，先辨五根體性，故舉此耳根即空。若不舉根體性，則恐如佛家云計四大合成有眼等根，舉此《十句論》説根門文，示彼計不云四大合成是根也。即不除耳根即空句，同文舉來示次所造色等五德能取也。

色、味、香、觸等，此下二舉佛家所造辨彼

家體性，謂色、味、香、觸、聲，佛家雖云大造，彼家德句義攝，計德句是實家標幟，即實所有德相，而通作、非作。雖計和合待籍積集生德句，云別有詮緣因故，所作生德亦是實有一物，極微實及其德，説非所造，子微上實其所有德，父母二微合生説是所作。此和合生非四大合，於地或水等一實上，各自極微合生，不云他合。又雖會地、火二實合生香德，亦合生、離生、聲生聲德，不云如佛家通以四大爲能造，以色等爲所造，是爲差別也。然是無礙，謂彼計雖有礙，實其所有德無礙，德是標幟故，聲、香唯無常等，詳《十句論》。彼計和合生待籍生積集生物皆是無常。

聲唯無常者，《十句論》説：聲有三種，一、合生，二、離生，三、聲生。合生者，有觸實合勢用俱，有觸實空處合爲因。離生者，有觸實離勢用俱，有觸實空處離爲因。聲生者，有觸實合離勢用俱，無障空處聲爲因。云云。如是三種聲皆是和合生，故彼立無常。彼論云聲唯是所作無常，唯言彰不通非作也。

又香唯無常者，《十句論》云：火合爲因者，謂地所有諸極微色、味、香、觸。又説色、味、香、觸，若地所有皆是所作無常。云云。今但舉地所有香德云唯無常，地所有色、味、觸雖所作無常，餘實所有色、味、觸子微上是所作，極微所有非作，故今以地所有色、味、觸，入次餘通常、無常句中無常一分也。

**章**色等四種等。下第三明彼所立與佛家異。色等四種等二句，舉彼所立。一本作色等五種，五字恐寫誤，應作四，聲是空實德非四大德故，《義鏡》中有釋如是，然秋篠評[六]云此猶難解，學者應思。今云：有釋作四爲正，聲次明云色是空德非四大德故，今但明四大德，故作四爲是。

四大非能造等二句，明與佛家異。《義鏡》曰：四大是有礙，色等是無礙，是故相望非能、所造。云云。今云：是即一往義。今具釋，有二意，初、約彼計辨，後、對佛家辨。初約彼計辨者，謂地、水、火、風是極微，唯雖壞劫時此等不滅，散在處處體無生滅，説爲常住，故四實微是非所作。如是散在極微雖兩兩合生一子微，三三合生第七子，七七合生第十五子，乃至大地，論其體性彼計不越因量等一因微，爲根取境與量德合，謂根緣取微，是於兩兩合處名子微位，微量德和合也。復根緣取火，亦於七七合處名孫微位，已上大體德和合，總雖名子微及孫微地等，非別實有地等。假令至大地其體性不越根本極微一因量，是故於地等四實邊無應能造何物用，但是宛然極微常實，故今云四大非能造。二約佛家辨者，謂佛家四大能造色等，故名能造，然吠世計不云四大能造色等，色等德句有別詮因，和合句義、和合實德，從別詮因色等德句彰與實合令了相生，彼家四大對色等義，故今云四大非能造也。

色等非所造者，此亦有二意，一、約彼計釋，二、對佛家辨。初約彼計釋者，彼計聲等有非所作常住，謂極微水、火、風所有色等，亦有所作無常，謂子微上水、火、風所有色等，及極微地實所有色等。此中非作常住色等對地等四無所造義，本來非作常住，復所作(七)無常色等亦雖有唯火合爲因同類爲因義，計一切德有別詮因及和合句時方我實和合生，故但以四大爲能造，爲此色等爲所造義非彼所立，故云色等非所造也。二約佛家辨者，准上自可知。

問：二意之中以何爲正耶。答：以對佛家辨爲勝。如《十句義論》云：謂此四中非所造者常，所造者無常。云云。此中所造者，謂子微上地、水、火、風，既子微等名所造，則極微地等雖體非所造，對子微上地等是即能造，故彼家應亦有能造、所造之名。爾今云非能、所造，但云無如佛家以四大爲能造，以色等爲所造義也，故以第二釋爲勝。

**章**地有色、味、香等。下明非能、所造由。

地有色等者，《十句論》曰：地云何。謂有色、味、香、觸是爲地。云云。謂地實體微細難見，以實所有德知有地實，餘實亦准知焉。又《三十論疏》一末。云：有色等者，以德顯地。云云。意云：地實體極微性，雖根取難可知，於一切和合聚中有色、味、香、觸處，假令於水或火亦知地實和合住，是云以德顯地也。

水有色、味、觸者，《十句論》云：有色、味、觸、液、潤，是爲水。云云。《三十疏》亦爾，然現流布章本作有色、味、香、觸，香字是衍字也。《三十疏》云二十四德中其香唯地上有，設是極微上有亦是無常。

問：《十句論》云有色、味、觸、液、潤是爲水，今章何故不云液、潤。云云。答：液、潤雖水所有德，今對佛家能、所造故不云之也。火有色觸者，《十句論》云有色觸是爲火。云云。

風唯有觸者，同論云：唯有觸，是爲風。云云。

問：地有色，水、火亦有。水有味，地亦有。地有觸，水、火、風亦有。根能取時如何差別耶。答：如《二十論疏》下云：然色是火德乃至觸是風德，眼見色時不得風大，得地、水、火，以於色中無風相故。耳、鼻、舌三得聲、香、味時得三亦爾，唯身得觸時得四大，以於觸中有風大故，故有分色爲眼等境，體唯一物。云云。今云：此〔八〕《二十疏》文難了，今因釋之。

此中眼見色時等者，眼根即火也。《十句論》云：地、水、火三有色有對眼有可見，謂此三實有色德故。眼根火實照見色時，緣得有色地、火、水三實，風實計無色、無對，眼無可見故，不有色德故，云眼不得風實也。

又以於色中無風相者，若由《十句論》，則應云於風中無色相，今云色中無風，雖以顛倒，意全無違。

又耳、鼻、舌三等者，由《十句論》意，實實耳根與我意三和合現量取聲，地實鼻根與我意境四和合現量取香，水實舌根與我意境四和合現量取味。云云。何故今《二十疏》中，水實舌根得味時云得地、水、火三。云云。謂水實有色德，地、火亦有色德，三實聲德一相故，同時處水舌根取味時同得三實也。地實鼻根得香時得地、水、火三亦復爾。

問：何故地實鼻根得香時得水、火耶。答：地實香德火合爲因，故不得火則無香德，故必得火實。又地火實有液體，水實亦有液體，三實液體德一相故，同一時處地實鼻根得香時同得地、水、火，故云得三亦爾。

問：若爾，空實耳根唯有聲，不得餘德，何故此《二十疏》云耳得聲時得地、水、火三耶。答：由《十句論》聲有三，一、合生，二、離生，三、聲生，此三種生皆由有觸實合、離生。有觸實者，即地、水、火三也。若爾，既云有觸實，何故耳得聲時不得風耶。謂地、水、火三能有觸德云有觸實，地、水、火三四和合現量境，風實是無可見比量境。今云耳根現量取聲，《十句論》說聲一切是現境故，耳根不得此量境，故不云得風實，但云得地、水、火三也。

又唯身得觸等者，何故身根云得四大耶。答：四大皆有觸能四大觸德一相，故云身根得觸時得四大也。由此《二十疏》文意，應知吠世所立根所取差別耳。又《義鏡》中引《成實疏》述主客說，此非吠世本計并部主之說，故非今章所預。

《十句論》中無此說故聲是空德等者下，明聲非所造由。《十句論》云：空云何。有聲是爲空。云云。

**章**僧法師說等。下四宗中第三明數論乃是能造地、水等。檢《金七十》及《三十論疏》，彼計有二傳說。一有說，自性生大，從大生我慢，從我慢生五唯、五大十法，從五唯生十一根。二有說，自性生大，從大生我慢，我慢但生五唯，五唯生五大，五大生十一根。今此章文由二傳中第二傳也。佛法所云所造色等，是彼家能造，然非生滅等。《三十疏》云：二十三諦由薩埵等三事和合以成自體，皆是實有，無滅壞法，但是轉變稱爲無常。初從自性轉變而生，後變壞時還歸自性，但是隱顯，非後無體滅名無常。體皆自體，更無別體。云云。並皆有礙，簡別立勝論色等德無質礙[九]，此數論五唯亦是有礙。

**章**然有別造等。　彼計執舉西方有二諍，一、別造，二、通造，此前所明第二傳中有二論[一〇]也。

初別造者，《三十疏》曰：若約此説色成於火大，火大成眼根，眼不見火而見於色。聲成於空，空成於耳，耳不聞空而聞於聲。香成於地，地成於鼻，鼻不聞地而聞於香。味成於水，水成於舌，舌不得水而嘗於味。觸成於風，風成於身，身不得風而得於觸。此中所説約別成義。云云。

二通造者，同疏曰：有説，五唯總成五大，總言通達義，總合成也。五大總成五根者也。五作業根、心平等根亦皆總成。五大總成也。

明此別造、通造，《金七十論》及《俱舍光記》第三亦同此《三十疏》、《大乘義章》所明大異。

**章**聲論師説等。　下四宗中，四、明聲論。

餘四大種等者，彼計除聲，餘一切法皆是無常，然今但舉四大種眼等根及色、香根觸云餘，此章對佛家能、所造明彼計，故不云一切也。

聲或顯常或是聲常者，明聲論有二計。一、聲顯論師計，謂聲得[一一]緣生，生已常住不滅。二、聲生論師計，謂聲本常住待緣發，發者生義，有時聞聲或有不聞，是即待緣顯或發故，廣如《因明論疏》及《總料簡章》中。《義鏡》曰：問：此二論師計聲是大種所造耶。解云：既言待緣顯發，所言緣者響等緣，非是大種，故知諸聲非大種造。然彼宗意音、響亦非大種所造，由尋、伺等方所發生，非是由大方所造作，故知彼宗音、響等緣非大所造。今此爲顯諸宗差別，故述此計。云云。今謂，此《義鏡》説中聲及音、響非大種所造之釋，尤爲好。云今此爲顯諸宗差別，不應道理，爲通慢[一二]釋。謂此四宗中不舉三大外道之餘，但舉此聲論以聲爲常，計執以今所明佛家所造中一分舉論之已，三大外通餘雖有離繫等，以佛家能、所造不爲所計之主，故不舉也。

**章**大衆部説等。　此下明小乘，二十部中以能、所造爲所計旨部執，今此舉論，成實論師雖非二十部，以能、所造專爲所計，故因舉之。

四塵爲所造者，秋篠意云：既云肉團爲五根體，肉團即色、香、味、觸四塵。云云。今謂，但此釋異餘部，聲塵不爲所造之義未分明，更應考之。

無別五根等者，《宗輪論》舉大衆部等計中云：五種色根肉團爲體。云云。彼疏釋曰：契經中説，苾芻當知，眼謂大種所造，於眼肉團中，若内各別堅性堅類。故知眼等五色根皆肉團爲體，無別淨色，非淨色故根不得境。故契經中説言，眼不見色，耳不聞聲，鼻不嗅香，舌不嘗味，身不覺觸。根體非淨色，如何見色等。故識能了，非根有能。稍似薩婆多部中識見家法救論師所立。

俱通有漏等。今云：通有漏自可知已。

通無漏者，《義燈》云：五性[三]色根肉團爲體者，此通有、無漏，此四部説佛十八界唯是無漏，故佛五根界亦是肉團通無漏也。取意。

**章**《成實論》説等。　此第二明成實計。

問：何故於明小乘中舉此宗耶。此《成實論》諸部中何部攝耶。答：古來有多義。第一以此論爲大乘論，即梁三大法師説，一、光宅法雲，二、開善智藏，三、莊嚴惠旻。第二爲含大、小乘論，即云探大乘意以釋小乘，是嵩山定賓及光統律師義，智首南山由是。第三以是爲一句[四]小乘論，即淨影惠遠及真諦三藏、嘉祥吉藏，今家由是，具如《三論玄義》中立十義證《成實》小乘論。《三論玄》曰：有訶梨跋摩高足弟子，序其宗曰：《成實論》者，佛滅度後九百年内有訶梨跋摩，此云師子鎧之所造也。其人本是薩婆多部鳩摩羅陀弟子，慨其所釋近在名相，遂徙輢僧祇，大小兼學，鑽仰九經，澄伏五部，再卷邪霧，重舒惠日。云云。由是應知，訶梨跋摩本薩婆多部，慨薩婆多不盡意致有相名相留，移意於大衆部，大小兼學，作《成實論》。云云。又曰：問：跋摩既排斥八犍，有部。陶汰五部，成實宗正依何部義耶。答：有人言：擇善而從，有能必録，辨衆師之短，取諸部之長。基辨云：此是《部執異論疏》意，嵩山定賓《飾宗記》由是[一五]。有人言：雖復斥排羣異，正用曇無部。即法藏部，淨彰有[一六]《大乘義章》義。有人言：偏斥毘曇，有部。專同譬喻。即根本經部鳩摩羅多也。論中雖云虚段[一七]，此即同經部也。真諦三藏云：用經部義也。檢《俱舍論》，經部之義多同《成實》云云。已上《三論玄義》。今問：此《成實論》攝諸部中，有如是異解，今家意此中由何義耶。答：與真諦三藏等意同。《法花玄贊》一二十一丁。立八宗中，第四現通假實，説假部等，《成實論》義經部師宗，即當第四現通假實。云云。又《三論玄》舉僧叡此論序曰：《成實論》者，佛滅後八百九十年，罽賓小乘學者匠鳩摩羅陀上足弟子訶梨跋摩之所造也。云云。今考《出三藏記》云：此非佛滅後一百年出鳩摩羅多名日出者。云云。今云：此説實爾，如《三十論疏》二本云，佛去世後一百年中，北天竺呾刃翅羅國有鳩摩羅多，此言童首，造九百論。時五天竺有五大論師，喻如日出明導世間，名日出者，以似於日。亦名譬喻師，或爲此師造《喻鬘論》集諸奇華[一八]名譬喻師，經部之種族，經部以此所説爲宗。當時猶未有經部，經部四百年中方出世故。云云。由是可知，訶梨跋摩所師鳩摩羅陀非日出日，云佛滅後八百九十年出故，亦云罽賓學者，年代出處相違應知也。

然我邦南京三論宗學徒相傳，云此《成實論》從大衆出多聞部所攝，此相傳由《三論玄義》。《玄義》曰：從大衆部又出一部，名多聞部。大衆部唯弘淺義棄於深義，有佛在世羅漢，恒隨佛聽法，佛滅度時在雪山，滅後二百年中從雪山出覓同行，見大衆部唯弘淺義不知深法，其人具足誦淺深義，深義中有大乘義，《成實論》即從此部出。云云。或云：《部執異論》亦同。云云。今由如上所説判部攝曰：若約一分同宗義，則可言同經部，若約爲部黨邊，則可言多聞部攝，今家約云假實邊云經部師宗也。

**章**四塵爲能造等。　成實主計如數論宗。《三十論疏》二本十左。曰：成實論師名師子冑，本於數論法中出家，因立彼義云，由色、香、味、觸四塵以造四大，是無常法，此中四大總爲五根體。云云。由是應知，訶梨跋摩今雖歸佛，因本所學四塵爲能造，四大爲所造。彼論《三色相品》曰：色陰者，謂四大及四大所因成法，亦因四大所成法，總名爲色。四大者，地、水、火、風，因色、香、味、觸故成四大，因此四大成眼等五根，此等相觸故有聲。地者，色等集會堅多故名地，如是溼多故名水，熱多故名火，輕動多故名風。云云。今文由此論意自可識已。又《三十疏》二本。曰：若成實論師色等五塵體是實有，仍是能造。云云。

四大通二者，四塵能造四大，故四大是所造，四大能造五根，故四大是能造，故云通能、所造二。

聲亦唯所造者，四塵能造四大，而聲塵不造四大，但四大等相觸處有聲也。彼論《五聲相品》曰：問言：俗中常云聲是空之德，今何以知之從四大生。答曰：今現見聲從四大生，我等先現見故。又言鐘聲鼓聲，故知是鐘鼓聲。又四大異故聲有差別，如鐘鼓聲。云云。故可知，彼計四大能造聲、聲唯所造。今章文云亦者，示五根唯所造也。

問：聲因四大生，何故《色相品》云因四塵成四大，因四大成五根，此等相觸有色[一九]耶。答：秋篠釋曰：爲明四塵成四大，四大成五根，觸成因果更無別體，故通相說是等相觸也。云云。今詳曰：此釋未盡理。《聲相品》說因四大生聲，正示能造。又《色相品》説此等相觸有聲，示四大所造[二〇]一切色法相觸繫生聲，如鐘、鼓等發聲故。此等之言非唯五根，指一切四大所造者云此等也。

**章**薩婆多師等。　此中有四，初、標，初四字是也，二、示能造，（四大爲能造已下文是也。）三、明所造，（五根、五塵等下是也。）四、約此部宗旨辨。秋篠曰：此宗中説大種造色二相差別，略標十一門，故《婆沙》（百二十七。）曰：阿毘達磨諸大論師言，一、（大種有見，造色有見、無見。）二、（大種有對，造色有對、無對。）三、（大種有漏，造色有漏、無漏。）四、（大種無記，造色善等三性。）五、（大種欲、色界繫，造色欲、色界繫及木[三]繫。）六、（大種非學非無學，造色學、無學、非學非無學。）七、（大種修斷，造色修斷、非斷。）八、（大種苦、集諦攝，造色苦、集、道諦攝。）九、（大種無異熟，造色有異熟、無異熟。）十、（大種不染，造色染及不染。）十一，（大種非業，造色業及非業。）諸如是等大種造色二相差別有無量門。（已上論文。）今此章中略標第二、第三品門，故云唯有漏、唯有得。

言礙者，即對礙也。（已上《義鏡》。）今詳曰：《婆沙》有十一門，然今此章但舉有、無漏有、無對二門，《婆沙》十一門相攝則但此二門，謂有、無見在有、無對，善等三性，三界繫、不繫，三學，三斷，四諦，異熟、非異熟等，但在有、無漏門中，故章主以二門攝餘九門令思察也。

唯有漏者，此宗立前十五界唯名有漏故，四大是觸塵界前十五一分，故云唯有漏。

有礙者，三有對中此是障礙有對故，即對礙非拘礙，故云有礙。

觸處所攝者，彼宗立法體恒有故，觸處皆是實有，彼立十一種觸，謂四大種及七種所造觸。七種造觸者，謂滑、澁、輕、重、冷、飢、渴。《俱舍》頌云，觸界中有二。（文。）此中有二者，能造、所造也。今但舉能造四大云觸處所攝，七種所造觸，次云五塵爲所造中攝也。

五根、五塵等，此下三辨所造。此中有二，初、總舉所造，此宗立無表色亦大種所造而是實有。《婆沙》（七十五。）曰：無表自體雖無變礙，而彼所依有變礙，故亦名變礙。所依者何。謂四大種。所依有變礙故，無表亦可説有變礙，如樹動時影亦隨動。（文。）《俱舍》中難云：若爾，所依有變礙故，眼識等五應亦名色。婆沙師通此難云：眼識等五所依不定，或有變礙，謂眼等五根，或無變礙，謂無間滅意。無表所依則不如是，唯是一依，但有變礙，以決定故説名爲色。云云。已上《俱舍》《婆沙》《光記》等取意。基辨今詳釋此意曰：不同五識通有二依，以五根、意根爲所依，無表但依現在身大種得名色也。謂小乘戒盡形壽誓受故，命終捨故，現身四大滅，無表隨滅。若依初念四大表〔二二〕業造初念無表，與表業大俱時滅，無表第二念已去相續不絶。《神泰疏》云：定散無表皆依大種也〔二三〕。云云。故定共戒亦大種所造，應准自知。由上來所明，云無表色亦大種所造也。

章五根、五塵皆唯有礙等者。　二、以二門辨所造。此章但以二門相攝一切門，如前應知。

爲所造者，《俱舍》頌云：餘九色所造，法一界〔二四〕亦爾。云云。此中九色者，五根及五塵中除能、所造觸餘四塵。能、所造觸前句已明，故除是云九，今以所造觸入此所造，故云五塵。

法一界者，無表色亦大種造〔二五〕。

皆唯有礙者，五根、五塵是障礙有對故，實有極微所成，立不觸著成粗大物，如手礙手、石礙石，故云皆唯有礙。

唯是有漏者，前十五界唯名有漏故，此十色界道諦無爲所不攝故，如諸煩惱故云唯是有漏。

法處無表説通無漏等者，若法處無表即後三界攝故説通無漏，無表色中有道共無表及無學身中別脱無表，故爲通無漏也。

是無礙攝者，法處無表色是無色無對、無可見，故云無礙攝也。

皆是實有者，此四字一句第四述有宗本旨，謂以四大爲能造，以五根、五塵爲所造，餘部亦所説。今此所云皆是實有者，述彼計不共宗，謂能、所造共法體恒有、三世實有，此彼計宗極也。

章經部師説等。　此下第四明經部計執。《義鏡》曰：此第四述經部宗也，此即根本經部義也。云云。今云：根本經部者，日出論者，鳩摩羅多也。

經部祖述此師計，故云根本經部也。今以此所明經部義爲根本經部義，所據應更考已。

能造、所造等者，問：經部計亦同薩婆多，以四大爲能造，以五根、五塵爲所造耶。答：經部立四大及根、境爲十四色，名爲色蘊，不立無表色攝色蘊，具如《光記》。故經部亦以四大爲能造，以五根、五塵爲所造也。然於此能、所造，有與薩婆多別，謂能造四大有假、實異，所造根、塵亦爾，極微能、所造皆是實有，阿耨以上和合粗色能、所造共假有，不同薩婆多能造、所造俱極微不觸著，雖和集位不失極微體，法體恒有，以是爲二計別。

皆通假實者，此四字明經部本旨。《三十論疏》二本二丁。曰：然經部等極微隨眼、色等十處所攝，然非是假，非眼識等得，成和合色爲眼等境故。以理而論，唯意識得應法處收，以實從假，色等處攝，以假攬此實法成故。《正理論》中與經部諍法處不許別有色，故非法處攝也。云云。今云：此疏文中，隨眼、色等十處所攝者，能成極微是實有體，唯意識得法處所攝。然此極微有成眼等根極微，是攝眼等五根處，云眼等五根極微，亦有成色等境極微，是攝色等五處云色等五塵極微，其實七微和合假色，有眼等五根、色等五塵之名，爲眼識等所緣或所依也，故次文云以實從假色等處攝。

和合色爲眼等者，《三十論疏》二本次文述彼計曰：彼説，實有極微非五識境，五識土[二六]無極微相故，隨彼彼處所攝衆多極微共和合時，總成一物名爲和合。如何耨[二七]色等以上方爲五識境，和合是假，依實微立，即五識上有和合相故，名五識似彼相也。云云。此《三十論疏》所明經部義由《順正理論》第八卷所説，由是應知，此部計執能造、所造共是未合極微，即實有體。若七微合成眼等境，粗大物色總合物故名爲假有，故今章文云皆通假、實也，此與薩婆多別所計執之異，因今偏舉之。

極微是實等下，明通假、實由。

並皆有漏者，此部亦立前十五界唯是有漏，故五根界及色等五塵界並皆有漏。《義鏡》設問答曰：問：和合色等是假非實，云何爲緣發生五識耶。解云：《唯識疏》第二云：如經部師，極微和合所成是假，不能爲緣發生五識，今和合時一一極微有和合粗相，各能爲緣發生五識，以有實體能爲緣故，然別極微相五識不得〔二八〕。今詳曰：秋篠引《成唯識疏》爲答釋，然此所引文非説經部計文，此是説本薩婆多義文，文初有如經部師言故，眩迷此言答就經部計問，粗漫之甚，學者擇居。今以經部計答曰：如何拳色等以上，方爲五識境，和合是假，即五識上有和合相，故名識〔二九〕似彼相也。《二十論疏》下亦説經部計曰：謂經部師實有極微非五識境，五識上無極微相故。此七和合成阿耨色，以上粗顯，體雖是假，五識之上有此相故，爲五識境。一一實微既不緣著，故須和合成一粗假，五識方緣，此即疏主所明經部計執。雖有依他有與實有異，大乘之中亦有二諍，有五識緣假之説，況小乘中由應計執所立，云何應無五識緣假之説。故秋篠所設問，非預經部計問，破難經部之問。若難彼計則《二十》《三十唯識論》并其疏中具明，何今以他部計爲答耶。故秋篠之問答，尤不是也。

**章**無表假立等。　下明此部無表異餘部不攝色。秋篠曰：無表假立者，義同大乘也。云云。今詳曰：必非全同大乘。根本經部鳩摩羅多計云：有色一物，非顯、非形，心所引生能動手等，是身業性，然不是如正量部能動，是爲表業體。此表業種重〔三〇〕五蘊上，此熏種上防非止過假立無表，故是非色。末經部計思心所爲表業體，無表亦於此思種上假立，雖稍與大乘同，彼以實有思立，大乘於如幻虛疎思而〔三一〕立，故非全同。《俱舍·業品》曰：經部亦説，此無表，非實有，由先誓限唯不作故，彼無表，亦依過去前念大種施設，然過去大種體非有故，立過未無體故。又諸無表無色相變礙有對色。故。云云。此論文意解言，由三因彼立無表非實。一、唯不作名無表故。二、過去大種立無表，違[三二]、未無體故。三、色以變礙爲義，此無表無變礙義故。彼説，無表但是思種，謂審決、動身。發。語。四、現行思於色、心上熏成種子，此思種上防非止過假立無表，但不作惡即名無表，更無實體，但是思種，具如《光記》。又惠暉云：經部本宗不立無表，末宗立非色非心，即種子[三三]上假立。得名色者，以防色故。云云。今云：此言經部本宗者，應鳩摩羅多，此師立非顯、非形表色，又立種子熏習。若爾，此表業何不熏種。若云熏種，何其種子上不假立無表。故惠暉所言未知所據。又云不立無表者，恐云於法處中不立無表歟。他日又考。

**章**法處無色等。　下明與餘部異。《順正理》四十八丁。與經部諍法處不許別有色，極微亦非法處攝，以實從假但色等處攝也。云云。

不許色蘊等者，《俱舍光記》曰：若如經部於色蘊中不立無表色，覺天於色蘊中不立所造色，大乘於法處中更立多色。云云。由是應知，經部宗以五根、五境、四大之十四爲色蘊，以無表不攝色蘊[三四]，不攝法處，不同薩婆多以五根、五境及無表十一色法爲色蘊。

問：若爾，經部以無表何處攝耶。答：《義鏡》曰：既言法處無色，故知無表非色非心，不相應行。云云。今詳云：《三十論疏》二末二十九丁。破不相應行異計下云，破《成實論》無表戒等。云云。《了義燈》釋曰：無表雖依思立，然是不相應攝。云云。《成實論·無作品》云：善、不善律儀無作名心不相應行蘊所攝。云云。今云：秋篠由此等説，以經部無表爲非色非心歟。

**章**説假部説等。　小乘計中下第五舉説假部。

在蘊門中等者，此明實法。《宗輪論》曰：謂苦[三五]非蘊。今云：此部云五蘊體性非苦諦攝，説蘊相是積集假，蘊體是實。《開發》曰：解云：苦體非實故不名蘊，在蘊門中皆實有故。云云。《疏》云：苦者逼迫義，蘊體非逼迫，故是非苦。意云：五蘊一一自相。若色蘊中五根、五境各各自相，此云蘊體。受蘊自相樂，捨二受，是云蘊體。想蘊自相大、小、粗、細等。是蘊體皆非逼迫。如次下云：諸行一切有爲法。相待假立苦故，次下《疏》釋云：欲界劣上界，欲界名苦，乃至有頂劣無漏，有頂名苦，故云相待。相待假故，無實苦也。色等五蘊。諸法餘部名苦，餘部色等五蘊雖名苦諦。其實非苦，如無間果下舉喻立理，如無間地獄果報。體果報體。實非苦所感，惡業所感。諸蘊無間諸蘊。有苦相合説名苦蘊，其體五蘊體。非苦。生滅等法行蘊中四有爲相法間雜四相，故雖有生滅行苦有爲本法。并非行苦，其蘊等上業用即色、聲等業用。皆實有。蘊等不説依緣相待故皆實有。

體皆是實者，色等諸法自相皆是實有。

義積聚故者，由共相積聚義名蘊，蘊是積聚義。

體非積聚者，五蘊一一自相實有，無積聚義。

在界處門等下，明假法。並是皆假者，《宗輪論》曰：十二處非真實。意云：六根、六境，根、境相待，有依緣義名處，蘊等不爾，是實。《疏》云：以依積聚，所依根。緣所緣境。亦積聚，意云：爲所依、爲所緣義。積集處方能生，故名爲假。積集之法皆是假故。難云：積集是假，則蘊體何非假耶。積集名蘊故。○《疏》通此難云。雖積集假義釋於蘊，蘊體五蘊各各體性無依緣相待義。非假，無依緣故，蘊無所依緣義故。現在世之識已下釋意根處是假。不名爲意，入過去時方名意處，十二處中意根〔三六〕處也。依止義成，意根雖依止義成。體過去。非現在，亦非實有。

問：蘊實處假可知，界門假、實如何。答：此有二意。一云：於十八界若取所依、六根。所緣、六境。能緣六識。積集義名界，則十八界亦是爲假。《宗輪疏》曰：問：十八界等若爲假爲實耶。答：説有依、緣、積集假義，故此亦非實。云云。今章由此義釋云並皆是假，秋篠由是。二云：若取種族、因義、種類，又別是界義名爲界，則十八界亦是實。如《開發》云：問：十八界中亦有根、境，依、緣既別，爲假爲實。答：十二是假，義自准知，故六識界可謂是實，故略不論。或十八界雖有依、緣，不約依、緣生識名實，種族、因義、種類義別是界義故。雖有二說，後說爲勝。云云。由是自知，《三十論疏》中但論蘊、處二門假、實，不論界門，《宗輪論》中亦略界門，是以十八界有通假、實二義故。故通有無漏者，此說同大衆部許佛身十八界通無漏，故《宗輪論》曰：餘義多同大衆部執。《疏》云：非出世法一切皆實，故不同說出世部，世、出世法皆有假有實。

**章**一說部說等。《宗輪疏》曰：一說部說世、出世法，皆無實體但有假名，名即是說，意謂諸法唯一假名，無體可得。云云。由是能造、所造亦是假名，此部所計。

**章**說出世部說。同《疏》曰：說出世部明世間煩惱從顛倒起，此復生業，從業生果。世間之法既顛倒生，顛倒不實，故世間法但有假名，都無實體。出世之法非顛倒起，道及道果皆是實有，唯是云實，世間皆假。云云。由是能造、所造有漏俱是假有，無漏並是實有。

**章**今依大乘等。此下此門三段中，第三明大乘。此中有六段，今依大乘四字，初、標牒。觸處、法處下，二、約十二處辨。秋篠云：此即約百法辨體門也。云云。今詳云：秋篠科云約百法辨，此由唯大乘建立立科，可云通漫。若以五位辨，可云約百法，今文不爾，但以觸處等簡擇故，應云約十二處辨。上來舉小乘，今與大乘對明，故以通大小乘三科立科爲穩。

觸處有大種者，一切身根爲所依，身識爲能緣，所緣取觸處皆是能造四大種也。

法處有大種者，法處所攝勝定果色，亦籍四大種生，故《瑜伽》五十四、十四丁。說：又諸定中先變大種，然後造色變異而生。云云。由此等義云皆是有大種。

**章**散、定別故者。秋篠曰：散、定別故者，若實親造於定，色中無別大種，今據疎遠故，法處中勝定果亦有大種，故云散、定別故。云云。今云：此釋尤好，然釋意未明了。今助釋云：諸所造色雖自種生，若離大種必不能起，此大種造色不離義有二種，一、定同處，謂親造義，二、必假籍，謂疎造義。初定同處造者，《略纂》曰：若依實義親所造義，必同性造非異性，必同類造非異類，有、無漏必類同故，必同界造非異界造。云云。二必假籍者，別解脱無表色等必籍大〔三七〕生，非定同處亦名不離，離質聲、離輪光皆亦如是。

問：若法處無表色等疎假籍大造，何故《瑜伽》五十四。說法處所攝勝定果色，當知此色唯依勝定不依大種耶。答：據親相造而云不依大種，若疎相造亦依大種，故無違也。論文自解云：然從緣彼種類影像三摩地發故說彼大造，非依彼生。又說：諸定中先變大種，然後造色變異而生。云云。

問：定果色疎相籍者，爲由依身大種造，爲由本質大種造。答：《伽》六十說，由所緣本質中大種勢力有定果色生。如彼廣說。若由依身大種者，無色界中既無依身，彼定果色依何大種耶。答：《樞要》上云：說先變大種後造色生。有義，此說依欲、色二界地定果色，以有所依身故，無色界定果色從本質大種造，定中無大種，無所依身故。云云。由此等義可判，觸處大種並通親、疎二造，法處大種唯疎非親，故今云散、定別故也。

造色通於等者，五根、五境及法處色云十一色也。

章大種造色等。自下文秋篠分科曰：大種造色至善、無記性，此標次四門以辨體。四門者，一、約依、圓三性辨體，二、約相、名五法辨體，三、就漏、無漏辨體，四、據善等三性辨體。又有漏大造至假性通三，此文即釋前標四門也。又故《瑜伽》六至實唯無記，此引文證上文所說有漏造色唯無記性假性通三之文意也。

又無表既假已下，此章家文也。大種唯實等二句，第六就假、實辨體門也。已上《義鏡》取意。今詳曰：此科文雖有道理，意味難了，故今更科以示，取捨任意。謂今依大乘已下，此門〔三八〕第三述大乘義。此中有六段，初、標牒，今依大乘四字，此也。第二、約十二處辨，觸處、法處至十一所有是也。第三、總約依、圓二性辨，大種造色至二性所攝是也。第四、約五法辨，五法之中三句是也。第五、約漏、無漏三性辨，通有漏無至一切唯善是也。第六、約假、實辨。大種唯實已下文也。第五段中亦有四文，初、標，通有漏等九字是也。二、約依、圓二性辨，辨有、無漏大造。三、約善等三性辨，四、引證辨。辨三性大造。今文由私科判，第三總約依、圓二性辨大造，大種造色四字牒。

隨應俱通者，如次文明，有漏大造定屬依他。此中定、散大造俱論云有漏，是皆有漏識變故云屬依他也。又無漏大造亦通依、圓二性相攝，皆無漏定變大造故，四智心現大造依他自知，諸佛所變大造皆是不可言境故，即圓成實。護法正義，佛身十八界悉皆具足，故無漏大造依、圓自可知已，《深密經》中説四智心現圓成實攝，故今云隨應也。

**章**五法之中等。　私科云第四約五法辨大造。

相及正智二法所收者，秋篠曰：問：如《瑜伽》七十二。説，相通五位，心王、心所、色、不相應、無爲。名唯不相應行，分別、正智通心王、心所，真如唯無爲，今所云大種造色既是色法，云何今云正智所收耶。答：云正智有二，一、唯出世間門，二、世、出世門，初是根本正體智，次是後得智。後得智中有其二門，一、見、相門，二、能詮門。若依初門大種造色皆相分收，以相從見皆見分攝，即見分中亦有正智，故云正智所收。若爾，分別亦有見、相，何故不云分別攝耶。答：今對依、圓二性以標二事，謂相、正智，其分別事唯取三界心、心所法，此唯依他不通圓成，無漏正智通二性，故但標此二。二、有人云：與正智俱有、無漏戒等，是大種所造，今并眷屬相從而説，故云正智所收。已上所收。今詳曰：二解俱迂回。今私釋云：《成唯識》八引《伽》七十四等立義曰：有處説依他起攝彼相、名、分別、正智，圓成實性攝彼真如，遍計所執不攝五事。彼説有漏心、心所法變似所詮説名爲相，似能詮現施設爲名，能變心事立爲分別，無漏心等離戲論故但總名正智，不說能、所詮，四從緣生皆依他攝。云云。今文由此義當解釋，謂大種造色若有漏心、心所法變似所詮爲相，故今云相所收，非似能詮現者，故不云名所收。《決擇抄》曰：除名此四大造非能詮故。云云。又大種造色是所變相，非能變心等，故不云分別所收。又無漏大種造色皆是四智現相，定力變現，無漏心等離戲論相，故但總云正智所攝。《決擇抄》曰：五法之中，有爲無漏唯是正智無漏四大，若非正智，何法所收。故約所緣名爲正智。

問：此《唯識》文但屬依他說，圓成實但攝如如，然此章云大種造色依、圓二性所攝，文義相違如何。答：大種造色云圓成實攝，約淨分依他，即四智現相，故今五法中云正智收，義意無違。

上來約能、所詮門而說，次約見、相門釋，則《成唯識》八引《中邊論》第三曰：或復有處說依他起攝相、分別，遍計所執唯攝彼名，正智、如如圓成實攝。彼說有漏心及心所相分名相，餘名分別，計所執無體故，爲顯非有，假說爲名，二無倒故圓成實攝。云云。今由此義釋，則大種造色若有漏者皆是有漏心、心所相分，故今文云相所收也。又此大種造色若無漏者，無倒相故，圓成實故，今云正智所收。此大種造色非能緣心，故不云分別收。又此依他識變相非都無體，故不云名所攝也。

**章**通有漏、無漏等。　此下第五約有、無漏三性辨。此中有三，通有漏已下九字初標牒，有漏大造已下二約依、圓二性辨有、無漏大造。秋篠曰：有漏大造者，通散、定也。無漏大造者，唯定非散，以無漏心必在定故。有漏造色唯無記性下，三約善等三性辨有、無漏造色。秋篠曰：唯無記性者，自性無記也。《對法》四曰：八界、處全及餘蘊、處、界一分是無記。八界者，謂五色根、香、味、觸界，八處亦爾。云云。今此造色攝在八界、八處中，故出唯無記性，此就實性而釋，若約假性亦通三性。已上《義境〔三九〕》。今詳曰：秋篠引《對法論》八界無記文釋，恐非章主意歟。《對法論》説八界無記，是隨轉理門，小乘以色、聲二説通三性，具如《俱舍・界品》説，皆約等起三性説，非云假通三性。《寶疏》云色、聲二唯有等起善、不善，《光記》云有等起三性。今章所明有漏造色如前文云，通十一處明故，非但八界唯無記性，以十一處造色判，約實者十一處中唯無記性，於其中彰假性者通善惡，是大乘實義。《對法疏》二云：造色實者唯無記性，假者通三性。云云。此中置者言深有意也。秋篠以八界無記文釋，恐未穩也。現本有漏造色下恐實者之二落脱歟。

假性通三者，此中云假、實，言任運起造色爲實，有實相用如五根、五境故。加行分別起者爲假，無實用故，如無表名色非實色故，無質礙用也。五十四説：問言：眼、耳所行善、不善色，彼何因緣成善等性，非餘色耶。答：由輭、中、上三種思故，一、加行思，二、決定思，三、等起思，由此三思。能起若〔四〇〕善、不善身、語表業，依上品思成善等故。又《顯揚論》第十八説，色非自體有善惡性，隨能發心假説善惡，第六十五、《成業》《唯識》《佛地論》等皆説同此，故有漏位五唯無記，表善惡故，色、聲二種假説通三，在無漏位一切唯善。已上《對法抄》取意。《伽略纂》十四二十四丁。云：由三思發故，色、聲成善惡表。此據表善惡，非體是善惡，餘香、味等非此三思發，所以不成善惡性。云云。

**章**故《瑜伽》六十四。　故《瑜伽》等者，引假通三性之證。秋篠曰：今案《瑜伽》六十四中都無此文。彼卷初云：謂由五處觀察可歸，一、由身業清淨故，二、由語業清淨故等。云云。又其次文曰：復次有五種行，一、身行，二、語行，三、意行。云云。秋篠自解云：身業清淨等者，標善身、語業，翻此即顯不善身、語，今此章文云色、聲表色意在此也。但取以文意〔四一〕以釋義旨，故云色、聲表色假通善惡，若不爾者，此所引文甚疎相違。已上《義境》。今詳曰：六字恐五字寫誤，或卷數暗記失，《疏》主章抄此例甚多。秋篠取六十四卷初文意而釋，雖爾，章主引意云假通爲詮要，秋篠所取文無假通義，由是考《瑜伽》文恐取意引五十四卷文歟。五十四文前所引，說由輭、中、上三種思故能起善、不善身、語表業文是，《略纂》及《對法疏》成假通三性義，故明此六十四是五十四寫誤，或暗記失。又秋篠以今文實唯無記四字爲六十四取意文，恐不穩當，六十四中文無實唯無記意，五十四亦無，但《對法疏》中引五十四文已，云有漏位五唯無記。由是自知，此所引《瑜伽》文爲證假通三性實唯無記言，此章主文。

無表既假等，秋篠曰：若別脱無表於思種上假立，若定道戒於現行思假立，故云無表既假，別脱、定、道三性無表一向唯善，若不律儀無表唯不善性，故云許通善惡。

無漏大造一切唯善者，《成唯識》第十說，有義五根、五境皆唯有漏，《對法論》說十五界等唯有漏，故佛身功德非有有漏。非無，無漏。非蘊、界等法門攝故。有義：佛所有根、境等色妙定所生法界攝，故如實義者根、境等色皆通有、無漏。《對法論》說唯有漏，但依粗淺境說，非爲盡理，捨有漏蘊得無漏蘊故。經說如來妙色身故，佛身中十八界皆悉具足圓滿。云云。建立無漏大造是護法正義，如《佛地論》第七說。

**章**大種唯實等。　第六約假實辨體。五十四說：諸色蘊中九種實有，五根、色、聲、香、味之九也。觸所攝中四大實有，所餘皆假，墮法處色有實有假。云云。今云：此文總示於九種中非無色。《對法》第一曰：所造色者，謂眼等五根、色、聲、香、味、所觸一分及法處所攝。云云。此中除眼等五根，餘七種色各有假、實。色境二十五中青、黃、赤、白是根本實色，餘皆是假。聲有十一，皆是實，唯響是假。香有六種，味有十二，皆是實，如和合香、味亦是實有，如因俱大種聲是實。觸有二十二，皆是所造假。觸法處色有五，定果色是實，餘是假有，識[四三]定果色通假、實。廣如《對法疏》二明。

**章**釋名者《瑜伽》等。　自下六門中第二門。此門大分爲三，初、標門，第二、總名釋，第三、別名釋。

《瑜伽》第三等下，第二總名釋。此中大分爲二，初、大種總名釋，次、造色總名釋。初中有五，初、舉證釋，二、釋大字，三、釋種字，四、舉不名大種者，五、約離合釋，今即初也。此證文中由此大種等二句，釋大字。爲種生故四字，釋種義。立大種名四字，結也。此是由玄範《對法疏》釋立科。秋篠引玄範《對法抄》曰：此文先釋大，後釋種。言其性大者，體、相、用三但得名性，即地等四其體寬，形相廣，受用大故。言爲種生故者，此釋種義，即與所造爲生等因，種言通現行，現行與習氣故。《唯識論》說，現亦名種，或名四大，界言是因義、性義。又種子與界並是性義，廣如彼師《對法疏》釋。已上《義境》。

**章**大有四義。　此下總名釋中第二釋大字。今此四義，《俱舍論》第一文也。一爲所依故等三句，《光記》《寶疏》《神泰疏》共爲種義，今章主以是爲大義，《俱舍論》文既云一切餘色所依性故，一切之言即是大義，故以今章釋爲親附《俱舍論》文也：或言，此章文非引《俱舍》釋大種，別立大四義釋，其四義所言雖與《俱舍》同，非意全同，故以《俱舍》釋此章是不可也。四義之中初所依義，《俱舍》《光記》等取所依性言釋故爲種義，是取《婆沙》百二十七意，如《義鏡》引。今章主取一切言釋爲大義，是以《伽》第三說其性大故爲據，令合《俱舍》說一切所依性，故爲大義。又以《伽》第三說爲種生故爲據，釋種言故，別立因義、類義釋也，必以與《俱舍》同異不可論是非也，大抵以《婆沙》《俱舍》意釋今章主所言四義甚不是也，秋篠及近來信培等爲混合說，不用陶汰偏難用也。
　二體性廣故等者，《周記》曰：四體寬，遍一切色法也。云云。謂造色雖各各别，此四大種無不遍一切造色處，故云體性廣也。
　三形相大故等者，《俱舍論》曰：增盛聚中形相大故。《光記》釋曰：如大地、大山，地大增盛。大江、大海，水大增盛。炎爐猛焰，火增盛。黑風、團風，風增盛。是爲形相大。云云。
　起大用故等者，《俱舍論》曰：能起種種大事用故。云云。《光記》釋曰：如火、水、風災，如其次第能壞初、二、三禪，是壞世界用大義。地能住持世界，是成世界用大義也。秋篠曰：傳説如上所説四大義中，初二約性四大，後二約事四大，初三通於四大，後一除地通餘三。又彼《記》《光記》歟。中述小乘意云，成世界但水、風，破世界除地通三，地是所壞故，餘如彼《記》。後二約事四大，説者今詳其理。大乘基《對法抄》中及此章中，不簡性、事，總説大義，依何得知後二約事，亦成、壞世界是性大力，豈依事大起此大用。故傳説非也。云云。今曰：甚妙也。
　**章**種者因義。　三、釋種言以二義，一、因義，二、類義。此四能爲等三句，是因義也。種類别故一句，是類義也。
　此四能爲等者，以《瑜伽》第三説名種生故爲據，立因義釋。因者，即生等五因也[四三]，是皆就現行法説因種義，如次文辨。
　**章**虛空雖大等。　四、簡不名大種者。此中所簡有三，一者、虛空，二、内種子，三者、所餘諸法。初簡外造[四四]説，次二由内道，如《婆沙》百二十七説。有説，爲止外道所説，謂外道説大種有五，即前四及虛空，今但説四，明虛空非大種，就虛空不名大種。《婆沙》百二十七有評家説，今章所舉由法救大德説。彼説曰：大德説：虛空雖大而體非種，不能生故，餘有爲法雖能爲種，而種非大，相不遍故，由此虛空不立大種。云云。今章由此義勢，彼云餘有爲法，今云内種子等。彼不立内種，故取爲六因法云雖能爲種，今大乘立識内種故別舉是。等言取現行自體辨生爲親因者。

所餘諸法等者，取一切法現現相望爲增上緣者論是也。秋篠曰：所餘諸法等者，所造色等。云云。今詳：此説甚局。今上舉内種子，其餘豈但所造色。故取現現相望一切法也。又秋篠曰：若爾，空一顯色其相遍藴，豈非大耶。解云：空一顯色雖是相大，闕餘三義故非大種。云云。今云：此釋亦不爾。既云非大，何云以空一顯色雖是相大闕餘三義耶。空一顯色隨四洲，其色成四，云何爲相大耶。故此問答未穩。

**章**由此地等。五、約離合釋，如文可知。《對法疏》曰：此大亦種故名大種，持業釋名。種或類義，四類別故，持業釋也。云云。謂初釋與今章同，次釋四大即種類別，持業得名。

**章**造色名者等。自下總名釋中，第二、總釋造色名。此中三，初、標牒，初四字是，二、引證顯有，持業，此約三字對，三、約四字對示，依士。

《顯揚》第五等者，彼論五廣説色藴四種建立，一、相建立，二、生建立，三、損減建立，四、差別建立。其中第二生建立下説有五種生，一、依止生，二、種子生，三、勢引生，四、順益生，五、違損生。今章所引文，其五種生第一依止生之文也。秋篠釋曰：依止大種者，彰依主釋。餘造色生者，明持業釋。此即初引文證，後明二釋也。若不爾，所引之文有何證理。云云。今詳曰：此《顯揚》文持業釋證也，非依主證。何以知之。《顯揚論》此文次結云攝在一處是造義，此章亦引此文已結云所造即色，此即證也。若云二釋證則何不舉依士，次文雖舉依士四字對釋，今引《顯揚》《瑜伽》以所造色三字對釋造色名也。

問：文既云依止大種，何非依主耶。答：此非依主。如《總料簡》云：依主以能依爲義，以所依體或用彰以立名，是依主、依士也。如識依眼根故名爲眼識，是彰取所依名名能依者。今不爾，於造色名無彰取大種名之義，故此依止大種言非言依主，既次文舉依士，於所造色加大字爲依士，是彰取大種名立大所造色，故是依士釋。不加大字，但云造色，亦云所造色，無依主、依士義，不彰取他名故。若爾，依止大種者何義耶。謂此彰同依釋，此四字即造色之造義，依止者所依止義，次[四五]所言處所字是，造色以四大種爲所依止，是即造義。若以大種不爲所依止，則無所造義，故由此義論次文云即於大種處所有餘所造色生，即言明以大種爲所依止即所造色生，謂此有一箇色法，堅、溼、煗、動與色、香、味、觸同依一箇色法之體，是即以大種爲所依止所造色生之相。今於一箇色法加造名云造色，意顯此一箇色法以大種爲所依止即是所造也。

即於大種處所等者，釋上依止大種四字也。此於處所三字境第七聲顯同依，如前釋亦顯持業，有餘所造色生爲體，則此體持大種爲依止業用。若大種處所爲體，則持造色生業用，是即一體持業用，持業釋也。

由是因故者，承上起下，因謂所由，是言指上說四大種等者，結造色名。四大種造所造色之七字，相攝造色二字，所造二字攝色言，四大種三字攝造言，故但云造色。所造即色者，結顯持業釋。若用[四六]此結釋，則上句四大種造四字攝所造二字，四大種名不造，則無所造名，故今於此所造言攝前所言依止大種四字，如是相攝，所造即色。若不相攝依止大種義所造，則無名色義，故云所造即色。彼論結文云攝在一處是造義，是其意也。

**章**五十四云等。下引《瑜伽》明依止大種是持業義，是即說依止生最後文也，《顯揚》說攝在一處是造義是也。

是同一處者，顯上依止大種義，即同依持業義也。

攝持彼義者，秋篠曰：即說五因中持因義也。

云云。今云不爾，此依止生義五因中依因義，非持因義也。今云攝持彼義者，顯不離大種處而轉義，上云同一處故，雖似持因，非持因義。名之爲造等三句，如上釋可解。

**章**大所造色等者。　第三、約四字對示依士義，如上已釋。此是因明，非此正論，此處就造色二字或所造色三字合釋爲正論也。

**章**別名者等。　此門中大段第三釋別名。此有二，初、大種別名，二、造色別名。

堅勁義是風等者，《對法》第一曰：地界者堅勁性，水界者流溼性，火界者温熱性，風界者輕動性。彼疏釋云：此釋真大，地、水、火三各彰自體，如何風大舉輕以顯。由經説輕是所造觸故，《五蘊論》説輕等動性，相似名等，舉風業用以顯自體，性難知故，此動等輕故言輕動，略無等字。云云。今此章云輕等動，是由《集論》《五蘊論》《瑜伽》五十四。《顯揚》五。説色蘊五種相，第一自相中舉是曰，謂堅等是地等相。云云。若爾，對法云性，是性相義，秋篠引小乘論辨同異，非此所用，恐煩不舉，須者往見。

**章**造名別名。　二、造色別名釋。

至章中解者，問：是指何章耶。答：古有兩釋。一云：指《對法疏》，今云章中，彼疏第一卷各開多門釋五境義，由《對法》一，所造色者，謂眼等五根色、聲、香、味、所觸一分及法處所攝色。云云。然此章中但明《五根》《法處》二章，不明五境義，恐推《對法疏》歟。二、今此章正名《能造大種章》，然名《大種造色章》，偏標能造，次更應有《所造色》等章，今即指彼云至章中解也。秋篠舉此二説，但由初説。今云實爾，應由初説。章主《抄》《疏》中此例尤多，又可名《大種及造色章》，辨其造色中，應自解故，指此一章中説造色文，今云章中也。

生等五因，自下第三門，大分爲三，初、標，二、總明以五因名造，三、別顯五種造義。生等五因等八字，初、標牒。《對法》第一説下，第二、總説五因名造，小乘中亦説此五因，《婆沙》百二十七。《俱舍・界品》亦同説，然今明大乘大種造色故，先引《對法論》令知是大乘五因。造者因義，故以五因彰造義也。

**章**生因者。　此下第三別顯五種造義。此中有五段，初、明生因，二、明依因，三、明立因，四、明持因，五、明養因。玄範《對法疏》曰：此五因中，生約未生而起，依約據彼能造而轉，立約成彼果隨大轉變，持約持果令住，養約養果令長。若約六釋釋此五因，若生之因是依士釋，生即屬果。若生即果，是持業釋。生即屬因，餘四並然。　初中有四，初、舉《對法》文辨名生因由，彰大種與造色不離義，今即是也。

謂離大種下二句，明以大種爲生因義。秋篠曰：問：生與起眼目異名，由何配屬。解云：範師兩釋，一、將起義略釋生名，故云生因即起因。二、即以《伽論》生因屬配本藏所有起因，下四亦爾。《伽》第三亦説五因，文異義同，廣如彼説。云云。今云：此範疏中第二義尤爲難了。《伽論》者，《瑜伽》第三説五因，其文但説生因不云起因，故屬配此論所説起云生即起也。本藏者，指此《對法論》也。

**章**諸所造色等。　二、章主通伏難，成立大造不離義。難意云：諸所造色自各各自種生，何故以大種爲造色生因耶。今章文通此難也。秋篠曰：此章主釋《對法論》起義。云云。

**章**《瑜伽》第二等。　下章主舉證成大造不離義。

乃至長養者，《瑜伽》全文廣問五因，今爲成生因義[四七]，引證是故舉但生因，略問餘因。彼全文曰：問：一切法生皆從自種而起，云何説諸大種能生所造色耶。云何造色依彼，彼所建立，彼所任持，彼所長養耶。云云。

内外大種造色種子者，秋篠曰：三界、三性新熏、本有諸種子等也。云云。今謂：此釋通漫。既云内外大種造色，明知唯是色法種子，非云心法種，云何應云無色界種。假使雖無色界中有色法種，此是屬有色界種，復不可云三性種，大種造色是唯無記法。若云通善惡，則非釋子故唯是無記法種，故云三界、三性是通漫説。又内外者，五根名内，五塵有二，一、内五塵，謂有根身所變内大種造色，二、外五塵，謂器界相所變外大種造色。

依附内相續心者，秋篠曰：内相續心者第八識也，簡七轉識故名相續。又解所依之身名爲相續，即第八心住在身中故名相續心。云云。今詳曰：此二解中，初解雖無害通漫，後解無據，失第八識建立實義，故不可用。初解之中但云簡七轉，第八識名相續，未辨内心二字，故今文云大造種子依附内心之義遂不相彰，故爲漫釋。後解之中云第八心住在身中之釋，失第八識實義，謂第八識以種子、有根身、器世界爲相分，四分合識體故，云何應云但住在身中耶。類似獸主外道計我。若第八識與有根身别物，則應云住在身中。既有根身爲相分，心四分合識體故不可云住在中。若設云在中言八囀聲中境第七聲，故住在中言即表有根身是第八識，雖義意一分通，今文實義遂不明顯，却混外説，故不可，須釋也。今更釋曰：内相續心者，内謂彰攝受種子，《伽》六十六九丁。説由五因建立内法，以名爲内中，立攝受種子故説名内法義，故今云内示種子義。相續謂諸論中安立此言有四種義，一、約刹那生滅，二、約一期生滅，三、約前後念，四、約彼此世，今文所云但取初、三二義。若種現相望辨相續，則於現在一念一法上説生滅相續，其實雖同一時，由意識觀解云生滅相續，是因滅果生義，有種必現行故，於自界自地大造種子名爲相續。若種種相望辨，則不緣合故，住種子位以未現行，故但前念後念種子因滅果生相續，此於他界他地大造種子名爲相續也。

心者謂集起義，如《二十論疏》云：集起有二，一、種子集起，二、現行集起，初但第八，次通八識。云云。二之中今但取初義。何云種集起。

謂如《成唯識》第五説：云第八名心，集諸法種起諸法故。云云。《疏》釋曰[四八]：爲一切現行熏，是集諸法種，現行第八爲依，種子識爲因能生一切法，故是起諸法。云云。由上來義應解此句，謂種子識名内相續心也。

要大種子先生大種等者，正釋能造之能言。

問：此文中云先生大種，後[四九]云爲前導。若爾，能造、所造由自種生爲有先後耶。答：此有二門釋。初、隨轉理門，謂如小乘云，先有大種爲能造，後由能造造色方有，故今隨轉云先生大，復云爲前導也。後、真實義門，謂大乘實義能、所同一時處，非前後有，例如雖四分合識體故能、所一時，相、見別種，見起時相必起，立能、所緣之名，《三十論疏》一本。例此大造立相、見、能、所義，秋篠引之成立。若云能、所造前後念從自種生，則最初一念但能造大種應從自種現起，此能造言對何所造名能耶。若對第二念所造，則色界報盡易無色地最後念，應但有能造無所造，對何所名能耶。第二念無色地無造色故。故今云前導者，同一時隨逐義。《瑜伽》六十六。云：問：如四大種由自種子有得生起，造色亦爾，何故説云諸所造色大種所造。答：諸色根及心中有諸大種種子隨逐，即有造色種子隨逐。若諸大種所有種子能生果時，爾時必定能隨逐彼。造色種子能生果時，爾時必定能隨逐彼，造色種子亦生自果，故説造色大種所造。云云。次文云六十六説同之，今此云先生前導之文，彰隨逐義非有前後，大乘實義觀能、所平等爲要。如《三十論》九説。又大種有二，一、觸處實大所造，二、法處定果大種所造。此二之中，初定同處，後必假籍。《伽》第三文先生前導之言，兼説假籍大造，六十六隨逐義，舉觸處大造兼説假籍，假籍亦雖有先後，有隨逐義故，如次下辨。

**章**今應問曰等。　下明生因有四中，第三、問答明不離義。秋篠曰：此問意者，同在一處攝持假義方名爲造，此唯即質諸色應有大造，無表色等既離大種何得説造。是問意也。云云。今云：此釋尤好。文義巧妙雖無應加理，今私敍問意曰：能造、所造互不相離，相依而有，即是造義，必離大種造色不生，別脱定道共無表色，既離大種於思種增長上立，此無表色應不得生。

此隨所遊、所防等者，已下答文。言所遊者，所發身、語、思所遊履故。《疏》第二云：謂第三思爲前二思所遊履故名之爲造，即是所緣、所引發義，如身、語是思所遊等。云云。所防者，秋篠曰：言所防者，身、語諸非，戒善所防故名所防。三無表色隨彼所遊身、語及所防非所有大種方得造之，此唯疎造非親造義，故云假説大造。云云。

不離義有二等者，此正會難。

一定同處等者，秋篠曰：凡造有二，一、親近造，如即質造等。二、疎遠造，如離質造等。今云定同處者，約親近造，此必實造非假，必同性造非異性，必同類造非異類，有、無漏必類同，必界同造非異界，定、散必同非異能造，必同世造非異世造。言必假籍者，約疎遠造。若假説造疎相依造，隨應無遮。云云。今云：定同處者，此説觸處大種。必假籍者，説法處大種也。別脱戒等必籍大生者，謂無表色假籍身、語表色大種生，親、疎二造如下勝定果色章辨。

**章**《瑜伽》五十四説等。此下明生因有四中，第四、會違説成假籍造義。秋篠曰：引此文意者，爲證定果色等依第二假籍不離義假説大造。云云。今云：秋篠爲科文意非章文意，章主既云彼如何通，彼自解云，此即會違之詞，非爲誠證詞，謂上明無表色假籍造義故。今不成定果色假籍造義，則前義不成，同法處色故，故會唯依勝定不依大種之文，成定果色假籍造義。秋篠科文雖無害意，對前後文尤不痛快。復秋篠以唯依勝定等文，云明無有同處相依親造大種，今云：此亦分科相濫。不然，於此文云明無同處造，次文章主云彼如何通等之言全爲無用。引此文意，論云法處定果色唯依勝定不依大種，故法處色應非大種造名色，准是別脱等無表色亦應非大種造，何勞立必假籍義耶。妨難起故，今舉此文成立必假籍義，然從緣彼等文，明定果色無有同處相依親造大種，有疎遠假籍大造。

彼種類者，《周記》云：種類者，色界定色種類也。云云。又信培云：彼者，欲、色界也，緣欲、色界大種種類也。云云。今云：二解之中以後説爲勝，下《法處色章》云用二界諸色爲質故。六十六云：若彼定心思惟欲界有色諸法影像生起，當言欲界大種所造。若彼定心思惟色界有色諸法影像生起，當云色界大種所造。云云。此文既就欲、色二界爲論，故《周記》釋爲不盡理，此論文亦説由疎遠假籍名爲造也。

問：今引五十四文，同卷上文云勝定力故先起大種，然後造色變異而生，與今所引文云唯依勝定不依大種前后相違如何。答：《略纂》十四十七丁。曰：今此定中初念先起大種，唯變爲堅、煖、動，不變[五〇]爲造色，後刹那中方爲造色，何以故。此下文有二説。即此卷下文云：勝定果色不依大種唯依定，然依種類影像三摩地亦得名爲大種所造。此中文意，若約同念如下界根等大造義，初有大種即有造色，今定果色不爾，名不依大種，然名大造依定中影像大種，此假籍義也。若此所造色亦依三摩地前念種類大種故，亦得名爲四大所造。若非定等[五一]色，大與造色必同時造，若此定大種別時造。今此上文云先起大種者，謂前念變爲大種，後念方變爲造色，是非同念造，依彼生名造，故是大造義。是第一説。又上文先起大種者，據定果實色，所以定中變爲大種。然下文云不依大種者，據假定色，須依實大生，故取定前三摩地種類影像色大種造。是第二説。秋篠云：今存初説。又玄範釋云：不依大種等者，非實用觸處大造故，云依勝定不依大種。上文云先起大種等者，約定中先現似觸處大種，然後如現色相，亦得説此所現大相爲能造。尅實此前現大相，但是當時意識所緣顯色，但似觸處大故名大造。已上彼師《對法抄》。今云：玄範所釋由《伽抄》，初説未詳，秋篠存初釋，實爲允當。《伽抄》初釋之要明定果色必假籍義，定中依緣前念加行實大所起種類影像，實大影像。造色生故此名大造，假籍前念實大名大種造色，明定中不依實大云不依大種，明依定中影像大種云唯依定。又云先起大種等，明定中起影像大種與造色前後有别，《法處色章》，今云：按《法處色章》具明但定果色本質有無，具明親疎造如《勝定果色章》，恐後人傳寫所謬歟。秋篠亦云《法處色章》。

　未審或復五因等者，明一切造色非必具五因，《對法抄》中作或説此因，意無違害。

　如離輪光等者，此舉類例。等言等離質色。

　無所依因者，秋篠曰：言所依因者，有説，非謂五中之依因義。能造大種於所造色總名所依，所依義名爲因，所依即因，故名所依因。何以得知。基師《伽抄》云：諸日光、孤行香等離大種故。既云離大種，明知非唯五中之依因義。又《伽抄》云：或具五義，或不具五，非定須具，如上可知。云云。如上者，即指日光、孤行香等離大種文，故知非五中依因也。今謂不然，下文既言離質光等無依因義，故知五因中依因也。云云。已上秋篠。基辨云：秋篠破有説，實爲允當，然能破未痛快。今助破言：《伽抄》云離大種，是離質義，無堅、溼等，無形質故，何以離大種言爲證，云總無五因、無所依因耶。又《伽抄》云：或具五義，或不具五。云云。何以是成非五中依因義耶。具五者即質造，不具五者離質造，不具五言非云全不具，以離質造無五中依因，云不具五自炳然。復《對法疏》中脱所字云如離輪光無依因故，次文云離質光等無依因，明知所依因者，非總言因，正是指五中依因也。

　**章**依因者《對法》云等。別顯五段中，自下第二段明依因。此有四，初、舉《對法》彰即質轉起。

　即是轉因者，秋篠設兩釋，一〔五三〕、以轉義略釋依名，一[五三]、即以《瑜伽論》依因配屬本藏所有轉因，謂依因義，約據彼能造而轉，故云即是轉因。云云。今云：兩釋之中我存初釋，謂轉言生在，今名依因之依，彰但非爲依據，大種是造色生所依處。今所引論第三云造色生已不離大種處而轉，此轉之言彰生在義，章主亦言所造色依據大乃得生，故捨大種無別處住。云云。此中生、住之言彰生在義。

捨大種者，捨謂離也。大種謂質，猶云離質。

無有功能者，無有造色自分功能，離大種依據別處生在也，是約即質立此因義[五四]。

諸所造色等者，下章主文成依大住義，得生言得生在，非生起。生起既説生因，若以是爲生起，有重出失。

別處住者，無住在義。

**章**《瑜伽》第三云等。　此第二引《瑜伽》成不離大轉義。造色生已之生，謂造色從自種生起之生，而轉之[五五]轉彰生在義。此依即質説，云不即、離大質種。故秋篠曰：此説即質，同異聚中同聚造非異聚，假實造中實造非假，親疎造中親造非疎，同異界中同界造非異界，同異性中同性造非異性。

**章**若爾如何五十四等。　此下第三設難，成離質造無依因義。難意云：如上來説，云造色不離大種而轉，則如何《伽》五十四説離輪外所發光明及離質聲、香等不可得耶。是難之意也。

説離輪光明等者，《周記》中有二釋。一云：此文誤，應言離輪光明、孤行香等能造大種皆不可得。二云：應言離輪光明者大種及香、味等皆不可得。又《倫記》十四曰：釋論宗[五六]有二説。一云：離輪光明但有色大種，餘塵都無。二云：輪外光有熱觸，餘不可得。此説同《成實論》。又景師釋云：輪外光明能造大種及香、味等皆不可得。云云。今評云：《周記》第一釋非論文及章主意，後釋爲是。《倫記》二説亦好。景師所釋同章主釋，此爲是正，《周記》亦同。《對法抄》一十三丁。

曰：五十四説，離輪光明大種、香等皆不可得，離質光、香及與聲等即以發處四大所造。云云。發處者，能發日輪等處，故所發造色離大種有，是不可得義。

今依即質等者下，章主通難成離質造無依因義，即質者除離質者餘一切大種造色，離質光、聲、香等離大種而有造色，故無不捨大種轉義，故云無依因義。

**章**或説彼光等。下第四破異義成。

彼光者，離質光也。

亦有大造者，亦即質造，謂成離質光色同即質大種造色不離義。《略纂》舉二説云：大師云：西方二説。一解云：有離質造色，如日輪光遠從輪大造非俱處有大。二解云：亦有大造，如光至火，亦有別造其光等大，然從本輪中火大爲緣故引生微細，故云不可得也。此中言無如[五七]光中，豈無熱觸耶。熱觸言假以火爲體，豈有熱觸非火生耶。故知亦有[五八]。若光釋日中熱觸者，還是日輪中火熱分熱，非造光火[五九]火大也。聲准此知。云云。今云：此章所叙由此二説，初引五十四成離質造無依因義，依即質辨依因，西方第一解。又此所舉異義云離質[六〇]有大造，西方第二解。併檢應知。

隨有光處等者，明異義由。無熱觸非火有，故有光必有火大而造。

此釋不然等者，章主破第二義成立前義。

或[六一]前説善者，秋篠救難云：如離輪光隨有光處亦有大造，離質聲、香亦復如是，隨聲、香至亦耳、鼻處大種所造，是何妨耶。故汝所難於我無違。今助章主云：若約疎造我亦許之，若約親造此亦不然。凡親造義同聚大種必造同聚色不造異聚，色所至處大既是異聚，豈得親造。又違五十四能造、所造同處不相離文故，汝所救都無所取，故前説善。云云。今云：此釋尤好。

**章**立因者即等。五段之中此下第二明立因。

此中有二，初、舉《對法》彰大造隨變義，后、設問答明能造中立因有無。

**章**由大變異等。《伽》五十四曰：由三因緣大種變異。今所造色變異而轉，一、士夫用故，二、業所作故，三、由勝定故。士夫用者，謂由地大所打觸故，器差別故，由差別故，令所造色變異可得。或由水所潤等，火所燒等，風所燥等，令所造色變異可得，當知是名由彼大種士夫用故，令所造色變異而生。已上論文。《伽鈔》釋曰：此中器差別故者，謂由本器別令餘變異生，如雨至海變成鹹味，若至地獄便成猛炎，若至其地令長草木，若隨蛙蛤口令爲真珠，皆爲器別，所以變異而生。云云。

**章**若爾所防等。明能造中立因有無有六中〔六二〕，四、前師難章主。難〔六三〕云：無色界定、道共戒無依身，故無立因，故云約所遊、所防大造有立因者，於無色界所防欲界身三口四過非，大種久已斷滅，既無所防，無能造，豈依所防欲界大種造無色界定、道共無表。欲界過非表色久亡，無所防，故能造亦無，無能、所造，無色定、道共戒色應無立因。

**章**不可防他等。此下章主返難前師。不可二字應重讀。有二難，一、不可無色定中防欲界他有情非説名爲依表業色、無表色，二、不可將欲界他四大爲能造造自無色界無表色。有如是二難意也。

**章**此唯是彼等。此正釋通前難，此者指無色定、道戒，唯者簡別，彰無餘義，又決定義，彼者指《對法論》。

**章**遠分對治。對治，論説四種對治。一、厭壞對治，謂以如病、如癰見多過患行，厭壞五取蘊也。二、斷對治，謂方便道及無間道能斷煩惱也。三、持對治，謂解脱道由彼任持斷得故。四、遠分對治，謂此後諸道由彼令先所斷煩惱轉遠離故。由遠分對治力令彼發起犯戒煩惱所有種子轉更衰損，遠防自身曾有惡戒，即從過去大造今色以義名造，曾有類故，所以無色界望欲界非，四對治中遠分對治也。

**章**曾有類故等。　曾有者，曾得也。《表無表章》云：非佛已外皆未曾得，念念新生，佛是曾得，隨舊住。下《疏》五曰：有漏別脱、定俱等未曾得，勢增。諸佛第二念已後無漏，修熏。皆曾得也。文。今云：無色無表、佛身無表同類也。

**章**二定已上等。　此舉例釋，離欲界欲或少分或全分故，已能損伏發起犯戒煩惱種子故，第九品解脱道入根本初定，是持對治，二定已上遠分對治也。

**章**論説防他等。　重破前師，前師云：如《伽》五十三説，若於他處及自處現行罪時深生羞恥。文。前師由此文爲防他身非證。

**章**能養造色。　二、會違有三説，此即第一説。總明三説者，第一説意眠等四緣約所造，第二説意眠等四緣約能造，第三説意眠等四緣約一切。秋篠云：案第二説，此猶説養緣義，若爾，與第一説有何別耶。解云：第一説眠等四緣望所造色爲養緣，第二説眠等四緣望能造四大爲緣。

**章**大望造色等。　下約能造四大爲因生造色果，辨能造四大有七因牽引因、生起因、攝受因、引發因、定異因、同事因、不相違因七因也。義。

**章**總有七因。　此辨大望造色爲因有三説，一、十因中除相違、隨説、觀待三因，以餘七因辨。二、除隨説、相違二因，餘八因以明。三、但除隨説一，以餘九因辨。此章所明三説如是，然《對法疏》二舉二説辨，故與此章相違。初説云總有八因，此章七因加相違因。後説云有九因，十因中但除隨説。《對法抄》八因非此章八因，未詳相違所由，偏知章主巧妙智力作自在解而已。

**章**一牽引因。　《伽》三十八云：一切種子望後自果，是牽引因。云云。謂一切種子未潤已前，有牽引自果義，引生果云牽引因。二、生起因，同三十八曰：諸種子望初生自果，是生起因。云云。謂一切種子已潤已去有生起此種子義，生起自果云生起因也。無記法中，《伽》三十八曰：當知建立無顛倒因，簡外道等之因。攝一切因，或爲雜染，或爲清淨，或爲世間彼彼稼穡等無記法轉。云云。今於此三因中，但取無記法世間稼穡等而論，今文能造四大爲因，所造色爲果義，以牽引、生起二因辨故，就無記法種子明牽、生二因，故今簡餘法種云無記法中也。未潤，牽引因也。已潤，生起因也。

**章**外穀、麥等。　謂未潤、已潤外穀、麥等中，能造大種有牽、生二因義，而生芽等造色果。又芽、莖等中亦雖有能造大種，今偏相望爲論。秋篠曰：未潤、已潤者，即如次顯牽、生二因也。外穀、麥等者，明就現現相望有二因也。

**章**三、攝受因等。　謂由六依處立此因中，餘但依士用依處水、土、人、功等。說，除種子餘所有諸緣雨露所潤及士夫用等，皆此因攝，助成因緣名爲攝受，故除因緣。此因通有、無漏，辨六依處中由第六真實見依處立此因者是，即諸無漏見爲一切有爲、無爲淨法爲因。此非今所用，由前五依處立此因，轉[六四]三界有漏法中，由第五士用依處立攝受用者，今正所用也。《對法》云：如田、水、糞等望穀生芽等，雖自種所生，然增彼力名攝受因。云云。士用依處，士用有二，一、約法名士用，如眼根[六五]及種爲士用依。二、約假人名士用，人望穀、芽，人爲士用，地、水等名作用，作用疎於人功。《伽》三十八曰：無記因中皆有士用，皆以地、水等爲士用因，及鋤治爲作用。今約法士用說攝受義，即所造色生時以能造大及彼種子爲士用依，大望造時爲親緣故，所餘諸緣爲作用依。今明士用依故，云士用依處所攝受故。

**章**四、引發因。　謂由隨順依處立此因，於三性有漏及無漏法上，現、種諸行能隨順同類勝品諸法立此因。今且約無記法，大造是無記故，芽、莖、果等展轉相順望彼稼植，若成若熟爲引發因。又《周記》曰：即能造、所造色，或同時或異時引同類，俱得。云云。

**章**五、定異因。　謂由差別、功能依處立此因。自性相稱名定，不共他云異，如麥種生麥芽，不生餘菽、豆等名爲定異。此因亦雖通三性説，今且就唯無記法辨。

**章**引同類起。　此四字釋引發因也。此因雖引同類勝品，今且大望造説故，唯引同品無勝品故。所以爾者，能造安危必同故，不云引勝品也。

**章**及自性故。　上句引字及是應言自性也，此釋定異因。五塵大造各自相稱爲因別定，故云自性故。

**章**六、同事因。　此由和合依處以立此因。於十因中從觀待因至定異因，以此六因名此因性，此通三性有漏及無漏法而立。其中今且約無記因，始從觀待終至定異，同爲稼植事得成熟，謂如上諸緣和合同招一事，名爲内事因。七因之中此六、七二因不違前五，俱辨其果，故云攝前諸因也。

**章**七、不相違因。　謂由不障礙依處立此因。於生、住、成、得事俱不爲障一切法爲性，今且説無記因。霜、雹等望青葉色是障礙因，無此障礙云不相違因也。

**章**無相違因。　謂此因由障礙依處而轉，大乘滅法不待因故。如草木等遇霜雪時青色滅紅色生等，青色爲紅色爲相違因。凡因果相返方爲相違因，大望造色因果相順損益必同，故無相違因。

**章**觀待因疎等。　謂如左右足相待爲行步，此疎遠相依。大與造色互親相依，不離名造，故無觀待也。

**章**立此二故。　秋篠曰：能造、所造相待而立，豈無觀待。亦通觀待立此能、所造二，故《對法抄》中作立此一故，恐謬，此章爲是正。

**章**加相違因。　同曰：無記因中霜等四大望其黄葉是相違因。凡相違因者，但與黄葉爲因，不與已滅青等爲因，即是能相違即因，故名相違。此果者謂黄葉，是故大望造總有九因，加相違故。

云云。

**章**能爲八因。　《對法疏》中云亦爲八因，然列八因與此章相違。彼疏除觀待因加相違因，然彼疏第二説加觀待，三説併觀意無相違。

**章**染淨因中。《瑜伽》三十八説，三種十因[六六]，以其中無記十因。此章前段明大望造色有七因已，今此段以染淨十因，明造色望大有八因故，今簡云染淨因中也。

**章**律、不律儀。　明淨十因中，辨律儀戒、定俱戒未潤、已潤者，彼諸淨法未爲善友力等所潤，於後自果名牽引因，被潤已去名生起因，就染十因辨不律儀戒。無表色。未潤、已潤者，彼諸染法未爲念愛及惡友等力所潤，於彼自果名牽引因，被潤已去名生起因。由染淨所造無表色中有此二因，即能引生當來愛、非愛異熟四大，故云造望大具此二因。定俱戒，此中不舉道俱戒，後唯無漏不滅異熟果故，此染淨因就有漏善惡色業種感當來異熟大種色而明故也。

**章**作用依處等。　秋篠曰：心、心所生皆具五依，造色望大非是心等故。五依中唯有作用依處攝受，即除種子及親助緣，餘疎助緣所造望大具定作用，疎助方能引生後異熟大云作用依處所攝受故。云云。信培曰：前段約士用依處，今約作用依處，應有別意，如上云穀、麥等望芽等時，諸緣可爲士夫相。又今如善惡色業種望異熟四大時，諸緣應作具用，故前後所約異。云云。基辨曰：信培所言尤爾。今助釋云：穀、麥等望芽用親故爲士用依，餘疎緣者爲作用依，如土、水等。今所云善惡色業望異熟四大，用疎緣故爲作用依。

**章**六、定異因。　秋篠曰：凡定異者自性相稱，謂善業定引人、天愛異熟四大，惡業色。引不可愛異熟四大，而其中色大引色大非聲，聲大引聲大非色，此定亦異。定別能招等，同曰：自性相稱名定，不失他名異，所造於大色唯引色大非聲，聲唯引聲大非色，如是名定，招自異熟故具此因。

**章**七、同事因。　同曰：上因中除隨説因，餘五種因於生、住等事有和合力，同辨一業故名同事因，所以除隨説因。隨説因者，言説與法不相和合，勢疎遠故，不取爲性，因既爲疎，其果亦爾。不相違因，其義易知。

**章**能引自類等。　此明引發因相釋除所由，造色望大是異類也，不能爲同類引發因，故除之。謂惡業色。引無記果四大，是異類故，無引發因義也。

**章**除相違者。　今問：善惡業色種。感無記果，既是因果性相違因，何故今造色望大爲因除相違因耶。答：相違因由障礙依處立，今造色因望無記大種果，雖性相違，於招感果全無障礙，善業招可愛，惡業招不可愛，自定異故無相違因義也。

**章**或説有九等。　是第二説。且無記因中芽、莖、果等展轉相續，望彼稼穡若成、若熟爲引發因，能造、所造互相引發故有此因。已上秋篠。基辨云：善惡業色種。感無記果，雖是異類，且取善業感可愛果，惡業感不可愛義邊，爲引發同類義，故加也。

**章**或爲十因等。　是第三説。秋篠舉古師解曰：古師解無記十因云：劫初之時無有穀子，隨以假名説穀名子，爲隨説因，故有穀子之名。而有穀米之果爲已有因，爲觀待因，乘名求穀，故以致田農，爲種植因，今云牽引因。子能生芽名爲生因，今云生起因。水土潤養名爲攝因，今云攝受因。芽出莖葉爲增長因，今云引發因。稻還生稱[六七]粟名自種因，今云定異因。攬前七因和合辨果爲共事因，今云同事因。霜雪殺其生令穀果成實爲相違因，風日令燥得不烟壞爲不相違因。穀子得果前具十因，餘一切無記物皆例同，然古師所説因生諸法皆具十因，故此第三説即當古師義，慓法師等古德皆作此説。云云。

**章**六因造者。　自下第三明六因造。六因[六八]造者，一、同類因，二、遍行因，三、俱有因，四、相應因，五、異熟因，六、能作因。解云：一、同類因，唯有爲法與所生果類必同故。又解：真如先隱後顯，性類既等，亦同類因。二、遍行[六九]因，唯取有爲惑品爲此因體，亦通親、疎。依薩婆多，十一遍使及俱有法名遍行因體，苦下有七，五見、疑、癡，集下有四，二見（邪見、見取）、疑、癡，由此十一遍與五部染法爲因名爲遍行。遍行則〔七〇〕因，持業釋也。已上《光記》。又《俱舍頌》曰：遍行謂前遍，爲同地染因。光釋曰：前遍者，唯取前生遍行諸法爲因，此遍行諸法即是十一遍行，隨眠相應俱有法，與後同地染污法爲遍行因。○若依大乘，總取見斷爲此因體，由迷諦理染養本故，皆是有力能長染故，並通種、現。又准義釋，亦通修斷，如末那惑遍能增染，豈非此因。餘六識中所起修惑展轉亦有相增長義，故亦遍因也，非惡遍緣遍增方是。三、俱有因，但取有爲，由此因體與果並生，無爲無生故非此體。依薩婆多，將大望造非俱有攝，有性異故。依大乘宗，亦俱有因親相生者，縱有異性俱時有力亦俱有因。大乘說四大或俱、不俱義，或先一大，後餘大生，或先大生，造色後起。四、相應因，唯是心聚，有爲爲體，唯是有緣。若現心所疎相應因，心是同時。若以心種生現心所，與果心俱，取果之時定非同念。此識中種生相應，故名相應因。五、異熟因，唯取不善及有漏善爲此因體，若無記性名言種子非異熟者，是同類因，非異熟因。六、能作因。以一切法爲體，由一切法望所生果，或住不障，或能引生，皆有能作所生果用〔七一〕，故名能作。

**章**現行六因等。　秋篠曰：現行六因《顯揚》十八說皆增上緣者，非正論文，取意引之。云云。信培曰：此非取意引之，皆增上緣言，章主評。云云。今云：秋篠說爲是。《顯揚》十八具列六名，破除異熟餘之五因。薩婆多計有六因，五因因緣性能作增上緣。今彼部師依現行法立六因，其中五因爲因緣故，論主破之。爾異熟因云善、不善業招無記果，義與大乘無別，所以不破。《顯揚論》中隨餘部意唯述現行六因，非如《攝大乘》《成唯識》等，約種子說六因，今標此等意云皆增上緣，故云取意爲勝。

**章**《對法》第四等。　彼論四說因緣相云：又自性故、能作因。差別故、異熟因。助伴故、俱有因。等行故、相應因。增益故、同類因。隨礙故、遍行因。攝受故是因緣相。秋篠解曰：所以名能作因爲自性者，由依因體有能作果用，故於因體建立能作因。

問：以益因能作果名能作因，即一起因皆能作果，即應一切因皆能作攝，如何得更有餘五。爲答此問故，言當知一切因皆能作所攝，爲欲顯能作因有多差別故，能作因外更立助伴等五，餘五所不攝者皆入初能作因攝，故五因外別有能作因，即是自性，通六因體，其能作亦通後五，故云一切因皆能作因。

**章**爲顯差別等。　雖能作體寬通遍諸因，就能作中有別勝力，名體相顯爲五因也。此云差別，其餘有不可攝五因能作用者，別立云能作因，故能作中仍有多法，故云差別，即能作中有二十種差別之義，如論廣說。《對法疏》曰：一能作因差別成六。云云。

**章**若依因緣等。　二、明大乘所説依因緣辨六因非大造義。

《攝大乘論》《唯識》等説者，指《成唯識》第二由《攝大乘》説因果同時文。文云：阿賴耶識與雜染法互爲因緣，如煙與焰展轉生燒，又如束蘆互相依住，唯依此二建立因緣，所餘因緣不可得故。無性釋曰：若説五因爲因緣者，即異門説阿賴耶識同類、遍行、異熟三因，若離任持熏習因性不相應故乃至相應、俱有二因如彼廣說。云云。今章主意，種子望現時非俱有因，亦爲能作、俱有、相應、遍行，謂種子有能作果用，故名能作。此因寬故，亦與俱有果法爲因，故名俱有。心所相順同取所緣，故名相應。識中心種生相應，故名相應因。言遍行者，遍者普義，行即因能行果。或復行者緣義，遍緣染法，亦如貪種，即能增瞋等使種令其增長，諸餘使種類亦同然，非俱惑種增種，亦種能增現，故種望現具有四因，種望現行性各別異。又復同時非同類因。已上神廓[七]《攝論疏》釋，與章主別，廣引如《義鏡》中。又《對法疏》二十丁。云：《攝論》《唯識》等説種子望現，非大造義。云云。今云：大造現現相望故，無種現相望爲因義也。

**章**種望於種亦爲同類。　謂種子前後自類相生即爲同類，此即因緣同類因義，然無異熟，種現相望、種種相望共皆無異熟因義，異熟因是增上緣攝，非因緣故，種現及種種之相望是因緣非增上緣。

**章**大望造色皆非六因。　大種造色皆現行法，現現相依皆非因緣。故依因緣辨六因中，大望造色皆非因緣，造望大種，且如所造善惡無表業，能感彼無記大種果故，造望大種當來異熟果大種。爲異熟因，雖是現行而親相依感故，善業招可愛四大，不善業招不可愛。假名因緣故。依因緣辨六因中，造望大種有現爲異熟因義，此異熟因通感當現真、假異熟，然《對法》四言，引攝當來一向不相似無覆無記自體所攝異熟果者，且約殊勝報而説，故引當來真實別報因亦此因攝，廣如基、範兩師《對法抄》中。

**章**今依增上緣等。　第三約增上緣辨六因造。此約現現相望辨，如上所明因緣六因非大造義，今此文已下所明依增上緣六因造，正辨大造義，故云今也。

大望造色等者，四大種現行爲因，造色爲果，辨六因造唯有三因。能作、同類、俱有之三。

**章**一、能作因等。　秋篠曰：《瑜伽》《中邊》説十能作，不過《對法》二十能作，此因寬通，故遍諸因。因體有能作果用，故就因體立能作名，造色種、現於中與力不相障礙，此即大種於彼所造有能作用爲彼因義。

**章**二、同類因。　秋篠曰：《對法》云增益因，謂由因有增益力生增勝果，即增益屬因，故云令增長故也。云云。

**章**令增長故。　今云：非同類無增益義，如善與惡是異類故，互不增益却有損害，故云同類因令增長故也。

**章**《對法》文中等。　下會種現相望違文，意云：《對法論》中大望造色説同類因，約種現相望而言，種謂前念所熏自色種，後念生自色現行云同類因也。又種種相望同類因，非大望造色明同類因義故，非此章今所明。今此章中所明約現現相望，大望造色説同類因也。秋篠曰：同類因有三，一、種現相望，二、種種相望，三、現現相望。彼《對法論》約種現相望説同類因，故云引後果生，後果者即現行果，非言後念種望前念種名果。今此章中大望造色有同類同[三]者，亦依現行相望而説，非種望種。云云。

**章**三、俱有因等。　秋篠曰：《對法》云助伴因，即是諸法相助有力決定俱轉，名爲助伴，《對法》顯用故云助伴。云云。

**章**大種造色等。　秋篠曰：此因離通色、心及心所等，此中略依能造、所造色説。云云。必俱生故者，於造色一聚中，或一能造大，或一所造色，亦必俱轉相助，不得相離，故云必俱生故也。

**章**非是同時等。　簡小乘俱有因以同一果義立。小乘宗中依《婆沙》十六，評家云：同一果義是俱有因義。又《正理》十五云：有爲法一法果可爲俱有因。二論意同，《正理論》意以互爲果名俱有因有過失故，更釋言：有爲法中展轉有力同得一果者名俱有因。若依《入阿毘達磨論》，諸有爲法更互爲果，或同一果名俱有因。《俱舍論》師云：彼論後造，云互爲果，學我世親闍梨。已上秋篠。今云：同一果者，《婆沙》評家云：四大種體，若有遍增，若無遍增，地爲三俱有因，三爲地俱有因。云云。意言水、火、風三同爲因得地一果，亦地爲水、火、風各各俱有因，同得水、火、風三各各一果，是同一果義也。《俱舍論》主破是立互爲果俱有因義，《對法論》中所説助伴因義是互爲果義。互爲果者，大望大種，造望造色，俱生決定亦名助伴。如想、受相望，雖同心所亦名助伴。色法亦爾，色聚中或一能造大，或一造色亦必俱轉，相助不得相離。此即約互爲果説俱有因也。《周記》曰：不同小乘同得一果名俱有因，具如彼説，大小四相爲俱有因同得一果。今者俱與俱法爲因，非必要須同得果也。云云。

**章**非心、心所等。　下簡大造相望六因中無者，大造非心、心所，故無相應因也。相應因者，心所相順因緣取所緣境，故名相應。識中心種生相應，故名相應因。大望造色無相順同取所緣義，故云無相應因也。

**章**非善惡業等。 謂大種爲異熟因，無招異性造色果義，故無異熟因也。能造四大非善惡業，故望所造無異熟因義也。

**章**非煩惱性等。 謂大造非煩惱性，遍行因但在染污性，故云無遍行因。又惑種增種亦增現，故種現相望有遍行因。大望造色現現相望，故云無遍行因也。

**章**造色望大亦爲等。 此下二明造色爲因大種爲果六因有無，故雖有三因與前別，無同類因，有異熟因，此爲異也。律、不律儀，善惡色業種上無表色造色。爲因招當來異熟四大，故爲有異熟因。

及定俱戒者，但有漏定共戒有異熟因義，無漏定共、道共無招異熟果義，或爲四因，此第二説也。

加同類因者，秋篠曰：同類因有二，一、因緣攝，如種望現、種望種等。二、非因緣攝，如現望現等，今由現現相望造大爲同類因也。

如引發故者，秋篠曰：同類因得等流果有二種，一、生起因攝同類因得等流果，如《伽》六十六云：生起因有等流果，色有果法，文。以此文證同時前後皆同類因。二、引發因所攝同類因得等流果，如《伽論》云：以前種子所生起果，望後種子所牽引果，名引發因得等流果，文。故知現行前後相望亦同類因。今牒後引發因中得等流果，同類因故云如引發故。

無餘可知者，造色非心、心所，故無相應因義，亦非染污性故無遍行因，准上大望造中可知，故云可知也。

**章**此説同世等。 此下第四約世説大造義。於中有二，初、標自宗，二、總結自宗，兼簡小乘。初中亦二，初、明同世造，二、明異世造，此即初也。

同世造者，秋篠曰：同世、異世造義，大小二宗同説而義有異。小乘所説同世造、異世造義，如《婆沙》百三十二廣説其相，今此章中唯説大乘義。若諸有對所造色等，必同世造非異世造。若諸無對色、無表等，亦異世造不必同世。如前所説大造色唯有三因，造色望大亦有三因者，唯據諸聚處中所有有對所造色及現在所有諸無對無表色等説有三因，故云此説同世非别世造也。

**章**依處而有。　秋篠曰：言處者，石末尼云諸聚處也。故《對法》四曰：如四大種及所造色，隨其所應非一切聚定有四大及色等所造。若於此處有爾所量，此必俱生互不相離。已上論文。既云若於此處有爾所量，明知處者即聚處也。云云。基辨云：依處而有者，如同處不相離之處言，秋篠所引《對法論》意爾。又可處言上所言造有二中，即質造必同處之處也，簡必假籍疎遠造，是就異世論故，如上已辨。

**章**唯律儀色等。　下明異世造，秋篠曰：簡去同世造有對色，持取異世造中無對色，故標唯字。云云。基辨云：秋篠但以簡持義而釋，今謂此唯言有簡持及決定二義。簡持義者，簡不律儀色由現行法建立者，及造色爲因、大種爲果有異熟因者此同世造也。今所言律儀色者，别脱、定共、道共無表色，非云招異熟大邊，此所防七非在過去，其七非於異熟無記身、語、色、聲上而起，今論其性則唯無記色、聲也。此色、聲從大造，今約先過去所防七非身、口色、聲大種，則無此現在無表色邊，立此異世造義，非云過去色、聲無造色。又以決定義釋，則如不律儀無表色。若由《顯揚》説，由現行法立無表色，此同世造。若約造使殺等論惡無表，則此異世造，故於不律儀色可言或同或異，不決定故。今此律儀無表決定異世造，故云唯也。又可簡小乘有對色異世造亦云唯也，過去大種明依不現行法立色是異世由，謂所防七非在過去，其七非大造現在所防無表色故。

**章**有漏色、聲等。　下明律儀色中通道共亦可論。秋篠曰：此亦就異熟因彰異世造義，准上出體具應云有漏色、聲唯無記性假性通三。云云。基辨云：此釋未穩，文段非別義文勢故。今解云：上句所言唯律儀色中，有無漏、有漏無表色故，今彰其差別云有漏色、聲等也。

有[七四]漏色、聲者，別脱律儀及有漏定共無表色也。此所防身、口即色、聲非於異熟無記性色、聲所起，故云唯無記性也。

若無漏位等者，道共無表色念念無漏善故，前念過去所防色、聲大種是善爲因造第二念現在善無表色，是雖異世造，前後念俱善也。此爲漏、無漏律儀別，雖有如是別，同異世造過去大種造色，故上云唯律儀色也。

**章**故但總知等。　秋篠科云：此下第二總結自義，兼簡小乘。云云。今云：秋篠以此文爲下文首，今不爾。此二句結上唯律儀色已下文，故謂承唯律儀色已下文，但謂簡小乘有對色異世造及不律儀色不決定。此中者，指唯律儀色已下説。

**章**應如是説等。　今立科云下第四約識變三世間明大乘同、異世造。過爲現因已下文，與《對法疏》文大有相違。信培評曰：《義林章》文與《對法疏》有異，秋篠雖設救，大有妨，如《對法疏》無妨。云云。又信培評曰：大種造色種種義門，於大乘中不委細論，多據小乘建立，此同、異世造論如《婆沙》百三十二廣分別。云云。今詳曰：信培所評大害自他，不可依用。大乘施設建立於離言説真如境界，二乘施設建立於蘊、處、界，是《顯揚論》誠説，云何云據小乘建立大乘耶。復《文殊問經》説小乘二十部皆從大乘出，若如信培云大乘建立據小乘，則云何佛説小乘從大乘出耶。違皆佛説，不可依用。小乘由計執安立諦教故自設多義，大乘非安立諦是正觀故，所論文雖少義意大有餘，後學勿爲信培説所誘矣。又云：以此章文與《對法疏》相違，秋篠救釋爲有妨害。今云：不爾，秋篠與《婆沙》説對論設釋，以不可會强爲會釋，此亦不穩。今云：章文云過爲現因，《對法疏》云過非現因，《對法疏》意遮過去實有，立現現相望爲大造因，此亦雖有理，非今章所論也。如今章所論定成立異世造義，故不立過爲現因義，則上文云過大種造現因義不成，故《章》中文以爲是正，現本《對法疏》文字尤有寫誤，信培校刊所未盡也。今由大乘識變三世釋過爲現因已下文，謂如《成唯識》二説大乘緣起正理，謂此正理深妙離言。因果等言，皆假施設，大乘中唯有現法。觀現在法有引後用，假立當果對説現因，現在法上假説所變未來名當果，對此假當果説現法爲因。觀現在法有酬前相熟變相等。假立曾過去。因對説現果，假謂現識似彼相似過去相，似未來相。現。如是因果理趣顯然，遠離二邊，契會中道，諸有智者應順修學。已上論文。

由此《唯識論》意，過爲現因者，由大乘緣起正理以成異世造義。大乘中説唯有現法，過、未無體，故觀現造色法有酬前相，假立過去大種爲因義，對説造色爲果。

非過、未因者，過、未無故，無過、未可觀相，如無以龜毛爲因兔角爲果可觀相，故云過非爲過因，亦非爲未因也。

現爲現因者，由此正理以成同世造之義。大乘中説唯有現法故，觀現現相依而有爲造義，立同世造義。

及未來因者，唯有現法故，觀現在造色法有引後異熟大種用，假立當果對説現因，故云現爲未來因也。

未非未因等者，明過、未無體無可觀相故，爲因爲果義不成。

**章**此中不説等。下遮小乘説。此中者，此大果中也。

因果俱無故者，明不説過爲未因由，過未無體故，爲因爲果義不成也。此遮三世實有計。

亦非後際等者，後際未來大種爲前際過去造色因義不應成，應因先果後，云未因過果則因果倒説故。

**章**辨因造已。此結因造，十因造、六因造共結成已。

**章**緣造云何等。　自下第四明四緣造。現本作爲一增上，非也。一本作唯一增上。

爲是現行相望等三句，明非因緣義，成增上緣義。

生等五因二句，明大造增上緣由。

非心等故二句，明大造無等無間緣、所緣緣義。

**章**此因緣造等。　正結成文也。此言指如上所明，因者如上所説十因、六因也，緣者四緣也，總相今總相分別也。

**章**依有、無漏等。　結略別門分別。有四門，一、有、無漏門，二、三科分別門，《章》云十二處。三、三性分別門，四、三界分別門。初、有、無漏門者，大種造色俱通有、無漏也。二、三科門者，大種造色雖通三科，《章》中但由十二處分別，但除意根處，非造色故。三、三性門者，無漏大造一切唯善，有漏大種唯無記性，造色實者唯無記性，假通三性。四、三界分別門，大種造色唯在欲、色，非無色界。約九地説五地所望，謂欲界及四靜慮，是故離第四靜慮染時及究竟斷，如《婆沙》百二十九説。已上秋篠。

**章**綺互相望等。　秋篠曰：眼處大種望眼處大爲二因、一緣。二因者，俱有因、同類因，俱生互相望爲俱有因，前生與後生爲同類因。一緣者，增上緣也，謂不礙生及唯無障也。若眼處大望餘處大但一增上，乃至法處大種望法處大爲二因、一緣，亦望餘大種但一增上如前，應知如眼處大望眼處大，耳等大相望辨同緣多少如是。又餘處大種望餘處大皆亦如是，此即以大望大辨因及緣也。所又[七五]造望所造爲三因、一緣，三因者，俱有、同類、異熟之三。一緣者，增上緣也。十二處中互相望説，准前如理應思。如十二處相望而説，三性、三界相望而説，准此應思。此等義門如《毘婆沙》一百三十八極細廣説，恐文繁廣且止一隅，然大乘中未見其文理，必應爾故，云皆如理思。已上由秋篠。

安永第九庚子十月十五日於東都。

## 校勘記

〔一〕「所」，底本原校云甲本作「切」。

〔二〕「忘」，底本原校疑爲「妄」，下一「忘」字同。

〔三〕「本」，底本原校云甲本作「末」。

〔四〕底本原校云：「原本冠註曰：一切有情，《義蘊》云，順世雖立情、非情，今約勝云生有情。云云。今云：但云有情色身及心、心所同時處有，既立法則自知有非情色法也。」

〔五〕「雲」，底本原校云甲本作「惠」。

〔六〕「評」，底本原校云甲本後有「云」字。

〔七〕「作」，底本原校云甲本無。

〔八〕「此」，底本原校云甲本無。

〔九〕「礙」，底本原校云甲本無。

〔一〇〕「論」，底本原校云甲本作「諍」。

〔一一〕「得」，底本原校云甲本作「待」。

〔一二〕「慢」，疑爲「漫」。

〔一三〕「性」，底本原校云甲本作「種」。

〔一四〕「句」，疑爲「向」。

〔一五〕「是」，底本原校云甲本作「之」。

〔一六〕「有」，底本原校云甲本無。

〔一七〕「段」，底本原校疑爲「假」。

〔一八〕「華」，底本原校云甲本作「事」。

〔一九〕「色」，疑爲「聲」。

〔二〇〕「所造」，底本原校云甲本作「諸法」。

〔二一〕「木」，疑爲「不」。

〔二二〕「表」，底本原校云甲本作「等」。

〔二三〕「也」，底本原校云甲本無。

〔二四〕「界」，底本原校云甲本作「分」，下一「界」字同。

〔二五〕「造」，底本原校云甲本後有夾註「云云」二字。

〔二六〕「土」，疑爲「上」。

〔二七〕「耨」，底本原校云甲本作「搿」。

〔二八〕「得」，底本原校云甲本後有夾註「云云」。

〔二九〕「識」，底本原校云甲本前有「五」字。
〔三〇〕「重」，疑爲「熏」。
〔三一〕「而」，底本原校云甲本無。
〔三二〕「違」，疑爲「過」。
〔三三〕「子」，底本原校云甲本無。
〔三四〕「不攝色蘊」，底本原校云甲本無。
〔三五〕「謂苦」，底本原校云甲本無。
〔三六〕「意根」，底本原校云甲本無。
〔三七〕「大」，底本原校云甲本作「人」。
〔三八〕「門」，底本原校云甲本作「文」。
〔三九〕「義境」，疑爲「義鏡」，下同。
〔四〇〕「若」，底本原校云甲本無。
〔四一〕「意」，底本原校云甲本後有「以釋文意」四字。
〔四二〕「識」，底本原校云甲本作「或」。
〔四三〕「也」，底本原校云甲本無。
〔四四〕「造」，疑爲「道」。
〔四五〕「次」，底本原校云甲本後有「文」字。
〔四六〕「用」，底本原校云甲本作「由」。
〔四七〕「長養者」至「因義」，底本原校云甲本無。
〔四八〕「曰」，底本原校云甲本無。
〔四九〕「後」，底本原校云甲本作「復」。
〔五〇〕「變」，底本原校云甲本無。
〔五一〕「等」，底本原校云甲本作「業」。
〔五二〕「一」，底本原校云甲本無。
〔五三〕「一」，底本原校疑爲「二」。
〔五四〕「義」，底本原校云甲本後有「也」字。
〔五五〕「轉之」，底本原校云甲本無。
〔五六〕「宗」，底本原校云甲本作「家」。
〔五七〕「如」，疑爲「日」。
〔五八〕「有」，底本原校云甲本作「爾」。
〔五九〕「火」，底本原校云甲本作「色」。
〔六〇〕「質」，底本原校云甲本作「絶」。
〔六一〕「或」，底本原校云甲本作「故」。
〔六二〕「明能造中立因有無有六中」，底本原校云甲本無。

〔六三〕「難」，底本原校云甲本無。

〔六四〕「轉」，底本原校云甲本作「辨」。

〔六五〕「根」，底本原校云甲本作「識」。

〔六六〕底本原校云：「原本冠註曰：三種十因：一、淨十因，二、染十因，三、無記十因。初淨十因者，一、隨説因（無漏善聲也），二、觀待因（淨位受性），三、牽引因，四、生起因（所有種子也），五、攝受因（無漏見等疎相攝受六依處也），六、引發因（無漏種、現也），七、定異因（無漏種子及現行），八、同事因（始從淨觀待終至定異並此法也），九、相違因（諸雜染法爲淨法相違也），十、不相違因（不障礙無漏法）。第二染十因者，一、隨説因（不善色），二、觀待因（待苦受有樂受，或待惡友於是待所受有能受），三、牽引因（無明等七支），四、生起因（愛、取、有三支），五、攝受因（由於境疎相攝受），六、引發因（下界引上三品相生善種若現也），七、定異因（能招自界等果也），八、同事因（自觀待至定異共得果），九、相違因（諸無漏法與染法亦相違），十、不相因（於染法生、住、成、成得中不相障礙也）。第三、無記十因，如章文説。」

〔六七〕「稱」，疑爲「稻」。

〔六八〕底本原校云：「甲本冠註曰：六因，小乘《俱舍》四，《婆沙》十六、七八，《正理》十五，《顯宗》，《入毘達磨》等也。大乘《伽》、《顯揚》十八列名不釋，《對法》第四具説。」

〔六九〕底本原校云：「甲本冠註曰：遍行，麟云言遍者三義遍故，一、遍緣五部，二、遍隨眠五部，三、遍與五部染法爲因。五部或中唯此十一有上三義，故名遍行。云云。」

〔七〇〕「則」，底本原校云甲本作「即」。

〔七一〕「用」，底本原校云甲本作「果」。

〔七二〕「廓」，疑爲「泰」。

〔七三〕「同」，疑爲「因」。

〔七四〕底本原校云：「原本冠註曰：有漏色、聲，秋篠以此二句文云：就異熟因彰異世造義中設釋云善惡造色，望無記大即爲異熟因，先世作業後感彼果。如《三十疎》云異熟有三義。第一變異而熟。第二異時熟，與因異時果方熟故，今者大乘約造之時非約種體，許同世故。三、異類而熟。云云。今章中造色望大爲異熟因者，即約第二異時而熟名異熟義，故無表色亦異世造也，餘有對色准例應知。此義玄妙，學者應思。云云。今云：此釋雖巧妙，恐應非章主意，前段造色望大爲異熟因，義既判定同世造已。今云：有漏色、聲是約所防身、語體色，聲唯無記性，過去所造色、聲唯無記故，能造大亦無記，過去無記大種造，現無表色義邊爲世迷，非異熟義也。」

〔一五〕「所又」，疑爲「又所」。

# 法苑義林師子吼鈔卷第十九

釋基辨撰

## 大種造色章第五門已下。

**章**同異大造相望等。自下第五同異大造相望辨造。此中三段，初、標牒分科，即此文也。

今云：同者類同也，謂類同大種造色，如異熟類大造異熟類色是也。又即質大造同處云同也，異者類異也，謂類異大種造色，如長養類大種造異熟類色，及三類互造等是也。又離質大造異處云異也。

**章**類異有三等。自此文至八丁右八行。非辨體故，多依五十四文以説類異，論文、章文相雜爲文。若由小乘，類異有三説，一云四類，異熟、長養、等流、變化。二云三類，異熟、長養、等流之三也，變化攝長養中。三云二類。異熟、長養之二，以變化入長養中，等流入異熟、長養中。評家曰：第二説爲善，有四大種非一所攝故，如《婆沙》百二十七説。評家説同大乘記。

**章**一異熟類。秋篠曰：今此章中異熟爲初，等流爲後，《伽》五十四等流爲初，長養後列。又《伽》第三長養爲初，異熟爲後。此法飾文，生學者解不可致怪。云云。基辨解云：此章約本末爲次第，異熟大造根本，故爲初。長養第二念已後，故爲中。等流於此二上立，故爲後。又五十四説約寬、中、狹次第，等流在異熟、長養二，故寬通。異熟雖通等流、長養，不通非異熟者，故爲中。長養但在四長養，故是爲狹。又《伽》第三説約可知難易。長養易可知故在初。等流亦雖易知，在異熟、長養二非如長養易知，爲稍難知。異熟其相尤難識，故爲後。又問：以何異熟云類耶。答：《對法疏》曰：通假、實異熟名異熟故，今云異熟類。實者第八識，假者初念已後至命終體，是異熟名異熟生，有此二類故云類也。

**章**一、業生等。《伽》第三曰：異熟生有二，一、異熟體生，當最初義，二、從異熟生，名異熟生，當此中相續義。云云。由此文證第八識名爲異熟，亦名異熟生也。《對法論》中假實相對説名異熟，第八識但實異熟，餘諸識等異熟生者，假異熟義名異熟也。

二相續，此三字下恐後時轉者四字落脱歟。《對法疏》中有之。初是總異熟，此約總報、別報釋，總引業之果，別者滿業之果。如《抄》。或初是，此約先業所生有初後不同，分二種異熟。如《抄》。

**章**二、長養類。秋篠曰：由彼食等長養緣故，令彼色、心體相增盛，通名長養，後從前起名長養流。云云。

**章**一、處寬通。古有三釋，一、《伽抄》云：謂體增寬遍滿處所，仍舊相狀轉增。二、玄範《對法抄》云：謂養瘦令肥等。三、秋篠云：唯在色法，色有方所，故有此長養。云云。

**章**飲食、睡眠等。此云四長養，六十四中説五養緣，於此四加避不平等緣。又六十四説是爲二長養，一、任持長養，二、不損害長養。初飲食爲任持長養，睡眠等三爲不損害長養，根、塵色法中[二]食等四緣而得長養，故云飲食等之所長養也。

**章**二、相增益。《伽抄》云：謂令色光潔。云云。玄範《對法抄》釋同《伽抄》也。秋篠曰：相增盛者，通長養色、心，心無方所故。云云。

**章**亦由食故。亦者，亦處寬遍。由食故者，與處寬遍同由飲食故，體相增盛也。秋篠曰：餘心、心所長養流體，亦由飲食體相增盛故，云亦由食故，餘准可知。云云。

**章**彼所依故。《伽抄》云：彼所依故者，即睡眠、梵行。云云。意云：彼者指睡眠、梵行，以色、心體相增盛爲睡眠、梵行之所依也。修勝作意，《伽抄》云：即定也。云云。

**章**長時淳熟。　景師以四句配四長養：由食故者，即飲食也。彼所依故者，即依睡眠也。修勝作意者，依梵行也。長時淳熟者，由長時中熟修等至亦能長養心、心所。云云。《伽抄》中以此句不別舉配，爲總結句。

**章**三、等流類。　秋篠曰：前後相似流類云等流。云云。又景師曰：除前異熟、長養色外所有善惡色、聲，威儀、工巧、變化所有色法，及器世界五塵，是等流體也，但是異熟、長養爲流體。若小乘中異熟、長養不説爲流，以無體故。若大乘中前所云異熟類及長養類前成後生，自類相生

云異熟等流、長養等流，離前二類外無有別異熟、等流、長養等流故。云云。

**章**一、異熟等流。　前所云異熟類前後相似自類相生也。

**章**二、長養等流。　前所云長養類前後相似相生也。

**章**三、長養等流。　前異熟、長養色外所有善惡色、聲，威儀、工巧、變化所有色法大種造色。及器世界五塵，此等諸色舊相改變名變異等流。《伽抄》云：謂變舊相如青變黃、清變濁等也。云云。景師云：黃色入青即變成緑，緑是黃流也，名變異等流。云云。範云：皆有長短、大小、肥瘦等，變故名變異等流。云云。本性等流，除前異熟、長養色外所有善惡色、聲，威儀、工巧、變化所有色法，及器界五塵，住舊位相續生滅名本性等流。《伽抄》云：亦名自性等流，謂住舊位相續生滅也。云云。景云：異熟、長養之別名流之體也。云云。範云：即異熟、長養外所有諸法自性，皆名自

性等流。云云。

**章**五根唯有等。　下明類異大造有二中第二約法攝流多少。此中有四，初、約五根辨三類有無，二、約非根色辨三類有無，三、重釋前説色法具流多少，四、約界辨長養具緣多少，今即初也。

五根者内色勝義根也，具二異熟、二長養。五十四云：又諸色根當知，由二種流有得流轉，以諸色根離異熟、長養、相續流外無別等流流。已上論文。秋篠解云：三種流中無第三等流流。其異熟、長養中所有等流者，即是異熟、長養所攝故，但有二故云離此二外無別等流。云云。又設問云：諸色根中無根性等流，其義可爾，打觸諸根既有變壞，何故無有變異等流耶。已上設問。以《伽抄》答云：此中不説亦得言無，而《本論》意具對本性等流流俱説有二，理亦可説。已上《伽抄》。

此依三類體別而説者，彰今無別等流，是無變異、本性二等流義。秋篠釋云：約等流義有通有別。若異熟長〔三〕所攝根、塵自類相生名等流者，是通非別，即四種中前二等流。若除異熟、長養色餘所有諸色自類相生名等流者，是別非通，即四種中後二等流。云云。今文云無別等流，約別等流非通等流。

故三類中等流者，唯據後二等流。今云體別而説者，彰三類體別即別等流也。

**章**非根諸色具有三類。　下約法攝中，二、約非根色辨流多少。此中四文，初、總明，二、簡色塵，三、簡法處色，四、明外器等色，今即初也。本論五十四。云：若非根所攝色當知具三種流。已上論文。

具有三類者，有三師解。一、章主《伽抄》云：具三類者，謂異熟、長養、等流，等流即變異等流也，亦有本性等流。此中總言，應云内扶根塵具異熟、長養，其外塵唯具本性流〔三〕，無異熟、長養，以非内身故，今如是説。已上《伽抄》。二、景云：具三種流者，有情身中色等五塵有異熟等流、長養等流、本性等流，非情五塵唯本性等流。若道理言，內外五塵亦有變異等流，有無不定，故不説也。云云。三、範云：具三流者，總舉非根所攝諸色，明有三流，未必一一皆具等流。異熟、長養，如善惡假身、語業及外器等，唯等流流，無餘異熟等流。若外器等有定集養者，亦可通長養。已上。

**章**或此不説聲界等。　二、簡聲塵。

或此不説者，秋篠《義鏡》中作二解。一云：有本云不説聲界者謬也，五十四説又此説色界亦有非異熟聲。已上論文。聲界者，《伽抄》云：以聲種子有相續故，聲界是異熟，現行間斷滅故不名異熟。已上論文。又云：界者因也，即造色四大是，此大是異熟所生。聲非異熟，即當第三轉聲[四]，聲從根生。今云：章家意，業爲第一，四大第二，根爲第三，聲即從第三根起，故云第三傳[五]聲，業望其聲疎遠非因，故云聲非異熟也。秋篠云：此文云內五塵中聲塵有異熟流者[六]，此説聲界，不説聲體，以其聲體非異熟故。二云：又解有本云此不説聲界者，此亦好也。《俱舍》第二云：聲無異熟生。光法師《記》云：謂十八界中除聲界，餘十七界少分是異熟生，故知不説者亦是好也。已上《義鏡》。今云：信培評此第二解云何遠求小乘説。《對法論》中説聲有異熟、非異熟，二師説儼然，而不判勝劣故取捨任意。云云。基辨云：信培斥秋篠未穩。《對法論》雖説聲界非異熟，此隨轉理門，同小乘説也，秋篠就本而論爲穩。基辨云：現本作不説，不可也。聲界非異熟，小乘所立，大乘以聲界異熟爲宗故。今文云或此之此言，指上句非根諸色中聲，亦指具有三類中異熟類，故不云此説聲界則前後文理不通，故無不字本爲正。又若此文隨轉小乘立十八界中聲界非異熟義，則現本亦爲好。

**章**除法處色等。　三、簡法處色。上云非根諸色具三類中，唯除法處色，餘諸非根色具三類也。

彼唯長養等者，法處色中若假色，極略、極迥、受引、遍計。但一長養，除處寬遍通二等流。若是定自在色，或通處寬遍長養，而無異熟。

**章**離根諸色等。四、明外器等色。秋篠曰：五塵有二，一、内，二、外。若内五塵親附根故亦有異熟，如所依身内扶根塵等是也。若外五塵疎離根故即非異熟，如所依身外諸外器等是也。今標外塵故，云離根諸色亦無異熟。云云。

問：亦無異熟者，爲唯有長養而無異熟耶。爲非但無長養亦無異熟耶。秋篠答之曰：二義俱得。若定長養外塵亦有，而無異熟，若報長養外塵中無，故《伽抄》云：其外塵但具本性流，無異熟、長養，以非内身故。今此章中就定養說，故唯云無異熟，不云無長養。又《伽抄》意約報養說，故通云無異熟、長養，故不相違。云云。亦異熟之亦言，亦法處色，無異熟也。

**章**於前色中等。　約法辨流多少有四中，三、重釋前說色法具流多少。此中有四，初、明内扶根塵，二、明内五色根，三、明法處色，四、因明心、心所具三類，今即初也。秋篠曰：言前色者，今指四色，一、五根色，二、非根色，三、法處色，四、離根色。云云。信培云：秋篠分四種色，其中離根色者，指何物歟未詳。云云。今云：此中非根色者，扶根塵。離根色者，指外器色，上來既明，故不須釋。

**章**四種等流。　一、異熟等流，二、長養等流，三、變異等流，四、本性等流。

**章**無三類者等。　二、明内五色根，五根色唯有二類，異熟、長養。無等流類即無本性等流也。

問：等流有四，豈無異熟、長養二等流耶。云何言無等流類耶。秋篠答之云：離異熟、長養二類外無別等流，故不說有，今約本性說無等流。又變異等流者，無不定。若打觸有，若不打觸則無，故不說有，理亦應有，如《伽抄》說。云云。

**章**法處諸色等。　三、明法處色有。

後三等流等者，三等流謂長養等流、變異等流、本性等流之三也。

問：此章云有三等流，《伽抄》中云：法處色有假有實，定果實色有二等流唯一長養，或通處寬遍。又法處假色唯一長養，除處寬遍通二等流，如何與此章相違耶。秋篠會之云：彼《伽抄》意離相增盛長養流外無別等流，故不舉長養等流，唯云有後二等流。今此章中具舉三等流，故無相違。云云。又悉細釋，由《伽抄》及景師釋云：法處色中若極略、極逈無實色體，但是假想分折(七)之時，心之相分得等流流。若無表色，思種上假立，得有本性等流流，如善惡律儀有增盛義，亦有第二長養等流。若定果色計所起色，亦是本性等流，第二相增盛長養等流。

**章**諸心、心所等。四、因明心、心所具三類。五十四說：諸心、心所有等流流、異熟生流第二相增盛長養流。已上論文。秋篠解云：酬善惡業諸心、心所，是異熟等流。善惡心法及威儀、工巧、變化等，是本性等流，即前善惡法由食等緣體相增名長養流，非是色法故無處寬遍長養，故云無初長養也。

**章**色略諸蘊除由等。約法辨流多少有四中，此下四約界辨長養具緣多少。五十四說：欲界諸色具由四食及餘一切長養因緣而得長養，色界諸色不由段食、睡眠、梵行而得長養。云云。秋篠解云：段食以香味爲體，色界無香味，故不由段食。凡睡眠起由三緣生，一、由飲食，二、依時節，三、依心生。初之二緣通阿羅漢，後之一緣但在凡夫，上二界中無此等緣，故不由睡眠，此義廣說如遺教論。又由梵行持身唯在欲界，上二界中無此等，故不由梵行。

問：梵之修勝作意亦通上界，豈上界中無梵行耶。答云：上界天中雖修作意非持身，唯爲得定而修作意故，上界蘊不由梵行之所長養，唯由等持之所長養。云云。

**章**三界長養皆通長養。今云：上二界中等持之所長養自易可知，若隨難說，身在欲界修得上定，由彼定力養欲界色、心故，欲界長養亦通等持。

**章**內外聚中隨應等。　明類異大造有三中，第三、正辨類異大種造一切色。此中有四，初、由論文辨造義，二、舉證釋前文云相依而有是造義，三、結成大乘義，簡非小乘，四、舉異義釋，此即初也。

或有三二一等者，辨隨應之相，謂若扶根塵等，是有三類。又若五根色等，唯有二類，無本性等流。又若善惡假身、語業色及外器等，唯等流流無餘異熟等，此但有一類也。又若外器云有定長養亦通長養，可云具二類，如是隨應內外諸色具三、二、一類。此等三類各有能、所造，各隨其類名異熟大種造色或長養大種造色等。

**章**隨應說彼等。　下明互爲造義。信培曰：此隨應言不穩。云云。今云：此隨應言就互爲造而言，故與上隨應別，信培爲粗評。不識之爲不識，嗟乎慎哉。秋篠曰：此等三類大種造色更互相望各互得造，即釋斯義略有二門。一、明三類四大各別造色，二、明三類四大綺互造色。云云。由是應知，上隨應言明三類四大各別造色也，下隨應言明綺互造色也。

說彼一切大種等者，或異熟大種造色乃至等流大種造色，隨其所應互相造色。

相依而有等者，是明互爲造由。三類能造、所造同一處相依有故爲名造，次釋云互得造義非定屬義故。

非辨體故者，若自體辨生名造，則可云定屬，三類決定各別造故。今大乘義不爾，三類大造相依而有名爲造，故爲互爲造。

## 四大造色別造、綺互造圖

### 三類四大別造色圖

初異熟大種造內身中異熟十色眼耳鼻舌身色聲香味觸

二長養大種造長養色根及內外十一處色。實色通二養五根五境法處色合十一處色。法處色中假色除處寬遍

三等流大種造等流外六處色色聲香味觸及法處色也

### 三類四大綺互造色圖

一異熟四大能造定長養色聲等六十六云。若定心思惟欲界有色諸法影像生起。當言欲界大種所造等云云此欲界大種即通異熟等。故云定長養色從異熟大種所造

二異熟四大能造等流色聲等如異熟色聲能表內善惡思。即各等流色聲等此等流色聲得從異熟大造

三長養四大能造異熟五根五塵長養四大者。即飲食等長養四大及根塵此被長養已。亦令異熟根塵增勝寬廣。即由彼長大力異熟根勝。此即由假藉造。非親造也

四長養四大能造等流色聲等長養色聲能表善惡思業。即名等流色聲。故此等流色聲從長養大造。所餘准知

五等流四大能造異熟長養色等如飲食體是等流能造。所造據此飲食。非但能生長養色聲等。亦復令異熟根塵增勝

六飲食等中等流四大亦遠相依。令長養異熟色等或生或勝

今爲標釋此等三類各别造色及互造義，故云隨應説彼一切大種造一切色等。

**章**五十四説等。　正辨類異大造中，二、引證釋前文云相依而有是造義。

依大種生者，景云：初受生時先有大種，處其處所餘色依生即名爲造。云云。此《顯揚》五説依大種有餘造色，攝在一處名大所造之義也。秋篠云：論釋造義云：是同一處攝持彼義，名之爲造，謂地大攝持同處之色名爲造也。今云：同一處相依有名造義，是彰前所云别造、互造同一處具也。

**章**故諸大種等。　同科中三結成大乘義。簡非小乘下，章主文也。

互得造義等者，正敘大乘，簡小乘義。謂彼必異熟大種能造異熟色，長養大種能造長養色等，更不能造異類色故。小乘計云定屬義，不造餘類類别決定相屬故，薩婆多等極微各别同聚體異，同類各别而住不得互造是小乘定屬義。今以非言簡非是已，云互得造者是大乘義也。大乘宗同類、異類一切大種所造無别極微，隨所有聚皆相涉入互得造義，謂若異熟類，若長養類，若等流類，不問何類，同在一聚中相依而有者皆名爲造，非但異熟大造異熟色，長養大種但造長養色等，云此彼互得造義也。

**章**此中或可等。　同科中四辨異説，秋篠曰：此第二説也。《對法決》云：問：四大有三，異熟、長養、等流，若得互造不。法師云：各各别造，不互相造。已上《決》文。今此中云自類造者，即當彼師義，然《對法決》中法師云者，未詳何師。云云。已上秋篠文。今云：文中各依自類者，三類隨應各依自類。此亦不然下，章主辨異説。

相依有者隨應等者，三類相依有中隨其所應云各互造，前説是大乘義故爲盡理，簡異熟、長養二種四大造其異熟、長養根時，爲前後造，爲同時造。神泰師敘此義云：若異熟根最初先生，長養後生，即異熟大先造異熟根，長養大種後造長養根。若異熟根同時有長養根，則二種四大同時造之。云云。

問：此義爲相依有互造義，爲各各别造義。云云。答：約四長養義則初生但有異熟大，根先生後得長養緣故，第二念已後互爲造義。又約五長養義，初生時、羯藍時赤白二諦不避不平等緣，異熟大種不造異熟根，初刹那時避不平等，長養大種與異熟大互相依有，可謂得互爲造義。秋篠由《對法決》説，但就四長養，辨之爲不盡理。

**章**即離大種等。　第三辨即離大造。此中四，初、略明二造，二、舉證明離質造，三、明通即、離二質造者，四、明懸造義，今即初也。此標牒文現本作大種，不是也。秋篠曰：准初標句應云即、離大造也。云云。今云：秋篠之説尤好，謂所造色等。《伽抄》曰：造有二義，一、實親造，此必同性非異性造，必同類造非異類造，有漏非異無漏必類同，必同界造非異界造，定散必同非異能造，此等名爲即質造義。二、假疎造，此疎相依亦得懸造，未必同性，初實親造唯在即質，後假疎造亦通離質。已上秋篠引用。

**章**五十四説等。　第二舉證明離質造。此中有二，初、引《瑜伽》文證，二、引《顯揚論》證，今即初也。秋篠曰：初即質造其義易解，後離質造難知，故引文證釋。云云。五十四論文曰：又離輪外所發光明所餘大種及與香等皆不可得。云云。《伽抄》釋云：西方二説。一解云：有離質造色，如日輪光遠從輪大造，非俱處有大，以此文爲證五因中持因，此據離質大談。二解云：亦有大造如光至大亦有别造，其光等有熱由本輪中火大爲緣故引生，微細不可得。此中言無，如光中豈無熱觸。熱觸言假，即以火大爲體，豈有熱觸離火生耶。故知亦有。若光大日中熱觸，還是日輪中火熱，分熱非造，光色火大也。聲准是知。

問：何故無香、味耶。答：香、味輕故，光中即無。色及熱觸重故，定中亦有。已上抄之。

**章**無居處所依等。　謂除日輪外餘近遠處，是名居處。

言所依者，能造大也。其光至處若近若遠，無別能造，但本日輪中有造光大，故云居處所依也。已上秋篠。

**章**諸律儀戒等。　二、引《顯揚論》爲證。諸者，定共、道共、別脱三種非一，故云諸也。

依不現行法等者，《範抄》曰：理實而言，善惡無表種互相遮防，《顯揚論》中但望不善，善身語有防不防，故説律儀。就防彼惡身語令不現行，即於思種上從所防名色，故云依不現行法也。秋篠引用。

**章**不律儀戒等。　《範抄》曰：其不律儀思種不防此惡身、語故得現行，由思種發此現行色，故於思種上假立色性。其現行色雖有表彰，今不約現色，但思種功能非是惡身、語表，故説思種名爲無表，約實亦得從所遮善色説不律儀無表。云云。秋篠引用之。

**章**即以所發等。　問：若依現行法，以所發惡身、語色大種名造，則應非離質造，與現行惡色身、語。大種同時建立不律義無表色故。答：與現行惡色大種同時雖惡無表色起，無表色於思種上防善功能立故，現行與種子性相既異，故名離質造，所餘皆名不相離造者。即質造如上所明，離質之外大種造色同處所者名即質造。

**章**其極略、極逈等。　三、明通即質、離質者，秋篠曰：法處五中略標三色以明造狀。云云。《周記》曰：極逈離質，極略即質。云云。今云：所折粗色既通即、離，依此極略、逈亦通即、離，造本粗色能造大種通即、離故，隨此本質名即、離二質造，遍計所起亦隨本質可謂通已。

**章**隨本質釋等。　説法處色本質中有二説。初、《集量》説，疎所緣緣一切心生決定皆有。《佛地》等説，無分別智緣真如時亦變影像，故諸心起定有本質，依此義則法處色必有本質。初極略色以欲、色界十有色處及色、無色定果實色以爲本質，次極逈色以欲、色界色處爲質，無色界無別處所故，此中所説皆由折破粗色所生，故以爲質，非有彼類説爲本質。遍計所起以欲界十有色外及上二界中定所起色以爲本望(八)，皆可話彼變彰(九)像故，故必有質。若無本境，皆用名教以爲本質，計識行相通見必影，故知所緣定有影、質。二《成唯識》説，疎所緣緣能緣或有，離外所託亦得生故，第八、第六此諸心品所杖本質或有或無，疎所緣緣有無不定。若依此義，極略、極迥、遍計起色，拆緣諸色因名教者，本質如前，依自尋思計諸我、法、空華、兔角、過去、未來劫盡常微不因他教，皆無本質，如章主《對法抄》二五十二丁。説。

**章**無色界無表等。　四、明懸造義。秋篠曰：問：三世諸色得懸造不。範師解云：大乘宗過、未無體，唯有現體，故無懸造。若由遠相籍亦有，由現在大種遠引未來所造色起，亦得假立以爲懸造，然非真造。現在所造亦得假説，從過去大造，即説無始。已上《範抄》。又曰：二界互造中，如身在欲界得大眼者，欲界識依上地眼見上界色，此眼識所變影色隨能緣唯欲界攝，然用上地四大遠爲能造，以欲界爲影色，別界四大故。以是爲例，餘者亦然。又色、無色定自在色，以欲、色界四大爲能造，故上地色遠用下地大造。已上《範抄》。今云：此等所説與章主意全同也。

**章**如《無表章》。　彼章第七門云：設佛身無漏無表無色定共亦以過去欲界四大所造，既假疎遠名色，亦假疎遠名造，故不以所發名色，亦不以名造，以不定故，未必有所發身、語故。今指此文云如《無表章》也。

**章**問答分別等。　自下大文第六問答分別，有六番問答。初五字標牒。

問於欲界之下，第一番問答，於一聚色能造、所造增減分別也。章主以自意作問，以《瑜伽》第三説作答，《瑜伽》第三説等已下答文。答中有四文，此下第一明能造增減或有聚中者，於能造、所造一聚色中論大種增減也。此是標牒。

唯有一大等者，此下明一大增。如石末尼者，此二地大增也。此皆不相離攝。第三論文云：或有聚中唯一大種可得，如石末尼、真珠、瑠璃、珂貝、璧玉、珊瑚等中。云云。今但舉初二江河、池沼，此四明水大增，論加溝坡，今略不舉。火焰、燈燭，此四明火大增也。有無塵風，此明風大增。論云：或四方風輪有塵、無塵風等中。云云。秋篠曰：《仁王經》中說五色風有。彼經疏中云：海邊有五色沙，大風起時沙隨風飛，世皆號五色風也，今此等風名有塵風。云云。《周記》云：無塵風者，只風大也。云云。又《倫記》云：乘言故來，有塵實取無塵。云云。今云：由信培評，謂若取有塵非唯一大，故爲二，非二共，但風大也。若合沙風云有塵風，則是二大，在次二大增中應辨也。今辨一大增之文，故非合沙與風也。基辨詳云：有風塵是輕動故唯一風大，但取輕動增處，如燈燭雖由煙油彰，今但取熱光增邊爲唯火大增，塵中風大亦增，輕動相增，雖二物合唯風大增也，故於辨一大增中明也。《倫記》所言通漫，信培所評爲不允當。

**章**或唯二大等。　下明二大增熱末尼。熱謂火大，末尼謂堅勁地大也。秋篠問云：依大乘宗，摩尼中既無熱等性，云何後時轉成熱等耶。解云：剋實能造念念別從種生，故從熱等時非舊地、火等，即是昔未熱摩尼，但從一地大種子生，乃至後移轉位頓從四大種子生故。然此文中處現行相狀相似，說昔末尼轉今成熱，此即識中由有彼種遇緣即生故。五十四云：云何種子生。謂所有色各從自種子所生，如堅勁聚或時遇緣便生流溼，流溼遇緣復生堅勁，乃至由如是等雖無自相，然有其界，從彼彼聚彼彼色法差別而生名種子生。云云。基辨詳曰：秋篠引五十四文，成四大自種於一色聚各各隨緣生堅勁或流溼等義，非成二大增之義。今章文意明二大增云如熱末尼，非云未熱末尼。若遇應熱緣時，於摩尼中雖彰火熱，地大堅勁亦同時在，二大一物增義，故秋篠所釋爲未痛快。

雪溼樹者，謂雪彰水、地二大增，溼樹亦水、地二大，可知雪上有溼有堅，溼言通雪、樹二。今於二物取溼、堅二相，即二大增義也。秋篠云：雪溼即水大也，樹體堅勁是地大也。云云。今云：此釋二大增義難彰已。

**章**或唯三大。　下明三大增如溼熱樹，溼謂水大，熱謂火大，樹謂地大，於樹一物此三大增義也。或樹摇溼，樹謂地大，摇謂風大，溼謂水大，如雨中樹因風動摇是也，於一物上此三大增義也。

**章**或四大俱。　如内身四大俱增是也，《伽》第三説：或有聚中四大種可得，謂於内色聚中。如薄伽梵説，於各别内身，若髮毛等乃至糞穢是内地界，若小便等此内水界，若於身中所有煖等是内火界，若上行等風是内風界。若於此聚彼相可得，説彼相爲有，若不可得，説彼相爲無。云云。

**章**或唯有色等。　此下答有四中，第二明所造增減。此中有九文，臨文示科。然《瑜伽》第三中，但明能造增減，又説所造增減，又《瑜伽》五十四兼明所造增減。又《對法》第六説能造增減已，云所造亦爾而明所造增減，如此章文及《對法疏》。秋篠云：能造、所造雖俱未必同處，如離輪光及孤行香等無色界定、道戒，離大種造，無大種故，是故别説所造增減。已上取意。

**章**或唯有色如離輪光。　此有九中，第一、明一道色色塵增。

**章**或唯有聲等。　九文之中，第二、明一造色聲塵增。如離質聲等。

**章**或唯有香等。　九文之中，第二〔一〇〕、明一造色香塵增。如孤行香等。

**章**或有味觸等。　九文之中，第四、明二造色、三造色增也。

有味、觸者，非云味、觸合增，明隨一增處餘塵增。《對法疏》作若有味、觸必有觸、味、香、色，此章作必亦有香、色，亦言亦有味、觸。

問：有味、觸處亦有香、色，則此明四造色增，與次文或唯有四文云何有别。無别則或唯有四標牒之次，應置若有味、觸等文，何故先置此文耶。答：若有味、觸等者，意謂味、觸二塵之中，隨一塵有處香、色隨有，或有味、觸、色增減香者，如無香餅圖等。或有色、香、觸增減味者，如無味塊石等。此明色增。或有色、觸增減香、味者，如瓦石等，亦如色界色、觸境。或有味、觸增減色、香者，如舌上津液等。或有香、觸增減味、色者，如香風扇身。此是明二造色增者。由是應知，今文明二造、三造隨增者，故《對法疏》現本作必有觸、味，恐傳寫誤。今章本作必亦有，爲有道理。

**章**或唯有四等。九文之中，第五、明四造色色、味、香、觸。增，如文可知。

**章**或離有五等。九文之中，第六、明五造色色等五塵。增。山河等有聲時也。

**章**或有身根等。九文之中，第七、明辨[二]根五造色身根色、香、味、觸四塵也，即扶塵根也。增。秋篠曰：《纂》中改此文，云有根聚中離餘根處有六俱生，謂眼等中隨一加故，即破章家云：有根聚中無離大種，不可説言身五餘六。今救之云：能造雖俱其所造中顯量不定，或一或二乃至或七。今明此等不同，顯量故云身五餘六，即爲欲顯有根聚中必大種俱故，重次文云如上造色身增地爲六乃至增聲十一，故章家説荷順深旨，文深義海淺智遠迷。云云。今云：秋篠所釋尤爲穩當，誠得章主骨髓。

**章**或有唯六等。第八、明六造色增。唯六者，眼、耳、鼻、舌四根中，隨一勝根合上五造色爲六造色，此云唯六也。

隨有眼等者，彰四根中隨一，身根是總身之根故，與扶塵根合前文立五造色增，今復取四根中隨一，合前身等五造色立六造色增。委細論之，應有四文，眼、耳、鼻、舌四各合五造色而成也。

**章**有聲爲七。　第九文也。前六造色中取耳根成，或有緣聲，其時爲七造色增也。

**章**如上造色身等。　如上者，指上或有身根等。此下答四文中，第三、合明能、所造互不相離增減之相。此中有二，初、正明，二、引文證上説，今即初也。秋篠曰：爲顯此義，五十四云：問：色蘊中眼識物所攝。答：若據相攝唯有一物，謂眼識所依淨色。若據不相離攝則有七物，謂即此根及與身、地、色、香、味、觸。若據界攝則有十物，即此七物界及水、火、風界。如眼，耳、鼻、舌當知亦爾。若身，當除眼等四。何以故。由遠離彼獨可得故。若於外色、香、味、觸，彼所行相中除一切根，餘一切如前應知，聲及聲界不恒省故。若於是處有聲，當知此處復增其一，應知聲界一切處增。已上論文。解云：今此文云眼等增亦七者，十種攝中約第五不相離攝中，非但有七物，亦有八、九、十物而論，文中旦[三]標一種七物。

問：不相離攝中十物與界攝十物爲同爲異。答：不相離攝中十物者唯約現説，若界攝中物唯約種説，故有差別。已上秋篠。今云：此引證解釋妙哉。秋篠智解所實不及。

然《對法疏》作如上造身，無色字，一本作如上造色，無身字，今詳如《對法疏》，但云造身無色字不是也。如上言指上五造色故，五造色者，色、香、味、觸四塵加一身根，是即合扶塵根與身根内所依身，所以不云造色身，則指上五造色之義難彰故，但云造身不是也。此章現本云如上造色身爲是正，一本但云造色不云身，雖義意通，不及云造色身也。

增地爲六者，五造色内身上增能造地大，能、所造合爲六，取内身堅實也。

眼等增爲七者，增地爲六上，加眼、耳、鼻、舌四根中隨一根增爲七，故云眼等增爲七也。

加水、火、風爲八者，眼等增七上，能、所造合水、火、風中隨一加爲八，故云爲八也。

爲九、爲十者，眼等增爲七上，能、所造合水、火、風中隨二加爲九，亦水、火、風三皆加爲十，故云爲九、爲十也。

**章**增聲十一者。上所言眼等增爲七之中加耳根時必增聲故，能、所造合爲十一也。

**章**離輪光等。上來舉即質辨，今文准例離質令知。等言等取離質聲孤行香及外器四塵，上所説中舉釋有根聚故，今欲彰例釋無根聚，標等之言以令准知。

隨其所應等者，謂就離輪光言，則能造本輪四大、所造色塵之一合爲五，其實雖以本輪中火大爲緣，從本輪所生故云取本輪四大，則不言隨應，四大共取，今云增四大種也。隨其所應言但於所造見之，離質光但色、觸，離質聲但聲，孤行香但香，此云隨應成多少，此是非實義論，於能、所造上應釋隨應言爲實論也。今私敍隨應增大義云：且如離輪光明以本輪中火大爲緣，故唯增火大，復加色、觸所造色。又如離質聲，若如擊枝出堅勁聲，則從本質中地大而造。若如擊河水出流滢聲，故從本質水大而造。孤行香等亦自類知，故云隨應增大成多少也。秋篠曰：離質光、香及與聲等，即以發處四大所造，且如光等從本輪中火大爲緣，彼所引生故爲本處大種所造，離質本准此應知。本處四大有增減，故造光等大亦有增減，故云隨其所應等。外器塵等准是可知。云云。

**章**五十四等説等。合明能、所造增減中，第二，引文總舉上説能、所造增減相之證。此中有三，初、正舉證，二、簡餘宗，三、簡濫，此即初也。

五十四等者，彼文曰：又若於此色積聚聚中，有彼大種及所造色自相可得，當知此處無有彼法，是名總建立有、非有相。云云。此文證上所説能造、所造增減之相也。可得者，所謂增也。不可得者，所謂減也。

**章**不同餘宗等。二、簡餘宗。如《婆沙》

百二十七說：問：此四大種於一切時不相離耶。答：如是云何知然。如《入胎經》說：佛告慶喜，初羯羅藍若有地界無水界，便應乾散，今不散者水所攝故。若有地界無火界者，應臭爛，今不爛者火所熱故。若有火界無風界者，應不增長，今增長者風所動故。已上《婆抄》。《伽》五十四破此計，如次廣敍。

無彼現事者，云無大造相處。

有彼極微者，彼立四大極微實有也。

不同者，謂大乘立大造自相可得則大造可得，若大造自相不可得則大造不可得，不同小乘不拘自相可得、不可得，一切時四大種實有極微可得，此云不同也。又依小乘薩婆多等，約性四大，謂不可得聚中皆有，且如石等地大偏增，非無餘三。所以爾者，諸極微性遍諸物故，極微實有無不有處，不可大乘於識變假想上立極微名，一切色法頓現一相，非積少爲大也。

**章**諸廣問答等。《伽》五十四破小乘云四大種一切時不相離之計曰：若有說言，於此處所彼法自相雖不可得，然必有者，今應問彼，此不可得與可得者，爲物是等，爲不等耶。若物等者，物既是等，而不可得不應道理。若不等者，爲即此量說物不等，爲據威勢說不等耶。若即此量說不等者，少分自相亦不可得，不應道理。若據威勢說不等者，離彼自相有餘威勢不可得故，不應道理。已上論文。彼論總有八箇問答，故云諸廣問答也。

**章**此中說相等。此三箇濫。說相者，《伽》所說十種攝中第二相攝。若約界攝者，同十攝中第一界攝。如上所說大種造色俱不俱中，若約相攝而說之者，或有或無。若約界攝而說之者，隨應皆有故。《伽》第三說大造有無中云：若於此聚彼相可得，說彼相爲有。若不可得，說彼相爲無。聲於一切色聚中，界故說有，相即不定。云云。故今云此中等也。

問：十種攝者是何。答：《伽》五十四說

十種攝，一、界攝，謂諸蘊等各自種子所攝。二、相攝，謂諸蘊等自相、共相所攝。三、種類攝，謂諸蘊等遍自種類所攝。四、分位攝，謂諸蘊等順樂受等分位所攝。五、不相離攝，謂諸蘊等由一一法及諸助伴各自相攝。六、時攝，謂諸蘊等過去、未來、現在各自相攝。七、方攝，謂諸蘊等在此方轉，或依此生，即此方攝。八、全攝，謂諸蘊等等所攝。九、少分攝，謂諸蘊等各各差別少分所攝。十、勝義攝，謂諸蘊等真如相所攝。已上名十種攝。基辨釋此文曰：此中者指斥、簡持、標舉也。簡餘宗義，指大乘義。說相者，說大造相也。或有者，可得也。或無者，不可得也。若約界攝者，如前所舉秋篠釋，以大造種子因攝云界攝，隨應皆有。若以大造種子論，則應有處皆有，今說有無增減現現相望，所論廣如彼論。秋篠曰：若約界攝之文中，恐謂欲界等三界攝，故今引文廣明其意，此文深隱，應設劬勞。云云。今按《周記》云：若約界攝等者，約彼三界而分別也。云云。秋篠由此《周記》釋設一釋歟。實微細解了，《周記》所不及也。秋篠復云：相者，相攝也。界者，界攝也。第五不相離攝而說大造增減之相，今即指彼云，廣如彼論說。云云。

**章**六十六說等。下四文答中，第四約三界說大造有無之相。六十六論文曰：又於一句堅色聚中，唯有地界能作業用。秋篠解云：欲、色界中亦雖有觸，而所造觸離大種外無別有體，故不別論。云云。今云：但於堅色聚轉也。若於欲界亦有色、香、味界作業，於色界中但有色界能作業用，餘水、火、風及與聲界唯有種子，而所隨遂更得異緣方能作業。云云。已上論文。秋篠解云：故欲界中唯標色、香、味，色界唯舉色不論觸塵，餘水、火、風及聲界唯有種子，更待異緣方能作業。若如得火緣鑛流爲水，或遇緣熱即如於火等。云云。廣說如六十六論文。

**章**色界繫等。下章主文。

及無色界等者，無色界無業界色，有定果色，此約現說。若約界說，業果大造，故云色隨應有也。

**章**問於欲界等。此下第二番問答。異界大種同異處分別，問答共《伽》五十四文也。

**章**答如水處等。　答文中大分爲二，初、舉論文釋，二、釋論意，此即初也。

如水處沙者，釋此喻古來二解。初景師云：欲界色疎，色界大種補在身内，如水入沙，處所不異，以性類別故，非同處不相離也。彼是相雜不相離，然相雜不相離多就同地，始終同聚，報長養色，引上界繫色住欲界身中，故非是彼相雜不相離義。已上景師義。《婆沙》百三十四行：問：若生欲界，色界大種現在前時，何處現前。有説眉間一，有説鼻端二，有説心邊三，有説臍邊四，有説足指五，有餘師説，欲界大種粗，色界大種細，細入粗隙如油入沙。已上《婆沙》。今所舉景師義，與有餘師説，欲界色麁，色界大種補在身内故。

又玄範《對法疏》曰：《伽論》五十四説，三界四大共住等。以水沙爲喻者，即與《對法》聚集相應其義相似。云云。

**章**由本識内有等。　第二釋論意。此亦二文，此初第一釋也。

有二類種者，秋篠曰：種即種類，非種子義。云云。信培詳曰：《義鏡》中云非種子義，是似未穩，云種子義亦無失矣。然此章雖無子言，《對法疏》二十四丁左。作種子，縱雖但云種，爲種子義何害之有。上句云本識内，故釋云種子，於文爲親。云云。今詳曰：秋篠爲允當，信培評爲粗漫，《樞要》中釋純、雜二生，就現行第八識變作釋故。今云本識内，亦約本識變果能變而釋故，種類義爲勝。《對法疏》現本有子字，後人所加，信培校正所未盡也。又可現必由種起，云種子亦無違害，雖有此理，今約自地他地變辨純、雜，故就現起邊釋爲允當，故秋篠勝。

**章**一純生、二雜生。　《樞要》下五十丁左。曰：純、雜義解由增有不同，但依親相分説。若依影、質，復説不同，影中自地變純，通力引雜，非通力中緣現純，緣種雜。已上《樞要》。秋篠解云：親相分中，若境與心同性同地名純，翻此名雜。第八相中自地變純，通力引雜。非通力中，若第八識緣現行境名純，緣自地故，若緣種子故名雜，通三界故。

問：欲界身中先有間隙，色界大種來入中耶。廣答如《俱舍光記》九説。

章引彼大起等。彼者，異地。

且在欲界者，以定通力引彼異地色界四大發起現前，云引彼大起也。

純滅雜生者，欲界純生四大自滅，雜生四大現前，云純滅雜生也。

故非異住者，雜生則非異處住，若異處住不可云雜生，應名別生故。

章有義此爲隨順等。二有人釋。秋篠曰：答中第二師義，未詳何師也。此師解云：《伽》五十四説如水處沙非異處住文中，以性水、沙。類別故非同處不相離，彼是相離。若以是云不相離，則此五十四文隨轉理門。所以爾者，於一大種所造諸色中，擬宜分析有多極微，東西兩方住處各異，而近雜住是名和雜不相離義，是即與薩婆多等極微各別同聚體別二處而住其義相似，故云此爲隨順理門也。基辨云：此言指上五十四文水處沙之譬喻也。今此章中且約前義而説純、雜，身在欲界起上大種，必定力引故名雜生，變欲界大是自地變，故名純生。引彼色界四大起時，欲界自地純生大滅，色界定引雜生大起。欲界色疎，色界大種補在身内，如水入沙，處所不異故非異住。云云。

問：以何得知自地變純、定力引雜耶。答：《樞要》曰：體有、無對，有爲、無爲對，有漏、無漏對，自界、他界緣對，思准純、雜。已上《要》文。

問：此純、雜義爲唯本識，爲亦通餘識耶。

答：《樞要》曰：第七識中得名影純、雜，影從見質説性故。見有覆，質無覆。五識善惡雜，無記心純。第六五俱等通皆應思。云云。由是可云通餘識也，廣明純雜如《三十論疏》。十末七十七丁。然《三十論疏》但約種子説之，《樞要》約現行識而説，今此章所應由《樞要》説解，與《三十論疏》併讀，已達之人雖可解了，未熟學者容易難解。又《周記》中云：純滅雜生，此文未詳，可考餘本。云云。今云：周師云何不讀《樞要》耶。智者之一失歟。

**章**大乘同處等。　此文舉大乘義，以上所引水處沙之譬喻爲隨理門也。今以秋篠意釋曰：今大乘宗於欲界身起色界大種等，皆是同處不相離義，然五十四文説水處沙之譬，水與沙性類別物非異處住義故，此是成相雜不相離義，非大乘宗成同處相離義，是故今云於欲界身起色界大種，以水處沙非異處住相雜不相離義而釋，可謂五十四文是隨順理門也。

如異類大者，舉例明大乘宗異實理義，謂如色中大種、香中大種，此二相望其數雖異，同在一處互相涉入云同處不相離義。今亦如是，三界四大共住一處不相離義，如異類大可言同處不相離義也。

此二之色業者，正成大乘義，結五十四文隨順理。此二者，欲與色二界也。意言：此上下二界二類色本來無相礙義，云何須間隔如水與沙性類別物。而得別住。故此二色設水處沙之譬，成相雜不相離，非同處不相離義，故知五十四説水處沙喻釋，是隨順理門，非大乘實義也。

**章**問大種造色等。　此下第三番問答，有對無礙分別，問答共《伽》五十四文也。論文有二箇難，今舉第二難也。

**章**答互相順等。　此《伽論》文也。答中有二，初、總約不礙釋，後、別約業釋，此即初也。《伽抄》總略釋此論文云：即由諸香等極相隨順不相妨礙也。云云。章主意唯就法及喻偏釋無礙義也。

不相礙故者，大與造不相礙，一中有多也。

又此類業等者，後別約業釋。景云：即由業故於一塵處有多微也。

諸根遍彼等者，景云：釋所以也。諸根者，五色根也。彼者指大造諸塵也。意言：景云：謂一切色聚之中緣取一切最細少者，具有諸塵，眼見是色，鼻嗅有香，舌嘗有味，身覺有觸，故知一切大處具有諸塵，故云諸根遍彼共受用故也。

**章**如中有等。　景釋云：如中有色地與四塵各但有一，則不相礙。如中有者求受生處，石山委過而無障礙，若中有相過或入母腹不能得過，即是有礙。諸色亦爾，而彼諸色非無對性。云云。

**章**問大種造色等。　此下第四番問答，大種造色不相離分別。問《婆沙》百二十七文也，答《伽》六十六文也。《婆沙論》中別有答文，今此章不用小乘答，別以大乘義答也。

**章**六十六説等。　此下答文，答中大分爲三，初、由六十五文明三不相離，次、由《伽》第三文明二不相離，彼章主釋，今即初也。

俱時而有者，大種、造色俱時而有。

互不相離者，彰同一處住。

由彼種類等者，舉俱時而有之由。今私釋此意云：彼種類者，大種造色有種種別云彼種類。異熟、長養、等流三類，或四大種類別，或所造色五根、五境、法處色類別，三界業果、定果類別。

因所成故者，因謂種子因，《對法》五説：由不共業種子爲增上緣，不共相種得現行，由共業種子爲增上緣，共相種子得現行。云云。由是見之，則因言含容共、不共業種子及自相、共相種子，謂大種造色自種彼彼類別，在本識中頓現一相時，隨共、不共業增上力自相、共相種子各別，俱時有不相離，諸根遍一處共受用，諸根別緣因別所成，雖因別成不相離故，頓現一相中俱時有，爲顯此義云彼種類因所成故也。

**章**如一味團等。　秋篠曰：此喻明同處不相離義。云云。又《周記》云：如一味等者，即藥丸等，如乘藥能、所造，所造一一皆悉如米粒大，更相遍故。云云。

非如麨、稻、末尼等聚者，彰更相涉入遍一切處義，若如惡義聚不可言更相涉入也。

**章**又此有三等。　秋篠曰：又此者，即指上文俱時而有互不相離之文。今云：此釋實爾，明有三不相離也。《唯識演祕》曰：案於《瑜伽》六十五，有三種不相離。云云。

**章**一同處等者。　六十五文説，一、同處，二、相離，三、和雜，《演祕》文云，一、一處，

二、相雜，三、和合，今此文云，同處、和雜、相雜，雖有違，義無乖。《演祕》釋一處不相離云，諸大種及所造色同住一處，能造、所造更互相望，大小量等涉入不相障礙，處所無異名爲同處，無別極微二處而住名不相離。且如一眼七物相望互相涉入，同一處住，謂眼、身根、色、香、味、觸能造地大〔三〕，七各極微，同一處也。二、和雜，《祕》中云相雜。彼釋云：如一眼根有多極微，一根微處，七物同住，以此七物對彼七物，雖非同處，然相和雜，隣近而住，名之爲相。七七各別名之爲雜，無間隔故名不相離。云云。三、相離，《祕》中云和合。彼釋曰：又若有聚或麻、豆等，爲諸膠蜜等之所攝持和合一聚，然不相涉入，復是異大所造，異聚相望故名爲和合。不相離者，無間隔。云云。今云：《祕》釋同處義意相分、相雜與和合，其釋未痛快也。《倫記》所釋二與三相分尤易解了，後學由是應解。《倫記》云：自類大造與餘類大造更相涉入云相雜也，和合不相離異類和合，若先有長養大造處，後來長養大造雖別能涉入，此云和合。又先異熟大造，後長養大造來涉入亦名和合。云云。

**章**又《瑜伽》第三等。　答中大文第二明二不相離，彼文曰：又不相離有二種。一、同處不相離，謂大種極微與色、香、味、觸等，於無根處有離根者，於有根處有有根者，是名同處不相離。二、和雜不相離，謂即此大種極微與餘聚集能造、所造色處俱故，是名和雜不相離。已上論文。《伽抄》所釋與此章意全同。

**章**同處不相離者如一等。　答中第三章主釋二不相離。此有二説，初、第一説，復、第二説。初説之中有二文，初、就無根色釋，後、釋有根色同處。如一離根等下，初文也。《章》現本作如一眼根字誤，《對法疏》作離根爲正，秋篠所覽本作離根而示，《祕》云：此文初標無根色。云云。

**章**阿拏色者。　標一聚體，謂眼所見最微者也。四大阿拏等下，明一聚中聚集物。

阿拏者，舊云阿耨，《俱舍光記》云：梵云阿菟，此名微，眼見色中最微細也。云云。七極微成微，此七微名阿菟，菟、拏二字音相通也。《雜心論》二云：色之至細極於一微，故説一微爲色分齊。同論頌曰：七微成阿耨，七轉成銅塵，及水、菟、羊塵，銅塵者，新《俱舍》云：積微至七爲一金塵。云云。舊《俱舍》云鐵塵。光法師釋云：金、銀、銅、鐵總名爲金。所以諸文不同者，皆爲一塵，於金中往來不障，故名金塵。云云。當知從七起。已上頌。彼自釋云：七極微成一阿耨，彼是最細色，天眼能見，及菩薩、轉輪王見七阿耨，爲銅上塵。七銅上塵爲水上塵，七水上塵爲一菟毛上塵，七菟毛塵爲一羊毛上塵。已上《雜心論》文，《俱舍》十二説義辨同。菩薩所見者，即最後身菩薩也。

八阿拏者，四塵、四大爲八。

加聲爲九者，一極微聲轉輪聖王、後身菩薩天耳所聞也。

**章**加身爲十等。第一説中第二文，約有根色釋同處不相離。秋篠曰：加身等者，標有根色。云云。今云：約有根色中有四，初、標有眼[四]色，二、約七物明不相離，三、簡小乘，四、敍大乘義。

隨餘根爲十一者，除身根餘根中隨加一，故云隨。謂此諸十一色並相涉入，合成一處，無別處所，是同處不相離義也。

**章**或眼、身、地等。二、約七物明不相離義，謂七物相望互相涉入，同一處住，此同處不相離義也。

一因一果同在等者，秋篠曰：以此文證其七物中所造六故能造地。大亦有六地，而總言地者，地義等故。若不爾者，同一果六，何得説言一因一果。以六能造望六所造，各因果一故。云云。

**章**非如薩婆多等。三、簡餘宗。秋篠曰：薩婆多宗極微各別同聚體，異極微聚集成色聚。又經部師積小成大，若如彼宗諸色極微二處而住，即同處等三不相離皆無差別，今簡此等故云非如也。

**章**今者大乘本無等。四、敍大乘實義。若小乘本有極微，其體實有常住，同在一處其體各別，今大乘宗但立假有。秋篠曰：今者大乘曾無極微，若從種生必聚集生，或細、或中、或大，隨其大小即是一體非異體集，同類、異類一切大造無別極微，隨所有聚皆相涉入，名不相離。云云。基辨曰：大乘無極微，雖無真實極微體性，如慧所持彼量亦成。五十四說：非集極微成麁色故。《成唯識》說：然識變時隨量大小頓現一相，非別變作衆多極微合成一物。云云。由是今說二不相離等相，皆第六識假想觀心上作極微聚集相之觀境也，如一乘非實有物聚集，故皆相涉入，或云聚集，悉是觀心之相也。

隨其所應等者，如前所言，無根色中有八阿拏，若此加有根色則加身爲十，隨餘根爲十一。如是隨應多少同在一處，互相涉入處所無異，此即識變聚集相現也。

諸根於彼等者，於此一色眼見是色，鼻嗅有香，舌嘗有味，身覺有觸，故知一地大處具有諸塵，依根識起，各知彼境，故云以心知境故爾。以心知境故爾者，諸根於五塵遍受用，以依根心知彼彼境受用故。故爾者，指上句能遍受用也。故由境生心故然者，識證境生故受用彼彼境也。故然者，指上句於彼遍受用也。

**章**和雜不相離者等。下第一說中明第二不相離。

即前同處不相離等者，此和雜不相離於前同處不相離上，雖同處住，諸根受用各各別，不爲一義邊立此和雜不相離義，非於別物立，故云即前等也。《伽抄》曰同處不相離者，隨有根、無根一切大，極微中即有，隨應一切所造色極微更相涉入合成一物，無別極微二處而住。

和雜不相離者，即此一大種極微與餘一切大種所造極微，雖同一處非成一體，性各別故，用各異故，知非一性。諸根於中遍受用故不相礙，故知同一處名同處不相離，性各別故，用各異故名雜，同一處故名和。處所無二，俱依一所，體仍各別。已上《伽抄》。

**章**雖在一處等。下明同處和雜二不相離，非於別物上立。秋篠曰：問：此二何別耶。答：諸根遍用不相礙，是同處不相離義。性用各異處無二義，是知雜不相離義，非如麻、豆等物分析同在一所，互交雜義名和雜不相離。云云。

**章**又解大造等。　章主釋有二説中，此第二説同類、異類者，《周記》曰：且如香[五]能造大與所造香，同一處住名爲同類，香能造大望於味、觸等名爲異類。云云。秋篠由是釋曰：且四塵中色塵大造名爲同類，餘塵望是名爲異類。云云。基辨云：約異熟、長養、等流類異，云同異類亦可爾也。非如他宗等，謂非如小乘他宗同類大造，其中極微二處而住，異類亦爾。

**章**問異熟有時等。　此下第五番問答。異熟、長養、同異分別問答共據《伽》五十四文也。《周記》曰：此問意云：增長義邊名爲長養，即此異熟增長大時應名長養耶。云云。又景師曰：問意異熟色體前後相續，始從嬰孩終至成長，於中或有嬰孩時肥童子時瘦，或童子肥少年時瘦，則異熟體亦有增長，何故但攝異熟非即長養。云云。答由彼長養等，《周記》曰：此答意云：現在增長名爲長養，答由此長養能攝持故，能令異熟相續，永絶長養異熟不續，長養同外廓，爲異熟接，異熟不長養。問：現見從小至於大，如何異熟不名長養。答：現見以小至於大者，我先業力，非是現緣，能令大長養唯依現緣資故。云云。景曰：答意異熟之色從少至大，始從嬰孩生童子色等，嬰孩報色酬因則定，無有藉緣，有肥有瘦，同時別有長養根大藉現在緣或肥或瘦，童子報色由前業力大異於前，少年時色更大於前亦由宿業。然一一位中別有長養，藉緣增減，念念酬因小報自增減大報色，然於異熟相續，一一念中有長養色，能持異熟。此長養色當時藉緣故，有肥瘦增減等相故，非即異熟有其長養也。云云。

**章**猶如外廓等。　《俱舍》第二文也。彼文云：長養相續常能護持異熟相續，猶如外廓防援内城。今引彼文即證《伽》意。防援者，《應音》

曰：防援守護也。外廓譬長養，内城喻異熟故。非即彼者，非異熟即長養也。

**章**問爲一四大等。　下第六番問答，一造、多造分別。問，《婆沙》百二十七文。答，章主自義也。

**章**答相依而有等。　秋篠曰：章家依《決擇》文以自義也。今大乘宗相依而有方名爲造，非要極微各別而住故，一物中有多大種，多物聚中有一大種，皆得互造。由是當知，以一四大造一造色，以多四大造一造色。又多大造色，以一四大造多造色，理皆無妨。所以爾者，相依而有名爲造故。何以得知。相依而有方名爲所造。云云。《攝決擇》説等，此引文證相依而有。

**章**日輪光等。　此明一多互造義，謂日輪即五十一踰繕那也，彼所起光其量遍一洲内，此等光色少四大造多造色也。

因俱聲者，《對法論》一云：因俱聲者，謂手鼓等聲。云云。靈雋《對法疏》曰：因俱者，謂内外二種四大互爲緣生發得聲故，名因俱聲。而如《俱舍》難云，如不許一顯色極微二四大造，聲亦應爾，云何而二四大發聲名因俱聲。云云。秋篠解云：如手中聲，鼓中四大俱爲緣助，此手中聲因内外四大緣正發，故名因俱色。鼓中四大正造鼓中聲，手中四大爲緣助故，此鼓中聲二因緣正發故，名因俱聲。云云。基辨云：秋篠所言未痛快也。今按章主《對法疏》云：因俱聲中既許多大生一造色，故眩色等依二大生，如和(一六)香等。云云。又云：問：積顯以成形，形表皆稱假，積香成和合，和合應非真，前因俱聲爲難亦爾。答：相待形便共形表皆成假，待餘香尚在，和合故成真。又難。積短爲長失本短，長短非實。折彼俱生成和合，二香成假，於此難中應設功力。云云。由此所釋可知章主意，謂有執受手。大種與無熱受鼓。大種，二俱爲因。因者，相助緣。此時由相助緣，從本識中二俱共受用大種自種生其大種現行，同時生二俱共受一造色、聲，和合香、味亦復如是。從自種生故名真實，若不論自種生，但以現因論，隨順小乘而説。

**章**既無極微等。　意言：薩婆多等一四大種俱能造一所造色極微，彼宗不許一顯色極微二四大造。所以爾者，極微體實性各别故，今者大乘曾無極微，若從種生心聚集生，彼此相依互不相礙，故皆得造。

安永第九庚子臘月念三，於東都淺草玉龍山延命院寓居筆記之訖，草案不可他見也。

南部法相末學沙門基辨。生年六十三歲。

義林章師子吼抄卷第十九。《五根章》追而可書加。

此次。

**校勘記**

〔一〕「申」，疑爲「由」。

〔二〕「長」，疑後脱「養」字。

〔三〕底本原校云：「原本冠註曰：其外塵等，今問：外塵者器界五塵，本宗説器界第八相分四分合異熟識體，何故今云外塵無異熟、長養耶。答：今云外塵無異熟、長養者，謂無異熟、長養二等流，非云外塵非異熟。外塵從第八識中自種而生，非有前成後生自類相生之義。前後相似，此本性等流，非相生義，外塵相生皆異熟識生也。又問：内扶根塵具異熟等流，何故但内五塵云具之耶。答：内五塵與能緣心同處，故云具異熟等流也。若爾，云離能緣無緣，又云四分合識體，外五塵與能緣心别處有，故應不成泯能、所義，如之何。答：大乘真實義門，云泯能、所及四分非離非即，今隨轉理門以爲釋，全無相違。」

〔四〕底本原校云：「原本冠註曰：第三轉色，此章主所言三傳與《婆沙》異。《婆沙》百十八云：聲屬第三傳，謂業生大種，大種生聲，聲屬第三。云云。章主所言非由《婆沙》，必勿濫。」

〔五〕「傳」，疑爲「轉」。

〔六〕底本原校云：「原本冠註曰：景師第二説立聲界異熟義云：從業所感七處大種能發聲處名爲聲界，此是異熟聲體，雖有酬前業起，以不相續是異熟生，不

# 大乘法苑義林章師子吼鈔卷第二十

《表無表章》

南都西京藥師寺傳法相大乘沙門釋基辨撰

**章**此通三乘。《鈔》曰：一本作此通二乘，此爲是。次云若大乘説故，以云通大小二乘爲穩，無應云三乘理。雖有名聲聞乘戒，無名獨覺乘戒文，獨覺自然無師得，故無身、語受義，但意業受。又雖有部行獨覺初同聲聞者，此同聲聞[一]戒故別無獨覺乘戒，但云小乘攝此等爲正，故云此通二乘爲穩。

**章**若大乘説。《鈔》曰：簡別小乘，小乘宗中不立意表故。《雜心論》曰：意業非作性非色。云云。又《俱舍・業品》頌曰：此身口二業，俱表無表性。云云。而[二]云意業，不云意表業也。又《正理論》三十，三[三]十丁。説：何故唯身、語業表、無表

名異熟。云云。此不正義，第一説爲正。基、泰、景三師同以云聲種異熟、現非異熟爲正也。」

〔一七〕「折」，疑爲「析」，下二「折」字同。

〔八〕「望」，疑爲「質」。

〔九〕「彰」，疑爲「影」。

〔一〇〕「二」，疑爲「三」。

〔一一〕「辨」，底本原校疑爲「塵」。

〔一二〕「旦」，疑爲「但」。

〔一三〕底本原校云：「原本冠註曰：能造地大。《祕》曰：問，所造色六，能造何一。云云。答，有二釋。一云：雖一地大，通能造六，故能造一。方（整理者按：「方」，疑爲「二」。）云：所造六故，能造亦六。別言能造一者，據地類同合言一也。如云一眼七極微成，而實一根有無量微，但言七者，據類談也。能造亦爾。」

〔一四〕「眼」，疑爲「根」。

〔一五〕「番」，疑爲「香」。

〔一六〕「和」，疑後脱「合」字。

性，意業不然。以意業中無彼相故。謂能表示故名爲表，表示自心令他知故，意無此事故不名表。云云。

**章**有義表業。云云。第一有義[四]説表業有三中有三説，第一《義鏡》義，《顯業抄》依之，第二義寂《廣章》義，第三《詳口抄》所載唯心律師義也。此三説中以第三唯心律師説爲是。何故第一《義鈔[五]》所釋不云是耶。答：《義鏡》説雖無害未盡，唯心律師會《義鏡》説云：但《義鏡》釋諍無表事，顯意表有無表有無之[六]。今云：《義鏡》爲唯心上人所云本，故《義鏡》爲正。第二義寂《章》以有義二字安次，其此意業發無表上《詳口抄》中舉《廣章》云：若大乘説表業有三，更加意業[七]乃至無表業中有義唯二，謂身及語，以意地中無無表故乃至此義通三乘説。有義：意地亦有無表，然唯是善，非染無記乃至有義：不善亦有無表[八]，十惡業道極重方成後三，意表亦發無表，理有何失乃至此二説中前解爲正，外彰身、語令他表知，有增猛故。云云。今云：此《廣章》説道理不穩，謂無表業有義唯二，謂身及語，以意地中無無表故之説，雖云通三乘，大乘經中何處説無表但身、語二，意無無表耶。違下章問答分別文意故，此《廣章》釋非章主意。又唯心師評此《廣章》云：《瑜伽》一論始終意業發無表之旨明也。是故三師異論專自此出生，故有義之言安表業之上也。三師共引此文，初二師證意業成無表所依[九]義，第三師可致會通，雖爾，略故不引也。

**章**《瑜伽》五十三説。云云。《略纂》十三釋意表知曰：如身、語二種表示於他，意唯自表，加發身、語業時，必有意表以爲方便，自意表知我作如是事，即後念、即決思現、即當念前表知後作此事，意俱表業名意表業。云云。又《倫記》曰：景云：但自内心三性心起，表了現前法名意表業。秋篠詳曰：二師釋全同。云云。《報恩吼》曰：今謂二師不同，秋篠云同不是，《略纂》約前後釋表，不論對境，景釋以意思緣前境法爲表，不論前后。

云云。基辨評曰：《報恩吼》簡髮數米而梳炊尚不辨菽麥，今謂《略纂》《倫記》共約當念現前表知而釋，此云前現前義，決思當念現前表知后作陳情乞戒事也，故二師釋無別。又《演祕》釋曰：問：表義云何。答：后思表前思名意表業，乃至又思見分及自證分互相表名爲表也。云云。如理《演祕》釋曰：後表思前思者，此明意表業，後思善表前思亦善，猶如身表至第三羯磨，雖住無心猶依身業得名表也，謂表前初乞戒方便思是善乃至恭敬合掌儼然如初，思是表知前心是善。今云：此《演祕》釋意云後思表前思，約前後相續明意表知，即是約當念現前云後思善，後思現前時表知前思善，非約前後相緣而釋。然元輪《詳口抄》中，但以前後相緣之義釋表彰，甚不可也。云前後不相緣時不表彰乎之難來，故以前後相緣釋不可也，可知云前後表彰約前後相續意而論表彰也。又《略纂》及《祕》釋，約四分中後三分而釋，約當念相緣而論也。《詮要鈔》中立四類釋，以《略纂》《倫記》《演祕》等約前後念相緣義而釋，甚爲不是。又覺盛云：後念決定思[一〇]，定表前念審慮思所思察善惡事，故云後思表前思。云云。又叡尊云：前念思審慮思，後念[一一]決定思，審、決相望應有表知義也。云云。今云：此二師釋雖一往有理，不盡法相，甚不是。審慮思多分歷多刹那、多年，決定思亦初念是多刹那也，何局云前思審慮後思決定耶。故二師釋甚不是也。

**章**若有不欲。云云。 此文説意表業文也。《栖翫記》曰：若有不欲等者，此是不與身、語俱者，身、語俱者相離知故。云云。《報恩吼》引是曰：今謂此約獨行釋，不符章主，章主就方便意，如上所引《略纂》。云云。基辨詳曰：此《報恩吼》之所言，全元輪《詳口抄》文也。《抄》云：問：獨起意歟。又方便意歟。如之何。答：身、語方便，審、決二思也。《略纂》釋今文云：如發身、語業時，必有意表以爲方便。云云。《本論》説意表業者謂二前行。云云。故審決之位未發身、語，故云若有不欲等也。云云。已上《詳口抄》。基辨詳曰：《栖翫》無害，併不盡，審、決二思俱意識，縱雖發身、語業方便，不與五識俱，此即名獨起意識。審、決二思多念相續故可名獨起也，《栖翫》之所言全無害，元輪《詳口[一二]》此亦穿矣。

**章**其此意表。云云。此下正明意表業爲意無表所依，此即第一有義也。

問：大乘立意表、無表三思中，以何思爲意表業，云爲意無表之所依耶。答：就是古來有八家釋別。一者、《成唯識》曰：意表以前二思爲體。云云。如次章出體下引釋。二者、淄洲《十業道章》曰：決定一思爲意業道，不爾，意業有重發故。云云。《義燈》一本。三十，四丁。云云[一三]。三者、中川實範義云：身、語動發思已後別起意業動發，可爲意無表所依也。如《祥口抄》《詮要抄》出[一四]。四者、海住上人義云：以決定思名意表名意業，此爲無表依。本論説意表業者謂二前行，《疏》引《伽》五十三釋曰：不發身、語思名意表業，自有表知故，此二種思是發身、語遠近加行，動發勝思正發身、語，是三差別。云云。五者、《同學抄》云：身、語動發[一五]勝思位亦以作動意思，名意業動發勝思，此種上可立意無表也。六者、叡尊義《撰集抄》云：以決定思種爲無表依。云云。與海住山義同。七者、覺盛義《撰集抄》。云：身、語同時意思種爲無表依。云云。八者、守千《栖翫記[一六]》審慮、決定、動發勝思三思種爲意無表依。云云。

問：上來八家中以何爲正耶。答：第一《成唯識論》文但定意表業體，非論意無表依，此章出體文亦復爾。第二淄洲《十業道章》取決定一思種爲意無表之依，第三中川所論云別起動發，雖似相違至實義全無違，謂不與身、語動發俱時決思種，與身、語動發已之決定思種，位雖似有異，論其體同是一決思種也，故理無違。第四海住山由第二淄洲義，第六叡尊同之。第五《同學抄》與中川義相同，第七覺盛義亦與是同，第八守千義通漫難了。

**章**菩薩亦成。　下[一七]明成善意表業爲十善業道之依由。菩薩二字標大乘簡小乘，《詳口抄[一八]》《論要》同之。云[一九]：問：菩薩者指大乘教歟。又指大乘機歟。如何。答：叡尊云：指機也。此文意者，菩薩所受三聚淨戒三業十非同俱受之，必定應有後三能防無表功能，道理必然，故約所依時三業之中意業何不發無表耶。云云。又有但云大乘教則有疑離[二〇]，於大乘教中無一處説意表業爲意無表之依故。云云。今云：此菩薩言但約教及機之説未盡，此菩薩言指乘，乘此運載教、理、行、果共健運，是云乘也。無教在理成立意無表，理必由教立，自在行果之間故，此是指乘云菩薩也。亦成者亦言，亦動發思成前七無表。成言古來有多釋，《十帖抄》約能、所成能、所緣有四釋[二一]。又《顯業抄》云：釋菩薩亦成有三義。一云：聲聞唯成身、語七支能無表，不成後三能防無表。菩薩不唯成身、語能防無表，亦成意三能防無表，故云亦成，是以能依顯所依也。二云：聲聞唯成動發勝思所熏種子上身、語七支能防無表，不成意業所熏種上後三能防無表也。菩薩不唯成動發思前七無表，亦成決定思所熏種子上後三能防無表也，故云亦成。三云：聲聞唯成決定思上前七無表，不成後三能防無表，菩薩不唯成決定思前七無表，亦成後三，故云亦成。云云。《詮要》者評云：初二是正義[二二]，第三不正義也。初二中第一相承義也[二三]。又云：唯是善性者，第一師所立自義，則對第二師詞也。菩薩亦成者，是述所由，又對第三師詞也。唯有三支依業道故者，對第二師及第三師陳自義意。云云。今云：叡尊設救釋，雖理無害，紛亂難了。此中明就大乘第一師成立自義由，此爲肝要，餘皆傍義，非文實義也。

唯有三支等[二四]者，《義鏡》曰：業道即十善業道也，無貪等三相應現思遍依三業十善業道而得起故。何以得知。《識論》第六云：十一善中十善遍善心，輕安不遍。已上論文。十中既有無貪等三，故知意三遍依業道。前之七支唯依身、語二業道，不依意業道，後之三支遍依三道，今簡前七故云唯也。云云。《報恩吼》中以此《義鏡》爲不是。彼曰：《義鏡》約三善根遍依者，不允。《略纂》云隨。此章《略纂》無遍字及意故。今云：雖無遍字，以理釋，《義鏡》釋爲穩當。唐本章及《決擇抄》中作依三業道故者，不是也，三字衍字[二五]。又《略纂》曰：意業無表隨業道故，但有三支。此依三業通有、無表，但説身、語，非遮意三。云云。今云：此意即彰意三遍善，若無無貪等三善意無表業，不能身、語善無表成也，故云但説身、語等也。

**章**除染無記等者。　除染無記者，成上唯是善性之唯字也。染無記者，不善有覆也。

業增上者等二句，《義鏡》曰：業增上者等者，意思有三，謂上、中、下，唯上品思能發無表，故云業增上者便發無表，餘中、下二品便不能發，故云餘則不然。云云。《栖翫記》曰：業增上者等者，亦同七支，上品方發，中、下即非。有説處中爲下品者，約別義説。若實下品以是知非，此中必定通處中故，《義燈》指故。云云。今云：《栖翫》所言與《鏡》同。處中無表亦有三品，此常途所談故。叡尊曰：《栖翫》意七衆百行並俱論，故云通處中。云云。

問：三有義廣通律、不律儀處中歟。只限處中歟。如何。答：古有兩[二六]義。今云：此是明十善百行。此十善有二，一、別解脱十善，菩薩律儀。二、處中十善。此章大乘表、無表故，以菩薩十善百行攝一切律儀已。今云：十善有二，一、別解脱十善，二、處中十善。此二中共有三品，其上品者便發無表，中、下品者不發無表也。《報恩吼》中評曰：云唯是善性。此中文勢總取善者，此非於三品善擇取上品者也。此云除染無記者釋上唯字，此云業增上者釋上善性。言餘者，於三性中除善之餘，即染無記之意表業。無有無表，故云餘則不然。今云：巧者顧而失矣。　基辨云：今設一解云：如《唯識疏》二本四十二。云：殊勝思者，簡下、中思不發無表。云云。古來釋云下，謂下品即審慮思，中謂決定思。云云。此釋由《伽》五十四文云：由軟、中、上三思別，一、審慮思，二、決定思，三、等起思。云云。今

**章**極重亦成。　指十惡業增上者云極重。亦成者，古來有三家釋別。一者、《義鏡》曰：成無表。云云。二者、栖翫曰：後三意業成波羅夷，如何不發殊勝無表。云云。三者、《顯業抄》云：十惡業道方成惡業道。云云。《顯業抄》中破第一《義鏡》釋曰：若依此義，次下句云後三意表亦發無表，豈非重言。故知非也。又舉《栖翫記》釋不辨是非。已上《顯業》。又舉云方成惡業道之釋評曰：於業道有方便與圓滿之別，一、事想，二、欲樂，三、煩惱，四、方便，五、究竟。五支具足圓滿業道也，亦名根本業道，五支之中隨闕一支方便業道也。如是十惡俱極重，具足五支成根本業道，豈有於同極重前七發無表，後三不發無表乎。依此釋可讀十惡業道極重方成也。云云。《詮[二七]要抄》舉此說，云此義最勝順文相故，《報恩吼》亦以此說爲好。基辨評此等義云：《顯業》《詳口》《詮要》同云方成十惡業道體，其釋意縷縷雖似有道理，不協章[二八]文意。又《栖翫》之所言云成波羅

由是釋此文。

則業增上者，不簡別解脱十善、處中十善，與等起思俱意思。業增上者，種子俱發無表。餘審、決二思不及等起思俱，思種不發無表，故云餘則不然也。

**章**有義不善。云云。　此第二師十不善業道極重增上亦成無表，故意惡表業成無表所依，非如前師言唯善業。此第二師云十善業道如前師義，故今略不言也。

**章**十惡業道。　《瑜伽》第八云：不善十種業道，所謂殺生、不與取、欲邪行、妄語、離間語、麁惡語、綺語、貪欲、嗔恚、邪見。已上全文。《義鏡》解云：此文如次身三、口四、意三，是爲十惡業道，此有三品。今云極重者，即上品也。又《義鏡》云：《伽》六十說貪、嗔、邪見業道非業。又《成唯識》第一文說前七業道亦思爲體，言亦者亦於意三也。若准《唯識論》十惡業道皆思爲體，云何《伽》六十文說貪、恚、邪見業道非業。《無垢稱贊》中評是云：《伽》六十文隨轉理門，由薩婆多說，《成唯識論》文真實理門。廣如彼《贊》第二卷說。

夷，是亦雖有理，違下章所言。此章意謂不共住治罰法故非失戒義，若爾，雖犯波羅夷爲不失戒，若不失戒，則不失善無表，不失善無表故，無應起惡無表由，故《栖翫》所言通漫難了。今私釋言：十惡業道已下，立不善有無表理，十惡業道極重六字，舉標宗中不善體，方成後三等十四字，正立理。謂方成二字，成立今第二師義。後三意表者，意惡表業，亦者説身、語惡表業發惡無表。發無表者，貪、瞋、癡意惡表業爲惡無表之所依也。今師成立此義故云方成後三等。

理有何失者，結徵理。秋篠云：成無表雖有道理，亦是通漫。而百行所攝已下，爲述理文。十惡業道已下文，云標宗，作科如是，故方成字釋意味不彰，遂以理有何失四字令無味也，故古來釋皆以不可得也。

**章**百行所攝。云云。二、善惡相翻立理，百行事《伽》五十三説也。於百行律儀中既有意三無表，此即律儀無表也，名律儀故翻是。乃至云云。正翻立理，意三表、無表名律儀，翻知不律儀意三惡表、無表亦有，故知意三二句結意三發無表爲依。

**章**何容發身、語。云云。下三三業相例立理。此中有二，初、正明三業相例，二、舉證文，此即初也。

何容二字，正立理之辭。發身、語思種各無表八字，能例舉共許身、語表業爲無表依，立意表業應有無表之理也，獨意猛思。云云。已下所例。最行《集解》釋曰[二九]：獨頭意識俱猛思。云云。又覺盛曰：舉根本猛利意樂，例身、語方便之意。云云。又叡尊曰：簡身、口思云獨，非指獨行意。云云。又《詮要》或《抄》云[三〇]：發身、語思者，動發勝思，獨意猛思者，審、決二思也。云云。今謂：獨字釋以叡尊釋爲好，獨者猶云唯也，非必云獨起意識，最行釋不穩，又覺盛釋通漫不當也，又《詮要抄》釋云審、決二思，是亦通漫也。基辨云：唯云意思業，則通云審、決二思也。今云意猛思故，取決定思後念，是意思中最猛利故。《瑜伽論》中審思云下思，決思云中思，今於中思中猛利思故云猛思。此猛意思種上立意業無表，《燈》師所立也。如上已辨不名無表者，上何容二字冠此四字上而爲立理之句。謂於猛利思種上立無表，三業可齊，何故唯獨於意猛思種上不令立無表耶。是正立理也。

故知三表等者，總結。

**章**三罰業中。云云。此下二舉證。《中阿含經》中説三業中意重，又《婆沙》百十五，十七丁。又《俱舍》十八五丁。《業品》説三罰業[三]自比校意罰爲大，如《二十唯識述記》下卷説。

**章**仙人意嫌。云云。《中阿含經》中佛返問鄔婆離，長者白佛説因緣，如《二十唯識論疏》下。

**章**《二十唯識》頌。云云。三、正舉證文，如《二十論疏》下具明由仙忿殺多生及意罰大罪。

**章**意有無表。云云。第三、約三性簡結第二師所立。

**章**然意無表。云云。第四、示實明意無表名色約所防説。一切法以三聚相攝，一者、色聚，二者、心聚，三者、非色非心聚，此中意無表論其體相則是非色聚。

由是有處故云非是色性不發現行等者，明非色性由，翻示無表名色非約所發，約所防而説也。

現行身、語色者，合掌禮拜云身色，陳情乞戒云語色也。然字轉語，如何此處用轉語耶。答：初列名中云表色、無表色，而今此明，三有義文雖明表色段，此中所言意業無表亦准列名自知是無表色，今示其實總意用轉語也言。然意無表其實是心法可謂非色性。其所以如何。不發現行身、合掌禮拜。語障[三]情乞戒。色故，明約所發意無表不可名色，翻知約所遮、所防故此意無表亦假名色。

攝在列名無表色中發身、語者等者，立第二所由，重明意無表非約所發名色也，治承古本作即彼攝故[三]，現本脱即字，不是也。檢《詳口》《詮要》《顯業》等諸抄，以此然意無表非是色性文，立意無表非色性義，覺盛立題不攝意無表，叡尊立兼正明意無表正是非色，皆誤解此文，不識翻明約所防名色，故學者審察。

又唐本章即彼攝故下，有種雖防貪等不遮色故之九字，由是《詳口抄》中云：此文後三唯能防也，無所防故云不遮色故。今云：此抄所言甚不是也。若無所防則對何云能防耶。基辨按：若不遮色之言釋云不防遮色，則此唐本不是也。此唐本脱文九字不成句，以無九字本爲正，强助此九字云，防貪等者即防貪、瞋、癡色等境，故從所防意三無表名色，故不遮與色名也。如是釋有此九字亦好。又《義鏡》曰：今此師意，意三無表於三聚中未詳何聚，此文唯言非是色性，不言彼收。云云。又《報恩吼》曰：今謂此中意者，《瑜伽》等中意有無表尚無明文，唯以義成，何況有論是色非色之文。皮之不存，毛將安傳。今准身、語無表名色之義，此意無表不發身、語色，故云非色性。又下章云：此意俱思不同於彼，不發於色[三]，亦不遮色，不稱色名。云云。基辨云：《報恩吼》等非任文取義者之所知也。

下章文云不稱色名，此第三師不立意無表之説，引之破意無表色，不辨菽麥之謂歟。破謗大乘之人，不可親近也。

**章**有義意表總。云云。自下第三師准小乘麁顯義，立意表不爲無表依。此中有四，初、立自義，二、遮前師妨，三、評前二解，四、總評斷三有義，此即初也。

總教雖然等，釋此總別言，古今有兩義。初古義者，按《義鏡》曰：總教者，前師所舉，《伽》五十三説意表也。雖然者，其理可爾。別文者，《成業論》文説意業但以思爲自性，身、語二業用表、無表爲其自性，而不説意業以無表爲性，此云不見別文説有等。已上《義鏡》意也。又元輪《詳口抄》舉叡尊説云：《瑜伽》總釋諸經論故，對十支末論云總教，今指五十三卷説意表業文也。十支末論，《瑜伽》支分故，對本論，《顯揚》《成業》

等末論云別教，今指《成業》文也。云云。《詮要抄》《續後抄》等同是。《聽聞抄》云：總相大乘教説有意表故，雖可然。云云。二近來義，《報恩吼[三五]》曰：古解指《瑜伽》云總教，《成業》云別文，誤之最矣。今歷覽文之始末，非別局《瑜伽》《成業》兩論。今論大乘教中，總所教許故云總教，大乘之説非如小乘身、語有表、無表亦有，意業無表何有無表。今大乘意不簡無表有無，總許意表故云總教。聖言別點示意有無表此云別文，不見[三六]明文故下云處中無表無明文者，亦同此意，雖大乘無而《俱舍》等説故。云云。已上《報恩吼》文。基辨今詳古解及近來説曰：古解未盡，近來説爲勝。《報恩吼》舉例證云：元曉《起信海東疏》一二友。云：總説雖然，於中分別。云云。此本由《俱舍論》云：總説雖然而有差別。云云。此等意與今章總教言意大同也。總教者，指前二師採集《瑜伽》《顯揚》等本、末諸論文意，立意表爲無表依之義云總教，猶云總論。意表二字，此三有義諍意表爲無表依故，牒所諍云意表也。雖然者，許一分以理，前師云意表爲無表依故，置與奪辭云雖。

不見別文説等者，奪以立自義意表有不爲無表依之義。別文者，或《瑜伽》或《顯揚》等不交餘論文，但於一箇論上不見意表爲無表依之文故。今第三師立別義云唯身、語表爲無表依，此師義但於一箇論上成立義也。《報恩吼》釋別文字，云約大乘言非小乘，無甚穿。

**章**發身、語思。云云。下明唯身、語思有無表之義。《義鏡》曰：發身、語思者，第三動發勝思也。身投五體，語生尊重，皆由第三勝思之力，故云外影最猛也。外相既猛，内熏種子亦復增上，此方便時所熏種子爲第三羯磨後無表戒所依，以此種子爲發戒因，第三羯磨爲發戒緣，須因緣具方受得戒。今標具因故，云熏種增上可發無表也。意思内發云云者，明意思表不爲無表依故。

唯身、語等者，結成唯身、語表爲無表依。

問：如是成立唯身、語方有無表義，則前二

師如何立意無表耶。答：謂意表思業内發唯自表知，雖有增上意業，無外彰義，非云最增猛，意俱思業與動發思一時亦熏成種子，雖然，意思種獨不能用倍增。又必與動發思俱有用增名意無表，前二師與身、語動發思俱熏成意思業種上立意無表，此第三師約動發已前決定思雖熏種子無用增義邊，云唯身、語方有無表，不云意無表也。至實義全無違，《燈》二末六丁。云：問：無表之色乃至非根本故。云云。今云：此約身、語思種云俱時同一種，若五同緣意思種，雖俱時非同一種，色與非色緣境別熏故。

**章**仙人意嫌。云云。　自下第二遮前師妨。文勢有二，初、略遮，後、廣遮。略遮中亦二，初、舉前師三業相例而略遮，此即初也。仙人意嫌等二句，牒前師證文，遮意云：論中説仙人意嫌殺多生成意罰，今第三師意釋是，則縱成意業中重罪，豈得言必有無表。非謂重罪必有無表。

此亦不是等者，通伏疑。疑云：意罰業成重罪，何故不言不律儀無表所攝耶。有此疑故，今文通云：意罰業大罪亦不是不律儀攝也，今依大乘説不律儀。若生彼家，若不生彼，必須動身經營所有殺具，發言自誓我當殺生，以此身、語爲勝方便，更發決定要期恒作之心，方成不律儀業。今此仙人本自不發此等惡願，但由諸人數與不吉不得忍受意生忿恨故，彼仙殺三圖[三七]衆生，唯是重罪，非不律儀。所以爾故，諸不律儀必是重罪，非是重罪皆不律儀，既有異故，云此亦不是不律儀攝也。已上《義鏡》。

問：前第二師意如何遮此妨耶。答：仙人意嫌何言不發惡願耶。如彈宅迦林因緣，彈宅迦王奪仙人婦，失仙食，索此婦人便，仙往王所慇懃求覓，王肯不[三八]還。仙人意憤，語其婦曰：汝一心念我，勿暫捨我，欲今此國土破壞。仙人夜念時雨大石，王及國人一切皆死，俄頃成山。云云。仙人意憤語婦云破壞國土時，三思具足成根本業道，此即誓起惡願，其後夜念時即用倍增始也。

此無表起時，初雖三思具，夜念殺國人故爲意罰業大罪。又如末蹬迦林因緣，以糞汁洗灌仙人，仙堪忍，後常以糞汁洗故，仙人不復能忍，心生恚恨，乃雨石下，王人皆死。是亦准彈宅迦林，仙人心生恚恨時心願國人皆殺，由是後意念下石王人皆死也。《三十疏》二本云：散意殊勝祈願，即是別脱表戒，皆發無表。云云。由是可知，仙人意嫌殺多生，是即大罪，亦不律儀，云發無表故。此是第二師立惡意無表之意也。第三師由末蹬迦林因緣一往解説，作此念非如實義也。

**章**若由律儀。云云。　二、牒前師十善十惡相翻略遮。第二師立理，云百行律儀中有意三律儀，翻是十惡業道中意三惡業應有不律儀無表。今第二師遮云：若爾，《百法明門》中立法處所攝色，其法處色中立受所引色，是身、語受所引善惡無表色，不説意受所引善惡無表。如前師立意業有不律儀無表，何故《百法》中不説意受所引色耶。第二師返遮第三師云：意三律儀、不律儀色共受所引色[三九]攝。《對法疏》二四十八丁。云：雖定、道戒得不從他，然方便時亦從師教，不律儀戒自邀期，或從他受，由是總説名受所引。又別解脱、惡戒無表，定由是可知，定、道戒善意無表名受所引色，散意善思亦殊勝祈願有無表，別解戒攝。此皆方便時從師教示故名受所引色。如仙意嫌意罰，自邀期故，此亦意三受所引色，故第三師遮意非如實義，以第二師爲處處説實義也。

**章**若依此義。云云。　自下第二廣遮。此中有二，初、就名通局遮，二、引文證，今即初也。

若[四〇]依此義者，章主依第三師義釋名通局，先通前師伏救。救云：受十善時即熏善種，此十善性[四一]各有功能[四二]，於此十種十類功能義名律儀，亦名無表。由是當知，律儀、無表名異義同。通此伏救[四三]如文，《義鏡》述通救意云：雖受十善有十善種，雖有十類防非功能通名律儀，而無戒但在前七，後意三與唯名律儀，不名無表。所以爾者，律儀名通，無表名局，故律儀無[四四]無表如其名異亦別。已上《義鏡》意。又曰：問：雖受十善等中票〔四五〕二雖字，是有何意。解云：初一雖字票種子體，後一雖字票防非能。云云。今云：此釋尤好，現本作唯不是也。《義鏡》所覽本、治承古本等皆作雖字。

義各別故者，《義鏡》引南山説明律儀與無表之別云：律儀、無表如其名異亦別，故宣律師云：通行無涯是律儀也，對境禁約是戒義也。如比丘戒，具緣受已見生不殺，望此一境名持不殺戒，望餘衆生名持律依。已上如彼抄。今云〔四六〕：南山師説非釋此等〔四七〕之助，《義鏡》引是釋通漫也，謂此章是大乘論説，非小乘説，是故今可言，欲受持大乘菩薩大戒，所邀期於十方法界無量無邊有命衆生，同時得不殺戒已，得已見生不殺，望此一境名持不殺戒，望餘衆生亦名持不殺戒。一切戒皆悉爾，是故南山所差引非此章所用也。秋篠引之〔四八〕，甚不是也。

問：若爾，如實義如何爲此別耶。答：如次下章言律謂法式，儀謂軌範。又言，律儀者諸戒通稱。云云。《瑜伽》二十二十三左。曰：問：何故世尊宣説尸羅名爲律儀。答：由此尸羅清淨善法是防護性，是息除相，是遠離體，故名律儀。云云。《三十論疏》曰：律儀戒是善任持。律者法律，儀者儀式。無性曰：於不善能遠離防護受持故名律儀，此即是戒，故名律儀戒。云云。以此等説可知舊《倶舍》中云護、不護非二，新論云律儀、不律儀等。又梁《攝論》云宗護戒，新譯《攝論》説攝律儀戒，是皆防護與律儀同，若無法律儀式，則防護何事耶。必有要期心，應防護彼彼事故，以有要期故名爲戒，亦應名無表，既第三師云受十善熏十善種，今可云受熏種上有防非能，是皆由要期心，十善皆理應有無表。然今云戒但七支，就七支不熏，則獨意思猛利種無應起無表理，談論戒但七支，非無意無表，若云〔四九〕畢竟無，則違大乘論意。

律儀名通等者，律儀之名通要期、不要期，不拘受、不受而應有也。無表之名必局要期受所引，故是名狹也。《瑜伽論》等律儀防護爲同一説，約要期防護律儀作此説，至實義無相違〔五〇〕。

**章**《瑜伽》五十三。云云。　二、引證成名通、局，合有三文，此即初也。

**章**共〔五一〕念有犯。　犯有二，一、作犯，二、止犯。作犯者，出家五衆内具三毒，我倒在心，鼓動身、口，違理造境，名之爲作。作而有違，污本所受，名之曰犯。犯由作成，故曰作犯，此是作惡以爲名也。二止犯者，癡心懶惰，行違本所受，厭不學諸勝業，故名爲止。止而有違反本所受，故名爲犯。

**章**身律儀善哉。云云。　《俱舍遁麟記》曰：此偈是薩婆多中七佛略偈也〔五二〕。《報恩吼》正之曰：此偈我釋迦佛之略教誡偈也，出薩婆多《律攝》十四。二十六丁。彼曰：釋迦牟尼佛出現於世，諸聲聞衆性多煩惱，造諸惡業，多行放逸，不修善品，作少善時便生喜足，爲三事故説其三頌，於十二年中説略教誡。云云。善哉〔五三〕舊譯詞也，義淨譯《百一羯磨》八七丁。云：佛言娑度。義淨三藏夾註云：譯爲善成，謂於其事善而能成也。

**章**遍律儀。　釋是有二意，一者、遍三業律儀，《頌疏》。二者、遍意招律儀。今云：以《頌疏》爲勝。

**章**若依前二解。云云。　《義鏡》曰：此下章主依前二師通第三師難。難云：若如第二師，若由律儀有百行故意亦立有不律儀無表，何故《百法》不別説耶。今文會之，此意俱思。云云。此下明以意無表百法中思心所攝，此且朋第二〔五四〕即會故，指動發已前審、決二思云意俱思也。今就審、決二思云不同於彼等，謂審、決二思不似身、語思故，不發合掌禮拜、陳情乞戒色故。亦者亦不發，不能防遮身、語非故，故審、決二思不與色名也。

義名無表者，此義字含前二師所立，明第三師會，故但云義，不云其實也。

**章**仍體是思即行蘊攝。　問：此難意以《百法》中不別説，然今會通何以五蘊耶。答：《顯業抄》

等。今謂，五蘊若攝，何妨《百法》不說。云云。今云：若攝五蘊則是攝《百法明門》，自可知故，今云即行蘊也。又有太賢《唯識學記》曰：思上別起身、語色用，心上色用改本性，故別立法數爲法處色。思防貪等以心防心，心上心用不轉本性，故不別立法處。云云。今云：此太賢所釋尤爲殊妙，然此唯就貪等自性明意無表是行蘊攝，若約貪等所遊處談所防，則離色等無別貪等應起境故。大賢所釋麁相說也。

**章**如意邪見。云云。　此[五五]下別遮前第二師立不律儀無表。云云。今云：此科不穩難了，謂此下別立第二師不律儀無表。

**章**如律儀中初二思。云云。　此舉例示。若約律儀而說是者，初二思時雖未辨事而名律儀，自他共許，不律儀中意邪見後初二思時例是亦同，此立意不律儀無表也。

**章**縱意無表。云云。　此前二師對第三師而談，意言：第三師云意思非最猛故無有無表，由是[五六]應縱言，我意無表是中容思上起，彼云非最猛，思種義名無表，是即彼此共許處中，彼處中無表亦於中容起，我亦同立。若汝[五七]云爾，處中善惡立意無表既今共許，中容既以如是，若强猛起，必可言律儀、不律儀無表也，已上光胤[五八]。故云亦有何失也。

**章**此三說內。云云。　此下第四評斷三有義[五九]。此文古師所覽有兩本。一者、此三說內之下有任意爲用之四字，溜[六〇]洲、撲揚所覽本如是，清素音石本如是，守[六一]千據是，叡尊亦由是。二者、如現疏本，《要集》所覽本，秋篠由是，《報恩吼》亦用此現本爲正。今云：兩本之中以淄洲撲揚所覽、音石所覽本爲是正，不可更加而已，就初本誠證如何。如《燈》二八右丁。末云：意業之中十善十惡發無表不。意中二解，然《要集》云，有釋。西明。三藏解云：五十三文唯約現行說意表業，准是無表依種子立。今尋三藏意，身、語表示他故名爲表業，思種不表示，是故說無表。意業唯自表，故得説爲表，種子不表自，故亦名無表。云云。《法苑》二説，一云發無表，一云不發，後説爲正。三藏〔六二〕意存前解。已上《要集》。此説不爾，《法苑》二説云任意爲用，不斷後説義爲決定，今者意准定發無表，既菩薩戒具防三業勝於二乘，盡未來際，云何不發殊勝無表。前二説者據處中説，非約律儀。云云。已上《燈》文。又撲揚《決擇抄》曰：問：今三説中何者爲勝。答：雖言任用，據實許意發無表勝。何以〔六三〕意勝身、語。菩薩防意，意有無表，故知爲勝。若爾，《對法》何故不別説意有無表。答：彼論通對三乘説故。云云。《栖翫記》及《文集》皆用之。《同學抄》中云：智周、清素、明詮所覽本亦以同《義燈》。云云。

問：《報恩吼》中引《三十論疏》二本四五丁。云：此意無表現行者名表，然無無表。《演祕》釋此文云：《章》有兩説〔六四〕，今疏同《章》第二師説。云云。若爾，章主意以無意無表爲正意耶。答：基辨謹檢《三十論疏》二本，四五丁。彼文初説散意祈願勝發無表已，云此意表業等，此之言指上散意。云然無無表者，明無祈願意思業無無表，故義意無違。今章主同三藏，以發爲正也。是故《報恩吼》以此疏文爲不發證，甚麁漫也。

問：《燈》中云前二説者，據處中説，非約律儀，何故云非約律儀耶。如《栖翫》言，處中可諍，其律、不律定發無表不可諍也，故云非約律儀也。今云：《栖翫》所言爲正，《報恩吼》中破云非約律儀，責于《燈》師甚不是也。又慈恩《章疏》多明有意無表，雖爾，至於選定依用無意無表之義，現流布本爲正。云云。今云：此説亦謬。取後爲正等者，現本作最後不是也，作取後爲正。此四句明大乘教中隨轉理門取不發義〔六五〕，有如正釋，此有別所由，以如是外彰身、語等之麁顯易了所由，有處亦以不發義有似正釋也。上來明意無表已。

**章**無表色中。云云。自下第二論列名無表色。此中文有四，初、牒三無表色，二、舉立處中無表師説，三、舉不立處中無表師説，四、評結二師説。

**章**一、律儀無表。　七衆所受律儀戒也[六六]。《略纂》曰：若取別解脱戒，正取七支種子相續防非義邊假立現行別解脱律儀，現起身、語一念即滅非律儀體。云云。《玄範抄》曰：此七衆戒並得盡壽持戒而説，其日夜戒亦近盡壽而住，故七衆收。云云。

**章**二、不律儀無表。　若依大乘説，生惡律儀家及不生惡律儀家，要須所期，心定現前，彼惡業期心決定方受得不律儀。已上《義鏡》。委説不律儀家業，次下三十四丁。引《瑜伽》第九有十二種，又五十三説，又《對法》第八，又《玄贊》第九，又《涅槃經》説十六種。小乘[六七]少異，《俱舍光記》十五，《婆沙》百十七，《雜心》十三，又大乘他家説《勝萬[六八]寶窟》，《大乘義章》七四・十七丁[六九]。

**章**三、非律儀非不律儀無表。　此名處中無表[七〇]，《義鏡》曰：善中極善説名律儀，惡中極惡説名不律儀，非是極善律儀、非是極惡不律儀故名處中。又曰：處中有善及有不善，謂雖善業非是極善，或雖惡業非是極惡，既處中庸故云處中。已上《義鈔》。又元輪[七一]《詳口抄》曰：辨律儀處中可有三門，一者、別解十善相望判律儀處中門，謂《瑜伽》五十三、《對法》等所説，於近事、近住分受少時名處中。二者、約起心要期，定律儀處中體門，《瑜伽》六十一及《倫記》釋由是。若由此義，則設雖七衆別解脱戒，不期涅槃受名爲處中。三者、單處中謂布施等，《對法論》第八。今謂：以元輪説三門處中釋爲盡理，《栖翫記》及《義鏡》等不盡理也。《俱舍論》中處中有發表者、不發表者[七二]，如次下辨。

**章**《對法》第八説[七三]。云云。　此下有三文，證處中有無表，此即第一文，南都相傳以此義爲護法正義，不置有義言故。云云。未辨其據。

彼所有等者，由《對法論》無彼字，住非律儀非不律儀者所有，由是可知，彼言指住處中者也。若布施等，《詮要抄》云：布施者七日之間誓布施，要期施也，無要期任運施汎善非處中也。歐擊等可准之，七日之間我誓擊人頭也。云云。今云：必不爾，但誓七日非云處中善，審、決、動三思具足作布施，或作歐擊，皆是單處中善惡也。以不故思所作云汎善也，若有要期，所作非單處中。處中律儀，作法受得故，小乘單處中要期有依福[七四]。玄範《對法疏》曰：布施、歐擊等善惡名處中者，約隨轉理門，若望菩薩律儀亦攝一切衆善四境、五度。云云。此是菩薩隨順法處中律儀，非單處中若歐擊等。歐作毆爲正，《説文》：捶擊也。云云。

**章**《決擇》五十三。云云。下第二文證。

一切皆是非律儀非不律儀者，《倫記[七五]》曰：明處中業，身、語、意業雖善非是律儀，以不要期求涅槃起故。雖起衆惡而不要期，一期活命故非惡律儀攝。

問：此處中業爲有唯有表爲亦無表。此有兩解。一云：但有表，而隨二善惡現行思上功能爲體。二云：亦有無表，即以種子功能爲體。菩薩三聚戒俱爲律儀亦處中耶。此有兩解。一云：律儀戒離惡增勝故得名律儀，餘二處中。又云：俱名律儀，攝善利生名律儀。云云。

所有善、不善等者，《義鏡》曰：引此文意，既云善、不善等身、語、意業皆處中業，故知處中亦有無表。基辨云：此釋雖有理，文相未彰，故今應釋云，此文證意三處中。處中有意三，況律儀、不律儀耶[七六]。

問：律儀中有一分等，皆名律儀，未知處中亦有一分等不。解云：《伽略纂》十三云：又人若律儀誓一分持一是，餘不持者是處中。若誓作一分惡意者，不名不律儀，但是處中。今離律儀，於不律儀依一分，亦是但以誓期，差離上品故，即是不律儀攝。云云。

**章**五十四云。云云。此第三文證，即立三類無表爲證。《周記》曰：色用差別者，總票。謂有表、無表者，指法、律儀至所攝作用，此則列彼表、無表也。云云。又《義鏡》中釋《章》色用差別云：初色塵中有三差別，一、色相差別，二、作用差別，三、分位差別。今就第二作用差別釋，故云色用差別也。《顯業抄》釋曰：《義鏡》所言色相差別者，長、短等也。作用差別者，表、無表也。分位差別者，可意、不可意等也。云云。今云：此釋好。

**章**故《俱舍論》。云云。此無表之言通三業類之證也。彼論云：此中無表略説有三，一者、律儀，二者、不律儀，三者、非二。云云。處中亦有無表，故今説無表有三。又《俱舍》中説：唯成就表，非無表者，謂住非律儀非不律儀，以微劣思造善造惡，唯發表業，尚無無表，況無記思所發表業。云云。

既云成表非無表者，住處中人豈有無表耶。解曰：即彼論文簡別云除有依福及成業，云除七有依福〔七七〕及成善惡業道，雖處中人微劣思起亦發無表，故簡別也。云云。由是當知，處中之業有發無表、不發無表。云云。

**章**處中。處中有二，一、單處中，二、百行處中律儀。

問：今章文所論處中二之中取何作論耶。答：中古有二義。一者、叡尊義，謂今章文通二處中而論有無。二者、良遍義，謂今章文論單處中不通百行，百行許律儀故。云云。今謂以叡尊義爲勝〔七八〕，然《報恩吼》中良遍義爲優，總論處中非無二種，今兩師相諍，言陳之勢在單處中不通百行，何者。初師難後師言，即應百行非是律儀故，此難之起，以兩師意許百行爲律儀故。若計百行爲處中攝，則何難言應百行非是律儀。有相扶過故。又後師云：一切處中望律儀等思皆下品者，此除百行律儀等，别取自餘處中。雖總言一切而此亦少分非是全分一切，是故會言思皆下品，不亦宜耶。守千亦約百行，謬同興正，非謂百行不通處中。云云。今云：《報恩吼》謬，初師意百行處中是律儀〔七九〕，此爲實義。後師但處中，故有此問答，以是不可爲單處中證。

**章**有義處中。云云。　此下第二師義。

要上品思等者，《義鏡》曰：中容品思雖重種子，其勢微劣非用倍增，依何功能得立無表。唯上品思所熏種子其勢強勝，故依彼能方立無表。

問：依三品心得三品戒，若爾，皆有無表，如何今云唯上品思熏種勢勝方有無表。解云：諸處中業望善惡品下、中思皆下品，是故雖有下、中無表，望處中業皆唯上品，故云要上品思方有無表。由何得知。次下文云：一切處中望律儀等思皆下品等。云云。今云：此釋尤妙。

**章**法處色有三。　於大乘中立法處色，廢立開合諸論不同。《百法論》總説一，謂法處所攝色。《五蘊論》説，法處色有二，一、無表，二、定果，《瑜伽》第三十四丁。説亦同彼。《顯揚》十八五丁。説，法處色有十二相，一、影像，二、所作成就，三、無見，四、無對，五、非實大生，六、屬心，七、世間，八、不思議，九、世間定果，十、出世定果，十一、自他地境，十二、諸佛菩薩自在轉變。《顯揚》第一、十紙。五十四九紙。如今文，委如《法處色章》。

定自在者，亦名自在所生色。《顯揚》云：三摩地所行境色。《瑜伽》五十四曰：威德定所行境。云云。定通無擁，名爲自在。

**章**作誠勵意。《栖翫》曰：問：此言中思却名爲勝，如何相狀爲其勝耶。答：慇懃三業盡其力用，名之爲勝。不必悲涕、面門出血、舉身毛竪，名之爲中。云云。由此義，《義鏡》中雖是處中，悲涕猛勵而有上思。云云。

**章**律儀容容。云云。　《義鏡》曰：善惡律儀及處中業同通上、下，故律儀等寬緩容容而有中思，爾乃律儀處中俱通上、下，亦所熏種亦通上、中，熏種子時猛利義同，成無表時豈簡處中耶。故相例時其義齊等，明知處中變有無表。云云。已上取意。

**章**若以律儀。云云。　此下以律儀名同相例，寄後師難勢而例。後師難初師言：若律儀有具七衆彼彼戒事，非律儀亦具身三、口四、意三十事，作要故思種熏勝，故云得有無表。處中業不具事故不名具事，則不具七事故可無無表。已上後師難初師。

即應百行非等下，初師答後師難，謂若爾應云百行非是律儀耶。亦者亦近事、近住等戒，百行亦同近事等戒，有全分離、一分離，名百行故。此百行但名處中，不可名律儀耶。若不名則違諸論説百行律儀許近事戒等者，汝許七衆律儀有無表不名處中，其近事、近住戒有小分受，故七衆戒非律儀，以但名處中耶。故處中劣弱無有無表者不應理也。

**章**於二説中。云云。南京《光抄〔八〇〕》云：亦任取捨，亦字，前任意爲用本之潤色也。上不云任意，則亦字亦何哉。云云。《詮要抄》。今云：此釋尤好，《報恩吼》破之不是也〔八一〕。

**章**諸根大種。云云。諸根者，五根勝義根與扶塵根合，今名諸根。大種造色者，五勝義根是四大種及所造色，扶塵根亦四大種及所造色，如是等大種造色和合積聚方成此身，故云和合積聚差別説名爲身。

**章**五根、四塵。云云。下遮妨，明積集義得身名〔八二〕。五根、四塵上能造、四大。所造。色等四塵。問：何故初云四塵〔八三〕，又云所造，豈非重言耶。答：且如一眼根中七微於積集，謂即此眼及與身、地、色、香、味、觸，此七物同住涉入同處不相離也。如眼，所餘四根亦復同住不相離也，故今云俱得身稱也，身是積集義故。

**章**表謂表示。云云。《栖覈》曰：身表之表只有一義，不同語表表有二義，内字之上加以自字讀之即顯。云云。今云：《報恩吼》中以此説爲不是，尤好，《栖覈》以表示、表知、表彰三義爲別，叡尊、覺盛等所覽自是自始，爲穿。

**章**舊云身作。云云。《義鏡》云〔八四〕義不相應者，此文稍隱。若言身作戒，即相應，身、語假有造作義故。若言無作，義不相應，無表業中有造作義，何名無作。是故當知，若言身作，對此亦云無作，此作言義即不當，今即釋其不當所由故，云無表亦有造作義故。若言身表，對此亦云無表，無表示他故名無表，非云無造作義名爲無表故，義相應。云云。已上秋篠。今云：此釋尤好。

章若色處表色。云云。《義鏡》中以若色處表色已下文云明假身業，今取動已下文，云釋實身業。云云。今云：未穩，濫薩婆多實有身業故。今改科云：若色處等已下，明經部所立身業。今取動已下，明大乘義，既云今故，此大乘義。

問：何故與經部對明耶。答：經部所立濫大乘，故今別對明。次語表業下亦以假實明，雖有理濫有部故不穩，中古西大、招提《抄(八五)》由《義鏡》以假實辨，不穩。

章或復語者。云云。《演祕》二本二十二紙。云：或復語等者，問：前解何別。答：由其語聲有假名等而有表。云云。今云：此即釋語義。

章聖所受戒。《瑜伽》第九説：聖所受戒唯約初果及第三果。云云。

章別別防非。云云。梵云波羅提木叉，此翻云別解脱，別別誓棄捨諸惡業故。《雜集(八六)》第八。《南山行事抄》云處處解脱，身、口七支罪起非一，戒能防之故云處處解脱，又淨影遠法師云解脱，今由《雜集論》云別別防非，若由是具應云別別解脱也。

章能防、所防。云云。《義鏡》曰：問：防、止二義何別。解云：檀法師云，法能防非，行能防惡，謂受戒之法但能懸防過非未能止惡，所以有戒法者猶不免犯罪，持戒之行方敵對止，所以惡將欲起，即慎謹不起。廣如彼章。云云。今云：出家之人須學知之。今(八七)云：防就受戒法，非云持戒。云云。

章皆通善惡。云云。此師立善惡共有律儀(八八)，如行殺生持刀杖等種類法戒(八九)，淨影、天台、南山等同之，但慈恩家不爾，如次下辨。

名不律儀者，古師名不之律儀，不謂惡法，慈恩家名不律儀。

章亦調亦伏。云云。意曰：於三業非亦調亦

伏故名調伏[九〇]，則非調之伏，非調即伏，但於毘尼一體之處具調與伏之二用故名調伏，即名同依持業。云云[九一]。

亦律亦儀者，此正例同。意言：今亦爾，非律之儀，非律即儀，但於一無表戒體處具法式與軌範之二用，故名律儀，亦名同依持業[九二]。

**章**第二出體者假身表業。云云。以色處中表等者，《義鏡》曰：問：色處中立表色攝身表，何故聲處中不立表色耶。答：立表色攝身表色[九三]，身不動轉之時非顯表義，作動之時正有表義，別立之。語即表也，無語非表故，別不立之。云云。

**章**先審慮故。《略纂》曰：即前表知，後作此事。云云。又《倫記》曰：加行思者，謂遠欲起此事思。云云。今云：遠欲起此加行思，若近欲作則決定思也。必勿濫焉。

**章**將欲作故。《倫記》曰：決定作此事之思。云云。

問：《倫記》中云必作，今章文云將欲作，相違如何。答：《倫記》就決定思後念，今章文就初念，全無相違。

**章**三、動發勝思。《瑜伽》云等起思，然等起有三，一者、遠因等起，二者、近因等起，三者、剎那等起，此中何等起耶。謂近因等起故云等起思[九四]，如《三十論疏》二本四十三紙。云：又遠、近二思名爲意業，非第三思。正發業者，今言正發，簡初二思，又簡遠近及與剎那。第三思是近因等起，故說發言。云云。今云：決思後念云近因，如近因，今第三正起故云等起也，第四思已上剎那等起。秋篠曰：近因等起思爲身、語業體，遠因剎那等起者，唯意業性。云云。又文備《成業論疏》云：此三思並非遠因等起，亦非剎那等起，但近因等起中有此三思。云云。今云：此說不是。又小乘說非如今章主說，《俱舍論》中立二種等起，一、因等起，二、剎那等起。發業前心名因等起，在先爲因，故與業俱心名剎那等起，與身、語二業同一剎那能等起故。與身、語二業俱即第三、第四動身發語心名刹那等起也，與今家所立不同，第三思已後爲刹那等起故，念念刹那相續能等起、所等起，故名刹那等起也。此大乘之義也。

**章**佛等所有[九五]。云云。此等言等取何等。謂《撰集》曰：等取十地菩薩因無漏也。若約佛所有諸法皆無漏，若依因位雖有漏、無漏，今但約無漏而言也。

**章**無漏五蘊。五蘊有二，一、五分法身，《五分律》云：五分法身蘊一切善法，故曰五蘊。二、今解，色、受、想、行、識故曰五蘊。

**章**因餘無漏。因謂指十地菩薩之無漏，簡佛果無漏，故云因也。

問：餘無漏之餘言指何之餘耶。答：除戒餘定、慧等皆爲處中，故云餘無漏也。又但約戒言則除攝律儀戒，餘二聚戒隨行施等一切善法云餘也。

**章**不同小乘。此四字亦前解爲正之由也。《義鏡》曰：不同小乘者，十八界中意界、法界及意識界，此通有漏及與無漏，餘十五界一向有漏，即律儀、不律儀無表及處中無表，法界中攝。若作後解，即同小乘，故以前爲勝。《俱舍》頌曰：意法意識通[九六]，所餘唯有漏。云云。

**章**若律儀業定通。云云。《義鏡》曰：律儀業中具有三業。若約菩薩說漏、無漏，即有二說。一云：身、語唯有漏，意業通無漏，七地已前在因位故。二云：菩薩二業亦通無漏，後得智中有敬禮身、語表故，今存後義，故云若律儀業定通無漏。

許佛等亦有等者，言二表者，身、語二表也。佛有無表，其義決定，身、語表二義稍難解，故置許言。以何得知如來有身、語二表。解云：《梵網經》中釋迦亦禮盧舍那佛，故有身表。《法華經》云：我聞聖師子深淨微妙音，喜稱南無佛，故有語表，皆唯無漏。菩薩無漏後得智中所起身、語亦唯無漏。今舉佛等菩薩，故云許佛等。

**章**防身、語惡戒。云云。就是有西大、招提兩門義。一、防發別體之義，西大義〔九七〕也。防惡發善俱是戒，攝律儀是防惡，後二發善戒也，以今文兩處功能言爲證。二、防發一體之義，招提之儀。謂三聚，俱防惡戒，以禁非爲義故。雖後二戒是禁不修善不利生之過，以之爲戒，發善業門而非戒也。云云。今云：二傳中共雖有理，以招提爲穩。西大意止持、作持兩門戒故，雖止、作共轉，細分別於一功能亦有止持、作持用別，如一眼識用上有見青、黄等用別也。

問：不云身、語、意，何但云身、語耶。

答：《顯業抄》曰：是約別受，聲聞所受戒。故但云身、語。若約通受者，應云以有防三業，非發三業善功能爲體。云云。今云：必不爾，是示所防、所發但在色業，但云身、語。上云善思種子上有〔九八〕故，於三思業上有顯然，故於三業事論是自可知，三思不具，無此功能故。必以別受不可論之。

**章**由願制思。云云。此今家立假立無表戒體之義也。《義鏡》釋曰：依願制思造作善惡，多少分限之所熏成種，於此種上假立無表，故云依思種別功能立也。云云。今云：《義鏡》之所釋尤好。意謂，願制思有支多少時長短分限，故所熏種上亦有多少長短別功能，取此功能立爲無表戒體也。由此文可知南山家與今家之戒體之別，南山直取思種以爲戒體，今家以思種上功能立戒體。今所以以功能立，雖願制有期功能是體，而逢犯戒、捨戒異緣，或期限至戒願盡故功能即歇，復無培增，然種子體猶存故，不可以思種爲其體，但取其上功能以爲其體也。中古已來西大、招提之徒，雖會是，非爲穩當。

**章**取別功能，結不取思種，取功能爲無表。

**章**然依思願善惡分限假立無表。此文由《樞要》上末十六紙已下《燈》主意，有佛身無表之別句，因身無表之總句，含容明也。初佛身無表之別句，別句但律儀故別句云。然依思、昔發願制業思。願衆生界盡我願亦盡。分限盡未來際。假立無表，佛身別解脱文。然依思現行。善分限盡未來際。假立無表。佛身定、道戒文。次因身無表之總句，然依思、種上。願要期。善分限一日夜、盡形壽，或盡未來際。假立無表，因身別解脱戒。然依思、現行。善分限住定多少分限。假立無表，因身定、道共戒。然依思、種上。願要期。惡分限要期活命〔九九〕。假立無表，因身不律儀戒。然依思、願、種子。善惡分限要期緣。假立無表。因身處中戒。《斷戒體章》中，破以總別句釋。彼曰：《樞要》所言不是，論元意就有漏法以明離識無法，故辨有爲無表體非實有，而謂兼釋佛身無表，全非論意，何是之有。且夫佛身無表者，是無漏律儀歟。或別解脱律儀歟。若謂無表隨轉戒德增長，我則不信。云云。今云：環庵不知《成唯識》始終之論意，致斯妄評而已。論第十説：故佛身中十八界等皆悉具足而純無漏。云云。既云佛身十八界，此中不説除法處色，故有無表顯然，然與因位所違但無漏已，又表佛身故無培增義也。又云：佛識所變有漏不善、無記相等，皆從無漏善性所生，無漏善攝。云云。由是應知，此論元意以有、無漏一切法明唯識所變，是故以今文爲佛身無表之別句，合觀一論始終明之而已。環庵知始不知終之所致謬也。續芳決雖破之，以論第十不破故未盡。《報恩吼》中評是明環庵曰：今案此文前後起盡，但明因位不可言，兼明因果，又雖不明果戒，無有巨妨。或唯明因，或唯明果，或通明二，所望不同亦無闕過，如慈恩解鑿空立義。是故總別之語義，雖或通不順常例。云云。今云：如今家立總別二句釋今文，《報恩吼》等所曾未及，云鑿空立義，謗今家，自彼實有固執之病，而致此妄言佛因位時期盡未來際誓起防非用，盡未來際防非故，從因身至佛果要期防非。今云假立無表也，如何此文不通佛身耶？嗟于可不慎哉。

**章**假立無表。《斷戒體章》三三十五紙。云是無表業，其法假有，故云假立。《瑜伽》云假有係其體語。今云：假立是約施設法相之義，其語所係自有異，耳是假法故，無違離識無實法理，故云理無違。云云。又曰：其假立者，准假立得、非得等義，非謂無法，非識所變實法義。又《瑜伽》云：由時分變異不平等故假立老，由命根變異不平等故假立死等。依如是文，諸假立法必有假法，是《瑜伽》者流假立法門也，疏主不領此趣，尤叵仰唯識宗師。云云。又曰〔一〇〇〕：依者是虛字也，謂之所依，不解字法也。若就依字强辨能、所，時節分限乃所依也，非有條然實法當名所依法也。若能、若所皆非識變，共假有法也。又對種子而辨能、所假、實，皆是爲不領假立法門之旨趣也。云云。《續芳決》中縷縷破之，助今家實護法心之所厚也。《報恩吼》曰：今謂，環庵剖判假有、假立之别，實爲允當，事雖淺輕而識别者鮮矣。鳳潭無有練歷而所自領，排斥環庵却爲非是，猶且援引幾許證誠，證誠愈繁頑魯愈著。何者。所謂假有之有者標揭所詮法體之不無，假立之立者曉諭能詮法門之所設，此論文中假立無表是也。由斯言教而索性之，則得有無表非實有法，故云假立法必有假法，非遮無表之假依實思種。云云。今云：環庵妄説毒害天下，信培亦遭此毒氣眩迷，《續芳決》雖知毒之爲毒，不知遮其毒之要藥故，今示良法敗其毒耳。檢今此論文，初總句云假立無表，其次至别句但云依增長位立，或云依現行思立，此二箇立字既云依立則是假立，如是云假立已，次結云故是假有，是即以上所言假立總結爲假有。由是應知，云假立者，是約教門安立法相，令教示是之謂也。又云假有者，是約觀門，所謂依他起性如幻假有之觀即示識變，如論第九卷所説四尋思、四如實觀觀名、義、自性、差别假有實無故。今論文始云假立，約教門建立法相，次云假有約觀門，結示皆是如幻假有唯識所變也。《瑜伽》十支皆以如是，然云假有者，《瑜伽》係其體。又云諸假立法必有假有法，皆是妄毒説也，信培亦迷斯毒説，云假有標所詮、假立諭能詮，不知《成唯識》始終四如實觀等中，觀名、義、自性、差别假有實無，此中云名、義能詮、所詮，既云假有，何但云標所詮是假有。應知妄説，由是可知云假立法必有假有法亦妄説已。

**章**雖非形色。云云。《義鏡》曰：雖無顯色而可護持，今云形者，非是顯色形之形，形者顯也，即顯狀義也。今簡報色取鼓動業，故云善修方便，一一加心造作發身、語業亦名方便，此即無間加行、根本及後起業，皆名加行，舊云方便是也。云云。

**章**以是無作色。云云。 意言：從身、語俱思願種子上，所得種上功用無作色以爲戒體故，以現行心不爲戒體故，縱其心雖轉三性不失戒體。若違要期心則是犯戒，亦是捨緣。若不爾，其餘現行惡、無記心，雖在惡、無記境，不名失戒也。

**章**非異色因不作異色。云云。《報恩吼》曰：今議云：解經異色諸説不同，或解爲心，章安、懷素、定賓初説，環庵等或解爲色，河西智首、南山法勵、定賓後説《芳決》等。此中異色爲心者，謂是〔一〇一〕非色，心與色異，心名異色。又異色爲色中，南山智首〔一〇二〕等約報方便者，亦不順經。何者。經第十二章明造色有無，今第十三章云異色因，此異色言自知指上能、所造，況於色中別立因果，處處多約能、所造説，是故慈恩解經爲勝。准《義鏡》釋，章主以色假、實釋異色名，無表色假，能、所造實，假、實不同故云異色。信培自云：無表是一類色，以不可見無對故，無表色與餘色相望不類，故云異色。云云。

**章**防惡色用。云云。《顯業抄》意言：此色言亘兩義。一云：屬色於能防，則點文云防惡色用，二云屬色於所防，則點文云防惡色用。兩義中任意取捨。云云。今云：讀防惡色用爲好。

**章**不作異色因緣。云云。 今云：釋此下文有二意別。一云約親因緣門釋，謂今無表色不爲四大、四塵異色作親因緣，生現行四大、四塵之因。二云約增上緣門釋，謂此無表非如四大種爲四塵作增上緣，生與四大異現行四塵造色。如是二意含容，學者知焉。

**章**俱有。 俱有因有二。一、種現相望，謂種生現時能生種不滅，此種與現行果俱時而有，故名俱有因也。二、現現相望，謂能造四大與所造四塵必生俱時不相離，互爲因果，故云俱有因也。所謂種子生現行，現行熏種子，三法展轉，因果同時，故云俱有因果也。今上云異能造、所造故，取四大、四塵俱時，而四大能生因，四塵所生果，故云俱有因果，現現相望。今此無作色增上緣非如是現現相望俱有因，故云亦非等也。

**章**同類因。　欲界四大生欲四塵，色界四大生色四塵，乃至於五趣格別，同類亦爾。今以無表色望異能造、所造，非如是同類因果也。

**章**此思種子。云云。　已下約現行熏種子，此所生一句能發現思，即動發思。

是故此者，指決思後念。古來有兩點。一者、讀云此思種子於所生現行。依此點此者，指所熏種子。云云。二者、讀云此思種子，所生現行等。由是指前念決思後念强勝思種子，云此思種子。此思種子爲增上緣，生身、語動發思現行，發身、語故假此名表色，由是所熏動發思種上無作用亦名色，是皆由所發名色耳。

**章**上二界十七地。云云。《栖翫記》曰：十七地，八根本、八近分并中間禪名爲十七，如是皆止欲惡立名，戒本止於不善而立，恐墮惡趣非止有覆而立戒。

問：常説靜慮，只今四禪，云何説十七地耶。答：名狹體寬，本名只云定律儀，故名體俱寬，言禪律儀名狹。有説准此靜慮名通，非也。云云。

《報恩吼》曰：今謂靜慮之名本局色界，是故《瑜伽》并《對法》《顯揚》一處等不云無色，是隨轉門。又略説故，《顯揚》中一處説無色界亦有定戒，是大乘宗盡理説故。守千不知諸論意致，故所破立皆不允當。又《義鏡》曰：問：依《顯揚》十三，靜慮尸羅、等至尸羅，即無色界不名靜慮。又《伽》八十二云無色行中有靜慮律儀，如何相違。解曰：靜慮有二，有通有別，《伽論》約通故兼無色，如靜慮波羅蜜亦通無色，《顯揚》約別故不相違。云云。又《顯揚》十三十九紙。説：界差別者，謂欲纏中唯有別解脱律儀，靜慮律儀唯有色、無色纏，無漏律儀是不繫。云云[一〇三]。

章一切上地所有。云云。《義鏡》曰：色界六地，無色四地，是爲十地。色六地者，四根本及未至并中間禪也，有頂無漏雖不斷惑，而勢分力欲惡不生故亦取之。云云。由是上地者，指此十地。

章能斷欲界。今謂此無漏定故斷對治也，故云能斷。

二界十地等者，《集解》曰：隨應者，若見道斷律儀亦色界五地，除中間禪，約遠分者通無色界也。若修道斷律儀色六、無色三界九地，若約遊觀無漏遠分對治，則亦通非想，故云隨應。云云。

問：准下依地有無，非想地唯遠分非斷義，然今云二界十地[一〇四]，《義鏡》曰有頂無漏欲惡不生，相違如何。答：是多分斷對治故云欲惑不生，此伏現云不生無違。

二界十地者，《義鏡》曰：色界六地、無色四地是爲十地，是無漏道所依地。十七地中，色後未三至、無色四未至無無漏，故除此七地，自餘十地爲無漏中修道依地，故云二界十地。

隨應者，謂於十地中隨其所應唯依一地入無漏觀，所依一地於欲界非斷對治，其餘遠分對治也，故云隨應也。

章或依定中。云云。《斷戒體章》云：約在欲界修定之人立定無表者，一往說也，故云定中。約色界有情難云定中，《續芳決》破之。今謂，二師共局，欲界入色定及生色界入定，皆有防非用，故云定共無表，今通云定中也。中言是境第七聲也，指所在聲能差別聲。

問：定言通二無心定，二定亦立無表耶。答：有二義。一云：《別抄》云：二無心定不立無表，定戒隨心，彼無心故。一云：亦立無表，方便後起亦許有心，故立無表。

下捨緣中於滅定明暫無捨，若非有無表，何有暫無捨耶。《成實論》云：無作非色、心故，四空定邊亦得有戒，定、道二戒通出定位，唯約初入名隨心戒。云云。

**章**第三假實分別。云云。　此下古師作解曰：此章意及諸家釋義意，謂思爲身、語表之能發，及爲無表所依體故，但以思爲實，所發身、語表色及能依無表爲假也。依是秋篠、守千釋，一一文并約假實，故學者大作煩。後有唯心師者，始開業體及得名二門假實而釋，爾來皆能相從用焉。《聽聞抄》云：《詮要》引也。業體假實者，謂別種所生有別體法名實，分位假立無別體法爲假，其中今表、無表即假法也。得名假實者，謂於假法中由名體相應可目而名言實，名事不應不可目而强名言假也。云云。又曰：於此一門大分爲三。初、若表、無表下，總標顯業體假。二、然有差別下，於假法中復分別得名假實。三、《唯識》又云下，重明業體假。云云。此科不是，今所改科在章本。今云：若表、無表下，國讀付點有二意，一者、若表、無表二業、三業皆是假立，然有差別。此基辨，由是別行本點。二者、若表、無表二業皆是假立。現流章本點，今云不是。基辨評曰：唯心律師立二門假實，甚令人迷妄。彼師意云別種所生其別體法名實，分位假立無別體法爲假，立業體門假實，失大乘法相實義。如何。則大乘意一切法皆是如幻假有因緣生法，無一應實有者。然於假有法中亦立三假，一者、因緣假，謂似實用而現起法。二者、分位假，謂如不相應行於色、心分位假立也。三者、觀待假，謂如大小、長短、有無等，但於觀心行解相待上立名，唯名無有實。於此三假中，如思種子皆是因緣假，云思種上有防非用亦因緣假。於此因緣假上立無表色，是觀待假，相待表〔一〇五〕色及似有實用色業故。然唯心師以無表爲分位假，不識法相大乘意也，濫經部以無表攝不相應行故，是故立業體假實門，濫經部以思種爲實，以無表爲假故，不可用之説也。此業體假〔一〇六〕實門不成，故得名假名門亦自不成也，此等所釋無害無益也。今此門云假實分別假實言，非論法體性云假實分別，此中假實言示假談實談，就實義云實，假似且作説云假也，必以法自性不可論也。

**章**實是表色。云云。　此實言對無表假色云實也。表色者，取捨、屈申表色及語表色也。此表色三假中，身表色觀待假色，語表色分位假，如《對法疏》等明，然今云實，非以有實用云實也，實談之實也。

非是業性者，意言：名云身、語二業，非有業造作義故可名爲業，此似令他表知造作動作故，今云假表業體，本令動作思心所故云身、語二表業，就假表業爲名也。雖然，以身、語云表色非假似義，身、語上表色故，今云實是表色也。又云業本非身、語事，故云非是業性也。《栖翫》中以此文云二實一假，身、語表色是實非假[一〇七]，二實。身、語曰業，是假非實，一假。云云。此説雖似有理，假實之言不影實義，故不穩當。

**章**假名善惡，實是無記。　意言：就身、語二業令表知心善惡故，假身、語二業雖名善惡業，云其實則身、語是色故，是異熟無記性。若以五塵云通善惡則非釋子也，無記法不招當果故，然身、語二業云善惡業，此假似説，非如實説。

**章**其發身、語。云云。　千師云：上辨假業，下辨實業。此次文云三假一實科，次文以三箇非字分三假，是一實三假。千師意，上下俱爲業體假實，文[一〇八]既標實是業性，故此爲一實。

**章**其無表色。云云。　今云：此科非也。此中千師釋一實一假。

**章**第四具支多小。云云。　支有二義等者，此支言《章》釋立二義，一者、支分義，二者、支類義。今云：支分之支以七衆戒之四支、六支、五支、三支爲支，即七衆戒之支。支者枝條，分者廢立也，謂以七衆戒分四支、六支、五支、三支，即廢立門也，支即分也。又支類之支以身三、口四七支爲支，類者差別也，七支、十支相之差別，支即類也。然秋篠[一〇九]釋支分之支以身三、口四七支，但以分之言爲廢立，以類之言爲能、所護類别。云云。又曰：其所護戒如園中菓，能護之戒似園外牆。云云。今云：秋篠釋不准《章》意。《章》中但於支類下，以身三、口四七支而釋，於支分下不云身三、口四七支，明七衆支之廢立。

此支分義，廢立云分。又以身三、口四七支明七衆戒之體類，此支類義也。

**章**苾芻律儀。云云。　問：此四支中通攝出家五衆諸戒，何故言苾芻律儀四支所攝。答：下云：正學等四戒體雖狹，皆等護持，與苾芻同，故廢立中五衆合説。云云。又《聲聞地》第二十二二右。説六支中第二支云：今此義中唯依苾芻律儀處，説善能守護別解脱律儀。已上全〔一〇〕文。今小隨大相從而説，文云苾芻律儀四支所攝，何故得知相從説之。即次下云十戒六法歸依説相皆即初支，明知皆等護與苾芻同，故相從説。已上秋篠。

**章**受具足支。《詮要抄》引《開解》意云：此有兩點。一者、受具足支，謂具表白第四羯磨等諸緣，成就受戒故云爾也。二者、受具足支，具是者，指五衆戒，非唯比丘戒言具足，五衆成道器〔一一〕故，不許分受，名爲具足。云云。

**章**作表白第四。云云。《義鏡》曰：言表白者，非但一白，三番之中初一單白名爲表白，總該始終有四單白，一、差人問緣單白，二、問諸緣已召入衆單白，三、戒師和問單白，四、正授戒體單白。白四羯磨中初一白是也。今通此四名作表白，作白之相廣如一卷羯磨中説〔一二〕。第四羯磨者，即正授戒體中作一白三番羯磨，今望一白説名第四。羯磨者梵音，唐言作法辨支。琳《音》五十九，三紙。《優婆離問經》作劍暮，此梵言訛也。古來立二義，一者、一白三羯磨，第四云第四，一白云作表白，二者、如《義鏡》釋。

## 授戒羯磨法

先請和上。大德一心念：我某甲請大德爲和上，大德爲我作和上，我依大德故得受具足戒。慈愍故三請，和上訓曰受諸所請。受者答云頂戴持。

次請羯磨師。大德一心念：我某甲請大德爲羯磨阿闍梨，願大德爲我作羯磨阿闍梨，我依大德故得受具戒。慈愍故三請，羯磨師訓曰受諸所請。答云頂戴持。

次請教授師。大德一心念：我某甲請大德

爲教授阿闍梨，願大德爲我作教授阿闍梨，我依大德故得受具足戒。慈愍故三請，教授師訓曰受諸所請。答云頂戴持。

次請七證師。諸大德一心念：我某甲請諸大德爲證戒尊師，願諸大德爲我作證戒尊師，我依諸大德故得受具足戒。慈愍故三請，七證之中第一大德總訓云諸大德受諸所請。答云頂戴持。

次差人問緣法單白：云差教授師單白羯磨。大德僧聽，彼某甲從和上某甲求受具足戒。若僧時到，僧忍聽，某甲爲教授師。白如是。答云：受戒羯磨以後更不須和。

次召入衆法單白：云召沙彌入衆單。大德僧聽，彼某甲從和上某甲求受具足戒。若僧時到，僧忍聽，我已問竟，聽將來。白如是。答云：召沙彌入衆。

**乞戒**受者三乞。

大德僧聽：我某甲從和上某甲求受具足戒，我某甲今從僧乞受具足戒，某甲爲和上，願僧慈愍故拔濟我（一三）。

次戒師和問法單白：大德僧聽，此某甲從和上某甲求受具足戒，此某甲今從僧乞受具足戒，某甲爲和上。若僧時到，僧忍聽，我問諸難事。白如是，答云：對衆問難。

次正授戒法白四羯磨：大德僧聽，此某甲從和上某甲求受具足戒，此某甲今從衆僧乞受具足戒，某甲爲和上，某甲自説清淨無諸難事，年滿二十，三依鉢具。若僧時到，僧忍聽，僧今授某甲具足戒，某甲爲和上。白：如是大德僧聽，此某甲從和上某甲求受具足戒，此某甲今從衆僧乞受具足戒，某甲爲和上，某甲自説清淨無諸難事，年滿二十，三依（一四）鉢具，僧今授某甲具足戒，某甲爲和上。誰諸長老忍僧與某甲授具足戒、某甲爲和上者默然，誰不忍者説。是初羯磨，第二、第三亦如上。問成就已，應唱總結和辭。僧已忍與某甲授具足戒竟，某甲爲和上僧忍默然故，是事如是持。

**章**隨粗學處。《義鏡》曰：受具戒已，略説四重及以四依，謂乞食等名粗學處。云云。今云：此《倫記》文以釋，一白三羯磨名爲第四，自此已後受行隨戒名受隨法學處支。云云。已上《倫記》。《栖翫》云粗者大也，重戒云粗學處。由《倫記》等意，《聽聞抄》中設問答云：問：第一支者，限受戒歟。通隨學處歟。若言限受戒者，及略攝受隨粗學處者，釋受戒已后四重四依説相，而第三羯磨以後説相，餘師云隨戒也。若依之言亘隨戒者，第一稱受具足支，而至第二支始付隨法學處名，明知第一限受戒云事，如何決之耶。答：見本經論並章主解釋，隨粗學處，但攝受戒而非隨戒。第二支以下，爲隨戒攝也。云云。今云：此釋尤好。以受學爲別。

**章**苾芻。云云。釋此名古來有二別。一者、謂苾芻，是西國草名，具五義四德，如《俱舍惠暉抄》。又《藥師經疏》舉唐三藏說，以草有五德，以喻比丘五義。又琳《音》二。八丁左。二者、不以草名釋。《法華玄讚》一五十二紙。云：梵云苾芻，訛云比丘，由具五義，所以不翻。一曰怖魔，初出家時魔宫動故。二言乞士，既出家已，乞食自活故。三名淨持戒，漸入僧數應持戒故。四云淨命，既受得戒，所起三業以無貪發，不依於貪邪活命故。五曰破惡，漸依聖道滅煩惱故。衆者僧也，理事二和得衆名也。

**章**六法。《智論》十三云：式叉摩那正學六法故云正學。受六法二年。佛在世時有一長者婦，不覺妊身，出家受具足戒，其後身大轉現，長者譏嫌諸比丘，由是有二年正學制，爾後受具足戒。云云。《行事抄》云(一五)：式叉摩那尼學三法，一、學根本，謂四重是。二、學六法，謂不摩觸等。三、學行法，謂一切大尼戒行。云云。又《僧祇律》曰：在大尼下沙彌尼上坐。云云。式叉摩那，此云正學。六法者，一、不摩觸，若犯婬應擯，若染心與男子身相觸壞本法，應更受戒。盗五錢應擯，四錢已下許更學。二、不盗四錢已下，三、不殺畜生，斷人命應擯，斷畜生命許更學。四、不小妄語，若自稱得道人法應擯，若小妄語許更學。五、不飲酒，六、不非時。

**章**歸依說相。　歸依者，三歸依也。如《毘尼母》說，三歸有五，一、翻邪三歸，二、五戒三歸，三、八戒三歸，四、十戒三歸，五、大戒三歸，故於一切律儀爲方便門。云云。

說相者，授戒說相。於十戒、六法中，十戒中通有歸依、說相，於六法中唯有歸依，無說相故。此但於勤策女戒，但制重已。

**章**二受隨法學處支。　有二點。一者、受隨法學處支讀，若此點意，約隨行而言也。二者、受隨法學處支讀，若此點意，約受體而言也。今云：二意之中，初意爲穩，此第二支隨行支故。若由《顯揚》，則第二亦爲好。雖爾，第一、第二支濫故，初點爲好。

**章**諸性遮罪。　《伽》九十九五紙右。說五法攝毘奈那(二一六)。何等爲五。一者、性罪，二者、遮罪，三者、制，四者、開，五者、行。云何性罪(二一七)。謂性是不善，能爲雜染損惱於他，能爲雜染損惱於自，雖不遮、制，但有現行，便往惡趣，能障沙門。云何(二一八)遮罪。謂佛世尊觀彼形相不如法故，或令衆生重正法故，或見所作隨順現行性罪法故，或爲隨順護他心故，或見障得善趣壽命沙門性故，而正遮止若有現行，如是等事說名遮罪。云何名制。謂有所作能往惡趣，或障善趣，或障如法所得利養，或障壽命，或障沙門，如是等類如來遮制不令現行，故名爲利(二一九)。與此相違，應知名開。云何名行。謂略有三行，一者、有犯，二者、無犯，三者、還淨。以上論文。《燈》七本四十七紙。曰：西明云：舊云性罪，謂殺生等，拔生草等是遮罪。今依《攝論》云：殺、盜、婬等貪等所生名爲性罪，斷生草等非貪等生說名遮罪。此意染心斷生草等即名性罪，今謂不爾。彼《攝論》意，若故殺生等必貪等起，故是性罪，故斷生草非必貪等起，故是遮罪(二二〇)。云云。今云：約故思不故思而釋。《燈》意以故思斷生草，亦不由貪等起故，是遮罪。西明云：斷生草亦由染心起時，是爲性罪。若如西明說，則違《瑜伽》等說。《瑜伽》意由佛禁故是遮，不由佛禁，本性是罪名爲性罪。又《俱舍》等頌云：遮中唯離酒。云云。論意云：酒非性罪，佛教遮、制不許令飲，違遮得罪故名遮罪，飲酒是。對法師宗：心於中無性罪相故，及無染心療病等飲故。餘部難云：若先知酒能醉亂，而故欲飲，即是染心也。又持律者言：酒是性罪。如彼尊者鄔婆離言：我當云何供給病者。世尊告曰：唯除性罪，餘隨所應皆可供給。然有深疾釋種須〔三〕酒，世尊不開故，又經生聖人不飲酒故。對法師通云：然爲病者總開遮罪，復於異時遮飲酒者，爲防因是犯性罪故。又令失念，聖不許欲〔三〕酒。餘如疏釋。又云：八齊戒中離殺等四名爲戒支，防性罪故。離飲酒一名不放逸支，酒必放逸犯性戒故。離塗飾觀〔三〕聽、非時食名禁約支，以能隨順厭離心故。云云。今云：《俱舍》所説意與《瑜伽》同，不可異求。

**章**謂止持等諸性、遮戒。《栖甎》曰：謂止持等者，解論文於彼下示其所學。云云。今云：不爾，謂止持等者，釋隨順苾芻尸羅也。又曰：初支四重，此順四重所有止持性、遮之戒，是此支也。如殺人等在初支中，殺傍生等亦在於此支，是其性罪，其畜養等是其遮罪，此即止持性、遮二戒，不行彼事名爲遮戒也。云云。今云：此亦好。

問：第一支云受隨粗學處，復此第二支亦云隨順苾芻尸羅及止持等諸性、遮戒，同是止受戒故，非二支混交耶。答：第一支所言隨粗學處，與第二支所言隨順苾芻尸羅止持等諸性、遮戒體全同一，但以初受時與受戒已後爲差別也。故第一支云受，第二支云守護奉行，是爲異已。

**章**正學、勤策。云云。此下隨順苾芻餘戒法。十戒、六法等止、作二持法學處，亦攝在此第二支。正學、勤策、勤策女，此舉人示戒也。上所言苾芻尸羅之餘也。

三千威儀者，此明法也。上所言隨順止、作、性、遮戒之餘，俱是隨法學處支故，應守護奉行學處故。又今案勤策女之下，恐脱戒法學處及六學歟。准上文説苾芻尸羅及彼所引諸作持等故作是說，若不許補入文字，則正學、勤策、勤策女，此舉人示戒也。若作如是解，則三千威儀字唯點三衆，不點比丘耶之疑自爲無用。三千威儀是大比丘威儀，苾芻隨學處之餘，等言等取正學等威儀也。

**章**其估酒家。云云。《瑜伽》十六二十三紙。説五種非應行處，謂王家、唱令家[一二四]、酤酒家、倡穢家、旃荼羅[一二五]及羯恥那家[一二六]，此云五種家不應行處。同二十二卷、二十四卷説，《顯揚》七，《對法》八。《倫記》釋曰：唱令家者，謂屠、羯等。西國之法，有造惡者，令彼守將預罪人巡歷唱告此人造作如是等罪，謂屠羊等。倡穢家者，婬女家等。旃荼羅及羯恥耶家者，謂旃荼羅即根本執惡，依執惡家更作極惡名羯恥那。如屠兒名執惡，執惡執刀杖等名羯恥那，此即典獄之類。又解：羯恥那家，此名堅勤家。云云。

**章**名[一二七]所行具足。以《顯揚》併考，謂除此餘是所行，如是以時行無過處，是名所行具足。云云。此中以時行者，《聲聞地》二十二，四左紙。説：知時而行，如是名爲所行圓滿。云云。《倫記》釋曰：往還知時者，謂乞食過午已去非往還時。云云。又曰：爲自身衣食、療病等事，是應往還。若爲生煩惱緣，非應往還。云云。

**章**受學學處。《顯揚論》曰：受學學處者，謂先受別解脱律儀時，由白四羯磨受具足故，略已得聞學處體性，及於別解脱經所説過一百五十學處，唯自誓受我當盡學一切學處。復從鄔波拕耶、阿遮利耶及諸共談論者、互問難者、數習近者、善同意者所，數數聞已，又半月半月聞説別解脱經，由如是受一切學處故，名得別解脱律儀。從是已後，於諸所善學處無有毀犯，設有毀犯即如法出。若於先所誓受學處，不善不達者，應如先所受，復於鄔波拕耶阿遮利耶等所，數數[一二八]。又無倒受持若文若義，如是名爲受學學處。云云。

**章**近事。舊云優婆塞，南山《業疏》翻云善宿，由《成論》云此人善能離破戒宿成。論云：

八戒齊名優婆娑，秦言善宿。又《智論》十三云，受行八戒是則布薩，秦言善宿。又天台《淨名疏》云：此云清淨士、清淨女，亦云善宿男善宿女，雖在居家持五戒，男女不同宿故云善宿。荊溪云：依餘經文，但云近住得善宿名。又《涅槃疏》云：一日一夜受八戒者，名爲善宿優婆塞。又嘉祥《寶窟》中。四十丁左。

**章**若有妄語。云云。《倫記》曰：若〔一二九〕犯前三，師僧檢得，由不妄語，發露懺悔，重修前三也。云云。意云：違犯殺、盜、婬三戒時，由不妄語故，不覆藏，發露懺悔，故不妄語名重修行支也。

**章**即離諸酒。云云。《俱舍》十四説。《光記》引《法蘊足論》云：一、窣羅酒，謂米、麥等如法蒸煑，和麴糵汁，投諸藥物。二、迷麗酒，諸根，莖、葉、菓汁。三、末陀酒，謂蒲桃酒。又《伽・菩薩地》説同，《倫記》釋同。又《智論》十三説三種酒，一、穀酒，二、菓酒，三、藥〔一三〇〕草酒。云云。

**章**近住。《婆沙》百二十四十二丁。云：近阿羅漢住，以受此律儀隨學彼故。有説此近盡壽戒住，故名近住。有説此戒近時而住，故名近住。《俱舍》《正理》同。《對法抄》曰暫近依止故名近住，《略纂》十〔一三一〕三云：近住二因者，謂日夜持離欲惡二行，與盡形持爲因，根性劣故因近果住，故名近住。云云。

**章**五、不壞正念。云云。問：第四云不越正念，與第五應同，離諸藥傲，潔已住戒，不越正念，是亦不壞正念，即應不越正念，何故作四、五二支別耶。答：實雖無別，約所護別，作此別也。第四所護是所受齊戒，第五所護正念，故作二支差別也。

**章**方便誘故。就近事、近住戒有二師釋別，一者、許五戒、八齊戒共分受、分持。是第一師義。二者、近事許全受分持，近住不許分持。《撰集抄》云：以次對初有二不同。一云受不同，五、八全受不許分受。二持不同，事許分持，二師共同，住不許分受爲異。今云：方便誘故者，初師事、住共許分受、分持義也。

**章**逐師連環。 中古師説有二義。初云：三歸一返，説相一返，又返初三歸一遍，説相一返，又同返初如前也，如是三返云連環。第二義云：三歸三返次三竟，一返。次説相三返，如是云連環。《詮要抄》中舉二義，初義爲好。或《抄》云：西大寺義用第二義也。今云：二義共不可爾。下得捨分齊中明近住戒云，近事別説五戒之相，近住連環三周説相。又彼頌云隨教説具支，不説近事亦隨教説。云云。此下文與此文云此不問答，逐師連環併合熟察此意，謂五戒無隨師言取次第唱，但師云能持不時，受者答云能持時得。下文云不説近事亦隨教説故，近住戒不然，無用問答。今云此不問答故。如授三歸時受者取次第，隨師言唱，説戒相時亦隨師言取次第唱。今文云逐師連環而受故，又下文云近住連環三周而説相故，又《俱舍》及今章云隨師教受者後説故。若不爾，則爲何今云隨師教受者後説耶。如是隨師言取次第唱云連環，如是三返故下文云三周説相也。又《報恩吼》中引南山《隨機羯磨》上十八丁。云：受八戒法，我某甲歸依佛、歸依法、歸依僧，七日七夜，或一日一夜，或一年、一月等。爲淨行優婆塞。如是三授。我某甲歸依佛竟、歸依法竟、歸依僧竟，七日七夜，或一日一夜等如前。爲淨行優婆塞竟三結已。次授戒相言：如諸佛盡壽不殺生，某甲一日一夜等不殺生，能持不。答言：能持。下七戒亦同。云云。基辨云：此授八戒法，非今家所用。今也我朝户户皆用此南山式，無根本佛説等《婆沙》《俱舍》等所明如何如何。尋言〔一三〕，自今家見，則此是妄談歟。授八戒法，云不用問答連環三周説相故，如南山説八戒相作問答非今家意，我黨學者須改之也。今示作法云：初授三歸三竟，連環三周，如〔一三〕《隨機羯磨》。次説戒相云：如諸佛盡壽不殺生，我某甲一日一夜、半年或一年、三年不殺生亦如是。如諸佛盡壽不偷盜，我某甲一日一夜、半年或一年不偷盜亦如是。如諸佛盡壽不淫泆，我某甲一日一夜、半年或一年不婬泆亦如是。如諸佛盡壽不妄語，我某甲一日一夜、半年或一年不妄語亦如是。如諸佛盡壽不飲酒，我某甲一日一夜、半年或一年不飲酒亦如是。如諸佛盡壽不坐廣大床上，我某甲一日一夜、半年、一年不坐廣大床上亦如是。如諸佛盡壽不著香花、瓔珞塗身、不著香熏衣，我某甲一日一夜、半年或一年不著香花、瓔珞，不香塗身，不著香熏衣，亦如是。如諸佛盡壽不自歌舞作樂，亦不往觀聽，我某甲一日一夜、半年或一年不自歌舞作樂，亦不往觀聽，亦如是。如諸佛盡壽不過中食，我某甲一日一夜、半年或一年不過中食，亦如是。我某甲受行八戒，隨學諸佛名爲布薩，願持是福不墮三惡八難，亦不求輪王、梵王世界之樂，願斷諸煩惱，逮得薩雲若，成就佛道。云云。已上《智度論》所説受八戒法也，《善生優婆塞經》所説亦與此同，《佛説八種長養功德經》亦同是。如是不問答，隨能授言受者取次第，唱三返名連環三周，此名今家授八戒作法。次下云近事別説五戒相，近住連環三周説相，故別別問答，不云能持否，而連環八戒相説也。《俱舍》《婆沙》亦同説連環三周也，隨機羯磨中由問答作法，不知其所據。

**章**但有六緣。《俱舍》七緣中，第三必從師，大乘不用，許自他通受故，如下説，故除第三，云但有六緣。《顯業抄》云：問：今除必從師故云，但有六緣，則大乘許分受，何故除第五具受八支之緣，不云但有五緣耶。答：實亦應云但五緣。今云六緣者，近住自受儀，五十三説是故，且遮從他之義，一往釋六緣也。云云。又應云四緣，可通盡形等故也。又除隨教説，但有三緣也[一四]。云云。已上《詮要》。今云：此釋未穩。中古以今則不然，下文立科文云：次師引《俱舍》不許八戒分受持，《章》嫌與初師斥第二師，故云今則不然。云云。《顯業抄》亦由此科意立五緣、四緣、三緣等義，基辨今所釋不然。今則不然至如下説，遮《俱舍》七緣非大乘義也，違大乘立近住自受故。今但遮必從師義，云今則不然也。此文不遮具受八支義，次立近住一分受義而遮故，今此不遮。又不除隨教説義，此若望前加行，則應有隨教説義故，不除是彰自受義，云無必從師已。

**章**無必從師。　彰除第三緣云但有六緣。《婆沙》《俱舍》雖説七緣立必他受，此是一往義。《薩婆多論》云：必無人授者，但心念口言，自歸三寶，我持八戒亦得。又《成實論》云：有人云：此戒要從他受，其事云何。是亦不定，若無人時但心念口言，乃至我持八戒亦得。云云。又《瑜伽》五十三初丁。説除苾芻戒餘一切戒皆通自、他二受，明知近事、近住亦有自受，故至下廣明[二三五]。

**章**別受近事無少時。　問：通受、別受以何義立此名耶。答：古有二釋。一云：《栖翫》曰：《集玄》解自利心受名別受者，此言甚非。應只説云：雖受七衆名爲別受，三聚之中通受七衆名爲通受。云云。二云：義寂云：受律儀戒方軌有二，一與餘二總受，二與餘二別受，總受方軌七衆無別，並牒三戒而總受故。故一羯磨通被七衆，至於通相所持各異。云云。今云：二義共有得失。釋通受，義寂爲好，釋別受不得。釋別受名，集玄爲好，釋通受名未可也。今別設釋云：別受者七衆戒，別別有方軌，隨其授戒方軌，以別別作式受得云別受也。又釋通受名者，以三聚淨戒一羯磨授戒之時，初云律儀戒之時，若在家菩薩，意存以近事或近住爲形成律儀，若出家菩薩，意或存勤策，或存苾芻等，欲爲形居律儀，以初律儀戒成一切七衆戒中，別隨其所欲成彼彼戒，不成其只成菩薩性。如是以一羯磨式通受七衆戒，故云通受也。

**章**菩薩戒中雜。云云。　彰通受隨意樂多少不定。古來釋此文云：謂別受時近事盡形，近住一日一夜，各時局定。通受門時攝律儀五戒、八戒，雜受攝善、攝生之後二戒時，盡未來際故不許少時、多時，故云雜即可爾也。云云。《續後抄》忍。今云未穩。云菩薩戒中雜者，先在家菩薩受菩薩戒，以近事、近住爲形居律儀，故於總受律儀戒處，別成此近事、近住戒，成在家菩薩性，故期盡未來際盡，故其時長。或欲近住一日一夜等六齊日修之，則其時短。而兩長短共在家菩薩形居，盡未來際，然其[一三六]期不至盡形之間，欲作出家菩薩，復增受菩薩戒，其時意樂以勤策欲爲形居，則成勤策戒，成出家菩薩性也。作法如是故云雜受，非云後二戒雜受，是故如初師言，多小不定故，云即可稱也。

**章**羯磨非佛及與獨覺。謂羯磨得緣是非通，謂除佛及獨覺，在自餘弟子，故云非佛等。《撰集抄》曰：在世羯磨未必具四緣，或自界作之等。然此羯者，法事大界如法具足成辨別解脱戒也。云云。尤好。

**章**然二皆通現。云云。《顯業抄》曰：問：初緣之中八敬、三歸等緣，云何故云通滅後耶。答：今通者約多分也，非十種緣皆悉通義。云云。又《光抄》曰：然二皆通之二字有二意，一云有差、無差之二也，二云得具足羯磨得之二也。二之中後義不合下文歟。得具足在世羯磨滅後故。云云。今云：以《顯業》爲粗。或云，二之言以得具足羯磨得爲二也，以下結文得檢可知。次下文云：上來所説佛在及滅後一切弟子，除獨覺果餘受具戒，非謂一切。云云。由是可知，得具足中除八敬、三歸不通滅後，羯磨得亦除獨覺不通佛在世，只以其通者云二皆通也。

**章**一、《十誦律》。云云。此舉四律之隨一。云薩婆多宗，而標部宗也。或云：今不標薩婆多部有別意，謂准義淨三藏，《十誦》非薩多本律，彼本部律義淨所譯《根本説一切有部律》是也。《十誦》，有部同類律也，故但云同宗耳。準章主則薩婆多部十八部隨一，今非標論名。次所云《律毘婆沙》即是論名[一三七]也。今云[一三八]：章主同時義淨傳有部律故，少用意但云宗已。《詮要》云：問：四律中何初舉《十誦》耶。答：小乘中薩婆多宗大敵對大乘故初舉，可又云諸律中此律十種具足圓滿故。云云。今云：二釋中以第二爲好。今設一義云：如下文云，然大乘中無別教文，多分且用薩婆多[一三九]十種得戒。云云。由是初舉《十誦律》也。

章《律毗婆沙》。古來釋是有四家別。初古説云，指薩婆多論，此論具云《薩婆多毗尼毗婆沙》，全部八卷，失譯人名。又有云《續薩婆多毗尼毗婆沙》，一卷，失譯人名。常呼云薩婆多論，今云《律毗婆沙》是也。二或云《善見論》。《善見毗婆沙律》有十八卷，簫齊僧伽跋陀羅譯。此《詮要》義。《顯業抄》云：此説非也。善[一四〇]論初釋《四分律》故。云云。三云：此非別指多論等，總指有部釋律之家云《律毗婆沙》，故《俱舍》《正理》等並云：諸毗奈耶毗婆沙師，説有十種得其戒。云云[一四一]。四《飾宗記》二云：隨逐律文分明解釋故云《律毗婆沙》，即當此方律表是也。云云。《顯業抄》由之。今云：以古説爲好。此《十誦律》十種得中，以薩婆多論成故。又第三《吼》説亦有道理。

章一自然得。釋是古來有二義。初云[一四二]：不藉衆緣故云自然。懷素《開宗記》六末。二云：性空之理不爲因造，云自然。法礪《四分疏》一，南山由是。今云：二解之中初義爲優，約能證智釋，此爲正，與《婆沙》《正理》等論相同故。《正理論》三十七二丁。云：自然謂智，以不從師證。此智時得具足戒，具如光、寶釋。第二義約所證理而釋，故不穩當也。今章主意約能證智釋，既云盡智心位自然得故。

章獨覺。問：部行及麟喻二獨覺中，今取何耶。答：《俱舍》等意但約麟喻説同佛自然得，今大乘意通二性獨覺而説。《俱舍惠暉抄》曰：第三十四心證此智時，戒與智俱時得也。麟角獨覺，《婆沙》説，同菩薩，三十四心得戒。又部行獨覺，百六十心得自然智，即得戒也。云云。

章盡智心位。云云。此通大小乘，章主如是判也。小乘意佛三十四心斷結成道，一坐經三十四念，第三十四念解脱道位得戒也，見道十六心，修道九、無間九，解脱合三十四心也。是故云無間道得戒不是也。又獨覺歷百六十心，其第百六十心得戒，見道十六心入地，各起九天[一四三]間、九解脱。是亦解脱道得戒也，云無間道不是也。又小乘意第九解脱道初念盡智，第二念無生智，大乘意於一念上望義得名。雖有此異，今總云盡智心位得戒也。

**章**見諦得。此見諦得有、無漏事，古來有、無漏論義繁重有之。此入見已前有祈願心，動發身、語熏種後入見道，依此種立。行意〔一四四〕。若爾，入見已前有漏加行位有祈願身、語，其位身、語種思種立無表故，所依是有漏，此見諦得之戒應有漏戒耶。古來義勢非今所論，今家所立以轉齊爲正義，有漏、無漏及種子、現行所談，悉皆虚妄假法論談，故至佛果時悉皆棄捨有漏義。入見道未轉齊，有漏善種不害見道故，然此由《了義燈》所判而論，此非今所論。《義燈》明無表依動發思上立，非爲論得戒因緣。今章所明，説佛初度家族三人、舅氏二人見諦便得戒，此見諦已前誰師誰衆，未有僧故，無應陳情乞戒所對之師，故無依動思義，誠如《栖翫》所論，然守千難《燈》家未穩。《燈》家所論，此是别義，所論非見諦得所論。今按，下章曰：如佛爲説法得入見道，遠塵離苦得入三味，即便得戒。若爾，亦應説有表業，此亦不然，此思不發外身、語故，是無漏故，無有表業故，唯可説有無表業。云云。今曰：此文説定共戒、道共戒之文，准是可解〔一四五〕見道已前聞法思惟熏種思種上，入見諦同時於其有漏善思種上，别解脱無表起。入見已前思惟應别别防非，要期緣熟故，是故同自然得，是亦但有意表業，但意無表起。由是應知，入見時别脱、定、道共三無表一時起，自可知已。

**章**佛命善來。《麟記》有二釋。一云：謂此人輩深厭生死希求出家，佛言善來即得具足戒，故曰善來。善即求戒者心，來謂如來言教。二云：佛知此人願樂出家，命之善來，即發具戒，此即善來之言，俱在如來言教。云云。《報恩吼》評曰：第二釋好〔一四六〕。善來二字共在能化爲正，分爲能、所化不可也。今云：二釋共有理。

**章**唯佛自作。云云。《開宗記》立二義曰：一、如來惑盡智圓威力廣大，能令衆生受法戒道故。二、善識根性，應機授藥。如是二義但佛自具，非諸弟子故云非餘等。

**章**佛建立善根。云云。古來有異解。初云：《顯業抄》云：上受具足之上者，褒美之詞也，謂能證智、所證理皆勝，故云上也。云云。二云：《詮要抄》曰：建立善根上受具足者，依佛界言心中苦修建立妙理，即能證智、所證理俱名善根。聲聞果以第四果爲上，故名上。即其位成具足戒故，名受具足。果戒俱彰故，言建立善根上受具足也。

**章**先尼衆中。云云。上來明遣信緣由，已下明遣信授戒作法。先於尼衆集處，十尼衆作白四羯磨，是云作本法竟。而受戒尼於一處所，令住不令去，但十尼衆將來往僧往蘭若處，十尼衆禮僧衆足，尼羯磨師爲從僧乞戒。僧羯磨師乃至爲作白四羯磨已，尼和上、尼闍梨將十尼衆還至本處所，呼受戒尼令禮衆足，在尼羯磨師前蹦跪合掌，爲説謂衆白四羯磨，令其聽已，具説二八兩四也。《詮要》云：光云：於是南山十二語得，慈恩八語得也。本處初白四羯磨，四語。往蘭若處白四羯磨，四語。又歸尼寺白四羯磨，四語。以上十二語也。此第三歸尼寺白四羯磨竟時得，此十二語得也。已上南山。次慈恩八語者，往蘭若處白四羯磨竟時得，故入[一四七]語得也。已上慈恩。

**章**四人成僧。《續後抄》云：邊五中有釋，取僧體同南山，但六人是異也。南山四人僧體[一四八]，慈恩三人僧體[一四九]，遂因也。且於布薩一法者，慈恩意三人僧體也，一人作羯磨久也，共四人。一切作法事四人作法，作法人僧體外，故自恣時三人僧體也。一人所差也，一人作羯磨者也，故共五人也。是以南山、慈恩用人同也，慈恩意云體三人也，云用時四人也。但致捨、墮之懺悔慚愧，有不同。南山意懺主單白四人懺主，共五人也。慈恩意者四人，一人懺主，三人僧體也。慈恩意衆者唐土習三人已上也，約彼以三人翻之爲僧體。云云。此[一五〇]釋不爾。慈恩家三人已上云衆，西國之法，三已上云衆多故，不由唐土習。又慈恩云約體三人約用四人，非今家意。今家立體用不離故，不可分體用也。彼欲會舊人謬，南山所用設種種釋，不可依用也。

**章**或應白日。此慈恩家責南山家之一舉過也。或通此難云：如世間評所爲事，能白不同和時縱來，事不成。此亦應爾，四人羯磨白於自義自成立，以作羯磨無不和義。云云。今云：此會釋未穩當，如准世間朝廷等評議公事，能白人不關預評議，如我朝維摩大會注記能白人不關論議衆。大凡世間大事公用不如汝所言，授戒式僧中大業也，汝何以賤家事例同是乎。我朝佛法落土民之手，不如千古久矣，嗟乎可歎之最也。

**章**亦名三語得。《報恩吼》中言南山意三歸、三語各別不同，引《業疏》，彼曰：多論云，宿業力故應三語得戒者[一五二]，三語則止。三歸亦然，自然使爾。云云。今云：《報恩吼》所釋通漫也。多論中云三語得戒者，非三歸，此是三師七請受戒作法，未始已前作法也。此云三語羯磨，受戒作法也。又三度白四羯磨，亦云三語羯磨也，是故三語名種種。《瑜伽》九十九二丁。說是相同。《論[一五三]記》釋云：四者三語羯磨如說戒時，但有三人，不廣說戒，但對手[一五三]言大德僧聽我比丘某甲於戒清淨等，如是三說名三語羯磨。有釋三語羯磨者，謂對首三說，如受依等。已上《倫記》。由是可知，三歸亦對首三說得，故今此文亦名三語得也，故以南山疑今文暗于律文也。《四分律》三十三曰：佛言自今已後捨三語授具足戒，自今已去聽滿十人，當授具足戒白四羯磨。云云。

**章**其見諦得。云云。《顯業抄》曰：是約人同會之。見諦、善來其法雖差別，《十誦》見諦得，《四分》善來得，皆五比丘故，其人體同也，故云即善來也。云云。今云：大好。

**章**律中自云。云云。古云：諸律中未詳所出。《顯業抄》曰：此即《毘尼母論》意，《毘尼母論》雖非《四分》文義，宗相同故，得引爲證。

**章**六羣比丘。　薩婆多論四六。云：難途〔二五四〕、跋離陀、迦留陀夷、闡那、馬師、滿宿，此六俱是豪族，共相影響，相與爲友，宣説佛教。云云。此六人同共朋遊，故名爲六羣。已上《戒疏》。

**章**多子塔邊。　《飾宗記》二本二十四左。云：多子塔者，《佛本行經》三十六《迦葉因緣品》云：佛在一樹下，爾時是神名曰多子，偈中云：佛在多子樹。《母論》云：迦葉白佛言：我初到多子塔林中見世尊。云云。由多子神以目林塔。云云。

**章**四、五衆。　《僧祇律》二十三云：佛告諸比丘，富樓那在輪那國，遣億耳來，從我乞五願，從今日後聽輪那邊國五願。何等五。一者、輪那邊地淨潔自喜，聽日日澡洗，此間半月。二者、輪那邊地多壃石土塊及諸刻木，聽著兩重革屐，此間一重。三者、輪那邊地少諸敷具，多諸皮革，聽彼皮革作敷具，此間不聽。四者、輪那邊地少衣物，多死人衣，聽彼死人衣著，此間亦聽。五者、輪那邊地少於比丘，聽彼五衆受具足，此間十衆。云云。

**章**三、敬受。　《善見論》曰：何云爲受教授。佛告迦葉：汝應如是學，念身而不棄捨，汝迦葉應當學。大德迦葉以教授即得具足戒，迦葉具足戒者，皆是佛神通力得。云云。

**章**四、問答。　同論曰：爾時世尊於富樓羅彌寺經行，問須波迦沙彌，或問膖脹名，或問色名，此二法者爲一同，爲是各異。因十不淨而問須波迦，即隨問而答。佛即歎言：善哉。又問：汝年幾。須波迦答：我年七歲。世尊：須波迦，汝與一切智人並善能答問正心，我當聽汝受具足戒。是名答問得具足戒。云云。

**章**三語即遣信。云云。　或考多論云。彼論曰：爾時世人棄俗入道，詣諸比丘，或三語受戒，或三歸受戒，以衆生宿業力故。若應三語得戒者，三語則止。若應三歸得戒者，三歸便止。以業力故，自然使爾。今謂慈恩三語爲遣信，與論相違，南山爲正。彼云：七種受中，五是比丘，不共尼，謂善來見諦，三語三諦自誓。云云。已上《報恩吼》。基辨詳曰：此文自一見諦至七白四，牒《薩婆多論》七種受具。又自此説弟子至皆白四故，會《十誦》與《薩婆多論》違。此説弟子第八字，會《十誦》所説自然得。今此論不説三語即遣信下，明《十誦》遣信得，今此論不説，謂《十誦》遣信得，今此論三語得中攝故，遣信云三語之所由，如此章釋。三語者，對首三説云三語，猶云三度對談。

問：何故《十誦律》中遣信得受戒，攝《薩婆多論》三語中[一五五]耶。答：如《薩婆多論》言：爾時世人棄俗入道詣諸比丘，或三語受戒，云云。今此遣信得戒，亦羯迦尸棄俗入道詣比丘許，受是得戒，復三度羯磨得戒，故三語中攝也。

問：若爾，此遣信羯磨得故，應攝在白四中，何故不攝白四，攝于三語中耶。答：若攝白四則濫僧白四，遣信三語義遂不彰，不同僧以一度白四得戒，故欲彰此別，今於三語中攝也。此初一者，本法尼寺白四，此爲初語。至彼一者，至僧寺之白四，此爲第二語。來後一者，還尼寺之白四，此爲第三語也。《報恩吼》云與《薩婆多論》違，而作難甚粗漫，有相違故今會，不違何會之有。是故《恩吼[一五六]》爲謬。此是薩婆多等下，明與《俱舍》不違。

大乘法苑義林章師子吼鈔卷二十終

于明治二十八年十二月，於京都五條柿本町圓龍院謄寫之。

本化末資照善氤[一五七]。

校勘記

[一]「聞」，底本原校云甲本後有「乘」字。

[二]「而」，底本原校云甲本後有「但」字。

[三]「三」，底本原校云甲本後有「卷」字。

[四]底本原校云：「原本冠註曰：有義云云，《顯業抄》云：問：今三師義廣通律、不律處中諍歟。將又局一種爲所諍耶。答：異義多端。有義云：凡一切七衆

別脱，不簡通、別並論之，其體十善，故以七衆戒攝十善、百行，顯意業無表有無，故不相違，故次下云百行所攝俱名律儀。云云。此覺盛義，又光、圓房等義。爾云論別受，不是此三有師大乘説故，但論通受也。此中雖云別受，其實論通受也。有義云：三師於百行、律儀論之章現文并《義燈》前二説者，據處中説，非約律儀云云等文，指十善也。《要集》見《章》思單律儀故，《燈》師遮云據處中説，非約單律儀云云，但本明百行例顯通、別等也。已上信願上人義。有義云：今章前後偏約百行論意無表有無，於律、不律者假不可及，異義仍以《燈》文備證，更於律、不律不及異論云云。已上緣圓得業義。有義云：通、別律儀并處中無傍正普論，是故文中云百行者，則以百行處中料簡之。如此通、別律儀隨其文相，然今章文多分以百行述其義云云。已上叡尊之義。已上《詮要》載基辨詳此等義，云三聚淨戒所攝七衆律儀、百行、十善、處中、根本，隨順一切戒。上意三爲無表依論，是翻及之，不律儀皆論之故，論通受律儀，不論別受此大乘之表、無表色，論二有義故。」

〔五〕「鈔」，疑爲「鏡」。

〔六〕「之」，底本原校云甲本後有「論」字。

〔七〕「業」，底本原校云甲本作「表」。

〔八〕「然唯」至「無表」，底本原校云甲本無。

〔九〕「依」，底本原校云甲本作「作」。

〔一〇〕「思」，底本原校云甲本無。

〔一一〕「念」，底本原校云甲本後有「思」字。

〔一二〕「口」，底本原校云甲本後有「報恩」二字。

〔一三〕「云云」，底本原校云甲本作「曰思有三種，謂審、決、動發。論文雖説前二思，唯意在地後，一思是身、語二業，今據道理意得有動發勝思，云作動意故發無貪等云。又《最勝王經疏》第六亦同釋。又《同學抄》云身、語發動勝思位，意業亦殊勝也。正威儀住師前陳所欲之時，其意業亦發最勝心，上求菩提下化有情之心廣大故，雖一思亦得種假立三業無表也。彼於三乘身、語七支雖一思種有防七非之功能，故立七支之無表，例彼思之菩薩防三業非。雖一思種，豈不立意業無表云云」。

〔一四〕「出」，底本原校云甲本後有「《詳口抄》云：《詮要抄》同云此義來不用義也，大違論文并處處解，亦不叶《章》現文云云。今曰：此義非謬也。謂第六俱決定思後念熏種，其次念此種爲增上緣令發動身、語與耳、身二識，但起第六意與決定思後念俱相續，此時當念第六俱思亦名別起意業動發，與動發身、語、耳、二身識俱，故名意業動發，此即爲意業表所依也。即《義燈》中云作動意故發無貪等，是別有起防非作動故，此義能叶《燈》意，不可中爲謬也。中川示別有防非用，起決定思後念名別起爲意無表依也。《燈》約前後相續決定思名動發思爲意無表依也」。

〔一五〕「動發」，底本原校云甲本作「發動」。

〔一六〕「記」，底本原校云甲本後有「曰」字。

〔一七〕底本原校云：「甲本冠註曰：《顯要抄》云唯是善性者，第一師所立義，對第二師詞也。菩薩亦成者，述所由，又對第三師詞也。唯有三支等者，合對第二、第三師陳自義意。今云：顯業不盡，無害爾。菩薩亦成四字，非述所由，此續上句示意表發無表是大乘義。唯有三支下二句彰所由故，言在下故。若菩薩亦成四字云述所由，應訓讀菩薩亦成，唯有三支依業道故也。菩薩亦成，《十帖抄》云有四義：一云唯成所依意表。二云於意表上成意三無表，能、所合成。三云能防、所防有意三無表，故意表可成意三無表所依。四云於意表不成前七無表，菩薩成意表後三無表。如是合有四義，於此四義中，第二能、所合成義者，意表可成後三無表，初師立自義由之。亦成者，初師自宗義也。自義中含因由說。已上《十帖抄》二百五十九字之文。」

〔一八〕「抄」，底本原校云甲本後有「曰」字。

〔一九〕「云」，底本原校云甲本無。

〔二〇〕「離」，疑爲「難」。

〔二一〕「釋」，底本原校云甲本後有細注「如首舉」三字。

〔二二〕「義」，底本原校云甲本後有「也」字。

〔二三〕「也」，底本原校云甲本作「云云」。

〔二四〕底本原校云：「原本冠註曰：唯有三支等，基辨云：唯決定義。三支者，意三支，即無貪等三善根也。秋篠之義，依業道者十善業道也，謂前七支唯依身、語二業道不依意業道，後意三支遍依十善業道，無貪三説遍善故。《識論》六已上云隨業道，不云遍此章，無遍字，破秋篠不是也。隨者，隨遂義，意三必隨是遍也。」

〔二五〕底本原校云：「原本冠註曰：今謂若云三業道者，身、語、意三業道，即身三、口四、意三故，十善業道意全無違。然《周記》釋不穩，雖有此會，云秋篠義。《報恩吼》中以《略纂》依三業成，不時故，道句故，無三字爲正。」

〔二六〕「兩」，底本原校云甲本作「多」。

〔二七〕「詮」，底本原校云甲本前有「詳口抄云言方成成十惡業道體不云成無表也」十九字。

〔二八〕底本原校云：「甲本冠註曰：《章》第一師下，業增上者獄故業名罰。《俱舍光記》二言亦對第一，可不故立，師云方成十惡業道體也。」

〔二九〕「曰」，底本原校云甲本作「云」。

〔三〇〕「云」，底本原校云甲本作「曰」。

〔三一〕底本原校云：「原本冠註曰：三罰何故云罰耶。謂此有者罰，一義。二治罰也，造惡業者罰入地便發無表。今第二師，極重者三業諸罪現爲人天所呵責，未來當受諸惡苦報，可治罪故，可毀責故，名之爲罰之。《二十述記》。此二釋中，初有情所罰，惡業能罰。第二毀責辭也。三罰業者，身、口、意三罰業也。」

〔三二〕「障」，疑爲「陳」。

〔三三〕底本原校云：「原本冠註曰：即彼攝故，《義鏡》曰：意爲方便發身、語時，所有諸戒非是意無表，即彼身、語表戒攝，故云發身、語者，即彼攝故。又引圓弘師義，云意無表但名無表，不云無表色，此非章主意，違《三十論疏》故。」

〔三四〕「不發於色」，底本原校云甲本無。

〔三五〕底本原校云：「原本冠註曰：《報恩吼》釋總教別文，大爲好，爾不見別文等天穿也，過之不及也。」

〔三六〕「見」，底本原校云甲本後有「別文説有無表者約大乘云非小乘無成成實中有」二十字。

〔三七〕「圖」，疑爲「國」。

〔三八〕「肯不」，疑爲「不肯」。

〔三九〕「色」，底本原校云甲本無。

〔四〇〕底本原校云：「原本冠註曰：異本《章》作雖受十善善種有十戒，但七支説有無表。」

〔四一〕「性」，底本原校云甲本作「種」。

〔四二〕「能」，底本原校云甲本作「德」，下一「能」字同。

〔四三〕「伏救」，底本原校云甲本作「救釋」。

〔四四〕「無」，底本原校云甲本無。

〔四五〕「票」，疑爲「標」，下二「票」字同。

〔四六〕「云」，底本原校云甲本後有「此」字。

〔四七〕「等」，底本原校云甲本作「章」。

〔四八〕「之」，底本原校云甲本作「是」。

〔四九〕「云」，底本原校云甲本無。

〔五〇〕「違」，底本原校云甲本後有「已上第三師義原本冠註曰第二師意云律儀之名雖通要期不要期受不受今取決思之後念必有期心熏種有無表律儀即無表云也」五十三字。

〔五一〕「共」，底本原校疑爲「失」。

〔五二〕「也」，底本原校云甲本後有「云云」二字。

〔五三〕「哉」，底本原校云甲本後有「者」字。

〔五四〕「二」，底本原校云甲本作「三」。

〔五五〕「此」，底本原校云甲本前有「義鏡曰」三字。

〔五六〕「是」，底本原校云甲本作「之」。

〔五七〕「汝」，底本原校云甲本無。

〔五八〕「胤」，底本原校云甲本後有「抄」字。

〔五九〕底本原校云：「原本冠註曰：上來三有義，《略竹（整理者按：「竹」，疑爲「纂」。）》三（四、五）亦有三説，全同今章，《倫記》二下二十一丁亦同。」

〔六〇〕「溜」，疑爲「淄」。

〔六一〕底本原校云：「甲本冠註曰：《栖翫》曰：諸師皆斷，發音爲正，二性皆爾，處中亦爾。云云。」

〔六二〕「三藏」，底本原校云甲本無。

〔六三〕「以」，底本原校云甲本後有「故」字。

〔六四〕底本原校云：「甲本冠註曰：此兩説發、不發之兩義也。」

〔六五〕底本原校云：「原本冠註曰：光胤云已下四句，後人傍書誤爲本文也。今云：就任意爲用，若用第三有義有何意耶。此唯今通。云云。」

〔六六〕底本原校云：「甲本冠註曰：《對法》八一丁説七衆律戒者，一、苾芻，二、苾芻尼，三、式叉摩那，四、沙彌，五、沙彌尼，六、鄔波索迦，七、鄔波斯迦，及近住律儀也。」

〔六七〕「乘」，底本原校云甲本後有「説」字。

〔六八〕「萬」，疑爲「鬘」。

〔六九〕「丁」，底本原校云甲本後有「至下辨同異」五字。

〔七〇〕底本原校云：「原本冠註曰：處中律儀，元輪云謂十善百行，世異別解脱故非律儀也。別脱爲律儀本故，非惡行故，非不律儀也。既處律不律之中，故名處中。作法受得，分具軌則之義故，異單處中，仍亦名律儀，五十三説百行律儀是。」

〔七一〕底本原校云：「原本冠註曰：又元輪云善處中立三差別，惡處中亦對是應有三別，如理可考。」

〔七二〕底本原校云：「原本冠註曰：論處中無表唯在身、語，不在意業，此良遍上人義也。又云在三業，此即實義，意大據之。」

〔七三〕底本原校云：「原本冠註曰：《對法》第八等古來有疑問，此段明無表色之段也。此《對法》文不説無表但説業，如何。答：古有二義。初云《對法》文，亦無表之證，業、無表其體同一故。二者與次《瑜伽》文合爲證。此《對法》先舉三類以別示單處中，次五十三文示有意三律不處中，第三五十四文正明無業三類、三表故，三文合爲證也。二義中以第二爲正。」

〔七四〕「福」，底本原校云甲本後有「有無表」三字。

〔七五〕底本原校云：「甲本冠註曰：基辨云：由此《倫記》釋可知，此所説處中説一切處中。中古説限單處中，不可，如次下辨。」

〔七六〕「基辨云此」至「儀耶」，底本原校云甲本無。

〔七七〕底本原校云：「甲本冠註曰：七有依福，《俱舍·業品》説，一、施羈旅客，二、施路行人，三、施有疾人，四、施看病人，五、施園林，六、施常乞食，七、隨時施。無依福者無物布施，但起深喜隨心恭敬，亦生勝福也。」

〔七八〕底本原校云：「原本冠註曰：以叡尊爲勝之事，如前所引《倫記》之釋別解脱等亦是處中故，又説意三無表處中，以是可知一切皆是。言攝一切處中故，《報恩吼》誤也。」

〔七九〕底本原校云：「原本冠註曰：湛惠不知初師立百行處中是律儀歟。」

〔八〇〕「抄」，底本原校云甲本作「阿」。

〔八一〕底本原校云：「原本冠註曰：《栖翫記》中示科，初之四句舉一體總釋，次之三句復更指除。今云不穩。」

〔八二〕底本原校云：「原本冠註曰：妨云：五根、四塵俱皆各有積聚義，應名身身，於但故何根獨以積聚義名身。今文通云云。」

〔八三〕底本原校云：「原本冠註曰：五根一一能造四大、所造四塵，積聚合成四塵，一一亦離四大及所造塵四無別合集相故，此非重害失，俱得稱云者云。」

〔八四〕「云」，底本原校云甲本作「曰」。

〔八五〕「抄」，底本原校云甲本後有「物」字。

〔八六〕「集」，底本原校云甲本後有「論」字。

〔八七〕「今」，底本原校云甲本前有「故」字。

〔八八〕底本原校云：「原本冠註曰：善惡共有律儀，如《栖翫記》釋。」

〔八九〕「戒」，底本原校云甲本作「式」。

〔九〇〕底本原校云：「原本冠註曰：調伏者，世親《攝論》一曰：調者和御，伏滅制者，調和控御身、語等業，制伏除滅諸惡行。」

〔九一〕「具調」至「云云」，底本原校云甲本無。

〔九二〕底本原校云：「此下原本冠註曰：非義、不義。《詮要抄》云：《光間抄》曰：非學者，一分修學人也，不學學不分全者問人。云云。」

〔九三〕「色」，底本原校云甲本後有「者」字。

〔九四〕底本原校云：「原本冠註曰：近因等起同異時論，義取身、語同時思爲正義。今云：刹那等起第四心已云□□。《詮要》舉興正義云：正發身、語初念為近因等起，第二念以去為剎那等起。會云：此准《俱舍》，此有亦雖釋意大乘意，第四心已後無表隨轉時剎那等起。」

〔九五〕底本原校云：「原本冠註曰：佛等所有，《義鏡》曰：此初說意，如來位所有功德無有一法而不屬三聚律儀者，無漏善法皆可法則，故云無漏位無處中業，故云佛等云云。」

〔九六〕「通」，底本原校云甲本後有細註「通有無漏」四字。

〔九七〕「義」，底本原校云甲本作「傳」。

〔九八〕「有」，底本原校云甲本後有「是受戒後思」五字。

〔九九〕「命」，底本原校云甲本作「緣」。

〔一〇〇〕底本原校云：「原本冠註曰：環庵不識漢語八轉依釋，云所依簡第三、四、五、六轉，及依第七，彰於第七。此依字所依處事故，此於義故釋云所成也。彼云所依則必有實法，故作此論。」

〔一〇一〕「是」，底本原校云甲本前有「心」字。

〔一〇二〕「南山智首」，底本原校云甲本作「智首南山」。

〔一〇三〕「云」，底本原校云甲本後有「基辨云無色定云有防非無表色無色定中起下地定果色有防欲非色無色異熟定自本欲非防不起故附靜慮有色地就所發所防立無表假色今相攝無色定果色中無表立名也因異熟定中同攝」七十八字。

〔一〇四〕「地」，底本原校云甲本後有「隨應」二字。

〔一〇五〕「表」，底本原校云甲本無。

〔一〇六〕底本原校云：「原本冠註曰：秋篠所言假實就詮言之，非約等自性，故無相違。唯心說以守千謬為本。」

〔一〇七〕底本原校云：「原本冠註曰：五十三云：一切表業皆是云云。此《伽》文意以一切有為法剎那滅故，身、語表業亦非實有，遮小乘實有故為假有。今云：此即以觀門為假有也。」

〔一〇八〕「文」，底本原校云甲本作「又」。

〔一〇九〕底本原校云：「原本冠註曰：秋篠意，受具足等以四支等爲能成，以七支等爲所成，則七支、四支成立，能攝四、五、三，故曰廢立耳。」

〔二〇〕「全」，底本原校云甲本作「論」。

〔二一〕底本原校云：「甲本冠註曰：五衆成道器下，《章》二十丁左云，一切出家之戒既爲道器，必須其受具持。」

〔二二〕底本原校云：「原本冠註曰：大沙門《百一羯磨法》一卷，失譯人名，出《十誦律》中〇《羯磨伽》九十九二十紙。」

〔二三〕「我」，底本原校云甲本後有細註「三乞」二字。

〔二四〕「依」，疑爲「衣」。

〔二五〕底本原校云：「原本冠註曰：《式叉摩那尼事鈔》云：此云尼，不然，不可云那是男聲、尼是女聲也。式叉摩那但男女戒故，不可云男聲也。」

〔二六〕「那」，疑爲「耶」。

〔二七〕「罪」，底本原校云甲本無。

〔二八〕「伺」，疑爲「何」。

〔二九〕「利」，疑爲「制」。

〔三〇〕「故斷生」至「遮罪」，底本原校云甲本無。

〔三一〕「須」，底本原校云甲本作「扶」。

〔三二〕「欲」，疑爲「飲」。

〔三三〕「觀」，底本原校云甲本作「視」。

〔三四〕底本原校云：「原本冠註曰：唱令家應音二十四因，作音樂戲人也。」

〔三五〕底本原校云：「原本冠註曰：旃荼羅，《寶窟》上云外國四名雜亂。一名旃提羅，此云庵人、黄人，即守門人也。二扇提羅，此云石女。三云旃陀羅，此云殺獵人。四云旃荼羅，此云月。云云。《應音》七云旃陀羅，此云三熾，一云主雜人，謂屠殺者種類之總名也。」

〔三六〕底本原校云：「原本冠註曰：羯磨那家，《燈》云斷獄家，《周記》云唱令家，不是也。《略纂》四云西域別立斷獄之人求財活命。云云。」

〔三七〕底本原校云：「原本冠註曰：皆不應往，出家菩薩棄人亦不應一處也。然與聲聞意樂別，聲聞唯護他機嫌故不住，菩薩若見，作隨喜心生，犯殺斷大慈悲性故不經。」

〔二八〕「數」，底本原校云甲本後有「請問聽受令善達解如尊所説不增不減善修學已」二十字。

〔二九〕「若」，底本原校云甲本後有「已」字。

〔三〇〕「藥」，底本原校云甲本後有「酒」字。

〔三一〕「十」，底本原校云甲本無。

〔三二〕「言」，底本原校云甲本作「意」。

〔三三〕底本原校云：「原本冠註曰：如隨機等，《智度論》云：我某甲今一日一夜歸依佛、歸依法、歸依僧，爲淨行優婆塞、女云夷，三説。我某甲歸依佛竟、歸依法竟、歸依僧竟，一日一夜爲淨行優婆塞竟，三説。既受得戒已，次當爲説戒相。云云。」

〔三四〕「可通」至「緣也」，底本原校云甲本無。

〔三五〕「明」，底本原校云甲本後有「勤策通自他受可知」八字。

〔三六〕「其」，底本原校云甲本後有「一」字。

〔三七〕「名」，底本原校云甲本無。

〔三八〕「云」，底本原校云甲本無。

〔三九〕「多」，底本原校云甲本後有「宗」字。

〔四〇〕「善」，底本原校云甲本後有「見」字。

〔四一〕「云」，底本原校云甲本後有「此報恩吼義」五字。

〔四二〕「云」，底本原校云甲本後有「自然悟理道圓本無師訓律儀具足」十四字。

〔四三〕「天」，疑爲「無」。

〔四四〕「行意」，底本原校云甲本作「燈主意也」。

〔四五〕「解」，底本原校云甲本後有「五比丘始聞法思惟時見道前即聞思熏種」十七字。

〔四六〕「好」，底本原校云甲本前有「爲」字。

〔四七〕「入」，疑爲「八」。

〔四八〕底本原校云：「原本冠註曰：四人爲僧，南山四人已上以爲僧體捨。《毘尼義鈔》上二云：今律家辨僧是假名，攬四以成，四人爲僧，非三人故。《婆沙》十·十五紙，《正理》十四明多數，各有二説，一有三爲多，二有四爲多。《報恩吼》評曰：慈恩唯依初説，故南山等意符順後説。云云。基辨云：《吼》主以《婆沙》正行明多數，有二說評成二師，爾不極成。《三寶章》云：以三已上爲多，非不云四爲多也。引之付三已上爲僧體不成，今家四已上云辨事僧故，《吼》主云云通漫也。○以南山義付慈恩義之說，或休慈恩三人成僧，云四分等中，說別衆食四人。若述等此食時，別衆豈是有能、所白而辨法事者乎。然諸律、論中，四人已上以爲僧者，此應是梵土方俗西來，三藏常所見聞，何有誤錯耶。是故南山依如上律、論，四人已上爲僧，又慈恩道所白唯三，能白呼僧，是故三人已上爲僧體者，義未極成。縱雖一人尚呼爲僧，彼種類故，然則雖羯磨者呼三爲僧，僧豈必三。難成誠證，勿事永執。云云。已上《恩吼》，此餘引淨影《大乘義章法礪疏》等釋成四人爲僧義，非以論說爲證，則非爲的論，故不舉之已。○又或曰：又布薩等許學悔隶羯磨，若清淨僧四人外加之則法成，若成四不成四人爲僧體，以此爲證，三人爲僧體，未見其證文。基辨云：今家非四人非僧，三已上云僧。《四分》中說別衆食四人若過等，翻譯者之謬也。又是辨事僧，非事和。又捨墮罪懺法滅四不成，此亦翻者之謬也。印度之法，有三已上爲多、四已上爲多之兩說，故不辨事和僧、辨事僧之別，而應言三謬但作西（整理者按：「西」，疑爲「四」。）人。又云縱雖一人尚呼爲僧，而破慈恩云羯磨者呼三爲僧者謬。今云：此亦却謬也。白四羯磨，若由僧受戒非僧忍者云僧，則邊國白四羯磨作法得戒，不成非僧忍，爲僧忍故。又邊國受戒僧忍僧忍。云云。種類故，此即應名受戒之類也。《報恩吼》可慎之謬說也。云云。已上。」

〔一九〕底本原校云：「原本冠註曰：三人成僧，《三寶章》曰：《涅槃經》說法名不覺，僧伽云衆，於理於事無乖諍故。此有三種，一、理和僧，三人已上雖方名僧，麟角獨覺及餘聖者設獨一出，彼種類故亦得名僧。二、事和僧，三人已上皆是僧體，從多論識故。彼國之法，一名爲一，二名爲身，自三已上皆名爲多，如辨法事，四人方成。一人白言：大佉（整理者按：「佉」，疑爲「德」。）僧聽所和三人得名僧故。若四是僧，豈能白者而自白耶。欲顯和合從多人故，自三已上得名僧。三、辨事僧，謂四人、五人、十人、二十，能、所白中具足和合辨法事故，非所和體。云云。《決擇鈔》下未會，釋此文云：此意説云律中説言四人爲僧，談辨法事言四人也。得僧名者即是三人，能白之者非是僧也，非辨法度但有三人即得名僧。又如受日雖四人法事不成，一説羯磨，一受日人，餘二人不成僧事。以此故知所和三人而得僧體也。《報恩吼》中考云：今謂慈恩西域方俗稱三爲多，又四人辨事，一人能白、三人所白，此三呼僧，故知三人以爲僧體。又梵云僧佉，唐翻云衆，衆之古寫本從三人，如字書述。又《禮記・月令》云衆雨，云雨三月已上爲霖。《國語》云人三爲衆。是故慈恩依順二土方俗，三人已上以爲僧體。云云。已上《報恩吼》考。」

〔一五〇〕「此」，底本原校云甲本前有「今云」二字。

〔一五一〕底本原校云：「原本冠註曰：基辨云：白羯磨受戒作法，未始前作法云三語得戒，是《多論》之意也。」

〔一五二〕「論」，疑爲「倫」。

〔一五三〕「手」，疑爲「首」。

〔一五四〕「途」，疑爲「陀」。

〔一五五〕「三語中」，底本原校云甲本無。

〔一五六〕底本原校云：「原本冠註曰：又《恩吼》中引《多論》云七種受中五比丘不共尼之文難章文，今云：此難不爾。若同《多論》，則何會之有。僧得攝尼，前文有例，何難之有。云云。」

〔一五七〕「大乘法苑義林章師子吼鈔卷二十終」至「善氤」，底本原校云甲本無。

# 大乘法苑義林章師子吼鈔卷第二十一《表無表章》。

南都西京藥師寺傳法相大乘沙門釋基辨撰

**章**《四分律》具四緣。《鈔》曰：《報恩吼》云：然南山意，《業疏》《事抄》等通會要約以立五緣，謂能、所、心及具、終也。今慈恩意謂《四分》中具四緣者，義未穩暢，至下當辨。基辨云：《吼》主所言甚不是也。南山所言，五緣通立之，非今所論。今章主所言《四分律》説八比丘中，以第八比丘義文爲四緣，昔來相傳故，定羯磨得緣，必以南山不可難慈恩，强設難劫是滯執所爲也。《顯業》云：《四分律》具四緣者，前所明得具足别解脱緣，以《十誦》爲本，餘部會同《十誦》，此羯磨得别解脱緣，以《四分》爲本，餘部會同《四分》也。何以然者，昔漢土受法，用《四分羯磨》故也，故云昔來相傳也。即南山云神州一統約受，並誦《四分》之文是也。云云。

基辨詳曰：大凡自西方而支那流傳之羯磨法，不過四部。一者、《十誦羯磨比丘要用》一卷，宋沙門僧處從《十誦律》出，又《大沙門百一羯磨法》一卷，失譯人名。附《宋録》，是出《十誦律》。二者、《彌沙塞羯磨本》二卷，大唐沙門愛同集。三者、《曇無德部四分律尼羯磨》五卷，唐懷素《隨機羯磨》四卷，唐道宣集。《四分僧羯磨》五卷，唐懷素集。《四分比丘尼羯磨》一卷，附《女人出家法》。宋求那跋摩譯，《曇無德羯磨》一卷，沙門曇諦集。《曇無德部雜羯磨》二卷，魏康僧鎧譯。四者、有部《根本有部百一羯磨》十卷，義淨譯。《出家授近圓羯磨儀軌》一卷。元沙門拔合思巴集。如是四部中，《十誦》羯磨法於南山前雖有譯出，未能流傳。於《四分律》羯磨法，康僧鎧爲先，求那跋摩相次譯，至唐初，懷素、南山專集于此，此是慈恩之前恢張。後有義淨三藏，有部羯磨法具備，此即與慈恩同時弘通。然今章中前得具足别解脱緣，以《十誦律》爲本，云由有部云犯重不捨戒事，上座部及薩婆多部與大乘意相同，故談律儀由薩婆多。若爾，何故不由上座部耶。謂薩婆多由對法立故。今復明此羯磨得緣用《四分律》四緣，與《瑜伽》五十三所説六因二緣意相同，故亦《四分律》中一分有犯重不捨戒之説，故依託《四分》緣而論也。云於漢土用《四分》羯磨之久故之説實是妄談，非章主意。今云昔來相傳者，以《四分律》八比丘中第八比丘義爲四緣之説，非章主今所解，任昔來所言傳而論之，故票[二]昔來相傳也。犯重不捨戒義，大乘《瑜伽》常所募，如下辨。於羯磨德，《四分》羯磨恢悵[二]于神州，全非大乘戒之助勢，菩薩戒羯磨別說是故，豈以《四分》有助大乘義耶。故《顯業》所言，妄談也。又南山云神州一統誦《四分》者，不識後來義淨三藏傳有部律之所致言也。又《光抄》云，《瑜伽・聲聞地》律同《四分律》，是亦媚於叡尊之説，醜甚矣。

**章**八比丘。云云。《鈔》曰：《四分律》第一卷説婬戒中，釋戒本若比丘言，列八比丘義而釋，一、名字比丘，《戒疏》云：此是總名也。二、相似比丘，《戒疏》云：犯重者，內實破戒，威儀相貌似持戒者，其實破戒故名也。三、自稱比丘，同疏云：賊住比丘自剃髮被衣，自言我是比丘也。四、善來比丘，同疏云：道成初果，親感至聖，金言命之，便得具足故。云云。五、乞求比丘，《戒疏》云：既出家已，隨須衣食如法行乞，以四海爲家居，離於邪命，故曰求乞也。六、著割截衣比丘，《戒疏》云：有二利故毀全相，離自貪故，二不爲王、賊所剥故。七、破結使比丘，《戒疏》云：修道進德，惑盡解滿，理解心明，永無業惡，則發具戒，從緣而感也。八、受大戒白四羯磨，如法成就，得處所住比丘法中。已上八比丘也。此八之中前七非今所用，此第八比丘義立得羯磨四緣也。

**章**若受大戒者。《鈔》曰：此一句中，受大戒三字，但律文也，謂僧數滿足，白四羯磨成比丘者，今爲若比丘之第八比丘也。然此僧數以用沙彌等足僧之數，云僧數滿足，無成比丘義。先受大戒已者僧數滿足，白四羯磨成比丘者，今爲若比丘之第八比丘也，故云受大戒白四羯磨也。

上句羯磨者比丘五字，章主加之，令合次下所引《瑜伽》文。次云：能作羯磨阿遮梨那[三]也。次僧數滿足四字，亦令合《瑜伽》。次云圓滿僧衆。

此若受大戒者句，古來釋此有二義。一者、《詮要》引《續後》曰：師云：律文意，八比丘中第八比丘白四羯磨成就如法比丘也。此大比丘受大戒，羯磨成就，結分成就，受者無難。如是受戒如法成就，是八比丘也。而今引成四緣，以若受大戒言證能秉僧也。若受大戒言可通能、所，今以所顯能也。又云羯磨者、比丘者，三師七證師也。二者、或解云：南山等意，此指受者，以簡餘十戒等之語，慈恩以爲能授僧者，大非也。其僧衆滿足，雖知是授戒緣，而此律文非謂能授僧。《古鈔》救釋言以所顯能，此曲文成義，予則不取。云云。已上《恩吼》文。基辨詳曰：二義共違律文意。第八比丘云受大戒者白四羯磨，如法成就，得處所住比丘法中，是比丘義，於此言中，所受人正體終比丘二字是，其上十九字，簡前所言七比丘，彰此第八比丘體義。差別也。是故受大戒三字，舉能授人，彰所受各别，即簡非沙彌等僧爲能受、所受之比丘。懷素、定賓同云：若受大戒簡沙彌也。云云。亦簡非前七比丘中各[四]字、相似、自稱等似比丘爲能授人，白四羯磨作法所受之比丘，票受大戒，受大戒者之白四羯磨，依主得名，受大戒者白四羯磨即如法成就，持業得名，復受大戒者白四羯磨如法成就之得處所，依主得名，復受大戒者白四羯磨如法成就得處所之住比丘法中，依士得名，此即以能授人之用名所受人。故律文受大戒者言，必是能授人也，與下比丘言合，則名所受人也，古來二義共不應理也。

**章**結界成就。《鈔》曰：南山《戒疏》云：得處所者[五]，僧數滿足結界成就緣也。懷素、定賓共不約界而釋，素云總是法成處所，賓云稱可聖教名得處所。《報恩吼》主評曰：約界不是也。今謂，結界成就亦是法成處所，受戒法成，非結界法成處所則不成也。若受戒法，不由結界處則不稱聖教，故結界處所受戒法成即稱可聖教也。故南山、慈恩、懷素、定賓意相同，唯《恩吼》爲謬也。

**章**年滿具足。云云。《鈔》曰：《報恩吼》中引南山《戒疏》云：住比丘法者，簡定俗人、外道也。或雖比丘心住無記，病緣等障不守本性者，則不住比丘法也。是比丘義者，則是戒本犯法、犯行比丘義也。今謂，慈恩釋此律文，爲二十歲滿足、身無遮難緣者不允，何若人其年不滿二十，或身有遮難，則雖欲乞求具戒而不能得。若彼年滿、身無遮難，則彼爲堪能得具戒者，雖然，未可住比丘法中。取要而言，則居家有居家法，外道有外道法，比丘有比丘法，今簡住居家、外道等法故云住比丘法，南山爲正。慈恩也研究性相，祖述《大論》，三藏軫下爲龍爲虎，然而至于剖判小律審定持犯，則間有誤錯。云云。基辨詳曰：南山不悉釋住比丘之住言意也，就一往而釋故後學迷焉。雖然，《戒疏》所釋無所違害，《報恩吼》主附于南山驥尾斥今家所釋，實是鼓妄論也。年滿無遮難人，是名堪得具戒人，即是名住比丘法人，例如於七最勝中安住最勝，此住菩薩種姓人，雖然，未名菩薩也，故住比丘法中者，非云住已人，云應住人也。南山約住已人而言，慈恩約應住人云，今家雖以南山應爲戒本正意，然今家約應住人釋，有別意趣，謂以《瑜伽》五十三所說六因令合《四分律》四緣，故以年滿無遮難釋住比丘法中之句也。《吼》主不辨別如是意趣，猥加斥貶，其罪不輕也。總學大乘應檢得二門而作義解，一、此經論文，檢辨法性相門哉否，應求義解。二、此文檢辨意趣門哉否，應求義解。此今家立二門所教，而辨性相有隨轉理門、真義門，辨意趣亦有此二門也。

**章**無遮難緣。《鈔》曰：謂十三難、十六遮也。十三難者，一、邊罪難，四重違犯人也，《瑜伽》所說六因不授中第四白法損害不共住也。二、污尼難，《伽》第四因，白法害第二。三、賊住難，《伽》第四因，白法害第三，盜聽羯磨人說於此中。四、破內外道難，此亦同因，白法害也，無慚、無愧攝故。五、黄門難，《伽》第三因，男形害。六、殺父，七、殺母，八、殺阿羅漢，九、破法輪僧，十、出佛身血，已上五難五逆罪，《伽》第五因，白法損害第一造無間業。十一、非人難，天、修、鬼、地獄，《伽》第六因爲隨護他不授。十二、畜生難，《伽》第六因，爲隨護他不授。十三、二形難。《伽》第三因，男形害也。十六遮者，一、不稱自名，二、不稱和上，三、年不滿，四、衣不具，五、鉢不具，已上五，《伽論》無相當。六、父不聽，七、母不聽，此二遮，《伽》第五因，繫屬他不授也。八、負債，九、奴，十、官人，此三遮，《伽》所説第五因中第四、第五、第一也，如次可配。十一、非丈夫，十二、癩，癩者，瘡也。十三、癰疽，十四、白癩，十五、乾痟，十六、癲狂。已上六遮，《伽》所説第二因，依止損害。如是年滿無遮難，應住比丘法中之人是真比丘。

**章**要具此四。云云。《鈔》曰：釋律文是比丘義言。南山曰：是比丘義者，是戒本犯法、犯戒比丘義也。云云。今云：未穩。如今章應釋，要具如上四緣名大比丘得大戒人也。

**章**亦即滅諍五法。云云。《鈔》曰：此下明除滅諍法。餘別所爲具此四緣亦即者，亦上八比丘中第八比丘律文以立四緣，即言律説七滅諍法立五法現前。其中除毘尼現前，其餘今四緣故今云即也。滅諍者，七滅諍法也。諍有四。一、言諍，諍理生諍名爲言諍，如佛法者，對聲論師立聲無常。二、覓諍，求過生諍名爲覓諍。三、犯諍，評犯生諍名爲犯諍。四、事諍。羯磨生諍名爲事諍。滅有七，名七藥，以此七藥而滅。一、現前毘尼，此有二，一者、別用現前，謂以面對判斷言諍，名曰現前。二者、通用現前，通判諸諍，皆須面對，悉名現前。二、憶念毘尼，三、不癡毘尼，四、治自言毘尼，五、罪處所毘尼，詰問求覓，令引實罪處所，由是滅諍律文名覓罪相也。六、多人語毘尼，律文云多人覓罪，罪諍過也。用多人語求覓諍過，如聲論聲常過。七、草覆地毘尼。如律文。已上名七毘尼。毘尼者，是滅義也。此七毘尼中，今所用初現前毘尼。

五法現前中者，此現前毘尼中，釋現前言有三現前，有五現前。三德已下事具三現前。一者、法現前，如判聲常以爲非理是也。二者、毘尼現前，謂勸受此判。三者、人現前，謂判諍人及起諍人也。此云三現前。復四人已上具五現前，謂加結界成就及能滅僧，如是三與五皆是面對判定之義，悉名現前。已上定賓《四分戒本疏》下。

除其滅諍者，就七滅諍現前毘尼有五法現前中除毘尼現前。此云滅諍，正令毘尼法現前受四法判也。若不令毘尼現前，則不滅諍，故毘尼現前云滅諍也。故滅諍衆法須用五法，自餘衆法，通須四法，除毘尼現前故云除其滅諍也。

**章**別所爲者。云云。《鈔》曰：除有諍事應除滅法，其餘別類有所作法。云別所爲者，所爲者所作也，如受戒等作法也。《光抄》曰：多除中以戒滅諍緣云別所爲也，戒別緣云別所爲也。云云。今云：此釋謬也。

**章**《僧祇律》。云云。《鈔》曰：《吼》云：《僧祇律》中無八比丘及六緣説，恐章主所覽違現流本故有此釋，或可暗記失歟。已上《恩吼》。《文集》引《僧祇》文，不可分爲六緣。又《文集》中云：寂云：彼律中唯有第八，無前七也。《僧祇律》第二曰：比丘者受具足，善受具足，如法非不如法，和合非不和合，可稱歎非不可稱歎，滿二十非不滿，是名比丘於和合僧中受戒者。若比丘受具足時善受具足，一白三羯磨無障法，和合僧非別衆滿十僧。若過十，是爲比丘和合僧中受戒。云云。

《顯業抄》會云：《僧祇律》中無明八比丘。今文者，《解羯磨》者中之文也。《四分》八比丘之中，與《解羯磨》者文相似故，比擬《四分》，云是釋八比丘等也。云云。今云：以不寂爲勝。《僧祇》六緣即《四分》四緣開合，即與第八比丘文意大同，故總云八比丘也。

**章**阿遮梨耶。《鈔》曰：律中説六種闍梨，一者、剃髮，二者、出家，三者、受經，四者、教授，五者、羯磨，六者、依止，唯後一師始終成固，餘者一席俱通名也。由《四分律》出家者，所依得出家者。受戒者，受戒時作羯磨者是。教授者，教授威儀者是。受經者，從受經讀修姤路。依止者，乃至依止作一宿。云云。

**章**鄔波陀耶。《鈔》曰：南山《業疏》三上十八丁。曰：中梵本音鄔波陀耶，在唐譯言名之依學，依附此人學出道故。自古翻譯多雜蕃胡，傳天語不得聲實，故有訛僻。轉云和上，如昔人解和中最上。此遂字，不知音本。云云。

**章**住清淨戒。《鈔》曰：《倫記》出三義云：

今依此論，釋家三解。一云：但須和上清淨，大衆不須清淨，清淨戒屬上故。二云：要須大衆清淨，不須和上清淨，住清淨戒屬下故。三云：此文長讀，若大衆及和上俱清淨，方得與人授具戒。若十若五，衆中必須有一解律儀許知戒相羯磨是非，所以和上性、遮俱持，闍梨持性戒，遮不定。要須迅辨，令他生善故。云云。

**章**除去和上。《鈔》曰：問：若除去和上，則如何誦羯磨耶。答：不云某甲從和上某甲求受，而云某甲今從衆僧求受具足戒等也。

**章**大衆檢驗。云云。《鈔》曰：意云：若衆犯重不清淨，則闕和合義，不得戒故。檢驗淨不，若衆不淨，非大衆和合義故。云云。

**章**應説頌曰。云云。《鈔》曰：《樞要》有此頌。彼曰：苾芻非自受，從他簡擇故，近事及近住，自受亦從他。表業定從他，無表通二受，自受唯意表，非表示他故。云云。《詮要》中舉興正法云：《樞要》局別受故曰近事及近住，今文通二受故曰近住等諸戒。又《樞要》通方便故曰無表通二受，今文局得解故曰無表唯自受。云云。基辨云：興正辨《樞要》與今文同異，以通、別二受而辨，雖應有此理非必然。由是，《聽聞抄》等亦以通、別二受而釋同不爾。今謂，《樞要》非約菩薩戒自、他二受，但約《瑜伽》所説聲聞地別解脱戒説，故云近事及近住。今又此文明通自、他受中，同明菩薩戒，故云近住等，等取菩薩戒也。

問：聲聞地別脱戒即是別受故，云《樞要》局別受，亦此文問明菩薩戒，則豈非通通、別二受耶。何故以興正判云非必然耶。答：如《詮要》云：自門意三聚中基辨云：此中云三聚中，分取攝律儀，聲聞令受，非《瑜伽》等意也。攝律儀分取聲聞令受故，菩薩戒時不經別受儀故。又云：攝律儀一聚別受時，雖用聲聞軌則，三聚通受時用《瑜伽》羯磨故也。云云。又云：自門意，菩薩戒律儀，七衆戒《瑜伽》一羯磨以成七衆性，以《瑜伽》羯磨成七衆性，非中川上人等意，以菩薩羯磨應成菩薩性也。何云成七衆性耶。○《菩薩地》説在家、出家二分菩薩已，曰：律儀戒者，菩薩所受七衆戒是也。云云。既以菩薩戒羯磨唱受律儀戒時，隨受者意樂成七衆形居律儀戒，非成七衆性，唯成菩薩性，成在家、出家二分別，由形居律儀之別也。是《瑜伽》意也。興正云自誓通受比丘，亦云菩薩比丘，道理不成故，興正所言通、別二受言，不可輒用。彼以《占察經》潤色所立。《報恩吼》五曰：興正等云七衆律儀皆通自受。泉涌芿法師踰海入宋，傳《齒贊》科文歸朝，歲月不幾，後亦有《崆峒記》來，彼中所引《占察經》意，自受正通七衆律儀。彼《記》云：問：《瑜伽》雖有菩薩三聚，自聚之義，未知得通七衆以否。答：准黑字《占察善惡業報經》，具通七衆，乃至式叉摩那亦自受故。云云。彼經云：若衆生願總受在家、出家一切禁戒，至心於道場自誓，而受菩薩律儀，其未出家者當剃髮被服法衣，立願自誓受菩薩三聚戒，名得波羅提木叉。又出家戒名比丘、比丘尼年未滿二十者，當先誓受根本戒及受沙彌戒。若沙彌尼亦已十八者，當自誓受式叉摩那六法及受比丘尼一切戒聚。云云。於是興正所立人皆信伏，從爾已降，乘通受羯磨自誓受戒成就苾芻，是興正之賜也。或云：《占察經》外國僧菩薩登撰，彦琮傳一決僞經爲火所焚，南山亦以爲僞經，少經爲證不成，本邦南都贈僧正藏俊亦初爲僞經不信取已，《貞元釋教》六十二，十五紙，同二十八，十八紙，西明寺圓照等擇入正緣。云云。必不可假別受儀故。一羯磨，

七衆無別，羯磨一故七衆無別也。乍去隨相門，七衆條然無亂，强用別受軌則，別受比丘戒盡形捨也。云云。今云：西大寺所傳，通受、別受混合，如是混合通、別二受，以釋此文則背章主意，故云非必然也。又興正釋無表唯自受句，以方便得時別會爲未穩當。云云。今謂，《樞要》示無證師、有證師自誓通自、他受無表，此章彰唯無表，但是自受，云無表唯自受，唯言通無表及自受二，頌中如及言通上下也。

**章**廣説受戒五相。《鈔》曰：五相者，一者、所受人遠方便，先發大願。二者、同近方便，請師、禮佛、乞成(六)等。三者、能授人近方便，四者、正授戒羯磨，五者、後方便回向。今云：受戒五相者，一者、受者請戒，二者、能授人問發菩提顯(七)不，三者、正授戒羯磨，四、啓白請證，五、俱起供養受戒法。《勝莊梵網疏》云：羅什法師云：受戒法本出《梵網・律藏品》中，盧舍那佛與妙海王、王千子授戒爲戒師法，是出家菩薩，具足五德，

一、堅持淨戒，二、年滿十臘，三、善解律藏，四、妙通禪思，五、慧窮玄宗，堪爲師也。雖有此說，然經此間未翻，是故今依《瑜伽》略述。

從他受菩薩戒法，大唐三藏法師自西域正法藏所傳法。先前加行，一年或下至七日持齋、禮拜、悔過。次三歸〔八〕，三反。次三竟〔九〕，一反。次唱言從今已往，稱佛爲師，不敢歸餘邪魔外道，唯願三寶慈悲攝受，先已歸三寶竟，人不及授是。次於現前師請菩薩戒〔一〇〕。文曰：弟子某甲等今於師所求受菩薩戒，大德於我不憚勞者，慈愍故說。次戒師答曰：好。次教令請釋迦尊、文殊、彌勒等，次請釋迦牟尼佛爲戒和上，文別在三說。次請文殊爲羯磨阿闍梨，文別在三說。次請彌勒爲教授阿闍梨，同上。次請十方諸佛爲證戒師，同上。次請十方菩薩爲同法侶，同《普賢觀經》如是說相，上但不論有像無像。云云。次發菩提心說法，說已。次問言善男子、善女子等諦聽，我今問汝，隨汝意答，汝發菩提心未，答云已發。次懺悔，文在別。次說菩薩三聚戒相，說已告言善男子、善女人等諦聽，我今問汝，隨汝意答，汝是菩薩非，答言是，言菩薩者，信是身中實有菩薩性，堪受菩薩淨戒，名爲菩薩，非已有證名爲菩薩。次正授菩薩戒羯磨，《瓔珞經》，此處說十重禁，一一問能持否。答：能持。彼經但說初律儀戒故，是亦通受戒，非別受法，以一軌式出家、在家同受故，非如聲聞有七衆別受軌。善男子善女人等。諦聽，汝等今於我所求受一切菩薩學處，求受一切菩薩淨戒，所謂律儀戒、攝善法戒、饒益有情。此諸學處，此諸淨戒，過去一切菩薩已學，未來一切菩薩當學，現在一切菩薩今學。汝等從今時盡未來際，不得犯，能持不。答言：能。三說三答。次能授師啓白請證。佛菩薩形在高處，起立，手取香呂。若師在高座，不須起立。唱曰：弟子某甲等，仰啓盡虛空遍法界一切諸佛，今於此索訶世界一四天下南贍部洲人主地某聚落某伽藍，此道場中有衆多菩薩，求於我處，三說求受菩薩戒，我已爲作證，唯願慈悲亦爲作證。禮拜三請。次說爲說三品心受戒，於十方諸佛所，有三品相現，或涼風，或妙香，或異聲，或光明等，種種相現。彼諸菩薩各各問佛，何因緣故有此相現。彼佛各答云：於某方處索訶世界，在某處所，有某甲衆多菩薩，於某甲師處說受菩薩戒，今證明，所以有此三品相現。彼彼菩薩咸生歡喜，各各皆言：於如是等極惡處所，如是具足雜染煩惱惡業有情，能發如是極勝之心，受菩薩戒，甚爲稀有。深生憐愍，於汝等所起同梵行心，是故汝等宜應至心護持淨戒，不惜身命，而勿毀犯。次爲說持犯之相。先說四重他勝處法，一、自讚毀他戒，二、慳不施與戒，三、求悔不忍戒，四、讀菩薩藏戒。一一有唱法，如《勸發菩提心集》，次發願回向。文長如《菩提心集》中。

**章**應對如來像到。云云。《鈔》曰：第四十一說。彼曰：又諸菩薩欲受菩薩淨戒律儀，若不會遇具足功德補特伽羅，爾時應對如來像前自受菩薩淨戒律儀。應如是受，偏袒右肩，右膝著地，或蹲跪坐，作如是言啓白、羯磨：我如是名，仰啓十方一切如來、已入大地諸菩薩衆，我今欲於十方世界佛菩薩處誓受一切菩薩學處，誓受一切菩薩淨戒，謂律儀戒、攝善法戒、饒益有情戒，如是學處，如是淨戒，過去一切菩薩已具，未來一切菩薩當具，普於十方現在一切菩薩今具，於是學處，於是淨戒，過去一切菩薩已學，未來一切菩薩當學，普於十方現在一切菩薩今學。我今盡未來際能持，唯願慈悲爲我證明。三說。說已應起，所餘一切如前應知。

**章**得表時。《鈔》曰：《斷戒體章》下云：其無表色應語發得之時，非其表業應別有得表時也。然浪立表戒名，自爲見欺矣。我未知《瑜伽》等論有表戒之若名若義也，乃依《瑜伽》云乞戒之時而得表戒，全乖矣。縱許表戒之名，不可取乞戒之時也。若知表戒之名不是，自知當無別有得時也。《續芳決》雖破不當，以《報恩吼》破斥爲好，舊譯經論說作戒又名教戒，此即表戒，何云無表戒之名義耶。舊《婆娑》及《雜心》等說成就作戒，成就是得也，何非得表耶。又舊《婆娑》說求戒時成就教戒，是即豈非得表時耶。已上《恩吼》。

**章**近因乃至爲轉因。《鈔》曰：《斷戒章》下云：身、語正發而相續時，向思隨轉次第爲因，故云轉因，此亦刹那等起義也。云云。《恩吼》斥云：不知《唯識》《俱舍》性相，作此妄解。轉與隨轉二因，如次因與刹那，彼所言二因二起雷同無別也。又自誓、問決中分二等起，別配表、無表，其表、無表連次引生，名爲二起。問決之妄迷，千倍于環庵。謂表業何無刹那等起，無表亦何無因等起，彼不識別二因，於焉可見。云云。今云：《恩吼》破問決，實允當矣。問決主不知性相，故作此説也。

**章**心上、中、下。云云。《鈔》曰：大乘教説三品心，如《伽》五十三如説，即前所引八律儀中五、六、七，如前具出小乘説，如《婆娑》百十七説。《光記》引之曰：如是問頗有新學苾芻成就上品律儀，而阿羅漢成就下品律儀耶。答：有。謂有新學苾芻以上品心起有表業受諸律儀，有阿羅漢以下品心起有表業受諸律儀，如是新學苾芻成就上品律儀，而阿羅漢成就下品律儀。云云。釋此三品心有五家別。一者、《俱舍暉抄》曰：若爲建立佛法等心受戒即上品，若爲白衣食等下品戒也。云云。二者、《遁麟記》曰：准《毘跋律》《行事抄》上三引文。云：受者發心，我今求道，當救一切衆生，衆生皆惜壽命，是下品心。若言我爲正心向道，解衆生疑惑，爲一切津梁，自濟濟他，名中品心。若言我正心向道，求泥洹故，爲趣三解脱門，爲成菩薩三聚淨戒故，爲令佛法久住故，名上品心。云云。三者、《栖翫記》曰：《章》心上、中、下者，明非唯勝不立表戒，得戒須是勝上心故。若依正解，取其上品，中、下不得，於理何失。云云。《恩吼》評是云：守千於三品中唯取上品者。非此中意。四者、《廣章》第五云：於下、中、上三品戒，大乘有二解，初解同《律毘婆娑》，謂五戒是徵(二)品，十戒是中品，具足戒此上品，後解同《俱舍》説。云云。五、《瑜伽》五十三曰。如前文二左引釋。今詳曰：此中《麟記》所釋大乘所説，非今所用，惠暉所言亦不辨所據，《栖翫》爲謬，《廣章》説亦非此所用，《俱舍》《婆娑》説不知何等爲上、中、下心差別，但以《瑜伽》五十三所説釋應辨也。《瑜伽》三品心説，二乘通門故，如上已引釋。處分，《康熙字典》云：又分別也。《晉書・杜預傳》云：處分既定，乃啓請伐吴之期。《世説》謝太傅送兄征西葬還曰：莫雨駛小人皆醉，不可處分。公乃于車中，手取車柱撞馭人。

**章**是事如是持時得。《鈔》曰：就論此得時，古來有三家別。一者、定賓義，第三羯磨云誰不忍者説之，説字時得。羯磨竟説某甲爲和上者默然，誰不忍者説之，説字時得。二者、南山義，第三羯磨已後，説僧已忍與某甲授具足戒竟之竟字時得。三者、今家義，第三羯磨竟後説僧已忍與某甲授具足戒竟，某甲爲和上，僧忍默然故，是事如是持之持字時得。就如是三家得時之別，近來亦有三家師評取各別。一者、環庵取定賓斥今家。《斷戒體章》下曰：得無表時，是根本業道方成刹那也。今據羯磨文，剋取業道究竟之時，第三説誰不忍者説時是也。《章》云如是持時得，不詳羯磨言也。謂羯磨言，三説大德乃至誰不忍者説而結三説。又説僧已忍與某甲授具足戒竟，某甲爲和尚，僧忍默然故，是事如是持。此文云與竟故知第三説，竟時是共戒時，當得戒時，何待如是持耶。云云。《斷戒章》云：得無表時，是根本業道方成刹那。云云。今詳曰：環庵混合大小乘之法相，智者不可依用也。小乘立表、無表同時得故，以得無表時爲根本業道，此是以實有表、無表爲業道義也。故若有犯戒則失此業道，此即《俱舍》《婆娑》等義也。又大乘立得表在動思初念，以此初念熏種爲根本業道，此熏種即得無表之所依也。故若有犯戒則失此無表戒，不失根本業道，此即《瑜伽論》及《本業瓔珞經》等所説不失戒之義也。如下章辨。故環庵不知大小乘菽麥，妄作臆斷，學者不可依用也。二者、慧光取南山斥慈恩自誓、問決曰：慈恩以爲盡結文者，未是穩當。何則。言僧忍默然故是事如是持，但總結和辭，南山所謂通收。云僧已忍與某甲授具足戒竟，是羯磨竟處亦受戒竟者，進退的當，宜其信用。若復通受，亦第三羯磨答言能持時得。然如自誓通受，不須通收和辭，正是第三羯磨竟得。云云。三者、信培明環庵斥南山，又救慈恩。《報恩吼》五曰：又環庵意，據羯磨文剋取得時，文既云與竟，是故指示第三說竟時，甚有其理。南山破定賓未可，何今據羯磨論得時者，此就無他訶而受法成者。若有訶者，則受戒不成。今唯決判受法成者之得時，其不成者非今所論。若如南山等約決定時者，此亦不然，無訶之時此人前既得戒，然一例總括以爲後得，此延早得以屬晚類，遲速失時，僧位越階，豈是正判耶。又救慈恩曰：又慈恩說亦踐古轍，全非草創。《章》中雖言第三羯磨竟等，而非必據《智論》。章主意謂，僧衆法事全成之時，受者所邀勝願方滿，是故指示如是持時得，非意必在羯磨文焉。云云。基辨今評取曰：破斥定賓如南山《業疏》三下一左。辨，如首已載。又破斥南山如《恩吼》辨。如前已明。又《恩吼》中立自解曰：竊以當今具縛凡僧楷定他得戒之漏刻，寧自得決知。金口所説授受如法，則方第三羯磨竟時納得戒體，無他，唯以此聖訓爲准爲繩而已，豈唯不知他量而已。其登壇受具之人，於斯頃間，周遍法界恒沙善法，一純而入于已身中，然不夢知，觸一毫芥法，其言第三羯磨，竟朵抱戒體，乃是唯佛與佛之境界也。云云。基辨詳曰：《恩吼》之所言固執實有戒體，設納得朵抱之言，如此師等固執之人，豈可識發得無表時耶。如彼所言，令墮不思議境界，而蔽彼智不及。如《瑜伽》《顯揚》言，有五種不可思議，此得無表時非其五種，如何云唯佛與佛之境耶。有智之人必可思議，第三羯磨竟時者，是何之時耶。今詳總破曰：云第三羯磨竟者，以云是事如是持時爲羯磨竟時，云授具足戒竟之竟是授戒竟之竟，而非羯磨竟之竟，汝等何故不辨二竟之別，猥破今家耶。

問：何故以是事如是持爲第三羯磨竟耶。

答：如前二羯磨，未辨僧忍、不忍故，不唱總結和辭，至第三遍，僧忍默然故，直唱總結和辭，是亦第三羯磨文攝，是即結僧忍默然文故，不至唱是事如是持已，則非第三羯磨文竟，故今家云出家大戒第三羯磨竟是事如是持時得也。例如菩薩戒，答云能持時爲第三羯磨竟。凡不云持則非羯磨竟也。菩薩戒自誓受故，受者自云能持而得。又出家大戒僧忍授故，云僧已忍與授戒竟，而云僧已忍默然是事如是持，受者無言，羯磨師云，如是持而得。又不至是事如是持言，則僧法事未具足，故未結僧已忍默，則期願未滿，故非今家所言得時也。由此可知，定賓、南山不識第三羯磨竟故皆是妄談也。如環庵、慧光，謬釋自可知。如《吼》主救今家，不救職此章主意一分。是事如是持爲羯磨竟，亦佛法事期願滿竟，無表起時故。

**章**其菩薩戒。云云。《鈔》曰：論及羯磨文云，證明師作羯磨竟告言，汝能受否，答言能受。又受菩薩戒法云，汝能持否，答言能。云云。今章據《受菩薩戒法文集》云：受云正受時初，持通始終，正作法時必須依《章》。云云。今云：無受則無持，若無持、受，何益之有。故云能受，言含能持，能持言含能受，自可知已。又《顯業抄》曰：今文以通受羯磨受大比丘戒之證文也，正受出家大戒處之文故。云云。今云：此所言大害《章》全篇，此文但說菩薩戒無表得時之文也，非以通受羯磨受大比丘戒之證文也。

問：今第一類正明出家大戒無表得時之文，若此文非以通受羯磨受大比丘戒之證文，則爲何舉菩薩戒無表得時攝此第一類耶。答：雖通受與別受羯磨有別，至第三羯磨竟得無表時同故，攝第一類。羯磨既別，何應云以通受羯磨受大比丘戒證文耶。故《顯業》所言妄談也。

問：既票別解脱得其第一類，攝菩薩戒得時，明知以通受羯磨受大戒之證文，云何斥此解耶。答：雖如《瑜伽》説別解脱名是聲聞戒，今此立三類，但在無表得時別。若以菩薩戒得時不於此第一類而論，別立第四類而論，則却爲相濫，以與第一類相同者立別類故，次類中亦有出家、在家異，故應立爲別類也。菩薩戒雖非別解脱，此菩薩戒中有一切性戒，其戒中以聲聞戒爲菩薩戒尸羅莊嚴故，其莊嚴中苾芻戒尤爲莊嚴故，今與苾芻戒無表得時相並説得時也，何云以通受羯磨受比丘戒之證耶。

問：《菩薩地》説三聚淨戒云，律儀戒者謂諸菩薩所受七衆别解脱律儀，即是苾芻戒、苾芻尼戒、正學戒、勤策戒、勤策女戒、近事男戒、近事女戒，如是七衆，依止在家、出家二分如應當如，是名菩薩律儀戒。云云。若由是，可云以通受羯磨受出家大比丘戒，何故今不許耶。答：檢《瑜伽論》，以菩薩一切戒爲二分戒，一、在家分戒，二、出家分戒，依此二分戒説三種淨戒，一、律儀戒，二、攝善法戒，三、饒益有情戒。此中律儀戒如問者言，七衆别解脱律儀，如是七種戒，依止在家、出家二分如應當知，是名菩薩律儀戒。云云。由是可知，以菩薩通受羯磨，出家菩薩成出家分戒，在家菩薩成在家分戒，豈但云受苾芻大戒耶。聲聞乘遮黄門、無根、二根等不堪授戒，菩薩戒不爾，不簡無根、二根故。出家菩薩悉以出家五衆分戒而成，後轉根二根故，出家菩薩悉以出家五衆分戒而成意業道，後轉根不捨戒，至未來際故。《倫記》十上（三十八右）曰：景云：菩薩律儀遠至菩薩，今約七衆形居律儀辨菩薩者，以制過粗故。又彼菩薩身在七衆身、語七支，隨彼七衆有具、不具。比丘、比丘尼有身、語七支，沙彌、沙彌尼及正學等五衆但有四支，身三、語一，除語中不惡口、不綺語、不兩舌。又曰：菩薩出家、在家。雖形居後五，出家沙彌、沙彌尼事足，除比丘、比丘尼。然具遠離諸惡故。云云。《倫記》二十上曰：景云：菩薩律儀戒即是聲聞七衆所受，如出家菩薩即與聲聞大僧所判多分是同，在家菩薩即與五戒所判多同，故云是七衆所受，理實要期時節有異，即心、非心戒體亦異。云云。備云：又解，聲聞七衆若受菩薩戒時，轉前七衆戒令成菩薩戒，故云即七衆。云云。圓測之説（次引）。基辨云：景律師所釋，誠大論之宗極也。由是應知，論説律儀戒者，謂菩薩所受七衆戒，文非七衆戒即菩薩戒之釋，形居律儀，除不共者，多分同故。作如是釋，戒體要期既各别故，故受菩薩戒已稱苾芻等，違《大論》説。菩薩心所受七衆戒是菩薩戒，何應云苾芻戒等耶。又圓測曰：菩薩律儀與聲聞律儀體實差别，但七衆舊受聲聞戒者，後受菩薩戒時，所發支種，若苾芻即如苾芻戒，支種與聲聞不共所學者即除，其餘支種即與苾芻所發支同乃至近事男女受五戒竟，後更受菩薩戒時，所發支種即與近事戒支種同，故言如是七種戒即是菩薩戒律儀。雖受菩薩戒不發七衆戒，但由支種同故，言即是七衆所受戒，其餘四波夷、四十二輕戒皆是攝善法戒。云云。又曰：失聲聞戒不失菩薩戒，聲聞戒盡形捨，菩薩戒盡未來際無捨期，故知菩薩戒與聲聞戒差别。云云。由是難，興正云菩薩通受羯磨，盡未來際要期羯磨，比丘大戒盡形壽戒，如何云以盡未來際羯磨受成比丘盡形大戒耶。要期既别故，豈是同日談耶。若言以通受盡未來際羯磨受成比丘盡未來際大戒，則以通受羯磨受菩薩出家分戒，汝何於菩薩出家分戒呼云比丘大戒耶。汝所言大小乘混交，不擇則不可居也。

問：《斷戒章》中曰：又菩薩戒無表者，三聚區區别止作不同，論藏未見其指畫，宜加顯之。凡戒業無作是約律儀，後二聚者非律儀故，别以律儀而立一聚。又《瑜伽》中犯捨更受，皆約前後四重，蓋是就律儀當語無表之義乎。又就二聚而求無表，當是俱離者之無表，同彼恭敬施食等無表故。不思此則，一例立説，尤見疎漏也。恭論得時，《章》説無妨歟。未見其時可必也。云云。今問：章文云其菩薩戒第三羯磨得，三聚戒俱論得無表時歟。將但論攝律儀一聚歟。如之何。

答：今文所論，得無表時明三聚戒共得無表時也。若分離三聚中一聚，則非菩薩大戒，故如《瑜伽》七十五二丁。説。若有於此三種所受菩薩戒中隨有所缺，當知非護，當言不護菩薩律儀，不當言護此三種戒。云云。又説：由律儀戒之所攝持，令其和合。若能於此精勤守護，亦能守護餘二也。若有毁律儀戒，名毁一切菩薩律儀。云云。由是應知，三聚不具，則非菩薩戒。今文標言其菩薩戒，明得無表時，自知三聚戒得無表時是即第三羯磨竟也。

問：如環庵言，後二聚之無表同彼施食等無表。云云。今家所言三聚戒無表，如何釋其別耶。答：大乘所言無表，於身、語、意三業種子上有防非用，無他表示，此名無表。先欲知此當識三聚戒相，如《瑜伽》七十五初紙。説。今謂以菩薩意樂所受七衆戒二分菩薩律儀戒故，論説菩薩所受七衆戒，由是以聲聞意樂所受七衆戒非菩薩律儀戒，如何以通受羯磨磨成七衆戒耶。

初律儀戒聚相者，如薄伽梵爲諸聲聞所化有情略説毘奈耶相，當知即此毘奈耶聚名初律儀戒聚。此但説律儀戒相同聲聞毘奈耶，以七衆戒爲菩薩出家、在家二分形居律儀故，若論戒體，則説菩薩所受七衆別解脱戒故，盡未來際要期七衆與聲聞所受盡形壽七衆戒全不同，如前已明。與正之徒多以此文立以聲聞戒爲菩薩攝律儀戒之義，竿濫之甚，必勿忽諸。戒相應同，戒體非同，以聲聞戒説菩薩名尸羅莊嚴故。

第二攝善法戒相者，謂諸菩薩於攝善法戒勤修習時，略於六心應善觀察。何等爲六。一、輕蔑心，謂諸菩薩於善法中所有輕心、無勝解心及陵蔑心。二、懈怠俱行心，若有懶惰、憍醉、放逸所纏繞心。三、有覆蔽心，若欲貪等五蓋隨有一蓋，或諸煩惱及隨煩惱所纏繞心。五蓋者，一、欲貪蓋，二、瞋恚蓋，三、惛沈睡眠蓋，四、掉悔蓋，五、疑蓋。四、勤勞倦心，若住勇猛增上精進，身疲心倦映蔽其心。五、病隨行心，若有諸病損惱其心，無有力能，不堪修行。六、障隨行心。若有喜樂談論等障隨逐其心。菩薩於此六種心中應正觀察，我於如是六種心中爲有隨一現前行耶。爲無有耶。於前三心，菩薩一向不應生起，設已生起，不應忍受。若有忍受而不棄捨，遍於一切皆名有罪。又於第四心勤勞倦心現在前時，由此心故捨善方便。若爲暫息身心疲惱，當於善法多修習者無罪。若於一切畢竟捨離，謂我何用精勤修習如是善法，令我現在安住此苦。若如是者，當知有罪。又於第五心病隨行心現在前時，菩薩於此無有自在，不隨所欲修善加行，雖復忍受而無有罪。又於第六心障隨行心現在前時，若不隨欲墮在其中，或觀此中有大義利，雖復忍受，而無有罪。若隨所欲故入其中，或觀是中無有義利，或少義利而故忍受，當知有罪。如是六心，前三生已而忍受者一向有罪，病隨行心雖復忍受，一向無罪，餘之二心，若生起已而忍受者，或是有罪，或是無罪。

第三饒益有情戒相者，若諸菩薩於作有情利益戒中勤修習時，當正觀察六處攝行，所謂，一、自，二、他，三、財衰，四、財盛，五、法衰，六、法盛，是名六處。財衰者，謂衣食等未得不得，得已斷壞。與此相違，名財盛，財盛者與前財衰相翻可知。法衰者，謂越所學，於先未聞勝義所攝如來所説微妙法句不得聽聞，如不聽聞先所未聞，於先所未思惟，不得思惟，有聽聞障，有思惟障，設得聞、思，尋復妄〔三〕失，於所未證修所成善而未能證，設證還退。與此相違，當知法盛，法盛者與前法衰相翻可知。自他者，此中菩薩作自法衰令他財盛。此不應爲。又諸菩薩作自財衰令他財盛，若此財盛不引法衰，應爲。若引法衰。此不應爲。又諸菩薩作自法衰，令他法盛。應爲。又諸菩薩作自財盛，令他財盛，應爲。又諸菩薩作自法盛，令他法盛。應爲。又諸菩薩作自財盛，令他法衰。此不應爲。如是於應爲事，若不修行，名爲有罪，若正修行，是爲無罪。云云。已上《伽》七十五之取意。

此是後二聚戒相，無罪是無表，有罪是違犯。初律儀聚，無罪中下品纏犯，有罪上品纏犯，至次下可自知。然若以理釋，則初律儀聚是在第二聚善法中，於此初聚生輕蔑心，第二聚有罪相，即第三聚自他法衰不應爲相，即名有罪。由是應知，初律儀聚無罪無表，無罪即防非，此名無表也。即第二聚無罪無表，亦是第三聚無罪無表，三聚無表不可分離故，説於此三聚隨有所缺名非護菩薩戒。若自律儀聚見，則三聚無表俱於動發身、語思種防非功用倍增，是名無表。若自後二聚見，則於意表業思種防非功用倍增，是名無表。如是無表雖似有二，同一時處，非即非離，如上已明。三聚戒相不可分離故，如《唯識肝心》第八言：菩薩自息惡戒者，意地三戒，由是且説七衆是菩薩戒，據護命義，明如實義。意地亦名律儀戒，所以不説意業名律儀戒，意地律儀攝善戒中攝故。云云。如上章言，菩薩律儀制十支故，性罪治故，色支唯七，後三非色，其菩薩戒期心廣故，必須具受。云云。然《成唯識》等破小乘實有無表，説假立無表故，且准彼宗但云身、語思種，非意業種無無表，如《義燈》中具辨，如前已明。由上來所明理故，環庵所言悉是妄談，彼不辨大小乘之意别，猥斷章主，其罪不輕，有學之人勿必黨諸。

問：《瑜伽》戒本所説四重禁戒，及後四十三輕戒，三聚戒中何聚攝耶。答：欲釋此義，大分三門，一、出古釋，二、判是非，三、述今義。

初出古釋者，此有六家。一者、西明圓測義云：但由支種同故，言律儀戒即是菩薩所受七衆戒，其餘菩薩四波羅夷、四十二輕戒等，皆是攝善法戒。云云。二者、《倫記》釋曰：此四他勝處法具三聚戒。初不爲貪求自讚毁他是律儀戒，即當《勝鬘經》於諸衆生不起嫉心。第二不慳惜財法是饒益有情戒，即當《勝鬘》於内外法不起慳心。第三不忿結亦是饒益有情戒。第四不謗毁大乘説相似法，是攝善法戒。又四十三輕戒中大分爲二，初犯三十二輕，障於六度攝善法戒，後犯十一種輕，障於四攝利衆生戒。云云。此中釋輕戒稍同今家也。三者、叡尊曰：以七衆戒爲攝律儀戒，與之不共皆爲後二，《梵網》所列十重六八，《瑜伽》所説四重四十三，皆與七衆别解脱戒有差别，故以本論校，皆爲攝善、攝生之戒也。善戒《瑜伽》，共於律儀戒者，讓諸部律，别不説也。已上《三聚四字抄》。四者、通玄《梵網古迹資講》二云：此三聚戒有三性别，謂顯了、斷惡、一一皆具。顯了者，出于《善戒》《持地》《瑜伽》，謂七衆律儀以爲菩薩攝律儀戒，後四重禁、四十三輕爲後二戒，律相顯然，覽而可了故曰顯了。斷惡者出于《本業經》，十波羅夷爲攝律儀，斷惡義故，八萬法門爲攝善法，四無量心爲攝衆生，但約律儀立斷惡名。一一皆具者，諸戒並具斷惡修善及攝生義。云云。五者、惠光《自誓問决》曰：凡篇聚戒爲初律儀，根本四重、四十三輕共爲後二，亦《瑜伽》義，基師屬攝善法戒，倫公爲攝律儀。今檢《瑜伽》，分別三聚名共、不共，吾與基師，上品纏犯他勝法捨菩薩淨戒律儀，吾與倫公，舊解三本亦當准知。云云。六者、《報恩吼》中信倍[三]義曰：今謂，慈恩意謂《瑜伽》爲顯支別，指七衆戒以爲攝律儀，《倫記》亦同。彼七衆戒乃身、口二業，與後二以三業爲體不同。然則律儀二業，後二三業，《瑜伽》爲顯三聚體有差別，且以七衆戒爲攝律儀，其實別有菩薩攝律儀戒，如《文殊問說》。今謂，准賢首等判教大意，《瑜伽》是始教，影似小乘，是故以七衆戒爲攝律儀，《文殊問》是終教，其教更高，是故別說菩薩攝律儀戒，非爲顯支別耳。

第二判是非者，初判西明釋曰：圓測所釋是一往粗相釋也。此但明聲聞七衆戒與菩薩所受七衆戒體有差別，而欲會律儀戒者，謂諸菩薩所受七衆別解脱戒之戒，就舊受聲聞戒已後受菩薩戒者，與聲聞戒支種同。支種者身三、口四七支。設此粗相釋，非盡理釋也。又以菩薩四波羅夷、四十二輕戒等爲唯攝善法戒，非慈恩家，意違《勝鬘述記》釋，故今家相承人不可依據。一判《倫記》釋曰：是亦非盡理釋也。以四種他勝處法當《勝鬘》十大受，配三聚戒，唯次自讚毁他爲律儀戒，唯當《勝鬘》第四受，大謬釋也。云何唯第四受自讚毁他是律儀戒。非今家意，違《勝鬘述記》釋故，不可信用焉。又此《倫記》前文牒三藏云，引波羅夷之釋，其次作以四他勝處法三聚相攝之釋，是故有人誤以此三聚相攝文爲唐三藏所釋，甚不是也。此云三藏云者，但示新譯之梵名已，此相攝釋，遁倫法師所辨也，後學勿濫，違《勝鬘》及《唯識述記》故。三判我朝叡尊説者，此師當我邦律法頽敗之時，以《瑜伽》三聚羯磨欲强立七衆差別，是故以菩薩戒一切學處爲後二聚，欲枉以唯聲聞戒攝律儀戒作此釋也。此唯莊嚴彼師所立，而非慈恩一家所立，講此章時，勿慎用彼師說。四判通玄引據說者，《報恩吼》中信培破此師說曰：今謂，《本業》所說三聚戒者，初攝律儀約斷惑義，後二不然，何總爲斷惑三聚戒耶。斷惑等三無有依據，亦不允當。基辨云：《吼》主所彈實允當矣。復云菩薩戒四重、四十三輕爲後二聚，《瑜伽論》中未見其判文，云何判律相顯然耶。通玄斷辨妄謬之甚矣。五判惠光《自誓問決》者，是亦信培彈云：今謂，倫師亦同慈恩屬攝善法等，何捨倫師。又三纏犯戒如上具釋，慈恩、遁倫意無楚越，有何通塞耶。斷然向背於兩師之間乎。實不領知兩師所立，故致斯謬。云云。基辨云：慧光不領二師義，如《吼》主判，信培亦不領已，慈恩一家《章疏》中，何處以根本四重及四十三輕屬攝善法戒耶。《唯識述記》中云其實菩薩戒亦律儀戒，《唯識論》中以色爲律儀體，所以不然，攝善戒寬故，即令入其中，故論實亦得。云云。由是，《唯識論》文雖入攝善法，疏主論如實義爲攝律儀，及《勝鬘述記》釋分明，云何言慈恩、遁倫意無楚越耶。以一切菩薩戒爲攝善法，倫師妄談，非如實義，盲者判導盲說俱陷大譯[四]，嗟呼危哉。六判信培妄說者，《報恩吼》中云慈恩意，《瑜伽》爲顯支別乃至其實別有菩薩律儀戒，如《文殊問》說，本由《成唯識述記》十本釋義，此《述記》文釋論第九說戒以受學菩薩戒時三業爲性，而引《瑜伽》第四十說律儀戒者七衆戒等文，判三聚中初戒二業爲性，後二聚戒三業爲性。此判釋已，以《唯識論》會同《瑜伽》云：此中總論，故以三業爲性，以受學時三業爲性故。云云。次舉難勢，彰此會同意粗相義，非如實義，云然菩薩戒自息惡戒是何戒攝。今欲爲前支別故，且說七衆，此中且言，彰非大乘實義隨轉理門。復次示大乘實義，云其實菩薩戒亦得是律儀戒，菩薩戒有意業。復次舉《瑜伽論》色爲律儀體通伏難。難云：若律儀戒但七衆戒，以菩薩戒何聚攝耶。今文通云：攝善法戒寬故等，復結大乘實義云論實以亦得，文略難解，具作文，應云若論菩薩戒如實義，亦得以菩薩戒爲律儀戒。亦者亦七衆戒攝律儀戒，現流疏本作然，寫誤。復次引《文殊問經》，證菩薩戒是律儀戒三業爲性，云菩薩有五篇戒之言，明菩薩戒是律儀戒攝。五篇者，波羅夷、僧殘、波逸提、（三十捨墮。）提捨尼、（九十單提。）突吉羅，（百衆學。）是即律儀安立軌則爲名。又若心分別等之言，示菩薩律儀戒通三業。復次然菩薩地四波羅夷若者，此文明《瑜伽論》與《文殊問經》說相雖異，亦有以菩薩戒攝律儀戒之義，波羅夷是五篇隨一，亦律儀故，慈恩基法師釋《成唯識》之意既以如是，信培云何不以大乘實義爲慈恩正意耶。又信培評《瑜伽》與《文殊問》之相違，以賢首家判教云《瑜伽》是始教，《文殊問》爲終教，教文更高。信培由來有至不會得慈恩所立深義處，以天台、賢首判教令混交今家，作教文高下之說癖，當知於大乘教文起高下執，是不平等見，非佛法中正見，名邪外道，後學深慎，勿據信培之說。又信培不識賢首家五教判意，猥作妄斷。基辨讀《五教章》，賢首有言，謂始教就法相差別門，終教就體相鎔融門，若爾，一切教示中作體相鎔融之說是即終教，亦作法相差別之言是爲始教，非以一經一論全分判爲是始是終，既以《起信》一論判始、終、頓三教故，是即賢首判教大意。由是應知，信培所斷不識賢首，猥作妄判，其罪不輕。今難斥云：《瑜伽論》中，以聲聞七衆戒體相鎔融，說即菩薩戒，是豈非終教耶。令戒體鎔融故。若不爾，則一切鎔融教門，應非終教，信培云何判《瑜伽》爲唯始教耶。復《文殊問經》以菩薩戒法相差別，安立五篇，是豈非始教耶。以戒五篇爲差別故。若不爾，則一切法相差別教門應非始教，信培云何判《文殊問經》爲唯終教耶。《成唯識疏》中既會同《文殊問》與《瑜伽》，令同有五篇，爲菩薩律儀戒攝之證，是今家意，爾云何於此經論作高下不平等見耶。大乘教是一味法門，隨所被機解了不同爲淺深異，信培起一執見讀大乘經論故，隨彼情見但爲高下，於教門體非全有高下也。是判信培妄說已。

第三述今義者，《勝鬘經疏》上十六紙。曰：於別說十大受，由菩薩地有三種戒，謂律儀等，即此十中分之爲三，初有五種[一五]，明律儀戒，第二有四種[一六]，明饒益有情戒，第三有一種[一七]，明攝善法戒。又曰：律儀戒者，斷一切惡。菩薩戒内有四重者，亦依此義。文中有二，初有一大受，於性及遮若輕若重根本、隨順但悉堅持，第二有四受，唯持其性非遮，唯重非輕，唯根本非隨順也。於中有四，即四波羅夷。四波羅夷，此名他勝處，惡法損己，名他勝法，善法益己，名己勝處。何者爲四種。一、若有財法不得法[一八]惜，二、不得爲名聞等自讚毁他，三、有怨嫌彼此相和，四、不得起大邪見謗無因果。今此文中不依斯次，從後向前説，欲明斷惡，邪見最重，所以先明。已上《勝鬘疏》文。今謂，據此疏所釋應知，《瑜伽》所説根本四重隨順四十三輕，及所餘所説一切菩薩自息惡戒，皆是律儀戒攝，爲慈恩家正意。既釋云性及遮，若輕若重，根本、隨順，但悉堅持，爲律儀戒故。我邦先德由《倫記》釋，於《瑜伽》所説輕重戒中分爲三聚，非今家意。又如前已引，《成唯識疏》十本舉《瑜伽》四波羅夷，令同《文殊問經》，立菩薩戒亦律儀戒攝之義，而云其實菩薩戒亦得是律儀戒，是與《勝鬘疏》同義也，故《倫記》等釋非今家意。我朝叡尊已來，以《倫記》説混交慈恩，我今陶汰沙中金已。又讀《本業瓔珞經》，併考今家，大叶經意，彼經説攝律儀戒，所謂十波羅夷。云云。又説菩薩十重有八萬四千威儀戒等。云云。此中所説十波羅夷及八萬四千威儀輕戒是菩薩戒，非聲聞戒，爾今説爲攝律儀，故慈恩家所判尤協經意。由是應知，《瑜伽》四重及四十三輕隨順戒及一切菩薩戒，悉初律儀戒攝，然《伽》四十文但示二分菩薩形居律儀，但云菩薩所受七衆戒，非如實義，隨轉所説因。

問：八萬四千威儀戒者如何。答：如《本業瓔珞經》具舉示數，略云八萬威儀，如《梵網經》例，如云八萬四千法門，略説八萬法藴，如《俱舍光記》等具明，八萬四千數約對治有情心行八萬四千，説八萬四千法門，一一衆生有八萬四千諸行，如《大集經》説，今准立八萬四千數，計八萬四千威儀。十重禁戒，一一各有九禁爲方便，一一具十成一百，此有前分一百、後分一百，合有三百，置本一百，就前分一百一一皆以九戒爲方便成一千，後分一百亦以九戒爲方便，復成一千，合本一百成二千一百，已起十禁有二千一百，未起十重有二千一百，合上成四千二百，有約事、意樂、方便、煩惱、究竟之五相，一一有四千二百，合成二萬一千，遂就因、緣、法、業之四以配，一一有二萬一千，遂合成八萬四千。此即護十重禁威儀，故云八萬四千威儀，略是八萬威儀，《梵網經》説别有八萬威儀品，此土未翻，委細難了故。今以《本業》會解《梵網》，令有護十重威儀，即説四十八輕戒，是即十重禁威儀，具明如别處明。

**章**僧衆法事。云云。《鈔》曰：此第二所由也，謂雖依向因等起思所熏種而立無表，作法未竟，事不滿故，於種子上用不倍增故，第三羯磨竟已前非得無表時，至第三羯磨竟時，期願滿足，法事具足故，以此時爲得無表時也。

問：别受戒法十僧法事故，應云僧衆法事等，於菩薩戒法，唯能授人即證明師，有一人無餘人，云何此僧衆法事二句，云亦明通受戒所由耶。答：菩薩受戒法以文殊、彌勒爲羯、教二阿闍梨，十方已入大地諸菩薩爲同學伴侶，爲證明師，雖現前證明師一人，隨所奉請，是勝義僧多衆故，名僧衆法事。

問：大乘中有可稱僧耶。答：如《三寶章》

説，其他受用、自性身等大乘佛寶，變化唯是二乘佛寶，雖地前衆，十地菩薩亦得見之，非大乘佛，彼地前衆非是大乘僧寶攝故，爲彼僧現，是彼佛故。出家外道皆假號僧，爲異彼徒，稱佛爲首，大苾芻僧顯佛弟子，外道既稱僧，豈大乘衆不稱僧耶。《寶性論》第二《三寶品》，由三乘説三寶，故有菩薩乘僧，自可知耳。

問：見文殊、彌勒等大乘菩薩，其形相皆是優婆塞，何故以此二大士爲首十方諸菩薩名稱僧耶。答：《十輪經》説，有四種僧，一、勝義，二、世俗，三、瘂羯，四、無慚愧。謂佛、十地菩薩、獨覺、四果，名勝義僧。若諸有情，帶在家相，不剃鬚髮，不服袈裟，雖不得受一切出家別解脱戒，一切羯磨布薩自恣悉皆遮遣，而有聖法得聖果故，前出家聖、此在家聖皆勝義僧。有剃鬚髮，被服袈裟，成出家戒，名世俗僧。云云。餘二往見。由是可知，雖優婆塞形，已入大地聖者故，皆是勝義僧衆。故今約菩薩戒法，勝義僧衆法事此時具足，又何加焉。《顯業抄》云僧衆者是別受，甚不是也。

**章**雖由前位。云云。《鈔》曰：下通難。難云：既知由表發無表，云何得表時在乞戒時，無表得時在此第三羯磨竟耶。今此通。云云。

**章**雖或無心。云云。《鈔》曰：此亦通難。難云：得表時在前，得無表時在今此第三羯磨竟，則其間歷多念故，應別緣心起，云何應云由善表業得善無表，由惡表業得惡無表耶。今文通。云云。通意云：雖第三羯磨竟時得無表故，得表已後，其間或無心，或別緣心起，向所期願今滿足故，不拘無心或別緣起，羯磨竟時於得表業所熏種上，無表防非切用自起。

**章**用倍倍增。云云。《鈔》曰：《三十論疏》二本四十三丁。曰：若新熏種，念念種子體新倍生上立無表。此難陀、勝軍論師唯新熏義。若本有種，體雖不增而功能倍。此護月論師唯本熏義也。若新舊合用，唯取新熏種倍倍生時用增上説，不用本有力，本有之力。

不及新熏故，初熏種時舊亦生種，今所立無表唯依新熏上立也。然此新熏亦唯用增，而體不增爲勝，既無現行，如何種起。已上護法正義，謂今論戒體約防非用增上假立無表故，本劣故唯取新用。由是知，今用倍倍增者，護法用增義也。

**章**新舊種子若別若總。《鈔》曰：《斷戒章》云：上文並舉小戒與三聚戒共是得戒之緣故，云若別若總基辨云：是妄談也。小戒、三聚戒何故云若總若別耶。若以通、別二受云爲總、別，則今家章疏中不見以通、別爲總、別文，《恩吼》以《成唯識》説五取蘊相或總或別之文爲例，大爲是正。得戒緣，以彼因等起思爲因故，云現行緣因。今云：此釋妄談也。此雖云現行思所熏種之文，加入緣因二字彰爲所熏種，此現行思爲增上、親因二緣，上所言若總若別之新舊合成種子，即現行緣因思熏行種也（現行緣因）。《顯業鈔》云：現行緣因等者，唯本有種，護月論師意。今現思爲本有種作增上緣，受得戒故，緣字屬唯本有義。唯新熏種，難陀師義意者，今現思作親因緣新熏種子，此種子之上受得戒故，因字屬唯新熏師義。護法正義意者，本有種子爲增上緣，新熏種子爲親因緣生現行，此現思所熏種子上得無表，其功用運運增長也。云云。今云：此釋緣因言實爲允當，然以種現相望釋因緣，非此文所用，此文但現種相望釋因言也。

**章**用倍倍增。云云。《鈔》曰：《斷戒章》意云，《成唯識》説增長位，慈恩《疏》釋云倍增，不解文字也。言增長者，戒種功德日夜優長也，非約多少語，然疏主約多少而云倍增，不解之甚。云云。《芳決》破是，以《婆沙》百三十二證倍增義，又以大乘《彌勒論》。《義燈》所引。又《恩吼》以環庵爲正，曰：然大乘、慈恩等，思種功用説爲無表，而亦以倍增解增長義，豈當論意耶。又諸種子雖與如無假法不同，而亦非如一切色、心別有自體現行之法，一切種是諸現行所熏成氣分故，亦名習氣。然此無表爲種上功用，非取種體，則是因氣分，更生功用者也。以將是習氣故，如是剋窮而論，則無表法者，實是心所氣用之分，而假法之極者也。雖彼所防有七支別，而論能防體，全非可算數二、三、五、六、百、千等以論多寡者也。若依小乘有部，無表是四大所造實色也，既爲實色，則雖不可見無對，而論其多寡以爲倍增，不亦宜耶。具如《婆沙》《正理》。然大乘、慈恩等以倍增解增長義，此不當大乘也。云云。基辨云：《吼》主所言雖似有理，不知大乘法相建立。今法相大乘示中道理，以外道、小乘所立教相即爲大乘法相，以唯識所變觀故，彼等所談即爲大乘義。今家以《婆沙》《俱舍》所言倍增以任運實用識變，約似有多少立培(一九)增義釋增長，不云實有培增故，與小乘不同。又種子是雖熏習氣分，於其種子功用立一箇法相論，非唯無表。不相應行中，無想、滅定二定體，是厭患種子上功用，復八地已上俱生煩惱障種子，以種子用勢令變易時長，此等任運變現故，但似有如是任運勢用假立名相也。思准可知。

**章**以隨心戒。云云。《鈔》曰：《斷戒章》云：此文寫誤，應作以隨轉戒。云云。《恩吼》中亦云：此文寫誤，應作不隨心戒。云云。別脱是不隨心戒故，作不爲好歟。基辨詳云：作不字，雖有理，如現流本應爾。此體增家准定道戒隨心轉戒設救故，現本爲好。下雖字唯字，寫誤歟。謂隨要期心戒恒相續，如定道戒隨心轉戒，唯念念中現行熏種，未曾有種似體增故。應非用增是體者，者言牒彼求難也。

**章**一七用增。《鈔》曰：或問云：初得戒無有增義，何云初刹那位一七用增耶。或自作答曰：帶可增義故云增耳。云云。我今作答云：未得戒已前，唯種子有防非功能，別不名無表戒，至第三羯磨竟，初念位名無表戒，一七支防非用增長。第三羯磨竟已前，與已後種子雖別無相，防非用名無表戒，七支防用義意倍增，故云一七用增也。

**章**乃至未捨。《鈔》曰：《續後抄》云：初刹那一七支，第二刹那二七支。云云。第三刹那如何。若次第云，增一箇七支，第三增三箇七支，第四刹那四七支也。若以倍倍言，則應云第三刹那四七支，第四刹那八七支，第五刹那十五箇七支耶。答：《倫記》十四上六丁。云：謂從十不善業道種次念增成二十，第三增至四十，乃至無邊。云云。

**章**其別解脱[二〇]。云云。《鈔》曰：其者指頓悟二類菩薩，謂或變易已去受戒，或分段時以有漏心受戒已，即證第八地，即身受變易亦通。今家不立別盡別生故，無命終捨。乃至者，自初地乃至佛果也。

**章**轉成圓滿。云云。《鈔》曰：謂有漏位所受，由無漏增明緣，不由作法，自然捨劣得勝故云轉等，亦云自然得戒。

**章**非菩薩戒中律[二一]。云云。《鈔》曰：問：《十輪經》説：若不先學小乘即學大乘，無有是處。又説：無力飲河池，誰能吞大海。是故一切菩薩，皆先學二乘，唯不究竟證小耳。云云。又《梵網經》説：俗典、阿毘曇、藏論、書記是斷佛性障道因緣。如是所説兩途，今如何學。答：如《瑜伽》第四十一説，菩薩於聲聞乘別解脱有應等學，無有差別。何以爾。以諸聲聞自利爲勝，尚不棄捨將護他行，建立遮罪，何况菩薩利他爲勝。又説：於別解脱中，爲令聲聞少事少業小希望住建立遮罪，制諸聲聞令不造作，於中菩薩與諸聲聞不應等學。云云。由是應知，菩薩於聲聞乘有應學，有不應學，故圓測曰：不共者除之。云云。《十輪經》説約應學者，《梵網經》約不可學者，必勿偏執。

問，回心向大之後，爲小乘戒轉成大戒耶。答：既云回前心，不回一切，則如何云向大之後。以聲聞向大乘戒爲菩薩尸羅莊嚴故，全聲聞戒爲菩薩戒但爲莊嚴也。

**章**即名初得。或云：此有二義。一云：了相作意，靜慮初起，故云初得。二云：第一念故云初得，第二念後是成就也。若泛論，上二界十七地，各有初得，而初未至一切靜慮最初故，別約之也。

**章**能損害。云云。《撰》曰：問：有漏定有損害種子義耶。答：以有漏觀門僅伏現行，但損生果功能，永不生現行，有少分損之義，於其種子無損害之義。云云。今云：好。

**章**一言了相。云云。　興正科：已下云總配。以初二作意了相、勝解。總伏上三品欲惑，以第三遠離作意總斷上三品，故名爲總配科也。

**章**色界五地。云云。　下約地明對治辨得時。色界五地者，色界初未至及四根本定也，是爲見道依地也，見道斷惑道故，特揀依此五地也。若次第證者，局依初未至，今兼超越類故云五地，謂次第證，超越一來、超中二果必依未至，超越不還，通依未至、根本定得入見道，故云五地等。

**章**皆斷對治。　謂約通依色界初未至四根本故云皆等，此皆見惑斷道所依地故，云斷對治也。

**章**餘色、無色。云云。　此餘有二別。一、若約次第證者，唯依初未至地入見道者，初未至斷對治，初禪已去皆遠分對治。云云。二、若約超越證者，通依未至、根本定，得入見道者，通依未至、四根本，皆斷對治，其餘七近分、四無色皆遠分對治。

**章**長徒義。　別本作長從，非也。長途者，猶云常途，謂見道依地大小二乘不同，小乘六地，五地加中間定。大乘除中間定故云依五地，大小共許故云長徒等。

**章**初念名得。　興正之門徒由此文立義云：通、別俱以動發勝思，初念爲成無表所依故，不問通、別，近因初念爲得表時。云云。今云：此義妄談也。謂小乘戒取乞戒動發之初念以爲得表時，又大乘戒取請戒慈愍故，第三周已之初念以爲得表時，故初念之言雖是一，意即存別。由是云無表所依，亦應有二之意也。

**章**第二念中。云云。　是亦准上有二意，一者、約小乘乞戒動發第二念，二者、約大乘第三周請戒已第二念。

**章**佛是曾得。《對法抄》云：一切無漏皆未曾得也。云云。菩提院贈僧正云：因果相望時，佛果有未曾得。《對法抄》之意也。因果相望者，金剛心無間位，捨一切有漏法并劣無漏，解脱道位純上品無漏現起，是初得故未曾得。又果果相望，今章由之。佛果與佛果，無未曾得。

**章**佛願無萎。云云。此下立理辨佛願無表無捨。《樞要》曰：由佛無表，雖是曾得非念念新生，以昔發願制於業思，衆生界盡，我願亦盡，以心無萎歇故戒常有，除佛已外戒皆未曾得。由願制思不萎歇故，未遇破緣戒常相續，不爾不新起名爲捨戒。云云。

問：因位捨戒，與佛果無表同異如何。答：因位無表皆未曾有得，若遇捨緣，期願萎歇，曾得表業種不犯間，無表功用但順舊住，更不新生，以名捨戒。佛果無表亦曾得，體但順舊住，更不新生，然昔期願不萎歇故不名捨戒，故如順舊邊同，不捨異也。

**章**唯在於初自餘。云云。此明表業得捨緣，以前文自可解。文云：初念名得，第二念中即名爲捨，雖有相續，不名發無表之表。云云。故今文中非無表因者，即是明捨緣也。《詮要抄》舉或説云：問：於表捨相、捨緣有何異哉。答：上總明捨相，是以非無表因爲緣由，由述表捨緣也。云云。今云：此説甚可翫矣。

**章**非無表因。問：如上已言，第二念言亦有大小乘别，則爲無表之因表亦應有二意歟。如何。答：自有二意。若小乘戒無表之因，乞戒動發思初念得表，是即無表之因，第二念已去非無表因之表。又若大乘以請戒慈愍故，第二周了之初念爲得表時，爲無表因，此第二念已去爲非無表因，故非無表因之言亦有二意也。

**章**謂對比丘。云云。《報恩吼》中舉南山《戒疏》説曰：南山等依准多論，若無比丘，對白衣、沙彌成捨。今章約有比丘之時故，云對比丘。云云。基辨云：出家五衆共對比丘作法捨是根本實義，出家五衆之戒，初受戒時對比丘而得故，如多論説，約由王命及病緣等急事不得對比丘故。今章由根本實義之説也。

**章**互跪作法。云云。　一本作胡跪，此爲是也。起棄語言者，《注戒本》曰：佛言：若有比丘，不樂梵行，聽捨戒還家。復欲出家，於佛法中修梵行者，應度出家得受大戒乃至若言，我捨佛、捨法、捨僧和尚戒律，我受家法等，是名捨戒也。云云。《戒疏》二上三十四紙。具明捨法。更考。《增一經》云：僧伽摩比丘七反降魔，後更受戒得成羅漢，自今捨戒聽齊七反，若過非法。《寄歸傳》四二十紙云：天竺伐撤呵利七出家，七還俗。《大莊嚴論》亦明七反出家。

**章**犯根本罪者。云云。　《詮要抄》曰：光云：犯根本罪，根本前四重也，非後四重，三乘共門故。云云。基辨云：此釋不爾。今明苾芻等五衆五緣捨之中第二也，故此根本罪言應云局婬、盗、殺、妄，非三乘共門故唯明前四。

**章**若起上纏犯根本罪。　上纏者，加行、根本、後起三時無慚愧者。根本罪者，《瑜伽》全文無本字，但云毀犯四種他勝處法，然今章文云根本罪。《顯業抄》中釋云：犯根本罪者，從四重也。此文明以後四重名根本罪，而唐本《章》，前四重名爲根本，後四重名隨順。云云。西大之徒執釋云：根本罪言有二義，一約三乘共門，二約大乘不共門，初爲前四重，次云後四重。云云。今云：此西大義不是也。此《瑜伽》文後四重義顯然，以殺、盗、淫、妄攝隨順中故，唐本《章》亦誤也，違文始終故。今謂此根本罪言是後四重，今章主會意，無簡前後，但以重罪令會，顯小乘非實義，大乘盡理，故小乘戒亦上纏失，中、下不失。

**章**即便捨戒。　或云：此有二義。一云別捨義，太賢。隨所犯支失戒律儀，二云總捨義，章主。上纏犯一戒，餘戒隨捨故。云云。今云：上纏無慚愧爲本故，無慚愧犯餘戒亦捨。

**章**見是功德。　《詮要》：光云：行惡具是功德，可謂是邪見也。今論文意，非云邪見，但於行惡事思有德有功已。云云。今云：不爾，無慚愧則必邪見起，如《唯識論》中。

**章**非暫現行即名棄捨。《菩薩地》全文云：非諸菩薩暫一現行他勝處法，便捨菩薩淨戒律儀，如諸苾芻犯他勝法即便棄捨别解脱戒。云云。《倫記》中景師云：此論文説上纏失，中、下不失，即破正量部下、中、上纏隨一現前暫一犯時即便捨戒。又言上品纏犯即捨，即破薩婆多三品纏犯皆不捨戒。《十輪經》中云犯重不捨，據中、下纏犯，正量部譏薩婆多部云：汝云犯重不捨戒者，增長苾芻犯重因緣，亦汝部中犯重者多，故作此判。薩婆多人語正量部云：汝宗立犯重即捨戒者，令諸犯者於自己身生無戒想，即便數犯，因是廣作不善諸業。云云。又云：三藏云：准《菩薩地》，犯罪捨要上品心犯方失上品心，無慚愧故。此聲聞戒中但犯即失，不論上、中、下心，皆越教故，皆犯性罪故。云云。

**章**然不共住。云云。　此文正會小乘義，令同大乘義。

不共住者，舊云波羅夷，此云不共住，又云極惡，又云棄也。就此波羅夷，翻名古今釋合有四家。一、别者，唐三藏説。《倫記》十上曰：三藏云：梵語正波羅闍以迦，此云他勝處法。若犯此戒者，他所勝。云云。《應音》廣釋云：波羅闍以迦，此云他勝，謂破戒煩惱爲他，勝於善法，舊云波羅夷，義言無餘。《倫記》曰：聲聞戒中若犯四重，於現身中不可悔，名無餘犯。云云。無餘也。云云。《倶舍光記》十五。曰：梵云波羅夷，此云他勝，善法名自，惡法名他，若善勝惡法，名爲自勝，若惡法勝善，名爲他勝，故犯重人名爲他勝。云云。太賢《古迹》曰：波羅夷者，此云他勝處，善自惡他，惡法所勝，故戒持犯所依名處。云云。二者、南山《事抄》中引西方曰：波羅夷者，譬如斬人頭不可復起，若犯此法，不復成比丘故也。云云。同《戒疏》曰：言不共住者，治損名也。《四分律》曰：云何名不共住。有二共住，同一羯磨，同一説戒，不得於是二事中住故名不共住。《栖翫記》曰：《律抄》中云：翻波羅夷爲不共住，此是錯。云云。又曰：大乘中無不共住，大乘無此治罰罪故。云云。三者、《薩婆多論》二曰：波羅夷者名墮不如意處，如二人共鬪，一勝一負，如二人共鬪，一勝一負[三]，比丘受戒欲出生死，與四魔共戰，若犯此戒則墮負處。云云。《十誦律》一亦云：波羅夷名墮不如。云云。四者、《栖翫記》曰：梵波羅夷，此云犯勝處，此是其罪所招之果，即無間獄名他勝處，是最劣處，爲他所勝，舉處皆勝，獨立此名。云云。基辨今評云：第一家中以三藏説爲根本義，《應音》尤助本義，《光記》并《古迹》雖以舊譯梵名，至釋義由本義。今家須依此第一家。又第二家中，以斬頭喻釋，與《應音》無餘義相同，引《四分律》釋不共住，舉治損重示無餘犯，與斬頭意大同。又《栖翫》中翻云不共住爲錯，恐示非敵對正翻歟。若爲義翻，則全非錯，《栖翫》所言可謂粗釋。又言大乘中無不共住，無此治罰罪，守千不委《瑜伽》文故設如是釋，《菩薩地》中出家菩薩儀同聲聞，以聲聞戒及學處爲尸羅莊嚴故，聲聞治罰法即出家菩薩爲所學處，故爲盡理，雖有《瑜伽》中説於菩薩犯戒道中無無餘犯文，此是示菩薩戒捨而還受，非言用聲聞治罰法也。雖菩薩戒，若不還受，則是無餘犯，無慚愧故，《應音》釋無餘犯當此義矣，非大乘中無不共住。《倫記》釋云：菩薩戒中起貪煩惱，或不犯。若利益有情貪，不犯菩薩戒。爲自利益，即犯菩薩戒。若瞋煩惱，爲自爲他，並能犯戒，故云無無餘犯。云云。今云：非無無餘犯，非非無無餘犯故，如守千不可作决定説。又第三家中雖翻名異，以勝負喻示墮負處，即是他勝處法，義全無相違。又第四家中以地獄果釋他勝處，雖非如以因釋，非無道理。由上來説義自應知，章文云：非失戒義者，其實雖非無上纏犯即無餘犯之義，且約中、下纏犯有還受義，作如是義，縱雖上纏犯忽改悔生慚愧，則轉中、下纏，還受自成。

**章**如多羅樹。云云。《西域記》云：南印度建那補羅國，不遠有多羅樹林，三十餘里，其葉長廣，其色光潤，諸國書寫，莫不採用。云云。《應音》云：案《西域記》云：其樹形如椶櫚，高者七八十尺，果熟則赤，如大石榴，人多食之。東印度界其樹最多。云云。《吼》主曰：具多與多羅樹不同，《名義集》及《華嚴》音雷同爲一，具多此翻岸形亦非也。此云葉樹，其有差別，具見惠琳《音義》第十。十四紙。又具多有三類，具見《酉陽雜俎》前集第十八。多羅樹，《西域記》十一。十一左。

章四種比丘。　經云：一者、畢竟到道，《婆沙》六十六云。《准陀經》中亦作是説：沙門有四，一者勝道沙門。云云。《瑜伽》二十九，十六紙亦同。二、示道，《婆沙》六十六亦同，《瑜伽》二十九云説道。三、受道，《婆沙》云命道，《伽》云活道。四、污道。《婆沙》同《伽》云壞道。《俱舍》十五説四種比丘。一、名想，二、自稱，三、乞，四、破惡。《瑜伽》亦同。

章《俱舍》云勝道。云云。　本是《婆沙》六十六之説。神泰釋云：佛名善逝，道最勝故。總三乘學、無學名勝道。又《伽》二十九云：學、無學名勝道，以無漏道滅見、修惑故。

章二者示道。　《倫記》中基云：佛在世佛菩薩及聲聞衆名説道，佛滅後聲聞衆名云説道，令正法不滅故。

章新云命道。　《倫記》中基云：以道活命名活道。准《婆沙》，如來、獨覺名勝道，無學聲聞名説道，一切有學名爲命道。泰云：持戒異生，惠命存活故名活道。《婆沙》云：諸善法生長聖惠命根，名治〔三〕非死，故名活道。文《瑜伽》二十九同。

章四者污道。　基云：戒爲正道根本，今破戒故名壞道。泰云：犯戒異生，犯三學中初根本戒，難剋惠命，故名壞道。准《婆沙》，諸犯戒補特迦羅多行惡法，乃至實非梵行，自稱梵行，名爲壞道。《瑜伽》云：諸邪行者名污道。又《婆沙》六十六云：污道沙門者，謂莫喝迦苾芻，喜盜他財物等是也。云云。

章犯四重者。云云。

章准觀文意。云云。　下釋經意。此中有二，初寄問釋，次正決答。

准觀文意者，意言：准既云如焦種，如多羅樹等，云一向失戒則應解意。又準但云污道，云一向不失應解意，然俱云不解我意。已下決答。

**章**《大方等陀羅尼經》。　有四卷，北涼法衆譯。

**章**就《四分律》。云云。　此文六句，以小乘亦有不捨義，證大乘中、下不捨義。小乘犯重不捨，三纏不失，與大乘中、下犯不失，義雖稍有異，乍聞犯重不捨，言陳無差故，今舉爲助證已。《詮要抄》中云：就《四分》下會同律論，可謂通漫。又《續後抄》曰：問：《四分》《薩婆多》犯重三纏俱不失，何引之會同大乘耶。答：師云：解第二、三纏俱失義故引之。又以大乘眼見之時，《四分》《薩婆多》等云不失者中品也，云云。故引之同會也。已上《續後》。今云：此文六句設二釋，會《十輪經》中第一釋末文，即證犯重不捨也，何云解第二、三纏俱失義故引之耶。科文雜亂故，《續後》釋可言謬釋。或云：《四分》《薩婆多》並三纏不失，今對三纏俱失義引之，以證中、下不失。云云。今云：此亦科文錯亂故，不是。又問：何故不舉餘律，但舉《四分律》耶。答：於四律中，但此《四分》立犯重不捨義故，今舉此律同《薩婆多》等五句，示同根本部立，《四分律》是法藏部攝，自薩婆多部出化地部，自化地部出法藏部故。今舉根本部立不共住非失戒義令同，助大乘義。

問：何故舉《四分律》爲即[四]證耶。答：根本薩婆多立不共住，非失戒義，先已舉了，今但舉律，失戒、不失戒之論是律中所判故，《聽聞抄》中。

問：上既會不共住，何再會之耶。答：第二師執不共住即失戒，然《四分》多論犯重不捨計也。彼既云不共住，即知不共住非失戒義會之也。云云。今云：此亦科文混亂，不可用之説也。

**章**五十三云。云云。《續後抄》曰：五十三出比丘捨緣，唯云犯重捨，不分别三纏故也，此師任文取意也。若第一師意者，五十三文不分别故爾也。若云實事者，如菩薩，唯上纏應失也。云云。又云：第二師意同太賢意也，謂菩薩戒應有三品不同，比丘三纏俱應失也。云云。今云：此釋實可也，然云同太賢意，未可也。應云：太賢由此義。此章傳唐三藏口説之本書故，太賢海外人，少分從三藏而稟人故，本末相亂故，此言未可也。

**章**非諸菩薩。云云。基辨云：古來以《章》所舉二釋別釋此文，第一師意爲短讀，第二師意爲長讀，此《疏》意，然《疏》中但雖云長讀，不云短讀故，必不分長短，但長讀二師意自應差別。謂第二師意，則菩薩上纏失戒，中、下不失，苾芻三纏俱失，大小不同，彼此對簡，故云非如。云云。又第一師意，則諸菩薩言含出家菩薩，此出家菩薩以苾芻等五衆爲形居，復含自菩薩眼見苾芻戒得捨義，是故次所言諸苾芻等言，小乘三纏俱失之苾芻。今所論苾芻戒中、下不失之義，菩薩形居苾芻戒，即是自大乘眼見，則苾芻戒悉是中、下不失也。簡非小乘等所論苾芻戒三品不失義，今云非如也。若作如是解，則長讀二師意自作差別。

暫一現行等者，《崆峒記》曰：非一暫行翻上三義，非一翻初數現，暫行翻二，深生愛、見是功德。暫即不數但行不愛。云云。此西大相傳云大三句義。今云：强立名目用是，却有煩智之憂，末代機根下劣，心不可立無益名目焉。

**章**即便棄捨別解脱戒。問：見今文，於苾芻云別解脱戒，於菩薩戒云淨戒律儀。若爾，別解脱戒名，於菩薩戒不唱之歟。如何。答：於菩薩戒亦名波羅提木叉，此翻別解脱，如《梵網經》説初結菩薩波羅提木叉，亦説有十重波羅提木叉，是菩薩別解脱戒，故於菩薩戒亦應有別解脱之名也。

問：答爾，何故此菩薩地中，於菩薩戒名淨戒律儀，不云別解脱戒，於《聲聞地》中及菩薩戒中示苾芻戒，必但云別解脱戒耶。答：以《本業瓔珞經》説十重檢《梵網經》，此經所説十重禁戒但説菩薩三聚淨戒中初攝律儀戒，不説後二聚戒。《瓔珞經》攝衆生戒，是所謂慈、悲、喜、捨化，攝善法戒，所謂八萬四千法門，攝律儀戒，所謂十波羅夷。云云。而示説受戒作法以十波羅夷，別別爲問答受故，是故別解脱於十重別別受，棄捨解脱惡故。是准聲聞乘戒別別説戒相，解脱諸惡故，名菩薩波羅提木叉等也。

問：何故《本業瓔珞經》如是説，《梵網經》亦説菩薩波羅提木叉，不同《瑜伽》耶。答：《本業瓔珞經》及《梵網經》，於三聚戒中但説初律儀戒，不説後二聚戒受法，及犯、不犯別故。若受後二聚，則必是通受，無別別受義故，於初律儀亦以七衆一切別解脱通受得故，三聚戒皆通受，非別別受得故，於《瑜伽》中不説菩薩別解脱，但説安住淨戒律儀也。

問：何故《瑜伽》中，於初律儀中，以一切戒通受得耶。答：如《瑜伽》説，此《菩薩地》顯示一切菩薩藏中略標廣釋諸門攝故，具説一切菩薩學道及學道果一切種教實依處故。云云。是即《瑜伽論》盡一切菩薩藏説之證。又如《本業經》，如彼説：我今在此樹下，爲十四億人，説住前信想菩薩初受戒法。云云。亦如《梵網經》，如彼説：至閻浮提菩提樹下，爲此地上一切衆生凡夫癡闇人，説本盧舍那佛心地中，初發心中常所誦一戒光明。云云。由此等説，當知《本業》《梵網》二經説，説菩薩戒一分，即三聚淨戒中初律儀戒之一分。若理釋，則此一分即十無盡戒，一切佛大乘戒故，以十波羅夷盡一切菩薩戒，是大乘通理。若教釋，則《本業》《梵網》二經爲人各説，故一分教示。又《瑜伽·菩薩地》所説，盡一切菩薩戒之教理故，於初律儀戒盡出家、在家二分律儀爲形居故，受戒作法亦通受，非各各別解脱。復示後二聚或受法，及犯、不犯，是必通受，不可別受。是故菩薩戒云安住淨戒律儀，不云別解，於苾芻戒但名別解脱戒也。

大乘法苑義林章師子吼鈔卷二十一終

于時明治二十八年十二月，閣筆於京都僑寓。

日宗末資照善日氤謄寫之。

## 校勘記

〔一〕「票」，疑爲「標」，下二「票」字同。

〔二〕「悵」，疑爲「張」。

〔三〕「那」，底本原校疑爲「耶」。

〔四〕「各」，疑爲「名」。

〔五〕「得處所者」，底本原校云：「原本冠註曰：得處所者，結界處所，得戒處所故。得者，成就也。」

〔六〕「成」，疑爲「戒」。

〔七〕「顯」，疑爲「願」。

〔八〕底本原校云：「冠註曰：三歸，此由《雜心論·釋品》文曰：弟子某甲等，願從今身盡未來際，歸依佛兩足尊，歸依法離欲尊，歸依僧衆中尊。」

〔九〕底本原校云：「冠註曰：三意。文云：弟子某甲等，願從今身盡未來際，歸依佛竟，歸依法竟，歸依僧竟。」

〔一〇〕底本原校云：「冠註曰：《瑜伽》說：偏袒右肩，恭敬供養十方三世諸佛世尊已，入大地諸菩薩衆，對佛像前作如是請。」

〔一一〕「徵」，疑爲「微」。

〔一二〕「妄」，疑爲「忘」。

〔一三〕「倍」，疑爲「培」。

〔一四〕「譯」，疑爲「澤」。

〔一五〕底本原校云：「原本冠註曰：初有五種者，一、於所受戒不起犯心，二、於尊長不起慢心，三、於諸衆生不起恚心，四、於他身色及外衆具不起嫉心，五、於内外法不起慳心。云云。」

〔一六〕底本原校云：「原本冠註曰：第二有四種者，一、救貧苦衆生，二、爲已不行菩薩行，三、令安穩困苦衆生，四、攝取衆惡衆生及犯戒衆生。」

〔一七〕底本原校云：「原本冠註曰：第三有一種者，謂攝受正法，終不忘失。」

〔一八〕「法」，疑爲「慳」。

〔一九〕「培」，疑爲「倍」，下一「培」字同。

〔二〇〕底本原校云：「原本冠註曰：其別解脱，或云：此有二義，初、局別受，二、通通別，二之中後爲是。云云。今云：後爲是，不爾。《瑜伽》中總云別解脱是聲聞戒故。又此文云一得不捨，以盡形壽明故，此別解脱別受非通受也。問：若爾，因位從他受戒，何云果自然得耶。答：自然捨劣得勝，故云自然得也。」

〔二一〕底本原校云：「原本冠註曰：《善戒經》説：若言不受優婆塞戒、沙彌戒、比丘戒得菩薩戒，無有是處。譬如重樓，不由初級得第二級，無有是處。答：義寂《梵網疏》云：必由律儀戒得後不共二菩薩戒，欲示此，作此説也。基辨云：此《善戒經》重樓之説，約不定姓漸機者説，非蒙頓機也。」

〔二二〕「如二」至「一負」，底本原校疑衍。

〔二三〕「治」，疑爲「活」。

〔二四〕「即」，底本原校疑爲「助」。

# 大乘法苑義林章師子吼鈔卷二十二

《表無表章》。

南都西京藥師寺傳法相大乘沙門釋基辨撰

**章**苾芻意樂。《鈔》曰：下明苾芻失戒，菩薩不失之由。

苾芻意樂者，自利意樂廣大深遠者，説苾芻犯重決定失戒，示有深意趣。何深意趣。謂若説犯重不失戒，則但犯重者多應失護持志故，以深意趣説決定失戒。

爲法器故者，法器，謂上所言道器。法，謂善法，保護善意樂，欲證無漏道果，云爲法器。次章文云惡意樂思損善器故，此是意也。

菩薩種種皆引攝故者，就利他釋。菩薩雖犯重，有慚愧心，中、下纏犯則許重受，此犯重，復無慚愧心强勝，惡意樂增，攝益是等犯人，説今生得重受。引攝者，引攝利益方便。《顯業抄》中云：現自誓令證道果故云廣大等也。今云：此釋由《梵網古迹》而釋，非今章主意。又《續後抄》云：菩薩種種皆引攝故者，此師意如太賢，菩薩許分受故。慈恩正義同初師故，不許菩薩分受也。上云其心廣故必須具受，是也。今云：此釋非今文所用也。菩薩分受者，本出《瓔珞經》，彼説：以是故有受一分戒，名一分菩薩，乃至二分、三分、四分，十分名具足戒。云云。《六波羅蜜經》亦同説。《瓔珞經》等説由十波羅夷，説初律儀戒，故立一分受，由別受得故有一分義。《瑜伽論》意説三聚通受得故，無一分受義。《瑜伽》總説菩薩戒，《瓔珞經》別准聲聞乘説別受故，《續後抄》意不辨菽麥也。

**章**應速簸揚。《鈔》曰：《俱舍》曰如是應速驅擯衆中實非苾芻稱苾芻者，此即合簸揚經文也。

問：第一師意，云何會此經文。答：誡犯重作如是説，非謂捨戒也。

**章**最初未制戒。《鈔》曰：此以犯、不犯證失、不失也。此師意，犯即失故，即知最初未制，不犯不失也，一制後，亦犯亦失也。

**章**癡狂心亂。《鈔》曰：問：狂、亂、惱，其異如何。答：《江西記》曰：身、口共狂，此名狂人，身、口不狂，是名亂心，身、心狂而口不狂，是名癡惱。

**章**理正。《鈔》曰：意云：前師義是大乘正義，而非《涅槃》不解我意，故爲理正。後師義不脱不解我意一邊，即同三部計故。

**章**故前解善。《鈔》曰：上來所明二師解中，第一師意，章主以爲優美。大小二戒俱上纏失戒，中、下不失，不同上座及薩婆多立三纏俱失，是即大乘實義，《涅槃經》意故，以前解爲善。第二師意違《涅槃經》意故爲不正，是章主意。又南山意，依准《四分》不簡三纏爲不失戒，此亦非大乘意。章主明戒失不以《四分》同爲(二)經部，雖爾，説戒失不《四分》、經部不同。《四分》是曇無德部，即法藏部，何故以《四分》爲經部。若以分通大乘義爲經部攝，亦是爲成實宗，則大謬錯。經部所立無通大乘義，若以名目通爲通大乘，則大謬。又大乘任文不取義故，《成實論》不通大乘，如《三論玄義》辨。

**章**一云一形。《鈔》曰：此初師解，以論形没二形生一句爲一緣捨故。論文總是五緣捨。《撰集抄》曰：初師一緣捨義。謂二形生者，必没本一形後生二形，本形没時未捨其戒，後生二形時始捨其戒，故名一緣捨。總爲五緣捨。

**章**雖知聖人。《鈔》曰：下通伏難。由《詮要抄》意難曰：黄門、二形、無根等之報，併由見斷惑所起業因，而因亡果亦喪之道理必然故，入見既斷見惑，云何入聖之位，有見惑所起之惡果。云云。已上難意。今文通云：入聖已後，雖造業不招果。入見以前毒蟲食形，食形之時忽然入見，凡所受戒相續不失，而蟲被食懸，形忽墮落，即成無形，由凡作業得此果故。雖然，失形不失戒，名云失戒，則果上戒捨，何不許之。云云。已上《詮要抄》中或《抄》意。

**章**若先無形。《鈔》曰：此下通難。難意云：《光胤抄》意。謂受戒時，黄門、無形、二形，俱不得戒，云何無形不失戒耶。以今文會之。

**章**非道器故。《鈔》曰：意云：若生得無形者，男女情志不定故，此非道器也。

**章**六緣捨。《鈔》曰：第二解意，以論形没二形生一句爲二緣捨故，總爲六緣捨也。

二緣捨者，一、一形没者捨戒，二、二形生者捨戒。

一形没時等者，謂一形没成無形時捨戒。第一緣。

二形後生等者，是第二緣。此第二師[三]意，云二形生相，與第一師別。第一師云將生二形時必失本形成無形，是爲前相，成無形已後二形俱新生。又第二師意與是不同，謂先本一形傍新生一形，今生但一形，本一形上，加今一形，故云二形生。云非先一形没二形新生，先一形在，云何第二師立理。意云：論一句中，形没二字，是别明無形捨戒，如何如第一師，以形没二字爲二形生捨前相。云云。二形生者，本一形不没在上加新生一形，云何以形没二字爲二形生前相，云一緣捨句。云云。故形没二字别緣捨。

**章**然俱非形。《鈔》曰：第三遮妨。初師難云：若以此句爲二緣捨，何故論中唯列五緣。云云。今文會之，俱者二形生也，非者形没也，今以合説會了。

其實六緣者，一、作法捨，二、犯重捨，三、形没捨，四、二形生捨，五、斷善根捨，六、衆同分捨。雖如是有六，今合三、四説云五緣。

無入見諦等者，遮前師證。初師又難云：若爾，何故有入見蟲食等。云云。今文遮已，初師以入見蟲食爲大小通義，第二師爲唯小乘義云，大乘不許。

**章**若爾諸有。《鈔》曰：初師難第二師。若如第二師云形没捨者，此難勢起故云若爾。

先從下死者，《唯識論》三云：由善惡業，下上身分，冷觸漸起。意言：善業者，自身下分冷觸漸起。亦惡業者，自身上分冷觸漸起。今文且約善業云。《攝論》云：善業從下冷，惡業從上冷。

**章**若爾此處。《鈔》曰：意云：若以形死之由漸命終者立無根捨，人之死生，於此形處以可判之，以不形死則猶判生，以形死故可判人死，但《瑜伽》文云最末後心方死，謂今生終極之一念，云最末後心，即第八識忽止任持諸根之功能，去此生往彼生，終一念也。若如第二師，則以形處可判死生，若從下死，即過形處，雖有第八，可判命終，形處既死，此《瑜伽》文如何釋哉。云云。此《詮要》所引，或《抄》及《續後抄》意。西大寺言：若爾，此處下云死處相違難，死位一切下云重捨無用難，分文爲二。今云：甚難解故，今但爲一箇難，死位一切下立理而難，難意不别也。

**章**死位一切。《鈔》曰：或《抄》云：謂若汝立形没捨戒，末後心前成形没捨，身分之中無有戒體，然後重用命終舍而何用。無有戒體何捨。云云。《詮要》。

**章**二形先有。　《鈔》曰：此下正判成形沒不捨義。二形、無形相對辨，《報恩吼》曰：自下通伏難。後師難前師云：六緣不受，第三緣者是男根損害，既不許授，明知漸舍命者，過形即捨，今文通此難。云云。今云：《吼》主不是，文有雖字或故字，則是伏難，非通伏難，此但判成。

**章**男女煩惱。　《鈔》曰：《對法》八說：男女煩惱但現行，不堪親近承事二衆故不別說。又《瑜伽》五十三說：此扇搋、半擇迦，若還苾芻衆中，便參女過，若還苾芻尼衆中，因摩觸等便參男過。由不應與二衆共居，是故不許此類出家及受具足。又由此二煩惱多故，性煩惱障極覆障故，不能發起如是思擇。

**章**故《俱舍》說[三]。　《鈔》曰：下引證結成形沒不善義。《俱舍》有新舊兩譯，然異本《章》依陳舊譯，十三根中入男、女隨一根，除未知根。今章依唐譯論，入未知除男、女根也，今引此論文欲彰聖人有無根故也。辨。就此新舊兩《俱舍》意別，古來異解紛亂，《決擇抄》由異本《章》文同舊《俱舍》故會曰：前雖互斷，此下別斷。前師爲勝，將斷先與，會釋相違。云云。《集玄》解此，作前師縱後師文，後師會前所憑《俱舍》十三根文。無男、女者是小乘義，不可依據，乃牒縱之，後引《瑜伽》而爲奪也。云云。《光記》第三云：舊《俱舍》不說苦根，取男、女隨一者，譯家謬矣。

**章**斷善爲緣。　《鈔》曰：明加行善雖非斷善捨名斷善根由[四]。《集解》曰：釋以加行善心受戒，亦名斷善捨之所以也。謂以斷善根之加行心爲緣，而捨其加行心所受之戒故，名爲斷善根舍，非正斷善位捨名爲斷善根舍。又寂補云：然從所善爲緣捨故，亦名得名爲斷善根捨。

**章**然戒通有三。　《鈔》曰：興正私文云：上正明加行、生得捨時不同，已下但於生得舍時會諸説。今云：無會諸説義不穩。《顯業抄》云：古又付斷善根有二師義，初至其戒方失，是一師義也。然戒通有已下，又一師義也。云云。《詮要》云：此説對下問答分別之中二師也。下二解者，初解謂與加行善同時而捨，得舍相翻，不違理故。後解云：雖由邪見斷加行善，爾時但令戒漸微羸，由未名捨，與生得善同時而捨，隨善根盡方名捨，故前解應勝。邪見九品，謂九品邪見，斷九品善根，順逆對斷，初下下品邪見能斷上上品善根，乃至上上品邪見能斷下下品善根，九品斷盡故云九品方斷善盡。

其戒亦爾者，謂所依善心即有九品，各能發戒，亦有九品善之心品，是即能等起因，戒之九品所等起果，以因與果品類同故。斷善根因，捨律儀果，謂斷下品善捨下品戒，乃至斷上品善捨上品戒，故云其戒亦爾。

但言斷善者，《俱舍》有二解。一者、有餘師説，初捨律儀，後斷善根。二者、如是説者，又律儀次第隨品類捨。今大乘義同後正義，《瑜伽》等中但云斷善根，别不云初捨，故斥初有餘師義，故云但言斷善根。

**章**此説别受。《鈔》曰：《伽》四十《菩薩地》曰：若諸菩薩雖復轉身遍十方界，在在生處不捨菩薩淨戒律儀，由是菩薩不捨無上菩提大願，亦不現行上品纏犯他勝處法。若諸菩薩轉受餘生，忘失本念，值遇善友，爲欲悟寤菩薩戒念，雖數數重受而非新受，亦不新得。云云。今云：此是明菩薩戒有犯無捨義，具如《瓔珞經》及《瑜伽》等論。

**章**五十三説。《鈔》曰：《集解》云：論文説五捨已，即次文也，爲明唯説五緣捨，不立正法毀壞隱没捨之所由也。

**章**一起不同分心。《鈔》曰：五十三云：若近事男律儀，當知由起不同分心。云云。今謂同分者相似義故，不同分者不相似也。《栖翫》曰：有説不相似故名不同分，非也。云云。《報恩吼》評云：有説：近曾受不殺戒，今起殺心，殺與不殺不相似故，名不同分心。今云：《吼》主評實當也。《周記》中入外道類，亦云不同分，是亦與我法中不相似，是不同分也。又《顯業抄》云雖不別作不持悲兼所期願，十日之後不持思故，此攝不同分心也。云云。《續後抄》云：起不持想，是起不同分心。云云。今云：此亦雖不同分心，濫近住不同分故，局故未盡，釋近事不同分，以不相似釋爲是。

**章**無犯重捨。《鈔》曰：《續後抄》云：問：近事何無犯重捨。云云。答：師云：故如圓房，以此難頻奉難故和上。云云。言初誘戒故爾也。師勘諸文，《對法抄》云：苾芻無分受故，犯一重時，有犯重捨，近事有分受故，無犯重捨。云云。謂比丘必總受，若犯一重，所餘欠不滿足故，有犯重捨。在家二衆，自本有分受故，若缺一重，無犯重捨也。云云。

問：由太賢意，云隨所犯支失戒律儀，何無犯重捨。何故今章主意，云近事無犯重捨。何故相違。云云。答：或會云：彼約戒體云失戒，今章主約戒周云無犯也。云云。今云：此答未快，以次引《對法》意可解之。

**章**答應説成就。《鈔》曰：謂受五戒者，親近給事比丘、比丘尼故，縱全受分持，得成近事性，故今云成就。

**章**然遮彼性。《鈔》曰：《集解》曰：言性者，範曰：作用性非體性。解曰：如水溼爲性，火燒物爲性，是皆作用性，近事有承事出家之作用故名爲性。

**章**隱顯影彰。《鈔》曰：釋是古來二家別。一者、影略互顯。《栖㲉記》所引有説云：近事隱日出捨顯斷善捨，近住顯日出捨隱斷善捨，是影略互顯也。二者、影顯非影略互顯。《周記》云：由近住中有日出捨隱影斷善，近事之中顯斷善。《栖㲉記》亦同云：不開爲隱，近事中有而顯之也。合之爲影，准近事有名之爲彰。此無互義，有説互影是爲大迷。云云。《報恩吼》中評云：《周記》《栖翫記》爲優。有説：有云不允影説略説有觀待説，本出《婆沙》百二十九。十六紙右。今云：此評實當矣，可言互影顯，全無略義也。

**章**如先已起。《鈔》曰：立實應有四縁理。又可，會次三縁師難。難云：齊法時促，於日夜間，何斷善根。云云。今文會之。會意云：謂斷善方便在前日，受戒及斷説究竟必在同日。問：斷善人不一准，如提婆假他日加行，若如無間比丘，見後有現，中有一刹那邪見究竟，若爾，不必假方便，第二師云何通之。云云。第二師答：此約多分耳。

**章**中、下品心。《鈔》曰：此中、下品心等句有二意。一意云：先起斷善方便而猶未斷，受戒心起，此受心不得名上品受心，惡心交雜故，不可必起上品受心故。今以起邪見方便後起受心，名中、下品心。或云：此中、下品心處中之業。云云。今云：不爾，處中亦得無表故，如上已明。問：上下文亦處處聖教，受戒心通三品得三品戒見，今何云中、下不得。云云。答：起斷善方便，種心[五]惡心交雜故，指此心云中、下不得也。處處文立三品心，付上品得戒心亦立上、中、下三品心也，此《聽聞抄》意，可云妙解也，方發戒故。今云：此故字通上存二所由，若具云，應云中、下品心設受不得故，必上品心方發戒故。若上品心受戒，不可即日上品邪見究竟故。

**章**其菩薩戒。《鈔》曰：問：上來所明七衆戒捨之標牒不置其字，次下所明之標牒亦爾，何故但於此菩薩戒置其字。云云。答：彰菩薩戒必以七衆戒爲形居律儀所建立故，明七衆戒捨，已承上云其也。又明捨最初科牒云別解脱，雖菩薩戒通通受、別受，今且就菩薩戒別脱明捨故，承最初標牒別解脱云其也。此義一往釋也，故作次釋。

其菩薩戒如實義者，其之言，發語詞，非指上，如上文所示。二十八紙右。其苾蒭等，其道共戒，同紙左。其不律儀，二十九紙右。其菩薩戒，其不律儀，三十紙右。其意表業，其菩薩戒，三十七紙左。其《大方等陀羅尼經》，此等皆非指上，發語辭也。

**章**二緣故捨。《鈔》曰：《本地分》明二緣捨，《決擇分》明四緣舍。此是菩薩戒捨。《倫記》中景云：下五十三明五緣舍苾芻戒，此中何故菩薩無善根斷捨一形没二形生舍。解云：菩薩戒從方便善故，斷善前方便時已失方便善，即失菩薩戒，不當正斷善時方捨故，無斷善捨。菩薩本性純善，惡業輕微故，無二形生捨。犯重善者，即當起上纏犯勝法舍，所學處即當退菩提心願，他菩薩戒無命終捨，以經生不失故。云云。

**章**一者、棄捨無上正等菩提大願。《鈔》曰：《倫》二十上、二十六右。曰：景述三藏言，問云：前《本地分》中明捨菩薩戒但有二緣，一者、退菩提心，二者、起增上品，今此何故明捨有其四緣。解云：開合爲異，此中前二總是退菩提心，於中有其三品，若起上品退菩提心，所謂佛果難祈，衆生難度，長時苦行無力能行，從今已往，不復能行求菩提道，起此心不待發言，即便捨戒，即當此中第一緣也，所謂決定發起受相違心。若起中、下品心，如前退屈，即復發言我今捨所學處，爾時便捨，即當此中第二緣也。謂於有識丈夫前，發棄捨言。此中後二總是起增上煩惱，犯而捨於戒，於中有二，初犯根本四重，二犯隨順四重，前後方便即當此中後二緣也。今云：此即明開合不同也。

**章**一、決定發起不同分心。《鈔》曰：《倫》二十上。泰云：受戒之心名受心發起，相違本受戒心名不同分心，即便捨戒。云云。

作體舍意者，章主文也，此約不發言但起棄捨心而云起不同分心，若發言則次第二緣舍。

**章**二、於有識別。《鈔》曰：同泰云：二、心雖未決，於有識別人前發言舍戒，此亦捨戒。云云。發言對者，此章主文，此意云：若不發言則起不同分心，第一緣也。今此第二緣發言，對首爲要故，今以此四字釋，泰所言云心雖未決，此緣舍示發言爲要，故爲此釋，決定發言不待所謂故。

章三、總、別毀犯。《鈔》曰：《倫記》泰云：三、起輕微煩惱，或總犯四重，或別犯一二，亦得捨。云云。今云：此第三緣不拘起纏，全分、少分犯四重爲要云舍也。起根本罪，此四字章主文也，謂此第三緣明不拘起纏不起，犯四重爲要立舍緣，云起根本罪也。此是於十支起舍緣。

章四、若以上品。《鈔》曰：同泰云：四、起增上總、別犯四重煩惱，雖未犯四重而已捨戒。云云。今云：此第四緣不拘犯四重不犯，起總、別應犯四重煩惱爲第四緣之要爲捨，此是於意三支起舍緣，不拘七支也。犯隨順罪，此四字章主釋文也。隨順者，能隨順義也。四種他勝法爲所隨順，增上煩惱爲能隨順也。謂由起能隨順煩惱，自成犯罪，云犯隨順罪也。由是今改論文點云：四、若以上品纏總、別毀犯，隨順四種他勝處法。如是讀則泰師所釋自顯然。又今點云：四、若以上品纏忽[六]別毀犯隨順四種他勝處法。今云：此由次下文意，第三緣所言他勝處法之名，他勝處即法，持業釋也。又第四緣所言他勝處法之名，他勝處之法，依主釋也。

章起根本罪至犯隨順罪。《鈔》曰：此章主釋文，就此二句之言，古今異義紛亂，今總攝辨，分爲二門，初、舉異義辨是非，後、述今義。

初、舉古今異義，凡有六家。初、新羅太賢《菩薩戒宗要》中云：十重禁中後四重，自讚毀他、慳悋、瞋恚、誹謗三寶。此名根本罪，前四重殺、盜、婬、妄。名隨順罪，隨順三乘罪也。又《梵網古迹》云：《瑜伽》立四，如《宗要》釋。若《善生經》，依在家衆唯說前六，以粗顯故。依《善戒經》出家菩薩立有八種，即前四後四，以共、不共根本重故。此經《本業》總立十種，以通攝故。云云。次判此是非云：太賢師依准聲聞乘苾芻戒，以婬、盜、殺、妄爲根本重，所餘僧殘等戒爲婬、盜、殺、妄之枝末。於此十重亦立本、隨，且欲彰與小乘戒別，强與《瑜伽論》說混交，以後四重爲根本罪，以前四爲隨順，是非《梵網經》意，《梵網》所説殺、盜、婬、妄，無隨順二乘義。因緣法業俱爲重戒，復以呪殺、讚歎、見作隨喜、方便殺等等一對一草盜，又以快意無慈放心等作簡餘云。以爲重戒，與小乘別故，云十重禁中後四爲本，前四爲隨，爲大謬釋。又西大寺興正門流，以太賢義爲所依據，此説爲家珍，大妄謬不可取焉。況《梵網經》是佛性戒，別別解脱脱也，《瑜伽戒》本會小乘，令歸大乘法門，因位修習菩薩性戒，何得以《梵網》十重釋義解《瑜伽》根本、隨順耶。況復謬釋。云云。不是甚矣，學者擇而居諸。

二、義寂《梵網經疏》云：初四性重故名爲根本，後六雖非重，而順性重故名隨順也。云云。判此疏是非云：此亦於十重中分根本、隨順，非今所言《瑜伽論》意，況復於十重中後六爲非重。順重爲重名隨順，違經意亦乖論意，都無所取，以此疏釋解今章文，如以鹿爲馬，意趣大異。

三、《勝莊梵網述記》下本四十五紙。曰：四他勝處法者，十重之中最後四也。後四不共故唯説四重，或可菩薩意業爲重，故云根本。故唯説四。隨順他勝處法者，謂十重中前六種也，如是六種亦共二乘，或可不定故云隨順，更有餘義。

今判是非曰：此師釋《梵網》，由《瑜伽》文綴補所缺，是彼經全分不流此土故，如是遂爲釋《瑜伽》七十五四緣捨後二緣，以經十重併解。而復云《瑜伽》四他勝法者，十重之中最後四也，是雖無違，述所由云後四不共故唯説四重。云云。此不共言意，對次共二乘云隨順、云不共，此釋不穩。且十重之中，前六共二乘云隨順他勝法之釋，亦不穩當。《伽論》所説隨順他勝處法，何局十重中前六。云云。復立不定與方便兩義釋隨順名，不定義雖可爾，不明不定所由故未明了，根本、隨順之名雖同，與今章釋《瑜伽》意大乖，返必不可依用此疏釋釋此章之助也。

四、《栖翫記》曰：此言四者是菩薩者，即是十重之中後四重也。若聲聞者即是前四不同，所以今略言之。菩薩防心以之爲勝，聲聞防身以之爲本。隨順罪者有二解。初云：隨者是同類義，如五無間並皆説有同類罪故，如污母罪，是殺父母之同類罪，諸如是等，具如《瑜伽》。今此亦爾，其四種之中類罪名爲隨順。次解云：即《菩薩地》且説隨順，如是本四三品纏犯。皆捨重於隨故，隨順既輕，上品方捨。已上《栖翫》取意。今判是非曰：此中釋四言，云菩薩者十重之中後四，聲聞者前四，此釋云害。次釋菩薩不同所由，是亦可爾。復次釋隨順言立二解，其中以同類罪釋隨順罪，義雖可爾，同類之言狹，隨順之言廣，異類亦隨順義多有故，初釋爲不盡。次釋隨順云本四重三品皆捨故爲重，隨順罪中、下不失，上品失戒故爲輕，即《菩薩地》所説四種他勝法之餘爲隨順。此次釋亦違《瑜伽》上纏失戒，中、下不失説，隨順罪中雖有犯、無犯，染違犯、非染違犯之説，遂不見上品不失之説故。千師私所決罪，犯違犯隨意樂成染、非染名隨順，此菩薩戒不共餘之處如千師，小乘執學人不可識知處也。

五、西大寺興正門《疏》義者，《顯業抄》曰：起根本釋罪者，自讃毁他等後四重也，如《勝鬘述記》云：後四重者唯根本非隨順。已上《述記》。犯隨順罪者，婬、盜、殺、妄四重也。

問：何故前四名隨順。云云。答：以婬、盜、殺、妄爲重罪者，隨順聲聞故云隨順也。已上《顯業》。又興正門人諸末抄中，立相攝與不相攝兩途，爭成各義，委如彼，恐繁不贅。如《報恩吼》引釋。今判是非曰：《顯業抄》中以自讃毁等四爲根本，由《勝鬘疏》《成實》爲允當，以共聲聞義釋隨順名，以婬等四爲隨順罪，甚爲不是，《瑜伽》中無如是義故。又立相攝、不相攝二義中明相攝義，《決擇分》第四緣云前四重，以何爲據。唯前四重云第四緣捨。云云。又不相攝中云《決擇分》第三緣根本之言爲前四重，第四緣隨順之言爲後四重，尤不是。正文既云隨順四他勝處法，何爲前四重。云云。雖立二義似巧妙，穿鑿却失章主意。

六、信培《報恩吼》曰：此章何者名爲四他勝法。《章》中雖無照判，依准《勝鬘疏》，指讚毁等以爲四種他勝法，是當《梵網》中後四重。《瑜伽論》中第四十、七十五説自讚毁等四種他勝處法，復説總、別毁犯四種他勝處法，前後貫通，以自讚毁等四爲他勝法明矣。然《瑜伽》中唯云四種他勝法，無名根本，至七十五文有隨順言，章主對隨順言，義如根本之名，猶如煩惱有本、隨別也。又諸釋家唯取前六重或前四以爲隨順四他勝處者，尤局矣。論中云隨順，非唯局四、六，所順唯四，能順廣通，今能順法帶所順四故云隨順四種他勝處法也。若言隨順局四，則論中何不言四種隨順。云云。又章文云犯四重及犯隨順，或云犯四根本及隨順四，下云四他勝處及隨順法，如菩薩戒本中説。又羯磨文中説四他勝處及四十三輕戒等，無四重禁爲隨順法之文，明知隨順不局四種。古來釋家不尋本原，不視前後之文如何而説，饒差却多，學者莫向外煩索矣。今判是非曰：《吼》主以《梵網》不釋，但由《瑜伽》文之始終而釋，尤爲允當。又辨云章主對論隨順言，義如根本名，可言妙釋。又云隨順但局四，則何不云四種隨順耶之釋，古今不見如是善釋，可謂釋此文，《吼》主大盡矣。

第二述今義者，《報恩吼》主不濫能、所辨隨順體，明體順法但非四種，誡今古妙釋，然猶未痛快，有隔靴搔痒處故，今如釋令明白理。初起根本罪者，四種他勝處法爲體，四種戒中隨犯一二總犯四種，其犯初念雖不纏起，或總或別，犯此四重，名爲犯根本罪。犯已無悔，數數現行，深生愛樂，見是功德，是名上品纏犯，即便捨戒，如《菩薩地》説。

問：若爾，何故今此七十五文，不説上品纏犯之言。答：犯四重罪，棄捨淨戒，用軟、中品，不名爲捨，上纏犯時，名爲捨戒。《本地分》中既説隨犯一種，況犯一切。不復堪任於現法中，菩薩廣大菩提資糧，此即説捨戒相竟故。今不云上品纏犯，但云總或别犯四種他勝處法。

問：何故此自讚毁他等四種名根本罪耶。答：如《大品經》及《智度論》等説，十善戒是菩薩阿羅波羅蜜之根本也。然菩薩十善行以意三業爲本，今此四重即意三業，第一自讚毁他，是與慢俱貪心，第二有財慳惜，是與嗔俱貪心，第三怨結嫌忌，即與瞋俱忿、恨，第四謗菩薩藏，與癡俱邪見。一切輕重罪業，無不自貪、瞋、癡意三業起故，貪等三名三不善根，是故犯此四重，今名爲犯根本罪。次犯隨順罪者，以四重法次所列四十三戒法爲隨順法之體，復與菩薩所共聲聞乘七衆戒，亦此四十三隨順法攝，與菩薩不共聲聞乘戒非此中攝。《菩薩地》第四十説律儀戒者菩薩所受七衆戒，此中菩薩所受言簡示唯所共者，又説與聲聞衆不共者不受學，謂七支性罪一向不共，菩薩爲物權行不犯，若因守戒缺利物大行者亦名爲犯。又五篇聲聞戒中，三十捨墮中十一有不共者，如《倫記》辨，是故於四十三隨順戒，了知有違犯、無違犯是染、非染二犯堅護持，則隨應聲聞乘七衆戒與菩薩所共形居律儀自悉具足，不及别受聲聞乘戒也。此等形居律儀名隨順法，學大乘徒應當了知。若爾，何故此論文云若以上品纏總、别毁犯隨順四種耶。答：四十三戒法立有染違犯及無染犯差别，其差别相如《本地分》説。由是應知，設雖違犯非染心犯，則名無染犯及非違犯，是不名捨。是故四十三戒法違犯，必以上纏初起犯心，違犯於戒故名有染違犯，是即爲捨，故違犯體必在上纏，論示此義云若以上品纏也。《倫記》中舉神泰解云：四起增上總、别犯四重煩惱，雖未犯四重而已捨戒。云云。此釋應深思察，明違犯體不拘四重犯、不犯，但在增上煩惱起位名爲捨戒。此中增上言，設雖不犯四重，起煩惱相，有必應犯四重勢，故名增上，即上品纏。此明有染違犯之相也。

問：若爾，何故論文云隨順四種等耶。答：此四十三隨順戒法，若有染違犯，後念悔心不起，或總或別，犯四根本重心必俱起，亦犯四根本重，或總或別，悔心不起，則四十三染違犯心，隨應必俱起，如根本惑必八大隨惑俱起，故名隨順法。今此論文明染違犯必隨四重上纏失戒，云若以上品乃至隨順四種他勝法也。此述今義已。

**章**由律儀戒之所攝持。《鈔》曰：釋此論文，古來南都有二家別，一者、西大興正門流義，二者、招提大悲門流義。初西大義者，此文中，此三種戒者，三聚戒也。

由律儀戒等者，律儀戒攝持後二聚也。

令其和合者，此自門所立之肝要之證也。彼立防、發別體，以初律儀與後二聚，如次配防與發，此別體，今和合，若同防惡，何可云令和合。云云。若有毀律儀戒之律儀，攝前四重，不攝後四重，是即限攝律儀也。次章家云故犯四重及犯隨順即失成者皆犯律儀，此律儀言，合前四後四重名爲律儀也。所以者何。此文章家説捨緣故，約斷惡門判三聚，則三聚俱捨斷惡緣，今明皆犯律儀故，此律儀言三聚俱名律儀也。

二招提義者，此論文中，總律儀言攝後四重。此兩家別，以後四重，三聚戒後二聚攝非初律儀，又以後四重攝，攝初律儀，二義爲諍。基辨釋云：此兩家説，爲成立自家一義枉釋《瑜伽》也，非《瑜伽》實義。今正釋曰：今引此論文通難，成二四緣捨。難云：四種他勝處法及隨順戒，是律儀戒，若犯此四重及隨順法名捨戒，則此二緣、四緣之捨中，但捨初律儀不捨後二聚戒耶。今論文通之。此三種戒者，指三聚戒。由律儀戒者，菩薩所受，形居七衆律儀，即次前所舉四根本重及隨順法，此云律儀戒。由者第三囀聲，明此初律儀爲能作具，後二聚爲戒之所攝持者，初律儀戒是能攝持，後二聚所攝持。

問：何故以初律儀爲能攝持。云云。答：菩薩所受形居七衆律儀，即四根本重及隨順法，總論其本，菩薩所修十善業道，百行所修律儀故，《大品經》及《智度論》説以十善戒爲尸羅波羅蜜之根本也。是故十善業道不有犯戒，則翻爲十不善業道。若十不善心起，不能攝受一切善法故，攝善法戒自棄捨已，棄捨善法，則自他成法衰。若成法衰，則饒益有情戒自棄捨已。故以初律儀戒十善業道，能攝持後二聚，令不捨故，今云之所攝持，此即以初律儀爲能作具，成後二聚戒之義也。又云：無初律儀戒所攝持，則二分菩薩蒴不成，由此形居律儀別成二菩薩蒴性用，此性用即善法戒，此即法盛、財盛，無諸有情令法衰、財衰，名菩薩性用。

即利有情令其和合者，令者應上由字，彰能作具已。其者，指三聚戒。和合者能作、所作合，三聚俱成戒業，得戒不失義也。

若能於此等三句，示三聚和合之相。能於者，此二字第七囀境聲。此者，初律儀戒。精勤守護者，正示爲能作具能、所和合，境第七聲，是六釋中持業釋故。上能於字，次亦能字，共是境第七聲，成即義示三聚能、所和合相。護餘者，明後二聚不失通上。

若能已下三句，總意云：若能作具。於此初律儀戒。精勤守護處亦此字即義。能作具上能字，與此能字同初律儀能作具義，有能必有所故，能所和會。護餘，後二聚。云云。此即三聚能、所和合不失戒相。

若此不能等者，此二句翻示捨三聚戒相，亦能、所持同時棄捨。此者，初律儀戒。不能者，云失能作具用，此即捨相。餘亦者，後二聚云餘，亦言即義，示能、所俱時捨。不能者，初律儀失用，即時後二聚亦失用，後二聚失用，即初律儀成不善，失能作用。

是故若有等下四句，結成三聚淨戒俱時棄捨。有毀者，有毀犯也。律儀戒者，初律儀戒，即菩薩所受形居七衆律儀，即四根本重及隨順法，非如西大義云十重中唯前四重。一切菩薩律儀者，指示犯初律儀即時三聚淨戒棄捨。

問：三聚戒中，初律儀戒，是應名律儀，後二聚戒，何故攝此律儀言。云云。答：以後二聚名

三三七

律儀否之義。古今有多義。一者、淨影《大乘義章》十三十四紙。云：明其三聚，總、別不定，離惡爲宗，律儀一戒亦總亦別，統攝三聚爲一律儀名之爲總故。《地持》云：一切三聚皆律儀攝，同離惡故，於中分出攝善、攝生，餘二不攝，還復攝在律儀中，名之爲別。若就攝善以之爲宗，別攝善戒亦總亦別，餘二唯別，統攝三聚莫不皆善，故名爲總，於中別分，餘二之外，還復攝在攝善戒中，名之爲別。若就化生以之爲宗，是則攝在戒亦總亦別，餘二唯別。菩薩修習三聚行德皆爲利物，故名攝生，以之爲總，於中別分。餘二之外，還復攝在攝生戒中，名之爲別。當知大乘一切行德，總、別相望，類皆同然，三聚戒義，厥趣略爾。已上淨影《大乘義章》。二者、《瑜伽倫記》曰：問：菩薩三聚戒，爲俱律儀，亦處中。云云。答：此有兩解。一云：律儀戒離惡增勝故得名律儀，餘二處中。又云：俱名律儀，攝善、利生並可軌持，故名律儀。三者、《斷戒體章》曰：凡戒業無作是約律儀，以後二聚既非律儀，別立初聚。云云。四者、《報恩吼》曰：淨影明三聚總、別不定，謂統攝三聚爲一律儀故。《地持》云：一切三聚皆律儀攝，如何《斷戒體章》中云非律儀。云云。況復由百行所攝而受律儀，《瑜伽》明文，奚局一偏可談之乎。今謂律儀之名非無通塞，如《倫記》有二解。云云。基辨評此等多義云：初淨影三聚義，妙哉遠公，實得大乘三聚戒義，雖舊譯人妙協新翻《瑜伽》始終，誠不可不信用焉。二判《倫記》二解者，二解之中，初解以後二聚爲處中，此處中有二，一、單處中，如布施等無期限起善，及如歐擊等無誓惡，二、百行處中，此一一有期限。此二處中，初唯處中非律儀攝，次百行名處中，即律儀攝，具名處中律儀，《瑜伽》名百行律儀。故今《倫記》所言初解之中，後二處中者，約百行處中立義，非單處中。後二聚戒亦作期限，所誓受故。若爾，何故以百行名處中。云云。謂百行十善非苾芻等七衆律儀故，爲非律儀，而亦所誓限法故，名非不律儀，非律儀非不律儀故名處中，後二聚戒亦同准知。後解約三聚共誓限立義，雖有二解和會同義，且示後二聚名律儀，與初律儀别分立。初解，初律儀是形居，有與聲聞共者，後二聚是菩薩不共者，以是爲别。三判《斷戒體章》者，環庵任文取義，不味深意，故不識後二聚亦名律儀。《瑜伽》既説八律儀有清淨律儀，此體是何。聲聞乘中定、道二戒，今大乘中以後二聚爲清淨律儀。四十一説三聚授戒法已，結成云如是菩薩所受律儀戒，於餘一切所受律儀戒最勝，無上、無量、無邊大功德藏之所隨逐。云云。又四十二《菩薩地》説正受戒者，謂諸菩提[七]受先所受三種菩薩淨戒律儀，即律儀戒、攝善法、饒益有情戒。又七十五舉三聚戒相已，結成云：如是且説菩薩所受三種律儀略毘奈耶，菩薩於中常應作意思惟修學。云云。如是結成已，次云：是故若有毁律儀戒，名毁一切菩薩律儀。云云。由此等文應知，今所言一切菩薩律儀者，指一切三聚云律儀也，故前章文云律儀是諸戒通名，即此義也。環庵不知有誓限皆名律儀，不知爲不知，自可知已。四判《報恩吼》者，《吼》主引淨影《義章》，又云由百行所攝而受律儀，而律儀名非無通塞，此釋爲是。由上來判應知，三聚戒共名律儀，故今章文云毁一切菩薩律儀者，毁一切三聚淨戒也。

**章**故犯四重。《鈔》曰：已下章主文故字承上。犯四重者，《瑜伽》所説四種他勝處法也。及犯隨順者，《瑜伽》所説四十三戒，此四十三戒攝聲聞乘戒與菩提共者而盡，故一切戒悉皆爲隨順法也。

皆犯律儀者，四重及隨順法是初律儀聚故，犯已名犯一切菩薩律儀聚。

律儀戒者二句通伏難。難云：以犯四重及隨順名犯初律儀聚，則何故前所引論文，説名毁一切菩薩律儀。今釋云：毁一切菩薩三聚律儀。云云。又云：犯初律儀失戒者，但失初律儀戒，不失後二聚戒。云云。通云：初律儀戒者，是三聚戒中是根本故。如《玄贊》云：律儀爲本，方有後二，若破律儀，三戒俱捨。云云。

問：何故三聚戒中律儀爲本。云云。答：如前所言，菩薩四重及隨順法，以十善爲根本，如《大品經》及《智度論》説十善是總相戒，尸羅波羅蜜之根本故。若犯失十善，翻爲十惡行，十惡非善法，則犯第二聚。十惡損害自他，招法、財二衰故，犯第三聚。若於初律儀無所違犯，則十善業圓滿，是即攝善法戒，攝善法故，自他法盛，是名饒益有情，由是云以初律儀爲根本也。招提寺傳，以此文爲不共律儀之證，甚可。西大寺傳會之，不立不共律儀，不可也。

**章**其斷善根至又退菩提。《鈔》曰：此爲二説。《聽聞抄》云：所望各别故出二説，所詮是一。云云。守千以後解爲是，今云：《聽聞抄》爲正。

**章**而非新受亦不新得。《鈔》曰：謂戒隨轉義也。《顯業抄》云：此有二義。一云：章主但許重受，不許重發，故云非等。二云：與正云：章主俱許重受、重發，非如無戒者，今新受得故云非新等。《撰集抄》曰：非無本來無表，前來所有無表流類故，非非等也。《倫記》曰：第五明淨戒，經生亦雖復重受，不名新得。云云。

**章**餘皆不得。《鈔》曰：下明菩薩戒心餘，無轉生不失義。餘者，指菩薩戒心之餘，《續後鈔》等中，云指聲聞戒爲餘。云云。又《決擇抄》中云：餘文之中不許菩薩出家之戒經生不失而無答也，今且答者經生捨者，據别受説，言不捨者，約其同受，上下有此答意。云云。今謂《決擇抄》意穿矣，《續後抄》局矣。餘言，簡指除菩薩戒心餘一切戒心。不得者，不得轉生不失。心願狹故者，云非盡未來際之期願。又可心願二字相違釋，具言應云心及願狹故。心狹者約不建立第八識，若無第八識者，轉生不失義不成，無根本業道種子爲依處故。若建立第八識時，無種子不失義，無上纏犯，無表亦不失，委如《成唯識論》中説。

**章**設作寬心。《鈔》曰：是遮妨也。設言謂除菩薩戒心，餘心雖無寬心，設爲有寬心作論時，以餘心寬不得轉生不失。其所以者，除菩薩戒心，餘執無重習處故，無寬心强勢義。是由法執所成戒故，不知緣起理，故應轉生不失，心勢不成。《續後抄》等中云：當菩薩別受，設發大心，雖期未來際，自四得戒不得軌則。或《抄》云：於圓教戒，縱雖自四所發，誓願因心期未來際，則如菩薩至未來際。云云。是守一義也，而妙蓮不許之，則與此判相應歟。已上《詮要》。今云：此文約除菩薩戒心餘，非云菩薩別受也。

**章**發露至法如中纏犯。《鈔》曰：此四字此章主文，古來於此二句有異解。一、護命《解節記》曰：本論之中，上纏無發露懺悔法，但云應當更受，不云發露懺悔。章主加之故，《幽贊》中云發露之法如中纏犯者，勘文者誤也。云云。二者、《續後抄》云：師云：章主意，上纏犯可用懺悔也，懺悔已應重受。本論不云發露懺悔，影以重受爲要，主受之法必先懺悔，是易了故略之。中、下品犯，但用懺悔，不用重受，得還淨故，但專説懺悔法。《幽贊》今文意全同，何妄云勘文者誤。云云。基辨評曰：以《續後抄》爲是，《解節記》爲妄謬也。今助解曰：夫上品纏犯説數數現行都無慚愧，深生受樂見是功德。若有此犯已後發露懺悔之心起，非無慚愧，無數現義，不生愛樂，不見功德故。今發露懺悔心起前，初歷多念，無慚愧故，雖可名上品纏犯，今初發露懺悔之心起，則爲中纏犯，故云發露之法如中纏犯也。自初中纏犯，但用發露法，得還淨戒。初上品纏犯，無慚愧心，多念相續，先用如中纏犯發露法懺悔已，後還用重受，還得清淨故。本論説上纏犯應當受更[八]，此章及《幽贊》彰無發露懺悔心，重受不成，加文云發露懺悔也。

問：今此論文所説懺悔法，通三聚淨戒用之耶。如何。答：就此問難，中古南京有二諍。一者、西大傳興正云：如《倫記》引景、測兩師釋，唯懺四重、四十三戒，攝善法戒、利有情戒故，攝律儀戒七衆戒故，具足之戒六聚別故，隨戒懺悔，各隨説相，是故攝善、饒益懺悔，當隨此文惡作所攝。律儀懺悔，依毘奈耶，六聚差別。若不爾者，菩薩、苾芻混勤策故，違《決擇分》七十五説故。已上《文集》。二者、招提傳大悲云：通、別二受之中，單通受比丘，唯依《瑜伽》，可作吉羅懺。若通、別兼受比丘，依別受門可修篇門懺悔，依通受門可作《瑜伽》懺也，通受攝律儀俱依本論，應作懺悔等也。已上大悲對圓照律師之答也。又《懺悔不同記》中舉大悲義云：問：律儀戒相一切惡作菩薩苾芻混同沙彌，何立七衆差異。云云。答：若如此難，亦不可有沙彌、沙彌尼、式叉摩那三衆差別，同立突吉羅罪名字故。攝善、攝生亦不可有別，同立惡作罪故。若言人、法有差別，今此亦爾，以人、法等應差別，故無混雜義。云云。已上《懺悔不同記》中大悲義。基辨判此二諍云：興正爲不是，大悲爲優，云何以西大傳爲不是。云云。謂興正意以《本地分·菩薩地》説律儀戒謂七衆戒，及《決擇分》七十五説初律儀戒毘奈耶聚，如薄伽梵爲諸聲聞所化有情略説毘奈耶相，而欲建立彼師所立强爲七衆差別故，任文取義，或不辨別戒體、戒相。今我問興正答，如汝取聲聞乘苾芻等戒全分爲律儀戒，則四十一《菩薩地》中，何故説於中菩薩與諸聲聞不應等學，又説菩薩不與聲聞共學，何以故。以諸聲聞自利爲勝，不顧利他。云云。又説諸聲聞乘中，將護他故建立遮罪，於此將護他行中，菩薩與諸聲聞應等修學，無有差別。由此等文，《倫記》中景、測二師立不共者共除之義，謂於苾芻戒中，但取與菩薩共者，除不共者。苾芻二百五十戒中，大作減少，若爲減少，則不應名具足戒。由是應知，非取聲聞乘七衆戒全分爲初律儀，但取共者爲菩薩形居律儀也，非以聲聞乘戒爲菩薩戒之戒體。是故《倫記》中，弘景律師立形居律儀之名。又云：二分菩薩形居後五衆，具離諸惡。云云。是即彰但取與菩薩共者爲菩提[九]形居律儀，故興正以《菩薩地》説律儀戒者七衆戒文但任文取義，欲助自所立，而不識於前後文有妨害也。既説菩薩所受七衆戒作簡別言，菩薩所受者但是取共者，又何以聲聞戒全分爲菩薩律儀中攝。云云。又七十五説如薄伽〔一〇〕爲諸聲聞略説毘奈耶相，此中相言影非取聲聞乘戒體。《倫記》中弘景律師釋此文，云多分是同説即是七衆戒，其實要期時節有異，即心非心戒體亦異。又四十二説尸羅莊嚴云：尸羅莊嚴如《聲聞地》應知其相。云云。由此等文，應知但取聲聞戒相與菩薩共者，爲菩薩形居儀相，故今云尸羅莊嚴但取戒相非取戒體，故以相言令知其別。興正云何不論如是差別，浪爲莊嚴自所立，以聲聞戒爲菩薩戒耶。再興七衆儀相令人生信，雖其功不少，於蔽隱大乘菩薩戒實義，其罪不輕，後學擇而居焉。由上來儀〔一一〕論，應知興正立懺悔法，云律儀戒七衆戒故具足之戒，六聚別故隨戒懺悔，各隨説相，是亦自募彼所立之執作如是妄説。既以通受羯磨成菩薩戒體，懺悔法何求餘説。故亦但以《瑜伽》所説懺悔法不爲事究竟，求餘事耶。遂彼舉妨，云菩薩苾芻混勤策，既以通受一羯磨文，隨心以作二分菩薩形居律儀差別，云何於是以一人懺悔法，出家五衆，形居差別，隨心不得。云云。又《瑜伽論》中，既説如苾芻發露悔滅惡作罪法，是即用聲聞乘突吉罪懺爲懺悔法，故説又此菩薩一切違犯，當知皆是惡作所攝。云云。基辨謹案：四重既説他勝處法，是即波羅夷。又次所説四十三戒，説隨順他勝處法，若爾，隨順波羅夷也。此是以上品纏違犯已後，一向無慚愧、無改悔心者，四重及四十三戒悉是波羅夷。若亦犯已，生慚愧心發露者，中、下二犯，是悉惡作罪攝。若犯已多念相續，都無慚愧，是故不發露則上品纏故波羅夷罪，若發露時一切惡作罪也。苾芻、勤策差別，但是形居威儀差別，於菩薩戒之體無有差別，何別口懺悔法作差別。云云。又説，於菩薩犯戒道中無無餘犯，是故與聲聞一切爲不共，如興正以聲聞乘不可混交也。次招提傳意，大准《瑜伽論》説及景師等意，爲是正也。

問：四重及四十三戒不發露，則名波羅夷，生慚愧已名惡作罪。若爾，無應決定名此重此輕戒，何故四十二説難行戒，云乃至命終，於所受戒無有誤失，尚不犯輕，何況犯重。云云。答：此中犯重者上品纏犯，謂四重及四十三戒，犯已無慚愧，皆是上品失戒，名重罪。若生慚愧心，是中、下纏犯，皆悉名輕罪。上纏犯應歷多念生慚愧，已發露懺悔，應更受也。犯已後念生慚愧，發露懺悔還淨，是爲差別也。

已下菩薩戒懺悔法

初請懺主

大德，一心念：我菩薩某甲，今請大德爲惡作懺悔主，願大德爲我作惡作懺悔主，慈愍故。三請。

正懺悔上、中纏犯對三人已上法，若下品纏犯時，對一人除諸言。

諸大德，一心念：我菩薩某甲，違越菩薩毘奈耶法，爲欲貪求利養恭敬，自讚毁他，餘三重准之。犯惡作罪。今向諸大德發露懺悔，不敢覆藏，願諸大德憶我。一説。懺主答云：自責汝心生厭離。懺者答云：爾。

又自誓心念法

我菩薩某甲，違越菩薩毘奈耶法，爲欲貪求利養恭[三]，或時逢緣生慚愧心，欲發露，此作法用中品懺悔法，而後應更受也。敬自讚毁他餘三重隨順罪相同。犯惡作罪，我當決定防護，當來終不重犯。三説。

此懺悔法，准聲聞乘苾芻戒突吉羅懺，而示作法。然西大、招提二徒云我比丘某甲，今云我菩薩某甲，彼以比丘名爲珍重故，今以菩薩稱名爲大乘規模故改之。彼呼我比丘某甲，欲爲七衆別故，興正自云苾芻、勤策混合，今以此作法令通二分菩薩故，改云我菩薩。已説菩薩戒無無餘犯故，縱犯一戒，餘戒圓滿故，應稱菩薩。大抵苾芻名，自四羯磨受戒，大衆僧默然聽許故，能日人唱云受具足戒竟。是故由衆許始稱苾芻之理，不可自唱云比丘，爾與正律法再興，始無應聽許比丘僧，彼自誓稱比丘，不應道理，故今更云我菩薩已。

**章**無形、二形。《鈔》曰：下菩薩戒捨中，第六示無無形、二形捨。

不遮受戒等者，《梵網經》中説無根、二根、黄[三]門、奴婢、畜生、變化人，但解法師語，盡受得戒，皆名第一清淨者。又説作七逆現身不得戒，《瑜伽論》中不説七遮，《勝莊梵網疏》上本。釋云：《瑜伽論》中不説七遮者，作懺悔亦得戒故，非如聲聞犯邊罪已更不能受。此經中據不懺悔者，説作七逆現身不得戒，論中據懺悔亦有受義故略不説。云云。此亦如是，經中示菩薩不共戒，説但解法師語等。論中説聲聞戒爲尸羅莊嚴，取利他行邊與菩薩共者爲律儀戒故，若約將護他，及生他誹謗邊，缺菩薩所應作利行，則准聲聞乘，遮黄門等爲不授戒。若授以有利益，則不簡無根、二根一切，悉以爲受戒人，具如犍度中説法施施、不施，故別不論。今章文約菩薩攝受利行廣大心與聲聞別，但云不遮受戒，約如實義説無無形、二形捨。

**章**準此等理。《鈔》曰：下菩薩戒捨中，第七、結成菩薩戒不共理，承上來説云准此等理。

菩薩戒中等者，簡聲聞戒中苾芻等戒，云菩薩戒中。何故用此簡言。謂菩薩戒中，雖取聲聞苾芻等戒爲形居律儀，不取全分，但取利行邊共者爲形居律儀，是菩薩初律儀戒。若以通受羯磨受三聚淨戒，以心誓盡未來際取苾芻共者爲形居，此菩薩戒中，苾芻律儀、勤策、近事等亦復爾。今等言攝勤策等，所誓以心彼彼爲別。雖然，皆悉盡未來際誓故，云命終、二形、日出等時皆不捨也。《撰集抄》曰：單通受七衆別，章主釋此文分明也。云云。今云：此是招提傳也。此釋亦以通受羯磨成苾芻等之義故，云通受七衆別，不穩當也。彼不知但取共名者故作是説。心寛漫故者，示不捨由。心者，期心廣也。別受不得者，明聲聞乘苾芻戒等不得命終、二形、日出等等〔一四〕時不捨。

**章**靜慮律儀。《鈔》曰：別解脱捨緣中，第三、明定共戒捨緣。

起異分心者，《顯業抄》曰：異分心者，通三性心也。

發得初禪定者，出定之位通三性心故，雖出定非退定，未退定間，散心位唯發初禪煩惱，不起欲界煩惱也。二禪已上亦以同之，故《唯識論》云：要得彼地根本定者，彼地煩惱容現前故。云云。今云：此釋爲不是，云雖出定非退定，未穩。若出定應名退定，《唯識論》中説得根本定者，彼地煩惱容現前者，前念後念相續間，有覆無記心間雜而起，其實雖出定，念念刹那，前後間雜故，不名出定也，濫次不行捨故非出定也，若云退定，濫次失用捨也。

**章**易地捨。《鈔》曰：《顯業鈔》但就若生之類而論，云生上下地時故。又《續後抄》就若生若定二類而釋。

問：若定何云生耶。答：師云：雖若定，出此界繫定入彼思〔一五〕繫定云生也。已上《續後》。若生必散心，散心生、散心死故。今云：易界、地言雖通若生若定，今但約若生而論故，云生上、下地也。

**章**慧解脱。《鈔》曰：《俱舍》二十五曰：諸阿羅漢得滅定者，名俱解脱，由慧、定力解脱煩惱、解脱障故，所餘未得滅盡定者，名慧解脱，但由慧力，於煩惱障得解脱故。云云。又説有補特伽羅，已能證得諸漏永盡，於八解脱未能身證具足安住，是名慧解脱補特伽羅。又《賢聖章》曰：此義意説，障有二種。一、煩惱障，能障聖慧不得應果。二、事障，就勝而説，唯異熟生喜、樂、捨受有下劣性，於上等至不肯進求，所知障攝。此人唯能斷初障故，慧轉得脱。慧謂簡擇，此離縛故，即名解脱，慧所有縛脱，名慧解脱。云云。

**章**及身證者。《鈔》曰：《俱舍》二十四曰：有滅定得名得滅定，即不還者若於身中有滅定得，轉名身證，謂不還者由身證得似涅槃法故名身證。如何説彼但名身證。以心無故，依身生故。理實應言，彼從滅定起得先未得，有識身寂靜，便作是思，此滅盡定最爲寂靜，極似涅槃，如是證得身之寂靜，故名身證。云云。又説：有補特伽羅於八解脱順逆入出，身作證，多安住，而未能得諸漏永盡，是名身證補特伽羅。云云。又《賢聖章》曰：此論意説，信解、見至二種聖人至不還果，身中證得滅盡定，故轉名身證。此但轉名而不轉體，理説應云身證滅定，由得滅定。得滅定者，必具前七故，《瑜伽》説得八解脱。所以者何。前七解脱共異生故，異生唯得前七解脱，不名身證。滅定無心，唯身證得似涅槃法，由身證得身證名。云云。

**章**退現法樂住。《鈔》曰：《顯揚論》曰：唯諸靜慮是現法樂住性，具有身心二種安故，非無色定，無身安故。云云。《俱舍》二十八頌曰：爲得現法樂修諸善意等。論釋曰：善言通攝淨及無漏，修諸善意得住現法樂。云云。《詮要》曰：退現法樂住者，是色界定也，通漏、無漏，是退有漏定，非退無漏定。

問：爾何爲無漏律儀捨緣。云云。答：退有漏現法樂住者，必應無入無漏定，故以有漏顯無漏也。云云。今云：雖退有漏定顯無漏，有漏定不退時，無漏心不現故。此釋不穩。既説通漏、無漏有現法樂住，有漏心生退無漏定，名退無漏現法樂住故，是道共戒捨緣也。

**章**滅盡定等。《鈔》曰：又寂《廣章》意，以住言冠滅盡定之首取義，退言但置現法樂三字之首，可讀退現法樂及住滅盡定等也，意謂以住滅定爲捨戒緣，以道共戒是隨心轉故，此定是無心故。又今現行《章》不爾，以退滅定爲捨戒緣，以退言令及滅盡定。或《鈔》意，以現行《章》恐有脱落歟。云云。今云：《廣章》所言不穩，諸論之中雖云現法樂住，餘處文無但云現法樂處故，住言非冠滅盡定之首，而退言但令冠現法樂住爲穩。滅盡定等言通次生下地等言，有境第七能善別聲，於滅盡定等，意等言重攝餘地無漏定。如《詮要抄》云：問：慧解脱聖者，云何生下地。云云。答：此有二義。一云：慧解脱聖者，所作已辦，不受後有故，無生下地之理，今生下地者，指身證不還也。身證不還退滅定已去，有生下地之理故。二云：今此二種聖者，依身在下地，非云生下地，依下地心生無漏定故無所妨。《光抄》中云：興正由第二義。今謂第二義爲是，從滅盡定出生餘地無漏定，是云滅盡定等生下地等時也。

問：何故生餘地無漏定，云暫無捨。云云。答：生餘地心時，必先生有漏心退先無漏，次念生餘地無漏定故，故云暫無捨。

問：滅盡定無心定，何故退滅盡定。爲道共無表捨，道共戒是隨心轉故，滅定中有道共無表，義應不成，如何。答：古來有二義。一云：《別抄》云：二無心定不立無表，定戒隨心，彼無心故。二云：亦立無表，方便後起亦許有心，故立無表。云云。今云：第一義一往説，《廣章》從之，第二義雖似盡理未痛快。基辨私義云：凡立定、道二無表，有漏善定中，約有防非用立定共無表，無漏定中，約有防非用立道共無表，然名隨心轉，異心生必止防非用，由是名隨心。此心言必不指但有心，有心定無表隨有心之定心轉，無心定無表隨無心之定心而轉故，隨無心定轉無表故，滅定中防非用亦名隨心。滅盡定中無防非用則止，不簡有無心。假爾住定心，必有防非用，非如別解脱戒雖異心起，云無表而防非用轉故，名不隨心轉。滅定中異心起時，必防非用不轉故，是亦隨心轉。由是古來所論，不辨所詮，悉皆妄論，智者勿取焉。

**章**非退聖果。鈔曰：此簡小乘義彰大乘義。《賢聖章》曰：言退者，退有二義。小乘之中退失於果，名之爲退，大乘之中退失禪定現法樂住，名之爲退。云云。《顯業》及《撰集抄》曰：彼小乘中，於初果者永無退之，二、三、四果，且有退之，然此生還得彼果，必不經生。云云。今云：此説未盡，按《宗輪論》，大衆部預流果有退，應果無退，經部預流、應果俱不退，有部預流無退，應果有退。二《抄》所釋，且但擧有部説。又《撰集抄》曰：大乘意謂既斷見、修二惑種子，從無漏種方生現行，二惑已斷種子，何生現行。故不退果但退定也。云云。

**章**現觀位。《鈔》曰：《成唯識疏》九末曰：現者現前，明了現前觀此現境故名現觀，有六現觀。一、思現觀，謂最上品喜受相應果（二六）所成惠心爲體。二、信現觀，謂緣三寶世、出世間決定淨信，此淨信助慧現觀諸法令不退轉，立現觀名。三、戒現觀，謂無漏戒此道共戒。除破戒垢，令無漏觀增明，亦名現觀。四、現觀智諦現觀，謂一切種智緣非安立根本、後得無分別智，名現觀智諦現觀。五、現觀邊智諦現觀，謂現觀智諦現觀後諸緣安立世、出觀有漏。出世智。六、究竟現觀，謂盡智等究竟位智。究竟位中所有十智皆是無漏。云云。已上取意。《瑜伽》三十四及《略纂》雖有釋，但就見道釋故未盡理釋。

**章**一切有學。《鈔》曰：《聽聞抄》曰：一切有學者，預流練根，轉鈍得利預流，並證一來，不證不還，以練根力越界難斷障故，下品微細惑難斷也。一來練根得利一來，並證不還，不證羅漢。所以如前不還練根得利不還，不得羅漢，所以如前二難斷故。云云。有學練根之相既以如是，今以練習根立捨，謂轉鈍預流得利預流故，亦捨鈍預流所得劣戒，得利預流所得勝戒，故名練根捨，是永捨非暫捨也。

**章**及無學五。《鈔》曰：無學阿羅漢有六種姓，今除第六不動羅漢取餘五也。一、退法，二、思法，三、護法，四、住不動，五、堪達，具如《顯揚論》三，十二紙右。《報恩吼》引，然《顯揚論》意，五之中前四退、思、諸安住法。不能練根，但第五堪達云能練根。又《對法論》中，退、思、護三不説練、不練，但住不動説不練根，今此章所明，與五十七文五性練根大相違，如何會之。云云。答：《文集》會云：《顯揚論》説前四種不練根者，退法等是鈍根故，以練根力不得至第六不動法，故説爲不練。第五堪達以練根力能至不動法，故云練根也。又五十七説皆練根者，前四種姓雖不能至第六不動法，退法練得思法，乃至住不動練得堪遠[一七]邊，今云練根也。又《對法論》出入《顯揚》《伽》文，應料簡知。意云：《對法》意，但住不動不練，餘皆練根，謂退法練成思法，思法練成護法，護法練成住不動，住不動雖練不得堪達，此安住法人安住，輒不改性故，云住不動不練也，堪達練成不動法。

問：堪達人練，必應至不動法。云云。答：本性堪達必應至第六，前四種性練得堪達，至不至不定也。已上《文集》取意。又《文集》引《賢聖章》，前四種姓約意樂別説，可見《賢聖章》也。

**章**一來練根。《鈔》曰：此五十七文，非引全文，取意引之。彼全文云：問：若預流者修練根時，既得練根，亦證一來果。云云。答：證。問：亦證不還果。云云。答：不證。對治難得故，所應得義極廣大故。問：若不還者修練根時，既得練根，亦進離欲。云云。答：進。問：亦證阿羅漢果。云云。答：不證。由前因故，轉根已后一切皆證。今此全文，就預流不證不還説二所由，云對治難得等。又此章文就一來練根不證不還云對治難得等，由是南京律徒講此章文設三義釋。一云：一來練根四字恐衍文歟。一來練根不還故，今章云一來不證，恐難意得乃至對治難得下明預流不得不還由。云云。《光鈔》意也。二云：或言：一來練根實不得不還，越界難得故，如不還練根不得無學。又五十七不説一來練根得不還故，預流練根不得不還，自可知已。云云。三曰：意云：練根證果必依要期，若無期證果，但得利一來。准此以知，一來練根亦得不還。云云。《撰集鈔》。基辨謹按《倫記》諸家説，有練根與轉根别，轉根必證次果，練根分齊未利根故，不能證果。五十七論文説轉根已後一切皆證，倫釋云：謂轉得利根已，若斷色惑及證羅漢，一切皆得。或可預流等得轉根已，斷惑證果，一切皆得，非獨不還。云云。然但預流練根亦證一來果者，泰師等云：初果欲轉根時，作意求利根，復求一來果。其所以者，能斷欲六品惑得一來果。又預流練根不證不還者，泰、景等云：初果練根，何故不得不還果。即由二因，一、離欲界時，是三障中障礙處難對治故，名治難得，二、所得道果定等功德廣大故。云云。又一來練根不證不還者，備云：即有二因故。云云。論所説二因也。又論不説一來轉根得不還者，泰、景等云：以度欲界是難處故，不必得果。又不還練根，亦進離欲，不證應果者，倫釋云：謂練根時作意求進，斷色惑故。不證應果者，出界難故，起作事多故。云云。由此等釋應知章主意，預流練根不證不還，本論雖説，今云一來練根不得不還對治難得等，以自彰顯，一來尚不得，何況預流。雖本論不説不來[一八]不得，章主得文外理以作此釋。由泰、景意，云一來轉根，尚欲界難度故，不能必定得果，何況練根分齊，得證不還。云云。由是南京律徒所辨義，及《撰集》約要期之説，大妄談也。第二或人説稍近正義。

**章**預流練根。《鈔》曰：《撰》曰：此有二義，一云：但求轉根而修練根，因得一來，謂預流人練根，但欲轉鈍得利，斷根障時，兼斷果障，謂斷欲界九品、修惑中前六品，故得一來。二云：兼期轉根證果練根也。今云：雖立二義，意味相同，初義爲正。期轉根證果練根，即求轉根也。轉根應果轉故，若不爾，五違《瑜伽》説。

**章**對治難得。《鈔》曰：《撰》曰：證人有二，一、約次第證人，謂於三界見惑及欲界九品修惑中，既斷前六品已，得一來果。然下三品微細惑越界繫故，以練根力同時難斷故，必斷盡欲界九品修惑已，得不還果故，云對治難得。二、約超越證人，超初、二果得第三果。謂見道已前，依有漏定，以六行智，伏三界見惑及欲界九品修惑者，入見道時，斷以前所伏惑，得第三果。今由初次第證，云不得不還土。今云：練根約次第證不待言，爾對治難斷事離欲界惑時，根、果、事三障難斷故，《撰》釋此意不明，故爲不是。

**章**故除得果。《鈔》曰：此二句明得果捨外立練根捨。《俱舍寶疏》十五十六丁。舉俱舍、正理二師爭，正理師立得果捨與練根捨無別，俱舍師設救而斥五事。論云：問：無漏律儀，何緣故得，何緣故捨。答：與道俱得，無全捨者。若隨分捨，則由三緣，一、由退故，二、由得果故，三、由練根故。云云。俱舍師救云：論主別説得果練根二種捨者，若得果捨，據同類捨，如從預流至一來果，若是鈍根，捨前鈍道，得果鈍道，若是利根，捨前利道，得果利道。若練根捨，據異類捨，如捨鈍道得利道故。雖練根位必亦得果，非同類捨不名得果，論主別説練根捨者，意在於此，如五事，論亦立三種。云云。由是解今章文，則故言承上，除得果者除得果捨，謂如練根從預流至一來，若鈍根捨前鈍根，劣戒得後果鈍根劣戒，利根亦准知。此是雖練根捨前得果故，亦應名練根捨，小乘論中多名得果捨間，鈍鈍相望，利利相望，同類捨非得果時，則無此捨義，故由上所引《對法論》文，約勝劣異類相望捨説時果捨。若由實義論，則得果捨亦是練根捨，非練根則不可得果故，然非得果時無得果捨。若今所言練根捨，雖非得果時，念念前後相望，捨前劣得後勝，及捨前劣得後劣，亦練根念念相捨處，立練根捨。小乘之中，以同類捨爲得果捨，爲練根捨，今大乘之中，由唯異類唯有得果義，立得果捨，不論同類異類非得果，有前後相捨義，立練根捨也。亦有練根等者，亦言亦上所立得果練根捨。有練根者，此練根雖不得果，有捨鈍得利，念念捨劣道共戒義。此是約異類捨故云亦有練根等，亦非得果時，同類前後相望，捨前得後，是名練根捨也。

**章**下之三捨。《鈔》曰：此二句合上，約種子、現行辨捨。無漏戒五緣捨中初、二之捨，但約現行不成而立，三、四、五之三捨，云下之三捨，謂得果、練根二捨種子上無漏現行永不成就爲捨。此種子用不成就，此有轉滅轉齊義，共是名捨，捨劣得勝故。又第五入無餘種子現行，共體不成就爲捨。

**章**雖知四緣。《鈔》曰：下合釋定、道二戒，結歸一緣捨。

謂起異心等者，異心謂定、道二心，改轉其品位而異本位名異心也。

故於諸緣等者，《顯業鈔》曰：止息失用等出定位即捨也。如得果捨、練根捨，前方便位捨之，謂初果者欲得第二果之時，一來向之位即捨之，不待一來果之時，遠望云得果捨也。又向、果相望，捨向至果，其位即捨，不可云前方便捨也。云云。今云：如暫無捨，云捨是暫無，之前不捨，無暫無義，暫無言在捨已處，捨是名無。前方便其實異心起位，是無體能捨名捨，異心起處云退現法樂，或退滅定，所捨名異心起，能捨方便時名能捨體，唯一異心起也。得果、練根入無餘亦皆異心起，能捨前念方便時名所捨體也。由此義可識，或可言，得果故捨，練根故捨，入無餘故捨，是皆由異心起所由，別立四緣、五緣，其實唯一異心起云捨也。

**章**雖無正文由四緣捨。《鈔》曰：此意云：大乘教中雖無正文，准小乘所言，以道理由大乘義立四緣捨，小乘教中《婆沙》百十七說不律儀戒四緣捨，一、受戒捨，彼云受別解脫律儀。二、得定捨，彼云得意律儀。三、二形生捨，今章不立之。四、命盡捨，彼云捨衆同分。無今章誓願捨。《俱舍論》中立三緣捨，《婆沙》四緣中無得定捨。

**章**若心勢捨至還復相續。《鈔》曰：《婆沙論》曰：問：住不律儀者，受八齋戒時，捨不律儀得律儀，至明旦時，捨律儀還得不律儀。云云。答：健馱羅國諸論師言：住不律儀者，受八戒齋時，捨不律儀得律儀。至明旦時，捨律儀還得不律儀。得律儀故不律儀斷，捨律儀故不律儀續。又迦濕彌羅國諸大論師咸作是説：住不律儀者，受八戒齋時，捨不律儀得律儀。至明旦時，捨律儀不得不律儀，得律儀故捨不律儀，分齊極故亦捨律儀，是故爾時名非律儀非不律儀。若彼有情盡衆同分不復作者，不得不律儀，若復作者還得不律儀。云云。《俱舍》第十五亦舉此二説，初舉健馱羅國義，次舉迦濕彌羅國義。

問：此二國義是非如何。答：《順正理論》以健馱羅國爲正義。《寶疏》云前師非正義，後師正義。《光記》云彼論雖無評家，且以後師爲正。又《顯業抄》中，亦云以後師爲正，順異本章故。彼文云：二受戒捨，隨是何戒永捨誓捨。若暫受戒，體持還得，順意思業故，後雖未作，即成不律儀。云云。

問：何故今章不用迦濕彌羅，用健陀羅國義。云云。答：謹按不律儀捨相，不律儀者受近住戒有二心別。一者、雖未誓願捨不律儀業，心厭不律儀業，時時雖厭心起，由活命因緣，未決定捨。然由時時厭心起緣，遂欲一日夜受近住戒心起，此心決定，一日夜受近住戒，至明旦時，雖近住律儀捨，其後於不律儀業厭心起故，與初要期不律儀時自心相違。爲容容心故，近住律儀捨故，是非律儀，以容容心所作不律儀故，非不律儀，是故名非律儀非不律儀。迦濕彌羅國諸論師等，由此義作論，光、寶等師由是爲正義也。二者、雖於不律儀厭心不起，由昔習善緣力，欲受一日夜近住戒，心起遂受，至明旦時，一日夜要期心勢盡故，還本不律儀無表，於惡思根本業道種子上相續，名不律儀。健陀羅國諸論師等，由是立義，今章主亦由此義。迦濕彌羅義濫永捨義，今明暫捨文故，同健陀羅師也，故二師各有理，漫勿是非。

**章**三、得定捨。《鈔》曰：南京律徒生疑立得定捨，不審得定時必依戒生定，云何受戒捨外立得定捨。云云。答：是古來律徒立二義。一云：十善受戒弱故，不律儀無表不捨，仍此時立得定捨也。二云：近住有分受故，且殺生無表以受戒捨時，偷盜無表以得定捨也。已上《光抄》。又《顯業抄》云：問：定必依戒，爾者定前方便受戒之位，即應捨不律儀，是第二緣受戒捨，何故別有得定捨。云云。答：古來通此難云：依世十善戒應得定，受戒捨者七衆別解脱也。七衆戒强勝故，即捨不律儀，十善弱故，得戒之位不捨不律儀，得定之時捨。云云。又難云：此事難思。《善生經》中，善惡二戒互受互捨。云云。何得十善戒者不捨不律儀。云云。又如不得捨不律儀，劣弱十善豈成定依哉。若爾，如何可決定之。云云。答：由千師應決之也。千師答云：修總報思，不必恒與戒思相應，但要有戒，遠依亦得。如先受戒期滿，却成不律儀者，如此修定，依先戒故，捨後不律儀，故須此緣。又戒有分，亦可爲依。文。又《撰集抄》曰：今雖不持戒，遠假前戒，即得定也。如昨日受日夜戒，今日日出即捨，不律儀續生，而未作殺生等事業，即日得定故，受戒捨外立得定捨。云云。

基辨決判云：南京律徒所論及千師所答，如幼兒戲言，無一以所取。今謂以受戒立不律儀捨緣，由要期心相違云捨，不律儀者要期盡形壽以殺生爲活命，今雖不期滿忽生別要期，受別解脱盡形壽不殺生戒，此時先要期所違害由此相違，於不律儀立受戒捨。又立得定捨，雖非要期違，第六違識與思相應起，其心性唯善相續故，先所相續唯惡心性一向不現行，是由心性相違，捨不律儀故，立得定捨。由十善戒力得得定果，前世十善戒業種子熏在第八識，此業種今世第八識相分，四分合識體，即可愛人、天異熟果體故，總云自別報業種現得定果，亦現不律儀業果。若惡別報業重，則得可愛人間異熟果，即時別報受不律儀家，已惡思相續。雖然，亦別有熏別報善業種故，雖生在不律儀家，由善增上緣力，善定心現行，得定別報相續。此時現行心性，於一第六意識上，無異性並起，故不律儀心遂成捨，此云得定捨也。由是應知，南京律徒及千師所言，無益之妄談也，學者勿信用也。

**章**如不服藥。《鈔》曰：《光抄》曰：唯有誓願，未服受戒對治之藥，難有除捨不律儀捨。云云。此初師意。正義意，誓願捨不律儀思，故成捨緣也。

**章**如捨律儀。《鈔》曰：《撰集》曰：如彼律儀受不同分心，雖未受不律儀而爲捨緣，此不律儀亦以可爾，何待受戒。不持心起即捨，不律儀厭心起即捨。

**章**依《俱舍論》。《鈔》曰：論文曰：處中無表捨復云何。頌曰：捨中由受勢，作事壽根斷。云云。

**章**由淨信煩惱。《鈔》曰：淨信勢力斷壞者，明善處中捨，如有人起淨信行布施，其淨信勢力斷壞必捨。或如自初限一七日行布施，其期限過，勢力斷壞必壞，此云善處中限勢斷壞。煩惱勢力斷壞者，明惡處中斷壞，如有人起忿心，打擲人頭，其忿煩惱勢力斷壞必捨。或如有人一日間被他人雇打擊畜類等，其期限過，勢力斷壞必捨，此云惡處中限勢斷壞。

**章**作業斷壞。《鈔》曰：如期一七日作善或惡處中業，於其中間廢捨不作故捨，第一受心斷捨，以故思心棄捨。今此作業斷捨，不故思廢緣，或懈怠任運不作，立此斷捨，此爲差別也。

**章**事物斷壞。《鈔》曰：若處中善無表事物斷壞，謂雖期限未滿，處中善業應施事物施盡故自成捨。若惡則雖期限未滿，殺生應用置網等破斷故自成捨。或雖自始不作期限，此庫藏中所畜積物皆施捨盡兼期是，其所施物施盡，處中善無表斷捨。或欲作殺生，趣殺生處，其殺害見斷壞即捨。

四事，什物者，一、飲食，二、衣服，三、臥具，四、醫藥，此云四事，大凡諸物積聚一處云什。《俱舍》十五曰：事物斷壞故捨，謂以所施寺舍、敷具、制多、園林等。云云。

**章**五、壽命斷壞。《鈔》曰：異本《章》曰：若菩薩戒中攝善法戒捨命終緣亦不捨，除此即捨，其退菩提心即第一攝，《報恩吼》引之，本出《文集》而爲處中攝，以後二聚戒處中攝不論義，如上已明。

**章**或一日夜等。《鈔》曰：《續後》云：師云：十善處中，必一日一夜以上應發無表。此今文意，若不盡一日一夜，可單處中也。云云。今云：不爾。若作法作十善，此即十善有行律儀，雖不盡一日夜，作法是律儀攝，亦名處中。若不作法，處中其限過一日夜，非律儀攝，但名單處中也。今此所云或一日夜等者，約十善百行律儀作此釋也，故《續後》所云師說未穩。

已上得捨分齊了

安永七年戊二月五日，於平安城京極常樂寺內小庵草書之了。

**章**依地有無。《鈔》曰：基辨云：此科段意，於依及地上明表、無表有無，此一段之主意也。

《表無表章》之餘

第六依地有無之下

**章**唯欲色二界。《鈔》曰：或講資云：問：《章》十門以別受爲正，別脱表豈通色界。云云。答：出家戒雖不通，五、八戒亦通，況今通明依地有無，不必專別脱也。無色意非成無表，但約身、語，通云意表耳。云云。今云：此辨未穩。此問中云以別受爲正，非章主意，如上已明。此一章明大乘表、無表，既題云《大乘法苑》，故《章》中雖有明小乘義處，論已結歸大乘，此一章意也，故或說未穩。又云無色意不成無表，此亦麁漫。無色意業定共戒，雖名意律儀，通無色定，有防非用，爲律儀，如上已辨，故或人說爲麁。

**章**欲界初定有尋、伺故。《鈔》曰：意云：欲界初定名有尋有伺地，故必有尋、伺，而以尋、伺名爲語行，爲出語之因，入出息名身行，爲身之因，見如《成唯識》第四說。然身、語業，是業業思爲體，《成唯識》等説，尋、伺用思一分爲體，故有尋、伺處，必能應發身、語表業思。也。二定已上無尋、伺故，不可發身、語表業，是初師義也。

**章**業通四禪。《鈔》曰：此二句遮妨，成身表通上三定義。妨難云：《撰集鈔》曰：依出入息動轉於身，但至三禪，無至第四禪，無風災故，無出入息故非遍行。風災有二，一、内息風，謂出入息，二、外風息，謂風災破天。云云。章主欲有後來起如是妨難者設此二句，此二句文意云：業是思業，能動發思，謂於第四禪雖無出入之息，能動發思是遍行故，爲有身表。又次下章文問答分别下第十二問答。九地分别云，意表通九地，語唯初禪，身通五地。云云。如是明也，古來以二句爲第三師義。初師身、語表唯欲初定，不通上三，第二師出入息爲因通上三定，第三師思遍行爲因遍四禪。云云。《光抄》引之。此段唯二師異義，非第三師。此明身表通第四禪由，爲《顯業抄》意，爲正義，爲三師表《集解》意也。今云：以《顯業抄》爲正。助解云：此第二師意，以二因成通四禪，以出入息爲因故，身表通初、二禪，能動發思遍行故通四禪，可知二禪、三禪以二因成。入出息、動發思。又《歸敬章》云：語業至初定，有尋、伺故，身業至四定，有身業故，意業通九地，有善思故。又《了義燈》一本三十六丁右。亦是明。此二師義以何爲正哉。子島私記曰：《章》有二説，初説欲界初定起身、語二表，後説通欲、色四禪起身、語二表。問：此二説中何正。答：雖《章》不明判正、不正，尋文意，取後説可爲正。所以然者。《章》云：不爾，頓悟菩薩八地以去及佛，但居第四定，應無身、語善等故。云云。今云：此例證釋無漏身、語表文，以是爲有漏身、語表例證，不應道理。雖不用此例證，以理後師應盡理也。

**章**其無漏身、語業。《鈔》曰：謂其字承上，上所言善身、語表律儀無漏者，今論故承上云其，謂於無漏位不假功用，任運起身、語之二業，皆通四禪。

或通四定者，就或字古來存二義，一者、遮二乘無漏，二乘無漏位不起身、語二業故。二者、於菩薩中遮七地已前，七地已前出觀時有漏故，非無漏位，不能發身、語，菩薩無漏位，或發或不發，故簡云或也。已上《續後抄》。

**章**既許色界迴趣。《鈔》曰：此文意如首記，就此色界回趣有五淨居天不迴趣大義，回趣大之二師義別。一、不迴趣義。《成唯識論》七護法正義曰：然五淨居無迴起(一九)者，經不説彼發大心故。云云。《述記》七末五十九右。釋曰：此簡色界地有迴不回者，由經不説彼五淨居發大心故，以下諸地發理無違，約處爲言唯五淨居全無發者。此言經者，《大般若》説，今第二會當舊《大品》第十五卷，今《大般若》第一會第一百二十九云。乃至廣説。二、回趣大義。義寂《觀經述記》曰：五淨居皆有回心，即引《不空羂索經》及《本業經》。云云。今私會此相違曰：言五淨居無迴趣者，約處爲言。無以五淨居業者，應迴趣發心修行理故。若生在五淨居，不定姓人由增上緣力，欲回趣時觀知分段報盡，恐廢長時修菩薩行，遂入無漏勝定，勝願之力如阿羅漢延壽法，必資第四禪中下三天故業，今身轉變，受變易身，乃至證得無上菩提，勝定者，四定俱得，然多第四定云也。冥資故業令業長時與果不絶，即非擇者復更生。又以五淨居處非能資業故，云五淨居處無回趣義，非云五淨居者資下三天業無回趣大。《唯識疏》七末六十二丁。曰：若生淨居，必不失上，亦不回心，取涅槃近，耽寂心堅，化必難得，故無回者。云云。今云：如是云無回者者，約五淨居處之業而論也。

問曰：回趣發心者，必受變易身證，如何。

答：《述記》七末六十二丁。曰：問：此第二師義，若准《佛地》及此論等，既許二乘初、二果等受變易生，雖初則發心，要經多生方受變易，亦應許有欲界發心，至上界生身方受變易者不。答：今解有二。一云：初、二果欲業未盡，雖有知業多少，亦有不知者，業力所牽，或有即發心時受此生死，或有未受至第七生等，不還發心必即受生，業力盡故，道力滿故，厭惡深故，不肯上界更經一生，何況有多。又不還聖者，得宿願通，知欲業盡，或未得根本定，未得通故，不共知而厭粗身，即便急引變易生死故，無上界方受變易，欲界發心即於欲界受變易故，不同初、二果。二云：如七生者，發心留身，未必同時。不還者亦爾，欲界發心，上界留身，欲界之身業力盡故，未得邊際定可資故業故，欲得依勝身方轉易故。由如是理，或有上地但於一處受一生已，即方受變易。或有二處、三處，或一地、二地、三地，乃至四地，至廣果天受變易身，往自在宮而受佛位。或有乃至但於第四禪受一生而受變易，有決定業故，於理無違。已上《唯識述記》。此二解中，今取第二，既云至廣果天受變易身，受佛位，不云至五淨居受變易身。又《不空羂索經》《本業經》說淨居回心，約五淨居者資下三天業，受變易身，發心修行者作此說，是故二說全無相違。

近來有師會云：《法華》開會後回心。云云。今云：此是不辨性相之教別釋。《唯識論》無回趣者，如前已釋，淨居心相，與迴趣心相不符合故，說無四趣。《法華》開會說汝等所行是菩薩道，故無回趣之論，不回趣不動二乘所行，此成佛道。此攝相歸性門之說，《唯識論》性相別合門故，此會通未穩。因問：無色界亦有迴心者。云云。答：《唯識述記》曰：無色必無回心向大乘者。以此論說唯欲、色界有漏本識後生無漏故，無佛菩薩勝人生故。又無色身可得留故，一切下色身得非擇滅故，非定所生色可成身留故。云云。

**章**此別脱戒。《鈔》曰：科此文有二師義。一、《周記》及《集解》意，此下亦明漸悟菩薩，此言攝頓、漸二悟所受別脱戒。若菩薩時者對上世尊言，世尊者總指成佛時，菩薩者指其因行者。取意。二者、《顯業》意云：此下舉頓悟菩薩別脱，論色界有無。今云：第二爲正。次文既云准此，此言指頓悟，准言以頓准漸。

無有有漏別脫者，明昕[二〇]悟亦無有漏別脫。

**章**十八梵天。《鈔》曰：諸師通說，前三禪各有三，第四禪九，除無想外，取大自在。問：五淨居不發心故應除之，若爾，云何立十八梵。答：除五淨居別有十八，前三禪上各加一，是其總名。初禪梵天、二禪光天、三禪淨天合十二，第四、六無雲、福生、廣果，即是舊三品業者，下更有三，清淨、自在、大自在總爲十八。《周記》云：《章》十八梵者，有云十八天中梵王，非餘小梵王。且作此釋，未爲決定。

**章**別受別脫。《鈔》曰：《周記》曰：若是聖者，即能別定出家別脫，凡夫不然。既簡凡夫唯不得受出家戒，明知亦得受菩薩戒，如何說言三定唯依無漏心受。

**章**既許欲天有住梵行。《鈔》曰：《周記》曰：住梵行者，有聖教文，得別脫戒，雖未見文，舉梵行例。云云。今云：此釋雖爾，未痛快。按《宗輪疏》引有經云：如經說，一比丘精進持戒，至夜洗足，洗足盆中有承足台，有蛇繞住。比丘不見，引足於中，遂被螫殺，生忉利天歡喜園中。凡諸天生，皆天男天女膝此。既生園已，異常天衆天女前皆欲收抱，其新生天手擲言曰皆勿近我。彼天女怪白天帝釋。天帝釋乃令以鏡照之，新生之天見已身影，頭有天冠，身具瓔珞，非是昔日出家之儀，深生自悔，更增厭欲。天女以此具白天帝，天帝聞之躬自禮敬，知昔人間出家持戒，遂送安處天仙之園，故知天中有梵行。云云。由是考今章文，云得不云受，大有意味。得是成就異名，於人中所受別脫戒，於欲天成就不失故。比丘生悔厭欲，安處天仙之園，是不失別脫故，以此引經應爲證文。

**章**畜生、鬼趣。《鈔》曰：《周記》曰：鬼、畜雖受五、八，俱名妙行，相似解脫非真解脫，以彼非是受戒器故，言有別脫，但據相似。云云。今云：此釋爾。畜生者指龍神、野干之類有業通者，經中如說龍神受戒等因緣。又鬼有二類，一、福德鬼，二、薄福鬼，此二之中指福德鬼。

**章**故有別脫。《鈔》曰：《撰集》曰：或欲天、鬼、畜，但約別受五、八，故云有別脫，非約通受故云非等。云云。今云：次上文云但非彼性如扇搋等，此約別受五、八故。今云：故有別脫，於菩薩戒，欲天、鬼、畜亦成菩薩性，故云非菩薩戒也，故《撰集》所釋未穩。《續後》亦同《撰集》。

**章**地獄無由。《鈔》曰：《大乘義章》云：出家之戒，局在人道。在家之戒，人、天、鬼、畜四趣中生，四趣成就。大乘戒法，人、天、鬼、畜四趣中生，五趣皆成，一受得已當成就故，菩薩戒遍在五趣之中，皆生皆成。如《華嚴經》，諸龍畜等各於法門而得自在。《提渭[三]經》中，諸龍、鬼等聞法悟道。方等經中，地獄衆生，遇佛光明，棄諸佛處，聞法悟道，故知五趣皆成。云云。又曰：此等由佛强緣方能悟道，離佛不能，故名爲離身。

**章**地藏菩薩等。《鈔》曰：經云：每日晨朝入諸定入諸地獄，令離苦，無佛世界度衆生，今世後世能引導。云云。

**章**《瑜伽》但遮。《鈔》曰：《續後》云：師云：論先遮二種云不成近事戒，然其中俱形損尚遮性不遮戒，何况畜生等。論無遮之，尤可成近事戒也。云云。

**章**然非有漏出家。《鈔》曰：或講師云：有二義。一云：約別受，凡聖相對，謂欲、色天中聖者得無漏出家戒，若凡夫欲、色天衆不得出家戒，故云非有漏等。二云：但約凡夫通、別相對，謂通受門許受七衆戒。約別受門，遮出家戒故，云非有漏等。今云：二義之中，以初義爲穩，既簡云非有漏故。

**章**是斷對治[三]。《鈔》曰：問：《雜集》第八曰：離欲界欲者，謂由伏對治力，或少分離欲，或全分離欲。云云。若爾，是應伏對治。章主於上意無表得下及今此依地文，同云唯初未至是斷對治，此相違如何。答：《别抄》曰：對治有四，謂伏、斷、持、遠，此四對治即四道也。加行、無間、解脱、勝進。且今離下界欲時，於聞、思位折伏粗惡，名伏對治。初得未至正離、伏欲時，名斷對治。後念已去，即持對治。乃至從此已去，名爲遠分，以遠遮防令不起故。且約七作意辨得定共戒，初六作意了相、勝解、遠離、攝樂、觀察、方便究竟六作意爲初未至。是未至地，第七作意方便究竟果作意。是初意根本定。此七作意約四對治，了相、勝解二作意，爲損伏對治伏欲九品中上三品惑也，所謂少分離。猶未伏盡。第三遠離作意爲斷對治，此時伏盡上三品故云斷，非斷種子。此是有漏六行觀對治。雖云斷，唯伏也，少分伏云伏對治，全分伏云斷對治。此以有漏六行伏盡欲上三品時，初得初未至名遠離作意，此斷對治初。次攝樂作意、觀察作意、方便究竟作意，此亦斷對治攝，皆是伏盡義名斷也。第七方便究竟果作意，此正入根本初定也，即名持對治也。第二定以上名遠分對治也。遠遮防令不起欲惑故。

**章**果斷律儀。《鈔》曰：《略纂》第四云：或意等至果斷律儀所攝。業者、意者色界，四意等至者四無色也，果者依靜慮等至所修生，功德斷者意等至相應現思慮，防欲界諸犯戒非之斷惑也，果即是斷惑果之斷也，體即定生律儀，二乘通身、語，大乘兼意業。云云。

**章**中間意無見道故。《鈔》曰：《成唯識》十末云：中間無明利無漏故，有明利無漏則能入故。又彼梵王居多散亂故，非純淨地故。《瑜伽》之文言依諸意及初未至，不言中間入見諦故。云云。《太抄》云：多散亂者，起辟見故。

**章**餘皆持遠分。《鈔》曰：此明無漏律儀通十地中，見道無漏斷對治唯色界五地，四禪根本定、初未至。除此餘五地，四無色根本、中間禪無漏。一向無見道斷對治義，唯持對治、持所斷障令不起也。遠分對治。遠防遮令不起所斷惑也。又一義云：上五地中隨但以所依一地爲斷對治，餘爲遠分。賢聖義曰：預流、一來次第超越，必依未至而得果故。所以者何。由此二人未離欲染必無得彼根本地故。其不還果，若次第者，唯依未至初得不還，後起上定非得果故。若超越者，通依色界四根本定及初未至得不還果，必定無有依中間意，是稽留故。云云。由是，云所依一地，可思察焉。今云：二義之中初總明，又次義所依別明之，兩義共得，總之中含別故。

**章**超初果取。《鈔》曰：超越之初果云超初果也。超中二果，十六滿心，隨應九地中一爲依地，類集合斷，有先加行祈願故，十六心滿心移餘定，九無間類集合斷，九解脱顯滅理無爲也。是知依下三空定類集合斷人，於此處有斷欲惑。爾則云何限色界六地，不通下三無色地。故云通下三無色也。《集解》云：超中二果之初果，取第四果也，非超初果也，此人《唯識疏》有二釋。

**章**雖知論文引《指端》《分別》。《鈔》曰：下會違義。論文者，《對法論》文。

《指端》《分別》者，《續後》云：雖知論文等者，《對法論》引《指端》《分別》二經。未度云經也云。今檢《雜集》第十三，委説依未至定證第四果，然但引《指端經》，不引《分別經》。《對法》十三十二左。曰：損出離者，謂入諦現觀已，依止未至定發出世間道，頓斷三界一切煩惱，品品別斷，唯立二果，謂預流果、阿羅漢果。

品品別斷者，謂先頓斷欲、色、無色界修道所斷上上品隨眠，如是乃至輭輭品。

頓斷三界者，如見道所斷，非如世間道界地漸次品品別斷。此義以何爲證。如《指端經》説：諸所有色乃至識，若過去、若未來、若現在，廣説乃至若遠、若近，總此一切，略爲一分、一團、一積、一聚，如是略已，應觀一切皆是無常，一切皆苦，乃至廣説。依如是觀但可建立初、後二果。云云。由是應知，《續後》云《對法》引二經，未盡釋也。

唯引《指端經》明著，又《續後》云：二經未度經。云云。今云：此亦未穩。檢《唯識述》十末八紙右。文曰：又此唯超越非次第者，第二三界九地合爲九品斷者，唯有利根諸預流，非餘果，餘果不能起勝作業缺煩惱故。《指端經》及《分別經》中説初果由加行心，能以三界九品同爲一品，合爲九品斷，准超越不還，許依五地，此亦依三無色，斯有何過。然加行心是色界，總緣三界故。無間道可起無色上地，如不還於五地有欲界斷對治故。此亦應爾，應説此義理不違也。云云。由是應知，章主面見此二經作引證故，《續後抄》中云未度經，龜漫之甚，雖傳支那，未傳我朝也。《對法論》所引文，與《唯識疏》所引文不同故，章主面閲以引用，是故《對法》中但雖引《指端經》，章主直閲二經知同義故。今章中合二經會違，學者勿責，《續後》龜昧自可知已。

**章**據多分決定能。《鈔》曰：《續後抄》云：據多分決定能者，通途必可依初未至也。不進修上無漏者，必依初未至故，云多分決定也。云云。又云：不據容有者，若修上無漏者必九地中依何定地證也。一類進修上無漏者，容有依九地故云不據容有也。云云。今云：此釋珍重也。

**章**非想地。《鈔》曰：《顯業》引《唯識》七云：有頂雖有遊者觀無漏，而不明利，非後三根。云云。非後三根者，三無漏根也，非三無無根故，是非斷惑之依地，故唯遠分也，是故云唯遠分也。云云。

**章**天及惡趣。《鈔》曰：謂諸天衆善業感故，執因所引善心强勝，惡心非勝，故成律儀，不成不律儀。又諸惡趣心智愚昧故，善惡二心俱非强勝故，性相之中三惡趣類不成業道。云云。

**章**何大造者。《鈔》曰：問：今云何，此於何中間，牒何大造，云云。如何。答：古來有二義。一、欲、色二界中，何大種所造，云云。問也。二、所發所防色中，何色被造哉，問也。古評云：以後義順下文。云云。今云：爾。

**章**欲界所防。《鈔》曰：定、道、别脱三種之戒，尋所防非，皆以欲界七非則爲其體，造彼七支能造四大爲三種戒，又成能造也。《詮要》。今云：大乘意，欲界第八識變四大種，能造似所防，造惡身、語造色之無表色即所造也。

**章**設佛身無漏。云云。《鈔》曰：下釋難。難云：律儀色從所防名色者，佛斷一切惡所防，無色所防久斷滅，何有所防之色哉。云云。今章會云：雖現無，遥望過去曾有所防名色也。

**章**既假疎遠。云云。《鈔》曰：《大種造色章》云：諸大種子未生諸大，造色種子終不能生，要大種子先生大種，造色種子方生造色，爲前道故説彼能生，故名生因。云云。

問：若爾，别脱及定、道俱戒既離大種，應不得生。答：此隨所遊、即所發也。所防名色，亦隨彼二假説大造。不離義有二，一、定同處，二、必假藉。别解脱戒等，必藉大生，非定同處，亦名不離，離質聲、光亦如是。云云。《義鏡》云：造有二種。一、親實藉造，如即質造等。二、疎假藉造，如離質造等。無表色等是假藉造，今遮薩婆多等實親造。

**章**小乘必有表。云云。《鈔》曰：《栖詭》云：《章》小乘必有表者，次下釋之。《正理論》曰：彼由意憤身、語必變，或由呪咀必動身、語。或云出《雜心論》，未考。已上《恩吼》。

**章**準此二説。《鈔》曰：《恩吼》曰：《栖詭》云：《章》準此二説者，有表唯意名爲二説。今謂：此釋非也。言二説者，指律、不律，其處中善如律儀説，惡處中如不律儀，故云准二也。已上《恩吼》。基辨云：《恩吼》所言亦好。又此二説者，《顯揚》《唯識》二説也。上句隨其善惡言即律、不律故，下二説隨律、不律，准二論説也。

**章**應成差别。《鈔》曰：《顯業抄》曰：應成差别者，古師云，應成、不應成二種也，故云差别。云云。今云：不爾。既云應成，須應成中辨差别也，師資二德此云差别。又於資中，出家、在家有衆多别，故云差别。已上《顯業》。基辨云：此一段明得緣别。應成之成言，謂成就即得也。應言，緣也，相應爲緣，此得緣有别故云應成差别。

翻應成即不應成也，下六因即不應成也，翻之知應成也，故古説爲是，《顯業》説存古説中不可是非。又《撰集》曰：師應成授戒德，資應成受戒器，故云應成差别。云云。

**章**一意樂損害。《鈔》曰：釋是古來有二解。一云：意樂能損害也，善法者所損害也。次下文云彼意樂被損害故，第二依止損害已下，依止即損害也，損害言爲所損害，依止即所損害也，六因不一准也。已上《詮要》《讃》《後》等云古義。二云：六因之中四因皆一准也，皆約所損得名，謂意樂即所損害，活命等事即能損害。《撰集抄》曰：由活命等惡事因緣能損害欲受戒善意樂故。云云。已上云今師料簡。今云：二之中以第一爲是。損害二字所損害，意樂二字能損害也，四因皆同，古説云第二已下别不爾。

**章**若復有人。云云。《鈔》曰：《顯業抄》曰：雖非純淨等者，是唯小乘戒也。比丘之戒，以生得善心受得准據也。菩薩戒者，通、别俱不可成也，不希菩提但爲活命，縱雖有盡壽修梵行，必不成菩薩戒也。云云。今云：此《顯業》説未穩。凡生得善是任運起故，非受戒善心，凡受戒善思，由强加行善意發動身、語業性爲根本業道，云何云以生得善受戒耶。非加行思，則戒業戒體不成。若不爾，汝所言戒劣弱，應非戒業相續，故苾芻戒爲活命，受戒成就，但以不犯爲善意樂。菩薩戒意樂非此所論，爲利益爲違犯，亦菩薩戒體故，非同日之論也。

**章**若有身帶。云云。《鈔》曰：《四分律》曰：爾時摩竭國界五種病出，一者、癩，二、癰，三、白癩，四、乾痟，五、癲狂乃至自今已後不得度五種病授具足。

大小便道合者，是尼衆遮也。《顯業抄》。

**章**如遮法中。云云。《鈔》曰：《四分》三十四五廣明遮難，又五十九及增一中説百遮也。

**章**若扇搋迦及。云云。《鈔》曰：《應音》二十四曰：扇搋，謂本來男根不滿，亦不能生子。

云云。《倫記》十四曰：扇搋迦者一向無根，或天生無根，及爲他害，總名扇搋迦。半擇迦者，此云名染污，通有根、無根。下文云：天生無根是扇搋，亦是半擇迦一分。半擇男勢或起不起，唯半擇迦。被害無根者，若不被他於己爲過，唯扇搋迦。泰曰：扇搋迦是無根義，若有損害已後失男志性，樂他爲過同女性者名半擇迦，亦扇搋迦也。云云。今云：此亦扇搋迦非實扇搋。《對法》八曰：又半擇迦有五種，謂生便半擇迦。《攝釋》曰：問：五種中，生便除去，此二種永無男勢，應名扇搋，云何言半擇迦耶。答：若無男勢，後不樂他於己爲過，即名扇搋。雖無男勢，若樂他人於己爲過，故名半擇迦。實望彼男勢用，合名扇搋。云云。《對法抄》六二十五紙。曰：扇搋迦，此云無根、勢。一無生也。半擇迦，此云樂欲，樂他於己爲過。五中初得二名，次三唯半擇迦非扇搋。後一若不被他於己爲過，名扇搋迦，無根、勢故。又《俱含[三]論》三曰：本性損壞扇搋、半擇迦及二形人等，《正理音》釋，此云生，謂生來男根不滿也。搋，丑皆切。《光記》三曰：如《業品》說，應知扇搋、半擇俱名黄門，故《業品》云：二黄門二形。扇搋唯無根，無根有二：一、本性扇搋，二、損壞扇搋。半擇唯有根，有根有三：一、嫉妬，二、半月，三、灌灑。又解：扇搋唯無根，半擇通有、無，本性損壞，亦通半擇。若作此解，半擇迦寬，扇搋迦狹。云云。《寶疎》三曰：扇搋，謂無根、損根。半擇，無勢、損勢。

**章**外道。《論[二四]記》曰：今解，律中云破二道者，是此中外道也。《隨機羯磨》云：汝不破内外道耶。謂曾作外道來受具戒，後復入外道，今又重來受具戒者，《文集》由之釋。

**章**賊住。《論記》曰：勤策盜聽大法，名爲賊住。《隨機羯磨》曰：汝非賊住耶。謂白衣、沙彌時盜聽説戒羯磨，同僧法事。小乘二十部中，二百年滿，大天是名賊住，諸外道爲利養故剃頭出家受戒，名賊住比丘。《三論玄義》《部執異論疏》。

**章**若別異住。《論[二五]記》曰：泰云：若別住者，上明意樂損害中云，或畏不活法比丘中，詐現自辨與彼同法勿諸比丘與我同止名別異住，前取意樂損義，此取白法損義乃至今解：律云：破二道者乃至別異住者有兩解。一解同泰。又解：勸策起邪見説婬欲非障道等故被損，名別異住，然未犯重。此中別住是遮類攝，餘是皆難。《栖翫記》曰：《章》若別異住者，周法師云：犯根本罪懺悔之者，名別異住。云云。《集玄解》云：犯僧殘者名別異住乃至應説，此言別異住者，是説不肯事出家衆半年之者，或不曾來作勤策者，雖除鬚髮，別異住故，是損白法，不令受戒。云云。今云：此説同泰歟。

**章**若不共住。《倫》曰：泰云：不共住者，犯重人也。《隨機羯磨》曰：汝不犯邊罪耶。答言無者，應語言：汝應不識此罪名，謂曾受佛戒已，犯於四重即是佛法海外人，故名邊罪，汝不有耶。《栖翫》曰：周法師云：犯根本罪不懺悔者不共住。《集玄解》云：犯波羅夷名不共住，大乘無不共住，大乘無此治罰罪。

**章**若他僕隸。云云。《應音》一二十九紙。云：僮隸，力計切。《周禮》：男子入于罪隸鄭衆曰隸奴也。隸，賊也、役也。僕，隸也。

**章**若有龍等。《四分律》三十五。二丁云云。善現龍王因緣。等言，等非人，通天、修羅、鬼、獄。《五分》云天子、阿修羅子、犍闥婆子化爲人等，因修羅厭患生死，化作人形受戒，後往居士家，食五百分食，招譏故制。

**章**守園人。《倫》：泰曰：本音云僧伽，此云園。謂佛在世時，諸僧皆在園中樹下修道，今云阿羅摩子園。諸僧等亦在園居，各樹下作菴而住，其守園人即是。舊云僧伽藍民也，若作寺舍而居者多放逸也。基云：守園者謂守寺門人。有釋，梵音僧伽，此云守。阿羅摩，此云園也。云云。

**章**尸羅不清淨。云云。此經中言，非唯一經。《遺教經》《華嚴經》及《涅槃經》等，《恩吼》引，《彌勒經疏》，《坐禪經》引。

**章**由此故知。《瑜伽》二十八取意。《詮要》六引。二十八云：先於尸羅善清淨故，便無憂悔，無憂悔故，歡喜安樂，由安樂故，心得正定，心得定故，能如實知乃至廣説，得解脱故，證無所作究竟涅槃。

**章**第九先得後捨。《顯業抄》曰：先得後捨者，非謂得先捨後，得捨各有先後也。故《義鏡》云：先後得捨者，即明得捨之先後也。先後有二，一、道俗先後，二、大小先後，此二先後通得捨故，云先後得捨也。云云。或《抄》釋之曰：有二相對，一、道俗對，二、大小對。道俗對，得五戒等作優婆塞，先得也，後得十戒等作出家形，後得也，此云道俗對先後。又初得沙彌，先得，次得具戒，後得也，此云大小對先後得。此明得通先後畢，次明捨通先後者，先捨比丘戒作近事，先捨也，次捨五戒作無戒白衣，後捨也，是道俗對先後捨也。又捨比丘戒作沙彌，先捨，捨沙彌戒作俗形，後捨也，是云大小對先後捨也。云云。今云：此或《抄》説捨二對釋。未穩。可言捨沙彌戒爲近事，是道俗對捨先後也。又捨比丘戒爲沙彌得五戒，是大小對捨先後也。今章含上來義云先後得捨，得説先不説後，捨説後不説前，影略互顯也。

**章**苾芻轉爲尼。云云。今章主意，由此《瑜伽》文立轉捨得捨義。謂僧轉爲尼時，但捨僧戒，但得尼戒。又尼轉爲僧時，但捨尼戒，但得僧戒，故今云即更互得戒也。然南山與是别，不許轉根得捨義，謂受戒時兼發得於僧、尼戒故，諸律儀捨緣中不立之故。所以爾者，僧、尼本受戒七支身、口諸非無不攝盡，故懸發於僧、尼諸戒，若僧轉爲尼時，即守尼戒，但用始得，體本來得，故無轉根得捨義也。

六法者，諸律中説相有異。一、《五分律》，五戒加不非時食。二、《十誦律》説：六法者，四重爲四，第五不得與男子身相觸，謂腕已上，第六不得與男捉手，謂腕已下。三、有部根本律云：六法者，一、不得獨行，二、不得獨渡河，

三、不得觸男身，四、不得與男子同室宿，五、不得爲媒事，六、不得覆尼重罪。《俱舍頌疏》十四云：六法者，於五戒上加不非時食也。《麟記》曰：光、寶兩疏並爲此釋，麟師今詳此釋未爲允當，以六法中摩觸亦成犯故。又且五戒但制邪行，豈可六法但制邪行乃至廣釋。

**章**於已前上更加一。《鈔》曰：《集玄解》云：更加一者，六之一一上更加一故，謂於婬欲戒更加與染污心男子共身相摩觸，偷盗戒上更加草木、四錢等，於殺生戒上更加蟻子等、打縛等，於妄語戒更加戲笑、輕妄語，後飲酒戒、非時食二戒律文無加事。今云：加上品堅固護持，《顯業抄》引之已，次云：准下說捨文，但於四上更加一也，非飲酒、非時食上更加。云云。今云：此釋大爾。《集玄》由《四分律》。或云：十戒上加摩觸義歟。謂六法中餘五法是十戒體故，雖輕重異，亦成十戒中犯故。摩觸之一，雖亦[三六]婬類，非婬體故。

**章**若從五戒。云云。已下文，古來立重發、不重發二義。一云：今章文，章主立不重發之義，是知足坊等古義也。何以知不重發義。以次文云：增緣更不重發。又云：唯增語三，不別得前四支也。又准《周記》，《周記》如《恩吼》引，其文中有淄洲助釋。淄洲助釋以重發義，此章若明重發之義，淄洲何加助釋。明知章主唯立不重發義，《廣章》於二義中以不重發爲勝，第二興正云。《顯業抄》。今章主重發義也，付今現文有二料簡。一云：今現文且述隨轉理門也，謂薩婆多等不許重發，實理門之前，章主許重發也。云云。二云：其緣者十戒之中後五是也，近事時五戒之上增此五故云增也，依之四支體類彌增明也，故令戒增明。近事之時發得四支，勤策之位同發四支，前後同四支故，云不別重發，勤策之位，非云更不發四支之體類也。若約前後，兩箇四支也，雖重發，四支體狀無異故，云唯依舊等也。基辨評云：以古義爲正。興正義妄謬也，非章主意。興正二料簡中，初料簡不辨大小乘菽麥之說也。隨轉理門之言，本出

《瑜伽》釋，明大乘義，不辨實義，且順小乘，説云隨轉理門也。今此章文明大乘菩薩戒處，順小乘説，則可謂隨轉理門。今不爾，此是明聲聞乘別受戒處，舉同小乘説，何應云隨轉理門。總大乘教中明聲聞乘，有同小乘，有不同小乘，此是由大乘者所傳爲別，今此別脱漸受義，同小乘流傳故，章主如是明之，非云隨轉理，故初料簡妄也。次料簡亦不爾，章主既云令戒增明更不別重發戒體也，由是應知，但增明防非用非增體也。今家以無表爲戒體，若爾，防非用此戒體也，云何應云增防非用。雖但應云增明，不應云增防非用，初受不殺生防非用，與後受不殺生防非用，云何有別。應云重發戒體焉。興正爲莊自所立，强欲令同南山，今迷妄後學，有智人勿必誤。故興正所言，彼師自所立，非今章義也。次捨下有二解，初不重發義，次是重發義，雖有此二解，章主今文以不重發義釋，以此文爲重發義，大不可也。

**章**但遮其其遮戒。此釋但遮其其字，古來有異義六家。一者、《集解》云：文但遮其其遮戒者，其其猶云彼彼也，即指前五戒也，五戒非一也，故云其其也。上遮者明防護前之用也，明後所得之戒體也，謂受十戒明得遍護彼彼五戒云遮戒也。云云。二者、《續後抄》云：但遮其者，指四重云其，以身三語一爲所護體，故云遮其也。其遮戒者能護也，身三語一外皆能護，故云攝戒種類之時皆攝四重也，能護云時至十戒也，但所護體四支故，唯增後三者，綺語等四也，前四支外更發加語三也。云云。三者、《决擇抄》云：但遮其遮戒者，賸初遮字，受十戒時，但只得其遮戒，餘四先護也。云云。四者、《栖翫記》曰：但是遮戒者所增者也，准此，尼受六法戒者，百四白二亦但增緣，沙彌受具所增遮性。云云。五者、智山如幻校正云：遮其其遮戒，恐當作遮其戒其遮，蓋是改古寫之誤也。云云。六者、《報恩吼》曰：《集解》《古鈔》，異説紛紜，皆鑿説也。用寫誤本以爲正説，種種駕説，無有一當。或謂遮其其遮戒，恐當作遮其戒其遮，蓋是改古寫之誤也。今謂此説知其寫誤，實勝於古人之翳見，然觀其所改革，則全不允符，不如不改。而引《決擇抄》已云：《栖翫》葉文釋義亦無有異，作但是遮戒爲正。云云。基辨評云：如《恩吼》辨，古説皆是鑿説也，一以不允。改文當作：但增於其遮戒。此所言其遮戒者，十戒之中後六戒也。雖受十戒，唯依舊五戒時身三語一，其餘皆是遮戒，非性戒，故云但增於其遮戒乃至十戒。從次唯增於語三句可考察知，《栖翫記》中云但是遮戒者所增者也，此義稍近我義。

**章**若豎爲言。云云。《鈔》曰：《顯業抄》云：古料簡云，若豎爲言者，上漸受也。若摸[三七]而語，上頓受也。云云。菩薩義不爾，上漸受者，從五至十，從十至具也。頓受者，白衣直受具等也。今廣豎付漸受者別之。云云。或曰：與正今文橫豎付漸受別之者，由四支、七支文耳。若依此義，約重發義耳。若依不重發，於漸受七支頓得義難立，前四支非頓得故。私曰：或可今豎義但約頓受，白衣直受具時，四支、七支皆頓得故。私云：於今二科，漸受諸義，並與南山無異。於頓受古義，二科俱與南山異，謂四支頓得，七支漸得，各七衆上自談頓義，非上下相望。云云。與正義，約橫豎科中，頓同古義，於一漸受中約橫豎，且分頓漸故。上約次第科中，頓全同南山，然頓受易知故，文中但明漸受，略頓受。云云。基辨云：此等説皆非章主意。今文意約橫豎明頓漸二得同時。若豎爲言者，五戒、十戒、大戒漸漸次第受，評論言如前明，有次第增明、增遮、增語三義，非頓受得，漸漸次第受得義立也。若此漸受不爲次第論，頓一時得爲論云橫而語，不見次第，唯就所詮作論故。

問：何故如是釋耶。答：章文豎言時云定漸受得，橫語時云即頓非漸，此即言彰漸受即頓橫豎言，以豎論直橫論義。

以四支、七支等者，辨即頓非漸由，謂五戒時身三口一即十戒身三口一，故頓得也。七支是大戒身三口四，雖爾，綺語、兩舌、惡口三，妄語上枝末戒故，《沙彌戒經》中，一一戒雜説諸事，所謂婬戒云莫觀美色，目不瞻躬等，妄語戒云兩舌、惡口、綺語等。云云。於四支處即具餘三故，皆是頓得也。上分漸受、頓受科，既明漸受不重發，由增義但立次第已，約豎結已，次爲明頓受不離漸立横義結已，此即上結頓受科也。以白衣受具云頓得之釋，大妄論也。白衣何有受具。若設有，何此論受得耶。

**章**又尼五百戒。云云。《鈔》曰：《智度》及《藥師經》，尼云五百戒。《決擇抄》云：《章》又尼五戒等者，五字錯合是其字。云云。《文集》云：私云：現流布文作五百戒，後人加百字歟。云云。《栖翫記》曰：章又尼五百戒等者，此問尼轉爲正學者，雖總言七，意在四支，爲捨不捨。云云。《栖翫》所覽本，與現流布本同。今云：現流本恐可乎。苾芻尼説三百四十八戒，然今説五百，合威儀説故。今《補篇義》第三云：尼五百戒者，實但三百四十八戒也，經論云五百，應是僧尼相望倍論之言有五百，實三百四十八也。云云。此説爲正。

**章**離説及不捉。云云。《鈔》曰：古來釋此離説二字有多義。一云：離説者，寫誤，當作雜説，離合問答次問答是，今雜説。《續後抄》第一義。是也。《鈔》云：《沙彌戒經》中，其一一戒上雜説諸事，所謂婬戒云莫觀美色，目不瞻躬等，妄語戒云兩舌、惡口、綺語等，如此一一戒，雜説多事而制之。及又制捉寶戒，近住戒中何不爾哉。問意也。又有説如《詮要》。二云：《集解》意，説字訓悦，謂離喜悦也，著香花鬘、歌舞觀聽等，皆人所好悦作也，離喜悦放逸云離悦也。三云：《栖翫記》及唐本《章》作離倓。四可〔三八〕云：《顯業抄》云：第四門中離説者，香油塗身、作倡伎樂，離説及禁不捉金銀爲言。五云：《恩吼》云：古説皆不允。此問答據《伽》五十三卷，文有稍異，大致不別，順《伽》文須解。五十三云：問：何故於勤策律儀中增離金錢，非於近住律儀耶。云云。基辨評云：諸義皆不允，於中《顯業》稍爲正。

問：由《顯業》，離説爲正，則次問答明離合，云何此問答中云離説耶。似重煩，如何。答：此問中云及不捉金銀等，及言集合餘事故。問意，勤策戒中如次問，以歌舞作倡與香油塗身開爲二，及不捉金等爲制戒，丁寧也，何故近住等戒，不爲丁寧制耶。問意也。《恩吼》中出《伽》本據，甚可甄，然《伽》但云不捉金等，今此章舉離説、舉不捉金寶，問近住戒不丁寧耶，故置及言。次問答正問答開合，此處問答不丁寧，此爲異也。此答中如是意故。

**章**如何得名隨心轉。云云。《鈔》曰：含二義。離一隨現思轉，定、道戒是也。二隨期心轉至未來際，菩薩戒是也。二義中，第二義爲本，攝定、道戒而難，問中云亦在其中故，答中亦云通受名隨心轉戒故。又或云：但指定共戒，謂菩薩固修諸行，暫不可發定共戒，若起貪心，如何名持隨心轉定共戒等耶。云云。今云：此或義不是也，非問答意故。

**章**能感異熟也。《鈔》曰：《顯業抄》云：問：破戒人以有曾得之功能故，能感異熟破戒之罪報，何時受之耶。答：順次生隨重者受之。性相之定，善惡均等，無有此義，是故持戒之善强，破戒之心若輕者，順次先受善業，後感破戒之業。如是准知，《智論》中付定順次之業有三義，今生數作業先受，今生重者，及最後念業先受也，性相門重者先受。云云。

**章**極弘廣故。《鈔》曰：古來有二義。一云：誓心弘廣，謂期未來際故，決定思可爲所依也。若此義，則問中云意中有善惡律儀通十支作論也，由此意，答中極弘廣言爲誓心弘廣也。已上古義。二云：善心弘廣，謂善惡相對分別，善心弘廣故。善決定思，可爲無表所依也。已上興正。若此義，則問中云意中有善惡律儀，由意業三支作問也。由此意答，極弘廣言但見善心弘廣也。今評云：初義爲正，謂雖善惡戒意中並作惡無盡未來際誓，況菩薩心何有之耶。作已必生慚愧，故惡業種子心亡。作善期未來際故弘廣，種子勢用無斷，永爲無表所依相續也，故以初義爲正。

**章**於理何妨。《鈔》曰：《續後鈔》云：化人者非無色界定果變化，彼定不成戒故。然除無色無種大故，假令雖反身作動身、語，無記故，又不作受戒表也。今所言化人者，龍、畜等也。許受五、八戒故，非出家戒也。

**章**七衆所受爲菩薩。云云。《鈔》曰：《顯業抄》云：七衆所受等者，章主意，攝律儀體，聲聞、菩薩全分同體也，本論攝律儀戒七衆戒故者，即此意也乃至至義寂、最行等釋，《菩薩地》攝律儀戒，七衆戒故者，先小後大者也。背本論始終之上，尤難依用者也。云云。基辨評云：《顯業抄》說，大妄說也，如上既辨。菩薩戒中除不共者，餘取爲律儀，如何應云聲聞、菩薩全分同體耶。《菩薩地》說即七衆別解脫律儀者，取聲聞別解脫共菩薩心者爲形居律儀也，非同戒體。今此所言亦取以爲形居律儀共者，非取全分，故《顯業抄》誤也。

**章**問然十業道。云云。《鈔》曰：《周記》云：《章》然十業道體是思者，問：業道無表有何別耶。答：業體實思，無表色者中唯是假立，防惡色故，假名無表色也。又無表者種上功能，業思實體。又未受戒但不殺生，唯得一種自性業道，若受戒已，更別得彼無表之戒。又處中善雖不由受，亦有無表，據其體用，亦與業道而不即一。

問：戒體但是種上功能，爲假爲實耶。答：是假。若爾，假法如無，如何經言戒能感果，而後言持名非色心耶。答：實種能感，種體從用名戒感也。而言持名，亦據體說。言非色心者，說彼功能。

問：戒既種上差別功能，第八緣不。答：不緣。

若爾，種上廣大功能，如何即緣。答：廣大是實，戒是假故，故緣其實不緣其假也。問：一種功能假實何別。答：廣大依種親起，不約防外名，實戒體其色防身、語。云云。

章廣惠聲聞。《鈔》曰：《瑜伽》四十三十六紙。明三類惠，其中隨一云廣惠也。三類者，一、劣惠，二、中惠，三、廣惠。善珠云：從惠爲名。《佛地論》云：深廣圓滿，善通達故，名爲廣惠，即是波羅蜜多聲聞等。已上珠釋。又《婆沙》百四十三云：舍利弗名波羅蜜多聲聞，此其證也。《恩吼》中云：廣惠聲聞者，取定姓不愚法聲聞，生無色界。聲聞簡菩薩，菩薩不生無色故。廣惠簡愚法，彼亦不生故。云云。今云是也。《三十疏》七本二十七紙。曰：即定姓中有愚法者，不信大乘故，彼定不起。若不愚法聲聞，雖信大乘，不將爲究竟。由信有故，彼起此定。不爲究竟故，聖人生彼，如今大乘信小乘教。云云。今謂何故信大乘者生無表，起無色定耶。答：得無聲定必入滅定，其時若不信大乘第八識，則恐心斷絶成皆無，故不能入滅定，故但信大乘第八識者，生彼入滅定。若爾，何故已得自在菩薩，不生無色界耶。答：無所化有情，故不生也。《伽》六十六云：若毘鉢舍那行菩薩未得自在，及有廣惠聲聞乘等，若諸有學，若阿羅漢，彼無色界繫善作意，亦緣下地一初法。若諸菩薩已得自在，決定不於無色界生，由觀於彼，不能觀起衆生事等。

章語表唯初禪。云云。《鈔》曰：《續後抄》云：九地分別中，語表唯初禪。云云。古料簡中，上依地有無初云業通四禪文，料簡云：身、語二業通四禪也。云云。以今文校之，古料簡殊誤也，彼依地有無文釋身業也，故云業通四禪也。古料簡有無文，配三師義料簡故，致如是誤也，故知只二師義也，如前料簡也。云云。身表通五地者，欲、四禪也，語表欲、初禪也。云云。

章四洲別脱。云云。《鈔》曰：《顯業抄》云：菩薩通四洲者，古料簡云《梵網》所説十重八六之戒，應通北洲，許之。今謂不爾，是《瑜伽》所説菩薩也。上來標菩薩者，皆是《瑜伽論》所説故也。古義云：云《梵網》所説戒，不簡别道俗故通許之，《瑜伽》所説七衆差别顯了也。其中出家戒者，云何通北洲。故知《梵網》所説菩薩戒也。爲言。基辨云：古料簡等，不是也。《瑜伽》菩薩戒，與《梵網》戒，戒相雖别，戒體無有别，云何爲差别耶。《瑜伽》所説七衆差别顯了者難了，《梵網》亦七衆顯了説比丘、比丘尼等，故《瑜伽》説菩薩律儀戒、七衆戒，是形居相故非戒體。七衆雖形居别，於戒體等同，故《梵網》戒通四洲，《瑜伽》戒亦通，顯然也。

大乘法苑義林章師子吼鈔第二十二卷尾

## 校勘記

〔一〕「同爲」，底本原校疑爲「爲同」。

〔二〕底本原校云：「冠註曰：第二師以論一句爲二緣，一、形没捨，二、二形生捨。」

〔三〕底本原校云：「冠註曰：異本章云：《俱舍》云：成就未知當知根，定成十三，非大乘義，不可依據。五十七云：二形者成就幾根。答：成十九。不説形無，除三無漏，故無形者不失戒，亦有其無形故。二義雖齊，此解爲勝。云云。已上異本。由此異本，《決擇抄》爲會通如彼。」

〔四〕底本原校云：「冠註曰：斷善根，《伽》第一曰：云何斷善根。謂利根者，一、成就上品諸要意樂現行法故，二、得隨順彼惡友故，三、彼邪見纏極重圓滿到究竟故，四、彼於一切惡現行中得無畏故，五、無哀愍故能斷善根，六、此中種子亦名善根，無貪、瞋等亦名善根，但由安立現行善根相違相續名所善根。《略纂》曰：諸利根者，內自思搆，邪見猛利，不怖衆惡，不生慈愍，便斷善根，此名因力而善根斷，則五緣斷。若更逢惡友，順惡意樂而斷善根，此名緣力而善根斷，則六緣斷。要利根者斷，鈍根不能，廣惡意樂斷，狹意不能，要是欲，又非上二，三天下，非北洲，人，非天。云云。又《對法》曰：唯欲界上上品邪見能斷善根，非餘。

云云。」

〔一五〕「心」，底本原校疑爲「種」。

〔一六〕「忽」，疑爲「總」。

〔一七〕「提」，疑爲「薩」，下一「提」字同。

〔一八〕「受更」，疑爲「更受」。

〔一九〕「提」，疑爲「薩」。

〔二〇〕「伽」，疑後脱「梵」字。

〔二一〕「儀」，疑爲「議」。

〔二二〕「恭」，疑後脱「敬」字。

〔二三〕「薰」，疑爲「黄」，下一「薰」字同。

〔二四〕「等」，底本原校疑爲「之」。

〔二五〕「思」，疑爲「界」。

〔二六〕「果」，疑爲「思」。

〔二七〕「遠」，疑爲「達」。

〔二八〕「來」，疑爲「還」。

〔二九〕「起」，疑爲「趣」。

〔三〇〕「昕」，底本原校疑爲「漸」。

〔三一〕「渭」，疑爲「謂」。

〔三二〕底本原校云：「冠註曰：斷對治，諸論説四對治，雖言一通有漏，無説故。約有漏，四對治伏盡，云斷對治，非斷種子之斷也。故意律儀下四對治，約六行觀釋，故伏損云伏，伏盡云斷也。若無漏律儀下四對治，約見、修道釋，故斷種云斷，損伏云伏也。」

〔三三〕「含」，疑爲「舍」。

〔三四〕「論」，疑爲「倫」，下一「論」字同。

〔三五〕「論」，疑爲「倫」。

〔三六〕「赤」，疑爲「亦」。

〔三七〕「摸」，底本原校疑爲「横」。

〔三八〕「可」，疑衍。

（丁小平整理）

○九四六

# 勸發菩提心集[一]

## 勸發菩提心集卷上

翻經沙門慧沼撰

一明菩薩種姓相門　二明發心因緣門
二[二]顯勝負論門　四譬喻讚歎門
五勸發勝劣重廣門　六立誓發願門
七復説發心及哀愍門
八雜明修行及退不退門
九依《觀普賢菩薩經》懺悔受戒門

### ○第一明菩薩種姓相門出《瑜伽》三十五。

菩薩有六波羅蜜多種姓相，由此相故，令他了知真是菩薩。且施種姓相者，謂諸菩薩本性樂施，於現堪施，無間平等，喜施無悔，雖少能均，廣大非小。若無物施，深懷慙恥。於他常好讚勸令施，見能愛悦，於應供養，恭敬奉施，於此他世，無罪利事，若請不請，如理爲説。若有怖於王賊水火，施以無畏，能於極怖，隨力拔濟。受他寄物，未嘗差違。若負他債，終不抵拒。於共財所，無欺網[三]心。得大財寳，尚不貪著，何況小利。如是等名施種姓相。

戒種姓相者，謂諸菩薩本性成就耎品不善身語意業，不極暴惡，於諸有情，不極損惱，雖作惡業，速疾能悔。常行恥愧，不生歡喜，不以刀等惱害有情。性常慈愛，於所應敬，現前禮拜。修和敬業，機捷不愚。善順他心，常先含咲，舒顔平視，遠離顰蹙。先言問訊，知恩報恩，來求質直，不以諂謝。如法求財，不以非法，不以卒暴。喜樂修福，尚獎勸他，況不自爲。聞他種種苦所逼切，過於自身，少罪深怖，何況多罪。一切如法悉與同事，非法不隨，惡心不續，隨生隨捨，賢善尊重，實語不誑。於已僕使，尚不苦言，況於他所。如是等類，名戒種相。

忍種姓相者，謂諸菩薩性於他所遭不饒益，無恚害心，亦不反報。若他諫謝，速能納受，終不結恨，不久懷惡。如是等類，名爲忍相。

精進相者，謂諸菩薩性自翹勤，夙興夜寐，不樂睡眠，所作勇決，樂爲不忘[四]。所爲事業堅固究竟，終不間廢。大義無怯，不自輕蔑。有力能證難行事業，無畏無憚，能引義利，大事務中尚無深倦，何況小事。如是等類，名精進相。

靜慮相者，謂諸菩薩性於法義能審思惟，無多散亂見聞，若山巖林邊具人不狎習，離惡衆生，隨順宴默，便生愛樂。性薄煩惱，至遠離處，思量自義，心不極爲諸惡尋思之所纏擾。於怨尚慈，況親中庸。見苦生悲，隨力拔濟。性聰敏，於法能受能持思念。久事既憶，亦令他憶。如是等類，名靜慮種相。

慧種姓相者，謂諸菩薩成俱生慧，能入一切明處境界，性不鈍昧，於放逸處，有力思擇，如是等類，名慧種姓。

由諸菩薩所有種姓，與如是等功德相應，成就賢善諸白淨法，是故與難得無上如來果位爲證得因，乃至未爲白法相違四隨煩惱若具不具之所染汙。白法相應若没[五]染汙，如是白法皆不顯現。

何如[六]白法相違四惑。謂放逸者，由先串習諸煩惱故，性成猛利長時煩惱，是名第一。又愚癡者、不善巧者依附惡友，是名第二。又爲尊長、夫主、王賊、怨敵等拘，不得自在，心迷亂，是名第三。又資生具有匱乏者，顧戀身命，是名第四隨煩惱性。

雖具種姓，由四因緣，不能速證無上菩提。何等爲四。謂諸菩薩先未值遇諸佛、菩薩、真善知識爲説菩提無顛倒道，是名第一因。又諸菩薩雖遇善友爲説正道，而顛倒執，於所正[七]學中顛倒修學，名第二因。又諸菩薩雖遇善友爲説正道，能正修學，而於加行方便慢緩，不能勇猛熾然精進，名第三因。又諸菩薩雖遇善友爲説正道，加行勇猛，善根未熟，資糧未圓，未長時修菩提分法，名第四因。

### ○明發心因緣門

發菩提心者，《瑜伽・發心品》云：略有五種：一、自性。二、行相。三、所緣。四、功德。五、最勝。

菩薩最初發心，於諸菩薩所有正願，是初正願普能攝受其餘正願，是故發心以初正願爲其自性。又諸菩薩起正願心求菩提時，發如是心，説如是言：願我決定當證無上正等菩提，能作有情一切義利，畢竟安處究竟涅槃及以如來廣大智中。如是發心定自希求無上菩提，及求能作有情義利，是故發心以定希求爲其行相。以大菩提及諸有情一切義利爲所緣境，最初發心能攝一切菩提分法，殊勝善根爲上首，故是善極善，是玅極玅，能盡一切有情處所，三業功德相應。又諸菩薩最初發心所起正願，於餘一切希求世間出世間義玅善正願，最爲第一。

菩薩發心，由四種緣、四因、四力。

初四緣者，一謂善男子或善女人，若見諸佛及諸菩薩有不思議神變威力，或從可信聞如是事，既見聞已便作是念，無上菩提具大功德，令安住者及修行者成就如是不思議神變功德威力。由此見聞增上力故，於大菩提深生信解，因斯發起大菩提心，是名第一。此應爲説佛、菩薩所能修學之能證得故令發心。

二、雖不見聞佛及菩薩神通功德，於菩薩藏聞已深信，由聞正法及深信力故，於如來神變功德深生信解，爲得如來微玅智故，發菩提心。前約自見或聞他佛及菩薩神變功德，據他見佛餘説者，此約依教聞已生信。

三、或有一類，雖不見聞及以聽説如上正法，而見一切菩薩藏法將欲滅没，便作是念：菩薩藏法久住於世，能拔無量衆生大苦，我應住持菩薩藏法，發菩提心，爲滅無量衆生大苦。由爲護持菩薩藏法增上力故，於如來智深生信解，爲得如來妙智故，發菩提心。

四者，或有一類，雖不覩見正法欲滅，而於末劫末世末時，見諸濁惡衆生身心十隨煩惱之所惱亂，謂多愚癡、多無慚愧、多諸慳嫉、多諸憂苦、多諸麤重、多諸煩惱、多諸惡行、多諸放逸、多諸懈怠、多諸不信。見是事已，便作是念：大濁惡世於今正起，諸隨煩惱所惱亂時，能發下劣獨覺菩提心尚難可得，況於無上正等菩提能發心者。我當應發大菩提心，令此惡世無量有情，隨學於我起菩提願。由見惡世發心難得增上力故，於大菩提深生信解，因斯發起大菩提心，是名四緣。

云何四因。謂諸菩薩種姓具足，是名第一。賴佛、菩薩善友攝受，是名第二。於諸衆生多起悲心，是名第三。於極長時生死大苦難行苦行，無有怯畏，是名第四。第一具菩薩種姓，二者具四種相，當知菩薩善友具足。謂諸菩薩所遇善友，性不愚鈍，聰明黠慧，不墮惡見，是名第一善友具足。所遇善友，終不教人行於放逸，亦不授與諸放逸具，是名第二善友具足。所遇善友，終不教人行於惡行，亦不授與諸惡行具，是名第三善友具足。所遇善友，終不勸捨增上信欲受學精進方便功德，而復勸修下劣信欲諸劣功德，謂不勸捨大乘修於二乘，不勸捨勝福慧修劣福慧，是名第四善友具足。

由四因緣，當知菩薩於諸衆生多起悲心，謂諸菩薩雖有十方無量無邊無苦世界，而生有苦諸世界中，於中恒有衆苦可得。或時見他隨遭一苦，或時見自一苦觸對，或見自他隨遭一苦觸對逼切，或見二種俱遭多時種種猛利無間大苦觸對逼切，然此菩薩依自種姓自仁賢，依四境處，雖不串習，而能發起下中上悲，無有間斷。由四因緣，於諸衆生先起悲心，於極長時種種猛利無間無缺生死大苦難行苦行，尚無怯畏，何況小苦。謂諸菩薩性自勇健，堪忍有力，是第一因。性自聰敏，能正思惟，具思擇力，是第二因。能於無上正等菩提，成就上品清淨信解，是第三因。於諸衆生，成就上品深心悲愍，是第四因。如其次第釋上四因。

四力者，謂諸菩薩由自功力，能於無上正等菩提，深生愛樂，是名第一。由他功力，於大菩提深生愛樂，是名第二。宿習大乘相應善法，今得暫見諸佛、菩薩，或暫得聞稱揚讚歎，即能速疾發菩提心，況覩神力聞其正法，是名第三。於現法中，親近善士，聽聞正法，諦思惟等，長時修習種種善法，由此加行發菩提心，名第四力。

退菩提心門有四因緣，能令菩薩退菩提心：一、種姓不具。二、惡友所攝。三、於諸衆生悲心微薄。四、於極長時生死大苦難行苦行怯畏驚怖也。

## ○顯勝門

最初發心堅固菩薩，略有二種不共世間甚希奇法。何等爲二。一者，攝諸衆生皆爲眷屬。二者，攝眷屬過所不能染，攝眷屬過有其二種，謂於眷屬，饒益損減，染汙違順。如是二事，菩薩皆無。

最初發心堅固菩薩，於諸衆生，發起二種善勝意樂。一者，利益意樂。二、安樂意樂。利益意樂者，謂欲從彼諸不善處拔濟衆生，安置善處。安樂意樂者，謂於貧匱無依無怙諸衆生所，離染汙心，欲與種種饒益樂具。

發心菩薩求菩提故，所攝善法比餘一切所攝善法有二種勝：一、因。二、果。謂所攝善法皆是無上正等菩提能證因故，所證無上是此果故，尚勝二乘，況餘一切世間因果。

發心菩薩有二種發心勝利：一者，初發心已，即是衆生尊重福田，一切衆生皆應供養，亦作一切衆生父母。二者，初發心已，即能攝受無惱害福，此菩薩成就如是無惱害福，得倍輪王護所守護。由得如是護所護故，若寢、若寤、若迷悶等，一切魍魎、人非人等，不能嬈害。又此轉受餘生，由如是福所護攝持故，少病無病不爲長時重病所觸，常益衆生，無勞無損，廣説勝事。

《大莊嚴論》第二，菩薩發心有四種大：一、勇猛大，謂弘誓精進甚深難作，長時隨順故。二、方便大，謂被弘誓鉀，已恒時方便勤精進故。三、利益大，謂一切時作自他利故。四、出離大，謂爲求無上菩提故。

菩薩發心以何爲根，乃至何爲障難究竟等者。以大悲爲根本，以利物爲依止，以大乘法爲所信，以種智爲所緣，爲求彼故。以勝欲爲所乘，欲無上乘故。以大護爲所住，住菩薩戒故。以受障爲難，起異乘心故。以增善爲功德，以福智爲自性，以習諸度爲出離，以地滿爲究竟，由地地勤方便與彼彼相應故。從初世俗發心，謂從地聞持覺解心而發心者，名世俗發心。此由四力：一者，友力發心，謂得善知識隨順故。二、因力，或過去世曾發心爲性故。三者，根力，或過去曾行善根所滿足故。四、間力，或處處説法時，無量衆生發菩提心故。

《顯揚論》第二：世俗發心之(八)，謂如有一類，智者前恭敬而住，起增上意發誓頭(九)言，長老憶念，或言聖者憶念，或言鄔波陀耶，我如是名，從今日始，發阿耨菩提心，爲欲饒益諸有情故，從今已往，願我所修六波羅蜜一切萬行，皆爲證得無上菩提故，我今與諸菩薩摩訶薩和合出家，願尊證知我是菩薩。第二、第三亦復如是。

第一義發心，有三種勝：一、教授勝，親近正遍知故。二、隨順勝，善集福智故。三、得果勝，生無分別智。長此發心，名歡喜地。此勝以何爲因。有四：一、法平等，由通達法無我故。二、衆生平等，由至得自他平等故。三、所作平等，由令他盡苦如自盡苦故。四、佛體平等，由法界與我無別決定能通達故。

此第一義發心，復有六勝：一、生位。二、願位。三、勇猛。四、淨依。五、餘巧。六、餘出。

生勝有四：一、種子勝，信大法爲種子。二、生母勝，般若波羅蜜爲生母故。三、胎藏勝，大禪定樂爲胎藏故。四、乳母勝，大悲長養爲乳母故。

願即十大願，應依《瑜伽》四十五，如下明。一、供養恭敬一切諸佛。二、受持一切三世佛法。三、隨諸如來轉法輪處，皆往供養聽聞正法。四、明諸菩薩所行勝行。五、成熟一切有情，如《般若》說。六、了知器界及有情界。七、嚴淨一切諸佛國土。八、不離一切菩薩諸佛。九、利益衆生，猶如藥樹，如如意珠，生遇皆益。十、隨所利生，常無休息，非同二乘速入涅槃。

如第一供養，有三：一、一切佛無餘。二、供養無餘，有三：一、利供養，謂衣服等。二、敬供養，謂香華等。三、修行供養，謂修信戒等。三、恭敬無餘，有三：一、給侍恭敬。二、迎逆恭敬。三、修行恭敬。廣如《十地論》第三說。

《十地經》又以十盡句成諸大願。何等爲十。所謂一、衆生界盡，謂一切生生故。二、世界盡，謂何處住界。三、虛空界盡，謂一切虛空。四、法界盡，謂說何等法教化法。五、涅槃界盡，隨所化生置何涅槃界故。六、佛出世界盡。七、如來智界盡故〔一〇〕，以何善巧方便如來智盡故。八、心所緣界盡，隨所緣心緣界盡故。九、佛境界智入界盡，復隨何界佛境界智入盡。十、世間轉法輪智轉界盡，發此願勝故，勇猛恒不退，能行難行，永不退故。

淨依者，依二利生：一、知自近菩提。二、知利他方便故。巧便勝得進上地方便故，出離勝者善思惟，住諸地中所建立法故。

## ○譬喻讚歎門

《發心喻偈》云：如地如淨金，如月如增火，如藏如寶篋，如海如金剛。如山如藥王，如友如如意，如日如美樂，如王如庫倉。如道如車乘，如泉如喜聲，如流亦如雲，發心譬如是。

譬如地者，最初發心亦復如是，一切佛法能

生持故。譬如淨金者，依相應發心亦如是，利益安樂不退壞故。譬如新月，勤相應發心如是，一切善法漸漸增故。譬如增火，極依相應發心如是，益薪火熾積行依極故。譬如火〔二〕藏，檀波羅蜜相應發心亦如是，以財周給亦無盡故。譬如寶篋，尸羅相應發心亦如是，功德法寶從彼生故。譬如大海，忍波羅蜜相應發心亦如是，諸來違逆心不動故。譬如金剛，進相應發心亦如是，勇猛堅牢不可壞故。譬如山王，禪波羅蜜相應發心亦如是，物無能動，以不亂故。譬如藥王，般若相應發心亦如是，惑智二病此能破故。譬如善友，無量相應發心亦如是，一切時中不捨衆生故。譬如如意，神通相應發心亦如是，隨所欲現能成就故。譬如盛日，攝相應發心亦如是，如日熟穀成熟衆生故。譬如美樂，辨相應發心亦如是，説法教化攝衆生故。譬如國王，量相應發心亦如是，能爲正道不壞因故。譬如倉庫，聚相應發心亦如是，福智法財之所聚故。譬如道路，覺分相應發心亦如是，大聖先行餘隨行故。譬如車乘，止觀相應發心亦如是，二輪具足安樂去故。譬如湧泉，總持相應發心亦如是，聞者雖多，法無盡故。譬如喜聲，法印相應發心亦如是，求解脱者所樂聞故。譬如河流，自性相應發心亦如是，無生忍道自然而流，不作意故。譬如大雲，能成世間方便相應發心亦如是，示現八相成道，化衆生故。

如《無盡意經》有三十二喻，菩薩有四樂：一、思利樂，謂思惟於利他時。二、得方便樂，謂至得巧方便時。三、解義樂，謂解了大乘意〔三〕時。四、證實樂，謂證入法無我時。若人棄捨衆生趣向寂滅，應知是人不得菩薩如是四樂。此説不發心菩薩過。

次，説歎發心者：若菩薩初發大菩提心，爾時依無邊衆生，即得善護，不作諸惡，爲此故，是人遠離退墮惡道畏。復次，由有善及增故，於樂常喜，由有悲及增故，於苦常喜，爲此故，是人遠離退失善道畏。因此發心得不作護。謂能善護不作諸惡。偈云：愛他過自愛，忘己利衆生，不爲自憎他，豈作不善業。菩薩愛他過於自愛，由此故，忘自身命而利於他，不爲自利而損於他。由此故，能於諸衆生絶諸惡業得不退。菩薩以自功德而爲自嚴，以利懷喜而爲自食，以作意生處而爲園地，以神通變化而爲戲喜。如是四事，唯菩薩有，二乘人無，既有如是四事，云何當退。

次，遮思苦心。菩薩既以大悲爲體，是故極勤利他，雖入阿毗地獄，如遊樂處。菩薩如是，於餘苦中豈生怖畏，因此怖故而退心耶。諸菩薩以大悲闍梨常在心中，若見衆生受苦，即自生苦，由此道理，自然應作，若待善友勸發，深生極重慚羞。偈云：荷負衆生擔，懈怠醜非勝，爲欲解他縛，精進應百倍。菩薩發心，以荷負衆生重擔，若去賒緩，此是醜事，非爲第一端政衆生。菩薩應思若自若他種種急縛，謂惑業生，爲解此縛，應須精進，百倍過彼聲聞獨覺作所應作。

次，説隨順行自他利行。有六大。大依者，依止大菩提而發心故。大行者，爲利自他而發行故。大果者，今得無上大菩提故。大取者，初發心時攝一切衆生故。大忍者，發行時忍一切大苦故。大義者，得果時廣利一切衆生業成就故。復有四大：一、勝出大，於三有五趣中而勝出故。二、寂靜大，隨向無住處涅槃故。三、功德大，福智二聚增長故。四者，利物大，常依大悲不捨生故。

依《發菩提心論》，初意讚勸發心，説諸功德所修勝行，能有對治利益。讚佛、菩薩及以法僧種種功德，令其發心，云：諸佛子若佛弟子受持佛語，能爲衆生演説法者，應先稱揚佛之功德，衆生聞已乃能發心，求佛智慧，以發心故，佛種不斷。若比丘、比丘尼、優婆塞、優婆夷，念佛念法，又念如來行菩薩道時，爲求法故阿僧祇劫受諸勤苦，此意應念佛恩勤苦求法爲我等故，今應如是爲報佛恩，適爲他説令其發心修菩薩行。以如是念，爲菩薩説法，乃至一偈，菩薩得聞是法，示教利喜，當種善根修習佛法，得無上菩提。

爲斷無量衆生無始生死諸苦惱故，欲成無量身心精進，深發大願，行大方便，起大慈悲，求大智慧乃至如來無見頂相，求如是等諸佛大法。當知法無量故，福德果報亦無量。

## ○勸發勝劣重廣門

次，説發心勝劣，云：如來説言，如諸菩薩最初發心，下劣一念福德果報百千萬劫説不能盡，況復一日一月一歲乃至百歲，所習諸心福德果報，豈可説盡。何以故。菩薩所行無盡，欲令一切衆生皆住無生法忍，得無上菩提故。

次，舉喻顯勝，云：諸佛子菩薩初始發菩提心，譬如大海初漸起時，當知皆爲下、中、上價乃至無價如意寶珠，作所住處，此寶皆從大海生故。菩薩發心亦復如是，爲三乘人禪定智慧一切功德之所生處。復次，又如三千大千世界初漸起時，當知便爲二十五有其中所有一切衆生，悉皆荷負作依止處。菩薩亦爾，初漸起時，普爲一切無量衆生，所謂六道、四生，正見、邪見，修善、習惡，持戒毀戒，尊奉三寶，謗毀正法，諸魔外道，沙門梵志，乃至四姓，一切荷負作依止處。

次，發心相菩提，以大慈悲爲本。今説菩薩修慈悲等，廣説修於慈、悲、喜、捨所緣行相，以喻説境界，舉大地塵大海水一三千乃至十方難知限量等，既所緣生界遐不可盡，菩薩發心悉能遍覆如是衆生。云何諸佛子，是菩提心豈可盡耶。若有菩薩，聞如是説，不驚不怖，不退不没，當知是人決定能發菩提之心。假令無量諸佛如來，於無量劫讚其功德，亦不可盡。何以故。以菩提心無限齊故。

次，説發菩提心因緣，云：若諸菩薩親近善知識，供養諸佛，修集善根，志求勝法，心常柔和，遭苦能忍，慈悲淳厚，深心平等，信樂大乘，求佛智慧，若人能具如是十法，乃能發阿耨菩提之心。

且親近善友，有八。《大莊嚴論》第九偈云：

調靜除德增，有勇阿含富，覺真善説法，悲深離退減。此偈明第一依親近，善友具足十種功德者，應堪親近。何謂爲十。一、調伏，謂與戒相應，由根調故。二、寂靜，謂與定相應，由内攝故。三、惑除，謂信念與慧相應，煩惱斷故。四、德增，謂戒定慧具不缺減故。五、有勇，謂利益他時不疲倦故。六、經富，謂得多聞故。七、覺真，謂了實義故。八、善説，不顛倒故。九、悲深，絶希望故。十、離退，於一切時恭敬説故。此所應親近善友相。

二、物親近，有三：一、財，謂恭敬供養。二、身，謂隨順給侍。三、心，謂給侍時身心相應。

三、緣起親近善友，有三：一、願樂。二、知時。三、除慢。四、迴向親近，不爲貪著利養，但爲隨順修行故。五、因親近，如所教授隨順修行爲親近因。何以故。以此隨順，令彼善友心生歡喜故。六、智親近，爲善解三乘自乘令成故。七、田親近善友，謂嚴淨土。云何名田。以自所聞法，於衆生相續中而建立故，隨所住佛土修清淨因故。八、依止親近者，但以法利具足爲依止。是故親近善友，不以財利具足爲依止。

親近善友差别者，有六：一、因果差别，謂過去親近爲因，現在爲果，現在爲因，未來爲果。二、隨法差别，謂善知識所説法門，隨其差别而修行故。三、内外差别，自親近爲内，令他親近爲外。四、麤細差别，自聽爲麤，内心思惟爲細。五、勝劣差别，有慢親近爲劣，無慢親近爲勝。六、遠近差别，現趣爲近，生報親近爲遠，生報後報無間隔世近遠如次。

云何名最勝親近。有五：一、淨信，於親近處生淨信故。二、深心，此中有九：一、味心，二、隨喜心，三、悕望心，四、無厭心，五、廣大心，六、勝喜心，七、勝利心，八、無染心，九、善淨心。三、神通，謂依虚空藏等三昧而親近故。四、方便，謂依無分别智攝故。五、和合者，謂大菩薩以一果入一切果故。彼十種行一一應説之。

復有四緣：一、思惟諸佛，發菩提心。復有五種：一者，思惟十方三世諸佛，初始發心具煩惱性，亦如我今，終成正覺，爲無上尊，以此緣故發菩提心。二者，思惟三世諸佛發大勇猛，各各能得無上菩提，若此菩提可得法，我亦應得，以此緣故。三者，思惟三世諸佛發大明慧，於無明鷇建立勝心，積集苦行，皆能自拔超出三界，我亦如是當自拔濟，緣此事故。四者，思惟三世諸佛爲人中雄，皆度生死煩惱大海，我亦丈夫亦當能度，緣此事故。五者，思惟三世諸佛發大精進，捨身命財求一切智，我今亦當隨學諸佛，緣此事故。

觀身過患，發菩提心，復有五種：一者，自觀我身五陰、四大俱能興造無量惡業，欲捨離故。二者，自觀我身九孔常流臭穢不淨，生厭離故。三者，自觀我身有貪、瞋、癡無量煩惱燒然善心，欲滅除故。四者，自觀我身如泡如沫、念念生滅，是可捨法，欲棄捐故。五者，自觀我身無明所覆，常造惡業輪迴五趣，無利益故。

求最勝果，發菩提心，復有五事：一者，見諸如來相好莊嚴，光明清徹，遇者除惱，爲修集故。二者，見諸如來法身常住，清淨無染，爲修集故。三者，見諸如來有戒定慧、解脱、解脱知見清淨法聚，爲修集故。四者，見諸如來有十力、四無畏、大悲三念，爲修集故。五者，見諸如來有一切智，憐愍衆生慈悲普覆，能爲一切愚迷正道，爲修集故。

慈愍衆生，發菩提心，復有五事：一者，見諸衆生爲無明所纏故。二者，見諸衆生爲衆苦所纏。三者，見諸衆生集不善業。四者，見諸衆生造極重惡。五者，見諸衆生不修正法，無明所纏。復有四事：一者，見諸衆生爲癡愛所惑受大劇苦。二、見諸衆生不信因果造作惡業。三、見諸衆生捨離正法信受邪法。四、見諸衆生没煩惱河，四流所漂衆苦所纏。復有四事：一、見諸衆生畏生老病死，不求解脱而復造業。二、見諸衆生憂悲苦惱而常造作，無有休息。三、見諸衆生愛别離苦而不覺悟，方便染著。四者，見諸衆生怨憎會苦常起嫌嫉，更復造惡集不善業。復有四事：一、見諸衆生爲愛欲故造作諸惡。二、見諸衆生知欲生苦而不捨欲。三、見衆生雖欲求樂不具戒足。四、見衆生雖不樂苦、造苦不息、造極重惡。復有四事：一者，衆生毁犯重戒，雖復憂懼而猶放逸。二、見衆生興造極惡，五無間苦凶頑，自蔽不生慚愧。三、見衆生謗毁大乘方等正法，專愚自執方起憍慢。四、見衆生雖懷聰哲而具斷善根，反自貢高永無改悔，不修正法。復有四事：一、見衆生生於八難，不聞正法，不知修善。二、見衆生值佛出世聞説正法，不能受持。三、見衆生染習外道，苦身修業永不出離。四、見衆生修得非想非非想定，謂是涅槃，善報既盡還墮三塗。

菩薩見諸衆生無明造業，長夜受苦，捨離正法，迷於出路，爲是等故，發大慈悲，志求菩提，如救頭然，一切衆生有苦惱者，我當拔濟令無有餘。諸佛子，我今略説初行菩薩緣事發心。

## ○立誓發願門

發願立誓，菩薩云何發趣菩提，以何業行成就菩提。發心菩薩住乾慧地，先當堅固發於正願，攝受一切無量衆生，我求無上菩提，救護度脱，令無有餘，皆令究竟無餘涅槃。是故初始發心大悲爲首，以悲心故，能發轉勝十大正願。

何謂爲十。一、願我先世及以今身所種善根，施與一切，悉共迴向無上菩提，令我此願念念增長，生生不忘，爲陀羅尼之所守護。二、願我迴向大菩提已，以此善根，於一切生處，常得供養一切諸佛，恒常不生無佛國土。三、願我得生諸佛國已，常得親近隨侍左右，如影隨形，無剎那頃遠離諸佛。四、願我得近佛已，隨所應爲我説法，即得成就菩薩五通。五、願得通已，即達世諦假名流布，了第一義，得正法智。六、願我得正法智已，以無厭心，爲生説法，示教利喜，皆令開解。七、願我開解諸衆生已，以佛神力，遍至十方無餘世界，供養諸佛，聽受正法，廣攝衆生。八、願於諸佛所聞正法已，即能隨轉清淨輪，十方世界一切衆生，聽我法者，聞我名者，即得捨離一切煩惱，發菩提心。九、願我能令一切衆生發菩提已，常隨將護，除無利益，與無量樂，捨身命財，攝受衆生，荷負正法。十者，願我能荷負正法已，雖行正法，心無所行，如諸菩薩行於正法而無所行，亦無不行，爲化衆生，不捨正願。

次，立決定誓者，有五事持：一、能堅固其心。二、能制伏煩惱。三、能遮放逸。四、破五蓋。五、能勤修六波羅蜜。云何立誓。若有人來種種求索，我於爾時隨有施與，乃至不生一念慳悋。若生惡心如彈指頃，以施因緣求淨報者，我即欺誑十方世界無量諸佛，於未來世，亦當必定不成無上菩提。若我持戒，乃至失命建立淨心，誓無悔心。若我修忍，爲他侵害乃至割截，常生慈心，誓不恚礙。若修精進，逢寒暑、王賊、水火、師子、虎狼、無水穀處，要必堅固，誓不退沒。若我修禪，爲外事惱不得攝心，要繫念境，誓不暫起非法亂想。若修智慧，觀一切法，如真實性，隨順受持，於善不善、有爲無爲、生死涅槃，不起二見。若我心悔、恚礙、退沒、亂想、起於二見如彈指頃，而以戒、忍、精進、禪、智求淨報者，我即欺誑十方世界無量無邊阿僧祇現在諸佛，於未來不證菩提。菩薩以十大願持正法行，以六大誓制放逸心，必能精進修集六波羅蜜，成無上菩提。

《瑜伽》四十五，有五大願及十大願。五願者：一、發心願，二、受生願，三、所行願，四、正願，五、大願。若諸菩薩於其無上正等菩提，最初發心，名發心願。若諸菩薩願於當來世，往生隨順饒益有情諸善趣中，名受生願。若諸菩薩願能無倒思擇諸法願，於境界修無量等殊勝善法，名所行願。若諸菩薩願於當來攝受一切菩薩善法，攝受一切所有功德，名爲正願。菩薩大願，當知即從正願所出。

十大願者：若諸菩薩願於當來，以一切種上妙供具，供養無量無邊如來，名第一願。若諸菩薩，此言流至第十。願於當來，攝受防護諸佛正法，傳持法眼，令無斷壞，名第二願。願於當來，從覩史多宫降下，如前乃至入涅槃，名第三願。願於當來，行一切種菩薩正行，名第四願。願於當來，普能成熟一切有情，名第五願。願於當來，普能一切世界皆能示現，名第六願。願於當來，一切淨修一切佛土，名第七願。願於當來，一切菩薩皆同一種意樂加行，趣入大乘，名第八願。願於當來，所有一切無倒加行，皆不唐捐，名第九願。願於當來，速證無上正等菩提，名第十願。

四十七云：由得清淨勝意樂故，爲欲供養最勝有情真實福田大師法王，是故引發第一大願。爲欲受持彼所宣説無上正法，是故引發第二大願。爲欲勸請轉未曾有妙正法輪，是故引發第三大願。爲欲隨彼行菩薩行，是故引發第四大願。爲欲成熟彼器有情，是故引發第五大願。爲欲往趣諸佛國土，奉見如來，承事供養正〔三〕法，是故引發第六大願。爲淨修治自佛國土，是故引發第七大願。爲於一切在所生處，常不遠離諸佛、菩薩，與諸菩薩常同一味意樂加行，是故引發第八大願。常爲利益一切有情，曾無空過，是故引發第九大願。爲證無上正等菩提，作諸佛事，是故引發第十大願。

## ○復説發心及哀愍門

《文殊師利問菩提心論》云：有十種發：一者，身發，欲令衆生身業清淨故。二，口發，欲令衆生口業清淨故。三者，意發，欲令衆生意業清淨故。論釋云：爲遠離身、口、意業一切惡行，發大精進也。四者，内發，以不虚妄分別一切諸衆生故。論云：以化一切衆生，令學彼處，不虚〔四〕分別者，以不著諸法故。五者，外發，於一切衆生，平等行故。論云：以遠離增〔一五〕愛故。六者，智發，以具足佛智清淨故。論云：以平等教化一切衆生故。七，清淨國土發，以示一切諸佛國土功德莊嚴故。論云：以如實知心，便隨相應説法故。八者，教化衆生發，以知一切煩惱病藥故。九者，實發，以成就定聚故〔一六〕。十，無爲智滿足心發，以不著三界故。論云：以證實法，不〔一七〕三界故，又離虚妄法故。

《瑜伽》七十二有十發心，謂世俗受發心、得法性發心、不決定發心、決定發心、不清淨發心、清淨發心、羸劣發心、强盛發心、未成果發心、已成果發心。未入正性離生，名世俗發心。已入正性離生，名得法性發。已離遠近，名不決定發。與此相違，名決定發。隨他轉，或被陵逼，或怖或誑，或爲利養，此等發心，名不清淨。與此相違，名爲清淨。爲貪、瞋、癡纏所蔽伏，捨於正法，處於邪行，名羸劣發。與此相違，名爲强盛。謂勝解乃至十地，名未成果。謂如來地，名已成果。

《瑜伽》四十七謂諸菩薩有五真實菩薩之相，若成就者，墮菩薩數。何等爲五。一者，哀愍。二者，愛語。三者，勇猛。四者，舒手惠施。五者，能解甚深義。此各有五種：一、自性。二、依處。三、果利。四、次第。五、相攝。哀愍依處，略有五種：一、有苦有情。二、惡行有情。三、放逸有情。四、邪行有情。五、煩惱隨眠有情。三塗八難爲有苦。諸不律儀爲惡行。視樂一切染汙境界爲放逸。依諸妄見修行種種苦解脱行，於惡説法毗奈耶中而出家者，名爲邪行。煩惱可知。果利者，於諸有情，最初能斷怨害嫌恨，菩薩哀愍普於一切利有情事，皆能修作，心無怯劣，於此加行，嘗無厭倦，多住哀愍，能攝無罪，現法樂住，及饒益他。又如世尊所説，修慈所得勝利，謂於現身毒藥刀仗不加害，名哀愍果利。

七相憐愍，謂諸菩薩於諸有情，深心發起七相憐愍，以諸菩薩具憐愍故，名善意樂。何名七相。一、無畏憐愍。二、如理憐愍。三、無倦。

四、無求。五、無染。六、廣大。七、平等。謂諸菩薩於有情所，非怖畏故而憐愍，現行隨順身、語、意業，適可其心，利益安樂，名無畏憐愍。於諸有情，終不以非法非律非賢善法及以非處勸授有情，名如理。於諸有情，隨其所宜，發起一切饒益事業，曾無厭倦，名無倦。不待求請，自起憐愍，爲作饒益，名無求。無愛染心而起憐愍，謂饒益他，不祈恩報，亦不悕望當來可愛諸果異熟，名無染。謂於一切諸有情所，雖遭一切不饒益事，而不棄捨，菩薩自身寧受非愛，終不以惡欲加於彼，名廣大。普於一切諸有情類，平等平等，於有情界，無有分限，是名平等憐愍。菩薩與此七種行相憐愍相應，名善意樂極善意樂。

七十二云：復次，若於五種有情衆中，起邪行時，說名無哀無愍無有傷嘆。一、於乞求者。二、於危厄者。三、於有恩者。四、於樂樂者。五、於樂法者。乞求有五，乞四事爲四，五、求救護。危厄，亦五：一、艱乏者。二、住迷亂者。三、來歸依者。四、相投委者。五、來拜覲者。其有恩者，亦有五種，一、母。二、父。三、妻子。四、奴婢僕使。五、朋友兄弟。樂樂，亦有五：一、愛樂事業興盛樂。二、不乖離樂。三、苦遠樂。四、解疲倦樂。五、求勝進樂。樂法，亦有五：一、樂說正法。二、樂受持讀誦。三、樂論議決擇。四、樂教授教誡。五、樂法隨法行。此中邪行者，謂於是中，或作加行，或不作加行，或不饒益加行故，或中庸加行故，應知其相。

## ○雜明修行及退不退門

四十六：菩薩修無上菩提有五希奇。一、於諸有情，非有因緣而生親愛。二、唯爲饒益諸有情故，常處生死，忍無量苦。三、於多煩惱難伏有情，善能解了調伏方便。四、於極難解真實義理，能隨悟入。五、具不思議大威神力。

由五種相，普於有情，其心平等。一者，菩薩最初發心願大菩提，如是亦爲利益一切有情故，起平等心。二者，於諸有情，住哀愍俱平等之心。三、於諸有情，深心發起一子愛俱平等之心。四、知一有情所有法性即是一切有情法性，以法性平等俱行之心，於諸有情，住平等心。五、於一切有情，行利益行，亦復如是以利心俱，於諸有情，住平等心。

由五種相，於其有恩諸有情所，現前酬報。一者，安處有情，令學己德。二者，方便安處，令學他德。三者，無依無怙，有苦有貧，隨力隨能，作依怙等。四者，勸令供養諸佛如來。五者，令於如來所說正法，受持讀誦書寫供養。

菩薩於五處，常當欣讚。一、值佛出世，常得承事。二、於諸佛所，常聞六種波羅蜜多菩薩藏法。三者，於一切種成就有情，常有勢力。四、能於無上正等菩提，堪任速證。五、證菩提已，諸弟子衆常和無諍。

又諸菩薩隨順退法，當知有五：一、不敬正法及說法師。二、放逸懈怠。三、於諸煩惱，親近執著。四、於諸惡行，親近執著。五、與餘菩薩，挍量勝劣，起增上慢。與上相違，名順勝法。

《發菩提心論》下云：菩薩修習六波羅蜜，求無上菩提者，應離七法。一者，離惡知識，惡知識者，所謂教人捨離上信、上欲、上精進，集衆雜行。二者，離於女色貪著嗜欲，染習世人而專俗事。三者，離於惡覺自觀形容，貪惜愛重染著守護謂可久保。四者，離瞋恚、舉慢、嫉忘[一八]、興起諍訟、壞亂善心。五者，離於放逸、憍慢、懈怠、自恃小善、輕蔑於人。六、離於外道書論及世文頌綺飾文詞，非佛所說不應讚誦。七者，不應親近邪見、惡見。如是七法所應遠離，如來說言，不見更有餘法深障佛道如此七法。若欲速得無上菩提，當修七法，大意翻前七所修行。

《文殊問經論》云：有天子名月淨光德，問文殊師利言：菩薩初觀於何法故行菩薩行，依何法故行菩薩行。文殊師利答言：天子，諸菩薩行以大悲爲本，爲諸衆生。又問：大悲以何爲本。

答：以直心爲本。又問：直心以何爲本。答：以於一切衆生平等心爲本。又問：於一切平等心以何爲本。答：以無異離異行爲本。又問：無異離異行以何爲本。答：以深淨心爲本。又問：深淨心以何爲本。答：以阿耨菩提心爲本。又問：阿耨菩提心以何爲本。答：以六波羅蜜爲本。又問：六波羅蜜以何爲本。答：以方便慧爲本。又問：方便慧以何爲本。答：以不放逸爲本。又問：不放逸心以何爲本。答：以三善行爲本。又問：三善行以何爲本。答：以十善道爲本。又問：十善道以何爲本。答：以持戒爲本。又問：持戒以何爲本。答：以正憶念爲本。又問：正憶念以何爲本。答：以正觀爲本。又問：正觀以何爲本。答：以堅念不忘爲本。

《文殊問經論》下云：菩薩有十種對治，即十波羅蜜所對治法。對治慳貪，布施故。治破戒心，身、口、意業清淨故。治瞋恚心，修行清淨大慈悲故。治懈怠心，求諸佛法無疲倦故。治不善覺觀，心得禪定解脱奮迅自在故。治愚癡心，生助決定慧方便法故。治煩惱心，生道法故。治顛倒心道，集實諦道，生不顛倒道故。治不自在心法，時非時得自在故。治有我相，觀諸法無我故。如次十度對治可知。

《彌勒問經》云：菩薩摩訶薩有八法，能成不退轉地。何等爲八。一者，大悲。二者，心安住。三者，智慧。四者，方便。五者，不放逸。六者，發精進。七者，善住念。八者，值善知識。初發心菩薩應速修行此八種法，如救頭然，成就八種法故，得名爲入不退不轉菩薩之數。何等爲八。一者，觀察自過，不觀他過。二者，乃至不爲自身命故，施惡於人。三者，若得利養，其心不高，若失利養，心亦不下。四者，於諸衆生，起福田想，不生惡心。五者，所有財物，悉與一切衆生共之。六者，於諸法中，不欲獨解令他不知。七、見他得樂生歡喜心，不由自樂生歡喜心。八、於愛不愛，其心平等。菩薩具此八法故，不退不轉無上菩提。

有五種法，名爲菩薩於無上菩提不退轉相。何等爲五。一者，於諸衆生，起平等心。二者，於他利養，不生嫉心。三者，乃至自爲身命，不説法師比丘諸惡過失。四者，終不貪著供養、恭敬、讚歎等事。五者，畢竟得甚深智慧。又有五法：一者，不見自身。二者，不見他身。三者，心不分別妄説法界。四者，不見菩提。五者，不以相見如來。

有三十二罣礙塹路發菩提心相違之法。一、求聲聞乘。二、求辟支佛乘。三者，求釋梵處。四、倚著所生淨修梵行。五者，專一德本，言是我所。六、若得財寶，慳悋貪愛。七、以偏黨心而施衆生。八、輕易誡禁。九、不念道心專精之行。十、瞋恚之事以爲名聞。十一、其心放逸。十二、馳騁。十三、不求博聞。十四、不察所造。十五、貢高自大。十六、不能清淨身口心行。十七、不護正法。十八、背捨恩。十九、棄捨恩。二十、離堅要法。二十一、習諸惡友。二十二、隨諸陰種。二十三、不勤助道。二十四、念不善本。二十五、所發道意無權方便。二十六、不以慇懃咨嗟三寶。二十七、憎諸菩薩。二十八、所未聞法聞之誹謗。二十九、不覺事。三十、習持俗典。三十一、不肯勸化諸衆生類。三十二、厭於生死。《發菩提心論》下有十法，能令不退菩提。

**○依《觀普賢菩薩經》懺悔受戒門**

六根懺悔文，依《觀普賢菩薩經》六根懺悔及自受戒法：於無量世，眼根因緣貪著諸色，以著色故貪愛諸塵，以愛塵故受女人身，世世生處惑著諸色。色壞汝眼，爲恩愛奴，是故使汝經歷三界，得見審實爾不。眼根不善傷害汝多，隨順我語歸向諸佛，釋迦牟尼説汝眼根所有罪咎，諸佛、菩薩慧明法水，願以洗除令我清淨。作是語已，遍禮十方佛，向釋迦牟尼佛大乘經典，復説是言：我今懺悔，眼根重罪，障蔽穢濁，盲無所見，願佛大慈哀愍覆護。普賢菩薩乘大法船普度一切，十方無量諸菩薩伴，唯願慈哀聽我悔過眼根不善惡業障法。如是三説，五體投地。

次，懺悔耳根。準經有先勸文，次云：是時行者聞是語已，復更合掌，五體投地，而作是言：正遍知世尊，現爲我證方等經典，爲慈悲主，唯願觀我聽我所説。我從多劫乃至今身，耳根因緣聞聲惑著，如膠著艸，聞諸惡時，起煩惱毒，處處惑著，無暫停時，出此弊聲勞我識神，墮落墜三塗，今始覺知，向諸世尊發露懺悔。

次，懺鼻根罪。經文先説過患，次説無相理。次禮釋迦多寶釋迦分身，次禮東方善德佛及分身諸佛，如眼所見，一一心禮，香華供養。次，供養畢已，胡跪合掌，以種種偈讚歎諸佛。既歎佛已，次懺十惡業。次云，既懺悔已而作是言：我於先世無量劫時，貪香味觸，造作衆惡，以是因緣，無量世來恒受地獄、餓鬼、畜生、邊地邪見諸不善身。如此惡業今悉發露，歸向諸佛正法之王，説罪懺悔。

次，懺語四，即舌根罪。先想於諸佛前自説已過，諸佛如來是汝慈父，汝當自説舌根所作，即説四業所有過患。五體投地，禮十方佛，合掌長跪，當作是語：此舌過患無量無邊，諸惡業刾從舌根出，斷正法輪從此舌起，如此惡舌斷功德種，於非義中多端强説，讚歎邪見，如火益薪，猶如猛火，傷害衆生，如飲毒者無瘡疣死，如此罪報惡邪不善，當墮惡道百劫千劫，以妄語故墮大地獄。我今歸向十方諸佛大悲世尊，發露黑惡，誠心懺悔。説是語已，五體投地，復禮諸佛。次，説諸佛大悲，説四無量及六和敬，令行者修。

次，身心懺悔。云：身者殺、盜、婬，心者念諸不善，造十惡業及五無間，猶如猿猴，亦如獼膠，處處貪著，遍至一切六情根中。此六根業枝條華葉，悉滿三界二十五有一切生處，亦能增上無明、老死十二苦事，八邪、八難無不逕中，汝今應當懺悔如是惡不善業。次云：爾時，行者聞此語已，聞空中聲，我今何處行懺悔法。時，空中聲即説是語：釋迦牟尼名毗盧舍那遍一切處，其佛住處常寂光，常波羅蜜所攝成處，我波羅蜜所安住處，淨波羅蜜滅有相處，樂波羅蜜不住身心相處，不見有無諸法相處，如寂解脱，乃至般若波羅蜜，是色常住法故，如是應當觀十方佛。時，十方佛各申右手，摩行者頂，作如是語：善哉，善哉，善男子，汝讀誦大乘故，十方諸佛説懺悔法，菩薩所行不斷結使，不住使海，觀心無心從顛倒想起，如此相心從妄想起，如空中風無依止處，如是法相不生不没。何者是罪。何者是福。我心自空，罪福無主，一切法如是無住無壞。如是懺悔，觀身無法不住法中，諸法解脱滅諦寂靜，如是相者名大懺悔，名大莊嚴懺悔，名無罪相懺悔，名破壞心識。行此懺悔者，身心清淨不住法中，猶如流水，念念之中得見普賢菩薩及十方佛。次云：作此懺悔，得滅百萬億劫阿僧祇生死重罪。

爾時，行者若欲具足菩薩戒者，應當合掌在空閑處，遍禮十方佛，懺悔諸罪，自説已過。然後靜處向十方佛，而作是言：諸佛世尊常住在世，我業障故，雖信方等，見佛不了，今歸依佛，唯願釋迦牟尼正遍知世尊，爲我和上。文殊師利具大悲者，願以智慧，授我清淨諸菩薩法。彌勒菩薩勝大慈行，憐愍我故，亦應聽我受菩薩法。十方諸佛現爲我證，諸大菩薩各稱其名，是勝大士覆護衆生，助護我等。今受持方等經典，乃至捨命，設墮地獄受無量苦，終不毁謗諸佛正法。以是因緣功德力故，今釋迦牟尼佛爲我和上，文殊師利爲我阿闍棃，當來彌勒願授我法，十方諸佛願證知我，大德諸菩薩願爲我伴。我今依大乘經典甚深妙義，歸依佛，歸依法，歸依僧。如是三説。

歸依三寶已，次當自誓受六重法。受六重法已，次當勤修無礙梵行，發廣濟心，受八重法。立此誓已，於空閑處，燒衆名香，散華供養一切有五懺悔法，如前鈔説。復刹利居士頂禮一切諸佛及諸菩薩，思方等義。復更菩提心，以此功德，普度一切。作是語已，復更諸佛及諸菩薩大乘方等，而作是言：我於今日發

勸發菩提心集卷上

**校勘記**

〔一〕底本據《卍續藏》。
〔二〕「二」，疑爲「三」。
〔三〕「網」，底本原校疑爲「誷」。
〔四〕「忘」，底本原校疑爲「怠」。
〔五〕「没」，底本原校疑爲「被」。
〔六〕「如」，疑爲「爲」。
〔七〕「所正」，底本原校疑爲「正所」。
〔八〕「之」，底本原校疑爲「者」。
〔九〕「頭」，疑爲「願」。
〔一〇〕「故」，疑衍。
〔一一〕「火」，底本原校疑爲「大」。
〔一二〕「意」，底本原校云一本作「空」。
〔一三〕「正」，底本原校疑前脱「聽受」二字。
〔一四〕「虚」，疑後脱「妄」字。
〔一五〕「增」，底本原校疑爲「憎」。
〔一六〕「八者」至「定聚故」，底本脱，據《文殊師利菩薩問菩提經論》（《大正藏》本）補。
〔一七〕「不」，底本原校疑後脱「著」字。
〔一八〕「忘」，底本原校疑爲「忌」。

# 勸發菩提心集卷中

翻經沙門慧沼撰

一讚受戒門　二顯過勸持戒門
三明護戒門　四受意門
五説受益門　六正受門
七受戒得益門　八受十善戒門
九讚忍護戒門　十白衣五戒門

十一供養門　十二供養見利門
十三障治門　十四勝劣門
十五善友門　十六雜行門
十七婦德門

## ○一讚受戒門

《智度論》十三云：若慈愍衆生故，爲度衆生故，亦知戒實相故，心不倚著，如此持戒，將來令人得至佛道，如是名爲得無上佛道戒。若人求大善利，當堅持戒，如惜重寶，如護身命。何以故。譬如大地，一切萬物有形之類，皆依地而住，戒亦如是。戒爲一切善法住處，譬如無足欲行，無翅欲飛，無船欲度，是不可得。若不持戒，欲得好果，亦復如是。若人弃捨此戒，雖山居、苦行、食菓、服藥，與禽獸無異。人雖貧窮，而能持戒，勝於富貴。而破戒者華香、木香不能遠聞，持戒之香周遍十方。持戒之人具足安樂，名聲遠聞，天、人愛敬，現世常得種種快樂。若欲天上人中富貴長壽，取之不難，持戒清淨所願皆得。

復次，持戒之人常得今世人所敬養，心樂不悔，衣食無乏，死得生天，後得佛道。持戒之人無事不得，破戒之人一切皆失。譬如有人常供養天，其人貧窮，一心供養，滿十二歲，求索富貴，天愍此人，自現其身。廣説如常也。

復次，持戒之人人所樂施，不惜財物，不修世利而無所乏，得[二]得生天上十方佛前，入三乘道而得解脱。唯種種邪見而持戒者，後無所獲。

復次，持戒之人雖無兵杖，衆苦不加，持戒之財無能奪者。持戒親親雖死不離，持戒莊嚴勝於七寶，以是之故，當護於戒如護身命，如愛重寶。破戒之人受苦萬端，如向貧人破瓶失物，以是之故，應持淨戒。

## ○顯過門

復次，持戒之人觀破戒人罪，應自挽勵，一心持戒。云何名爲破戒人罪。破戒之人，人所不敬，其家如塚，人所不到。破戒之人失諸功德，譬如枯樹，人不愛樂。破戒之人如霜蓮華，人不喜見。破戒之人惡心如惡羅刹。破戒之人，人不歸向，譬如渴人不向枯井。破戒之人心常疑悔，如犯罪人常畏罪至。破戒之人如田被雹，不可依仰。破戒之人譬如苦瓜，雖形似甘種，而不可食。如賊聚落，不可依止。如大病人，人不欲近。譬如惡賊，難可親近。譬如火坑，行者避之。如毒蛇不可觸，如大海，如破船，如吐食。譬如惡馬在善馬中，與善人異。如驢在牛群中，破戒之人在精進衆中，譬如儜人在健兒中。破戒之人雖似比丘，譬如死屍在眠人中。是故行者，應當一心堅持禁戒。

## ○勸持門

《智度論》問云：人能以力勝人，竝國殺怨，或田獵皮肉，所濟處大，今不殺生，得何利益。答：得無所畏，安樂無怖，我以無害於彼故，彼亦無害於我，以是故無怖無畏。好殺之人設位極人王，亦不自安，持戒之人單行獨遊無所畏難。

復次，好殺之人有命之屬皆不喜見，若不好殺，一切衆生皆樂依附。復次，行者思惟，我自惜命愛身，彼亦如是，與我何異。以是之故，不應殺生。若殺生者，爲善人所呵，怨家所嫉。負他命故，常有怖畏，爲彼所憎，死時心悔，當墮惡道。若出爲人，常當短命，假令後世無罪，不爲善人所呵，怨家所嫉，尚自不應故奪他命。何以故。善人之相所不應行，何況兩世有罪弊惡果報。

復次，殺生爲罪中之重。何以故。人有死急，不惜重寶，但以活命爲先。譬如價客入海採寶，垂出大海，船破寶失而自慶喜。衆人怪言：汝失財物，裸形得脱，云何喜言幾失大寶。答：一切寶中，人命第一。人爲命故求寶，不爲財故求命。以是故，佛十不善道等中殺最在初。若人種種修諸福德，而無不殺生戒，則無所益。何以故。雖在富貴處生勢力豪强，而無壽命，誰受此樂故。諸罪殺罪重，諸功德不殺勝。又世間中惜命爲第一。何以知之。一切世人甘受形[三]種種考掠，以護壽命。又佛説有五大施者，即是五戒。

復次，行慈三昧，其福無量，水火不害，刀杖不傷，一切惡毒所不能中，以五大施故，所得如是。又復次，殺生有十種罪，如佛語難提迦優婆塞，殺生有十罪。何等爲十。一者，心常懷毒，世世不絶。二、衆生憎惡，眼不喜見。三、常懷惡念，思惟惡事。四、衆生畏之如見虵。五、睡時心怖，覺亦不安。六、常有惡夢。七者，命終之時狂怖惡死。八者，種短命因。九者，身壞命終墮泥犁中。十者，若出爲人，常當短命。

問：若不侵我，殺心可息。若爲侵害，是當云何。答曰：應量輕重。若人殺己，先自思惟，全戒利重，全身利重。破戒爲失，喪身爲失。如是思惟已，知持戒爲重，全身爲輕。若苟免全身，身何所得。是身名爲老死藪，必當壞敗。若爲持戒失身，其利甚重。又復思惟，我前後失身，世世無數，但爲財利諸不善事，今乃得爲持淨戒，故不惜此身捨命持戒，勝於捨戒全身，百千萬倍不可爲喻。如是定心，應當捨身以護淨戒。

全[三]如一須陀洹人生屠殺家，年向成人，應當修其家業，而不肯殺。父母與刀并一口羊，閉著屋中而語之言：若不殺羊，不令汝出得見日月生活飲食。兒自思惟言：我若殺此一羊，便當終爲此業，豈以身故爲此大罪。便以刀自殺，父母開門見，羊在一面立，兒已命終，當自殺時即生天上。若如此者，是爲不惜壽命而護淨戒。如佛説：不與取者有十罪。何等爲十。一者，物主常瞋。二者，重疑。三者，非時行不籌度。四者，朋黨惡人，遠離賢善。五者，破善相。六者，得罪於官。七者，財物没入。八者，種貧窮業。九者，死入地獄。十者，若出爲人勤苦求財。

五家苦[四]共有邪婬者。問曰：若夫主不知不見不惱，他有何罪。答曰：夫妻之情異身同體，奪所愛敬，破他本心，是名爲賊。又復惡名醜聲，爲人所憎，少樂多畏，或畏刑戮，又畏夫主傍人所知，多懷妄語，聖人所呵。又復思惟：我婦、他妻同爲女人，骨肉情態彼此無異，而我何爲横生惑心隨逐邪意。邪婬之人破失今世、後世之樂，迴己易處，以自制心。若彼侵我妻，我則忿恚。我若侵彼，彼亦無異，恕己自制。如佛所説，邪婬之人後墮劍樹地獄，衆苦備受，得出爲人，家道不穆，常值婬婦，邪僻殘賊，邪婬爲患，譬如蝮蚦，亦如大火，不急避之，禍害將至。

如佛所説，邪婬有十罪：一者，常爲所婬夫主欲遮害之。二者，夫婦不穆，常共鬭諍。三者，諸不善法日日增長，於諸善法日日損減。四者，不守護身，妻子孤寡。五者，財産日耗。六者，有諸惡事，常爲人疑。七者，親屬知識所不喜愛。八者，種怨家業。九者，身壞命終，死生[五]地獄。十者，若出爲女，多人共夫。若爲男子，婦不貞潔。

妄語之人先自誑身，然後誑人，以實爲虛，以虛爲實，虛實顛倒，不受善法，譬如覆瓶水不得入。妄語之人心無慚愧，閉塞天道涅槃之門，觀知此罪故不應作。復次，觀知實語，其利甚廣，實語之利自從己出，甚爲易得，是爲一切出家人力。如是功德，若在家人共有此利，善人之相、實語之人，其心端直，易得免苦，譬如稠林曳木，直者易出。世人愚癡少智，遭事苦厄，妄語求脱，不知事發今世得罪，不知後世有大罪報。復有人，雖知妄語罪，慳貪、瞋恚、愚痴多故而作妄語。復有人，雖不貪、瞋，而妄證人罪，心謂實爾，死墮地獄，況貪瞋癡惡心妄證。

如提婆達多弟子俱迦離，常求舍利弗、目犍連過失。是時，二人夏安居竟，遊行諸國，值天大雨，到陶作家，宿盛陶器舍。此舍中先有一女人，在闇中宿，二人不知。此女人其夜夢失不淨，晨朝趣水澡浴，是時俱迦離偶行見之。俱迦離能相，知人交會情狀，而不知夢與不夢。是俱迦離顧語弟子：此女昨夜與人情通。即問女人：汝出在何處。答言：我在陶師屋寄宿。又問：共誰。答：二比丘。是時二人從屋中出，俱迦離見已，又以相驗之，意謂：二人必爲不淨。先懷嫉妬，既見此事，遍諸城邑聚落告之，次到祇洹唱此惡聲於是中間。梵天王來欲見世尊，佛入靜室寂然三昧，諸比丘衆亦有閉房三昧，皆不可覺。即自思惟，我故來見佛，佛入三昧，且欲還去。即復念言，佛從定起亦將不久。於是小住俱迦離房前，扣户而言：俱迦離，俱迦離，舍利、目連清淨，汝莫謗之而長夜受苦。俱迦離問：汝是何人。答言：我是梵王。問言：佛説汝得阿那含道，何以故來。梵王心念而説偈言：無量法欲量，不應以相取。無量法欲量，是野人覆没。説此偈已，到佛所，具説其事。佛言：善哉，善哉，快説此偈。爾時，世尊復説此偈，梵天王聽佛説已，忽然不現即還天上。爾時，俱迦離到佛所，頭面禮佛足，却住一面。佛告俱迦離：舍利、目連清淨人，汝莫謗之而長夜受苦。俱迦離白佛言：我於佛語不敢不信，但自目見，了了定知，二人實行不淨。佛如是三呵，俱迦離亦不受，即從座起去。還其房中，舉身生瘡如芥子，漸大如豆如棗如㮈，轉大如瓜，翕然爛壞如大火燒，叫呼嘷哭，其夜即死，入大蓮華地獄。有一梵天，夜來白佛：俱迦離已死。復有一梵天言：墮地獄。其夜過已，佛命僧集，而告之言：汝等欲知俱迦離所墮地獄壽長短不。諸比丘言：願樂欲聞。佛言：六十斛胡麻。有人過百歲取一胡麻而去，如是盡，阿浮陀地獄中壽故未盡。二十阿浮陀地獄中壽爲一尼羅浮陀地獄中壽，如是餘者皆二十數，俱迦離墮是摩訶波頭摩地獄中，出其大舌，以五百釘釘之，五百犁耕之。爾時，世尊説此偈云：大[六]士之生，斧在口中。所以斬身，由其惡言。應呵而讚，應讚而呵，口集諸惡，終不見樂。心依邪見，破賢聖語，如竹生實，自毁其形。受罪如是，不應妄語。

佛説妄語有十罪。何等爲十。一、口氣臭。二者，善神遠之，非人得便。三者，雖有實語，人不信受。四者，智人謀議常不參預。五者，常被誹謗，醜惡之聲周聞天下。六者，人所不敬，雖有教勑，人不承用。七者，常多憂愁。八者，種誹謗業。九者，死墮地獄。十、出得爲人，常被誹謗。如是種種，故不應妄語。

酒有三種，謂穀、菓、菜，各有多種，但能令人心動放逸，是名爲酒。一切不應飲，是名不飲酒。問曰：酒能破冷，益身歡喜，何以不飲。答曰：益身甚少，所損甚多，是故不應飲。如佛語難提迦優婆塞，酒有三十五失。何者三十五失。一者，現在財物空竭。何以故。人飲酒醉，心無節限，費用無度故。二者，衆病之門。三、鬭訟之本。四、裸露無恥。五、醜名惡聲，人所不敬。六、覆没智慧。七、應所得物而不得，已所得物而散失。八、伏匿之事盡向人説。九、種種事業廢不成辦。十、醉爲愁本。何以故。醉中多失，醒已慚愧憂愁。十一、身力轉少。十二、身色壞。十三、不知敬父。十四、不知敬母。十五、不知敬沙門。十六、不知敬婆羅門。十七、不知敬伯、叔及尊長。何以故。醉没恍惚，無所别故。十八、不敬佛。十九、不敬法。二十、不敬僧。二十一、朋黨惡人。二十二、疎遠賢善。二十三、作破戒人。二十四、無慚無愧。二十五、不守六情。二十六、縱色放逸。二十七、人所憎惡，不喜見之。二十八、貴重親屬及諸知識所共擯弃。二十九、行不善法。三十、棄捨善法。三十一、明人智士所不信用。何以故。酒放逸故。三十二、遠離涅槃。三十三、種愚痴因。三十四、身壞命終墮惡道中。三十五、若得爲人，所生之處常當狂騃。是三十五罪種種過失，是故不應飲。

復次，白衣處世，當官理務，家業作使，是故難持不惡口法等。五戒有五種受，名五種優婆塞。一者，一分行。二者，小分行。三者，多分行。四者，滿分行。五者，斷婬。受一名一分，

二、三名少分，受四名多分，受五名滿分。受五戒已，師前更作自誓言：我今自婦，不復行婬，是[七]五戒。然受八戒法如常儀。准三歸亦一日一夜。

問：五戒、八戒何者爲勝。答：有因緣故二戒皆等，但五戒終身持，八戒一日持。又五戒常持時多而戒少，一日戒時少戒多。復次，若無大心，雖復終身持戒，不如有大心人一日戒也。譬如軟夫爲將，雖將終身，智勇不足，卒無功名。若英雄奮發禍亂立定，一日之勳功蓋天下。

復次，雖破戒墮罪，罪畢得解脱。如《優鉢羅華比丘尼本生經》中説：佛在世時，諸[八]比丘尼得六神通阿羅漢，入貴人舍，常讚出家法，語諸貴人婦女云：姉妹可出家。諸貴婦女言：我等少壯，容色盛美，持戒爲難，或當破戒。比丘尼言：破戒便破，但出家。問言：破戒當墮地獄，云何可破。答言：墮亦便墮。諸貴婦女咲之言：地獄受罪，云何可墮。比丘尼言：我自憶念本宿因緣，作戲女，作種種衣服，而説應語。或時著比丘尼衣，以爲戲咲。以是因緣故，迦葉佛時作比丘尼，自恃貴姓端正，心生憍慢而破禁戒。破禁戒故，墮地獄中受種種罪，受罪畢，竟值釋迦牟尼佛，出家得六神通阿羅漢道。以是故知，出家受戒，雖復破戒，以戒緣故，得羅漢道。若但作惡，無戒因緣，不得道也。我以昔時世世墮地獄，地獄出爲惡人，惡人死還墮地獄，都無所得。今以此證知，出家受戒，雖破以是因緣可得道果。又説，因醉出家，佛便聽許，醉已還俗。餘問佛由，佛言：此婆羅門無量劫來無出家心，今因醉故發此微心，故許出家，爲當來因故。

## ○護戒門

引《蘇陀摩王經》中説，不惜身命，以全禁戒。如菩薩本身曾作大力毒龍，若衆生在前身力弱者，眼視便死，身力强者，氣往而死。是龍受一日戒出家[九]，出家求靜，入林樹間思惟，坐久疲懈而睡，時形狀如虵，身有文章，七寶雜色。

獵者見之，驚喜言曰：以此希有難得之皮，獻上國王，以爲服飾，不亦宜乎。便以杖按其頭，以刀剥皮。龍自念言：我力如意，傾覆此國，其如反掌。此人小物，豈能困我。我今以持戒故，不計此身，當從佛語。於是自忍，眠目不視，閉氣不息。憐愍此人，爲持戒故，一心受剥，不生悔意。既以失皮，赤肉在地，時日大熱，宛轉土中，欲趣大水，見諸小蟲來食其身，爲持戒故，不復敢動。自思惟言：今我此身以施諸蟲，爲佛道故，今以肉施以充其身，後成佛時，當以法施以益其心。如是誓已，身乾命終，即生第二忉利天上。爾時毒龍，釋迦牟尼佛是。是時獵師者，提婆達多等六師是也。諸小蟲輩，初轉法輪八萬諸天得道者是。菩薩護戒，不惜身命，決定不悔，其事如是。

## ○受意門

菩薩持戒，爲佛道故，作大誓願：必度衆生，不求今世、後世之樂，不爲名聞稱譽法故，亦不自爲早求涅槃，但爲衆生没在長流，恩愛所欺愚惑所誤，我當度之令到彼岸，一心持戒爲生善處。生善處故見善人，見善人故生智慧，生智慧故得行六度，得行六度故得佛道，如是持戒名爲尸羅波羅蜜。又復持戒心，樂善清淨，不爲畏惡道，亦不爲生天，但求善淨，以戒熏心，令心樂善，是爲尸羅波羅蜜。

## ○受益門

復次，菩薩持戒能生六波羅蜜。云何持戒能生於檀。檀有三種：一者，財施。二者，法施。三、無畏施。持戒自撿，不侵一切衆生財物，是名財施。衆生見者慕其所行，又爲説法令其開語，又自思惟，我當持戒與一切生作供養福田，令諸衆生得無量福，如是種種名法施。一切衆生皆畏於死，持戒不害，是則無畏施。

復次，菩薩自念，我當持戒，以此戒報，爲

諸衆生，作轉輪王，或作閻浮王。若作天王，令諸衆生滿足於財，無所乏短，然後坐佛樹下，降伏魔王成無上道，爲諸衆生説清淨法，令無量衆生度老、病、死海。是爲持戒因緣，生檀波羅蜜。餘准理説。

然戒喻老人，忍喻於杖，無杖則蹶，忍爲戒杖，扶人至道。戒生勤者，持戒之人疲厭世苦、老、病、死患，心生精進，必求自脱，亦以度人。譬如野干在林樹間，依隨師子及諸虎豹，求其殘肉，以自存活。有時空乏，夜半踰城入人舍，求肉不得，屏處睡息不覺。夜曉惶怖無計，走則慮不自免，住則懼畏死痛，便自定心，詐死在地。衆人來見，有一人言：我須野干耳。即便截取。野干自念，截耳雖痛，但令身在。次有一人言：我須野干尾。便復截去。野干復念，截尾雖痛，猶是小事。次有一人言：我須野干牙。野干心念，取者轉多，儻取我頭則無活路，即從地起，奮其智力，絶踊間關，逕得自濟。行者之心，求脱苦難，亦復如是，若老至時，猶故自寬，不能勤苦決斷精進。病亦如是，以有瘥期，未能決計。死欲至時，自知無冀，便自勉勵，果敢殷勤，大修精進，從死地中得至涅槃。説忍度中言，利養創深，特宜便忍。如提婆達多，雖得出家，佛及五百大阿羅漢不教修通。阿難未得他心，以敬兄故，依佛所説，教令修通，得通現變，求門徒等。廣説思之。

## ○正受門

《菩薩瓔珞本業經》云：佛子受戒，有三種。一者，諸佛、菩薩現在前，受得真實上品戒。二者，諸佛、菩薩滅度後，千里内有先受戒菩薩者，請爲法師教授我戒。我先禮足，應如是語，請大尊者爲師授我戒。其弟子得正法戒，是中品戒。三、佛滅度後，千里内無法師之時，應在諸佛形像前，胡跪合掌自誓受戒，應如是言：我某甲白十方佛及大地菩薩等，我學一切菩薩戒者。是下品戒，第二、第三亦如是説。佛子，是三種攝受三種受戒，過去佛已説，未來佛當説，現在佛今説。過去諸菩薩已學，未來諸菩薩當學，現在諸菩薩今學，是諸佛正法戒。若一切菩薩不入此正法戒門得無上道果者，無有是處。

將欲受戒，先教禮三寶云：弟子某甲等，敬禮過去世、盡過去際一切諸佛，未來、現在各准此。三説。禮法云：弟子某甲等，敬禮過去世、盡過去際十二分教清淨真法，未來、現在亦爾。禮僧云：弟子某甲等，敬禮過去世、盡過去際三乘聖衆，未來、現在亦爾。並各三説。

次，教受四不壞信云：弟子某甲等，願從今時盡未來際，歸依佛，歸依法，歸依賢聖僧，歸依正法戒。三説。

次，教懺悔十重惡業，既悔過已，即與受十無盡戒云：汝等善聽，佛子從今身至佛身盡未來際，於其中間不得故殺生。若有犯者，非菩薩行，失四十二賢聖法。不得犯，能持不。其受者答言：能。二、不得故盗。三、不得故婬。四、不得故妄語。五、不得故沽酒。六、不得故説在家、出家菩薩罪過。七、不得故慳。八、不得故嗔。九、不得故自讚毁他。十、不得故謗三寶藏。皆准可説。

次云：佛子受十無盡戒，已其受者常過度四魔，越三界苦，從生至死，不失此戒，常隨行人，乃至成佛。佛子，若過去、未來、現在一切衆生不受其菩薩戒者，不名有情識者，畜生無異，不名爲人，常離三寶海，非菩薩等故。菩薩有受法而無捨法，有犯不失，盡未來際。若有人來欲受戒者，菩薩法師先爲解説讀誦，使其人心開意解生樂著心，然後爲受。又復法師能於一切國土中教化一人，出家受菩薩戒者，是法師其福勝造八萬四千塔，況復二三乃至百千，福不可稱。其師者夫婦六親得互爲師授，其受戒者入諸佛界菩薩數中，超過三劫生死之罪，是故應受。

受有十分，隨受於一，乃至具十。又是菩薩十重，八萬威儀戒中十重有犯無悔，得使重受戒。

八萬威儀戒盡名輕有犯，得使悔過，對手[一〇]悔滅。一切菩薩凡聖戒盡心爲體，是故心亦盡戒亦盡，心無盡故戒亦無盡，六道衆生受得。

依《文殊問經·世間戒品》受十戒法云：爾時，文殊師利白佛言：世尊，云何歸依。佛告文殊師利：歸依者應如是言，大德我某甲，乃至菩提歸依佛，乃至菩提歸依法，乃至菩提歸依僧第二、第三亦如是說。復言，我某甲已歸依佛，已歸依法，已歸依僧已，如是三說。次言，大德我持菩薩戒，我某甲乃至菩提不殺衆生，離殺生想，乃至菩提不盜，亦離盜想，乃至菩提不非梵行，離非梵行想，乃至菩提不妄語，離妄語想，乃至菩提不飲酒，離飲酒想，乃至菩提不著香華，亦不生想，乃至菩提不歌儛作樂，離歌儛想，乃至菩提不坐臥高大牀，離大牀想，乃至菩提不過中食，離過中食想，乃至菩提不捉金銀生像，離捉金銀想，乃至當具足六波羅蜜大慈大悲。佛說此祇夜，發誓至菩提，歸依於三寶，受持十種戒，亦誓至菩提，六度及四等，皆當令具足。如是修行者，與大乘相應，將欲受戒，應先發誓願。

《菩薩受戒品》云：爾時，文殊師利白佛言：世尊，若善男子、善女人，受菩薩所受戒法，當云何。佛告文殊師利：應於佛前至誠禮拜作如是言：我某甲願諸佛憶念，我如諸佛世尊正遍知以佛智慧無所著，我當發菩提心，爲利益一切衆生令得安樂，發無上道心。如過去、未來、現在諸佛、菩薩，發無上菩提心，於一切衆生，如父母、兄弟、妹姊、男子、女人、親友等，爲彼解脱得出生死，乃至令發三菩提心勤起精進。隨諸衆生所須財、法一切施與，以此財、法攝受一切衆生，漸漸隨宜爲解脱衆生出生死故，乃至令安住無上菩提，我當起精進，我當不放逸。如是再三，是名菩薩摩訶薩初發菩提心。若依《梵網經》，說十重戒與《瓔珞經》同，然彼具說自作教他隨喜殺因殺緣殺業等，廣略別爾。《淨行優婆塞戒經》受十無盡，同《瓔珞本業經》。又受六波羅蜜戒，禮拜歸依懺悔法，盡同十無盡。

然先勸勉，經云：佛放無量相光，上過三頂，下照地獄及黑闇處，悉皆大明，有緣來集。佛告大衆：一心善聽，欲求無上真法菩提，應淨三業，守戒謹行，百法並修，十善化物，慈悲衆生，如愛己子，愍念閻提，救苦地獄。百法具已，願諸衆生受大安樂，未能身分往救，恒發此願，此願滿已，進入法智，修習種姓，名真菩薩大優婆塞。佛子有六大船，能度大海，運載行人，到七寶藏，入法流水，洗除垢濁，身體清淨，三業明朗，除滅老、病、無明障蔽，自得濟度，更能度人，是故佛子應受應持。若有持者，從初發心乃至玅覺，隨緣施化。若有衆生感真法者，現菩薩形而往度之。若感應者，現優婆塞形而往度之。如觀音等。已下，請受。

爾時，東方有世界名光淨，有八千大梵天王，其第一者淨業爲名，各有百千眷屬，其一一方亦如此數。於此世界，淨居天王名曰淨志，亦與眷屬百千人。俱各詣佛前，爲佛作禮，遶三匝已却住如〔二〕立，白佛言：世尊，我等今日居煩惱海，住生死河，雖欲越渡，無牢船栰，没命中流還來此岸，如是展轉永無出期。世尊大慈，拯救一切，願賜六〔三〕船過度險難，我等度已，亦教一切衆生令得出離，於後惡世流布不絶。

次，佛教立願云：佛子，當發大願，願一切衆生普成正覺。若有一人隨苦惱者，我當代之，令彼得樂，至心頭面著地。又願一切衆生普慈相向如父如子，身體清淨如淨瑠璃。若有一人不如此者，我當代之。又願衆生自識宿命，智慧具足，明達三世。若有一人不適意者，我當代之。次，教懺悔，懺悔訖，歸依三寶。次云：佛子，已發大願，懺悔復訖，三寶歸已，三業清淨，真是如來法身之子，一切衆生法橋之主，至心頭面著地，攝持身心，隨語稱字。

次，正説相云：佛子從今身至佛身，於其中間常行檀波羅蜜，悉令具足，不得懈怠有所犯。

若犯非菩薩，能持不。教答：能持。准前，隨從稱名，應云某甲能持。尸羅波羅蜜，羼提波羅蜜，毗梨耶波羅蜜，禪波羅蜜，般若波羅蜜。准檀説之。次，説云：佛子，此六波羅蜜戒常當護持，勤行修習，勿令懈怠若退失，四十二賢聖法，堅固其心，不得故犯，能持不。教答：能持。若准第十，具有受法持衣、結界安居、自恣等，廣如彼辨。然約出家優婆塞法，還有沙彌大戒等，第三卷云：若優婆塞持戒已，謹慎上重。上重者何。第一，癡婬。第二，殺菩提心人。第三，偷三寶物。第四，不孝父母。第五，慢師。第六，殺人。第七，瞋嫉。第八，慳貪。若犯如此波羅夷罪，具足一大劫入大地獄，劫盡更生，如是展轉至無數劫。謗毀三寶，亦復如是。

## ○受戒得益門

《優婆塞戒經》云：往昔有一菩薩大優婆塞，受持五戒，威儀具足，將諸徒衆，遊行國邑。到諸離城上，息林下，見一雌鳥將二鷇子林上鳴叫，聲甚悲感。此優婆塞名曰淨髮，顧觀鳥鳴，目即落淚，顧語徒衆：今此鳥者是我因時眷屬，我本修行出家受戒，有其二子，年始三、四，我妻爾時愛色著我，顧語兒言，捉汝父衣，生死莫放。慈鳥養子乳哺三年，父今何忽捨我而去。緣此之故墮鳥鳥中，以慈戒力即便唤言，來至我所。母及二子嗚叫嘷咷，不能自止，絶而復蘇。一别已來十六萬歲，我本敬愛非是惡心，何期一旦受此罪報。作是言已，飛來懷愁，悲感懊惱。今日一别永無見期，我於此身，何時脱捨淨髮。爾時，知其悔心善根已至，爲説六度十善因緣，復爲懺悔除所障罪咎，即授齋法五分法身解脱分戒。既受戒已，頭〔三〕禮致敬，辭别如去。母子思量，經七日夜，俱時命終，生南天竺大婆羅門家，還爲眷屬。戒力因緣自然具足，聰明叡智，三業清淨，得不退心。當知此戒一受不失，乃至畜生，此名優婆塞戒不可思議。

又復往昔有一婦人，隱避其夫，獨食無度，以偷食故墮餓狗中，貧賤家生。薄福德故，形容醜陋，身體疥癩，叨哭之力反耳，嗥吠災怪數作。人所憎嫉，門打推擲，腰脊憭戾，蹄脚蹇跛，但言唱殺，無與食者，五百世中三頓飽食。第一飽者，值二醉人俱時嘔吐，及他未往，絶走食之。未得去頃，大狗來嚙，死如復活，屋裏呻嗥不能得出。其主瞋恚，設計欲殺，心畏死故，自力私去。平復差已，飢餓甚困，值遇押酒，偷食其糟，食飽訖已，不敢近屋，恐畏醉後或能打殺，即移在無人行處，恣意熟眠。三日醒已，飢虗甚困，顧盱〔一四〕食飲，無可得者。徘徊之頃，主人女郎擔米一斗，盛著坩中，蓋口而去。看人去已，以鼻推之，就中食米。食米訖竟，拔頭不得，畏人來見，盡力東西去不得脱。在中無聲住，須臾之頃，便至終於死此，還狗身傾。有菩薩名曰無言，即與説法五分戒，因教令修持，捨此身已生，長生王家，聰明智慧，得不退菩提。優婆塞戒，乃有如是不思議力。

善男子，汝等修道，忍辱爲先。何以故。

昔有一人，名曰高王，出家受戒，輕賤其師，常懷慢心。於諸同道亦復如是，鬭諍嗔忿，口縱四過。命終之後，墮大地獄，以經七佛猶不得出。却盡賢劫，始可免難。餘報劫數，説不可盡。是故修道先當忍辱。

又有一人作大國王，名曰槃〔一五〕盧伽，爲大瑧王之所討殄。王有一子，名曰信住，其父滅已，藏身隱伏。年既長大，貧無資産，被遣事王。王時遊觀，身力疲極，失其衆侣，共王二人到一水邊，共王入洗。王時沈没，信住接出，手捉王髮，擬之深淵。信住語王：我是大瑧子，王殺我父，是我大怨，蓋聞父讎不同天如蓋，兄讐不同國而行，我乘留危事不可忍，王當就死。其王報言：百死無恨。信住答言：我不殺王，使王知耳。夫報怨者，譬如車輪無有已，不報和順怨乃得止。即便扶王上馬共還國。既還國已，召集諸臣問曰：今得大瑧王子，爲賞爲斬。諸臣皆言：亡國之子不可賞也，宜當殺之。王即具論前事，以女妻之，還其本國，王自歸國如治。善男子，菩薩之心廣如山海，其中容處無量善惡。又讐猶忍，况餘嗔忿。現前中華報受樂，後生天中乃至大果。故持戒者，忍力爲大。

## 〇受十善戒門

初起思惟，應修十善。《十地經》云：菩薩作是思惟，一切衆生墮諸惡道，皆由不離十不善業道集因緣故，是故我當先住善法，亦令他人住於善法。何以故。若人自不行善不具善行，爲他説法令住善者，無有是處。次，思惟十不善果云，是菩薩復作是思惟，此十不善業道，上者地獄因緣，中者畜生因緣，下者餓鬼因緣。於中殺生之罪能令衆生墮於地獄、畜生、餓鬼。若生人中，得二種果報：一者，短命。二者，多病。劫盜之罪亦令衆生墮於地獄、畜生、餓鬼。若生人中，得二種果報：一者，貧窮。二者，共財不得自在。餘八三惡道文同。邪婬之罪，若生人中，得二種果報：一者，婦不貞良。二者，二妻相諍不隨己心。妄語之罪，若生人中，得二種果報：一者，多被誹謗。二者，恒爲多人所誑。兩舌之罪，若生人中，得二種果報，一者得破壞眷屬，二者得弊惡眷屬。惡口之罪，若生人中，得二種果報：一者，常聞惡聲。二者，所有言説恒有諍訟。綺語之罪，若生人中，得二種果報：一者，所説正語人不信受。二者，所有言説不能辨了。貪欲之罪，若生人中，得二種果報：一者，貪財無有厭足。二者，多求恒不從意。嗔恚之罪，若生人中，得二種果報：一者，常爲他人求其長短。二者，常爲他人所惱害。邪見之罪，若生人中，得二種果報：一者，常生邪見家。二者，心恒諂曲。

既知惡果，次，思遠離云，我當遠離十不善業道，樂行善法，作利益衆生故，當住十善業道，亦令他人住於十善業道，以自住善法遠離彼障修行對治，亦令衆生住善法故。次，思十善所有利益，廣如《十地》《仁王》《彌勒問論》等說。既欲令衆生修行十善住十善法故，依增上悲，應於八種衆生生八種心。一者，於惡行衆生，欲令住善行，故生安穩心。二、於苦衆生，令樂具不盡，故生樂心。三、於怨憎衆生，不念加報，故生慈心。四、於貧窮衆生，欲令遠離彼苦，故生悲心。五、於樂衆生，欲令不放逸，故生憐愍心。六、於外道衆生，欲令現信佛法，故生利益心。七、於因行衆生，欲令不退轉，故生守護心。八、於一切攝菩提願衆生，願如己身，是諸衆生即是我身，故生我心。

復作此念，是諸衆生墮於邪見，惡意惡心行惡道稠林，我應令彼衆生行真實道，住正見道如實法中。又念，是諸衆生共相破壞，分別彼我，常共鬬諍，日夜嗔恨熾然不息，我應令彼衆生住於無上大道之中。又念，是諸衆生心無厭足，常求他財，邪命自活，我應令彼住於清淨身、口、意業正命法中。又作是念，是諸衆生因隨貪欲、嗔恚、愚癡，常爲種種煩惱熾火之所燒然，不能志求出惡方便，我應令彼滅除一切煩惱大火，安置清淨無畏之處。又作是念，是諸衆生爲於生死，此大瀑水波浪所没，隨順欲流、有流、見流、無明流，隨順世間漂流，没大愛河，在大駛流，不能正觀，常有欲覺、恚覺、惱覺，惡行廣故，愛見水中羅刹所執，順入欲林，深愛著故，我慢陸地之所燋枯，無能救者，六入聚落不能動發，自離善行，無正度者，我應於彼生大悲心，以善根力而拔濟之，令得無畏不染寂靜離諸恐怖，住於一切智慧寶洲。又作是念，是諸衆生閉在世間牢獄之處，衆多患苦多惱妄想，愛、憎繫縛，憂、悲共行，愛瑮所繫，入於三界無明稠林，我應令彼遠離一切三界牢獄所愛著處，令住離相無礙涅槃。發是念已，次爲受戒法，如常儀。

又《彌勒問經》云：菩薩修行十善業道，有五希奇。何等爲五。一者，起勇猛心。二者，精進。三者，堅固。四者，智慧。五者，果。如名起。

又諸菩薩以願堅固故，依大慈悲，起利益衆生行，於諸世間，心不疲倦。何者名爲菩薩堅固之願。答曰：有五種法，名爲菩薩堅固之願。一者，聲聞乘不能動轉。二者，辟支佛乘不能動轉。三者，諸外道論不能動轉。四者，一切諸魔不能動轉。五者，不以無因無緣自然動轉。復有五法，知菩薩有大慈悲心。一者，爲與衆生安穩樂故，不惜一切資生之物。二者，不惜自身。三者，不護惜命。四者，修一切行不待多時。五者，怨親等悲。是故菩薩於諸世間心不疲倦，既爲衆生發菩提心，受此菩薩十善者，亦應修行堅固等心。

## 〇讚忍護戒門

《優婆塞戒經》第四云：善男子，若優婆塞受持戒已，忍辱爲先，嗔來喜報觸惱不變，此是菩薩持戒之體，菩薩施他，從怨爲始。善男子，昔有國王號長生，正法治國，不枉人民，天下太平國土安靜。隣國王摩盧羅那貪其國土，興兵伐之，



殺長生王，止其宮闕。長生王唯有一子，始能語言未有所識，長生王臨終之時，勅語左右：我子摩納若全身命，莫報國讐，真是我子欲止怨者，不生報想，怨乃得止，若報怨者，如車輪轉，無有已。摩納年至十二，改名易姓名爲無字，被遣事王。無字年雖幼少，才智過人，形貌端正，顔色殊特，禮節俯仰，事之可觀，王甚愛敬，恒在室内。經歷三年，其年十五，王於爾時夫妻二人通有無字，更無餘人，王於屋中失瓔珞珠衣一具。王即推撿，衣無所出，王自思惟，更無餘人，唯有無字，偷我珠衣。即收無字，如治問之：偷我珠衣，去速持出來。無字答王：是我偷珠，當知今日珠不可得。王即問言：汝偷我，云何如言珠不可得。無字答：本非我意，太子遣偷珠，在太子邊，云何可得。王即問言：若太子偷，更復共誰。無字答言：王所愛臣，復共價客主，又共婬女。王於爾時依引收之，問太子言：如何偷珠。太子答王：我不偷珠。王問無字：太子不偷。無

字白王：太子偷珠，今言不偷，得免偷珠，無字亦不偷珠。王禁太子，著在非所。次問大臣：無字引汝偷珠，速出珠來。大臣答王：實不偷珠。王問無字：臣不偷珠，云何引之。無字白王：口言不偷，得作不偷，無字亦不偷珠。次問賣人，乃至婬女，亦復如是，王即引此五人各在一處。

爾時，婬女先往來者問無字言：王之屋内頗有異人不。無字答言：唯王夫妻及有我，更無異人。若無異人，頗鸚鵡等鳥獮猴等獸不。無字答言：有一獮猴恒在屋内，自餘獮猴悉不能入。語無字言：獮猴偷去，審實不疑，汝當白王，出諸伎女多著好衣，自餘獮猴亦著好衣，屋内獮猴但令露身羅列庭前，種種僛戲，獮猴喜効，必持珠衣，共他僛戲。無字即以此事具白王，知王用其言，如是作計歌僛合已，獮猴即便持此珠衣來至庭所，始知五人不偷珠衣，獮猴是賊。王問無字：獮猴是賊，太子不偷，云何證之。無字白王：太子王之正嫡，王所愛重，如其無罪，無字亦應無罪。若不引太子，自下不免失命，是故引太子。云何引大臣。無字白王：大臣者王所敬重，諸臣所尊，傾國貴賤念意佐助，得無罪，我亦無罪。云何引賣人。無字白王：賣主多有金銀異寶，脱得贖命，我亦應免。云何引婬女。無字白王：婬女貌美殊特，多有人與共來往，脱有思智度外人之計，脱能得賊，我即無罪。王知之有智，愛重如[一六]之，恒令自近。

王後山獵見群鹿獸，走馬逐之，失大衆侶，唯共無字二人相隨。王時疲極，止息樹下，無字二坐懷杭王頭，王時眠熟不自覺悟。無字爾時嗔心内發，拔劍擬王，親我父怨，今得其便，甚難可恕。復更思惟，我父臨終遺言勅我，若不報怨，真是我子，今若報怨，違父意，非孝子也。拍劍内之，王便驚悟，語無字言：我於夢中見長生王子長摩納身以劍臨我。無字白王：長生子久爲灰土，今在深山，唯我二人，何處有長生王子，王還安眠。無字復以利劍擬王，王驚寤如前，王復眠已，無字以手王[一七]頭髮，問王言：長摩納者我是也，王殺父親，是我怨，今得王，便分死以不。王言：本殺父，今死無恨。摩納白王：我父臨終勅我，今若殺王，違我父願，非孝子也，我不殺王，令王知也。扶王上馬，共歸王宫。既到宫已，召集諸臣，王曰：今得長生王子，爲當殺之，爲當到[一八]賞。諸臣皆言：亡國之子不可賞也，聽當殺。王白[一九]：不然。具説前事，即以女妻之，到爲本國之主，王自歸還本土，二國通好，不相征討。

菩薩之人怨親平等，父怨猶赦，況餘怨也。菩薩之心廣如山海，如能容受無量諸惡没習之徒，應如是觀。菩薩和光，作此一國王及臣民，普行十善，極救幽苦，慈悲相向，如父如子，如兄如弟，柔和忍辱，悉發菩提心，善戒自居，其行清淨，此名菩薩發意施爲無不利益，忍辱大力能摧煩惱。

## ○白衣互受門

夫妻相勸。《優婆塞戒經》云：善男子，我本往墮邪見家，或網自我善，我於爾時名曰廣利，妻名女，精進勇猛，度脱無量，十善化導。我於爾時心生殺獦，貪嗜酒肉，懶墮懈怠，不能精進。妻時語我：止其獦殺，戒斷酒肉，勤加精進，得脱地獄苦惱之患，上生天宫與一處。我於爾時殺心不止，酒肉美味不能割捨，精進之心懶墮不前，天宫息意，地獄分受。我於爾時居聚落内，近僧伽藍，數聞犍鐘，妻語我言：事事不能，聞犍鐘聲，三彈指一稱佛，歛身自恭，莫生憍慢，如其夜半，此法莫廢。我即用之，無復捨失。經十二年，其妻命終生忉利天，却後三年我亦壽盡，經至斷事，判我入罪，向地獄門。當入門時，聲鐘三聲，我即住立，心生歡喜，愛樂不厭，如法三彈指，長聲唱佛，聲皆慈悲，梵音朗徹。主事聞已，心甚愧感，此真菩薩，云何錯判。即遣追還送往天上，既往到已，五體投地，禮敬我妻，白言：大師，幸承大恩，如見濟拔，乃至菩提，不違教勅。以是之故，互相爲師，各獲大果。汝等諦聽，信受伏[三〇]行。

## ○供養門

准四十四，菩薩有十種供養：一、設利羅供養。二、制多供養。三、現前供養。四、不現前供養。五、自作供養。六、教他供養。七、財敬供養。八、廣大供養。九、無染供養。十、正行供養。於如來所發起六種增上意樂：一者，無上大功德田增上意樂。二、無上有大恩德。三者，一切有情中尊。四者，如鄔曇鉢華極難值遇。五、獨一出現。六者，一切世、出世間功德圓滿，一切義依增上意樂。

依《大莊嚴論》，有八種供養如來：一、依供養。二、物。三、緣起。四、迴向。五、因。六、智。七、田。八、依止。頌云：現前不現前，衣服飲食等，深起善淨心，爲滿於二聚。常願生佛世，三輪不分別，成熟諸衆生，最後十一種。現前不現者，謂依供養，依於現在及過、未世諸佛而供養故。衣服、飲食等者，謂物供養，以衣服等而供養故。深起善淨心者，謂緣起供養，以深淨心而供養故。爲滿於二聚者，謂迴向供養，爲滿福、智二種而供養故。常願生佛世者，謂因供養，由有宿願，願生佛世，令我有益，不虚供養故。三輪不分別者，謂智供養，設供、受供、供具三事不可得故。成熟諸衆生者，謂田供養，衆生爲田，教彼供養，令種善根故。最後十一種者，謂依止供養，此有十一種。一者，依止物，由依財物而供養故。二者，依止思惟，由依味思惟、隨喜思惟、悕望思惟故。三者，依止信，由信大乘發菩提心故。四者，願，由發弘誓願故。五者，依止悲，由憐愍衆生故。六者，依止忍，由難行能行故。七者，依止行，由諸波羅蜜故。八者，依止正念，由如法不倒故。九者，依止正見，由如實覺了故。十者，依止解脱，由聲聞煩惱滅故。十一者，依止真實，由得大菩提故。

五種自意供養如來，應知此供養爲最上供養。何謂爲五。一者，淨信。二者，深心。三者，神通。四者，方便。五者，和合。淨信者，於大乘法説供養處，生淨信故。深心者，此心有九種：一、味心。二、隨喜心。三、悕望心。四、無厭心。五、廣大心。六、勝喜心。七、勝利心。八、無染心。九、善淨心。神通者，謂依虚空藏等諸三摩提故。方便者，謂無分别智方便攝故。和合者，謂一切諸大菩薩和合一果入一切果故。《文殊問經》上卷云：有三十五大供養，是菩薩摩訶薩應知，然燈、燒香、塗身、塗地、香末、香袈裟及繖，若龍子幡并諸餘幡，螺鼓、大鼓、鈴盤、儛歌以(三)臥具，或三節鼓、腰鼓、節鼓，并及截鼓，曼陀羅華、掃地、灑地、貫華、懸繒、飯水、漿飲，可食、可噉及以可味香和檳榔、楊枝、浴香并及澡豆，此謂大供養。

## ○供養見利門

《文殊問經》下卷云：爾時，文殊師利白佛言：世尊，諸供養餘華用治衆病或消惡毒，其法云何。若供養佛餘華、般若波羅蜜華、佛足下華、菩提樹華、轉法輪處華、塔華、菩薩華、衆僧華、佛像華，其法云何。世尊，用此華有幾種呪。世尊，一切諸華云何入佛華中。世尊，用此華法，爲有一種，爲有多種。此呪爲有一種，爲有多種。佛告文殊師利：各各華，各各呪，一一華呪，一百八遍誦。

佛華呪曰：

南無佛闥寫治莎訶

般若波羅蜜華呪曰：

那末阿盧履民旨反波若波羅蜜多裔莎訶

佛足華呪曰：

那莫波陀制點躭鹽莎訶

菩提樹華呪曰：

南無菩提逼力龕嵐莎訶

轉法輪處華呪曰：

南無達摩斫柯羅夜莎訶

塔華呪曰：

那莫鑰跋耶莎訶

菩薩華呪曰：

南無菩提薩埵冶莎訶

衆僧華呪曰：

那莫僧伽冶莎訶

佛像華呪曰：

那莫波羅底耶莎訶

文殊師利，呪經如是，汝當受持。復告文殊師利：用此華法，若比丘、比丘尼、優婆塞、優婆夷，若能信修行，應當早起清淨澡瀨，念佛功德，恭敬此華，不以足蹈及跨華上，如法執取安置淨器。若人寒熱，冷水摩華以用塗身，若頭額痛亦皆用塗。若吐利出血，或腹内煩痛，以漿飲摩華，當服此華飲。若口患瘡，以暖水摩華含此華汁。若人多嗔，或以冷水或以沙糖以摩此華，飲服華汁。若多貪染，以灰汁摩華塗其隱處，復以冷水摩華塗其頂上，貪結漸消，常爲一切所愛敬。若天雨不止，於空閑處，以火燒華，令雨即止。若天亢旱，在空閑處，以華置水中，復呪冷水更麗〔二〕華上，天即降雨。若牛、馬、象等本性不調，以華飲之即便調伏。若諸菓樹華實不茂，以冷水牛糞摩取華汁，以塗其根，不得踐蹈，華實即多。若田中多水苗稼損減，搗華爲抹〔三〕以散田中，即得滋長。若高原陸地無有水處，請四比丘，於其處布華，一日之中百八遍誦呪，次復一日更以新華布先華上，又誦呪一百八遍，如是乃至七日，掘便得水。若國土多疾病，以冷水磨華，塗螺鼓等，吹擊出聲，聞者即愈。若敵國怨家欲來侵境，以水摩華，在於彼處用灑散之，即得退散。若於高山有盤石處，衆多比丘於石上摩華，摩華既竟相與禮拜，久後石上自生珍寶。若人愚癡，取所供養華數有百種，下至七種，搗以爲抹，以榛牛蘇先誦呪一百八遍，和以爲丸如彈丸大，日服一丸，服丸之時亦誦呪百八遍，漸得聰明利根，一日之中能誦百偈。若人有所作，取優鉢羅華、拘物頭華、分陀利華、欝波羅華等若水陸生華，華有百種，先以供養，後以水摩華，隨其所須或塗或散，悉皆有果。若得百種華，抹以爲散，水和爲丸，若惡腫病摩其瘡上，其病即愈。若癰若癤若諸毒，或服此丸，或以塗膚，病即得除。若人常患氣味〔二四〕身體消滅，以大小麥汁摩於華塗其身上，即便充悦，復以末利華汁和華散爲丸塗其額上，一切怨家見生愛念。

文殊師利，此華呪法：

南無佛闍寫冶莎訶一那末柯盧履民旨反般若波羅蜜多裔莎訶二那莫波陀制點躭鹽莎訶三南無菩提逼力龕嵐莎訶四南無達摩斫柯羅夜莎訶五那莫鑰跋耶莎訶六南無菩提薩埵野莎訶七那莫僧伽野莎訶八那莫波羅底耶莎訶九

一一呪誦百八遍，此呪章句汝於處處當説，如佛華法餘華亦如是。

## ○障治門

《瑜伽》七十九云：菩薩略有四上品障，若不淨除，終不堪能入菩薩地及地漸次。何等爲四。一者，於諸菩薩毗奈耶中，起染汙犯。二者，毀謗大乘相應玅法。三者，未積集善根。四者，有染愛心。爲治此四：一者，遍於十方諸佛如來所，深心懇責發露悔過。二者，遍爲利益一切十方諸有情類，勸請一切如來説法。三者，遍於十方一切有情所有功德，皆生隨喜。四者，凡所生起一切善根，皆悉迴向阿耨菩提。

## ○勝劣門

《彌勒問經論》第三云：菩薩摩訶薩有五種法，勝於聲聞十善業道。一、專心修行，以畢竟不離一味心故。二、常修行，不斷不絶不休息故。三、爲安穩自身，爲自身取人、天身，取人、天安穩及大菩提故。四、爲安穩他身，爲與一切衆生安穩畢竟迴向大菩提故。五、善清淨，復有七種：一、不破故，少分修治名之爲破，具足修治名爲不破。二、不點，不自修行，教他修行，故名爲點，菩薩自行教他修行，故名不點。三、不汙，自不修行不教他修，見他修行而心隨喜，故名爲汙，是故菩薩具足修行名爲不汙。四、無所屬，要依他智而能修行，故名爲屬，是故菩薩不依他智而能修行名無所屬。五、善究竟，專念畢竟欲心等，名善究竟。六、不食，迴向於有，取有資生，故名爲食，是故菩薩不取於有名爲不食。七、智者讚歎，捨二乘迴向世間，捨大乘迴向小乘，名智者不讚歎，是故菩薩於二乘中不迴向世間，於大乘中不迴向二乘，名智者所讚。

應知菩薩有五種法，修行十善業道，能過世間。一者，願，菩薩從初發心乃至道場，常爲一切世間天人而作福田，勝諸二乘故。二者，安穩，菩薩修行雖爲世間極苦所迫，不捨菩提，專心修行故。三、深心，以最勝心修行故，以諸菩薩最深愛心修行十善故。四、善清淨，以菩薩有三種清淨行十善道故。五、方便者，菩薩於何等法中，以何等方便，修行十善故。

復有五種法故，修行無量十善業道。何等爲五。一、無量世，以無量時修行故。二、無量善法，以彼善法無量故，菩薩起無量善業道，集一切功德，令生受用故。三、無量觀，以爲無量衆生觀非爲有量衆生故。四、無量盡者，譬如長者財富無量，是大捨者，是大慈者，行大悲者，大商主者，憐愍一切諸衆生故，修行者，不退心者，起如是心，我能與彼一切衆生無量無邊安穩之樂。菩薩亦行以住深心，爲諸衆生住安穩心，起大精進心，作是思惟，我當教化無量無邊苦惱衆生，皆悉安置涅槃樂中，是故菩薩修行無盡。五、無量迴向，以十無盡無量，修行善業道，亦復無量。以依先迴向無量故，菩薩修行一切善業道，果亦復無量，名無量迴向。

## 〇善友門

一、善友相，四十四《菩薩地》云：當知菩薩成就八支，能爲善友衆相圓滿。一者，住戒，於諸律儀無穿無缺。二者，多聞，覺慧成就。三者，具證，得修所成隨一勝善，逮於止觀。四者，哀愍，内具慈悲，能捨自己現法樂住，精勤無怠饒益於他。五者，無畏，爲他宣説正法教時，非由恐怖忘失念辯。六者，堪忍，於他輕笑、調弄、鄙言、違拒等事，非愛言路種種惡行，皆悉能忍。七者，無倦，其力充强，能多思擇，處衆説法，言無蹇澁，心不疲厭。八者，善詞，語具圓滿不壞法性，言詞辨了，善友所作。

《菩薩地》云：若諸菩薩具五種相，衆德相應，能爲善友，所作不虚。一者，於他先欲求，作利益安樂。二者，於彼利益安樂，如實了知，無顛倒覺。三者，於彼善權方便，順儀説法，隨衆堪受，調伏事中有能有力。四者，饒益心無厭倦。五者，具足平等大悲，於諸有情劣中勝品，心不偏黨。若諸菩薩成就五相，令善友性作信依處，令他遠聞極生淨信，何況親覩。一者，勝妙，威儀圓滿寂靜，具足一切支分，皆無躁動。二者，敦肅，三業現行無掉無擾。三者，無矯，不爲詭他故思詐現嚴整威儀。四者，無嫉，終不於他所得利養恭敬，生不堪忍，而常請説後勸於彼，廣施恭敬無諂僞心，見彼説法及利恭敬，深生隨喜，如自所得。五者，儉約，尠儲隨捨。善友菩薩由五種相，於所化生爲善友事：一、能諫舉。二、能令憶。三、能教授。四、能教誡。五、能説法。

當知菩薩由四種相，方得圓滿親近善友。一、於善友有病無病，隨時供侍，恒常發起愛敬淨信。二、於善友隨時敬問禮拜，奉迎合掌，殷勤修和敬業，而爲供養。三、於善友如法衣服飲食卧具病緣醫藥資身什物，隨時供養。四、於善友若正依止於如法義，若合若離，隨自在轉，無有傾動，如實顯發，作奉教心，隨時往詣，恭敬承事請問聽受。

准《法句經》云：爾時，寶明菩薩白佛言：世尊，云何是善知識。佛言：善知識者，善解深法空，無相無作、無生無滅，了達諸法從本以來究竟平等，無業無報，無因無果，性相如如，住於實際，於畢竟空中，熾然建立。

是善知識，舉喻顯能，《法句經》云：善男子，善知識者，是汝父母，養育汝等菩提身故。善知識者，是汝眼目，示導汝等菩提路故。下略不具善知識言，准此。是汝脚足，荷負汝等離生死是。故[二五]汝梯蹬，扶持汝等至彼岸故。是汝飲食，能使汝等增長法身故。是汝寶衣，覆蓋汝等功德身故。是汝橋梁，運載汝等度有海故。是汝財寶，究攝汝等離貧苦故。是汝日月，照曜汝等離黑闇故。是汝身命，護惜汝等無有怖時故。是汝鎧杖，降伏諸魔得無畏故。是汝絙繩，挽拔汝等離地獄故。是汝紗藥，療治汝等煩惱病故。是汝利刀，割斷汝等諸愛網故。是汝雨[二六]，潤漬汝等菩提牙故。是汝燈明，能破汝等五蓋闇故。是汝善標，教示汝等趣正道故。是汝薪火，成熟汝等涅槃食故。是汝弓箭，射殺汝等煩惱賊故。是汝勇將，能破汝等生死軍故。是汝如來，破汝煩惱至涅槃故。善男子，善知識者有如是等無量功德，是故我今教汝親近。於是寶明與諸大衆聞佛説此妙法及善知識要句，舉聲號哭，淚下如雨，悲啼懊惱，不能自裁。自念我身從曠劫來，爲善知識之所守護，是故今日值於如來，得聞深法，如是遇者，善知識力，非我力能。自念我等從本已來，未曾報恩方便親近。説此語已，重復舉聲。知識大文，與《瑜伽》同。

《尸迦羅越六向拜經》云：惡知識有四輩。一者，内有怨心，外强爲知識。二者，於人前好言語，背後説人惡。三者，有急時，於人前愁憂，背後歡喜。四者，外如親厚，内興怨謀。善知識亦有四輩。一者，外如怨家，内有厚意。二者，於人前直諫，於外説人善。三者，病瘦縣官爲其征彸憂解之。四者，見人貧賤不棄捐，常念求方便喜富之。

惡知識復有四輩。一者，難諫曉教之作善，故與惡者相隨。二者，教之莫與喜酒者爲伴，故與嗜酒人相隨。三、教之自守，益更多事。四者，教之與賢者爲友，故與博掩子爲厚。

善知識復有四輩：一者，見人貧窮，本之令治生。二者，不與人諍挍計。三者，日往消息之。四者，坐起常相念。善知識復有四輩：一者，爲吏所捕，將歸藏匿之，於後解決之。二者，有病瘦，將歸養視之。三者，知識死亡，棺斂視之。四者，知識已死，後念其家。善知識復有四輩：一者，欲鬬止之。二者，欲隨惡知識，諫止之，三者，不欲治生，勸令治生。四者，不喜經道，教令信喜之。

惡知識復有四輩：一者，人小侵之，便大怒。二者，有急之日，請使不肯行。三者，見人有急時，避人走。四者，見人死亡，棄不視。佛言，擇其善者從之，惡者遠之。我與善知識相隨，故自致得佛。

## ○雜行門

謂子事父母，當有五事：一者，當念治生。二者，早起勅令奴婢時作飯食。三者，不益父母憂。四者，當念父母恩。五者，父母病瘦，當恐懼求醫師治之。父母視子亦有五事：一者，當教去惡就善。二者，當教計竿書疏。三、當教持經戒。四者，當爲早娶婦。五者，家中所有當與之。

弟子事師，當有五事：一者，當敬歎。二者，當念其恩。三者，所教隨之。四者，思念不厭。五者，於後當稱譽之。師教弟子亦有五事：一、當令疾知。二、當令勝他弟子。三、欲令知不忘。四、諸疑難悉爲解之。五、欲令弟子智勝師。

婦事夫，有五事：一、夫從外來，當起迎之。二、夫出不在，當炊烝掃除待之。三、不得有婬心於外，夫駡詈之，不得還言作怒。四、當用夫教誡，所有財物不得藏隱。五、夫休息葢藏乃得臥。夫視婦亦有五事：一者，出入當敬於婦。二、飲食衣被當用與。三、用給金銀珠璣。四、家中所有少多悉付之。五、不得於外有邪心畜侍御人。

親屬朋友當有五事：一、見作非惡，私於屏處諫曉呵止。二、有小急，當奔赴救護。三、有私語，不得爲他説。四、當相敬歎。五、所有好物，當多少分與之。

大夫視奴客婢使，亦有五事：一、當以時與飲食衣被。二、病瘦當爲呼醫治之。三、不妄撾打之。四、有私財不得奪之。五、分物當平等。奴客婢使事大夫亦有五事：一、當自早起勿令大夫呼。二、所當作自用心爲之。三、當惜大夫物不得棄捐乞丐人。四、大夫出入當送迎。五、當於後稱譽大夫善，不得説其惡。

人事沙門道人，當用五事：一、以善心向之。二、擇好言與語。三、以身敬之。四、當慈慕之。五、沙門道人人中雄師，當敬事之問度世事。沙門道人當以六意視凡夫，教布施乃至智慧爲六。沙門道人教去惡爲善，開示正道恩，大於父母也。

## ○婦行門

《玉耶經》云：佛告玉耶：女人不當自恃端政，輕慢夫聟。何者端正。去邪態八十四垢，定意一心，是爲端正，不以顔色面白髮綵爲端政也。女人身中有十惡事。何等爲十。一者，女人初生墮地，父母不喜。二者，育養視無滋味。三者，女人心常畏人。四者，父母恒憂嫁娶。五者，與父母生相離別。六者，常畏夫聟，視其顔色，歡悦輒喜，嗔恚則懼。七者，懷妊産生甚難。八者，女人少爲父母所撿録。九者，中爲聟禁制。十者，年老爲兒孫所呵，從生至終不得自在。是爲十惡。

佛告玉耶：婦事公姑、夫聟有五善、三惡。何爲五善。一者，爲婦當晚臥早起，櫛梳髮綵，整頓衣服，洗拭面目，勿有垢穢，執於事作，先啟所尊，心常恭順，設有甘美，不得先食。二者，夫聟呵罵，不得嗔恨。三者，一心守夫聟，不得念邪婬。四者，常願夫聟長壽。五者，夫聟出行，婦當整頓家中，常念夫善，不念夫惡。是爲五善，何等三惡。一者，不以婦禮承事公姑、夫聟，但欲美食，先取噉之，未瞑早臥，日出不起，夫若呵教，嗔目視夫，應拒獨罵。二者，不一心向夫聟，但念他男子。三者，欲令夫死早得更嫁。是爲三惡。

佛告玉耶：世間復七輩婦。一、婦如母。二、如妹。三、如善知識。四、如婦[二七]。五、如婢。六、如怨家。七、如奪命。母婦者，愛念夫聟，猶若慈母，侍其晨夜，不離左右，供養盡心，不失時宜，夫若行來，恐入[二八]輕易，見則憐念，心無疲厭，憐夫如子。如妹婦者，承事夫聟盡其敬誠，若如兄弟同氣分形，骨肉至親無有二情，尊奉敬之，如妹事兄。善知識婦者，侍其夫婿，愛念懇至，依依戀戀，不能相棄，私密之事常相告示，見過依呵，令行無失，善事相教，使益明智，相親愛欲令度世，如善知識也。婦婦[二九]者，供養大人，竭誠盡敬，承事夫聟，謙遜順命，夙興夜寐，恭諾言令，口無逸言，身無逸行，有善推讓，過則稱己，誨訓仁施，勸進爲道，心端意一，無有邪瞻，靖修婦節，終無闕廢，進不犯儀，退不失禮，唯和爲貴。婢婦者，常懷畏慎，不敢自慢，競競趣事，無所避彈，心常謙恭，忠孝盡節，言以柔濡，性常和穆，口不犯亂邪之語，身不入放逸之行，貞良純一，質朴直信，恒自嚴整，以禮自將，夫聟納幸不以憍慢，設不接遇，不以爲怨，或得捶杖，分受不恚，及見罵辱，嘿而不恨，甘心樂受，無有二意，勸進所好，不妒聲色，遇己曲薄，不訴[三〇]求直，務修婦節，不擇衣食，專精恭敬，唯恐不及，敬奉夫聟，如婢事大家，是爲婢婦也。怨家婦者，見夫不歡喜，恒懷嗔恚，晝夜思念欲得解離，爲夫婦心常如寄客，偘偘鬬諍，無所畏避，亂頭勤不肯作使[三一]，不念治家養活兒子，或行婬蕩，不知羞恥，狀如犬畜，毀辱親里，譬如怨家。奪命婦者，晝夜不寢，毒心相向，當何方便得相遠離，欲與毒藥，恐人覺知，或至親里，遠近寄之，作便嗔恚，詳共賊之，若持寶物，雇人害之，或使傍夫伺而殺之，怨枉夫命，是奪命婦。

佛告玉耶：五善婦者，常有顯名，言行有法，衆人愛敬，宗親九族并蒙其榮，天龍、鬼神皆來擁護，使不枉横，萬分之後得生天上，七寶宫殿在所自然，天上壽盡下生世間，當爲富貴王侯，子孫端正聖智，人所奉敬。其二婦者常得惡名，今現在身不得安寧，數爲惡鬼、衆毒所病，卧起不安，惡夢驚怖，所願不得，多逢災横。萬分之後，魂魄受形，當入地獄、餓鬼、畜生，展轉三塗，累劫不竟。

勸發菩提心集卷中

**校勘記**

〔一〕「得」，底本原校疑衍。

〔二〕「形」，底本原校云一本作「刑罰」。

〔三〕「全」，底本原校疑衍。

〔四〕「苦」，底本原校疑衍。

〔五〕「死生」，底本原校疑爲「墮於」。

〔六〕「大」，底本原校疑爲「夫」。

〔七〕「是」，疑前脱「受」字。

〔八〕「諸」，底本原校疑爲「是」。

〔九〕「出家」，底本原校疑衍。

〔一〇〕「手」，底本原校疑爲「首」。

〔一一〕「如」，底本原校云：「讀爲而，此經多用之。」

〔一二〕「六」，底本原校疑爲「大」。

〔一三〕「頭」，底本原校云通「頂」。

〔一四〕「盱」，底本原校云一本作「眄」。

〔一五〕「桀」，底本原校疑爲「桀」。

〔一六〕「如」，底本原校疑爲「加」。

〔一七〕「王」，底本原校疑前有脱文。

〔一八〕「到」，底本原校疑爲「致」。

〔一九〕「白」，底本原校疑爲「曰」。

〔二〇〕「伏」，疑爲「奉」。
〔二一〕「以」，底本原校疑前脱「及」字。
〔二二〕「麗」，底本原校云《文殊師利問經》作「灑」。
〔二三〕「抹」，疑爲「沫」，下一「抹」字同。
〔二四〕「味」，底本原校云《文殊師利問經》作「嗽」。
〔二五〕「是故」，疑爲「故是」。
〔二六〕「雨」，底本原校疑前有脱文。
〔二七〕「如婦」，底本原校云一本作「婦奴」。
〔二八〕「入」，底本原校疑爲「人」。
〔二九〕「婦」，底本原校云一本作「奴」。
〔三〇〕「訴」，底本原校云一本作「計」。
〔三一〕「使」，底本原校云一本無。

# 勸發菩提心集卷下

翻經沙門慧沼撰

受菩薩三聚淨戒門　得捨門

自受菩薩戒門　八勝五想門

聽法門　説法門

攝生方便門　求法門

入法門　應護正法門

六度依《莊嚴論》十種分別門

七似饒益門謂似母等　菩薩五悕望門

六決定應作門　六度《瑜伽》九種分別門

五相名波羅蜜門

七相施等清淨門謂施見心語智并藏隱六方離十四也

七非田不應施與門　四攝如度九種門

各九得果門　十業得短命報門

十業長壽報門　十業多病不病門

十業醜好報門　十業生下上族門

禮塔十功德門　施蓋十功德門

施旛十功德門　施飲十功德門

施衣十功德門　施器及飲食得十功德門

施香十功德門　施燈十功德門

恭敬合掌十功德門

## ○大唐三藏法師傳西域正法藏受菩薩戒法[一]

將欲受菩薩戒，先教發殷淨心，或復一年，下至七日，持齋禮拜，捨諸惡業，習諸善事，長養淨心，然可爲受。若有事緣不得，先教發殷淨心，欲受戒時，發深重心，方與受之。深重心者，斷一切惡，修一切善，度脱一切衆生心是。若先未曾歸依三寶者，教令歸依，若已曾歸依者，不須教之。

歸依云：弟子某甲等，願從今身盡未來際，歸依佛兩足尊，歸依法離欲尊，歸依僧衆中尊。如是三唱。

弟子某甲等，願從今身盡未來際，歸依佛竟，歸依法竟，歸依僧竟。三說。

從今已往稱佛爲師，不敢歸餘邪魔外道，唯願三寶慈悲攝受。

次，教請已爲受菩薩戒師云：

弟子某甲等，今於師所求受菩薩戒，大德於我不憚勞者，慈愍故。三說。戒師答云：好。

次，教請釋迦如來爲受戒和上云：弟子某甲等，奉請本師釋迦牟尼如來應正等覺，爲受菩薩戒和上，我依和上故，得受菩薩戒，慈愍故。三說。

次，教請曼殊室利爲阿闍梨云：弟子某甲等，奉請曼殊室利菩薩摩訶薩，爲受菩薩戒阿闍梨，我依阿闍梨故，得受菩薩戒，慈愍故。三說。

次，教請彌勒菩薩爲教授師云：弟子某甲等，奉請彌勒菩薩摩訶薩，爲受菩薩戒教授師，我依教授師故，得受菩薩戒，慈愍故。三說。

次，教請十方諸佛爲證戒師云：弟子某甲等，奉請十方諸佛如來應正等覺，爲受菩薩戒證戒師，我依證戒師故，得受菩薩戒，慈愍故。三說。

次，教請十方菩薩爲同法侶云：弟子某甲等，奉請十方一切菩薩摩訶薩，爲受菩薩戒同法侶，我依同法侶故，得受菩薩戒，慈愍故。三說。

次，教發菩提心云：菩提心者，廣則無邊，略有三種。一者，厭離有爲心。二者，欣求菩提心。三者，深念衆生心。厭離有爲心者，即是廣説生死過患，令深生厭離。五法相似生死大海[二]，得大海名。一、處所無邊相似故。二、甚深相似故。三、難度相似故。四、不可飲相似故。五、大寶所依相似故。求菩提心者，即是廣説三身菩提所有功德，令起忻求。深念衆生心者，即是廣説怨親等想[三]，令俱生慈愍發心度脱。

次言：善男子、善女人等諦聽，我今問汝，隨汝意答，汝發菩提心未。教答云：發。

次，教懺悔云：弟子某甲等，仰啓盡虚空遍法界一切諸佛兩足中尊，一切諸法離欲中尊，一切僧寶諸衆中尊。弟子某甲等，自從無始生死已來至于今日，貪、瞋、癡等無量煩惱惱亂身心，廣造衆罪，所謂破塔壞寺，焚燒經像，用盜三寶財物，謗三乘法，言非聖教，障礙留難，隱弊覆藏。於一切出家人所，若有戒若無戒，持戒破戒打罵呵責，説其過惡，禁閉牢獄。或奪袈裟，逼令還俗，策役駈使，責其發調，斷其命根。或殺父害母，出佛身血，殺阿羅漢，破和合僧，起大邪見，謗無因果。長夜常行十不善業，所謂身業不善，行殺盜婬，語業不善，妄言、綺語、兩舌、惡口，意業不善，貪、瞋、邪見，汙父汙母，汙比丘、比丘尼，汙僧伽藍所，破齋破戒，飲酒食肉，輕毁三寶，惱亂衆生，自作教他，見作隨喜。如是等罪無量無邊不可數知，今日誠心發露懺悔，一懺已後斷相續心，盡未來際永不敢作，唯願三寶慈悲證明，令弟子等罪障消滅。

次，説菩薩三聚戒相。一者，律儀戒，誓斷一切惡盡。二者，攝善法戒，誓修一切善盡。三者，饒益有情戒，誓度一切衆生盡。

次，言：善男子、善女人等諦聽，我今問汝，隨汝意答，汝是菩薩非[四]。答言：是。言菩薩者，信是身中實有菩薩種姓，堪受菩薩淨戒，名爲菩薩，非已有證名爲菩薩。

次，爲[五]受令諦聽發深重心云：善男子、善女人等諦聽，汝等[六]今於我所求受一切菩薩學處，求受一切菩薩淨戒，所謂律儀戒、攝善法戒、饒益有情戒。此諸學處此諸淨戒，過去一切菩薩已學，未來一切菩薩當學，現在一切菩薩今學，汝等從今時盡未來際不得犯，能持不。教答言：能。三說。

次，受戒師自稱已名，請佛[七]證明，起立手執香爐，若在高座不須起立，云：弟子某甲等，仰啓盡虛空遍法界一切諸佛，今於此索訶世界一四天下南贍部洲人主地某聚落某伽藍此道場中，有衆多菩薩，來於我所三說。求受菩薩戒，我[八]已爲作證，唯願慈悲亦爲作證。禮拜三請。

次，當爲說三品心受戒，於十方諸佛所，有三品相現，或涼風或玅香，或異聲或光明等，種種相現。彼諸菩薩各各問佛：何因緣故有此相現。彼佛各答云：於某方處索訶世界，在某處所有某甲衆多菩薩，於某甲師所說受菩薩戒，今[九]證明所以有此三品相現。彼彼菩薩咸生歡喜，各各皆言：於如是等極惡處所，如此具足雜染煩惱惡業有情，能發如是極勝之心，受菩薩戒，甚爲希有。深生憐愍，於汝等所，起同梵行心，是故汝等宜應至心護持淨戒，不惜身命而勿毀犯。

次，爲說持犯之相，乃至持一艸繫，亦有持犯菩薩戒相，不能廣說。今略說重者，謂四波羅夷。波羅夷者，此云他勝處，善法益已，名之爲自，惡法損已，名之爲他。若犯此四，惡法增長，損害於自，名他勝處。

善男子、善女人等諦聽。一者，若有菩薩，於戒師所三說求受菩薩戒竟，爲名聞利養，自讚毀他，非真菩薩。假名菩薩，無慚無愧，犯波羅夷，汝等從今身盡未來際，不得犯，能持不。答言：能。

善男子、善女人等諦聽。二者，若有菩薩，於戒師所，三說求受菩薩戒竟，有財有法，有來求者，慳不施與，非真菩薩，假名菩薩，無慚無愧，犯波羅夷，汝等從今身盡未來際，不得犯，能持不。答言：能。

善男子、善女人等諦聽。三者，若有菩薩，於戒師所，三説求受菩薩戒竟，先時共他鬪諍違競，他來求悔，以瞋恨心不隨彼請，已不於他速求懺悔，非真菩薩，假名菩薩，無慚無愧，犯波羅夷，汝等從今身盡未來際，不得犯，能持不。答言：能。

善男子、善女人等諦聽。四者，若有菩薩，於戒師所，三説求受菩薩戒竟，起邪見心，毁呰三寶，誹謗大乘，言非佛説，非真菩薩，假名菩薩，無慚無愧，犯波羅夷，汝等從今身盡未來際，不得犯，能持不。答言：能。

上所受戒正是起行。起行既訖，次教發願云：

弟子某甲等，願以如是懺悔受戒所生功德，迴施一切衆生，未離苦者願皆離苦，未得樂者願令得樂，未發菩提心斷惡修善者，願發菩提心[一〇]斷惡修善，未成佛者願早成佛。又以如是所生功德，願共一切衆生，捨此身竟，得生覩史多天，奉見彌勒，龍華三會願登初首，聞法悟道，證無生忍，獲大神通，遊歷十方，歷事諸佛，恒聞無上大乘正法。又以如是所生功德，願共一切衆生，生生世世永離地獄身，永離畜生身，永離餓鬼身，永離邊地下賤身，永離不自在身，永離女人身。常於佛法中，清淨修行，與一切衆生作大善知識，願一切衆生聞我名者發菩提心，見我身者斷惡修善，聞我説法者得大智慧，知我心者早得成佛。

## 〇得捨門

《菩薩地》四十云：菩薩於四佗勝處法，隨犯一種，況犯一切，不復堪能於現法中增長攝受菩薩廣大菩提資糧，不復堪能於現法中意樂清淨，是即名爲相似菩薩，非真菩薩。菩薩若用耎中品纏，毁犯四種他勝處法，不捨菩薩淨戒律儀，上品纏犯即名爲捨。若諸菩薩毁犯四種他勝處法，數數現行都無慚愧，深生愛樂，見是功德，當知說名上品纏犯，非諸菩薩暫一現行他勝處法，便捨菩薩淨戒律儀，如諸苾芻犯他勝處法，即便棄捨別解脱戒。若諸菩薩由此毀犯，棄捨菩薩淨戒律儀，於現法中堪任更受，非不堪任，如苾芻住別解脱戒，犯他勝處法，於現法中不任更受。略由二緣捨諸菩薩淨戒律儀。一者，棄捨無上正等大菩提願。二者，現行上品纏，犯他勝處法。若諸菩薩雖復轉身遍十方界，在在生處不捨菩薩淨戒律儀，由是菩薩不捨無上菩提大願，亦不現行上品纏犯他勝處法。若諸菩薩轉受餘生，忘失本念，值遇善友爲欲覺寤菩薩戒念，雖數重受，而非新受，亦不新得。

準七十五，有四緣捨。一、決定發起受心，不同分心。二、於有識別大丈夫前，故意發起棄捨語言。三、總別毀犯四他勝法。四、以增上品纏，總別毀犯隨順四種他勝處法。又此菩薩一切違犯，當知皆是惡作所攝，應向有力於語表義能覺能受小乘、大乘補特伽羅，發露悔滅。若諸菩薩以上品纏違犯如上他勝處法，失戒律儀，應當更受。若中品纏違犯如上他勝處法，應對於三補特伽羅，或過是數，應如發露除惡作法。先當稱述所犯事名，應作是說，長老尊念，或言大德，我如是名違犯菩薩毗奈耶法，如所稱事犯惡作罪，餘如苾芻發露悔滅惡作罪法，應如是說。若下品纏違犯如上他勝處法，及餘違犯，應對於一補特伽羅發露悔法，當知如前。若無隨順補特伽羅可對發露悔除所犯，爾時菩薩以深重意樂起自誓心，我當決定防護當來終不重犯，如是於犯還出還淨。

## ○自受菩薩戒法《瑜伽》四十一。

又諸菩薩欲受菩薩淨戒律儀，若不曾遇具足功德補特伽羅，爾時應對如來像前自受菩薩淨戒律儀，應如是受：

偏袒右肩，右膝著地，或蹲跪坐，作如是言：我如是名仰啓十方一切如來已入大地諸菩薩衆，我今欲於十方世界佛、菩薩所，誓受一切菩薩學處，誓受一切菩薩淨戒，謂律儀戒、攝善法戒、饒益有情戒。如是學處，如是淨戒，過去一切菩薩已具，未來一切菩薩當具，普於十方現在一切菩薩今具。於是學處，於是淨戒，過去一切菩薩已學，未來一切菩薩當學，普於十方現在一切菩薩今學。第二、第三，亦如是説。説已應起，所餘一切如前應知，準應受法。

## ○八勝五想門

初説行殊勝相。一、趣道勝。二、發心。三、福田。四、功德。五、受罪輕微。六、處胎。七、神通。八、果報勝。發五觀心。第一，觀一切衆生猶如聖人想。第二，猶如父母想。第三，猶如師長想。第四，猶如國王想。第五，猶如家想。又發四願。第一，所有功德與十方一切衆生同有。第二，願十方一切衆生度生死煩惱海。第三，願十方一切衆生共通十二部經，文義了了。第四，願十方一切衆生俱至無上正等菩提。

## ○聽法儀《瑜伽》四十四。

若諸菩薩欲聽法時，作五種想，應從善友聽聞正法。一、作寶想，難得義故。二、作眼想，能得廣大俱生尠慧，因性義故。三、作明想，已得廣大俱生慧眼，於一切種，如實所知，等照義故。四、作大果勝功德想，能得涅槃及三菩提無上尠迹，因性義故。五、作無罪大適悦想，於現法中，未得涅槃及三菩提，於法如實簡擇，止觀無罪大樂，因性義故。

若諸菩薩欲從善友聽聞法時，於説法師，由五種處，不作異意，以純淨心，屬耳聽法。一、於壞戒不作異意，謂不作心此是破戒不住律儀，我今不應從彼聽法。二、於壞族不作異意，謂不作心此是卑姓，我今不應從彼聽法。三、於壞色不作異意，不作心此是醜陋，我今不應從彼聽法。四、於壞文不作異意，謂不作心此於言詞不善藻飾，我今不應從彼聽法，但依於義不依於文。五、於壞語不作異意，謂不作心此語麤惡多懷忿恚，不以美言宣説諸法，我今不應從彼聽法。

《瑜伽》三十八：云何求聞正法。謂諸菩薩於善説法，應當安住猛利愛重求聞正法。略説猛利愛重之相，謂諸菩薩爲欲聽聞一善説法，假使路由猛焰熾然大熱鐵地，無餘方便可得聞是善説法者，即便發起猛利愛重，歡喜而入，何況欲聞多善言義。又諸菩薩於自身分，及於一切資身衆具、飲食等事所有愛重，方後愛重，於百分中不及其一，乃至鄔波尼殺曇分亦不及一。菩薩如是於善説法生敬重心，常樂聽聞諸善説法，無有勞倦，亦無厭足，淨信深厚，其性柔和，心直見直。愛敬德故，愛敬法故，住(二)法師所，無詰難心，有敬重心，無高慢心，專爲求善，非顯己德，爲欲安立自他善根，不爲利養恭敬因緣。菩薩具足如是功德，往法師所，無雜染心，無散亂心，聽聞正法。

云何無染心。謂聽聞時，其心遠離貢高雜染，遠離輕慢雜染，遠離怯弱雜染。由六相故離高雜染，謂聽法時，應時而聽，殷重而聽，恭敬而聽，不爲損害，不爲隨順，不求過失。由其四相離輕雜染，於聽法時，恭敬正法，恭敬説法補特伽羅，不輕正法，不輕説者。又聽法時，不自輕蔑，由此一相遠離怯弱雜染。

云何無散亂心聽聞正法。謂由五相：一者，求悟解心聽聞正法。二者，專一趣心。三、聆音屬耳。四、掃滌其心。五者，攝一切心聽聞正法。

何故求法。謂諸菩薩求内明時，爲正修行法隨法行，爲廣開示利悟於他。若求因明時，爲欲如實了知外道所造因明論是惡言説，爲欲降伏他諸異論，爲欲於此真實聖教未淨信者令其淨信，已淨信者，倍令增廣。求聲明時，爲令信樂典語衆生於菩薩身深生敬信，爲欲悟入詁訓言、音、文句差別，於一義中種種品類殊音隨説。若求醫明時，爲息衆生種種疾病，爲欲饒益一切大衆。

若諸菩薩求工巧明，爲少功力多集殄財，爲欲利益諸衆生故，爲發衆生甚希奇想，爲以巧智平等分布饒益攝受無量衆生。求此五明，爲令無上正等菩提大智資糧速得圓滿。

## 〇説法門

菩薩爲他説法，有二：一、隨順説，二、清淨説。隨順説，如《別解脱戒經》中説。清淨説，於已有怨諸有情類，應住慈心爲説正法，於惡行者，住利益心，應説正法。於諸有情無樂有苦、放逸下劣有情，應當安住利益安樂哀愍之心爲説正法，不以嫉纏增上力故自讚、毀他。以無染心，不希利養、恭敬、讚歎，爲他説法。

## 〇攝生方便門

四種方便於諸有情普攝調伏成熟。何等爲四。一、隨攝方便。二、能攝方便。三、令入方便。四、隨轉方便。是行布施名隨攝方便。何以故。先以種種財物，布施饒益有情，爲欲令彼聽受所説奉教行故。若諸菩薩次行愛語，於彼彼處有愚癡者，爲欲除彼所有愚癡令無餘故，令其攝受瞻察正理，如是愛語名能攝方便。若諸菩薩知彼有情攝受瞻察正道理已，次行利行，拔彼有情出不善處，於其善處勸導調伏安處建立，名令入方便。若諸菩薩如是方便令趣入已，最後與其於正事業同共修行，令彼隨轉，由是因緣，令所化者不作是説，汝自無有淨信尸羅慧捨智慧，何賴於善勸導於他，諫誨呵擯，與作憶念，是故同事名隨轉方便。

## 〇求法門

《大乘莊嚴經論》：求法有四因緣：一、爲色。二、爲非色。三、爲神通。四、爲正法。爲色者，相好因故。爲非色者，滅煩惱病因故。爲神通者，自在因故。爲正法者，無盡因故。

如《梵天王問經》説，菩薩求法具足四相：

一者，如紗寶想，難得義故。二、如良藥想，際病義故。三、如財物想，不散義故。四、如涅槃想，苦滅義故。由法是相好莊嚴因故如紗寶想，由法是滅煩惱病因故如良藥想，由法是神通自在因故如財物想，由法是正法無盡因故如涅槃想。求法有三種大：一者，方便大，由最上精進求世諦第一諦實不倒故。二、他利大，由法作世間依怙以第一義安置故。三、自利大，由一切功德如海滿足故。

## ○入法門

《十住毗婆沙·入寺品》云：菩薩若入寺，應行諸威儀恭敬而禮拜供養。諸比丘、在家菩薩若入佛寺，初欲入時，於寺門外五體投地，應作是念，此是善人住處，是空行者住處，無想行者住處，無願行者住處，行慈悲喜捨者住處，正行正念者住處。若見諸比丘隨所見業，見已恭肅敬心，禮拜親近問訊，應作是念，若我恒沙劫，常於天祀中大施不休廢，不如一出家。又念，在家多諸過患，出家皆無，隨應廣說，念出家者所行法事所得功德我何時得，廣説三乘所有行相，是在家菩薩已慕尚出家。若入塔寺敬禮佛時，應生三心：一、我當何時得於八部受諸供養。二、何時當得神力，舍利流布世間利益衆生。三、我今深心行大精進得大菩提，我作佛已入無餘涅槃。次，隨所作詣諸比丘，請諸法性相詣論師所，問戒持犯詣律師所，坐禪習定詣禪師所等。

## ○應護正法門

菩薩五因緣故應受護正法：一、知報諸佛恩故。二、令法久住故。三、以最上供養供養諸佛故。四、利益無量衆生故。五、正法第一難得故。《瑜伽》七十云：由三過故不能無倒聽聞正法。一、散亂故。二、愚癡故。三、不恭敬故。有五種相爲聞修器。一、謙下心。二、奉行心。三、攝受義心。四、善攝受義心。五、恭敬心。《文殊問般若經》云：六時不聲，禮佛時，聽法時，衆和合時，吃[三]食時，正食時，大小便時。何故。如是天清淨心爲聞法故，以彼聲故，心不得定故，諸天還以天去故，惡鬼來作不饒益事。

## ○六度十種分別門

《大乘莊嚴論》第七《度攝品》云：此中，六波羅蜜有十種義。一、制數。二、顯相。三、次第。四、釋名。五、修習。六、差別。七、攝行。八、治障。九、功德。十、互顯。

初，數六復次，釋第一云：爲攝自利三事故唯有六。一、增進。二、不染。三、不倒初。四、如次令四事進：一、資生成就，由布施故。二、自身成就，由持戒故。三、眷屬成就，由於忍辱。四、發起成就，由於精進，一切事業由此成故。第五，禪定，能令煩惱不染折伏煩惱故，由此力故。第六，般若，令業不顛倒一切所作如實知故。第二，復次爲攝二利六事，故數唯六。初，爲攝利他三事故，在前三度令起正勤：一者，施彼。二、不惱彼。三、忍彼惱。後爲攝自利三事故在後三：一者，有因由，依精進故。二者，心住，由心不定故。三者，解脱，由心已定令解脱故。第三，復次，爲攝利他六事故，如其次第於彼受用令不乏故，不惱彼故，忍彼惱故，助彼所作令不退故，以神通力令歸向故，以善説法斷彼疑故，如是利他即成自利。第四，復次，爲攝大乘四種因故度唯有六：一、不染。二、極敬。三、不退。四、無分別。修行施時，於財不染，無顧戀故。受持戒時，於諸學處，起極敬故。行忍進時，二不退，忍於衆生非衆生所作苦，得不退故，進於行善時，得不退故。行禪定般若時，此二無分別，止觀平等攝故。第五，復次，爲攝大乘六道故。道者何義。答：有方便者爲道。由施故，於資財不著爲道。由戒故，於境不亂爲道。由忍故，於生不捨爲道。由進故，於彼諸善增長爲道。由定故，令煩惱清淨爲道。由般若故，於智障清淨爲道。第六，復次，同《唯識》等攝三學釋。

第二，顯相者，皆有四相。一、治障。二、合智。三、滿願。四、成生。治障者，檀等如次治慳等六。合智者，與無分別智共行，由通達法無我故。滿願者，施於求財，隨欲給與。戒，於求戒以身、口、意護而教授之。忍，於悔過與之歡喜，進於作業隨欲助之。定，於學定隨欲授法。智，於有疑隨欲決斷。成生者，先以施攝，後以三乘法隨其所應而成熟之，先安立於戒等中，後以三乘成熟亦爾。

第三，次第者，有三因緣。一、前後。二、下上。三、麤細。以施爲先，引後戒等故，以施爲下，戒等上故，以施爲麤，戒等細故，皆以次知。

第四，釋名者，能除貧窮故名爲施，能令清涼故名戒，能破瞋恚故名忍，能建立善故名進，能持心故名定，解真法故名慧。

第五，修習者，同《雜集》《唯識論》等。

第六，差別者，各有六義。一、自性。二、因。三、果。四、業。五、相應。六、品類。自性者，由以己物施諸受者故。施因者，由無貪善根與思俱生故。施果者，由財及身成就故。身成就故者，即攝命等五，謂得命、得色、得力、得樂、得辨。施業者，自、他二攝，滿足及大菩提。滿足施相應者，由具足住不慳人心中故。品類者，法財無畏故。自性者，由住具戒乃至受學諸學足故。因者，滅是涅槃，爲求涅槃度諸有邊受行戒故。果者，善道及不悔等，次第至心住，因戒得故。業者，有三：一、能持，任持一切功德如大地故。二、能靜息一切煩惱故。三者，無畏，由不能起一切怖憎等諸罪緣起。相應者，由一切時身、口、意業皆行善行故。品類者，謂二得、一受，得即波羅提木叉二法，得即定道戒。餘煩不述，更撿文。

八〔三〕，對治者，檀離七著故。一、資財著。二、慢緩著。三、偏執著。四、報恩著。五、果報著。六、障礙著。七、散亂著。此中障礙著者，謂檀所治貪、隨眠不斷故。散亂著者，有二：一、下意散亂，求小乘故。二、分別散亂，分別三輪故。餘六障治初五翻前，謂戒離破戒著等，戒等離障礙著者，彼障礙隨眠皆斷故，戒等離分別著者，隨其三輪不分別故。

九，功德者：一、恒時捨，謂諸菩薩一切時施自身命與一切求者故。二、離求，不求報恩及以愛果，由大悲爲因故。三、建菩提，由施建立一切衆生三乘菩提。四、無盡，由無分別智所攝，乃至涅槃，其福無盡，無窮利益一切衆生。復次，六度有清淨功德，且施彼求乞者，於菩薩所生三種喜：一、得見時喜。二、遂願時喜。三、求見求遂時喜，由不見不遂時不生喜故。菩薩一切於乞求者翻彼三喜亦生三喜故：一、得見時生喜。二、遂彼願時生喜。三、求見求遂彼時生喜。此中應知彼求者三喜不如菩薩。何以故。菩薩大悲具足故。六度有八無上：一者，依。二、類。三、緣。四、迴向。五、因。六、智。七、田。八、依止。檀依者，以依菩薩故，類者有三：一、物施，以捨自身命故。二、無畏施，以救濟惡衆生故。三、法施，以説大乘法故。緣者，以大悲爲緣起故。迴向者，以求大菩提故。因者，以先世施業熏習種子爲因故。智者，以無分別智觀察三輪故。田者，有五人：一、求人。一[一四]、苦人。三、無依人。四、惡行人。五、具德人。依止者，由三種依止故：一、依止信向。二、依止思惟。三、依止三昧。

## 〇七似饒益門

《莊嚴》第十二：菩薩有七似饒益：一、似母。二、似父。三、似善友。四、似同侶。五、似健奴。六、似闍梨。七、似和上。

似母者，譬如慈母於子作五饒益業：一、懷[一五]胎。二、出生。三、長養。四、防害。五、教語。菩薩饒益衆生五業亦爾：一、等心向衆生。二、生之於聖地。三、長養諸善根。四、防護諸惡作。五、教習以多聞。

譬如慈父於子作五種饒益業：一、下種子。二、教工巧。三、爲娉室。四、付善友。五、爲絶債不令後償。菩薩五業亦爾：一、令起信以爲聖體種子。二、令學增上戒定以爲工巧。三、令得解脱喜樂以爲娉室。四、令勸請諸佛以爲善友。五、爲遮諸障礙以爲絶債。

譬如善友於已作五饒益業：一、密語爲覆。二、惡行令斷。三、善行稱譽。四、所造佐助。五、遮習惡事。惡事四種：一、射獵。二、奸非。三、躭酒。四、博戲。菩薩五業亦爾：一、非器者祕其深説。二、犯戒者如法呵責。三、具戒者以善稱譽。四、修行者教令速證。五、魔事者即令覺知。

譬如有智同侶於已作五饒益業：一、與樂。二、與利。三、恒與樂。四、恒與利。五、不乖離。菩薩五業亦然：一、與不顛倒樂世間成就者名樂，由此得樂受故。二、與不顛倒利出世成就者名利，由此對治煩惱病故。餘三，可解。

譬如健奴爲主作五饒益業：一、極諸所作。二、得不欺誑。三、忍諸打罵。四、作事精好。五、解巧於便。菩薩亦爾：一、成熟衆生。二、開示出要。三、忍諸惡事。四、與世間樂。五、與出世利。

譬如闍梨於弟子作五饒益業：一、教其諸法。二、示其速要。三、身知舒顔。四、口知愛語。五、心無悕望。譬如和上於弟子所作五饒益業：一、度令出家。二、與其受戒。三、禁斷諸過。四、攝持以財。五、教授以法。菩薩亦然：一、令滿二[二六]聚。二、令得解脱。三、令斷諸障。四、與世間樂。五、與出世利。

## ○菩薩五悕望門

菩薩五處常起悕望：一、悕望六度增長。二、六蔽損減。三、成就衆生。四、勝進諸地。五、悕望無上菩提。

## ○六決定應作門

菩薩由六度增上，得六種決定。一者，財成決定，由施常得大財成就故。二、生勝決定，由戒常得隨意受生故。三、不退決定，由忍諸苦常不退故。四、修習決定，由進恒時習善無間息故。五者，定業決定，由禪成就衆生業永不退故。六者，無功用決定，由智得無生忍，無分別智自然住故。

菩薩爲成就六度故，於諸地中決定應作六事：一、必應供養。二、必應學戒。三、必應修悲。四、必應勤善。五、必應離諠。六、必應樂法。如次能滿六波羅蜜。菩薩必應常作六事：一、厭五欲，不著施果報故。二、自省過，謂晝夜六時常自省察所作三業，知過則改。三者，耐苦。四者，修善。五者，不味，謂不嗽禪味，恒欲界受生故。六者，不分別，如次能令六度圓滿。



## ○六度九種分別門

《瑜伽》三十九：施波羅蜜九門，乃至智波羅蜜亦爾。頌云：自性一切難，一切門善士，一切種遂求，二世樂清淨，如是九種相，是名略説施。

一、自性者，能施一切所應施物，無貪俱生思及因所發，能施一切無罪施物，身、語二業定有果，見隨所希求即以此物而行惠施，名施自性。

二、一切施者，略有二種：一、内所施物，二、外所施物。但施己身名内所施，若變食吐活命衆生，數數食已吐所飯食施，名内外雜施。除上所説施，餘一切所應施物，名唯外施。知内外施於彼衆生唯令安樂不作利益，或不利益亦不安樂，即不施與，翻此即施，廣有無量應施不施，思準可知。

三、難行施者，財物尠少，自忍貧苦惠施於他，第一難行。所可愛物極生躭著，能自開意惠施於他，第二難行。極大艱辛所獲財物惠施於他，第三難行。

四、一切門者，一、自財物，二、他所得，三、施親養愛僕，四、施他來求。

五、善士施者，略有五相，淨信而施，恭敬而施，自身而施，應時而施，不損惱他而行惠施。

六、一切種施者，有十三相。一、無依。二、廣大。三、歡喜。四、數數。五、田器。六、非田器。七、一切物。八、一切處。九、一切時。十、無罪。十一、有情物。十二、方土物。十三、財穀物施。

一[七]、遂求施者，有八相。一、匱飲食。二、匱車乘。三、匱衣服。四、匱嚴具。五、匱資什。六、匱塗飾香鬘。七、匱舍宅。八、匱乏光明，而求乞者施以光明，上七準此。

八、此世他世樂施者，略有九相。財有三：一、紗淨如法物而行惠施，二、調伏慳悋垢而行惠施，三、調伏積藏垢而行惠施。無畏有三：一、拔濟師子虎狼等畏。二、拔濟王賊畏。三、拔濟水火等畏。法施有三：一、無倒說法。二、稱理說法。三、勸修學處。如是九相，能令衆生此他世樂，財無畏此世，法施他世。

九、清淨施者，有十相。一、不留滯施。二、不執取施。三、不積聚。四、不高舉。五、無所依。六、不退轉。七、不下劣。八、無向背。九、不望報恩。十、不希異熟。速施不留故，不妄執著故，不積聚頓施故，謙下非競勝故，不依名譽故，不悔廣大不自輕故，勝紗物施故，於怨親中悲心等施故，悲愍施不希報故，不希當果故。

戒九門者：一、自性門，有四種：一、從他正受。二、善淨意樂。三、犯已還淨。四、深敬專念。無有違犯，由從他受，外觀愧故。善淨意樂，違犯内慚故。還淨專念，初無違犯，二因緣故。離諸惡作，初二爲依，生慚愧故。由慚愧故，能護尸羅，由能護故，離諸惡作。又初二是法，後二是前二法所引。又初二第四能令不毀，犯已還淨令犯還出，具四功德，能利自他，利益安樂無量衆生，哀愍世間諸人天等故。

二、一切戒者，有二種，謂在家分戒、出家分戒，此二略。三即三聚戒。

三、難行戒者，略有三種。一、謂諸菩薩現具大財，族姓增上能棄，受持菩薩淨戒，名第一難。若遭急難，乃至失命，於所受戒尚無少缺，何況全犯，名第二難。遍於一切行住作意，恒住正念，常無放逸，乃至命終無誤犯輕，何況犯重，名第三難。

四、一切門戒者，略有四種。一者，正受戒。二、本性戒。三、串習戒。四、方便相應戒。正受者，受先所受三聚淨戒。本性者，住種姓位，本性仁賢，身、語二業恒清淨轉。串習者，多生修習三種淨戒，一切惡法不樂現行，惡法深厭，善法樂修，深生忻慕。相應戒者，依四攝事，於諸有情善業恒轉故。

五、善士戒者，略有五種。謂諸菩薩自具尸羅、勸他受戒、讚戒功德，見同法者，深生歡喜，設有毀犯，如法悔除。

六、一切種戒者，以要言之，六種、七種。言六種者：一、迴向戒，迴向大菩提故。二、廣博戒，廣攝一切所學處故。三、無罪歡喜處戒，遠離躭著欲樂自苦二邊行故。四、恒常戒，雖盡壽命不棄捨故。五、堅固戒，利養恭敬本隨煩惱不伏不奪故。六、尸羅莊嚴具相應戒，具足一切戒莊嚴故，如《聲聞地》說。言七種者：一、止息戒，遠離一切殺生等故。二、轉作戒，攝一切善故，饒益有情故。三、防護戒，隨護止息轉作戒故。四、大士相異熟戒。五、增上心異熟戒。六、可愛趣異熟戒。七、利有情異熟戒。

七、遂求戒者，略有八種，謂諸菩薩自諦思惟，如我悕求，勿彼於我現行斷命、不與而取、穢邪、虛妄、離間、麤惡、綺語、手塊杖等諸非愛觸加害於我，於他亦然，不遂求，俱不悅故，如是審思，惟己命難因緣，亦不於他現行八種所求不遂不悅意事。

八、此世他世樂戒者，略有九種，謂諸菩薩爲諸有情，應遮而遮，應開而開，應攝正攝，應調正調，菩薩於中身、語二業常清淨轉，名爲四種。復有所餘五度俱行淨戒，即爲五種，説名爲九。能令自、他現後安樂，名二世樂戒。

九、清淨戒者，略有十種。一、初善受戒，爲三菩提不爲命故。二、不太沈戒，於違犯時生悔愧故，及不太舉戒，達離非處生悔愧故。三、離懈怠戒，於睡臥等樂不躭著故。四、離諸放逸所攝受戒，修習如前五支不放逸故。五、正願戒，遠離利養不願生天，自要修行故。六、軌則具足所攝受戒，於諸威儀如法身語正現行故。七、淨命所攝具足戒，離矯詐等一切邪命過故。八、離二邊戒，遠離受用苦樂邊故。九、永出離戒，遠離一切外道見故。十、於先所受無損失戒，於受無缺故。能如是習，得五勝利：一、十方佛護念。二、將終生歡喜。三、持戒爲善友。四、大功德藏滿。五、現後戒成性。

忍九門者：一、自性者，或思擇力，或由自性，堪忍怨害，由無染心，純悲愍故，能有堪忍，此名自性。

二、一切忍者，在家出家各具三忍。耐怨害忍，起念五想，略如《能斷疏》。云何名忍。自無憤勃，不報他怨，亦不隨眠，流注恒續，故名爲忍。安受苦忍者，事有八：一、依止處苦。二、世法處苦。三、威儀處苦。四、攝法處苦。五、乞行處苦。六、勤勞處苦。七、利他處苦。八、所作處苦。依止處苦有四，即飲食等四事。世法苦有九，謂衰、毁、譏、苦、壞、盡、老、病、死。威儀處苦有四，即四威儀。攝法苦有七：一、供養三寶。二、供事尊長。三、諮受正法。四、諮受已，廣爲他説。五、以大音聲吟詠讚誦。六、獨處思察。七、修瑜伽所攝止觀。乞行處苦有七：一、毁形捨俗。二、壞色衣服。三、進止不縱，住自兢攝。四、依他活命。五、盡壽乞求，非久積用。六、盡壽離婬。七、盡壽離觀儛倡打歌、同齡攜從等法。思勝解忍者，能於八種生勝解故：一、三寶功德處。二、真實義處。三、佛、菩薩大神力處。四、因處五果處。六、應得義處。七、自於彼義得方便處。八、一切所知所應行處。由二因緣於彼諸處善能安立：一、長時串習故。二、證善淨智故。

三、難行忍者，有三。於劣有情所，忍彼所作不饒益，名第一難。居尊位，於自臣隸不饒益事，堪能忍受，名第二難。於其種姓婢賤有情所作增上不饒益事，堪能忍受，名第三難。

四、一切門者，略有四種。一、於親所作不饒益事。二、於怨所作。三、於中所作。四、及於彼三劣等勝品不饒益事皆能忍受。

五、善士忍者，略有五種：謂諸菩薩先於其忍見諸勝利，謂能堪忍補特伽羅，於當來世，無多怨敵，無多乖離，有多喜樂，臨終無悔，於身壞後，當生善趣天世界中，見勝利已，自能堪忍，勸他行忍，讚忍功德，見能行忍，慰意慶喜。

六、一切種忍，有六、七種。六者，了知不忍受非愛異熟，由怖故忍，於生哀憐心，悲愍親愛心，親善故忍，無上菩提爲忍圓滿故修行忍。夫出家者具忍辱力，非不行忍，由法受故修行於忍，種姓串習住自性故修行於忍，一切有情唯見諸法故修行忍。七種，謂於一切不饒益忍，從一切所忍，一切處忍，一切時忍，一切身忍不捶打故，語忍不出非愛故，意忍不憤發故。

七、遂求忍者，略有八種。於諸有苦來求索者，要逼能忍。於極凶暴上品惡業諸有情類，悲不惱忍。於諸犯戒，悲不惱忍。復有五種耐勤苦忍，堪耐除有情苦勤苦，耐求法勤苦，耐法隨法行勤苦，耐爲他説法勤苦，耐爲有情所作正所有勤苦。

八、此世他世樂忍者，略有九種，謂諸菩薩住不放逸，於諸善法悉能堪忍，於寒熱能忍，於飢渴能忍，於蚊虻能忍，於風日能忍，於蛇蝎能忍，於劬勞憂惱能忍，於墮生老病死苦有情，哀愍而行能忍。如是能令自身於現法中得安樂住，不爲一切惡不善法之所陵雜，能引後世安樂因緣，亦能令他修行二世安樂行，名二世樂。

清淨忍者，略有十種，謂諸菩薩遇他所作不饒益事損惱違越，終不返報，亦不意憤，亦無怨嫌，意樂相續，恒常現前。欲作饒益，先後無異，非一益已捨而不益。於有怨者自往悔謝，終不令他生疲厭已然後受謝，恐其疾厭纔謝便受等。

精進九門者，一自性，謂諸菩薩其心勇悍，堪能攝受無量善法，利益安樂一切有情，熾然無間無有顛倒，及此所起身語意勤，名進自性。

一切者，在家、出家各有三種：一、擐甲。二、攝善。三、饒益。擐甲者，謂諸菩薩於發加行精進之前，其心勇悍，先擐誓甲，若我爲脱一切有情苦，以千大劫等日夜，處那落迦，不在餘趣，證得菩提。假使過此百千俱胝倍數時劫方證菩提，我之勇悍亦無退屈，於求菩提非不進趣，既進趣已勤勇無懈，何況所經時短苦薄，名擐甲精進。攝善精進者，能爲六加行，能成辨六度。此復有七：一、無動精進，一切分別本隨惑異論苦觸不傾動故。二、堅固進，殷重加行故。三、無量進，能現證一切明處故。四、方便相應進，所應得義無倒順行等通達故。五、無倒進，爲欲證得義[18]願所引故。六、恒常進，無間加行故。七、離慢進，由勸精進離高舉故，由此疾證無上菩提一切善法最勝因緣。云何饒益有情進。此有十一，如《戒品》説，彼戒此進，彼此差別。

難行進者，略有三種。一、無間遠離衣想食想卧想身想，於善無間修無懈廢，名第一難。如是精進盡衆同分，於一切時曾無懈廢，名第二難。平等通達功德相應，不緩不急，無倒能引義利精進，名第三難。

一切門者，略有四種：一、離染法進。二、引自法進。三、淨除業。四、增長智進。

善士進者，略有五種：一、無所棄捨進，不捨一切欲加行故。二、無退減進，如先所受隨長養故。三、無下劣進，勇猛熾然長時策勵，無怯無退故。四、無倒進，能引義利方便善巧所攝持故。五、勤勇加行進，能於無上正等菩提，速進趣故。

一切種進者，六種、七種，總有十三種。六者：一、無間進，謂一切時修加行故。二、殷重進，謂能周備修加行故。三、等流進，謂先因力所任持故。四、加行進，數數思擇善品加行故。五、無動進，一切苦觸不能動故。六、無喜足進，少劣證中不喜足故，即經所説有勢等五。云何七種。一、與欲俱行進，數於菩提猛利欲願隨長養故。二、平等相應進，本隨煩惱不染纏心，能於善法等習而住故。三、勝進進，若本隨惑染心纏心，爲顯精進，如救頭然故。四、勤求進，勤求明處無厭倦故。五、修學進，於所修學法隨法行，能成辦故。六、利他進，於前説十一種相應知其相故。七、善護進，所有精進起正加行，善自防守犯如法悔故。二世樂如忍應知。

清淨者略有十種：一、相稱進。二、串習。三、無緩。四、善攝。五、應時修習。六、通達衆相。七、不退弱轉。八、不捨軛。九、平等。十、迴向。大菩提相稱者，爲斷彼彼諸隨煩惱，修彼相稱對治法門，如爲斷貪修不淨故等，餘準應知。

靜慮九門者，自性，謂諸菩薩於菩薩藏聞思爲先，所有玅善世出世間，心一境性，心正安住，或奢摩他品，或毗鉢舍那品，或雙運道靜慮自性。

一切靜慮者，略有二種，即世、出世，此各有現法樂住，能引菩薩等持功德饒益有情。所有靜慮身心輕安，離過泯相，名現法樂。能引十方解脱願智等，名爲能引。饒益靜慮有十一種，如前應知，謂諸菩薩依止靜慮，於諸有情能引義利，彼彼事業與作助伴，有苦爲除，於諸有情依如理説，於有恩者知恩報恩，於怖爲救，於喪失處能解愁憂，於匱乏者施於衆善，匡御於諸有情善隨心轉，於實有德讚美令喜，於諸有過能正調伏，爲物現通，恐怖引攝，名一切靜慮。

難行者，略有三種。已能安住廣大殊勝極善靜慮，爲利有情還生欲界，名第一難。依止靜慮，能發無量超過二種[一九]所行境菩薩等持，名第二難。依止靜慮，速證無上正等菩提，名第三難。

一切門有四：一、有尋有伺靜慮。二、喜俱行靜慮。三、樂俱行靜慮。四、捨俱行靜慮。

善士，有五：一者，無愛味靜慮。二、慈俱行。三、悲俱行。四、喜俱行。五、捨俱行靜慮。

一切種者，六種、七種。言六種者：一、善靜慮。二、無記變化。三、奢摩他品。四、毗鉢舍那品。五、自他利正審思惟。六、能引神通威力功德靜慮。言七種者：一者，名緣靜慮。二、義緣。三、止相緣。四、舉相緣。五、捨相緣。六、現法樂住。七、能饒益他。

遂求，有八：一、於諸毒藥霜雹災患，能息能成呪術所依靜慮。二、於界違所生衆患能除靜慮。三、於諸飢饉火災旱等現前在時，興致甘雨靜慮。四、於怖畏能拔濟。五、於乏食墮在曠野諸有情類，能施飲食。六、於乏財位所化有情，能施財位。七、於十方界放逸有情，能正諫誨。八、於諸有情隨所生起，應作正作靜慮。

此世他世樂有九。一、神通變現調伏有情靜慮。二、記説變現調伏有情。三、教誡變現調伏有情。四、於造惡者示現惡趣。五、於失辨才能施辨才。六、於失念能施憶念。七、制造建立無顛倒論微妙讃頌摩呾理迦，能令正法久住。八、於諸世間工巧業處，能引義利資生衆具能隨造靜慮。九、於生惡趣所化有情，爲欲暫時息彼衆苦，放大光明照觸靜慮。

清淨，略有十：一、由世間淨離諸愛味清淨靜慮。二、由出世淨無有染污。三、由加行淨。四、由得根本淨。五、由根本勝進淨。六、由入住自在淨。七、捨淨慮已還復證入自在淨。八、神通變化自在淨。九、離一切見趣淨。十、一切煩惱所知障清淨靜慮。

慧九門者。一、自性，謂能悟入一切所知，及已悟入一切所知，簡擇諸法，普緣一切五明處轉，即慧自性。

二、一切有二，謂世、出世，此各有三。一、能於所知真實隨覺通達慧。二、能於如所説五明處及三聚中決定善巧慧。三、能作一切有情義利慧。

難行慧者，有三種。能知甚深法無我智，名第一難。能了有情調伏方便智，名第二難。了知一切所知境界無障礙智，名第三難。

一切門者，略有四種。於二藏中，勝紗聞、思二慧，及所應作隨轉，所不應作止息慧，及修習力所攝三摩呬多地無量慧。

善士慧者，有五：一、聽聞正法所集成慧。二、内正作意俱行慧。三、自他利行方便俱行慧。四、於諸法中善決定慧。五、捨煩惱慧。復有異門：一、微細慧，悟入所知如所有性故。二、周備慧，悟入所知盡所有性故。三、俱生慧，宿智資糧所集成故。四、具教慧，能於諸佛已入大地諸菩薩衆，所聞法義具受持故。五、具證慧，從淨意樂地乃至到究竟地所攝受故。

一切種，六、七。六謂四諦、盡、無生智是名六慧，七謂法智、類智、世俗智、神通智、相智、十力前行智、四道理中正道理智。

遂求慧，有八：一、依法異門智，謂法無礙慧。二、依法相智。三、依法釋詞智。四、依法品類句差別智，即三無礙解。五、菩薩一切摧伏他論慧。六、菩薩一切成立自論慧。七、菩薩一切正訓訾爲宗屬家産慧。八、菩薩一切善解種種王正世務慧。

二世樂，有九，謂諸菩薩於内明處能善明淨善安住慧，餘四明處能善明淨非安住慧。一切菩薩即用如是於五明處善明淨慧，以爲依止，於他愚癡放逸怯弱勤修正行所化有情，如其次第，示現教導讚勵慶慰慧。

清淨，有十。於真實義有二慧，謂由盡所有

性及如所有性。於流轉有二慧，謂取正因果故。於執受義有二慧，謂倒不倒如實了知故。於方便義有二慧，謂應作不應作如實知故。於究竟義有二種慧，謂染淨如實了知故。

## ○五相名波羅蜜門

七十五云：謂諸菩薩所有布施略有五種，功德相應得入布施到彼岸數。一者，無著。二、無戀。三、無罪。四、無分別。五、迴向，如施戒等當知亦爾。無著者，謂於一切種施等障法中，無有罣礙。無戀者，謂於有染及彼果中，心無繫著。無罪者，謂遠離一切種施等隨煩惱。無分別者，謂於施等不觀遍計所執自性。迴向者，謂以一切施等諸行願得菩提果，於前九門皆隨決了。

## ○七相施等清淨門

七十四云：菩薩所行惠施，由七種相乃得清淨，謂施淨、戒淨、見淨、心淨、語淨、智淨、垢淨，皆有十相。

初清淨十相者：一、廣大施，謂衆多差別故。二、平等施，無增減故。三、應時施，當彼所樂故。四、上玅施，色等具足故。五、清淨施，非不淨物所雜穢故。六、如法施，無罪相應故。七、隨樂施，謂隨求者所愛樂故。八、利益施，隨彼所宜故。九、或頓或漸施，觀彼求者故。十、無間施，無斷絶故。

戒淨十相者：一、發勤精進所獲財物而用惠施。二、自手臂力所致物施。三、離垢汙物而用惠施。四、如法施。五、如法所得施。六、息除諸惡施。七、諸伏調根施。八、殷重恭敬施。九、自手而施。十、於己僕從先行恩養，然後惠施來求者。

見清淨十相者：一、不計度我能行施。二、不將己量他施。三、不觀他當反報施。四、不觀當來有富樂施。五、不觀令無果施。六、不觀施不相似果施。七、不觀施有顛倒果施。八、不觀殺害爲伴侣施。九、不觀奇變吉祥相施。十、不爲聲譽稱讚施。

心清淨十相者：一、憐愍心施。二、珍寶心，謂於施所。三、平等心施。四、調伏垢心施。五、欣樂心施，謂由七相：一、於未來求者，發歡喜心故。二、於已來求者，初見便淨信故。三、於正施時，生悦豫心故。四、生靜定心故。五、生無足心故。六、生不惱心故。七、施已不追悔心故。六、忍辱心施，無厭倦故。七、以慈心施惱害者。八、以悲心於有苦者。九、以喜心施於有功德者。十、以捨心施於親友所。

語清淨十相者：一、先於施物，恣彼乞者。二、彼若至時，稱善來進。三、遠離嚬蹙，平面而視，含笑先言。四、以耎言共申安慰。五、從此無間言，當施汝可愛財物。六、正發施言。七、彼若遮障，縱容分布不出麤言。八、於乞者不毀不呰。九、若無施物，正言詞謝許得隨與。十、於乞者終不對面呵責笑弄，令改容愧。

智清淨十相者：一、由惠施智清淨。二、由求者智清淨。三、由施物智。四、由施加行智。五、由以施成熟有情智。六、由方便善巧智。七、由諸欲過患智。八、由除垢智。九、由友遠離攝受智。十、由隱覆六方智清淨。惠施智淨者，了施名言體相故。求者智淨者，住福田想故。施物智者，於工巧業善巧，速能集物而惠施等。加行者，勿令求者生疲倦等故。方便善巧智者，教導令行施等，除十四垢業。由友遠離攝受智者，離四惡友，近四善友而行施故。隱覆六方智者，謂隱覆六方而行惠施。此次三門如《法華安樂品》。

垢清淨十相者：一、遠離懈怠垢。二、遠離貪垢。三、遠離瞋垢。四、遠離癡垢。五、遠離障垢，有四障：一、不串習。二、匱乏。三、躭湎。四、觀果，此離非道理垢。六、善分布。七、由圓滿施，此離減少垢，有二：一、事圓滿。二、意樂圓滿。事圓滿，有七：一、施資産。二、施國土。三、施有情。四、施莊嚴。五、施舍宅。

六、施居處。七、施内身。八、由清淨施，離不清淨垢，由十種清淨，即無著無取等。九、善觀察施離惡慧垢，謂觀察施物，觀察意樂，觀察其田。觀物者，觀用勝積，觀施勝用，以饒他故。觀意樂四，於因無倒意樂，果中無著意樂，於生悲愍意樂，於智圓滿意樂。觀田五相：一、於是處乞求可得。二、於是處已有乞求復加貧匱。三、於是處已有貧匱復無依怙。四、於是處有無依怙復行惡行。五、於是處雖無此等而有修行。十、具方便德而行惠施，離無方便過垢，謂串習施不顧身命悲愍有情，真實義智無上菩提勝解教導，强力逼迫處任恩報生及神力。

## ○七非田不應施與門

非田不應施，有七：一、乞求者極大暴惡，曾爲怨害歸依怨害而有所求。二、勸爲善事終不能得。三、心壞染汙爲染汙事而有乞求。四、爲損惱而有乞求。五、乞求者或自是魔，或魔所魅非處乞求。六、乞求父母或復隨一非所施物。七、能爲無義。

## ○四攝如度九種門

四攝九門頌[三〇]如前度。自性愛語，於諸有情常樂宣説悦可意語、諦語、法語、引攝義語，爲愛語自性。

一切愛語者，略有三種：一、設慰喻語，恒對有情遠離嚬蹙，先發善言，舒顔平視，含笑爲先。或問安隱吉祥，或問諸界調適，或問晝夜怡樂，或命前進善來，以是等相慰問有情。二者，設慶悦語，由此語故，若見有情妻子、財穀其所昌盛而不自知，如應覺悟以申慶悦，或知信戒聞捨慧增，亦復慶悦。三、設勝益語，宣説一切種德圓滿法教相應之語，利益安樂一切有情，恒常現前以勝益言而爲饒益。

難行愛語者，略有三種。於能殺害怨家惡友，以善淨心無穢濁心，思擇爲説如前三語，名第一難。於其上品愚癡鈍根諸有情所，心無疑慮，思擇爲説種種法教，誓受疲勞，如理如法如善攝取，名第二難。於其諂詐、欺誑親教軌範尊者長老真實福田行邪惡行諸有情所，無嫌恨心，無恚惱心，思擇爲説如前三語，名第三難。

一切門語，有四：一、欲斷諸蓋趣向善者，爲説先時作法。二、遠離諸蓋心調善者，爲説增進四聖諦等相應正法。三、在家出家多放逸者，無倒諫誨，方便令其出離放逸行，住不放逸行。四、於諸法中多疑惑者，爲令當來離疑惑故，爲説正法論議決擇。

善士愛語，略有五種。爲所化生能説，如來及諸菩薩有因緣法，有出離法，有所依法，有勇決法，有神變法。若所説法得處有因，制立學處，名有因緣。若所説法於所受學有毀犯者，施設還淨，名有出離。若所説法四依所攝，施設無倒法律正行，名有所依。若所説法能正顯示出一切苦不退還行，名有勇決。若所説法作三神變，一切所説終不唐捐，名有神變。

一切種愛語，六種、七種。言六種者：一、於應聽法開聽愛語。二、應制法遮制。三、開示諸法法門。四、開示無倒法相。五、開示無倒訓釋諸法言詞。六、開示無倒法句品類差別。七種者：一、慰喻愛語。二、慶悦。三、於他有情一切資具少希欲中一切所作，及以正至少希欲中廣悠愛語。四、安慰種種驚怖。五、如理宣説所攝。六、爲欲令他出不善處安住善處，正見聞疑舉呵。七、請他有力饒益愛語。

遂求，有八，謂依四淨語起八聖語。四淨語謂四善語業，八聖語謂見言見等。

二世樂，有九：一、説正法斷親屬難愁憂愛語。二、説正法斷財位難愁憂。三、説正法斷無病難愁憂。四、説正法斷淨戒難衆苦。五、説正法斷正見難衆苦。六、説正法讚美淨戒圓滿。七、説正法讚美正見圓滿。八、説正法讚美軌則圓滿。九、説正法讚美正命圓滿愛語。清淨愛語有二十種，如前力品。

自性利行，由彼愛語，爲諸有情，示現正理，隨其所應，於諸所學，隨義利行法隨法行，如是行中安住悲心無愛染心，勸導調伏安處建立，略名自性。

一切利行。略有二種：一、未成熟有情能成熟利行。二、已成熟有情令解脱利行。復由三門：一、於現法利勸導利行。二、於後法利勸導利行。三、於現後利勸導利行。於現法利勸導利行者，謂勸導以法業德招集守護增長財位，由此能令獲大名稱及現法樂，由資具樂攝受安住。於後法利勸導利行者，正勸導棄捨財位清淨出家，受乞求行以自存活，由此能令決定獲得後法安樂，不必獲得現法安樂。於現後利勸導利行者，正勸導在家或出家者，漸次修行趣向離欲，由此能令現得輕安後生淨天，或無餘依界般涅槃。

難行利行者，略有三種。於先未行勝善根，因諸有情所能行利行，名第一難。難勸導故，於有善因現前躭著廣大財位衆具圓滿有情利行，名第二難。廣大放逸躭著轉故，於諸外道著本異道邪見邪行有情利行，名第三難，彼於自宗愚癡執故，於正法律憎背執故。

一切門利行，有四。不信有情於信勸導，犯戒有情於戒勸導，惡慧有情於慧勸導，慳悋有情於捨勸導。

善士利行，略有五種。於真實義勸導有情，於應時宜勸導，於攝鈔義勸導，於諸有情柔濡勸導，於諸有情慈心勸導。

一切種利行，有六、七種。六謂若諸有情應正攝受正攝受之，應正調伏正調伏之，憎背聖教除其恚惱，處中住者令入聖教，已入聖教令其成熟，已成熟者令得解脱。七謂隨所化生於善資糧守護長養，隨小大乘或於遠離，或於心一境性，或於清淨諸障，或於修習作意正安處之，若有二乘種即於二乘而正安處，若大乘種即於大乘安處。

遂求利行者，有八。謂見有情於應慚處爲

無慚纏之所纏繞，方便開解令離彼纏，於餘七纏亦爾。

二世樂，有九，謂於他有情，依淨身業，勸離殺生，離不與取，離欲邪行，離一切窣羅若迷麗耶及以末陀放逸處酒，依淨語業，勸離一切妄語，離離語，離麤語，離穢語，依淨意業，勸離貪瞋癡。

清淨利行，有十。依外清淨，有五：一、無罪利行。二、不轉。三、漸次。四、遍行。五、如應。諸惡行者於諸善中能正安處，名無罪行。於非解脱非定清淨處，求爲真解脱，求爲定清淨，即於其中能正勸導，名不轉行。知劣中玅，隨次爲説下、中、上法，教誡教授，令漸次修行，一切有情隨力隨能行義利行求樂者，即於其中隨類勸導，名遍行利。於諸有情，若於自義善法三品功能差别可勸導者，及由方便功能差别可勸導者，於彼如彼方便勸導，名如應利行。依內清淨有五利行。於諸有情，起廣大悲，意樂現前，而行利行。於諸有情所作義利，雖受一切大苦劬勞，而心無倦，深生歡喜，而行利行。雖現安處最勝第一圓滿財位，而自謙下，如奴如僕，亦如孝子旃荼羅子，其心卑屈，離憍慢我執，而行利行。於諸有情，心無愛染，無有虚僞，真實哀憐，而行利行。於諸有情，生起畢竟無復退轉慈愍之心，而行利行。故總成十。

同事者，若聽是義，於是善根，勸化受學，或等或增，自現受學，與他同事。所化有情知同己事，受學決定堅固不退，以作是思，定能爲我利益安樂，彼自現行，無有知無利益安樂自現行者。非諸菩薩如是同事，得詰難言：汝不受學，云何勸導教授於他，汝應從他諮受教誡。有諸菩薩是他同事而不自顯與他同事，謂與等力而不自顯。有非他同事而自顯現與他同事，謂現生下劣而導他故。有是他同事亦自顯現與他同事，謂見可化善根摇動，爲令堅住，現與同事。或增或等，非他同事，亦不自顯，與他同事，謂自行放逸棄捨他事。

## ○各九得果門

前施乃至同事九門所得果者，一切施等，若多修習，若善清淨，若具圓滿，此三流至下諸門。能感無上正等菩提金剛之身正法久住果。難行能感如來希奇法果。一切門得最勝有情天、人所供養果。善士門得一切有情門最尊勝果。一切種得無量殊勝福德所攝相好莊嚴身果。遂求門能感如來座菩提座魔不能惱不傾動果。二世門得如來最勝靜慮解脱等持等至樂果。清淨門能感如來四一切種清淨果，謂所依淨、所緣淨、心淨、智淨，無邊可愛無罪勝果。

## ○十業得短命報門

《業報差別經》云：有十種業能令衆生得短命報。一、自行殺生。二、勸他令殺。三、讚歎殺。四、見殺隨喜。五、於怨憎所欲令喪滅。六、見怨滅已心生歡喜。七者，壞他胎藏。八者，教人毀壞。九者，建立天祀屠殺衆生。十者，教人鬭戰互相殘害。

## ○十業長壽報門

十業能令衆生得長命報。一、自不殺生。二、勸他不殺。三、讚歎不殺。四、見他不殺心生歡喜。五者，見彼殺者心方便救免。六、死怖者安慰其心。七、見恐怖者施與無畏。八、見諸患者起慈悲心。九、見諸急難起大悲心。十、以諸飲食惠施衆生。

## ○十業多病不病門

十業能令衆生得多病報。一、好喜打拍一切衆生。二、勸他令打。三、讚打。四、見打歡喜。五、惱亂父母令心憂惱。六、惱亂賢聖。七、見怨病苦心大歡喜。八、見怨病愈心生不樂。九、於怨病所與非對治。十、宿食不消而復更食。

復有十業，能令衆生得無病報。初四翻前四。五、供養父母及諸病人。六、見賢聖病瞻視供養。七、見怨病愈心生歡喜。八、見病苦者施與良藥，亦勸他施。九、於病苦起慈悲心。十、於飲食自能節量。

**○十業醜好報門**

十業令衆生得醜陋報。一、好行忿怒。二、好懷嫌恨。三、惑誑於他。四、惱亂衆生。五、於父母所無愛敬心。六、於賢聖所不生恭敬。七、侵奪賢聖資生田業。八、於佛塔廟斷滅燈明。九、見醜陋毀呰輕賤。十、習諸惡行。

十業令衆生得端政報。一、不瞋。二、施衣。三、愛敬父母。四、尊重賢聖。五、塗飾佛塔。六、掃灑堂宇。七、掃灑僧地。八、掃灑佛塔。九、見醜陋者不生輕賤起恭敬心。十、見端政者悟曉宿因。

**○十業生下上族門**

十業令得下族姓報。一、不敬父。二、不敬母。三、不敬沙門。四、不敬婆羅門。五、於尊長不敬護。六、於師長不奉迎供養。七、見尊者不奉迎請坐。八、於父母所不尊教誨。九、於賢聖所不受教誨。十、輕蔑下族。十、業得上族報。翻前即是。

十業令生得少資財報。一、自行盜。二、教他行。三、讚他盜。四、見盜歡喜。五、於父母所減損生業。六、於賢聖侵奪資財。七、見他得利心不歡喜。八、障他得利爲作留難。九、見他行施無隨喜心。十、見飢饉心不憐愍而生歡喜。十業令生得多資財，翻前可知。

**○禮塔十功德門**

次文廣辨雜業差別之報，禮佛塔廟得十種功德。一者，得玅色好聲。二、有所發言，人皆信伏。三、處衆無畏。四、天人愛護。五、具足威勢。六、威勢衆生皆來依附。七、常得親近諸佛、菩薩。八、具大福報。九、命終生天。十、速證涅槃。

**○施蓋十功德門**

奉施寶蓋得十功德。一者，處世如蓋覆護衆生。二、身心安穩離諸熱惱。三、一切敬重無敢輕慢。四者，有大威勢。五、常得親近諸佛、菩薩大威德者，以爲眷屬。六者，恒作轉輪聖王。七者，恒爲上首修習善業。八、九、十報，如禮佛後三。

**○施旛十功德門**

奉施繒旛得十功德。一者，處世如幢，國王、大臣、親友、知識恭敬供養。二者，豪富自在，具大財寶。三者，善名流布，遍至諸方。四者，形皃端嚴，壽命長遠。五者，常於生處施行堅固。六者，有大名稱。七、有大威德。八、生在上族。九、命終生天。十、速得涅槃。

**○施鈴十功德門**

以鐘鈴施得十功德。一、得梵音聲。二、有大名聞。三、識宿命。四、所出言人皆敬愛。五、常有寶蓋以自莊嚴。六、有鈔瓔珞以爲服飾。七者，面皃端嚴見者歡喜。餘三，如禮佛後三。

**○施衣十功德門**

奉施衣服得十功德。一者，面目端嚴。二、肌膚細滑。三、塵垢不著。四、生便具足微鈔衣服。五、微鈔臥具覆蓋其身。六、具慚愧服。七、見者敬愛。餘三，準前。

**○施器及飲食得十功德門**

器皿飲食各得十功德，如《盂蘭盆經贊述》説，不能繁敘也。

## ○施香十功德門

奉施香華得十功德。一者，處世如華。二、身無臭穢。三、福香戒香遍諸方所。四、隨所生處鼻根不壞。五、超勝世間爲物歸依。六、身常香潔。七、愛樂正法，受轉正法，受持讃誦。餘三，如前。

## ○施燈十功德門

以燈明施得十功德。一、照世如燈。二、隨所生處肉眼不壞。三、得於天眼。四、於善惡法得善智慧。五、除滅大闇。六、得智慧明。七、流轉世間常不在於黑闇之處。餘三，如前。

## ○恭敬合掌十功德門

恭敬合掌得十功德。一者，得勝福報。二、生於上族。三、得勝玅色。四、得勝玅聲。五、得勝玅蓋。六、得勝玅辨。七、得勝玅信。八、得勝玅戒。九、得勝玅多聞。十、得勝玅智也。

勸發菩提心集卷下終

原夫此書者，發心修行之要路，菩提涅槃之大基，求佛行人不可不崇依之。先年之比故清淨光院家有御發願，被開上卷。其後關東名越光明寺苾芻靜照特發誓願，勸化數十貫之淨財，式備中、下開版費用，令同法苾芻照慧勤策誘賢幹緣矣。冀流通永代，開發大心者。

正應三年庚寅三月二十五日，西大寺沙門睿尊記。

### 校勘記

〔一〕「法」，底本原校云別行本後有「翻經沙門基録」六字。

〔二〕「生死大海」，底本原校疑爲「大海生死」。

〔三〕「想」，底本原校云一本作「相」。

〔四〕「非」，疑爲「未」或「否」。

〔五〕「爲」，底本原校云一本作「正」。

〔六〕「汝等」，底本原校云一本無。

〔七〕「佛」，底本原校云一本前有「諸」字。

〔八〕「我」，底本原校云一本無。

〔九〕「今」，底本原校云一本前有「請」字。

〔一〇〕「斷惡修善者願發菩提心」，底本原校云一本作「者願令發菩提心未斷惡修善者願」。

〔一一〕「住」，疑爲「往」。

〔一二〕「吃」，底本原校云一本作「乞」。

〔一三〕「八」，疑前有脱文。

〔一四〕「一」，疑爲「二」。

〔一五〕「懷」，底本原校云一本作「入」。

〔一六〕「二」，底本原校云一本作「三」。

〔一七〕「一」，疑爲「七」。

〔一八〕「義」，底本原校云一本作「善」。

〔一九〕「種」，底本原校云一本作「乘」。

〔二〇〕「頌」，底本原校疑爲「施」。

（劉奉禎整理）

○九四七

# 能顯中邊慧日論[一]

## 能顯中邊慧日論第一

淄州大雲寺苾芻慧沼撰

十力五眼大聖雄　爲物求法無邊劫
八萬四千妙寶藏　咸契其真[二]勝彼岸
隨機詮顯各令鑒[三]　故號能仁爲法王
佛日權隱涅槃山　正教隨[四]潛慧眼滅
十地三賢諸聖衆　愍物護法釋深經
末世命[五]念慧行微　多者隨情迷[六]聖旨
偏釋正教從己見　自迷迷他礙法流
今採經論會諸文　通法濟生令正解
故我稽首歸三寶　唯願慈悲見加護

夫勝義無差，經論起平等之説；俗諦有異，諸聖流四一之談。隨相理智星分，歸性心言并絶。或真或俗，乍實乍權，量爲應物示因，符機趣果[七]。理雖是一，根器寔多，故更使十二玄門説有同别，三藏奥旨詮或總分。或有執如而作生因，心體爲諸法種。迷執一文，總不令異。有異難會，即指爲小爲權，不知如來有根性等力，有情有種種界等。或有偏固[八]别，詮咸使不一，有一乖反，即云隨假隨人，不知世尊有同體意樂，依如有不定性等。所以聲聞被詰，爲不識機差；菩薩見訶，由不依理一。若言真如、佛性是一，齊得作佛，種性不殊，即四擔三草之喻不成；若言闡提、二乘盡不作佛，種性各一，即三車二城之況不立。故由生界種性[九]，有無約理，周遍有識，皆有據事差别。有識有無，有性復有定、不定殊，無性復有暫、畢竟别，以此聲聞説有多類，闡提復演權實等别。或説皆有佛性，皆當作佛，或説有無數没。因斯乘或一、二、三、五等分，果或凡聖、種性，非皆作佛。然佛因既爲、無爲異，佛果亦常、無常分，依三義而標常住之名，或據或[一〇]

無以立無爲之稱。或有迷斯妙旨，云三佛而總凝然；見説無爲，將四智而無生滅。不知皆是正遍知尊依四祕密、四種意趣，隨自隨他，十二分教，佛自會通，散在諸經，率難被[二]究。彌勒菩薩廣制《瑜伽論》，釋云：理無不究，事無不盡。文無不釋，義無不詮[三]。執無不破，疑無不遣。行無不修，果無不證。正爲菩薩，令於諸乘境、行、果等皆得善巧，懃修大行，證大菩提。廣爲有情，常無倒説，兼爲餘乘，令依自法，修自分行，得自果證。無著等師，或别釋一部，或通明大趣，并教理符焕，本末遞暉。然有情昏密旨，欲大海而灌坳塘；心翳衣珠，舉穢食而投寶器。連城、魚目，卉木無分[三]；毒藥、醍醐，薰蕕弗别。恃螢光而指日月，陵寶劍而振鉛鋒。多羅竟定後先，達磨率分顯密。若也互相發起，即旨約文，遵實執爲，真乃詞乖理爽。余雖不敏，曾酌法海之波瀾；念惑徽猷，疑懷濟嶮之南指。既逢高論，握管前驅，採三藏之精微，攄五乘之奧旨，顯其幽趣，以契宏途，略述三章，用開未悟。文雖不麗，理寔可觀，冀諸玄鑒，鏡詳其致。

## 爰真破執章第一

破定時因一　破定時教二　破定權實三　破妄通經四　破定顯密五　破緣正佛性六

### 破定時因一

有云：經論之内，或有名同而義異。如《解深密》等説於一乘，與《法華》等説於一乘，此雖名同，《深密》即存三明一，《法華》則破二明一，而義有異。何者。《深密》存於二滅，云定性二乘不坐道場。頌云：故於其中立一乘，非有情性無差别。此存三明一。《法華》等云：聲聞若菩薩，聞我所説法，乃至於一偈，皆成佛無疑，唯此一事實，餘二則非真。捨羊鹿而滅化城，破二滅而歸寶所，故義有異。此説非理。所以者何。諸説一乘，名義無異。《法華》《深密》略舉其同，且《法華》一乘與《深密》等。《攝論》既引法華會中舍利弗記别在十義中，如何得言《法華》已前説一乘别。《攝論》但釋已前一乘，不釋《法華》。既同所釋，明知不别。又定性人無有顯，又[一四]説得作佛，《楞伽經》中，大慧問，佛答昔發菩提願者，非決定等。《法華經論》：決定之人根未熟故，菩薩與記，令使[一五]發心。文言既總，復説往事。既説[一六]破二滅，一乘爲顯了，即須決定説二乘皆作佛，何故除決定。又第三喻，爲一向求大乘者，謂離大乘無别二乘，令知種種乘異，故説雨喻，故同《深密》趣寂種性不坐道場。《法華》唯爲退菩提心及變化聲聞三周説一乘，所授聲聞皆唯此二。經論共同，總無趣寂，在文具顯，故同《深密》不定種姓能趣正覺。《法華經》云：欲示衆生佛之知見。《論》釋同義，云：同者，三乘法身平等。三乘法身平等者，佛性、法身無差别故。此同《深密》依三無性、勝義無性等，亦是梁《論》依法如平等故説一乘。《法華經》中，四大聲聞自説譬喻：初爲除糞客作賤人；中間付財，自無悕取；後集衆告，方生領悟。此同《深密》第三時教，又同諸論所攝一類法無我等。梁、唐《攝論》，文皆具顯，云彼不釋《法華》一乘，故同異言但妄分别。又云：或有名異而體同。《涅槃》佛性，體即真如。《佛性論》中，名爲應得。既許理性遍有情，不信應得定作佛者，此亦非理。雖有應得因緣，然許大悲菩薩並有加行因，盡衆生界故，常不作佛。何廢有情雖有應得因，無加行因故，常不作佛。若云我許作者，即是違經。加行有[一七]無，下顯正中，自當廣辨。

有義云：因有緣正，果有近遠。緣即相應善等，正謂八識如來藏性。八識齊成，真如遍有，縱闕緣因，修之當有，不信正因，豈不迷乎。彼執不然。且以真如爲正因者，爲望生果名爲正，爲據迷悟依爲正。若能生果名爲正因，遍違經論，常非生因。《菩薩地經》第四、《瑜伽論》三十八、《地持》第三十因四緣無説[一八]常法常法[一九]爲因緣者，《瑜伽》《攝論》種子之義亦悉相返。若云彼并緣因、非親生果者，違諸經論，便成大過。又豈不許報佛之身具五蘊耶。若具五蘊，因〔三〇〕尚非蘊攝，寧爲蘊因。又《佛性論》不許真實能生有，故八識雖爲正因，非據無始現行識説。《楞伽經》云：具足無漏薫習法，故名不空如來藏。若取無始現行之識爲佛正因，即佛正因無漏恒現行，何得有凡夫。若云是有漏者，即何得爲正因。即違《攝大乘》，説毒爲甘露。又心、心〔三一〕所法豈非報佛正因。若非報佛正因，違《莊嚴論》及《攝論》等。四智心品名爲報身〔三二〕，許爲報佛，云相應善等爲緣因者，何太猛耶。若以真如爲法身正因者，不〔三三〕過二，所謂生、了。真如望法身，非生、了因攝，如何名正因。只可得許因果位殊，因名如來藏，果位名法身。如不生如，復不自顯，既非生、了，不知何理能爲正因。體於二位不改易故。故分因果緣正，妄施三身正因，下顯正中，廣爲分别。

有義：久〔三四〕修菩薩行者〔三五〕，成堪任持，住自乘性，必得作佛；未至此位，云不作佛。有迷不任菩薩自乘種性，最初發心非堪任持，云無種性，便謂畢竟是無種性，不得作佛。彼亦非理。所以者何。《菩薩地經》云：因初發心，決定必得阿耨菩提。《地持》云：云何名持。菩薩自種性、初發心及一切菩提分法，是名爲持。何以故。菩薩依種性，必定堪任阿耨菩提，是故種性名必定持。乃至云：是故初發心名菩薩行方便持，菩薩依行方便滿足阿耨菩提。既云是故初發心名菩薩行方便持，依行方便滿足菩提，何得説言由其久習方名爲持、方名有性。又《菩薩地經》云：若無菩薩性者，雖復發心，懃修精進，終不能得阿耨菩提。是故當知，非因發心，懃修精進，有菩薩性。若久修習，至堪任持，名有種性，云何經言非因發心有菩薩性。又《地持》論云：非種性人無種性故，雖復發心，懃修精進，必不究竟阿耨菩提。是故當知，雖不發心，不修行方便，猶得名爲種性持。既云雖不發心名種性持，何煩妄分初後。

有云：見小乘五性之文，即謂三乘法爾差別。或無涅槃因，畢竟無性，謂[二六]阿顛帝迦無法爾種，不知畢竟無性，無發心因，後時還有，五乘差別所有種性皆新薰起，《聲聞地》文非爲定證。此說[二七]全非。何以故。《瑜伽》彌勒菩薩所造，說非定證；《勝鬘》《善戒》，釋迦世尊所宣，將爲小教。如斯兇悖[二八]，誰敢與言。然云畢竟無性，無發心因，後時還有，今問彼言：後發心因，爲從種起，爲無因生。若本無因，心自然起，非釋迦子。故四卷《楞伽》第一云：大慧，若復說無種、有三[二九]種、識三緣合生者，龜應生毛，沙應出油，汝宗則壞，違決定義。又若不許五乘無始法爾性別，但同一如盡當成佛，五性新熏非本有者，云何世尊令彼熏五性[三〇]，不唯說大乘，令同熏佛種。《維摩經》云，彼自無瘡，勿傷之等，調御大師豈不知有正應得因，故以小乘而傷之也。若云由根性異者，即五性本有，豈唯新熏。又《菩薩地經》云：非因發心，懃修精進，有菩薩性。故知五性皆悉本有，從本有種，數數起現，熏成種子，名爲習性。又《善戒經》等解定異因云有聲聞性，以聲聞乘而般涅槃等，故知性別不由新熏。若由新熏方始有者，即應云先無聲聞性，令起聲聞乘性，而依聲聞乘等。既不作是說，明非新生，亦非小教，故唯新起，理教相違。然《大集》等說熏有者，據習種說，非性種姓。若言性種姓者，是真如理，非行性者，下當顯示，略遣四迷，餘可例准。

## 破定教時二

有義：《深密》前明，《涅槃》後說。三七日後，四諦法輪，別立教時；四十年後，最大法輪，因何不許更立教時。又大乘異小乘，後說大乘，立教時；一乘異三乘，後說一乘，因何不許別立教時。故依《深密》立初三，《法華》一乘爲第四，《涅槃》佛性爲第五時。此亦不然，有多過失。且轉四諦，後立教時，是佛世尊之所說；一乘第四、佛性第五，經中不判是誰說。若以義別，立教五時，經經説義皆有意別。只如《無量壽經》勸往西方，隨願往生，即隨何〔三一〕淨刹，《彌勒上生》令生知足，或《觀虚空藏》，或復《觀普賢》等，即應教時有多，非三五時。即《涅槃經》或於一時在恒河岸等，既非定時，故不可取。故説五時，非是佛教。又如《法華》第二《信解品》中廣立三時，初云我等居僧之首，自謂已得涅槃，初時教。又云世尊往昔説法既久，我時在座，但念空、無相，於菩薩法，心無喜樂，此第二時。深自慶幸，獲大善利，法王大寶〔三二〕，不求自得，此第三時。偈頌之中，三時更顯，推同《深密》，如何違教別立五時。故爲大過。

又云：《無量義經》爲小乘、中乘、大乘時別，此開出中乘，合大爲一。此亦非理。所以者何。是《無量義經》初云自從如來得道已來，四十餘年，常爲衆生演説諸法，乃至不出不没，若有聞者，或得煖、頂、忍、世第一法、四果、辟支佛，發菩提心，登於十地，不分三乘。又云我起樹王，詣波羅奈鹿野園中，爲阿若拘隣等五人轉四諦，亦説諸法，乃至念念生滅，中間於此，及以處處，爲諸比丘并衆菩薩説十二緣、六波羅蜜，乃至云今復於此演説大乘《無量義經》，乃至念念生滅，不云中間唯爲辟支佛，亦云爲并衆菩薩，故後不〔三三〕説云今復於此唯爲菩薩。又云：善男子，初説四諦，爲求聲聞人，而八億諸天來下聽法，發菩提心。中於處處演説甚深十二因緣，爲求辟支佛人，而無量衆生發菩提心，或住聲聞。次説方等十二部經、摩訶般若、華嚴海空，演説菩薩歷劫修行，而百千比丘、萬億人天、無量衆生得須陀洹果〔三四〕，乃至得阿羅漢〔三五〕、住辟支佛因緣法中。演〔三六〕説十二因緣，云爲辟支，但有發菩提心，或住聲聞，無發緣覺心，及證緣覺果。次説方等，乃得聲聞果，及住辟支佛因緣法中，不云爲菩薩。判云《無量義經》爲小乘、中乘、大乘時別，開出中乘，合大乘爲一，以此爲三時，從何准定。若云既説大教，何非大乘。若爾，《深密》亦説大教，何云三乘。又縱爲三，終無説五，亦不限定年月前後。

又云：今就乘性説五時者，謂小乘、大乘、三乘、一乘、一性。此五時教，後兼前義，前無兼後。然《法華經》立〔三七〕在《深密》後，《涅槃》更在《法華》後，説《深密》既在於前，如何預斷〔三八〕後教。故以淺深次第定爲五〔三九〕時，第四、第五時非《深密》教第三時攝。此亦不然。三七日後，方趣鹿園，説四諦教，始度五人。第二七日，即説十地，不起道樹，授提謂記，當得作佛，號曰齊成。如何定判最先説小。又復一乘即是大乘，《勝鬘經》云：聲聞、緣覺乘皆入大乘，大乘者即是佛乘，是故三乘即是一乘，得一乘者，得阿耨菩提。於第二時判〔四〇〕説大乘，一乘即大，收合在第二時，如何爲第四。若云《深密》是説三乘時者，爲通三乘藏，攝名三乘教，爲説有乘三〔四一〕，名三乘教時。若許《深密》通三乘攝，違於正理，今古共許是大乘藏。若云説有三乘，名三乘時，《法華》亦爾，前後俱云爲求聲聞等。若云不同，如前已非，故不可説《法華》一乘爲第四時。《涅槃》亦云於此經中，或説一乘，或説三乘，又復一性〔四二〕即佛性，佛性即真如。《勝鬘經》《如來藏經》《不增不減經》《法界體性經》《如來智印經》《聖善住天子所問經》《諸法無行經》《文殊師利問法身經》等皆廣明如來藏、佛性、法身一切生有，如〔四三〕今者云第五時説於佛性。《勝鬘經》云末利夫人信法未久，明在於前。《如來藏經》，准菩提流支云，佛成道後第十年説。《佛性論》《寶性論》皆依此經及《解深密》。《無上依經》廣明佛性，不依《涅槃》明佛性義，如何定判於《涅槃》時始明一切悉有佛性，將《勝鬘經》等及《佛性論》等爲第五時。若以《涅槃》在《深密》後，不得預斷爲第三時者，如何自引云或有前經密説後義，如《智論》説。又《華嚴》及〔四四〕在説四諦前，云何《無量義經》斷爲第三時説。若云據義類説，不據前後，《深密》亦爾，何獨不信。故約前後判爲五時，但嬰兒慧，智者不[四五]許。

又云：《法華》三時，與《深密》別。此亦不爾。二經明時，義意不別。《法華》第二云：昔於波羅奈轉四諦法輪，今復轉最妙無上大法輪。且對權實以説二時，隱第二時。《信解品》偈頌云，佛亦如是，知我樂小，未曾説言，汝等作佛，而説我等，得諸無漏，成就小乘，聲聞弟子，此聞有教；佛勑我等，説最上道，乃至云我等若聞，淨佛國土，教化衆生，都無欣樂。所以者何。一切諸法，皆悉空寂，無生無滅，無大無小等，此聞空教；乃至云我等今日，得未曾有，非先所望，而今自得，如彼窮子，得無量寶等，此聞非空有教也。長行之中，經文亦具。

又云：《深密》存二滅[四六]一，《法華》破二滅[四七]一，以此不同者，如前已破。《涅槃經》亦爾，如第二明醫師喻中：初、總教服乳，喻有教；次、教總斷[四八]，喻説空教；後、有宜不宜服，喻非空有。此對外道執皆有我，爲破此有，令入人空，且密説人空；義顯爲小，初説法有，次破法有，密説法空，涅槃會中方爲顯説。除外道執有故説空，除聲聞執空故説有，以明佛性，非妄計我故非有、有常等故非空，合第三時，何名第五。又若《涅槃》明有佛性，五乘根性皆趣佛果，故第五時者，何故須跋陀羅聞一切衆生皆有佛性，齊得作佛。何不發大心，而取羅漢果。故如《深密》判屬第三，普爲發趣一切乘者，爲真了義，審細研尋，義更明顯。解此大綱，五門長掩，故不別門別門對片。

又云：教有五時，五門分辨：一、次第有殊，二、得名有異，三、述益不等，四、述時不同，五、説法有別。言次第殊者，三乘在一乘前，佛性居一乘後，大意同前，定前後失，故不重破。言得名異者，第四時教名一乘者，五乘歸佛性故；第五時教名佛性者，五性歸佛性故。此亦不爾。五乘歸一乘故[四九]，爲第四時；《勝鬘》亦四果咸歸佛果，《深密》不定亦趣佛乘[五〇]，應第四時；《法華》定性亦不歸一，應第三攝。上引佛性，多經説同，應第五時名佛性教，何但《涅槃》。若云爾者，《勝鬘》《如來藏》豈是四十年後耶。前已顯非故。言述益不等者，小乘説緣生之有法爲萬行之初基，故《十輪經》云：不學[五一]小乘者，無由學大乘。此説依有教，積集善根，非是先發小心，後方學大。此説不爾。據不定性，初令學小，即《法華經》門外許與三車，鹿苑證於小果。若據頓悟，即初授提謂記，説《華嚴》等經，咸非小乘。又依大教，不得積集善根，可須依小。依大，依[五二]大得福，過於小乘，何要依小。又《法華》學大，乃至不受餘經一偈，又不得親近小乘三藏學者，既許爲了義，何故捨此而不依耶。又《瑜伽》等説，先學自乘，方[五三]學餘教，若非不定，無斯小大三一次第；若是頓悟，非先學[五四]小，此判據何。《十輪經》意，非開先爲説小，令種善根，亦非先同[五五]無性，後分五性，如前顯非。言説時別者，此乃同許[五六]《法華經》《深密》前後。許亦無失。然説《深密》是説三乘，《法華》唯存一實，此理未可。《深密解脱》第二云：我説聲聞、緣覺、菩薩一清淨道，成就第一義，唯一清淨道，更無第二。我意依此，故説一乘。如何得言説三乘教。若言許不定迴心、決定不迴即存二滅，與《法華》別，此亦不爾。許不定迴趣，即破二滅；《法華》三草一地長殊，決定不記，猶存二滅。若言《法華》許定性趣大，違論釋經。又復經文所記聲聞皆不定性及以變化，在文具顯，良爲此會，對此二類聲聞言無一不成佛。不爾，如何《論》釋但爲利益二人，恐損驚怖，不爲決定，説兩[五七]譬喻，令知乘別。豈天親菩薩不解《法華》，末世凡夫深得經意。若云《深密》雖説一乘，許根性別，言唯一者，是密意説，此即會前，不會於後，以後未説，如何先會者，《法華》亦云已説、今説、當説，而於其中，此《法華經》最在其上，云何未説之經，此得云在於上。未説許説在上，未説先會許同，此有何失。又佛三明鎮朗，四智常明，會當未説之經何失，固執不許。又彼自引，或復前經密説後義，如《智度論》前密説後，彼既信之，前顯會後，何故不受。又復十義，證《法華經》在《深密》後。一、云《深密》説有二滅，《法華》説[五八]無，此謬如前已顯；乃至第十、《深密》許不定性一分成佛，《法華》全無二滅，此謬准前。言《楞伽》乃至[五九]無性闡提當得涅槃，此亦謬取經意。何者。《楞伽》無性即當時邊非畢竟者，以後遇佛等，許得作佛故。若言彼説無性即是全無因者，菩薩起大悲，豈是全無性亦説爲無性[六〇]耶。

又云：《涅槃經》説悉當成佛。此亦不爾。初約闡提説無佛性，此據行性；後説皆有，即約理性。不爾，如何前後二説。

又云：須陀洹乃至羅漢皆得作佛。不解我意。又恒河七人，云那含果有中、生槃等。此《涅槃經》是顯了説，豈是全無二滅。

又云：此佛性教，臨涅槃説正因遠果，因深果遠極難信故，所以後説[六一]。説《涅槃經》因深果遠難信共成，云難信故，最在後者，此判即謬。何者。《涅槃經》度須跋陀羅，豈是人勝。《遺教經》云最後説法度須跋陀羅，所應度者皆已度訖，方説遺教，豈更因深果遠極難信耶。又《大衍經》涅槃後起，爲母説法，豈更難信更顯了耶。又既明佛爲報母恩，涅槃復起，阿難問名，答云名《母子相見經》，宣示[六二]後世等。此能詮、所詮，明報恩事，與前教别，應第六時。此不立時，彼云何爾。舉始括終，餘謬可悉。

## 破定權實三

有義：諸經論中亦説不同，必無兩實，定有一權，然就義别，非全虚妄。《解深密》存二滅而説一乘，有經説闡提畢竟無涅槃法等，斯權教也。《法華》除二滅而説一乘，《涅槃》闡提皆有佛性，斯實教也。故諸權實，義例有六：一、信謗罪福多小異。二、所爲説人勝劣異。三、難解易解淺深異。四、佛自會釋有無異。五、權實相對前後異。六、大小不同半滿異。三乘一乘、五性佛性，二説相對，亦有六相，故知一乘佛性爲實、三乘五性是權。彼説不然，六皆有失。初云五性差别起自小乘，唯一佛乘，《法華》等説；悉當成佛，分明顯了，唯在《涅槃》。二經之中，廣説信毁罪福校量，二乘實滅，一分無性，則無斯説，故知一乘佛性之教顯了復實，三乘五性教爲權隱覆者。若論信謗了不了經罪福實别，《深密》校量即爲定説，故知《深密》非非了義判爲權者，豈不違經。又有無量諸大乘經不多校量，豈皆權密。若爾，即《勝鬘》《無上依》《楞伽》《如來[六三]》皆不校量，應權非了。又《無垢稱經》云：譬如象馬，憹戾[六四]不調，加諸楚毒，乃至徹骨，然後調伏。乃至云：以如是等苦切言詞慇懃誨喻，然後調伏，趣入正法。《法華》爲化聲聞鈍根，創令不定迴趣涅槃；爲除聲聞四倒，謂佛實般涅槃，説佛理性恒存，切誨令彼調伏是下劣人。不爾，豈般涅槃前，無利根文殊等可爲説涅槃，至涅槃時，始有利根迦葉方爲説實。又縱據校量，次定權實，此亦難准。何者。《法華》《涅槃》皆廣校量，即定爲實爲了；《金剛般若》文極校量信受等福；《勝天王般若》，謗斯經者，謗諸佛母，十方無間大地獄壞，罪報未出；《大般若經》處處校量，由斯經故，疾得成佛，一切功德等，煩不具引。若准此等，即定爲實爲了，不但自違所執，亦是違經。今不障《涅槃》等經爲了爲真，但不得執校量准定《深密》《般若》皆悉不許定性二乘迴心向大，并與《法華》校量相似。故以校量判《深密》等爲權不了，便成過失。又《深密經》自以了義經校量非了義，此佛自説爲了義，然後代凡夫判爲非了，應智過佛。爲人勝劣失者，若云《法華》云劫濁亂時，乃至云成就諸不善根故，於一佛乘，方便説三，又云所以未曾説，説時未至故，又云於諸菩薩中，正直捨方便；《涅槃經》云以無利根迦葉等故，隨宜方便，開示三乘，又云如是大事，斯下小人[六五]則不得聞。何等爲大。所謂諸佛甚深祕藏，謂佛性是。故知《法華》《涅槃》一乘佛性爲了爲實，《深密》三乘一分無性。此等諸經即爲權密。此不應理。若言爲人勝劣以定於經權實顯密，少分可爾。准《法華》等經在於後説，是爲勝人，爲實爲了，判《深密》等是在前説，爲權爲密，太傷猛浪。如《華嚴經》及《寶性論》等皆説譬如日出先曜高山，次川澤等，如來亦爾，先爲菩薩，後二乘等。成道七日，説《十地經》。《涅槃》第三十一，三子、三田、三器等，皆先勝後劣。豈以先説法未久，後皆劣人淺法耶。又臨涅槃時説《遺教》等，豈并勝人深法耶。

又云：無量大乘在《法華》前爲菩薩説，非劣人淺法。《法華經》者，《論》云：爲聲聞人所作事故，告舍利弗。第二云：我今還欲令汝憶念本願所行道故，爲諸聲聞説是大乘經，名《妙法蓮華》。此爲聲聞，豈勝菩薩。又第二云：舍利弗，彼佛出時，雖非惡世，以本願故，説三乘法。乃至彼國中以菩薩爲大寶故。是劣人爲説三乘淺權之教。又《深密經》等爲彌勒等説，豈劣聲聞耶。若云我據人一時殊，後勝前劣，前權後實，即舍利等迴心向大等是者，即何廢人殊時別，前勝後劣，前實後權。爲勝義生等説決定性不坐道場一分無性，如何偏執《法華》《涅槃》獨爲顯實。難易淺深失者，若云：准《解深密經》第二云，爲未種善根、未清淨障等説小乘教，令修五事。無上品五事，退大智慧；有此上品五事，聞大不謗。准此，小乘易解，大乘難解。《涅槃》二十七云，十住菩薩不知一切衆生悉有佛性。《法華》第二云：唯一佛乘。汝舍利弗，尚於此經，以信得入。《智論》九十三云：阿羅漢成佛，非論者知，唯佛能了。二乘實滅，一分無性，即無斯説，權淺實深〔六六〕，義決定也。亦不應爾。《深密》既爲勝義生、觀自在、法涌、彌勒等菩薩説，即是具上品五事，聞大〔六七〕不謗，不作餘説，故決定知是深是實。云不定性成佛，定性不成，是能了佛自説，故執爲權淺，豈不相違。故爲失也〔六八〕。《無上依經》說有三品衆生：一者，著有。著有有二，一者，背涅槃道，無涅槃性，不求涅槃，願樂生死。二者，於我法中，不生渴仰，誹謗大乘。此二種別，前是無性，後是有性，但謗大乘。《佛性》《寶性》二論皆會言不作佛，據謗者說不會無因。迷者不知，謂言是一，若是一者，佛何二說。故知一分無性之教是實顯了，同《涅槃經》河中常没。常没亦二，又七人各一。又第九云假使一切無量衆生一時成菩提已，此諸如來亦復不見彼一闡提得成菩提，又云如枯木，如燋種等，此即《涅槃》顯密之說，而說一分無性之教是權密說，故爲大失。會釋有無失者，若云：其《解深密》會前二時，《法華》《涅槃》會前《深密》，無會《法華》一乘爲方便者。又《涅槃》云闡提障未來，故名爲無性，《法華》云方便說故。此皆經論自會五性三乘，無文會釋一乘佛性者。此說不然。《勝鬘經》云荷四重擔，無聞非法衆生，以人天善根而成熟[六九]之等，即說四乘。又云：若如來隨彼所欲而方便說，即是大乘，無有二乘。二乘者，入於一乘；一乘者，即第一義乘。既言如來隨彼所欲而方便說，即是大乘，又《涅槃》第三十一云一道一味等，《涅槃》云我諸弟子不解我意，唱言如來說須陀洹乃至阿羅漢皆得佛道，并自會訖，同《解深密》《攝大乘》等言唯一乘是佛密意，亦會《法華》，論文明顯。《涅槃》無文顯說行性一切遍故，言障未來故，名爲無性是暫時故。《涅槃》三十二云：我雖說言一切衆生悉有佛性，衆生不解佛如是等[七〇]語。如是語者，後身菩薩尚不能解。而云：若云衆生悉有佛性，是名如來隨自意語。如來如是隨自意語，衆生云何一向作解。准此文意，若諸衆生皆有佛性，佛顯說有，如何後身菩薩不解。云何不得一向作解。以此故知，有無行性，真如理遍。說一切有，此則同許[七一]《佛性論》五義，故[七二]說佛性；《寶性論》三義說遍，約如理故。

又云：若無因緣觀得成者，闡提之人應有此

觀。准此，即許是無行性，況彼自許如心本有無漏[七三]，無既是先無，無漏無因，後從何起。故知一[七四]性一乘并經論自會，云無會釋，故爲失也。權實前後失者，若云權實相對，前權後實，處處有文；前實後權，窈[七五]無經說者，此亦不然。理不決定。據不定性，一類聲聞從小起大，先三後一，可前權後實，約大頓悟，始終俱大，豈可前權，唯是後實。《深密》所判，據不定性漸悟性說。又[七六]不定判《深密》已前諸大乘經皆悉隱密。四阿含等密說法有，除外執我；諸《般若》等密說皆空，除小法執。雙陳非空有，方爲顯了說。即《華嚴》雖前說，屬第三時；《遺教》雖後陳，可屬第一時。以不分明說空有故，但說四諦定無異故。如彼所判，《華嚴》應權，在前說故；《遺教》應實，在後說故。又對不定，亦先說實，如《法華經》所度聲聞皆先聞大，後發小心。以往准今，爲聲聞性先實後權，如何定判前權後實。諸佛法久後，要當說真實。依不定人，毘尼前開，《涅槃》後遮，大小別。《深密》既非小教，不是專爲聲聞，如何謬判以權實。又初七日說《十地》，三七日後說四諦教，豈可前權說後爲實。故知大失。大小半滿失者，若判小爲半，是權密教，據一類說，此則可爾。并約《深密》《瑜伽》等論爲其隨轉權密教者，謬大甚乎。何者。佛自說爲了教，今判以爲權密。

又云一分無性是小乘義者，准《佛性論·破小乘品》云：若依分別部說，一切凡聖衆生并以空爲其本，皆從空出故，空是佛性，佛性者即大涅槃。依薩婆多等，則一切衆生無有性得佛性，但有修得佛性。所以《瑜伽》明無，依有部教，《佛性論》破。若爾，《佛性》《涅槃》說有佛性，亦應依分別部。《涅槃》亦說第一義空爲佛性故，《瑜伽論》破。若許爾者，如何定執《佛性論》中說有佛性，爲顯爲實，屬第五時。若云《佛性論》中雖破無，不同分別部執有，故非《瑜伽》所破者，亦應《瑜伽》雖說一分無，不同有部執無，非《佛性論》所破。又《佛性論》分明自説分別部等有，薩婆多等無，云[七七]故明有佛性，問執無性曰[七八]，即知[七九]不准[八〇]依大破彼小乘。《瑜伽論》中無久[八一]對辨，何理得知依小立無，破小説有。又薩婆多立無性得佛性，《瑜伽》有則性有，無則性無，豈同有部説皆須小。故爲大失。又判《瑜伽》并《攝論》等但釋權教，准何爲定。《發智》、六足釋小乘經，《中》《百》等論釋於般若，并論明文，衆人同悉。《瑜伽》《顯揚》《大莊嚴論》《菩提資糧論》等不許定性迴心，一分有情無行佛性，判爲釋權教，非大乘經，准[八二]天愛知，非智者許。又《佛性論》及《寶性論》義意大同，《寶性》第一顯釋《如來藏經》，《佛性》第四引《深密解脱》。又明其體即是三性，依《深密經》，無其顯了釋涅槃語，豈唯《涅槃》獨明佛性，《如來藏》等非佛性耶。《佛性論》等釋第五時教，嗚呼哀哉。諸大法將并悉涅槃，恣自凡陵侮聖教。

## 破妄通經四

有云：《善戒》《地持》《瑜伽》等説無種性人者，據説客性，非本性也。何以得知。經自釋云：菩薩性者，謂初發心及三十七品。何以故。菩薩發菩提心，乃是一切善法根本，是故名發。因此發心，得阿耨菩提，是故名因。因初發心，決定必得阿耨菩提，是故名性。此釋初發心，以三義別有三種，名習種性。發心具此三義，前位發心唯有因義，無餘二義。然經説云若無菩薩性者，雖復發心，懃修精進，終不能得阿耨菩提者，據前位説，未至種性，雖有輕微，無決定必得堪忍之力及圓滿持，名爲無性；非是不與發心爲因，名無種性。此同《仁王》《瓔珞經》等。此不應然。若以未至種性，無決定力終圓滿持，云終不得名爲無性者，云何經云因初發心，決定必得阿耨菩提，是故名性。准此經文，即初發心名之爲性，即因初心能得菩提。云不至種性名爲無性，未至堪忍及圓滿持云終不得，豈不違經文。《地持》云：依初發心，修行六度，名爲菩薩行方便持；依行方便，滿足菩提，是故行方便名爲大菩提持[八三]。《瑜伽》亦同。又復後位因初方有，云終不得，豈不乖反。又因前前，得有後後，云何經云是故當知，非因發心，懃修精進故，有菩薩性。既違經義，謬之過甚。亦不得言無[八四]不發心云無種性，經言非因發心有菩薩性。《地持》論云：非種性人，無種性故，雖復發心，懃修精進，必不究竟阿耨菩提。是故當知，雖不發心，不修行方便，猶得名爲種性持。《瑜伽論》云：住無種性補特伽羅，無種性故，雖有發心及行加行爲所依止，定不堪忍圓滿無上正等菩提。由此道理，雖未發心，未修菩薩所行加行，若有種性，當知望彼而得名持。又有種性，若未發心，不能速得，不得云終不能得，故《瑜伽》次云：又住種性補特伽羅，若不發心，不修菩薩所行，雖有堪任，而不速證無上菩提。今約位分，云無種性，故知爲謬。

又云：《瑜伽論》等云無性者，據客性説者，彼自立義理，心爲本性，行[八五]無漏[八六]種爲客性。客性自許初無，《瑜伽》等云無即[八七]了義，云何判爲不了。由不能知二種種性：一、種[八八]性，即法爾有；二、習種性，即法爾種隨緣起現熏新種者，名爲習性。《善戒經》云：性有二種，一者本性，二者客性。言本性者，陰、界、六入，次第相續，無始無終，法性自爾，是名本性。即是前云，是故當知，非因發心，有菩薩性。《地持》云：雖不發心，不修加行方便，猶得名爲種性持。所修一切善法即爲客性。《瑜伽論》云：從無始世展轉傳來，法爾所得，名性種性。若從先來，修善所得，是名習姓。法性自爾即是本性故。《善戒經》云非因發心，有[八九]菩薩性者，由本有故，説之爲主；習種新起，故名爲客。《地持論》同。彼叙異釋廣爲難序，徒設劬勞。又由不了法性自爾之言，將作真如佛性，若真如言無始終，理即可爾，如何《善戒經》言次第相續，《地持》云展轉相續，《瑜伽論》云展轉傳來。廣引文論[九〇]，是真如性唐捐其功，下當顯示。

又云：《解深密》第二云，一向趣寂，不坐道場，無餘依中，諸受[九一]永盡。《瑜伽論》云，無餘依中，唯有真如，無諸作業者，依小乘說，以四十年前未說二乘無實涅槃，捨分段身，別有變易，衆生無斷。《深密》既在於前，故許二乘趣寂實滅。此亦非理。《深密》自判《般若》等經猶非了義，今第三時是真了義，豈肯更隨小乘教說二乘實滅，勝義生[九二]讚歎爲真了義。又若非真彌勒菩薩《瑜伽論》中引爲決擇，可不解會釋，後代方解通經，判言彌勒捨實弘權，深爲未可。

又云：先說佛滅後[九三]不滅，信後不滅爲了義。先說決定今回心，何獨不信言決定。此不同[九四]例。唯小乘教定說佛滅，大乘經論咸許非真，決定必不回心。大乘經論通說，決定不回心，變易非別受身，二乘一分實滅，下示正中，廣爲分別。

又云：《大菩薩藏經》第五，邪定聚衆生非法器故，若使如來爲彼說法，若不爲說，終不堪任證於解脫。如來如實知彼有情非法器[九五]已，而便棄捨。世親釋云：惡趣名邪性，定入惡趣名邪定；涅槃名正性，定得涅槃名正定涅槃。既却退惡趣後定出，出惡趣已，非邪定聚。邪定聚時，如來捨置，非邪定時，菩薩化也，故知是非畢竟無性。《大集》第十云：爲邪定者方便演說令壞邪定，無善子者令種善子，無法器者令作法器，爲法器者演說菩提。亦不應理。《菩薩藏》《大集經》二說意別。《菩薩藏》說：若使如來爲彼說法，若不說法，終不堪任證於解脫。知非法器，而便棄捨。據無種性，不得涅槃。云非法器，而便棄捨，非全棄捨，亦令彼得人天樂故。若是惡趣名爲邪定，佛棄捨者，云何菩薩垂形六道，豈許菩薩慈悲過佛。又若言在惡趣邪定之時佛便捨置，出惡趣已，非邪定時，佛、菩薩化，豈非滅削諸聖悲願。《大集經》云：爲邪定者方便演說令壞邪定，無善子者令種善子，無法器者令作法器，爲法器者宣説菩提。此據有性得涅槃記。由作五逆等，名邪定聚；設是有性斷善根者，亦名邪定聚。由斷見〔九六〕善及五逆等，未有廣多新熏善種，云無善子。未至成就，云非法器。不爾，如何《菩薩藏經》邪定棄捨，《大集》即云方便爲説。亦不得説言《大集經》中據出邪定，若出邪定，便非邪定者，説爲邪定者方便演説故。由不能知經論所説三聚有別，作此通經，下示正中，廣爲開示。

又云：《央掘摩羅經》第二云，云何名邪定，諸〔九七〕佛不能化。又次下云，所言邪定謂一闡提，正定謂二乘、菩薩。斷善根者，名一闡提，善根續已，即非一闡提。斷時名不可治，續已可治。《涅槃》三十三云：一闡提人而不能救地獄之苦，名不可治；作後世種，還名可治，故一切衆生皆有佛性。故不可治，説近非遠。亦不應然。《央掘摩經》云邪定聚，佛不〔九八〕能化，是無種性，與《涅槃經》三十三別。《涅槃》爲作後世因者，即是能化。又第十〔九九〕説，如白羊角等闡提，同《央掘經》。又一闡提非唯斷善，但將續善説爲可治，此説有餘。又一闡提雖有當善，而不能救地獄之苦，未來可救，現在之世無如之何，名不可救。據定報説，若非決定，地獄苦可救。不爾，如何有於現在或生死位，及〔一〇〇〕以後世續善根別。又如五逆名無間業，作已決定往惡趣受。經論又説五逆四重，悔淨滅除，不往惡趣，生人天等。此由業果有定、不定，於定之中，復時報別。經一向説，解亦有餘，證〔一〇一〕有佛性，故亦不可。彼由不了闡提多種，故謬通經，下示正中，當爲開顯。

又云：《善戒經》第三云，衆生調伏，有其四種：一、聲聞乘性得聲聞道，二、緣覺乘性得緣覺道，三、有佛性得佛道，四、有人天性得人天樂。《地持》第二、《瑜伽》三十七所説皆同。然調伏有六：一、性調伏。二、人調伏。性調伏〔一〇二〕説本性至〔一〇三〕發心位，人調伏説四客性。本性説〔一〇四〕遠，一切皆欲菩提；客性説近，有四種別。故經云：性調伏者，有善種子故修善法，修善法故壞二障。修善法故，身心清淨，身心清淨故，若遇善友，若不值遇，能壞二障。如癰已熟，遇[一〇五]師，悉得除愈等[一〇六]。一切衆生亦復如是，修行畢[一〇七]得菩提時，是名爲熟。是名性調伏。既說本性調伏已，密意說一切衆生當成佛也，同《法華論》及《十法經》定性聲聞以佛性因，記成佛也。二、人調伏者四[一〇八]，如上所說。故知人調伏是近因也，有無[一〇九]人無[一一〇]性等皆是近故。既無人天性，後有人天性，故知先無三乘性，後得三乘性。此說亦非。言性調伏，總明本來法爾自性。二、衆生調伏，即明所調伏。故《瑜伽》云所成熟補特伽羅略有四種，約生明性，有無不同，大小性別。三、行調伏，明菩薩修行所有差別，謂修勝身諸根智慧等。四、方便調伏，明菩薩修有三十二方便。五、成熟[一一一]調伏者，明能成熟者及所成熟者。六者，熟印調伏，即明所成熟、已成熟者所有印相，顯如經論，煩不能引。故性調伏及人調伏非約遠近。若云性調伏即明遠性、衆生本性，二、生調伏即是近性、衆生客性。一切衆生皆有本性，咸應令作佛，何故近以三乘熟之。何故穢食置於寶器，欲行大道，反[一一二]示小徑。彼自[一一三]無瘡，何傷之也。又說近性，爲因他有，爲本自成。若因他有，云何《地持》言有聲聞性者，以聲聞乘而成熟之等。何故不言無聲聞性，以聲聞性而成熟之等。若云據已有者，以聲聞乘而成熟之。若爾，何故復[一一四]云無種性者，則以善趣而成熟之，不言以聲聞乘性等而成熟之。若云既未有性，云何可成熟。若爾，無既不爲說，何時當得有。

又云：既無人天性，後有人天性，故知先無三乘性，後得三乘性。此例虛設，曾無文說[一一五]先無人天種性，後令有人天種性。若許初無後今[一一六]有者，即人天趣在佛後有，即應有始。又人天種性生得善，感生得善者，生即便得，豈是先無後他令有耶。劫壞有生人天，豈佛教耶。若云：《智度論》云，不住涅槃者，著人天樂福中，與作涅槃因，故知無因，後還有性。此亦不爾。《智度論》云與作涅槃因者，據無現説，非無種子，無種果生，不應理故。

又云：若雖言與人天樂，即有性、無性別，即所引文云天人善而成熟者，不爲定量。此亦不爾。論[一一七]爲定量。何以故。《智論》云不住涅槃者，置人天性中，與作涅槃因，不言無種性，以人天善根而成熟之，作涅槃因，是三乘因而成熟之故。又若云：不許無種果得生者，何故《楞伽經》云斷善根無性後得涅槃。故知無因，後還有性。亦[一一八]不爾。大悲菩薩亦在此中，豈無佛性名爲無性。故知大悲見未成佛云無，斷善見斷云[一一九]，非無種子亦不得。難云：若有涅槃因，何故著人天樂中，作涅槃因。《善戒經》説有三乘性，三乘調伏故。此亦不爾。豈有涅槃因皆能即成聖。無暇不成聖，故置人天中。故無著《般若論》云：難處生者待時[一二〇]故。此意説，生見在難所，待生人天，離難所已，而成熟之。謬通《勝鬘》，准此可悉。

又云：《瑜伽》五十二名無涅槃法，及六十七、《莊嚴論》第一。無涅槃法者，據客性説，非本正因。本正同有，不可分人；客性有無不同，據斯性别。故《優婆塞戒經》第一云，以菩提有上、中、下，菩提非本有。此亦不可。義[一二一]此説其果由因方得，云非本有。設[一二二]若説因據新熏起，不障本有上、中、下性。不爾，如何齊有本大[一二三]因，始令成三品。過如前説。

又云：菩薩由發心得，名不由本[一二四]性，故准知得三乘性，名不由本性。此義不爾。名是假説[一二五]，無其實性，云不由性故。《攝大乘論》云：名義互爲客，其事應尋思。非其種性，法體不别。又非無本性，由發心始得，違《善戒經》非由[一二六]發心，有菩薩性故。若約位通，如[一二七]前已非。又次引人調伏，亦如前非。又引《攝論》云：具障而闕因，諸佛不自在。《瑜伽》或就障，或就因明，二説不同。皆非本性者，據何爲説。設[一二八]非本性，俱〔一二九〕空言，即能顯定。

又云：畢竟闡提，據《寶性論》云，以無量時故，名畢竟無涅槃法。《涅槃經》《佛性論》説亦爾。後定發心皆得成佛者，此等皆據時邊者説，非畢竟者。何以得知。《無上依經》云：有三品衆生，一者，著有，復有二種。一者，背涅槃道，無涅槃性，不求涅槃，願樂生死。二者，於我法中，不生渴仰，誹謗大乘。阿難，是等衆生，非我弟子，佛非彼〔一三〇〕師。乃至云：以生死轉〔一三一〕作於後際，落闡提網，不能自出。前是無性，後雖有性，鈍根長時謗法不信。《寶性論》中，會此第二，非第一人，云爲回轉謗法者，言無量時，故非第一。若不如是，何故分二。又論自云：若無因緣生如是心者，一闡提等無涅槃性，應發菩提心。不爾，不應經論之中俱〔一三二〕作二説。若云論自會訖，將此爲定，《莊嚴》《佛地》亦分明説無性之人畢竟不成佛，何故不定。故知二説各據性別，經論無違。若云《涅槃經》中，佛亦自會，障未來故，名爲無性，必當得故，名爲有性者，亦不應理。此據時邊，説必當得，非畢竟者。若不如是，何故第十云假使一切無量衆生一時成熟阿耨菩提已，此諸如來亦復不見彼一闡提得成菩提。諸佛有滅盡期，可云此人時長，故不見佛，無涅槃時，如何言不見。以此故知有畢竟無性。於《莊嚴論》廣作餘〔一三三〕通，徒設劬勞。又引《攝論》云聖弟子言此全無少分善根而棄捨，佛觀知有而度之者，知有微少不具因。《莊嚴論》説不具因，即是餘生微少善根，無此微少〔一三四〕，名畢竟無性者。此亦不爾。無微少善許後〔一三五〕作佛，還是時邊，何名畢竟。未曾起得微少善者，乃是一向行惡行，時邊所收，非畢竟無性。若云畢竟後不作佛，何故次下云已説無性，次説令入。此亦不爾。言令入者，以彼論文前説有性、後説無性，有無相對説。次説令入者，説有性令入。不爾，如何云若無性差別，則無乘差別等。

又云：《攝論》具障而闕因，諸佛不得自在，無性釋云：具障，謂煩惱業異[一三六]異熟；闕因，諸無涅槃因。具障，雖前佛不自在，後佛有自在，例闕因者，應知亦爾。彼説非理。煩惱感果雖俱有定，即有報盡之時；報盡之時，佛得自在，令使涅槃。無因之者，於此位中，佛不自在，不得令有，豈有自然有因之時。各於彼位，佛方教化，若本無因，後自然有，亦本凡夫決定[一三七]自然成聖，何故假善友、佛等爲緣。於此至理，應深可思，如不能悟，余無自在。

**破行性遍**[一三八]

有義：理、行佛性，一切悉有，如《大雲經》等，如來常住，二亦[一三九]無滅，一切衆生悉有佛性爲宗。此不盡理。信理性遍，是真弟子；言事性遍，經無誠文。雖言得菩提心，能信亦是，非要能得佛果菩提方名得心。准所引文，無一切生皆成佛語。若第八體是有漏性，無記法非無漏因，天親《攝論》等皆悉不許。若言無二乘滅，據不定性，由來共許；若論定性，此不極成。《涅槃經》云：若云四果皆得作佛，不解我意。《涅槃》二十七云一切悉有心，有心皆作佛者，如説一乘，約同體，約同體意樂[一四〇]。三十六云一切善、不善、無記等法盡名佛性者，不善謂煩惱等，若是不善所依真如名爲佛性，此則可爾，即以不善名爲佛性，違《入大乘論》。彼云汝癡無智，謂煩惱爲因等，如顯示[一四一]中引[一四二]。煩惱若爲菩提因，豈以不善爲善法因。故名佛性非正佛性，不可爲證。若云恒河中七人，不離佛性水，豈非行性者。不爾。此在理佛性水，若行性遍，悉皆得出，何名七人各一。言諸法諸道，若因若果，悉是佛性者，據一人具七説，以第一人有，非無性而求有[一四三]者；亦名常没，如《佛性論》所會闡提非無性者。又准此[一四四]文，雖言常没，許有出時，言一切生悉有佛性，非定一切行證不遍故。

又云：三十七云爲非佛性，説於佛性[一四五]。非佛性者[一四六]，所謂牆壁瓦石無情之物。離如是等無情之者，是名佛性者，此亦不爾。貪、瞋、癡等，何名佛性。若以貪等能覆佛性者，故知無[一四七]性煩惱覆真，名爲佛性，非必行性，何能顯行性亦同如性遍。若云無行性，何得名佛性。此亦不爾。瓦石全非，故對生簡衆生無者，且陰[一四八]不論。若云據覆真故名佛性，瓦石等爾，何須簡者。此義不例。貪等是障，瓦石非障，故經説云：妙色如本住世間，智者於中得解脱。又經云：如財在異[一四九]方。得言有財者，據有性者説。三十三云：非有如虛空，非無如兔角。令[一五〇]觀[一五一]行佛性，現雖有因，而未得果。可增長故，非常有故，不如虛空；能爲因故，果當得故，不如兔角。而言説闡提無性，破虛空之常有；説闡提有性，破兔角之常無。若言一分法爾先有，即同虛空常有；一分畢竟無，即同兔角常無。如是説者，謗三寶也。不爾，汝若以真如及心爲平等性，一切常有，即如虛空過。若云據客性見無當有者，此亦不然。無因而生，非釋迦子。又復有漏非無漏因，過已數説。觀此經意，以因中非定有果，如虛空常有；非定無果，如兔角常無。果當有故，非先有故，能爲因故，非如言詮顯現得故。

又云三十三云，聲聞、緣覺八萬、六萬、四萬、二萬十千劫住處，名爲涅槃；無上法主[一五二]、聖主住處，名大涅槃。准此，二乘無實涅槃者，此亦不爾。經云名爲涅槃，不名大涅槃，云何云無。又據不定後回[一五三]者作如是説，非定性者。

又云：若預流等位，定願留身八萬劫等及分段有餘。不應道理。何以故。《涅槃》十一病行中云：有五種人，第一人者，斷三結故，得須陀洹，不落地獄、畜生、餓鬼，人天七返，永盡諸苦，入於涅槃，乃至是人未來過八萬劫，得阿耨菩提等。准此故知，非預流位分段有餘，依人天七返，永盡諸苦，後八萬劫故，亦非留身，自謂爲涅槃。故預流等位永盡諸苦，入涅槃故者，此亦不爾。此談彼果有此功德[一五四]，非要無學始得超[一五五]大。若執經説人天七返，永盡諸苦，入於涅槃，豈不許彼得滅[一五六]七生，永盡諸苦耶。又若得涅槃，永盡諸苦，無學得涅槃，應不受變易，變易之身亦行苦故。雖入涅槃，言諸苦盡，不廢無學受變易身。雖言預流極七返生，亦許滅[一五七]七，得無學果。故知此文據功能說。或據一類取無學者，理實初果亦得回心，即受變易，《佛地論》中有誠[一五八]說故，《法華》有學并回心故。既許《法華》爲了義說，何不信受有學回心。又《涅槃》第十九直云須陀洹人八萬劫，乃至辟支佛十千劫，第二十又亦直云須陀洹人八萬劫等[一五九]得阿耨菩提心，乃至辟支十千劫得菩提心。云何經説羅漢、辟支即許，依文説前三果即執不許。一經所説，尚致愛憎，取捨諸文，寔爲多謬。引《法華》及《法華論》言，唯一佛乘，聲聞皆依[一六〇]佛。又《佛性論》：入聖道已，生究竟心，爲破如是增上慢心故，知[一六一]《法華》真實法教。世親菩薩爲[一六二]真實，何人更全[一六三]將爲不了者。不爾。何者。《勝鬘經》云若如來隨彼所欲而方便說，《解深密》云若不知佛此密意，《涅槃經》我於一時説一行、一緣、一乘、一道等，我諸弟子不解我意，言四果等皆得作佛，《攝大乘論》無著自云引攝一類，天親、無性俱云隱密，釋迦、無著普[一六四]世親師判爲不了。世親何人，將爲了義。又天親判爲了義，餘人何合[一六五]將爲不了。若爾，《解深密經》佛自説爲了義，餘是何人判爲權密。上又云《密嚴》下卷云，若解脱者，衆生界滅，即壞如來一切智性，去、來、今佛所知之法不得平等。又若涅槃，衆生滅者，誰離於苦。有、無餘耶[一六六]，降魔等事，皆是妄説。是故當知，諸觀行者證於解脱，其身常住，離諸有蘊，滅諸習氣。譬如熱鐵，投之冷水，熱勢雖除，而鐵不壞者，此文意別。初言若衆生界滅，即壞如來一切智性，據真如說，名衆生界故。《寶性論》引《不增不減經》云：舍利弗，不離衆生界有法身，不離法身有衆生界，衆生界即法身，法身即衆生界。此二法者，義一名異，諸大乘經處處有文，故不可以證二乘者無餘不滅。若云經云證於解脱，其身常住，離衆有藴，滅諸習氣等以爲證者，此亦不爾。此説如來，若許二乘入無餘依亦如是者，與佛何殊，更須趣大。若云許二乘無餘，身智都滅，違《密嚴》上卷。彼[一六七]涅槃若滅壞，衆生有終盡，衆生若有終，是亦有初際。原[一六八]有非生法，而始依[一六九]衆生，無有非衆生，尚[一七〇]生衆生界者，此亦不爾。此據理性，或説如來。若以經説衆生有終，應有初際[一七一]，論衆生滅者，煩惱亦爾。煩惱即衆生，因果俱無始，豈以煩惱盡，例煩惱有初。若不許或終，諸佛有煩惱，雖許煩惱斷，而説或無初。雖復身終，何妨得無始。故彼經意約理性論。又《大法鼓經》云：迦葉白佛言，世尊，衆生般涅槃者，爲有盡耶，爲無盡耶。佛告迦葉，衆生無有盡也。白佛[一七二]，云何不盡。佛言，若衆生盡者，應有減損，此修多羅則爲無義。是故迦葉，諸佛世尊般涅槃者，悉皆常住。以是義故，諸佛世尊般涅槃者，終不磨滅。不説二乘般涅槃者亦常不壞，或[一七三]生界真如無盡。又《大莊嚴論》第一云：餘人善根無利他故，餘人善根涅槃時盡故。菩薩善根不爾，由此爲因，種性最勝。若二乘人入無餘依，有善根在，如何言滅。無著、天[一七四]親事慈尊，自[一七五]復登極喜，言善根滅，如何不信。

又云《楞伽》第二，五性中云，大慧，説三乘者爲發起修行地，諸性差別，非究竟地；又云，彼三種人，聲聞、緣覺究竟説得如來法身。經説三人，是定性二乘及不定性故者，此亦不爾。彼經初[一七六]定、不定性以爲三乘，復説第四不定性乘。准[一七七]取不定，如無性中，大悲菩薩雖亦大乘性，由悲願異，更別説二[一七八]。云非究竟，據不定説，若判説三，是定二乘及不定者，定亦起[一七九]大，何須別説第四乘耶。下釋四卷《楞伽》，准[一八〇]知謬。《勝鬘經》《寶性論》《佛性論》等文皆准前知。世親位居伏忍，蒙讚獨爲指南；慈氏身住法雲，何不孤稱逐北。偏讚凡位菩薩説教爲真，抑補處慈尊談法爲[一八一]非了，豈非過乎。

**破定顯密五**

有義：《法華》一乘是了義説，三乘非了。問：一乘爲實，三乘爲權，《法華》等是，何故《深密》説一爲權，四[一八二]爲真實[一八三]。答：一乘有二，一、密意一乘，二、究竟一乘，有差別故。《深密》《攝論》等是密意一乘，《法華》《勝鬘》等是究竟一乘。何以得知有斯二類。以二義辨，一、述異，二、引兩文對顯[一八四]。述異有九，一、存三破二異，二、説時前後異，三、説位不同異，四、滅別道同異，五、分同全同異，六、有會無會異，七、合三開一異，八、爲人勝劣異，九、説義不同異。此不應爾，九門俱非。

初、存三破異者[一八五]，且判《深密》等存三爲一，故權；《法華》等破三明一，故實。此前已顯，謬判教文。

二、説時前後異。云《華嚴》《深密》等四十年已前説，故權；《法華》《勝鬘》等是已後説，故實。此亦不爾。若《法華》前存三明一故爲密者，如《深密》等四十年後[一八六]説，可如所判。已説小乘有可存故，且縱爲權，《華嚴》乃在三七[一八七]，前曾未説小，則未有可存，如何亦判爲隱密説。若通論後位説二乘時，亦應隱密通會後一，寧不許耶。故不可以前後判定。又復自判《攝論》一乘并是權密，即《法華》等盡《攝論》釋，同《深密》等一乘非了，如何得判前權後實。

三、説位不同異。云《解深密》等，説如乳酪，如衆流位，一法[一八八]一乘，如至醍醐，皆歸海位一者，此亦不爾。如乳等喻，且據一類不定性人從小向大者，各定根性，則不如是。若執喻説修行之者前後定爾，豈許頓悟亦由小耶。有不住[一八九]則能趣大，應許酥等非從乳出。又《法華論》有聲聞如乳等，佛位如醍醐，豈許《深密》等所説一乘是聲聞位，猶如乳等。又許菩薩有頓非漸，如何定判位異爲權。若云《深密》對不定性位異爲權者，以何得知爲小，不定判爲不實。

四、滅別道同異[一九〇]。云密意一乘，道等同故，名之爲一；究竟一乘，二乘無滅，至佛方有者，不爾。只有説三解脱爲等，無説智德三乘共[一九一]等，如何今判道等皆同。然《涅槃經》云一道一緣等者，約向大乘，云同一道，非説三別[一九二]，所覺道同。又《深密經》云：相生勝義無自性，如是我皆已顯示，故於其中立一乘，非有情性無差別。説無[一九三]性同，即二乘無別滅，與《法華》等一乘何別。

五、分同全同異。云密意一乘，人無我、解脱身、分段身同，法無我、法身、變易身[一九四]不同；究竟一乘，此等皆同者，既判《攝論》等爲密一乘，如何論文云法無我解脱，等故性不同等。《顯揚論》云：即彼諸法約無差別相説故，乃至法無我平等故。若云彼不許終[一九五]法無我平等者，豈《法華》一乘諸聲聞等已證法無我等耶。若云許當證故者，《攝論》等中亦許不定當得證故，如何爲權。若云非説一切皆當同故者，《法華》亦爾。天親論釋不爲定性，損驚怖故，若許定性，此等皆同，何[一九六]不爲説。又《楞伽》云同入八地三昧樂門者，是曾行大行，不説定性，豈許皆同。又違梁《論》。梁《論》云：前偈以了義説一乘，後偈以祕密義説一乘故。又云：復[一九七]名於法如平等意。諸聲聞等人，如來於《法華經》中爲其授記，已得佛意，但得法如平等意，未得佛法身。若得此法如平等意，彼作是思惟：如來法如即是我法如。由如是意，故説一乘。准此論釋，豈《攝大乘論》等所明一乘是權，但人無我等同，《法華經》説究竟一乘，法無我、法身等皆同耶。

六、有會無會異。中云密意一乘，不會説三爲方便；究竟一乘，會説二[一九八]滅爲方便[一九九]者，不爾。不全會三者，據有定性故；言會三者，據不定性故。定、不定性，《法華論》《楞伽經》并有明説。若無[二〇〇]定性，但得作佛，何故《涅槃經》云不解我意，《勝鬘經》云隨彼所欲，而方便説等。又《攝大乘》正指《法華經》云復次，於《法華》《大集》中，有諸菩薩名[二〇一]同舍利弗等，《深密》

云非有情性無差別，《攝論》平等故性不同，《法華論》云爲二種人說，此皆會訖，如何言不會《法華》。由不披文，但道聽爾。

七、合三開一異。中云《深密》會昔合三乘爲一乘，一非三中之文[二〇二]；《法華》會昔開一爲三乘，一是三中之佛乘者，不爾。成道七日即說大乘，《法華經》云雖復說三乘，但爲教[二〇三]菩薩，又云雖示種種道，其實爲一乘，即會一代所說三乘，更於何時所說三乘，云是開一爲三乘者。又說一乘，一乘即大乘，豈《解深密》接[二〇四]彼定性二乘爲大。故爲不可。又《解深密》依三無性說乘爲一，《法華》亦同。論釋十方佛土中，唯有一乘法，無二亦無三，無二者，無二乘涅槃等，乃至云聲聞、辟支佛乘，非彼平等法身之體，以因果行觀不同故。梁《攝論》云：乘有三義，一、性，二、行，三、果。性即真如，行即十度，果即四德。《法華經》：一乘即佛之知見。論云：依四義[二〇五]說，一者，開即無上義，除一切智智，更無餘事，即菩提涅槃。二者，示者同義，即聲聞、辟支佛法身平等。法身平等者，佛性、法身更無差別故，此非但亦[二〇六]，即《攝論》一乘性也。三者，入者因義，爲令證不退轉地，示現與無量智業故，無量智業者，即《攝大乘》所行十度。又《攝論》《法華》一乘若有差別，天親應解，既總會釋，准何判別。

八、爲人勝劣異。中云密意一乘爲鈍根說，究竟一乘爲利根說。梁《攝論》云：有諸菩薩於大乘根性已入法空[二〇七]，爲此說一。同《涅槃經》不爲鈍根，爲利根說者，不爾。前判《攝論》一乘是密，今言密者爲鈍根說。《攝論》一乘既判爲密，如何復引與《涅槃》同爲利根說，豈不自相[二〇八]鉾楯。又《法華經論》云：爲聲聞所依[二〇九]事故。經云爲諸聲聞說是大乘經，授聲聞記等，豈是利根迦葉同《涅槃》耶。《深密》告勝義生等，豈是鈍根聲聞耶。又復先度利根，次後[二一〇]中、下，《涅槃》《法華》俱在後說，豈爲利根。故

《如來莊嚴智慧光明經》云：文殊師利，依彼無邊法界衆生上、中、下性，如來放大智日光輪普照衆生亦復如是。初一切諸菩薩等，次辟支佛，次聲聞，次所信善根衆生，次住邪定聚衆生。此等經文豈先鈍後利耶。又言八種一乘爲引不定菩薩、聲聞故，即爲鈍者，亦不爾。梁《攝論》云爲利根，八義一乘，第一即爲聲聞，第二不定菩薩。《法華論》云：二種聲聞，如來與記，謂應化聲聞、退已還發菩提心者。退已還發菩提心者，即不定性聲聞，云何得言究竟一乘爲利根説。

九、説義不同異。云《攝論》一乘依十義説，《法華》一乘依四義説，説義不同，明知乘異者，不爾。何者。若云十、四義異十權四實，《顯揚》六義、《莊嚴》八義應分權實。彼既不爾，此云何然。又《法華經》説一乘體性有其四種，論云依四義明之。《攝論》等明説一乘意，依八種道理説，非出乘體。故梁《論》云：爲何義故，説二乘人同趣一乘，皆得作佛。《莊嚴論》云：此中八意，佛説一乘。又云：復有何義，以彼彼意而説一乘。偈曰：引接諸聲聞，攝住諸菩薩，於此二不定，諸佛説一乘。《法華論》云爲退菩提聲聞，即引接聲聞不定之者。滿慈等記，即變化者。又《法華論》説三平等云：復示現[三一]自身、他身、法身平等無差別故。乃至云：以不知彼此佛性法身[三二]，平等故，即謂彼人：我證此法，彼人不得此[三三]。對治此故，與聲[三四]聞記。即明法平等、人平等，與《攝論》等説一乘意何曾有異。謬分顯密，欲誘嬰兒，引文對類，智者應撿。略陳述異之非，對類煩不具顯。教既謬陳顯密乘故，妄到實權説乘，文有不同。准此，故皆説[三五]謬。

## 破緣正佛性執六

有義：總論佛性理事兩門，理即真如法界，名因名性等，一切衆生皆悉同也；事即三十二相、十力等種，一切有情有無不同。問：若爾，三[三六]十年前猶説二乘實滅，成道十載即説《如來藏經》，寧以三乘五性先説爲權，佛性一乘後説爲實。答：猶總相明，未簡持故，非爲決定。《涅槃經》説，凡是有心，皆當作佛，即簡無心；對非佛性，説於佛性，即簡瓦礫。故但有心是有情者，悉有佛性，皆當作佛，故後一乘及説佛性皆爲了義。此亦不然。若有簡持，名爲顯了；若無簡持，即爲隱密者，《解深密經》所説一乘，極有簡持：簡去衆生根性，持取三性，名之爲一；簡去定性，特取不定當得作佛，定是了義。故《涅槃經》第三十二云：於是經中，或説三乘，或説一乘。既云或説三乘，復説那含中、生般等，即存二滅。《勝鬘經》云是故三乘即是一乘，又云如來隨彼所欲而方便説，即是大乘，無有二乘。二乘者入於一乘，一乘者即第一義乘。既云方便，即顯四乘是真實，説同《解深密》。《法華》一向唯説一乘，對聲聞人，若唯爲菩薩。論云：爲一向求大乘者説雨喻，令知乘異。論[二七]釋乘一，依法身理，不説根性一切無異，正同《深密》據理説一，非根無別。又《如來藏經》云：一切衆生雖在諸趣，煩惱身中有如來藏，常無染污[二八]，德相備[二九]足，如我無異。乃至云：佛見衆生如來藏已，欲令開敷，爲説經法，除滅煩惱，顯現佛性。既云一切衆生，即簡非情訖。又云：《如來藏經》能大饒益，若有聞者，皆成佛道；即同聞《涅槃經》，則見佛性，喻如天雷，生象牙花。與《涅槃》説同有簡別，何非是實。

有義：佛性體有二種，一、理，二、事。理因性者，第一義空。第一義空與法身爲正因，亦與報身爲緣因。若體生相，亦與報身爲正因，報身本體是第一義空故。此不應理。若第一義空是法身正因者，爲生、了。若爲生因，法身是常，常非因生。《涅槃》十三云：若有諸法從緣生者，則知無常，是諸外道無有一法不從緣生。善男子，佛性無生無滅。乃至云：非陰、界、入之所攝持，是故名常。第九[三〇]亦云：如是光明，名爲智慧。智慧者，即是常住，常住之法，無有因緣。又云：涅槃之體非本無今有，若涅槃體本無今有者，則非無漏常住之法。涅槃非本無今有，如何因生。又高貴德王菩薩問：凡因莊嚴而得成者，悉名無常，涅槃應爾。如來爲答，説因有五：一、正因，二、和合，三、住因，四、增長，五、遠離。涅槃之體非如是等五因所成。法身即涅槃，如何説有因。又因果位異名殊，體常無別，亦無增減，如何真如還與真如與爲因耶。《如來藏經》廣説喻況，明本具足，爲障所覆，説法爲因，令得開曉，亦非了因。《涅槃》十九云：復有二因，一、作，二、了。三十七品、波羅蜜等望於涅槃，是名了因。又三十三云：遠離果者，即是涅槃，遠離諸煩惱，一切善業是涅槃因。因〔三〕有二種，一、近，二、遠。近即三解脱，遠則無量世所修善法。乃至云：是故涅槃唯有了因，無有生因。此約理、事，菩提、涅槃，智、斷門別不同。涅槃第二，大般涅槃，智、斷俱名大涅槃故。又真如理望法身位，十因四緣是。何者。攝得爲正因。又復自引《密嚴經》云：如來清淨藏，亦名無垢智。《華嚴經》：無相智、無礙智具足在於衆生身中。《如來藏經》云：煩惱身中有如來藏，常無染污，德相備足，如我無異。既云德相具足，如我無異，如何爲因。只可言教修行爲因故。《如來藏經》云：佛見衆生如來藏已，欲令開敷，爲説經法，除滅煩惱，顯現佛性。故天親《般若論》云：於法〔三〕爲了因，亦爲餘生因。經云：一切諸佛從此經出，一切諸佛從此經生。有説：真如即法身體，無説真如爲真如因，故成妄説。謂有説如爲了因者，果中説因名，非如即了因。若如能了，應自出染，何待餘緣。然《佛性論》云應得因者，以有真如，智起斷惑，真如方顯，是所應得之因由也，非是生、了。若名親因，十因四因〔三〕，生、了何攝。又《佛性論》云應得者，必當可現，名爲應得，豈能自顯。顯在智故。又云若體生相，亦與報身爲正因，報身本體是第一義空故者，不爾。此談其體。雖説真如爲法界，界者因義，亦自性義，因者非生，但爲依因，故説真如爲迷悟依。《佛性論》云爲道生依，由有真如，方有俗事，處處文説。又《佛性論》云：一有體能生有體，一有體能生無體，此即真實。若爲報佛正因，即二〔二四〕有體能生有體，何故云一。亦同《瑜伽》圓成不生法故。又若以真如爲正因者，何故《佛性論》但云由加行故，論〔二五〕因圓滿及果圓滿，因圓滿者，謂福慧行，又云圓滿因者，即加行因，不云加行因即應得因。故正因者，即是福智。不爾。亦説第一義空爲染法體，豈許真如與煩惱爲正因。若許爾者，違《涅槃經》三十三云：若有説言一切衆生定有佛性，常樂我淨，不作不生，煩惱因緣，故不可見，當知是人謗佛法僧。明説真如不作不生，煩惱因緣，非〔二六〕謗三寶。既許真如若體生相，應爲報身正因者，既體生相，應生一切法爲其正因，豈簡染淨。若爾，便爲大謗三寶。若云言與報身爲正因者，非親生報身者，既不親生，何名正因。如喻大地，大地若無，百草不生。雖依地有，不説大地爲百卉正因。真如准知。

有義：事性亦有二種，一、正因，二、緣因。《涅槃》二十八云：正因者，衆生；緣因者，謂六波羅蜜。此説報佛正因也。或説中道觀智及善五陰、無明結等以爲佛性。若〔二七〕説一切因性，三十六云：佛性不名一法，乃至不名萬法，未得阿耨菩提時，一切善、不善、無記法悉名佛性。此與報佛爲緣、生〔二八〕二因。彼説不然，不了緣因、正因別故。若以經言，正因歸〔二九〕衆生，即説衆生爲報佛正因、六波羅蜜爲緣因者，未知言〔三〇〕衆生爲即取第八識，爲總五陰。若取八識，第八識有漏、無漏種，若取有漏，有漏非無漏正因，若取無漏，此即佛性，如何但言衆生爲正因而無差〔三一〕別。若云漏、無漏皆是正因，何須〔三二〕簡〔三三〕別者，衆生即五陰，六波羅蜜亦五陰，總正因攝，經中何故別説六度。今准經意，以本有性無漏種隱妙難知故，寄衆生説名爲佛性。不爾，何故第二十六師子吼云，若一切衆生無佛性者，云何而得阿耨菩提。以正因故，故令衆生得阿耨菩提。何等正因。

所謂佛性。若云即佛説心名爲佛性者，餘豈非耶。若爾，即違第三十文，彼云色、受、想、行、識、慈、悲、喜、捨等并名佛性，故十二因緣亦名佛性。又三十三云，佛性不名一法，乃至善、不善法名佛性故。若云雖總云佛性爲佛正因，意取第八者，以何爲證，如何不説。又《攝大乘》云不見毒藥得爲甘露等，又《阿毘達磨經》但云爲流轉還滅依，不説爲還滅正因。又但總相明善、不善法爲報佛緣、正因，而云顯佛性同異，何曾顯佛性同異。若以有漏即爲正因，此但誠異，諸有智者，誰肯與同。所餘門義，准此知非顯正因〔三四〕異，下示正中，廣爲開示。

能顯中邊慧日論卷一

## 校勘記

〔一〕底本據《大正藏》。

〔二〕「真」，底本原校云一本作「心」。

〔三〕「鑒」，底本原校云一本作「證」。

〔四〕「隨」，底本原校云一本作「墮」。

〔五〕「命」，底本原校云甲本（《大日本續藏經》）作「論」。

〔六〕「迷」，底本原校云甲本作「述」。

〔七〕「果」，底本原校云甲本作「機」。

〔八〕「固」，底本原校云一本作「周」。

〔九〕「種性」，底本原校云一本作「衆生」。

〔一〇〕「或」，底本原校云一本作「惑」。

〔一一〕「被」，底本原校疑爲「披」。

〔一二〕「詮」，底本原校云甲本作「論」。

〔一三〕「分」，底本原校云一本後有「別」字。

〔一四〕「又」，底本原校云一本作「文」。

〔一五〕「使」，底本原校云一本作「便」。

〔一六〕「説」，底本原校云一本無。

〔一七〕「有」，底本原校云一本作「者」。

〔一八〕「説」，底本原校云一本作「記」。

〔一九〕「常法」，底本原校云甲本無。

〔二〇〕「因」，底本原校云一本前有「如非蘊」三字。

〔二一〕「心」，底本原校云甲本無。

〔二二〕「身」，底本原校云一本作「佛」。

〔二三〕「不」，底本原校云一本前有「因」字。

〔二四〕「久」，底本原校云一本作「云」。

〔二五〕「者」，底本原校云甲本作「等」。

〔二六〕「謂」，底本原校云甲本作「得」。

〔二七〕「説」，底本原校云甲本作「證」。

〔二八〕「悖」，底本原校云甲本作「勃」。

〔二九〕「三」，底本原校云經無。

〔三〇〕「性」，底本原校云一本作「姓」。

〔三一〕「何」，底本原校云一本作「佛」。

〔三二〕「寶」，底本原校云甲本作「法」。

〔三三〕「不」，疑衍。

〔三四〕「果」，底本原校云甲本無。

〔三五〕「漢」，底本原校云甲本後有「果」字。

〔三六〕「演」，底本原校云一本前有「雖中」二字。

〔三七〕「立」，底本原校云一本作「定」。

〔三八〕「斷」，底本原校云一本作「判」。

〔三九〕「五」，底本原校疑爲「三」。

〔四〇〕「判」，底本原校疑爲「則」。

〔四一〕「乘三」，底本原校云一本作「三乘」。

〔四二〕「性」，底本原校疑爲「乘」。

〔四三〕「如」，底本原校云一本後有「何」字。

〔四四〕「及」，底本原校云一本作「乃」。

〔四五〕「不」，底本原校云一本作「弗」。

〔四六〕「滅」，底本原校疑爲「明」。

〔四七〕「滅」，底本原校疑爲「存」或「明」。

〔四八〕「斷」，底本原校云甲本後有「乳」字。

〔四九〕「且密」至「乘故」，底本原校云甲本無。

〔五〇〕「乘」，底本原校云甲本作「果」。

〔五一〕「學」，底本原校云甲本作「覺」。

〔五二〕「依」，底本原校云甲本作「得」。

〔五三〕「方」，底本原校云甲本作「後」。

〔五四〕「學」，底本原校云一本作「覺」。

〔五五〕「同」，底本原校云甲本作「問」。

〔五六〕「許」，底本原校云一本後有「别」字。

〔五七〕「兩」，底本原校疑爲「雨」。

〔五八〕「說」，底本原校云甲本作「經」。

〔五九〕「乃至」，底本原校云一本無。

〔六〇〕「性」，底本原校疑爲「因」。

〔六一〕「說」，底本原校云甲本無。

〔六二〕「示」，底本原校云甲本作「樂」。

〔六三〕「來」，底本原校云甲本後有「藏」字。

〔六四〕「戾」，底本原校云甲本作「悷」。

〔六五〕「斯下小人」，底本原校云經作「凡夫下劣」。

〔六六〕「深」，底本原校云甲本無。

〔六七〕「大」，底本原校云甲本後有「乘」字。

〔六八〕「也」，底本原校云甲本無。

〔六九〕「熟」，底本原校云甲本作「就」。

〔七〇〕「等」，底本原校云甲本無。

〔七一〕「許」，底本原校疑衍。

〔七二〕「故」，底本原校疑衍。

〔七三〕「漏」，底本原校云一本後有「先」字。

〔七四〕「一」，底本原校疑爲「佛」。

〔七五〕「窈」，底本原校云甲本作「究」。

〔七六〕「又」，底本原校云甲本前有「設」字。

〔七七〕「云」，底本原校疑衍。

〔七八〕「問執無性曰」，底本原校疑衍。

〔七九〕「知」，底本原校疑衍。

〔八〇〕「准」，底本原校疑衍。

〔八一〕「久」，底本原校云一本作「可」。

〔八二〕「准」，底本原校疑爲「唯」。

〔八三〕「持」，底本原校云甲本前有「地」字。

〔八四〕「無」，底本原校疑衍。

〔八五〕「行」，底本原校云一本前有「本」字。

〔八六〕「行無漏」，底本原校疑爲「無漏本行」。

〔八七〕「即」，底本原校云一本後有「合」字。

〔八八〕「種」，底本原校云一本前有「姓」字。

〔八九〕「有」，底本原校云一本無。

〔九〇〕「文論」，底本原校云甲本作「經文」。

〔九一〕「受」，底本原校疑爲「苦」。

〔九二〕「生」，底本原校云甲本無。

〔九三〕「後」，底本原校云甲本後有「說」字。
〔九四〕「同」，底本原校疑爲「回」。
〔九五〕「器」，底本原校云甲本後有「也」字。
〔九六〕「見」，底本原校疑衍。
〔九七〕「諸」，底本原校云一本作「謂」。
〔九八〕「不」，底本原校云甲本後有「可」字。
〔九九〕「十」，底本原校云一本作「九」。
〔一〇〇〕「位及」，底本原校云甲本作「及以位」。
〔一〇一〕「證」，底本原校云甲本作「談」。
〔一〇二〕「性調伏」，底本原校云甲本無。
〔一〇三〕「至」，底本原校云甲本前有「三」字。
〔一〇四〕「說」，底本原校云甲本無。
〔一〇五〕「遇」，底本原校云一本後有「不遇」二字。
〔一〇六〕「等」，底本原校云一本無。
〔一〇七〕「畢」，底本原校云一本後有「竟」字。
〔一〇八〕「四」，底本原校云一本前有「有」字。
〔一〇九〕「無」，底本原校疑衍。
〔一一〇〕「無」，底本原校云甲本作「天」。
〔一一一〕「熟」，底本原校云甲本作「就」。
〔一一二〕「反」，底本原校云甲本作「及」。
〔一一三〕「自」，底本原校云甲本作「已」。
〔一一四〕「復」，底本原校云一本作「後」。
〔一一五〕「說」，底本原校云甲本作「證」。
〔一一六〕「今」，底本原校云一本作「令」。
〔一一七〕「論」，底本原校云一本作「得」。
〔一一八〕「亦」，底本原校云一本前有「此」字。
〔一一九〕「云」，底本原校云一本後有「無」字。
〔一二〇〕「時」，底本原校云一本無。
〔一二一〕「義」，底本原校疑衍。
〔一二二〕「設」，底本原校云甲本作「說」。
〔一二三〕「大」，底本原校疑爲「正」。
〔一二四〕「本」，底本原校云一本無。
〔一二五〕「說」，底本原校云一本作「設」。
〔一二六〕「由」，底本原校云一本作「因」。
〔一二七〕「如」，底本原校云甲本作「知」。
〔一二八〕「說設」，底本原校云一本作「證說」。

〔一二九〕「俱」，底本原校云一本前有「非」字。

〔一三〇〕「彼」，底本原校云甲本作「大」。

〔一三一〕「轉」，底本原校云甲本作「縛」。

〔一三二〕「俱」，底本原校云甲本作「具」。

〔一三三〕「餘」，底本原校疑爲「會」。

〔一三四〕「少」，底本原校云甲本後有「善」字。

〔一三五〕「後」，底本原校云甲本作「復」。

〔一三六〕「異」，底本原校云甲本無。

〔一三七〕「決定」，底本原校云一本無。

〔一三八〕「遍」，底本原校云甲本後有「四」字。

〔一三九〕「亦」，底本原校云一本作「乘」。

〔一四〇〕「樂」，底本原校云甲本作「業」。

〔一四一〕「示」，底本原校疑爲「正」。

〔一四二〕「引」，底本原校疑爲「以」。

〔一四三〕「有」，底本原校疑爲「出」。

〔一四四〕「此」，底本原校云甲本作「次」。

〔一四五〕「性」，底本原校云甲本後有「者」字。

〔一四六〕「者」，底本原校云甲本無。

〔一四七〕「無」，底本原校疑爲「佛」。

〔一四八〕「陰」，底本原校云一本作「隱」。

〔一四九〕「異」，底本原校云甲本作「糞」。

〔一五〇〕「令」，底本原校疑爲「今」。

〔一五一〕「觀」，底本原校云甲本作「現」。

〔一五二〕「主」，底本原校云甲本作「王」。

〔一五三〕「回」，底本原校云一本後有「心」字。

〔一五四〕「德」，底本原校云甲本作「能」。

〔一五五〕「超」，底本原校云一本作「趣」。

〔一五六〕「滅」，底本原校疑爲「減」。

〔一五七〕「滅」，底本原校云甲本作「減」。

〔一五八〕「誠」，底本原校云甲本作「成」。

〔一五九〕「等」，底本原校云一本無。

〔一六〇〕「依」，底本原校云一本作「作」。

〔一六一〕「知」，據《一乘佛性究竟論》（《卍續藏》本），疑爲「説」。

〔一六二〕「爲」，底本原校云一本前有「定」字。

〔一六三〕「全」，底本原校云一本作「令」，一本作

「合」。

〔一六四〕「普」，底本原校云一本作「並」。

〔一六五〕「合」，底本原校云一本作「令」，又疑爲「人」。

〔一六六〕「耶」，據《大乘密嚴經》（《大正藏》本，下同），疑衍。

〔一六七〕「彼」，底本原校云一本後有「云」字。

〔一六八〕「原」，底本原校云一本作「應」。

〔一六九〕「依」，據《大乘密嚴經》，疑爲「作」。

〔一七〇〕「尚」，底本原校云一本作「而」。

〔一七一〕「際」，底本原校云一本後有「以無初際」四字。

〔一七二〕「佛」，底本原校云甲本後有「言」字。

〔一七三〕「或」，底本原校云一本後有「説」字。

〔一七四〕「天」，底本原校云一本無。

〔一七五〕「自」，底本原校云一本後有「位」字。

〔一七六〕「初」，底本原校云一本後有「約」字。

〔一七七〕「准」，底本原校云一本作「唯」。

〔一七八〕「三」，底本原校云一本作「之」。

〔一七九〕「起」，底本原校云一本作「趣」。

〔一八〇〕「准」，底本原校云一本後有「之」字。

〔一八一〕「爲」，底本原校云一本無。

〔一八二〕「四」，底本原校云甲本作「三」。

〔一八三〕「實」，底本原校云甲本作「究」。

〔一八四〕「顯」，底本原校云甲本作「類」。

〔一八五〕「初存三破異者」，底本原校云甲本無。

〔一八六〕「後」，底本原校疑爲「前」。

〔一八七〕「七」，底本原校云一本後有「日」字。

〔一八八〕「法」，底本原校云一本後有「華」字。

〔一八九〕「住」，底本原校云一本後有「小」字。

〔一九〇〕「異」，底本原校云甲本作「中」，下一「異」字同。

〔一九一〕「共」，底本原校云甲本作「其」。

〔一九二〕「别」，底本原校疑爲「乘」。

〔一九三〕「無」，底本原校疑爲「有」。

〔一九四〕「身」，底本原校疑衍。

〔一九五〕「終終」，底本原校云甲本作「修之」，又一本作「證云」。
〔一九六〕「何」，底本原校云一本作「行」。
〔一九七〕「復」，底本原校云甲本作「後」。
〔一九八〕「二」，底本原校疑爲「無」。
〔一九九〕「方便」，底本原校疑爲「真實」。
〔二〇〇〕「無」，底本原校疑爲「云」。
〔二〇一〕「名」，底本原校云一本作「各」。
〔二〇二〕「文」，底本原校云一本作「大」。
〔二〇三〕「教」，底本原校云一本作「化」。
〔二〇四〕「接」，底本原校云一本作「攝」。
〔二〇五〕「義」，底本原校云甲本作「度」。
〔二〇六〕「但亦」，底本原校云一本作「俱果」，一本作「但爾」。
〔二〇七〕「入法空」，底本原校云甲本作「定」。
〔二〇八〕「相」，底本原校疑爲「語」。
〔二〇九〕「依」，據《妙法蓮華經論優波提舍》（《大正藏》本），疑爲「作」。
〔二一〇〕「後」，底本原校云一本作「復」。
〔二一一〕「現」，底本原校云甲本後有「身」字。
〔二一二〕「身」，底本原校云一本後有「悉」字。
〔二一三〕「此」，底本原校云甲本無。
〔二一四〕「聲」，底本原校云一本前有「諸」字。
〔二一五〕「説」，底本原校云一本作「訛」。
〔二一六〕「三」，底本原校云甲本作「四」。
〔二一七〕「論」，底本原校云甲本作「諸」。
〔二一八〕「染污」，底本原校云一本作「深行」。
〔二一九〕「備」，底本原校云甲本作「滿」。
〔二二〇〕「九」，底本原校云甲本前有「十」字。
〔二二一〕「因」，底本原校云經作「復」。
〔二二二〕「法」，底本原校云一本作「實」。
〔二二三〕「因」，底本原校疑爲「緣」。
〔二二四〕「二」，底本原校云甲本作「一」。
〔二二五〕「論」，底本原校云一本作「得」。
〔二二六〕「非」，底本原校云甲本作「誹」。
〔二二七〕「若」，底本原校云一本後有「其」字。

〔二八〕「生」，疑爲「正」。

〔二九〕「歸」，底本原校云一本作「説」。

〔三〇〕「言」，底本原校云一本無。

〔三一〕「差」，底本原校云一本作「簡」。

〔三二〕「須」，底本原校云一本作「簡」。

〔三三〕「簡」，底本原校云甲本作「差」。

〔三四〕「因」，底本原校云一本作「同」。

# 能顯中邊慧日論第二

淄州大雲寺苾芻慧沼撰

## 引鑒除謬章第二

標彰五性謬一　種性不同謬二　本性住性謬三
五性唯親謬四　真如爲種謬五　通經法爾謬六
漏生無漏謬七　説教前後謬八　增壽非了謬九
説妄通經謬十　通釋外難謬十一

### 標彰五性謬一

有義：若人同時異，先説實滅無性，後説不滅有性；若人異時同，先後不定。然一分無性，二乘實滅，定是小乘；悉有佛性，二乘無滅，是大乘義。此不應然，謬〔一〕前後。所以者何。若云人同時異，先説實滅無性等者，此據何人説。若據菩薩，不應道理；若據聲聞，何教先〔二〕後。若小乘教先〔三〕實滅無性，諸大乘中亦説實滅一分無性。若大乘經定知，何經先爲小説，何經先爲大説。若《般若》《深密》等先爲小説，《般若》廣明第一義空，《深密》廣明六度三性，《般若》説衆生空，《深密》説空〔四〕皆歸三性，已明有性，如何得言先説無性，後説有性。又彼〔五〕自執真如及心爲正因性，豈有已前大乘及大乘師立真如及心不遍有情耶。若云據五乘性，亦〔六〕彼自執五性後有，非本法爾。准此，即有未成五性已前之位，還是一分無性之者，前〔七〕教同此，何非了義。若云後教雖有現〔八〕無，皆悉當有，故不同前者，不爾。

如《涅槃經》《優婆塞經》等云乳中無酪，石中無金，爲説因無，爲果非有。若無因性，後能爲因，不應道理。亦應從一切，能生於一切，以無因性爲彼因故。若云無果，大小因許因中無果，前後何殊。獨云前説一分無性，小乘非了，三乘[九]准[一〇]妄可悉。

又云：一分無性，二乘實滅，定是小乘；悉有佛性，二乘無滅，是大乘義。此不應然，謬定大小故。何者。若一分無性名爲小乘，一切有性皆名大乘，即分別部皆有佛性，經部、一説部總名無實滅，應皆大乘。又以小乘有説實滅及生[一一]無性，大乘亦説，爾即云隨轉，小乘亦説一切有性，二乘無滅。又《佛性論》中，大衆部執皆有佛性，即第一義空；大乘同彼，應隨轉門。又大乘中，但説六識，是隨轉門；《涅槃經》中，亦但説六，亦是隨轉。此既隨轉，一切有性，應許隨轉。此既不爾，彼云何然。故知不可説同小乘，皆爲隨轉。如《理門》云：外道亦六根、境、識。佛法同彼，豈邪教耶。

又云：大小雖別，然皆不説見道已前成熟有爲真無漏已[一二]。此亦不爾。豈可不許二乘聖者回心向大，執見道前定不成熟有爲無漏。

又云：小乘中説，初無漏心無同類因名刹那法，故知大小同説異生位中未成有爲真無漏法者。此亦不爾。何以故。《佛性論》中分別部師不信有無性，《異部論》中經量部師異生位中成就聖法，《瑜伽論》説地獄成就三無漏根，《楞[一三]伽》第四無漏習氣非刹那法，《攝大乘論》從同類生，如何獨信薩婆多師無漏心無同類因，不信經部、分別部師及《瑜伽》等説有無漏。然《涅槃經》云乳中無酪性者，爲破彼執因中有果故。彼經云：若菴摩羅子有彼樹性，云何不見立[一四]五丈[一五]之質。上下經意，非唯一處，同《瑜伽》《顯揚》破因中果[一六]果論。不爾，如何經云若一切衆生無佛性者，云何而得阿耨菩提。以[一七]正因故，故令衆生得阿耨[一八]，所謂佛性。前言無佛性，無佛果性；彼云佛性爲因，即是有佛因性。若云見道前總無有爲無漏種者，豈不但是卒意所談，不依經論。又自引文：若以一滴頗求樹汁投之乳中，即便成酪。若本有酪，何爲待緣。衆生佛性亦復如是。此意如乳爲因，酪即爲果，若已有酪，乳何待緣。衆生佛性亦復如是者，若已成佛，何假修因。既待修因，明未有佛，非是不許有佛性因。審文解意，此義即顯。復引《菩薩優婆塞戒經》云三種菩提無有定性，乃至若言定有性者，是名外道者，此破如言執定有性，因中有果，同《涅槃經》云非有如虛空，不説令[一九]無，猶[二〇]如兔角。又若如言不許有性，至見道後亦應無性。説三菩提無有定性，不簡因果故，如何是撥異生位中無無漏種。餘文准此，可以得知。

**種性不同謬二**

有義：以法界真如及第八識爲佛正因，真如、八識無生不有，説一分無性，隨轉理門，非大乘義。故《涅槃》《楞伽》《密嚴》皆雙説藏識及如來藏爲諸法因，《涅槃》復説第一義空能生善法爲種子也。亦[二一]《善戒經》等説其本性，唯説法性，不説心者，由理有恒沙性功德故，順即成淨，違即成染，由此修得，名爲密[二二]性。心即不爾。又理雖亦與染法爲依，能生善、不善法，而無恒沙性塵勞也。此亦不然[二三]。《成唯識論》及餘大乘何處不許真如及心不遍有情。云一分無，是隨轉門。又若以理心爲佛正因，即菩薩性，如何自引《優婆塞戒經》云菩薩種性亦復如是，善業因緣發菩提心，名菩薩性。豈彼理心因發心有，方名菩薩性。若云但名佛性，非菩薩性者，尚非菩薩性，如何名佛性。若云發心名菩薩性[二四]者，據客性説，豈彼本性不得名爲菩薩性耶。又准《涅槃經》二十六云：有二種，一、生因，二、了因。能生法者，是名生因。燈能了物，故名了因。望果生者，生因是正，了因是緣。如理既是緣、正因，下文自許生物。諸修行者在見道前既順如修理，何不生有爲無漏。即取有漏爲無漏種，若如不能生，何名正因。設[二五]若許生，心何所用。如已生故。又若真如爲因親生，即違《涅槃》及《佛性論》，如前已引，下亦有文。設[二六]有處説真如爲種，如説塵勞之輩爲如來種，豈彼種言爲佛爲正因。故知假説由依如起。如四大種望所造色，亦五[二七]種名正種子者，《瑜伽》七義非常法爲因，不悟熏習之義與種子義殊，將熏習義來，雖於種子能所熏習解熏習義，非釋種子。又《佛性論》第二，問曰：此三性，幾性無體能生有體。答曰：唯分別一性，無體能生有體。問曰：此幾性有體能生有體。答曰：唯此依他一性。問曰：此三性，幾有體能生無體。答曰：真實一性，能滅依他，令其無體。若如爲正，是諸法種，何不能生，言唯是依他一。又若第八體爲諸法正因，亦違《瑜伽》《攝大乘》等種子之義。心體是一許親生，云[二八]何名引自果及以性決定。復又一因何能通生善、不善等。若許爾者，因[二九]一論成不平等。《涅槃》二[三〇]十二云：一切諸法異因異果，亦非一因生一切果，非一切果從一因生。以此故知，因果名別，由阿賴耶具三相義，因相之中具種種界，雖非離第八，亦不即賴耶，體[三一]用因果，理應爾故。故《阿毘達磨經》云：諸法於識藏，識於法亦然，更互爲果性，亦常名[三二]因性。又云：由攝藏諸法，一切種子識，故名阿賴耶，勝者我開示。以此知[三三]藏識中有種種界，非即第八。然《華嚴》《楞伽》説心染淨能生一切者，攝用歸體，攝餘從識，故不相違。

又云理心雖俱生因，多説理者，以順如成淨，違如成染，心則不爾，故不説者，此亦不爾。心若不能通生染淨可同如，心既通生，如何不説。又悟識成淨，迷識成染，何義不同，多偏説理。又若説心不生恒沙相功德，真如與誰爲恒沙性功德。又云無恒沙性塵勞也者，此亦不爾。既有八萬四千諸塵勞門，翻有八萬四千諸功德門。既説[三四]恒沙功德還有恒沙過失，若真如不遍，無恒沙性塵勞，許真如遍，何無恒沙塵勞性。

又云：如來藏性及第八識如末尼珠隨緣出，故《密嚴經》下卷云，如末尼珠置於日月光中，隨其所應，各雨其物。阿賴耶識亦復如是，與習氣合，變似衆色，周於世間，若無漏相應，即雨一切諸功德法者，則自所執第八識藏爲佛正因。其義有失。何者。經云與無漏相應即雨功德，明第八識非爲正因，他性相應，非自性故。准此，即知至初地時，第八由無[三五]漏相應生無漏智，非是有漏親生無漏。准此經文，無漏先有，不由新熏，何得説言第八爲正[三六]。又此相應無漏之法亦是功德，從第八雨，第八未有無漏俱時，此如何起。不可説有無漏種生，以自不許三乘見道前有無漏法故。

又云帶迷即賴耶無常，悟理如第八常住，故《密嚴經》中[三七]云：何[三八]阿賴耶識是意等諸法習氣所依，爲分別心之所擾濁；若離分別，即成無漏，無漏即常，猶如虚空。《金光明經》云[三九]：法身是常，應化無常。《涅槃》亦説：若至佛果，即非三世。又云：佛不同諸行，是有爲也。亦不可説非業、煩惱爲，故名爲無爲。一切無漏皆非所[四〇]爲，何獨説佛智名非有[四一]爲耶。故[四二]《唯識論》三[四三]因證佛是無常者，限已見聞，爲妄説也者，此亦不然。若云報佛是相續常，立已成失。若凝然常，即有四失。

一、違教失。且報[四四]佛菩提爲是本有，爲是今有。若是本有，非從因生，則菩提、涅槃俱但有了因，不有生因者名[四五]，何故《涅槃》二十六云復有生因謂六波羅蜜菩提等。又若是常，云何因生。《涅槃》第十三云：若有諸法從緣生者，則知無常。又云：以是義故，從因生法，不名爲常。下文云，善男子，虚空非生非出，非作非造，非有爲法。如來亦爾，非生非出，非作非造，非有爲法。如如來性，佛性亦爾，非生非出，非造非有爲法者，此説真如法身非報身也。不爾，如何報佛名修得。又《維摩經》從諸功德生等。又《涅槃》第十九云：如是光明，名爲智慧。智慧者，即是常住，常住之法無有因緣。有多番釋常法無因。又云：涅槃之體非本無今有。若涅槃體本無今有[四六]，則非無漏常住之法。又高貴德菩薩云：凡因莊嚴而得成者，悉名無常。此大菩提，莊嚴成故，因修方有，名本無今有，云何是常。又云：涅槃之體非如是等五因所成。六波羅蜜等既爲了非生，或本因故常；菩提之體，五因所得，六波羅蜜等既爲生因，故是無常。

二、違理失。《佛性論》第二解三如來藏，三能攝爲藏，云[四七]：謂果地一切過恒沙數功德，如[四八]來應得性時，攝之已盡故。若至果時方言得性者，此性便是無[四九]常。何以故。非始得故。故知本有，是故言常。此説自性法身。若是報身，豈應得因時已得圓滿，云攝已盡。准知四智心品，若因已[五〇]滿，不假更修因，大圓鏡智至果方生，即是始得，故是無常。又第三云：轉依有四種相，應知[五一]。一者，爲生依。二[五二]、滅依。乃至云：一、生依者，佛無分別道相續依止，若不緣此法，無分別道即不得生。既云無分別道相續依止，明不同如，凝然常住。又解涅槃難中云：非道所生故，此法必須因道得至，非道能生，是故未修時不得言無，是故無生義立；無後際故，是得[五三]無滅；中際無業、煩惱等，故無變易[五四]。以無生、異、滅等三失，故説常住。菩提既是道生，未修時無，因修方得，故異涅槃，非是常住。又云：若離涅槃，無有一法是常住故，涅槃前際等無故，故知常。菩提有始，有前際故，明非常住。若云報身不離涅槃故是常者，豈他受、變化離涅槃耶。又梁《攝論》十五，六因證受用身不成自性身。此意真如爲自性，報佛名受用。六因者：一、由色身及行身顯現故。釋云：十入名色身，受等名行身。諸佛以真如法爲身，於法身中，色、行不可得，應身則不爾。此義云何。一切智、大定、大悲等恒伽沙等如來功德雖依法身，若顯現時，不離化身。此化身以佛異一切衆生，爲應身事相故。色、行於應身有，於法身無，是故應身不成法身。六〔五五〕、阿梨耶識及生起識現〔五六〕轉依非道理故。釋云：阿梨耶識及生起識即是受用身，此二識轉依，名法身。若自性身即是受用身，轉二識依，後得何身。由此非道理故，受用身不成自性身。若受用身即是自性身，則無大智等衆德；由不無衆德故，自性身不成受用身。然《大莊嚴論》第三云大圓鏡智、平等性智名法身者，以第八識持二障種，得鏡智時，捨二障種；第七恒執，障平等理，離執證如。因此二智得法身故，故説二智爲法身。又真如理功德所依本，二智功德所生本，故名法身。若分自性身、自受用身，四智俱是自受用身；他受、變化因二智起，即説二智爲彼二身。故《大莊嚴論》第三説觀察智、成事智爲化身，因二智起故，説二智爲彼二身。不爾，二論俱無著造，何故《莊嚴論》説二智爲法身，《攝論》不許二智爲法身。又復八識因位無常，何故果位常、無常別。既許常、無常別，應許慮非慮、心非心、色非色等別。又復應化及色點〔五七〕等俱鏡智現，何故能變之心是常住，所變智身是無常。不〔五八〕得難〔五九〕言能變唯是心，所變心、色別，何廢能變心常住，所變是無常。何以故。所變種各殊，能變唯心所〔六〇〕，能、所俱心智，何得常、無常。又〔六一〕天親《般若論》云：分別有爲體，非彼相成就〔六二〕，三相異體故，離彼是如來。此説法身離有爲，豈報身相離有爲耶。若云不離者，豈不許生。生已經〔六三〕停，豈不是住。既有三相，何得名常。又云：應化有來去，法佛無來去。應化有來去，明知無常。又《攝大乘論》云，於法身中，色、行不可得，明報身等，色、行可得。報身既色、行可得，故是無常。亦不得云雖有色、行，而體是常。《涅槃經》云捨無常色，獲得常色；受、想、行、識亦復如是者，既許色、行同真如常，同如寂靜，何故梁《攝論》云，若以法身爲應身，佛無利益衆生事，若以應身爲法身，佛無現世安樂義。以恒喧〔六四〕動，離寂靜故。准此論意，以法身常，無能利物，報身既常，豈不同如，無能利物。又若是常，如何難云若以應身爲法身，佛無現世安樂義，以恒喧動，離寂靜故。許報身常，如何得言以恒喧動，離寂靜故。又《法華經論》釋三身中，唯法身文内云非虛[六五]、非如、非異，釋云：謂離四種相，有四種相者是無常故。不言報佛亦離四相。

三、妄引聖教失。云若無常，何故《密嚴經》説同空常耶。《涅槃經》云捨無常色獲得常等，復言如來有常、樂、我、淨等耶。如前廣引，此不誠證。何以故。梁《論》本云：復自受用身及變化身無常故，云何諸佛以常住法爲身。釋論云：若如來不永般涅槃，則如來以常住法爲身，受用身及變化身不應是無常；若是無常，云何復言以常住法爲身。《論》本答云：由應身及化身恒但依止法身故。釋云：法身爲二[六六]身本，云[六七]既常住，末依於本，願相續恒在，故末亦常住。《論》云：由應身無捨離故，由化身數現起故。如恒受樂，如恒施食。二身常住，應如此知。《大莊嚴論》《金光明經》《無上依經》《佛性論》等釋皆相似，故不同如，凝湛常住。亦不得言此説應身是他受用[六八]。釋云：如來自圓德及利益諸菩薩，此二事[六九]不恒相離故。又前云：若自性身即是受用身，轉二識依，復得何身。乃至云[七〇]：若受用身即是自性身，則無大智等衆德故。此言應身即受用身。又《涅槃》第十九云：又善男子，以性故，生、住、異、滅皆悉是常，然念念滅[七一]，不可説常。此説四相爲常。又第三十三[七二]：善男子，常法無住處，若有住處，即是無常。十二因緣無定住處，若有住處，十二因緣不得名常。此等皆同，約所依如性故名常。即是《攝論》云由應身化身恒依止法身故，名之爲常，非自性常。《密嚴》等文，准此應知。此乃無上調御諸大論師，智解咸周，教理顯[七三]具。自無法眼，刻舫守株，狂藥入心，出此兇勃，言獲法等，同違經文，抑令生滅，説[七四]會中道，聖智可生，非常見常，隨邪定聚。

四、不悟[七五]四記失。云：若依四記，以生必死故，證佛智有生必滅。亦應以無或[七六]死死不生，證佛智滅更不起，不可一向記者。説[七七]刹那分別記者，即分段身[七八]，佛既無或滅還生，有生必死，非約佛者。不爾，由未善知四記之意，故此難生。解斯四記，猛難便息。何者。生者必死，一向記，不論刹那與一期。死者生耶。分別記，刹那、一期俱分別。若不分別，何名分別記。今爲分別。若約一期，無煩惱者，死必不生；若據刹那，有或無或俱[七九]須分別。無煩惱中，且據如來現起之智望更生種，名爲生；現起滅已不熏種，即死者不生。若據種子生現行，不妨滅[八〇]，餘種起，雖無煩惱，死復生。舉一例餘。二乘定性無煩惱人一期滅已，必不復起；若據刹那，現起智心還熏成種。雖復現滅，新種更生。不定性人俱有刹那滅，無一期滅，不捨此身更受身故。若許[八一]回心，無學果人捨分段已，更受變易，如何得言無煩惱死，死不復生。論佛即佛不死，更有何人名死不生。據有煩惱，生者皆死，死者生耶。據分段説，亦有不生，趣向三乘，定入見道不退之者，三惡等[八二]身，從前死已，必不更生人天不定。約刹那者，生必皆死，死者生耶。即須爲[八三]分別。若業[八四]異熟，心[八五]雖生，不熏種，死已不復生。若從舊種論，雖死還復起，是報佛既有生已，必定有滅，不須分別。刹那、一期，死者生耶。則須分別。若如是知，名解四記。佛自定説生者皆死，是一向記，如何今者更爲分別。

## 本性住性謬三

有義：如來藏及識藏[八六]，一切有情皆平等有，即此名性種性，亦名本性；後熏習者，名爲客性，由新熏故。五乘性別，非是本有，真如、本識性平等故，一切無別。此説非理，立宗妄故。所以者何。真如法界及第八識，有情齊有，經論誠文，愚智咸許。即此名爲性種性者，智者不爾。何故。若此真如及第八識名性種性，一切俱有，何名殊勝。由有法爾無漏種子，三乘差別異於無性，名爲殊勝故。故[八七]《善戒經》第一先[八八]明《善行性品》，不言《理〔八九〕性品》。又云：修習聖行，行於善果，菩提之道有十法，則能攝取一切善法。《瑜伽》《地持》并皆相似，初明本性，《發心品》下始明習性。性種性中明習種性者，且相對明，非正明已。取〔九〇〕以《地持》六度印〔九一〕相，云菩薩性自樂〔九二〕施等，《瑜伽論》云又諸菩薩有六波羅蜜多種性相，由此相故等。又《地持》云：非種姓人，無種姓故，雖復發心，懃修精進，必不究竟阿耨菩提。亦不得云無習種性。即此發心，懃修精進，可非習性，云終不得，以此故知，要有法爾無漏種子，方名習種性。若無本性，習性何生。《雜集論》云：雖有衆緣，無種子不生，故非他作。《善戒經》亦云：若無菩薩性者，不得菩提。亦不得云無習性者，經云：是故當知，非因發心，有菩薩性。此習種性因發心者，如何得言非因發心，有菩薩性。又《地持》云：若無菩薩性，雖有一切諸方便行，終不得成無上菩提。《善戒經》云：雖復具足如是四事，若無菩薩性，而能得成阿耨菩提者，無有是處。又《佛性論》第四云〔九三〕：五、無初相應善性爲法者，釋曰：無初者，以性得般若、大悲、禪定，法身普〔九四〕本有故，故言無初〔九五〕：體用未曾相離，故言相應。此言性得，即不由熏。既即言本有無初，明非始起，不得説言此説〔九六〕如理。論云般若、大悲、禪定，法身并本有故，總但説如，與誰爲并。又前説煩惱、業報并無初，即許三別。今説四法并無初，如何但據理。又本無漏種不名性種性，何故《善戒經》名《善行性品》。又《佛性論》但許真如性〔九七〕無，令煩惱滅，不許性有。《瑜伽》七十四圓成亦同第八心體，亦非性種性。性種性者，是其無漏本有種子，第八心體既是有漏，如何得爲無漏正因。故無性《攝大乘》第三云：未曾見有毒爲甘露，阿賴耶識猶如毒藥，云何能生出世甘露清淨之心。又梁《論》云：何〔九八〕佛世尊説，從他聞音及自正思惟，由此二因，正見得生。釋云：此二因於正見是增上緣，今所言因，是通名因緣〔九九〕，説緣爲因。既説聞熏習爲增上緣，明知正見本自有因。下言熏習爲種子故，出世心得生，論前會訖，下更不釋，皆令准知。非唯親現聞名開[一〇〇]熏習，本正見種亦名熏習，因增長故，所以《地持論》等亦名爲因，亦名增長。既此熏習非阿賴耶攝，是此能對治，明知不得以第八體爲菩薩性種性，名平等因。若許是無漏，則苦集對治即不得爲染法因，故梁《論》云：即[一〇一]既立爲染濁對治及出世心因故，不應後説爲不淨名[一〇二]因。若云我取識上功德者，即因法爾有無，性别本有行性，處處誠説，不知有此本有種子名性種性，妄取真如及第八識爲性種性，可不慚乎，可不昧[一〇三]乎。無性《攝論》本意皆同故，故不具引。諸論皆説無漏種子熏習爲因，不説真如、第八識體爲正生因。又復真如不依諸法，故《寶性論》云空不依地等，又云自性清淨心，不住彼諸法，處處誠説，不能煩引，何須擧六處意定取彼真如。

又云：《無上依經》云，如來[一〇四]界不可思議，一切衆生有陰、入、界勝相種類，内外所現，無始時節，相續流來，法爾所得。准此經文，即真如界名性種性。此亦不爾，謬引經救故。准此經文，正是無始法爾行性，名陰、入、界勝相種類，内外相續流來，法爾所得。法爾所得，即法爾義。此處若心、意、識下，令依依他處觀真如理，除斷染法，理顯智圓，同《辨中邊論》頌，虚妄分别有，於此二都無，此中唯有空，於彼亦有此，乃至是則契中道。不知此義，執真如界有其種類，内外所現，相續流來。又云《涅槃》第八云衆生佛性則不如是，雖復[一〇五]處在陰、入、界中，即不同於陰、入、界也者，不同前文。《無上依經》言有陰、入、界勝相種類，内外所現，相續流來，此同陰、入、界相。《涅槃》言不同陰、入、界相，故事理别[一〇六]，或約無漏[一〇七]與有漏别，云不同彼。不爾，如何言雖復處在陰、入、界中。何以故。真如遍一切，不可説言雖處在陰中，佛性之言非唯目[一〇八]理，六度等行皆名佛性。又云：

《勝天王分》前後文别。前云如來法性在有情類蘊、界、處中，從無始來，展轉相續，煩惱不染，此亦非證。此説行性，行亦是法，法言通故。若是理性，體性常住，何得云展轉相續。相續者，非常住義。次言清淨法性爲諸法本，自性無本，此説真如出生諸法者爲增上緣，非親因緣出生諸法，然如不生，是增上緣生。若一如生萬德，何有定異因。《攝大乘》《莊嚴論》云，諸功德從鏡智起。如既親生，何假智生。又云：《佛性論》云，佛日慧光，令法身生，隨意身長。法身即當本性，同《善戒經》法性自爾者，此亦非證。既説真如名爲法性，即是法身，何能令生。《涅槃經》：三十七品，波羅蜜等，是名了因。自行尚名爲了，佛光豈即能生。又前自云：如雖生法，真如不生故。又云《起信論》中，體大即真如體，相大即是無量性功德相，用即能生世、出世善因果者，用大，有爲行是如用，故能生一切者，此亦不爾。真如豈有作用。若有作用，同諸行故。如增上用，諸法得生。此理可爾，不爲生用。已下多文，意皆證如及第八體名性種性，即名正因、生因；餘六度等，即爲習性、緣因、了因。唯[一〇九]《佛性論》真如不生有餘[一一〇]體；《攝論》賴耶非出世因；《大莊嚴》第五云六者無異無起，由真實性非有異體起故，如若親生諸法，有異體起；第三云即説一切種智爲佛身體，又云轉六波羅蜜等一切善法爲佛體故。諸論皆説轉八識成四智爲佛身，不説真如生，不唯第八體。准知餘文，廣[一一一]引煩釋，皆應遮止。

有義：《成唯識論》立五性别，有違理教。言違理者，一切衆生同有理心，有何别因[一一二]，一分衆生無無漏種。設有無漏，何因復有三乘性分。有因即非法爾，亦無因不合不同者，既執一切衆生同有理心爲正[一一三]因，既許理心一切平等，如何得有染淨、善惡、三界、六道、三乘性種[一一四]。若有餘因，理心非本，無别因起，何合不同。若謂待緣，緣從如起，如因既一，緣亦同亦[一一五]緣，從何生有種種別。若一切生同〔一六〕有真如，共一正因，同數論等，從一因起情、非情等，體是常住，大等無常。又自舉喻，理若虛空，心如法〔一七〕空界，有漏同暗，無漏同明，暗滅明生，由於虛空及由火等親生，豈可暗中先有明性作明親因者。此亦不爾，准喻自違。理若虛空，心同空界，既説理心作物親因，即自能明，何須殊〔一八〕火〔一九〕。若由殊火，殊火自作明因，豈是虛空及於空界親生明也。餘喻及文并皆自違，應自思察，煩不能舉。又云唯識違於正教，如《善戒經》性種性者，是理非事，若言是事，有何文證者，此亦不然。彼妄引文，如前略指，行性文證，如前已明。又言若本性有上、中、下量〔二〇〕，違《優婆塞戒經》云有上、中、下，非本性也，亦違《正法華》《大集經》等，由緣因故，無〔二一〕三乘性。若是無因，法爾自得，即違《深密》有上、中、下，非無因也者，此亦不爾。若非本性各自差別，但由緣故，根性不同者，豈上、中、下無自正因，但緣起因。既自無種，緣何所爲。《涅槃經》中，唯説涅槃從了因得，不説有爲但緣因生。無種而生，違多聖教。准《善戒經·善行性品》云：言根勝者，菩薩摩訶薩本性猛利，緣覺性中，聲聞性鈍。既云本性猛利，明非由客性。又《大莊嚴論》第一云，由界差別者，衆生有種種界、無量界，《多界修多羅》説。由界差別故，應知三乘種性差〔二二〕別，乃至無四〔二三〕果差別者，衆生菩提有下、中、上，子果相似故。若無性差別，則〔二四〕無果差別，同《深密經》有上、中、下，是定有因緣。《大集》等説，由緣因者，據增上説，有四緣故，不違前教，言非本性也。非以〔二五〕性故者，意云不唯由性，亦假增上。又緣生，約非如言詮。真如所緣緣種子文，下當正示。若云理心爲其正因，豈可如理由緣因故，成上、中、下。又復理心名性種性，何故不得云以性故，名爲菩薩。既以性故，言不許行性，本有亦應不以性故，言證理心非有。此既不爾，彼云何然。又自云漏生於無漏，何故不許真如無漏生於無漏。又違《攝論》，如前已引。又云以乳無酪許生酪，即難酪中無乳應生酪，以酪不生乳，即不許乳生酪者，此難不爾。云乳無酪而生酪者，《涅槃經》意，難因中有果論，不是不許乳爲酪因。細尋彼文，自當開曉。故《大莊嚴》第一云：復次，彼有者，因體有故；非有者，果體非有故。問：若爾，云何名性。答：功德體[二六]義故。度者，出生功德義故。由此道理，是故名性。

又難云聖無作凡之理，豈不許凡無聖性而作聖者，不爾。誰言凡無聖性而作聖。如我立宗，凡無聖性不作聖，汝立凡無聖性得作聖，何理能遮聖無凡性而作凡。又云若難無爲爲其本性，生無漏者，即同外道常法爲因者，《楞伽》第二，大慧爲問，佛自釋云我説法空爲如來藏，不同外道者，此救[二七]不同彼外道執別有實我，名爲如來。世尊説法空爲如來藏，假名如來，不同外道。汝執無爲有體常住[二八]，能生一切，何異外道冥性等耶。若執體空能生一切，同無因論，又同莊老從無生有。若執常法爲緣生起，復違《雜集》。《雜集》第四辨緣生相中云：無常緣生故。釋云：此生故彼生者，顯無常緣生義，非無生法爲因故，少所生法而得成立。緣生義中云：因刹那滅，果刹那生，時分等故，是因果相續不斷義。亦不得云此據有漏及客性説。彼論順逆觀中云：應如是觀緣生起義，一切皆是緣生，唯除法[二九]處一分諸無爲法。不除無漏故。又若真如能生無漏，復[三〇]違彼論解[三一]因緣。又論云因緣者，謂阿賴耶識[三二]、善習氣，與有漏、無漏諸法如其次第爲因緣故，非有漏第八識體爲無漏因。引《無量義經》一切法從一法生，一法者，所謂無相，《大般若》云真如雖生諸法，而真如不生者，如前已辨。又云經中我德豈即與彼外道我同者，此救亦非。諸大乘經於常、樂、我、淨義假立四德，名外道無有常、我等體，於非常、我等計故，可不同外道計常法爲因，或無因起。汝執常法爲因，或無因起，如何有別。亦不得云《涅槃經》云本無今有，有已還無，以此爲證。彼文意别，不説無因，云本無今有；云異[一三三]本無，從因而起，云本無今有，起已即滅，云還無。若如文執言無即無因，有已還滅，如何即許執[一三四]報佛常住。

又自問云：若常法生無常法者，何故《涅槃經》中，佛語外道云汝因是常，果是無常，我因無常，果是常耶。答：因有遠因、近因，果有近果、遠果。外道唯有常因，無其常果。佛法遠因是常，近因無常；遠果是常，近果無常。此答令乖。准《涅槃》三十三云：一切善業是涅槃因，因[一三五]有二，一、近，二、遠。近，即三解脱門；遠者，無量世所修善法。若遠因常，即是滅諦，但可説證，不得説修。二十七云：説涅槃因，名爲佛性。佛性名通[一三六]，非唯真如，六度等法，并名佛性。二十二云：未得阿耨菩提時，佛性因故，是過去、現世[一三七]、未來；果則不爾，有是三世，有非三世。准此[一三八]文意，因[一三九]即福智，果通智斷，故因通三世，果世、非世。若説真如爲遠[一四〇]因者，因亦通世、非世，如何但言三世。三十三云：衆生佛性猶如虚空，非三世故；佛性常故，非三世攝。又佛自答：我因無常，果是常。因中有遠近，因通三世。今有[一四一]將自凡心翻覆佛教，云遠因常、無常，妄以近遠因果相對分常、無常。又復自許真如生法，何故但能遠生爲遠因因[一四二]，不能近生爲近因。如理既常住，近不爲因，遠亦非；空[一四三]性體凝然，遠能爲因，近亦爾，以體前後無差别故。佛説生因是無常，乖佛説爲常；佛[一四四]有無性，違[一四五]聖説有性。此乃執自智見爲是，將佛菩薩爲非，何異待[一四六]兔角而觸[一四七]妙高，拔龜毛以填渤澥。豈可得乎，寧不思乎。

**五性唯新謬四**

有義：五性差别，皆由新熏。《正法華》第三云：先無三乘性，後殖三乘因，名有三乘性。既云後殖，明非本[一四八]有。上《法華經》及《大集》文，據習性説，非性種性者，亦不應理。且彼説真如及心爲性種[一四九]性，妄者如《瑜伽》二十一云，謂若種性自性，若種性安立等。種性自性中云：今此種性以何爲體。答：附在所依，有如是相，六處所攝，從無始世展轉傳來，法爾所得。若是真如，豈名附在所依，六處所攝。又種性安立中，云何得言種種相續，種種流轉，如是種子，非於六處有別異相，即於如是種類、分位、六處殊勝，從無始世展轉傳來，法爾所得，有如是相[一五〇]及以言說，謂爲種性、種子、界、性，是故當言墮一相續。准此所說，《菩薩地》《善戒》《地持》明性種性文皆同此，明非真如。新熏妄者，准前文說，既非真如，後[一五一]言無始，明本性別。若唯新熏，有五性別，即見道前不許有無漏，云何下文云，云何名爲安住種性補特伽羅，唯住種性，而未趣入，亦未出離。謂如今[一五二]有一補特伽羅，成就出世聖法種子，而未獲得親近善士，聽聞正法，未於如來正覺正説法毘奈耶獲得正信，未受持淨戒，未攝受多聞，未增長惠捨，未調伏諸見，如是名爲唯住種性，而未趣入[一五三]。請舉[一五四]斯文。聲聞本性，豈由新熏，豈須[一五五]有部所立宗耶。《菩薩地》言無始法爾，六處殊勝等文，准此可知。

又《佛性論》云：無初者，以性得大悲、般若、禪定，法身[一五六]本有故，故言無初。信、大悲等是四德[一五七]，既云無初，明因有[一五八]，復云性得，明非新熏。又魏、梁、唐等《攝論》并云：又此如理作意相應是世間心，彼正見相應是[一五九]出世心，未曾有時俱生俱滅，是故此心非彼所熏。既不所熏，爲彼種子，不應道理。然説聞熏習爲出世心因者，梁《論》自會是增上緣，唐《論》復云此中聞熏習攝受彼種子不相應故。又《大莊嚴論》云：若無性差別，則無信差別。乃至云：若無性差別，亦無果差別。由此四[一六〇]差別，是故應知種性有體。《大般若·善勇猛會》《勝鬘》《楞伽經》《善戒經》《地持論》《瑜伽論》《佛地[一六一]論》皆説法爾性別，不言由熏，恐煩不引。所以《正法華》云先無三乘性，後殖三乘因，佛種從緣起等者，皆由逢緣資熏本性，方能得果，非本無因，五性新起。無因而生五性差別，非釋種子。

又如《寂調音天子所問經》云：如貧人食，是輪王毒。《法華》不許親近小乘，云何世尊見有平等理心大性[一六二]，而不教發大心，令興小意。欲行大道，何爾[一六三]小徑。彼自無瘡，何傷之也。熟思勿誤。故知五性法爾自有，待現緣發，方果成熟故。漏、無漏種各二類，一、本性，二、習性。故《瑜伽》第二云：又種子體，無始時來相續不絶，性雖[一六四]有之，然由淨、不淨[一六五]業差別熏發，望數數取異熟果，説彼爲新。《攝大乘》云：聞等熏習無，果生非道理。《涅槃》二十六云：衆生佛性不名爲佛，以諸功德因緣和合，得見佛性，然後得佛。汝言衆生悉有佛性，何故不見者，是[一六六]義不然。何以故。因緣[一六七]未和合故。以是義故，我説二因，正[一六八]、緣因。正因，名爲佛性；緣因者，發菩提心。以二因緣，得阿耨菩提，如石出金。佛性之因，非如空常有，非如兔角無，准此須解。若云《優婆塞戒經》云若説有菩薩性，是名外道者，不爾。《善戒經》説有菩薩性者，以大乘成熟等，《涅槃》亦説悉有佛性，豈外道耶。欲明五性唯新熏，云有本性者，即外道義，欲證一切有佛性，若説無者，是小乘義，故成相反。徒引多文，妄爲解釋，不如依論，以釋佛經。恐此文煩，故略不舉。

## 真如爲種謬五

有義：《瑜伽論》云，諸出世間法從何種子生。若言麁重自性種子[一六九]生，不應道理。答：諸出世間法從真如所緣緣種子生，非彼習氣積集種子所生。西方兩釋。一、護法等云，此是緣真如智，以真如爲所緣緣[一七〇]故，名真如[一七一]所緣緣種子。二、難陀等云，是聞熏習種子從佛正體智，各[一七二]爲真如所緣緣種子。此二釋[一七三]非。何以故。論云：若非習氣積集種子所生者，何因緣故，建立三種涅[一七四]槃法種性[一七五]補特伽羅，及建立不般涅槃法[一七六]補特伽羅。所以者何。一切皆有真如所緣緣故。准此難意，真如皆有，無其勝劣，因何分三乘性及有無性不合可〔一七七〕。答家以非一切皆有智種，答難家將一切皆有真如爲難，爲〔一七八〕難之法，牒釋〔一七九〕難故，同一文故。又論〔一八〇〕自爲問答，不可言難家不得答意。故知答家以真如爲種答難家，即云不得有無不同。故知真如能爲種生，同《大般若》真如雖生諸法，真如不生者。此亦不爾。所以者何。若以真如爲種生法，過失如前〔一八一〕。不平等因爲妄中説云二師釋與論相違者，此亦不爾。釋不違論。何以故。答意以真如爲所緣緣之能緣之智種爲出世法因。難意既以真如爲所緣〔一八二〕，既遍有能緣，亦應一切皆成，何故得立有〔一八三〕無性別。若即真如爲種能生，應但云從真如種子生〔一八四〕出世法，何須云真如所緣緣種子生因〔一八五〕。

天親《般若論》云：若一切時、一切處實有真如，何故有人能得，有不得者。頌答云：時及處實有，而不得真如，無智以住法，餘者有智得。釋云：何故不得。彼無智以心住法，彼〔一八六〕以不清淨故；以〔一八七〕有智者心不住法，是故能得。准此論意〔一八八〕，明如遍難，雙舉智障以答彼難，明知法爾種性無有〔一八九〕。若不爾者，但應舉住法，何須説智耶。故《瑜伽論》以有畢竟障種子及〔一九〇〕法爾本有〔一九一〕無漏種分五性別。《般若論》中以如遍難，舉智及障答；《瑜伽》以如遍難，偏舉障答，意〔一九二〕顯智種有無不同，不由謗法。若由謗法立性不同，即應但立有性，無性不應分四。又復謗法，大乘處處皆許悔淨〔一九三〕，豈慈氏不知，云畢竟不可斷。又復謗法造五逆業，感惡道報，但煩惱〔一九四〕障，何開所知，云〔一九五〕有畢竟所知障種子附在所依，非煩惱障種子者，於彼一分建立聲聞種性，一分建立獨覺種性。豈可二乘由爲謗法，名無種性。彼許二乘得無學果，即受變易迴心向大，豈可所知障畢竟不可斷。又若謗二空，即《大莊嚴論》時邊四中普斷諸善根，非畢竟無因者，不爾。普斷善外，更何業重爲畢竟障。又若由障名不可斷，即合明擧，何故〔一九六〕別説畢竟無因。

又若真如爲種，親生出世間法，略有四過：一、前後相違過。自前本性門中，即說無漏從有漏心生，今說真如生，定從何是。二門相違。二、聖教相違過。《瑜伽》《攝論》種子義中皆云一刹那滅者，生已無間即滅壞故，無有常法[一九七]得成種子，於一切時無差別故。不可難云：法爾種子不與能熏相應熏成，何得名種者。不爾，七義釋種子義，能熏、所熏釋熏習義。又本有種由熏增長，不說熏生，說熏生者，是新熏種。三、自宗相違過。違《佛性論》有體生無體。名[一九八]許真如親生出世，即應云二有體生有體，何故說一。四、進退相違過。若從有漏生無漏者，復違五十二不說麁重自相[一九九]種生故。更有多過，如前已辨，所餘義准此知矣[二〇〇]。

**通經法爾謬六**

有義：引經一切衆生無始時[二〇一]來有種種界，證法[二〇二]爾有五性別等[二〇三]，不應道理。彼說一一衆生各有種種界，如七葉樹，非說一切衆生各多差別。此言法爾是本性故，非如性力所知種種界也。此不應理。若許一一生各有種種界，一一界相似如七葉樹者，豈一一生皆作[二〇四]三乘果、二十七賢聖、多貪食[二〇五]分、有無性等[二〇六]。若爾，云何言有聲聞性得聲聞道等，多貪之人說不淨觀等，利鈍根別等。有無相違，鈍利相違，漸頓相違，定[二〇七]相違，豈可一生普[二〇八]具成熟[二〇九]。又彌勒菩薩、無著等師不解經文證五性殊，皆引[二一〇]彼教耶。《善戒經》說說[二一一]共住令轉者，據不定性說，非定性者。《楞伽》於不定乘中說有趣大乘[二一二]，小即無，《大般若》同。

又云《瑜伽》但云無始有無有種性，不言法爾及本性住，非爲定證者，不爾。此無始言，即是[二一三]法爾及本性住。何以[二一四]得知。《佛性論》云：無初者，性得大悲等。無初即無始性得，即法爾等。又次下引種子有四，一、本性住，如[二一五]何得言不說本性住，非爲定證耶。又云《瑜伽》云種子有四，一、本性住。二、先習起。三、可修治，謂有涅槃法。四、不可修治，謂無涅槃法。約先習種，分其五性者，此亦不爾。既立本性住，二、先習起，若云約先習種，分其五性，只有三種，何得言四。既總先習，何[三六]言本性。又違《聲聞地》二十一説，并如前引。又云《瑜伽》云，若般涅槃法者，一切種子皆悉具足者，是具足四種，名爲一切；無涅槃法者，便闕三乘種者[三七]，唯有本性住、先習種子、不可修治種子，闕可修治種子，名不具足者：此亦不爾。對有無別立後二種，二種相違，云何得云有四種者名爲具足，復許有本性住、先習種子即可修治。不爾，先習於何云不可治。

又云：但由新習熟[三八]人不同，不言本性住種有無不同，及不云法爾。若云有教請示其文者，雖前數明，今更略引，即彼自引種子有四，一、本性，如何云不言本性住種。又《聲聞地》初種性自性、種性安立但[三九]云從無始世展轉傳來，法爾所得，同《善戒經》言本性者，陰、界、六入，次第相續，無始無終，法性自爾，法性自爾即法爾也。聲聞、菩薩種性之中俱云無始法爾所得，何獨不信《聲聞地》文，云爲小説[三〇]。又梁《攝論・出世間淨章》，初二乘正見，以聞他音及自思惟爲增上緣，方始得生，故三乘性無始本有。《佛地論》云：由法爾故，無始時來一切有情有五種性。又准《瑜伽》及《顯揚論》成立性[三一]皆據本性，既見教文，應信順受。若唯新熏，五性差別現能熏因，無種何起。若無種生，違四卷《楞伽》第一云：大慧，若復説無種、有種、識三緣合生者，龜應生毛，沙應出油。若從因生[三二]，還本性別。

## 漏生無漏謬七

有義：《攝大乘論》云如是已説入所知相，入所知相云何應知，乃至謂於大乘而起[三三]多聞，聞法義已，熏心、心所法相續所依，其小[三四]聞者無容得入此現觀故。准此論文，多聞熏習同《涅槃經》緣因，如乳爲酪正因，煖等爲因[三五]，即本識爲正因。彼説非理。此解初[二六]因，前後自違。何者。此云多聞熏習爲緣因，本識爲正因，下云以無漏教生聞熏習，漸生無漏，非有漏中有無漏性。又云：故知阿賴耶識得與有[二七]漏作親因緣，聞熏習種亦與無漏爲親因緣。前云是緣，今云親因，一相違也。又云：同《瑜伽論》，正智從聽聞法生，此説緣因，非本性。前云聞熏習是親因，今緣[二八]説爲緣因，非是本性，二相違也。准上經文，地如理心，藥草種子如聞熏習，起三乘法，乃至云如世間地，能生一切，要待種子[二九]爲親因方能生長。本性亦爾，待[三〇]聞熏習以爲因緣，聖道方生。初以地[三一]喻理心，熏習喻[三二]種子，此地爲緣[三三]因，種子正因。前云熏習同《瑜伽》，説爲緣因，非是本性，三相違也。又云：如地雖能生一切，要[三四]待種子以爲親因方能生長。本性亦爾，待聞熏習[三五]以爲因緣，聖道方生。更以本性喻如大地，不親生物，要待種子，種子爲親因，本性爲緣因。前云熏習同《涅槃》緣因，正因即佛性，今復説本性如地，翻作緣因，四相違也。又云：如地生草木，或[三六]疎緣亦作親因。此説違《涅槃經》二十六云：種[三七]子等是生因，地、水、糞等名了因。今者説地亦[三八]作親因，五相違也。

又梁《攝論》：從他聞音，如理思惟，望於正見，是增上緣。今説聞熏爲親因緣，六相違也。《攝論》又云：此世間心未曾與彼出世間心俱生。識[三九]非彼所熏，爲彼種子，不應道理。今説爲種，七相違也。又《聲聞地》及《菩薩地》及《莊嚴論》《顯揚論》等説本有種，今説唯新，八相違也。又唯新熏，《成唯識論》不正師義，有舊新種是其正義。決邪[四〇]乖正，九相違也。又云《瑜伽論》説地獄三無漏根，從當果説，現無種子者，不爾。五十七云三根行定不成，種子或成、不成，謂般涅槃法者成熟，不般涅槃法者不成熟故。又現在存[四一]種，當果可生，現在無因，當果如何起。又後[四二]有部雖三世有法，至生相方始説得，大乘但[四三]有現在，無種説何[四四]當成。若[四五]

准《瑜伽》五十一解得獲成就中，初破他云：若得是諸行生[二四六]因者，若從先來未得此法，此既無有生因之得，應常不生，由此亦應畢竟不得。今若現無種[二四七]生因，當果當不生，應畢竟不得，豈得難他無得不生。自許無種說，當果起，名爲成熟[二四八]，乖《瑜伽》之正文，十相違也。

又例云：酪[二四九]雖不生乳，乳中無酪爲酪因；聖雖不從凡，凡無聖種令[二五〇]聖起者，今且爲作[二五一]相違[二五二]決定。例云：烟不爲因，還起本[二五三]烟，起非無自種；因聖不從[二五四]凡，因凡生聖，雖凡生有自種。次爲答云[二五五]：外或無熏習，酪不熏乳；乳生酪，內法必熏生。非無漏熏，無無漏，亦不可云法爾之種由新[二五六]熏生，法爾道理、因緣道理皆許得立。若由熏生，即因緣道理，非法爾道理。若云初無漏無因[二五七]類者，何故《攝大乘論》云，又出世心雖未生，說出世心[二五八]雖未生時，已能對治諸煩惱纏者，此同類因展轉相續，剎那勢力能爲對治。外法非親因，不可例同外；若外必同內，外應具四緣等。

又云：見道已前，有漏生有漏。此是有漏之因生於[二五九]有漏，非是以因有漏故，果亦[二六〇]有漏。從其[二六一]漏生無漏時，此是無漏之因生於無漏者，令[二六二]爲比量相違。例云：見道已前，因有漏，不許因有漏，無漏生，世第一法是世間世[二六三]因，非生出世種。又無漏有因，無漏起，無漏之因無漏，名無漏。名無漏[二六四]，無因果，不生有漏，誰之無漏種。

又云：唯信外道無生有，不信涅槃轉無明爲明，有漏生無漏者，亦不爾。《楞伽》不許無生有，何同外道有因。無無明即轉變因，豈[二六五]不同於雨衆說。

又云：論云唯初無漏，五蘊[二六六]剎那等，乃至若謂大乘無剎那者，出何經論者，前引《攝論》有同類因，《瑜伽論[二六七]》本無漏種，又《楞伽》第四云無漏無剎那，寧非明說。如觀滯瀝，不覩玉泉；若視秋毫，莫見嵩岱。

能顯中邊慧日論第二

## 校勘記

〔一〕「謬」，底本原校云一本後有「定」字。
〔二〕「先」，底本原校云一本作「前」。
〔三〕「先」，底本原校云一本後有「説」字。
〔四〕「説空」，底本原校云甲本作「經雖」。
〔五〕「彼」，底本原校云甲本作「後」。
〔六〕「亦」，底本原校云甲本作「然」。
〔七〕「前」，底本原校云甲本作「所」。
〔八〕「現」，底本原校疑爲「説」。
〔九〕「乘」，底本原校云一本後有「一乘」二字。
〔一〇〕「准」，底本原校云甲本作「唯」。
〔一一〕「生」，底本原校云甲本作「性」。
〔一二〕「已」，底本原校云甲本作「也」。
〔一三〕「㯹」，底本原校云甲本前有「標」字。
〔一四〕「立」，底本原校云一本作「生」。
〔一五〕「丈」，底本原校云甲本作「大」。
〔一六〕「果」，疑爲「有」。
〔一七〕「以」，底本原校云甲本前有「答云」二字。
〔一八〕「耨」，底本原校云甲本後有「菩提」二字，又一本後有「菩提何等正因」六字。
〔一九〕「令」，底本原校云一本作「全」。
〔二〇〕「猶」，底本原校云甲本作「酪」。
〔二一〕「亦」，底本原校云一本作「然」。
〔二二〕「密」，底本原校云一本作「客」。
〔二三〕「然」，底本原校云甲本作「爾」。
〔二四〕「性」，底本原校云一本作「心」。
〔二五〕「設」，底本原校云一本作「説」。
〔二六〕「設」，底本原校疑爲「説」。
〔二七〕「五」，底本原校云一本作「立」。
〔二八〕「云」，底本原校云甲本作「多」。
〔二九〕「因」，底本原校云甲本作「同」。
〔三〇〕「二」，底本原校云一本作「三」。
〔三一〕「體」，底本原校云甲本無。
〔三二〕「名」，底本原校云甲本作「爲」。

〔三三〕「知」，底本原校云一本前有「故」字。

〔三四〕「説」，底本原校云甲本無。

〔三五〕「無」，底本原校云一本前有「與」字。

〔三六〕「正」，底本原校云甲本後有「因」字。

〔三七〕「中」，底本原校云甲本後有「答」字。

〔三八〕「何」，據《大乘密嚴經》，疑衍。

〔三九〕「云」，底本原校云甲本無。

〔四〇〕「所」，底本原校云甲本校勘記疑爲「有」。

〔四一〕「有」，底本原校云甲本校勘記疑爲「無」。

〔四二〕「故」，底本原校云甲本校勘記疑爲「又」。

〔四三〕「三」，底本原校引甲本校勘記云一本作「云」。

〔四四〕「報」，底本原校云甲本作「執」。

〔四五〕「名」，底本原校云一本無。

〔四六〕「有」，底本原校云甲本後有「者」字。

〔四七〕「云」，底本原校云一本作「者」。

〔四八〕「如」，底本原校云甲本前有「住」字。

〔四九〕「無」，底本原校疑衍。

〔五〇〕「已」，底本原校云甲本作「圓」。

〔五一〕「知」，底本原校云甲本作「智」。

〔五二〕「二」，底本原校云一本後有「者」字。

〔五三〕「得」，底本原校云一本作「故」。

〔五四〕「易」，底本原校云一本作「異」。

〔五五〕「六」，底本原校云一本前有「論」字。

〔五六〕「現」，底本原校云一本作「見」。

〔五七〕「點」，底本原校云一本作「立」，又疑爲「受」或「塵」。

〔五八〕「不」，底本原校云一本作「等」。

〔五九〕「難」，底本原校云一本作「雜」。

〔六〇〕「所」，疑衍。

〔六一〕「又」，底本原校云甲本無。

〔六二〕「非彼相成就」，底本原校云一本作「防彼成就得」。

〔六三〕「經」，底本原校云一本作「住」。

〔六四〕「喧」，底本原校云甲本作「誼」，下二「喧」字同。

〔六五〕「非虛」，底本原校云甲本作「非慮」，又一本作「非實非虛」。

〔六六〕「三」，底本原校云甲本作「二」。

〔六七〕「云」，底本原校云一本作「本」。

〔六八〕「他受用」，底本原校疑爲「自性身」。

〔六九〕「事」，底本原校云甲本後有「與如來」三字。

〔七〇〕「云」，底本原校云甲本無。

〔七一〕「滅」，底本原校云甲本後有「故」字。

〔七二〕「三」，底本原校云甲本後有「云」字。

〔七三〕「顯」，底本原校云甲本作「自」。

〔七四〕「説」，底本原校云甲本作「訖」。

〔七五〕「悟」，底本原校云甲本作「捨」。

〔七六〕「或」，底本原校云甲本作「惑」。

〔七七〕「説」，底本原校疑爲「記」。

〔七八〕「身」，底本原校云甲本無。

〔七九〕「有或無或俱」，底本原校云甲本作「或有或無俱」。

〔八〇〕「滅」，底本原校云一本前有「現」字。

〔八一〕「許」，底本原校疑爲「論」。

〔八二〕「等」，底本原校云一本作「趣」。

〔八三〕「爲」，底本原校云甲本作「若」。

〔八四〕「業」，底本原校云甲本前有「業」字。

〔八五〕「心」，底本原校云甲本作「身」。

〔八六〕「識藏」，底本原校疑爲「藏識」。

〔八七〕「故」，底本原校云甲本無。

〔八八〕「先」，底本原校云甲本作「云光」。

〔八九〕「理」，底本原校疑爲「種」。

〔九〇〕「已取」，底本原校云一本作「也所」。

〔九一〕「印」，底本原校云甲本作「即」。

〔九二〕「樂」，底本原校云甲本作「示」。

〔九三〕「四云」，底本原校云一本無。

〔九四〕「普」，底本原校云甲本作「並」。

〔九五〕「初」，底本原校云甲本作「性」。

〔九六〕「説」，底本原校云一本作「據」。

〔九七〕「性」，底本原校云一本作「生」。

〔九八〕「何」，底本原校疑衍。

〔九九〕「緣」，底本原校云一本無。

〔一〇〇〕「開」，底本原校疑衍。

〔一〇一〕「即」，據《攝大乘論釋》（世親釋、真諦譯，《大正藏》本，下同），疑衍。

〔一〇二〕「名」，底本原校云甲本作「亦」，又一本作「品」。

〔一〇三〕「昧」，底本原校云甲本作「染」。

〔一〇四〕「來」，底本原校云甲本後有「爲」字。

〔一〇五〕「復」，底本原校云甲本無。

〔一〇六〕「别」，底本原校云甲本作「則」。

〔一〇七〕「漏」，底本原校云甲本作「佛」。

〔一〇八〕「目」，底本原校云甲本作「因」。

〔一〇九〕「唯」，底本原校云甲本作「准」。

〔一一〇〕「有餘」，底本原校疑爲「餘有」。

〔一一一〕「廣」，底本原校云甲本作「虚」。

〔一一二〕「因」，底本原校云一本作「目」。

〔一一三〕「正」，底本原校云一本後有「生」字。

〔一一四〕「種」，底本原校云甲本作「殊」。

〔一一五〕「亦」，底本原校云甲本作「不」。

〔一一六〕「同」，底本原校云甲本作「因」。

〔一一七〕「法」，底本原校云甲本作「諸」，又云一本無。

〔一一八〕「殊」，底本原校疑爲「珠」，下二「殊」字同。

〔一一九〕「火」，底本原校云甲本作「大」，下二「火」字同。

〔一二〇〕「量」，底本原校云一本作「異」。

〔一二一〕「無」，底本原校云甲本前有「先」字。

〔一二二〕「差」，底本原校云一本前有「有」字。

〔一二三〕「無四」，底本原校云一本作「由」。

〔一二四〕「則」，底本原校云一本後有「亦」字。

〔一二五〕「以」，底本原校疑爲「佛」。

〔一二六〕「體」，底本原校云論作「度」。

〔一二七〕「救」，底本原校云甲本作「教」，下一「救」字同。

〔一二八〕「住」，底本原校云一本作「法」。

〔一二九〕「法」，底本原校云一本後有「界法」二字。

〔一三〇〕「復」，底本原校云甲本作「後」。

〔一三一〕「解」，底本原校云甲本作「謂」。

〔一三二〕「識」，底本原校云甲本後有「及」字。

〔一三三〕「云異」，底本原校云一本作「云果」，一本作「果」。

〔一三四〕「執」，底本原校云一本無。

〔一三五〕「因」，底本原校云甲本前有「復」字。

〔一三六〕「通」，底本原校疑爲「道」。

〔一三七〕「世」，底本原校云一本作「在」。

〔一三八〕「此」，底本原校云甲本作「次」。

〔一三九〕「因」，底本原校云甲本作「同」。

〔一四〇〕「遠」，底本原校云甲本作「緣」。

〔一四一〕「有」，底本原校云甲本後有「者」字。

〔一四二〕「因」，底本原校云一本無。

〔一四三〕「空」，底本原校疑爲「因」。

〔一四四〕「佛」，底本原校云一本後有「説」字。

〔一四五〕「違」，底本原校云甲本作「遠」。

〔一四六〕「待」，底本原校云一本作「恃」。

〔一四七〕「觸」，底本原校云甲本作「朝」。

〔一四八〕「本」，底本原校云甲本作「今」。

〔一四九〕「種」，底本原校云甲本作「習」。

〔一五〇〕「相」，據《瑜伽師地論》（《大正藏》本，下同），疑爲「想」。

〔一五一〕「後」，底本原校云甲本作「復」。

〔一五二〕「今」，底本原校云一本無。

〔一五三〕「入」，底本原校云甲本後有「亦未出離補特伽羅」八字。

〔一五四〕「舉」，底本原校云甲本作「審」。

〔一五五〕「須」，底本原校云一本作「順」。

〔一五六〕「身」，底本原校云甲本後有「並」字。

〔一五七〕「德」，底本原校云一本後有「因」字。

〔一五八〕「有」，底本原校云一本前有「本」字。

〔一五九〕「世間」至「應是」，底本原校云甲本無。

〔一六〇〕「四」，底本原校云甲本後有「種」字。

〔一六一〕「地」，底本原校云一本後有「經」字。

〔一六二〕「性」，底本原校云一本作「姓」。
〔一六三〕「爾」，底本原校云一本作「示」。
〔一六四〕「雖」，底本原校云甲本後有「無始」二字。
〔一六五〕「不淨」，底本原校云一本無。
〔一六六〕「是」，底本原校云甲本作「見」。
〔一六七〕「緣」，底本原校云一本後有「以知」二字。
〔一六八〕「正」，底本原校云一本後有「因」字。
〔一六九〕「子」，底本原校云甲本後有「爲種子」三字。
〔一七〇〕「緣」，底本原校云甲本無。
〔一七一〕「如」，底本原校云甲本後有「爲」字。
〔一七二〕「各」，疑爲「名」。
〔一七三〕「釋」，底本原校云甲本作「俱」。
〔一七四〕「涅」，底本原校云一本前有「般」字。
〔一七五〕「性」，底本原校云一本後有「差別」二字。
〔一七六〕「法」，底本原校云甲本後有「種性」二字。
〔一七七〕「不合可」，底本原校云一本無。
〔一七八〕「爲」，底本原校云甲本無。
〔一七九〕「釋」，底本原校云一本作「答」。
〔一八〇〕「論」，底本原校云甲本後有「云」字。
〔一八一〕「前」，底本原校云一本後有「指」字。
〔一八二〕「緣」，底本原校云一本後有「緣」字。
〔一八三〕「有」，底本原校云甲本作「何」。
〔一八四〕「生」，底本原校云甲本後有「坐」字。
〔一八五〕「因」，底本原校云甲本作「同」。
〔一八六〕「彼」，底本原校云一本作「故」。
〔一八七〕「以」，底本原校云甲本無。
〔一八八〕「論意」，底本原校云甲本作「意論」。
〔一八九〕「無有」，底本原校云一本作「有無」。
〔一九〇〕「及」，底本原校云甲本作「障彼」。
〔一九一〕「有」，底本原校云甲本無。
〔一九二〕「意」，底本原校云甲本作「竟」。
〔一九三〕「淨」，底本原校云甲本作「洋」。
〔一九四〕「惱」，底本原校云甲本後有「聞本」二字。
〔一九五〕「云」，底本原校云甲本作「之」，又云一本作「若」。
〔一九六〕「故」，底本原校云甲本後有「則」字。

〔一九七〕「法」，底本原校云一本後有「住」字。

〔一九八〕「名」，底本原校云一本作「若」。

〔一九九〕「相」，底本原校云甲本作「即」。

〔二〇〇〕「矣」，底本原校云一本作「失」。

〔二〇一〕「時」，底本原校云甲本作「已」。

〔二〇二〕「證法」，底本原校云甲本作「法性」。

〔二〇三〕「等」，底本原校云一本作「者」。

〔二〇四〕「作」，底本原校云甲本作「起」。

〔二〇五〕「食」，底本原校云一本作「等」。

〔二〇六〕「等」，底本原校云甲本作「亦」。

〔二〇七〕「定」，底本原校云一本後有「不定」二字。

〔二〇八〕「普」，底本原校云一本作「並」。

〔二〇九〕「熟」，底本原校云甲本作「就」。

〔二一〇〕「皆引」，底本原校云甲本作「唯成」。

〔二一一〕「説」，疑衍。

〔二一二〕「乘」，底本原校云甲本作「定」。

〔二一三〕「是」，底本原校云一本無。

〔二一四〕「以」，底本原校云一本作「故」。

〔二一五〕「如」，底本原校云甲本作「始」。

〔二一六〕「何」，底本原校云一本後有「者」字。

〔二一七〕「者」，底本原校云甲本作「有」。

〔二一八〕「習熟」，底本原校云甲本作「熏種」。

〔二一九〕「但」，底本原校云甲本作「俱」。

〔二二〇〕「説」，底本原校云甲本作「既」。

〔二二一〕「性」，底本原校云一本前有「無」字。

〔二二二〕「生」，底本原校云甲本無。

〔二二三〕「起」，底本原校云甲本作「記」。

〔二二四〕「小」，底本原校云一本作「少」。

〔二二五〕「因」，底本原校疑爲「緣」，今疑前脱「緣」字。

〔二二六〕「初」，底本原校疑爲「正」。

〔二二七〕「有」，底本原校疑爲「無」。

〔二二八〕「緣」，底本原校云一本作「復」。

〔二二九〕「子」，底本原校云一本後有「以」字。

〔二三〇〕「待」，底本原校云一本作「得」。

〔二三一〕「以地」，底本原校云甲本作「地以」。

〔二三三〕「喻」，底本原校云甲本作「由」。

〔二三四〕「緣」，底本原校云甲本作「像」。

〔二三五〕「要」，底本原校云甲本作「安」。

〔二三六〕「習」，底本原校云甲本作「種」。

〔二三七〕「或」，底本原校云一本後有「爲」字。

〔二三八〕「種」，底本原校云甲本作「穀」，又一本作「聲」。

〔二三九〕「亦」，底本原校云一本作「者」。

〔二四〇〕「識」，底本原校云一本作「俱滅」。

〔二四一〕「決邪」，底本原校云甲本作「快耶」，又一本作「扶耶」。

〔二四二〕「存」，底本原校云甲本作「有」。

〔二四三〕「後」，底本原校云一本作「復」。

〔二四四〕「但」，底本原校云一本作「何」。

〔二四五〕「何」，底本原校云甲本無。

〔二四六〕「若」，底本原校云甲本無。

〔二四七〕「生」，底本原校云甲本作「正」。

〔二四八〕「種」，底本原校云一本後有「因無得」三字。

〔二四九〕「熟」，底本原校云甲本作「就」。

〔二五〇〕「略」，底本原校云甲本作「解」。

〔二五一〕「令」，底本原校云甲本作「合」。

〔二五二〕「作」，底本原校云甲本作「從」。

〔二五三〕「違」，底本原校云甲本作「遠」。

〔二五四〕「本」，底本原校云甲本作「不」，又一本作「木」。

〔二五五〕「從」，底本原校云一本作「作」。

〔二五六〕「云」，底本原校云甲本作「之」。

〔二五七〕「新」，底本原校云甲本作「難」。

〔二五八〕「因」，底本原校云一本作「同」。

〔二五九〕「雖未」至「世心」，底本原校云一本無。

〔二六〇〕「於」，底本原校云甲本作「捨」，下一「於」字同。

〔二六一〕「亦」，底本原校云甲本作「但」，又一本作「且」。

〔二六二〕「其」，底本原校疑爲「有」。

〔二六三〕「令」，底本原校云一本作「今」。

〔二六三〕「世」，底本原校云甲本無。

〔二六四〕「名無漏」，底本原校云一本無，又疑爲「若無漏」。

〔二六五〕「豈」，底本原校云甲本作「出」。

〔二六六〕「蘊」，底本原校云甲本作「落」。

〔二六七〕「論」，底本原校云一本後有「說」字。

# 能顯中邊慧日論第三

淄州大雲寺沙門〔一〕慧沼撰

## 說教前後謬八

有義：前經漸教，唯說四住爲三有因；後經顯了，通說五住爲生死本。四住不斷，故受分段身；無明住在，故得變易體。由斷〔二〕佛說前後不同，論釋佛經不違時教，如《深密》已前說爲前教，《法華》會後即爲後教。不了唯說不定回心趣寂，猶存實滅，不捨三界之身，不別說受變易死，但說留〔三〕行，留分段身，即《解深密經》《瑜伽論》等是。《法華》後經，定、不定性皆悉回心，無二乘實滅，捨三界身，則受變易，非是三界，《楞伽》《勝鬘》《無上依經》《佛性論》等是。此說不爾。所以者何。《法華》四〔四〕十年後，經有明文，《楞伽》等經并非已前，出何聖教。且《無上依經》非《法華》後。何以得知。闍王未流〔五〕國位，可有頻婆娑〔六〕羅，《法華經》內已列闍王，列王如何《無上依經》猶說頻婆在會。何者。《無上依經》列衆中云頻婆娑〔七〕羅以爲上首。以此准知非《法華》後。又《勝鬘經》亦非四十年後。何以得知。經云波斯匿王及末利夫人信法未久。《仁王般若經》內云初年月八日，即三十年初。何以得知。准經，《月光經〔八〕》云如來已爲我等〔九〕二十九年說《摩訶般若》，故知至說《仁王經》時，月光信佛已久。《勝鬘經》云信佛未久，明在《仁王般若》已前。不爾，已二十九年聞經，如何《勝鬘經》中言信佛未久。准此即知非《法華》後。又

《入楞伽經》，准三藏菩提流支云，又依結集，初年說《大集·寶幢陀羅尼》及《楞伽》《海龍王》，九年說《鴦掘摩羅》，十年說《如來藏》。又云《華嚴》《涅槃》《般舟》《鴦掘摩羅》《如來藏》等皆自[一〇]說年月。准此，《楞伽》非四十年後。雖下持[一一]云我於《象腋》《涅槃》《大雲》等經已令斷肉，《楞伽》未必在《涅槃經》後。何以故。准文自說，龍宮七日，始入楞伽，方說斯教，豈說涅槃雙林滅已，更住龍宮等耶。所指《涅槃經》未必即是《大涅槃》。若云見聞有異，何妨不是說《涅槃》後。若爾，何妨見聞異。准結集說，即在初年。又云《大般若》在《法華》前者，准流支說，五年即說《大般若經》；准《智論》文，乃在《法華》後說。何以得知。准彼《畢定品》中，問：一切菩薩皆畢定不。論釋：云何問此。見《法華》中童子聚沙皆成佛道，及明二乘作佛，故作斯問。准此，《大品》乃在《法華》後說，憑何定判是四十年前。又《佛性論》及《寶性論》不是唯釋《法華》後經，兩論不引《涅槃》《法華》，多依《無上依》《楞伽》《深密》《如來藏》及《勝鬘經》說，准問[一二]定經、二論及[一三]釋《法華》前教。

彼定前後，既并憑虛，依彼標章，復有多過。其過者何。且云前經雖說二乘實入涅槃，後經釋云如化城、羊、鹿，《楞伽經》聲聞種性墮變易死，二乘無滅，非唯不定性者。不爾，《楞伽》說墮變易能趣大者，是不定性。何以得知。准第七云，大慧菩薩白佛言：世尊，世尊[一四]說聲聞、辟支佛入第八菩薩地寂滅樂門。乃至云：尚未能證初地之法，何況八地寂滅樂門。佛告大慧：聲聞有三[一五]種，言入八地寂滅樂門者，此是先修菩薩行者墮聲聞地，還依本心修菩薩行，同入八地寂滅樂門，非增上慢寂滅聲聞。以彼不能入菩薩行，未曾覺知三界唯心，未曾修行菩薩諸法，未曾修行諸波羅蜜十地之行，是故決定寂滅聲聞不能證彼菩薩所行寂滅樂門。又頌云：決定諸聲聞，不行菩薩行，同入八地者，是本菩薩[一六]故。准此，即是五乘之中不定乘也。《法華》《瑜伽》意皆同也。又第八云：如何[一七]佛世尊與諸大阿羅漢記等。佛答云：大慧，我爲曾行菩薩行諸聲聞等，依無餘涅槃即與授記。大慧，我與聲聞授記，爲怯弱衆生生勇猛心。大慧，此世界中及餘佛國，有諸衆生行菩薩行而復樂於聲聞乘法，佛爲轉彼取大菩提。頌云：三乘及非乘，諸佛無量乘，一切記佛地，說諸煩惱斷。內身[一八]證聖智，及無餘涅槃，進怯弱[一九]衆生，是故隱覆說。准此，正同《解深密》說三意生身初地已上決定趣寂，既不證菩薩所行寂滅樂門，明彼不能得意生身而不能知，故爲過也。

又云：《不空羂索經》及《僧伽[二〇]經》說淨居天皆發趣大，判作《法華》後教，未知憑何得知。有教即合[二一]，明言無證，如何抑判。又云：《唯識》兩[二二]師所說皆不應理，故知法華會前一切聖人皆不發心，法華會後淨居亦發。唯識論師違經立義，非唯一二者，不爾，如何《解深密經》彼自許在《法華》前說。唯《深密經》於淨土說，說淨土相，列衆歎德皆同《佛地》。《佛地論》釋如實義者，皆是不定種性聲聞得小果已，趣大菩提，故名爲大。若非回心，不觀[二三]淨土。又《攝論》等，十義說一乘，云爲不定性，即通有學及無學聖皆許回心。又《智度論》釋《大品經》《法華》兩[二四]教云：三種人有妙淨土，出於三界，乃至無有煩惱之名，於是國土佛所聞《法華經》，具[二五]佛道。如何得說《法華經》一切聖人皆不發心。

又云《楞伽經》分明說定性寂滅有變易死，教理顯然，豈得執弘前教非後經說者，此亦不爾。准《入楞伽》第四云：大慧，聲聞、辟支佛未證法無我，未得不可思議變易生，是故我爲諸聲聞故，說一乘道。此云未得，更據何文云分明說決定之人得受變易。依此文意，不定性人未聞大乘，不得變易，豈許決定不能回心得受變易。亦[二六]此經文亦有云未離不可思議變易死，亦有云不得離不思議變易死，亦有云未得離不思議變易死，無分明文作決定説定性之人得受易[二七]。亦[二八]第二中説墮不思議變易死故者，此説不定回心已，後墮不思議變易生死，無決定性得變易文。若又許受變易生身，如何得言如是等得入人無我，乃至生心以爲涅槃。凡夫受分段，自知生死身，聖人受變易，豈執爲涅槃。謂得有餘，即非[二九]知障知餘若[三〇]在故。彼自不許，謂有餘依回心向大，要捨分段，別受變易，得三昧樂，謂爲無餘故。亦如少聞得第四定將爲極果，死見前相尚[三一]趣起謗心，豈況聖人見受變易，謂爲無餘耶。又准五乘文，初二乘中無入大乘語，唯第四不定乘中言：大慧，彼三種人離煩惱障熏習，得清淨故，見[三二]無我，得三昧樂門[三三]故，聲聞、緣覺畢竟證得如來法身。言彼三種人者，即不定乘中有三種人，非是指前初之三乘。若爾，即前[三四]須別説爲第四乘。或可前三乘[三五]定、不定性皆悉合説。第四人唯取不定性者，言彼三種，即前三中不定性者。若不如此，謂即前三定、不定性皆許入大，違下第七、第八所説。如前已引，無文顯説定性寂滅受變易死，虚言教理顯然，故爲過也。

又問答中云：何故二説不同。答云：如經中未説王宫以爲化佛，弘此時教，即説三十四心成佛；未説阿賴耶，弘此時教，即説滅定唯在欲色，及説種子依色心也。弘後時教，其義即改[三六]。《瑜伽》即弘前教，四十年後，二滅非真，有阿賴耶墮不思議變易生死。弘此時經，論亦隨教[三七]者，此[三八]亦不爾[三九]。自許《華嚴》是已前教，豈唯説王宫化身以爲真佛。《瑜伽》《攝論》并説王宫爲非真佛，三十四身成者，是小乘論[四〇]文；滅定依欲色身，有部之説；種子依於心色，經部師宗。《瑜伽》并改前宗種子依於第八識等，同《楞伽》等亦説不定無實。《涅槃》《智論》《顯揚》《佛地》俱説有變易生死，何義不同，而判《瑜伽》《佛地論》等爲四十年前之教。如前已引，判前後非，於同不解其同，非異强見於異，故爲過也。又云：《瑜伽》八十説二涅槃，由異熟識無有取故[四一]，依轉識等不復得生，唯餘清淨無爲[四二]離垢真法界有[四三]，當《楞伽經》而滅諸相，不取未來境界，是三昧樂，二乘謂爲涅槃。此亦不爾。彼經所説，前後又[四四]異。第二卷則説聲聞、辟支佛畏生死妄想苦而求涅槃，不知世間、涅槃無差别故，分别一切法與非法，而滅諸根，不取未來境界，妄取以爲涅槃者，是二乘有學凡夫之人，執無學者滅[四五]諸根已，所得無餘，謂爲究竟，不知阿賴耶識轉成勝無餘故；次云是故彼愚癡人説有三乘法，而不能知唯心想滅，得寂滅法，若即聖人，不應；次云是故，大慧，彼愚癡人於世間生死輪中常轉不住，亦據實義，決定性人滅諸根等者，身智俱滅，唯有真如。

《楞伽》云：唯心想滅，得寂滅法。寂滅法者，非三昧樂。三昧樂者，是第七卷文説。不定性回心向大，得入諸地，以本名説，同頓悟菩薩諸地中得滅盡定[四六]，名墮三昧樂法門。何以得知。彼自問答云，佛告大慧：我今爲汝分别宣説。大慧，聲聞有三[四七]種，言入八地寂滅門者，此是先修菩薩行者墮聲聞地，還依本心修菩薩行，同入八地寂滅樂門，非增上慢寂滅聲聞。若是二乘捨分段身，住於三昧，名得涅槃者，何故第四卷云須陀洹有三品，皆言入涅槃。經説第二果云：以善見[四八]禪修行相故，一來世間，便斷苦盡，入於涅槃。何以故。受變易身，改[四九]有行苦，豈得説云便斷苦盡，入於涅槃。又復此是決定趣寂。何以得知。次下大慧問佛云：爲説得決定寂滅羅漢，爲發菩提[五〇]願善根妄[五一]善根阿羅漢，爲化應[五二]羅漢。佛告大慧：爲説得決定寂滅聲聞羅漢，非餘羅漢。故知定性入無餘依，唯有真如，同《楞伽經》而滅諸根，及心想滅，云入涅槃。若住三昧樂生涅槃想者，是退菩提。不定性者，顯文不解，故亦爲失。

又云：前後二教，略有十三不同。一云：《無上依經》由無明住地有變易死，《瑜伽論》等由定願留[五三]。此亦不爾。隱經無漏業，設論所知障以爲不同，不云由所知障同無明住地，起無漏定願同無漏業，故亦爲過。

又[五四]云《楞伽》滅諸根方取變易，《瑜伽》留有根身者，此亦不爾。滅諸根者，定入無餘，非受變易。不爾，變易豈無諸根。論留根身，是《楞伽》之不定，故留根身而爲變易。不知所以，妄云不同。

第三不同，至破變易執方辨其失。

四云：《法華》等經往他佛土，《瑜伽》等留身此洲。此亦不爾。《法華》往他佛土，據佛滅後，此界無佛，無能覺悟，令發大心，以佛方便，令往餘土[五五]。《瑜伽》等論，約現逢佛，已能趣大，受變易生[五六]，留身此土，即《法華經》三周授記，學、無學人俱在此洲，不往他土，始能趣大。此而不悟，故亦失也。

又[五七]云：依《涅槃經》，是人未來過八萬劫住等，《瑜伽論》等即留此身，或餘一劫。此亦不爾。《瑜伽論》言或餘一劫者，《佛地論》釋：或餘一劫者，此中意説過於一劫。准此，八萬劫亦是過一劫，過一劫言無限定故。

又[五八]云依《勝鬘》等，二乘、大力菩薩同受意生身；《瑜伽論》等，二乘不同大力菩薩。大力菩薩如意而生，常願生故；二乘遠離而住，一切衆生皆[五九]不能見故者，此亦不然。且《涅槃經》云[六〇]須陀洹人八萬劫，乃至辟支佛人[六一]十千劫，住此爲受變易，爲住[六二]無餘依。若不受變易，捨分段已，八萬劫住後，依何法更趣大耶。若受變易，八萬劫住[六三]豈常化生。

又《楞伽》第四云：大慧，聲聞、辟支佛若離一切諸過熏習，得證法無我，爾時離於諸過，三昧無漏醉法覺已，修行出世間無漏界中一切功德。頌云：無有究竟趣，亦復不退還，得諸三昧身，無量劫不覺。譬如惛醉人，酒消然後寤，得佛無上體，是我真法身。第七亦云大慧，聲聞、辟支佛於第八菩薩地中，樂著寂滅三昧樂門醉故，不能善知唯自心見，乃至大慧，諸菩薩以見三昧寂滅樂門，憶念本願大慈悲心，度衆生，知十無盡如實行智，是故不即入於[六四]涅槃。此并二乘雖受變易，利生修行不同菩薩，如何獨謂《瑜伽》不同。

第七不同，至破變易中辨。

第八、第九不同，准前破[六五]。

又[六六]云《瑜伽》云留身通於有學，《勝鬘》等經唯是無學者，此亦不爾。有學不回心，不許受變易，既許彼回心，何不受變易。若謂煩惱在，菩薩亦復然。若謂菩薩雖有煩惱，無漏力勝，何妨有學回趣大已，有勝力能。又彼自判《深密》前教，後唯不定回心見道前趣大，不説聖者回心向大，非爲顯了；《法華》後教，得聖者有學亦許回心，爲顯了。今《瑜伽論》等亦説有，亦説有學回心，許受變易，斯有何失。《勝鬘》據其定受變易生説，《佛地》依容受受[六七]論。不爾，執文説無學受[六八]，不許有學，亦應《楞伽》説三地上有意生身，不説二乘無學受變易身，豈可二乘及[六九]初二地總不受變易。非過謂過，故爲失也。

十一不同，亦准前破。

十二不同，下破變易執中具辨。

又[七〇]云《涅槃》等先入寂滅，後發大心；《瑜伽》先發大心，然後留身者[七一]，此亦不爾。《法華經》有學、無學人并悉回心，豈并無學住滅定中，謂無餘滅，經多劫已，方始趣大。又《涅槃經》云八萬劫已，至阿耨菩提心等，不言八萬劫已，始發大心。

不同之[七二]者妄謂爲同，實同之者即爲不同。准彼所論，同亦何曾同，異亦實無異。異種難思，翳目[七三]許生空華，異種尋伺，唯妄分別。

**增壽非了謬九**

有義：前經説留壽行，《瑜伽論》等釋云增壽至大菩提，然無漏業非變易親因，不捨根[七四]身，即受變易生死；後教得無學果，捨分段身，所知障爲緣，新發妄無漏業，親感三界外變易生死，住三昧樂，謂無餘涅槃，非滅盡定。從此覺已，始發大心。第八雖是有漏，煩惱盡故，不屬界繫，名三界外，非離三界外有別衆生。然[七五]二乘種性雖有定、不定殊，俱受變易，受變易已，更不捨身，乃至金剛，方始捨離，故《佛性論》云：唯[七六]有一生，名爲有有。若如《唯識論》等，不捨分段，即受變易，云何名爲生死。若謂刹那，即違《佛性論》説唯有一生；若謂命之始終，即違《瑜伽》增諸壽行。又言增壽，如何説死。既無有死，如何説生。又既不捨分段，《瑜伽》復無轉根之[七七]女人羅漢增壽，雖長[七八]女身，若爲[七九]成佛，但可依經生智，凡夫不得妄有思度。此説不爾。二乘聖果回心向大，俱容得受變易生死。《勝鬘經》內，據決定説不定性者得無學果，決定回心，不更復生，決[八〇]受變易。有學不定雖亦回心，受變易生，不決定故，經中不説。可[八一]以《勝鬘》不説有學回心，即不[八二]許法華會中有學趣大。是故《佛性論》等同《勝鬘經》，且據定受。《楞伽經》中，據其頓悟怖煩惱者説三意生，《瑜伽》《佛地》同《法華》等，俱許回心；既説回心，即容彼受變易生死。既無文障[八三]，明有學回心得受變易亦爲正説。彼無文障，此有文説《涅槃》《法華》并許回心，《瑜伽》《佛地》許受變易，彼自説云但可依經生智，凡夫不得妄有思度者，彼豈大聖，此《瑜伽》等并遮止耶。

又括其文意，略爲十一過。言捨分段身別受變易者，出何聖教。《勝鬘經》等，并無捨分段言；《瑜伽》《佛地論》等，皆言無漏定願以資故業，令所感身漸勝令[八四]長；《顯揚》十六云依變化身得至佛位，亦不言捨分段；《入大乘論》亦云住壽。不依經論，自意定之。又云所知障爲緣，新發妄無漏業，別感界外變易生死者，此不應爾。若造新業爲親感因，何故《佛性論》云因緣生死，譬如須陀洹以上，但用故業，不生新業。若以無漏新招生死，此喻不成。又《緣起經》等，聖者不造感後有業。若非是有，經論不應云有有生死；若其是有，聖者如何造後有業。又復若許造後有業，那含不應雜修禪定資下故業，生五淨居。若云大小力殊，此亦不爾。身勝劣別，何不得造。又若力殊，唯應菩薩造新業感，二乘力劣，不能造感[八五]。又若菩薩許新造業，感變易生，即大自在宮變易之身生報業，如何《十地論》云[八六]後報利益摩醯首羅智所生。故《佛性論》云：譬如須陀洹以上，但用故業，不生新業。以此故知，《瑜伽》《唯識》等云資故業，爲其正説。若是無漏新感者，即集諦攝。雖安立諦、非安立殊，不離四諦，無處説集是非所斷，得通無漏，是應可修，但説集諦是其所斷，有漏非修，違理求文，故爲不可。

又若捨身，更別受生爲變易死，即違四記，無煩惱人死者不生。若云據分段説者，此亦不爾。豈彼變易非生攝耶。又約捨分段，名死不生，此爲分別，何須云無煩惱人死不生。如入見道捨諸難等，亦得云不生故。若云同分段生，不名爲捨，亦應同有漏第八，不名爲捨，既無死不生，應令大師隨虚妄説。又《入大乘論》云，問：云何住壽。答云：阿羅漢無煩惱，與八地[八七]菩薩同，善修如意足故，能隨意住世，乃至盡於生死。羅睺羅、賓頭盧等，盡住於世。若是捨分段，云何能隨意住世等。不信大師之日[八八]記，云別受身，乖文[八九]立義，故亦爲過[九〇]。

又云無漏親感三界外生，名變易生者，此亦不爾。新無漏業可非墮界，第八有漏何非界耶。又若云離繫故名非界，此同舊説，何假[九一]再陳。又如煩惱能感生故，應能爲繫，彼許所知實同煩惱，能發業感，有漏第八爲菩提障，何非是繫。以彼云無漏生，如取爲緣，有漏業[九二]因而生三有，即執變易如彼別生；既説如取等故，所知應繫，無漏集收，此説不許，故不應執變易別生。如《唯識》等，名[九三]斷所知，雖留身住，無漏定願資其故業，則無是過。經言如取爲緣，有漏業用因而生三有，少分喻耳。又《入大乘論》云：若汝言無煩惱者，我亦如是，若有親愛信歸於我，當爲汝説。問：云何住壽。答曰：阿羅漢無煩惱，與八住菩薩同，善修如意具[九四]足故，能隨意住世。既言隨意住，明非別受生。亦不得言釋四十年前教，論文自引，如羅睺等，故知兼釋《法華》等教。故《唯識》解不違經論，彼違故過。

又云受變易死，住三昧樂，謂無餘涅槃，非滅盡定。從此覺已，始發大心者，據不定性，《唯識》無違；若言定性，此亦不爾。違《楞伽》等，如前已引，而不能知根性有異，總説回心，違經及論。又《法華經》第二云我等今者，住最後身，有餘涅槃，不云無餘，《勝鬘》亦同。又復自説無學回心要住滅定，謂是無餘，從此起已，方能趣大。今言非滅定，前後自違，背經立義，過之大也。

又云《唯識論》不捨分段，即受變易，云何名爲生死。若謂刹那，即違《佛性論》説唯[九五]有一生；若謂命之始終，即違《瑜伽》增諸壽行。增諸壽行，即無有死有；既無有死，如何説生者，是亦不爾。生死名通。又如《無上依經》《佛性論》等，四種生死但[九六]名生死，非據各各[九七]死已別生，方名生死。若云是變易身生死法故名爲生死，亦轉分段生死之[九八]法成變易故名爲生死，何過不許。若捨分段，受[九九]生死，何名變易。又許無漏能爲新業親招生死，《楞伽》復説三意生身地位各別，則應更受[一〇〇]，何名一生。故所設難，唐捐其功，其過五[一〇一]也。

又云既不捨分段，《瑜伽》復無轉根之文，女人羅漢若爲成佛者，此亦不爾。若以《瑜伽》無轉根文，即許女身成佛者，《勝鬘經》《佛性論》《無上依經》亦無轉根之語。設縱捨身，二乘鈍根如何成佛。《瑜伽》《唯識》無漏等資名一[一〇二]爲變易，變易即是轉根之義，而不能知，其過之甚。

又云如上地道，破於上地，感上地道，破於下地，感上地報。二乘無漏，破裂分段，感變易生，於理何失者，此亦不爾。上地有漏道，伏下不伏上，有[一〇三]漏可能感報，無漏之道，通斷上下，非同有漏，如何能感。又云《瑜伽論》説留根增壽，住在此洲[一〇四]，遠離而住，餘不能見。准此論文，是留壽行，非變易生死。末代論師加增穿鑿，非《瑜伽》意者，此亦不爾。後代論師順文成理不同，彼説乖[一〇五]背《瑜伽》。《瑜伽》若許捨分段身別受變易，後代論師云資故業，可是增加；《瑜伽》不捨根身增壽者，即是變易，不同二乘有漏定願所增壽行，非多劫故，人天同類皆可見故。又無著《顯揚論》中説爲變化身，親光《佛地論》内云變易死。又《入大乘論》云，答云：阿羅漢無煩惱，與八住菩薩同，善修如意足故，能隨意住世，乃至盡於生死。又云：如《僧祇》中説，青眼如來爲化菩薩故，在光音天與諸聲聞衆無量百千億那由他劫住。如彼天中聲聞住壽多劫，當知此世界亦有聲聞能如是住。若要捨壽，受身他處，何名住世。此[一〇六]界亦有等。又[一〇七]問云：爲以此身住世，爲更有餘身住。

答[一〇八]：以實身而住世者，則無其義；若變化身住壽多劫，斯有是處。若更受身即是實身，何名變化。故知增壽轉穢[一〇九]本形，名爲變易。若如是者，依名取義，及往[一一〇]無違。若要捨身方受變易，何但名乖，亦違聖教。唯意[一一一]不但非唯識師，無著、堅意諸菩薩等亦彼云問略[一一二]，敬凡不足，陵聖有餘。

又云如三界中，煩惱爲緣，有漏業爲因，生於三界。若有業、煩惱未伏[一一三]，定生三界，故知若有妄無漏業未斷，無明住地故，受變易者，此亦不爾。如初果之人。又雖有三界業、煩惱未斷，未必定受三界生，方取無學，即於現身亦許得故。故知地上菩薩亦爾，即於現身得至果故。若云二乘有學能伏修惑[一一四]，可有不生者，菩薩亦能伏所知障，何要别生方能至[一一五]果。又八地已上有無漏業，未斷無明住地，何不更受。爲三意生，唯一生耶。又十三不同中，第七云《法華》《智度論》等，非三界攝，因緣非是三有業故，三界煩惱不能繫故者，不爾。《法華》何處説變易身云非界攝。若據惑盡，分段之身亦云界外，故下經云以佛教門出三界苦，過三百旬等[二六]。若論現身，八、七、五識及五根等并是有漏，如何非界。應知云變易[二七]出三界者，義亦同此。又從因緣生死，云非界繫，若約五、八等，猶屬於界，雖非惑繫，體隨界故。若非界攝，應是出世，是出世者，與佛何殊。若云有漏，故與佛殊，既云有漏，如何非界。又復大乘處處經論辨界趣體唯依第八，而今不知，故亦成過。

不同中，第十二云《無上依經》《佛性論》等，妄無漏業以爲生死，與大菩提爲其怨[二八]障。《瑜伽論》等，由無漏定資身命住，以取菩提者，此亦不爾。若不爲取無上菩提，留身久住，爲斯修事，何故菩薩十地位中受變易身，與菩提爲障。又《楞伽》第七云：大慧，菩薩以見寂靜三昧樂門，憶念本願大慈悲心，度諸衆生，知十無盡如實行智，是故不即入於涅槃。大悲[二九]，諸菩薩遠離妄分別之心等。既云慈悲爲衆生，知十無盡如實行智等，豈可不知猶起妄無漏業，受變易生，與菩提爲障。若由不知，起妄無漏，招變易生，應如凡夫造業感果，不唯一生，由業力故。若云故意受變易身，即何爲障。只由有智障，礙大菩提，爲取菩提，留身久住，斷此智障。若不如是，即入涅槃。然經説爲難，論名怨障者，以礙大菩提故，所以須受者，爲欲斷除故。如勇健人有其怨敵，求怨敵然[三〇]故，非不能避逢怨被害爲怨障[三一]。受變易身，應知亦爾。

又云第二、第三時教，唯有定性二乘身智斷滅，第四、第五時教，二乘無實涅槃，五性皆當成佛，無斷滅也者，此亦不爾。自許《楞伽》爲第五時教，但説退菩提心者向大；《勝鬘》爲其了義説一乘者，復云隨彼意欲，而方便説；《法華論》釋不益決定聲聞，藥草喻中，論云令知乘異；《涅槃》最在後陳，説皆成佛，不解我意。以此准知，《瑜伽》《深密》了義大乘，《楞伽》《涅槃》咸皆符〔二二〕會。説教分爲五時，定性悉皆成佛，無學無餘後始回心，捨分段身，别受變易，既無聖教，但彼自言，非信人，誰能順受。如有相違，後當會釋。

**説妄通經謬十**

有義：學《瑜伽》者妄通《楞伽》《涅槃經》説一闡提成佛者，是《莊嚴論》時邊無性，非畢竟無性者，不然。何者。且阿顛帝迦，此云畢竟，第五性收。一闡提人非定第五。五性斷善，名一闡提：前四斷善，名爲暫時；第五斷善，名爲畢竟。此亦非理。所以者何。且五斷善出何經論。若准《楞伽》，但説五乘，不説五種斷善；若准《莊嚴論》，時邊中有四種性，亦不説皆斷善；若依《涅槃》第三十六，即説生死河中有七種人，皆説斷善。彼説五斷善，前四爲暫時，第五爲畢竟，憑何聖教，應爲出文。又云暫時無涅槃者，一、非第五性；二、非常没；三、非決定無涅槃法；四、前經已説，當得涅槃。《楞伽經》説第五性中，顯燃〔二三〕善根，後當涅槃；第五性中，唯有菩薩闡提，更無畢竟。故知《莊嚴論》説畢竟無性，即《楞伽經》中燒善根者，此亦不爾。何者。《楞伽經》説當得涅槃，明彼非是《涅槃經》中常没之人，亦非《莊嚴》畢竟之者，豈經中自説當得涅槃。無著菩薩説爲畢竟無涅槃者，若説燒燃一切善法，《莊嚴論》中名爲畢竟無涅槃法，於時邊中復更説誰爲普斷諸善根。又《莊嚴論》畢竟無因、《楞伽》無性大悲亦彼，豈全無性。故知《楞伽》無涅槃法，燒善根者，是時邊收，非是《莊嚴》畢竟所攝。又〔二四〕《莊嚴》説有五乘，同《楞伽》者，可云畢竟即彼第五。《莊嚴論》中但明有性、無性，於有性中即説三乘，無性之中復有四種：一、不同《楞伽》，説有第四。二、不同《楞伽》，説無性乘爲其第五。又諸經論所説不同。《涅槃》或云三種病人，或七斷善，《勝鬘》説四。此等非一，各據别〔二五〕義，非定一准，如何定判《莊嚴論》中畢竟無性即彼燒燃諸善根者。

又若無畢竟無性，如何《涅槃》第三十二云，善男子，生死河中有七種人，第一人者，斷善常没；又第九言，若得聞是《大涅槃經》，雖犯四禁及五無間，猶故能生菩提因緣。一闡提輩則不如是，雖得聽受是妙經典，而不能生菩提道因。准此經，五無間業雖是邪定，説能作因，即餘處説救邪定。是一闡提輩則不如是者，即餘經説捨邪定者。又言捨者，不化〔二六〕作佛，非全捨之，令生天故。故彼前會《菩薩藏經》同餘不捨，明爲妄説。又復多喻，如枯木必不生，如石山不停水，如淤泥珠未能清，如燋種必不生。又云：假使一切無量衆生一時成就阿耨菩提已，此諸如來亦復不見彼一闡提得成菩提。又第七云：復有比丘説佛密藏甚深經典，一切衆生皆有佛性，以是性故，斷無量億諸煩惱結，即得阿耨菩提，除一闡提。若以悉有佛性，必當得斷諸煩惱結，彼一闡提豈不當能而獨除耶。若云餘者現能〔二七〕，闡提當能，説現非當者，此亦不然。除〔二八〕闡提，諸難處等皆現能耶。豈〔二九〕墮難者皆闡提耶。上下多文，煩不具引。若以世親《佛性論》會，爲謗法者説無量時，非實無性，如何不信。《善戒經》中，如來自説非種性人無種性故，彌勒菩薩於《聲聞地》及《菩經地》并《決擇分》，無著菩薩《顯揚論》等，皆説無性。《佛地論》中，又復會云：雖經〔三〇〕宣説一切有情之類皆有佛性，皆當作佛，然就真如法身佛性，或就小分一切有情方便而説，爲令不定種性有情決定速趣無上正等菩提果故。《攝大乘論》及《法華論》所説一乘義皆相似。

又復悉有佛性，皆當作佛，即唯一乘，而爲了義，何故《涅槃》云説一乘、一道、一行、一緣，乃至云不解我意，又云於經中或説一乘，或説三乘，又《解深密經》云故於其中説一乘，非有情性無差别，《楞伽經》中亦云隱密。若爾，既有無性，《佛性論》文及《寶性論》如何會釋。答：《佛地論》中已爲解説〔三一〕，今更一釋。有經文説闡提決定無涅槃性者，有多種不同。《佛性論》〔三二〕

云説闡提決定無者，會《楞伽經》第五無性，彼斷善者但無現行，非無種子。總云決定無涅槃法者，是非了義説〔一三三〕，現有清淨無漏自性心種子故。或言決定無者，但無行性，非無理性。今總相説無，明非了義，故《寶性論》云：以彼實有清淨性故，不得説言彼常畢竟〔一三四〕無清淨性。又復二論依《無上依經》所會闡提，是樂〔一三五〕有中第二〔一三六〕非初。初〔一三七〕者，謗解脱不唯〔一三八〕大乘。《佛性論》會云：故佛説若不信大乘名一闡提。《寶性論》云：爲欲回轉誹謗大乘心。若如是解，諸教無違，信一棄餘，信非具足。

又云：妄通《涅槃》説一切衆生悉有佛性，若説行性少分一切者，云此非經意。何以得知。經云：雖信佛性是衆生有，不信一切悉有佛性，名信不具足。此亦不爾，經不明説若不信一切衆生悉有行佛性者，名信不具足。又若許悉有行性，違彼所執見道已前無無漏故。又復《涅槃》説佛性者，非唯一法，豈可染淨一切同有，無聖凡别。約理不遮行性，不爾。又若以貪等爲行性者，非善法故，違〔一三九〕《入大乘論》，故論云：汝癡無智，謂煩惱爲佛性。以理性遍，不信皆有，名信不具足。今許理遍，前通〔一四〇〕非妄。又云凡有心者皆當作佛，及云爲〔一四一〕非佛性説於〔一四二〕佛性，非佛性者，牆壁、瓦石無情之物，離如是等無情之物，是名佛性者，與一切衆生皆當作佛，文皆大同。何者。一切衆生豈説無心及以非情爲衆生耶。故同一切，不爲定證，況復經中自有釋一切言，理、行二門應須通解。彼全不許本無漏種爲三乘性尚不爲違。一切有言，如何分有即爲違教。《瑜伽》等云不遍者，説理心耶。又以《智論》所説五乘，云不住涅槃者，著人天中，作涅槃因，以爲定説。此亦不爾。彼據習性，非性種〔一四三〕。又許爲證，便違《涅槃》一切有言。所〔一四四〕有違文反〔一四五〕彼妄通，准前可悉。又云：《涅槃》説一切衆生皆歸一道，一道者，同用佛乘，爲一乘也者，亦同《勝鬘》云二乘入一乘，一乘即大乘者。此亦不爾。彼自解云：一道一緣等〔一四六〕，四十年前。《勝鬘》彼判在後，如何今復説同。前後相違，實爲自拙。又更有過，如下破會《涅槃》文辨。何故一經二文相似，自情取捨，强會不同。故知《唯識》善順諸經，衆論宏摸，深可儀習。

## 通釋外難謬十一

有義：一、通釋外難。云若唯一乘悉當作佛爲了義者，何故《涅槃》三十四云，或有説言，須陀洹乃至阿羅漢皆得佛道，或言不得；或有説言，犯四重禁、造五逆罪、一闡提〔一四七〕皆有佛性，或説爲無，乃至皆云不解我意者，是迦葉問，佛爲答。云我於智者不作二説等，如説闡提，障未來故，名爲無性；必當得故，名爲有性。《楞伽經》説，度分段故，名之爲滅；未度變易，名不滅也。由此，智者知佛無二説也。此解不爾。非〔一四八〕須陀洹等，猶如闡提，障未來故，名不作佛；當可得故，名皆作佛。又〔一四九〕斷善等雖名闡提，皆容悔滅，及生死續，如前已明，説必當得，非全無者。又非定性能度變易，《楞伽》《深密》《瑜伽論》等説定性二乘不得作佛，不定得作佛。對大慧等，佛不二説；對定性二乘，或總相説不得作佛；對不定二乘，或總相説皆得作佛。故梁《攝論》云前頌了義，後不了義，故二乘聞之，謂佛二説故。《法華經論》云：此以如來先説法異，今説法異，云何如來不成妄語。爲斷此疑，如經，舍利弗，汝等當一心信解等。准此，《涅槃》會《法華經》，謂佛二説；《楞伽》《深密》無此疑故，彼對智人，佛顯了談，不作二説。若不如是，或説作佛，或説不作，云何不二。又《楞伽》説：定性二乘尚不能入初地，況能至八地。如前已引。准此，故知定性二乘不受變易。彼不能知，故妄釋難。

二、通外難。《涅槃經》云，我於經中告諸比丘，一乘、一道、一行、一緣，乃至云我諸弟子不解我意，唱言如來説須陀洹乃至阿羅漢人皆得佛道等者，此解四十年前存三説一，非〔一五〇〕四十年後無二無三，破二歸一。義既不同，因何爲難。何以得知一乘、一道非決定一乘。答：文義及人皆不同故，《法華》《勝鬘》無此文故。義不同者，《法華》唯一佛乘，《勝鬘》二乘入大乘。一切衆生皆歸一道，一道者，大乘也。《涅槃》所立[一五一]一乘，異時説[一五二]同一道，如《深密》一道也；一行，同《顯揚》無[一五三]差別行；到一有者，同《華嚴經》解脱無別，亦如《出生菩提心經》同至一城，謂同解脱人異者，此文告諸比丘，《法華》爲菩薩、聲聞，《涅槃》爲迦葉菩薩，《勝鬘》夫人自説者[一五四]。此釋不爾。無文顯説一乘、一道等是四十年前説。又《法鼓》《勝鬘》亦四十年前説，如前已明。《涅槃》自云：皆歸一道，一道者，大乘也。《勝鬘經》云二乘入一乘，一乘即大乘，與《涅槃》云一乘何別。《法華》復云汝等所行是菩薩道，又云入大乘爲本，豈非一道耶。《勝鬘》云六處大因，爲大乘故説，此同一行。《法華》又云如此皆爲得一佛乘，一切種智故，又云唯爲一大事因緣故，豈非一緣。《法華·方便品》告舍利弗，乃至《化城品》告諸比丘，乃至正説破二歸一，云又[一五五]諸比丘，若如來自知涅槃時到，乃至云唯一佛乘得滅度爾，此即文義及人一切皆同，如何安釋。

又若云：《勝鬘經》夫人自説，《法華》告舍利弗，《涅槃》無之，故不會彼；《深密》告勝義生，不告諸比丘，故《涅槃經》不會於彼。既《法華》中告[一五六]諸比丘。《涅槃》既云我於經中告諸比丘，唯[一五七]此即是正會。《法華[一五八]論》四義釋一乘中云：二者、同義，以聲聞、辟支佛、佛法身平等者，佛性法身更無差別故。又解三平等中云：如來依三平等説一乘法故，以如來法身與聲聞法身無異，故與授記。又云：又依何義故，如來説三乘名爲一乘。依同義故，與諸聲聞授記。同義者，以如來法身、聲聞法身平等無差別故。以聲聞、辟支佛異[一五九]乘故有差別，以彼非大乘故。准此，約如説，乘爲一；據智果等，乘即有別。又梁《攝論》云：後名於法如平等意。諸聲聞等人，如來於《法華經》中爲其授記，已得佛意，但得法如平等意，未得佛法身。准此，正釋《法華》一乘。文義[一六〇]同，不看經論，妄爲計度。又通三十五諍論，云教有三：一、始終無二教，二、隨機不定教，三、後説決定教。此判爲三，理必不爾。何者。始終無二與後決定二教何別。又復三教[一六一]文，憑何爲判。又隨機不定，彼無智耶。謂佛世尊爲不定説。准《涅槃經》云：若有智者，我於是人終不作二説，是人亦謂我不作二説。准之，對於智者，則始終不二；於無智者，作不定説。又《涅槃經》爲聲聞説半字，爲菩薩説滿字。准此，亦即無智有智，故應分二。分三教者，彼言非佛教，判教既妄，釋定非真，煩不具述。

又通《瑜伽論》及《佛性論》破執有無，并破小乘。《瑜伽論》中破分別部，《佛性論》中破薩婆多，不雙破者，所弘教異。《瑜伽》釋四十年前教，於《聲聞地》叙有部等無性之義，破分別部，以小乘宗未合立佛性故。《佛性論》弘佛性論之教，依第五時一切成佛，破有部[一六二]，於大乘中説佛性故。據義各別，非互相破。何以得知。答：有六義。一、《瑜伽》所破有性非大乘義，是分別部。二、《瑜伽》能破引文非大乘經。三、《瑜伽》能破非大乘義。四、《佛性論》破《瑜伽》所立無性，名破小乘執。五、《佛性論》破《瑜伽》所立無性，云同外道。六、准《善戒經》《涅槃經》，《瑜伽》所立非大乘義者。此解不爾。何以故。若云《佛性論》中破於有部論文，顯知云《瑜伽》教破分別部，准何得了。又定前後義已明非，又以《瑜伽》弘已前[一六三]教，小乘未合立佛性故，《瑜伽》破[一六四]者，二論俱弘，佛在世故[一六五]，未即[一六六]部分，何須別破[一六七]。豈薩婆多弘已前教，《瑜伽》順之，分別部師弘已後教，《佛性論》許彼俱小乘。各[一六八]偏執故，俱爲謗故，即《涅槃經》一切俱有、一切俱無俱爲謗故。

《瑜伽》所明：一、不同薩婆多一切無，二、不同分別部一切有。何以得知。准《聲聞地》，六相明無及有相等，即有[一六九]先有，非至忍位方有，無即畢竟無故；不同有部，有即時有，許有轉變，非一切時決定常有故；不同分別部，分別部說一切有性，凡聖二性皆同於第一義空。《瑜伽》述有性，難非一切時有。何以得知。彼難云：無般涅槃法。又難云：如是無般涅槃法，何故不有般涅槃法界耶。又難云：如[一七〇]見有一地方所，於一時間無金等性，或於一時有金等性。乃至又牒難云：汝何所欲。如彼地方所，先無此種性，後有此種性；或先有此種性，後無此種性。如是先有聲聞定種性，後無此定種性等。准此設難，豈同分別部計一切有空爲性[一七一]耶。既計空爲種性，一切時有，不應或有或無。《佛性論》中作斯難者，自違宗，豈成破。立《瑜伽》破一切有，《佛性論》破一切無，反復此難，豈不成過。何者。《瑜伽》所破，即《佛性論》能立之義。若一切有[一七二]，《瑜伽》不令破之，既是《瑜伽》所破，《佛性論》中不應[一七三]成立。若以《瑜伽》所破爲《佛性論》能破正義，即《瑜伽》能破名似非真。取《瑜伽》所破而爲能立，亦即所[一七四]立，翻合二論，俱墮過門，請[一七五]善思之。

二、云《瑜伽》能破引文非大乘經。《佛性論》云：佛爲小乘人說，有衆生不住於性，永不般涅槃。復云：《阿含》說佛十力中，性力所知。此亦不爾。《無上依經》亦說有無般涅槃性，《善戒經·行性品》亦說有無性，豈小乘經耶。阿含之名，大小通稱，如何定說即小乘經。《攝大乘》等皆云大乘阿笈摩，阿笈摩即阿含也。《法華經論》亦云阿含甚深，豈說小教。三、云《瑜伽》能破非大乘義。唯《佛性論》《瑜伽》《顯揚》證無性者，是有部義。《佛性論》云：薩婆多等說，一切衆生無有性得佛性，但有修得佛性。此亦不爾。《聲聞地》中明其種性，述自正義，不順有宗。有宗無性得，彼種性中立性得故；亦立無即畢竟無，有即無始有，不同《佛性論》述有部宗本來是無，後時方有。又《佛性論》述有部宗義亦少失有部，不許入見[一七六]道心，苦忍已去，豈名佛性。又得聖性非在苦忍，三乘俱在世第一法位得聖性故，亦不許有十回向故。《俱舍論》中述一切有，正宗說故，設有餘說，叙不正故。又若《瑜伽·聲聞地》中，順有部宗六相明無，更於何處證一切有。豈欲自明種性，不據自[一七七]宗，但隨小說。又《決擇》重明五難六答，亦[一七八]無異說，《顯揚》亦同，豈皆須有部耶。又自立宗云：《瑜伽》等釋四[一七九]十年前教，故明一分無等。今云一分無，何成順小。數數自違，豈不心勞。

六、云准《菩薩善戒經》《涅槃經》，《瑜伽》所立無性有情非大乘義。何以故。以《阿含經》性[一八〇]、力知種種界，證一分無性，此即性界不可轉。《善戒經》第五云：受學菩薩戒者，先知衆生[一八一]界，然後共[一八二]住爲轉性界，如應說法。《涅槃》第三十一云轉下作中、轉中作上等，說根不定。准此，故知性界定者是小乘義者。此亦不爾。豈大乘中無性界定。如《楞伽》《般若》，明其乘性有定、不定。《無量義經》云：如是觀已，而入衆生諸根性欲，性欲無量故，說法無量。《入大乘論》亦云：如佛所說，下根下性，下發道意，所願亦下；性[一八三]中發道意，所願亦中；上根上性，上發道意，所願亦[一八四]上。是故諸佛中根中[一八五]隨其根性，即以慈[一八六]心分別教受。《大莊嚴論》第一亦云：若無性差別，則無信、乘、果差別等。大乘、小乘經論并說二十七賢聖根性不同，有轉、不轉，故知《善戒》及《涅槃經》轉下作中等，據不定說；性界定者，據定性[一八七]。又《瑜伽論》具寫《善戒經》文，豈可唯依小乘說無。又《菩薩藏經》明佛性力亦知種種界，及《善戒》《地持》俱解十因定異因中，明根性定異，依何定判是小乘經。故知《瑜伽》《善戒》《涅槃》義同水乳，而彼不知，自妄分別，云學《唯識論》者不會時教。於此義中，誠可更審。下見[一八八]諸難，多率自情，顛倒釋文，既無憑准，繁不具舉。

能顯中邊慧日論第三

**校勘記**

〔一〕「沙門」，底本原校云甲本作「苾芻」。
〔二〕「斷」，底本原校云一本作「斯」。
〔三〕「留」，底本原校云一本後有「壽」字。
〔四〕「四」，底本原校云甲本作「三」，下三「四」字同。
〔五〕「流」，底本原校云一本作「統」。
〔六〕「娑」，底本原校云甲本作「沙」。
〔七〕「娑」，底本原校云甲本無。
〔八〕「經」，底本原校云一本作「王」。
〔九〕「等」，底本原校云一本後有「大衆」二字。
〔一〇〕「自」，底本原校云甲本無。
〔一一〕「持」，底本原校云一本作「指」。
〔一二〕「問」，底本原校云甲本作「何」。
〔一三〕「及」，底本原校云一本作「乃」。
〔一四〕「世尊」，底本原校云甲本作「之」。
〔一五〕「三」，底本原校云一本作「二」。
〔一六〕「薩」，底本原校云一本後有「行」字。
〔一七〕「如何」，底本原校云甲本無。
〔一八〕「身」，底本原校云一本作「自」。
〔一九〕「進怯弱」，底本原校云一本作「誘進怯」。
〔二〇〕「伽」，底本原校云一本後有「吒」字。
〔二一〕「合」，底本原校云一本作「今」。
〔二二〕「兩」，底本原校疑衍，又疑爲「論」。
〔二三〕「觀」，底本原校云一本作「説」。
〔二四〕「兩」，底本原校云一本作「前」。
〔二五〕「具」，底本原校云一本後有「足」字。
〔二六〕「亦」，底本原校云一本作「然」。
〔二七〕「易」，底本原校疑前脱「變」字。
〔二八〕「亦」，底本原校云甲本作「示」，又一本作「然」。
〔二九〕「非」，底本原校云一本作「所」。
〔三〇〕「若」，底本原校云一本作「苦」。

〔三一〕「尚」，底本原校云甲本作「向」。
〔三二〕「見」，底本原校云經後有「法」字。
〔三三〕「門」，底本原校云一本作「行」。
〔三四〕「前」，底本原校云一本後有「何」字。
〔三五〕「乘」，底本原校云甲本無。
〔三六〕「改」，底本原校云甲本作「段」。
〔三七〕「教」，底本原校云一本作「改」。
〔三八〕「此」，底本原校云甲本無。
〔三九〕「爾」，底本原校云甲本無。
〔四〇〕「論」，底本原校云甲本作「諭」。
〔四一〕「取故」，底本原校云甲本作「所放」。
〔四二〕「爲」，底本原校云甲本作「異」。
〔四三〕「有」，底本原校云甲本作「在」。
〔四四〕「又」，底本原校云一本作「文」。
〔四五〕「者滅」，底本原校云甲本作「滅者」。
〔四六〕「盡定」，底本原校云甲本作「定盡」。
〔四七〕「三」，底本原校云一本作「二」。
〔四八〕「見」，底本原校云甲本作「現」。
〔四九〕「改」，底本原校云一本作「現」，又疑爲「以」。
〔五〇〕「提」，底本原校云甲本作「薩」。
〔五一〕「妄」，底本原校云甲本作「忘」。
〔五二〕「應」，底本原校云一本後有「化」字。
〔五三〕「留」，底本原校云甲本作「品」。
〔五四〕「又」，底本原校疑爲「二」。
〔五五〕「土」，底本原校云甲本作「立」。
〔五六〕「生」，底本原校云甲本作「性」。
〔五七〕「又」，底本原校疑爲「五」。
〔五八〕「又」，底本原校疑爲「六」。
〔五九〕「皆」，底本原校云甲本無。
〔六〇〕「云」，底本原校云甲本無。
〔六一〕「人」，底本原校云一本作「者」。
〔六二〕「住」，底本原校云甲本作「促」。
〔六三〕「後依」至「劫住」，底本原校云甲本置於「豈常化」後。
〔六四〕「不即入於」，底本原校云甲本作「入於不即」。

〔六五〕「破」，底本原校云甲本後有「文」字。

〔六六〕「又」，底本原校疑爲「十」。

〔六七〕「受」，疑衍。

〔六八〕「受」，底本原校云甲本作「徒」。

〔六九〕「及」，底本原校云甲本作「乃」。

〔七〇〕「又」，底本原校疑爲「十三」。

〔七一〕「者」，底本原校云甲本作「等」。

〔七二〕「之」，底本原校云甲本無。

〔七三〕「目」，底本原校云甲本作「因」。

〔七四〕「根」，底本原校云一本作「相」。

〔七五〕「然」，底本原校云甲本作「亦」。

〔七六〕「唯」，據《佛性論》（《大正藏》本，下同），疑爲「更」，下一「唯」字同。

〔七七〕「之」，底本原校云甲本後有「文」字。

〔七八〕「雖長」，底本原校云一本作「若成佛即以」。

〔七九〕「若爲」，底本原校云一本作「直應」。

〔八〇〕「決」，底本原校云原本（寶曆十二年寫藥師寺藏本）後有「定」字。

〔八一〕「可」，底本原校云甲本作「何」。

〔八二〕「不」，底本原校云甲本作「可」。

〔八三〕「障」，底本原校疑爲「證」，下一「障」字同。

〔八四〕「令」，底本原校疑衍。

〔八五〕「感」，底本原校云甲本作「惑」。

〔八六〕「云」，底本原校云甲本作「之」。

〔八七〕「地」，據《入大乘論》（《大正藏》本，下同）及文意，疑爲「住」。

〔八八〕「日」，底本原校云一本作「四」。

〔八九〕「文」，底本原校云甲本作「父」。

〔九〇〕「亦爲過」，底本原校云甲本無。

〔九一〕「假」，底本原校云甲本作「暇」。

〔九二〕「業」，底本原校云甲本後有「爲」字。

〔九三〕「名」，底本原校云甲本作「爲」。

〔九四〕「具」，底本原校云甲本作「是」。

〔九五〕「唯」，據《佛性論》，疑爲「更」。

〔九六〕「但」，底本原校云一本作「俱」。

〔九七〕「各各」，底本原校云甲本作「名名」。

〔九八〕「之」，底本原校云甲本無。

〔九九〕「受」，底本原校云一本前有「别」字。

〔一〇〇〕「受」，底本原校云甲本作「可」。

〔一〇一〕「五」，底本原校云一本作「甚」。

〔一〇二〕「一」，底本原校疑衍。

〔一〇三〕「有」，底本原校云一本作「同」。

〔一〇四〕「洲」，底本原校云甲本作「明」。

〔一〇五〕「乖」，底本原校云一本前有「皆」字。

〔一〇六〕「世此」，底本原校云甲本作「此世」。

〔一〇七〕「又」，底本原校云一本作「文」。

〔一〇八〕「答」，《入大乘論》作「若」。

〔一〇九〕「穢」，底本原校云一本作「换」。

〔一一〇〕「往」，底本原校云一本作「經」。

〔一一一〕「唯意」，底本原校疑衍。

〔一一二〕「彼云問略」，底本原校云一本作「被商略」。

〔一一三〕「伏」，底本原校云甲本後有「未斷」二字。

〔一一四〕「惑」，底本原校云甲本作「或」。

〔一一五〕「至」，底本原校云一本作「生」。

〔一一六〕「等」，底本原校云甲本無。

〔一一七〕「云變易」，底本原校云甲本作「變易云」。

〔一一八〕「怨」，底本原校云一本作「惡」。

〔一一九〕「悲」，據《入楞伽經》（《大正藏》本），疑爲「慧」。

〔一二〇〕「敵然」，底本原校云一本作「欲殺」。

〔一二一〕「障」，底本原校云甲本作「敵」。

〔一二二〕「符」，底本原校云甲本作「不」。

〔一二三〕「顯燃」，底本原校云經作「焚燒」。

〔一二四〕「又」，底本原校云甲本後有「若」字。

〔一二五〕「别」，底本原校云甲本作「一」。

〔一二六〕「化」，底本原校云甲本作「犯」。

〔一二七〕「能」，底本原校疑爲「得」。

〔一二八〕「除」，底本原校云一本前有「豈」字。

〔一二九〕「豈」，底本原校云甲本前有「隨」字。

〔一三〇〕「經」，底本原校云一本前有「餘」字。

〔一三一〕「説」，底本原校云甲本作「脱」。

〔一三二〕「論」，底本原校云一本後有「等」字。

〔一三三〕「説」，底本原校云甲本無。

〔一三四〕「竟」，底本原校云甲本後有「意」字。

〔一三五〕「樂」，底本原校云經作「著」。

〔一三六〕「二」，底本原校云甲本作「三」。

〔一三七〕「初」，底本原校疑前脱「非」字。

〔一三八〕「唯」，底本原校疑爲「信」。

〔一三九〕「違」，底本原校云甲本作「遮」。

〔一四〇〕「通」，底本原校云甲本作「道」。

〔一四一〕「爲」，底本原校云甲本作「名」。

〔一四二〕「説於」，底本原校云甲本作「非」。

〔一四三〕「種」，底本原校云一本後有「性」字。

〔一四四〕「所」，底本原校云一本作「取」。

〔一四五〕「反」，底本原校云甲本作「及」。

〔一四六〕「等」，底本原校云甲本後有「釋」字。

〔一四七〕「提」，底本原校云甲本後有「等」字。

〔一四八〕「非」，底本原校疑爲「如」。

〔一四九〕「又」，底本原校云甲本作「有」。

〔一五〇〕「非」，底本原校云甲本作「説一非三」。

〔一五一〕「立」，底本原校云甲本作「云」。

〔一五二〕「説」，底本原校云甲本無。

〔一五三〕「無」，底本原校云甲本前有「無」字。

〔一五四〕「者」，底本原校云甲本無。

〔一五五〕「又」，據《妙法蓮華經》（《大正藏》本），疑衍。

〔一五六〕「告」，底本原校云甲本無。

〔一五七〕「唯」，底本原校云甲本作「准」，下一「唯」字同。

〔一五八〕「華」，底本原校云一本後有「又法華」三字。

〔一五九〕「異」，底本原校云甲本作「果」。

〔一六〇〕「義」，底本原校云甲本後有「人」字。

〔一六一〕「教」，底本原校云一本後有「無佛教」三字。

〔一六二〕「部」，底本原校云一本後有「等」字。

〔一六三〕「前」，底本原校云甲本作「界」。

〔一六四〕「破」，底本原校云一本作「教」。

〔一六五〕「故」，底本原校云一本作「教」。

〔一六六〕「即」，底本原校云一本作「有」。

〔一六七〕「破」，底本原校云甲本作「教」。

〔一六八〕「各」，底本原校云一本作「名」。

〔一六九〕「即有」，底本原校云一本作「有即」。

〔一七〇〕「如」，底本原校云甲本後有「現」字。

〔一七一〕「性」，底本原校云一本後有「難」字。

〔一七二〕「一切有」，底本原校云一本作「有一切」。

〔一七三〕「不應」，底本原校云甲本作「應不」。

〔一七四〕「所」，底本原校云一本作「似」。

〔一七五〕「請」，底本原校云甲本作「倩」。

〔一七六〕「見」，底本原校云甲本作「回」。

〔一七七〕「自」，底本原校云甲本作「圓」。

〔一七八〕「亦」，底本原校云甲本後有「云」字。

〔一七九〕「四」，底本原校云甲本作「三」。

〔一八〇〕「性」，底本原校云甲本無。

〔一八一〕「知衆生」，底本原校云甲本作「當觀知衆生性」。

〔一八二〕「共」，底本原校云甲本作「其」。

〔一八三〕「性」，底本原校云一本前有「中根中」三字。

〔一八四〕「亦」，底本原校云甲本後有「云」字。

〔一八五〕「中根中」，據《入大乘論》，疑衍。

〔一八六〕「慈」，底本原校云甲本後有「悲」字。

〔一八七〕「性」，底本原校云一本後有「説」字。

〔一八八〕「見」，底本原校云一本作「釋」。

# 能顯中邊慧日論第四

淄州大雲寺苾芻慧沼撰

## 依文顯正三

明佛性不同一　有無差别二　明闡提類異三

聲聞有殊四　二死不等五　明佛三身常無常異

六　雜決擇七

**明佛性不同一**

依諸經論，所明佛性不過三種：一、理性，

二、行性，三、隱密性[一]。言理性者，《佛性論》云：爲除此執故，佛説佛性。佛[二]性者，即是人、法二空所顯真如。由真如故，無能罵、所罵。通達此理，離虚妄過[三]。《涅槃》第二十五，善男子，佛性者，非陰、界、入，非本無今有，非有已還無；第八云，開示如來祕密之藏，清淨佛性常住不變；三十三云，如佛所説，衆生佛性猶如虚空。廣説非三世故，如虚空無故，非三世攝；佛性常故，非三世攝等。行性者，通有漏、無漏一切萬行。若望三身，無漏爲正生了，有漏爲緣，疎名生了；無漏正名佛性，有漏假名，非正佛性。《善戒經》所明性種性及習種性。《楞伽經》云：阿梨耶識名空如來藏，具足熏習無漏法故，名不空如來藏。《涅槃》三十三[四]云，若有説言衆生佛性非有如虚空，非無如兔角。何以故。虚空常故，兔角無故，是故得言亦有亦無。有故破兔角，無故破虚空。二十六云：復有生因，謂六波羅蜜阿耨菩提；復有了因，謂六波羅蜜佛性。第十[五]二云：如是佛性，從善五陰，乃至得阿耨菩提。《寶性論》等，明信、般若、三昧、大悲爲三身因。《菩薩淨行經》及《瑜伽・菩薩地》明七地四菩薩行。

《伽耶山頂經》處處皆説隱密性者，如《維摩經》云塵勞之儔爲如來種等。《涅槃》三十三云：如來未得阿耨菩提時，一切善、不善、無記悉名佛性。《涅槃》二[六]十二云：一切無明煩惱等結悉是佛性。何以故。佛性因故，從無明、行及煩惱得善五陰。又《楞伽》《思益》説行五逆而得菩提。《入大乘論》第二云：我不欲令具煩惱種生佛法芽[七]，汝癡無智，顛倒解故，謂煩惱爲佛法種。以此故知不善、無記諸煩惱結非是佛種。若爾，何故説爲佛種。答：准《金剛上味陀羅尼經》云，文殊師利言：世尊，云何無明是菩提。佛言：文殊師利，以無無明故，説無無明；若無無明，則[八]亦無生；若無生者，彼則無染。文殊師利，菩提無染，以性清淨、體光[九]潔故。文殊師利，我見此事，故説無[一〇]明，是以不二説[一一]。准此，即由斷無明故，得理清淨；清淨不二故，説無明名爲菩提。《大莊嚴論》有二頌明，一云：由離法性外，無別有諸法，是故如是説，煩惱即是[一二]菩提。釋云：如經中説無明、菩提同一，此謂無明法性施設菩提名，此義是經旨趣。又頌云：於貪起正思，於貪得解脱，故説貪出貪，瞋癡出亦爾。釋云：若人於貪起正思觀察，如是知已，於貪解脱，故説以貪出離於貪，出離瞋癡亦復如是。説爲佛性，准此可解。

此上三類諸經論中或偏説一，或雙説理事，或復通明。如説真如，偏説理性；如[一三]菩薩行等，偏説行性。或隨初勝，如《涅槃》二十二云：或説菩提，信心爲因。是菩提困[一四]雖復無量，若説信心，則已攝盡。或就果位，偏彰勝因，如説信、智、定、悲爲佛四德三身因等。或理事雙彰，如《楞伽經》第七説，佛告大慧：如來之藏善、不善因故，亦[一五]與六[一六]道作生死因緣，乃至依如來藏故，五道生死。又云：大慧，阿梨耶識名如來藏，與無明七識共俱，如大海波，常不斷絶，身俱生故。此説有漏識，體能覆藏[一七]，名如來藏。又云：大慧，如來藏識不在阿梨耶中，是故七種識有生有滅，如來藏識不生不滅。此説理也。第八又云：阿梨耶識名空[一八]如來藏，無共意轉識熏習故，名之爲空；具足無漏熏習法，名爲不空。此正行性。《勝鬘經》説有二種如來藏空智，空如來藏，若離、若脱、若異一切煩惱藏，同《楞伽》空如來藏。世尊，不空如來藏，過恒沙不離、不脱、不異、不思議佛法[一九]，即《楞伽經》云如來藏識不生不滅及具足熏習[二〇]無漏法故，名不空如來藏。乃至云：本所不得，一切苦滅，唯佛得證，壞一切煩惱藏，修一切滅[二一]苦道。此一切苦滅，理也；修滅苦道，行也。如《寶性論》第四云：佛性有二，一者，如地藏；二者，如樹果。無始世來界[二二]，自性清淨心，修行無上道，依二種佛性，得出三種佛性[二三]，得出三種身。乃至又引頌云：無始世來性，作諸法依止，依性有諸道，及證涅槃果。下釋所言性者，如聖者《勝鬘經》云，世尊，如來説如來藏者，是法界藏，乃至自性清淨如來藏故。作諸法依止者，是故如來藏是依是持等，多依理釋。下亦依[二四]事釋云：如是以何等煩惱、以何等處無如是如實見知，名爲空智。又何等諸佛法、何處具足有如是實[二五]見知，名不空智。即釋二種如來藏，前約攝相歸性及迷悟依釋，後約性相別明。《攝大乘論》等釋前經頌，依性相別及流轉還滅依説，義各不違。

又《佛性論·顯體分如來藏品》明三如來藏：一、所攝藏。下云：一切衆生決無有出如如境者，并爲如來之所攝持，故名所藏，衆生爲[二六]如來藏。准此，即是《楞伽》爲生死因有漏識也。二、所隱覆藏。下云：如來性住道前時，爲煩惱隱覆，衆生不見，故名爲藏。此即《勝鬘》空如來藏。三、能攝爲藏者，謂果地一切過恒沙功德[二七]，應得性時，攝之已盡，即不空藏。又《三因品》亦通理事，彼云：佛性體有三種，三性所攝義，應知。三種者，所謂[二八]三因，三種佛性。三因者，一、應得因，二、加行因，三、圓滿因。真如爲應得因，菩提心爲加行因，菩提心及所起行爲圓滿因。圓滿因，謂福、慧行；果圓滿，謂智、斷、恩德。又《顯體分三性品》説三性及三無性，攝如來性盡，此最寬通。若《涅槃》第三十六，染淨因果通名佛性，故經説云：是七衆生，若善法，若不善法，若方便道，若解脱道，若次第道，若因若果，悉是佛性，是名如來隨自意語。隨前義辨，然應得因望應化身，可通生了，爲依彼起，疎名生因。若准《涅槃經》，只名爲了，如地望芽[二九]爲了因故。由有如故，得有應化，可爲了因；若望法身，非生了攝。《瑜伽論》云他性爲因，非自性故，真如因果，體無別故，自不能顯自，若能自顯，非煩惱覆。又體常故，非有後生，故非二因。然名應得果[三〇]因者，由有如故，後必當得淨位法身故，名應得因，故《佛性論》云：

雖未即顯，必當可現，故名應得正因。《勝鬘》：在纏名如來藏，出纏名法身。據有性說，非無性者，當能顯故，未顯名因，顯名法身故。

二論中說爲因者，以在因位，即名爲因，若在果位，即名爲果，即因位如是果，法身名爲正因，非正生了。何以得知。《佛性論》云：初云[三]因者，有二：一、佛性，二、信樂。此兩法，佛性是無爲，信樂是有爲。信樂約性得佛性爲了因，能顯了正因正性故。信樂約加行爲生因，能生起衆行故[三]。此望法身四德而說。信樂約加行爲生因，能起衆行故。此望報身，不說真如爲生了故。《涅槃》第二十六云，衆生佛性亦二種因，正因者，謂諸衆生，此言衆生，衆生性故，名爲衆生，非說五陰名爲衆生；緣因者，謂六波羅蜜，義亦同此，乃至心非佛性，心是無常，佛性常故。《佛性論》第三云，復次，總攝義應知。攝有二種，一者，由因；二者，由果。由因攝者，是如來性清淨有四種因，乃至言法身清淨因者，修習信樂大乘應知，或可此說報身如來是功德法之所成故。不爾，報身豈無淨德。佛[三]智德生因者，修習般若及禪定應知。恩德者同[四]，修習菩薩大悲應知，亦不說真如爲法身因。又《涅槃》二十七云：善男子，我所演說涅槃因者，所謂佛性，佛性之性不生涅槃，是故我說涅槃無因。又十九云：涅槃之體非如是等五因所成，復有二因，一、作，二、了。三十七品、六波羅蜜等，是名了因。又三十三云：是故涅槃唯有了因，無有生因。法身與涅槃，義異體同，故知真如望於法身，非生了因；若加行、圓滿二即正因，於法身爲了因，於餘爲生因。此略明佛性不同。

**有無差別二**

若論理性，無二不生，如《涅槃》第二十六，斷善闡提亦皆具故。彼經云：若菩提心是佛性者，一闡提輩則不得名一闡提也，菩提之心亦不得名爲無常。此意以菩提心非理佛性，若是理性，闡提不斷。處處誠說，不勞廣引。若論行性，復有二種，謂有漏、無漏。此二種性，有無不定。若有漏性，一切有情，種子定有，現行之者，或成、不成[三五]。若無漏者，據現行説，凡夫不成；若據種子，有成、不成。如《瑜伽論》五十七云：生那落迦，八根種子、現行定成就。除餘三，八根現行，或成，或不成，種子定成。三根現行定不成，種子或成、不成，謂般涅槃法者，成就；不般涅槃法者，不成就。此據現有。若約當説，當亦現行。何言定、不定。《無上依經》《佛性論》及《寶性論》俱云：衆生有三，一、著有。著有復二，一者，背涅槃道，無涅槃性，不求涅槃，願樂生死。梁《攝大乘》第十四云：若衆生無涅槃性，名因不具。諸佛於此位中不能令彼般涅槃，神通[三六]亦無自在。無涅槃性，謂貪著生死，不信樂大乘。不同作業，受果決定，非此二時，即可化故。無涅槃性，云於此位不得自在，即永無涅槃性。又《佛性論》云：由淨分爲緣，淨性爲因，故成此觀，非無因緣。若不由於此二事，成觀無因緣。如闡提人無涅槃性，應得此觀，而一闡提既無此觀，故知定須因緣，觀方可現。《寶性論》同。又《寶性論》三云：佛性正因於不定聚衆生能作二種業，一、見世間厭苦故，二、見涅槃悕寂樂故。不言邪定聚能作二業。《佛性論》亦同。

《涅槃經》亦云不能立闡提人[三七]菩提之心，喻如金剛不能得壞白羊角等。廣如前引。第九云，又佛言：善男子，除一闡提，其餘衆生聞是經已，悉皆能作善根[三八]因緣，法聲光明入毛孔者，必定當得阿耨菩提。既闡提人不言當得，明無佛性。又《涅槃》第三十三明生死河有七種人中，若[三九]善男子，是七種人，或有一人具七，或有七人各一。既言各一，常没之者，即是無性。不爾，與一人具七何別。《善戒經》《地持論》《瑜伽·菩薩地》俱云無性人無種性故等，《聲聞地》及《決擇分》《顯揚》《佛地論》等皆立有無性，廣如彼辨，略不具引。《涅槃》二[四〇]十六云：善男子，我雖説云一切衆生悉有佛性，衆生不解佛如是等隨自意語。善男子，如是語者，後身菩薩尚不能解，況於二乘其餘菩薩。又云：若言衆生悉有佛性，是名如來隨自意語。如來如是隨自意語，衆生云何一向作解。三[四一]十二云：如香山中有忍辱草，非一切牛皆能得食，佛性亦爾。是名分别答。既問佛性，不爲定答，爲分别答，如忍辱草，有得、不得。明知行性有無不同，理性如何衆生皆入。由此道理，彌勒、無著諸菩薩等皆引經證，明諸衆生或有有性，或有無性。《佛性論》及《寶性論》皆云闡提無涅槃性，此無行性，非無理性。釋難中云有清淨性，即是理性。不爾，論文前後相反，亦違多教。

**明闡提類異三**

准《楞伽經》及《瑜伽》等説五乘性，第五闡提亦名無性。然此闡提合有三種：一、名一闡提底迦，是樂欲義，樂生死故。二、名阿闡底迦，是不樂欲義，不樂涅槃故。此二通不斷善根人，不信、愚癡所覆弊故；亦通大悲菩薩，大智、大悲所熏習故。三、名阿顛底迦，名爲畢竟，畢竟無涅槃性故。此無性人亦得前二名，前二久久當會成佛，後必不成。然諸經論所説不同，或隨説一，或總説三。如《楞伽經》俱説前二爲無性乘，經云：闡提有二，一、焚燒一切善根，二、作盡衆生界願。大慧問佛：云何作佛[四二]。佛答大慧云：焚燒善根非作盡界願，善根可續[四三]故。衆生無盡，總是有性。斷善無現因，大悲無當果，名爲無性，非無種子。《瑜伽論》中唯説第三畢竟無性，《無上依經》《佛性論》《寶性論》《涅槃》具説三種。《無上依經》云，佛告阿難：世間中有三品衆生，一者，著有。著有復二，一、背涅槃道，無涅槃性，不求涅槃，願樂生死。二者，於我法中，不生渴仰，誹謗大乘，乃至落闡提網，不能自出。前是無性，後是有性，然俱名邪定聚。然餘處言化邪定聚令作佛者，是後有性。不爾，二人如何差别。《寶性論》中説第二著有，云於佛法中，闡提因[四四]位，明非無性。《佛性論》云：一、已隨定位，定位[四五]者，非聖非凡，進退無取，而是佛法内人背大乘法。因此人故，佛説是言，我非彼師等。故《無上依經》等，初人無性，第二人[四六]者，云不能自出，於無量時，佛等爲緣，還能得出。

《涅槃》第九，廣以喻明，終不能作菩提因緣，乃至云假使一切無量衆生一時成就阿耨菩提已，此諸如來亦復不見彼一闡提得[四七]菩提故。第三十云：善男子，生死大海亦復如是，有七種人畏煩惱[四八]故，發意欲度。乃至廣説：第一人者，斷善，常没三惡道中。第二人者，雖近善友，能得信心，後遇惡，反斷善，還没。第三人者，由近善友，雖斷善根，得名爲出，堅住信慧，心無退轉，名住。第四人者，斷善根故，於中沈没；近善友故，乃至遍觀四方。四方者，四沙門果。第五人者，斷善沈没，近善友故，乃至謂辟支佛，雖能自度，不及衆生，是名爲出。第六人者，斷善沈没，近善友得信，名之爲出。到淺處已，即住不去。所謂菩薩爲度衆生，住觀煩惱[四九]空。第七人者，斷善故沈[五〇]没，近善友得出，乃至既前進已，得到彼岸，登大高山，多受安樂，喻佛常住大般涅槃。三十二文大意同，然少有别。第三十云[五一]，或本有六字[五二]。一人具七，前説不定，皆發意渡生死河故。三十六[五三]説定、不定，故於常没中云：心業重故，不能得出。何[五四]故。其心不能生善法故，雖有無量諸佛出世，不聞不見，故名常没。上[五五]無性人，又云：我雖復説一闡提等名爲常没，復有常没非一闡提。何者是耶。如人爲有，修世[五六]戒善，是名常没。瞿伽離等，名出已還没。舍利弗等，名出已不没。須陀洹人，如觀四方。斯陀含人，如觀[五七]已行。阿那含人，加[五八]行已復[五九]住。三乘無學，猶如神龜，水陸俱行。准此配喻，與前少别。

准文，七人若逢惡友，俱可斷善，名爲常没；若逢善友，續善根已，得渡生死河。第一人中，無性畢竟没，有性暫時，亦名常没。雖俱言常，有永、暫別，如三種常，常言雖同，非無差別。不爾，如何前文法喻有七差別，俱常没故。又釋：或七衆生總云常没者[60]，言總意別，故亦無違。下復云：是七種人，或有一人具七，或七人各一。准此，故知有定、不定。一人具七中，言常没者，即《無上依經》及《寶性論》等第二求[61]有人，亦即《佛性論》等所會闡提無涅槃法者，見斷善故。若不有常没及定性者等，只是一人具七，如何得有七人各一。七人各一中，常没之者，即是無性。《涅槃》第三十二第一人中云雖非闡提，如人爲有，修施戒善，是名常没者，即《無上依經》等著有之中第二人也。二、有性闡提，即《涅槃經》七種斷善中第一少分。後之六人，及《楞伽經》無性乘。是諸經論中所説不定：《涅槃經》《無上依經》《大莊嚴論》《寶性論》等皆通説二，《楞伽經》中唯説有性，《瑜伽》《顯揚》《地持》《善戒》所説無性唯畢竟無。由此應知，《涅槃》第三十三云一闡提人能生善根，生善根已，相續不斷，得阿耨菩提者，此説有性；第九中，説闡提之人如枯木石山，敗種龜甲，乃至一切作佛，不見闡提得阿耨菩提，此説無性。餘皆准知。若作斯解，經論無違；説皆有性，違多聖教，廣如前引。

## 聲聞有殊四

《菩薩瓔珞經》第十四《三道三乘品》云，佛告舍利弗：菩薩三乘各有三品，辟支三乘亦有三品，聲聞三乘亦有三品。菩薩三者，有菩薩大乘，有菩薩辟支佛乘，有菩薩聲聞乘。辟支佛三乘者，有辟支菩薩大乘，有辟支佛菩薩緣覺乘，有辟支佛菩薩聲聞乘。聲聞三乘者，有聲聞大乘，有聲聞辟支佛乘，聲聞有[62]無著乘。各指國土、佛名、行願[63]等。此皆據化，爲化三乘，諸佛菩薩各變作三乘。《入大乘論》及[64]《菩提資糧論》説《法華經》中得授記者，佛、菩薩變作聲聞故。《入大乘論》第二云，問曰：若羅睺羅實是菩薩者，云何復言聲聞阿羅漢耶。答曰：菩薩亦名聲聞，亦名阿羅漢。何以故。令一切衆生聞阿耨菩提，故名聲聞；於一切人、天、阿修羅應受供養，故名爲應供；菩薩爲化衆生故，現作聲聞阿羅漢。問曰：諸餘聲聞亦是菩薩也。答：諸餘聲聞亦有是菩薩者，如《法華經》中舍利弗等五百弟子悉是菩薩，皆當作佛，一切聲聞皆是阿鞞跋致菩薩，如《不退轉法輪經》中廣說。若依《深密解脱經》第二、《解深密經》及《瑜伽論·決擇分》，俱説有二：一、寂滅，二、趣菩提。寂滅者，亦名決定性。趣菩提者，亦名不定性，亦名退菩提心。《楞伽經》説有三種故，第四云，大慧菩薩白佛言：世尊説三種阿羅漢，此説何等羅漢名阿羅漢。世尊爲説得決定寂滅羅漢，爲發菩提願善根忘善根羅漢，爲作[六五]應化羅漢。第七亦説有三，謂先修菩薩行者、增上慢聲聞、寂滅聲聞。准此，前後同《法華經論》聲聞有四種。《攝大乘論》《顯揚》《大莊嚴論》説一乘中，并同《楞伽》，依《法華經》説有三種故，第一云增上慢比丘等；第二云我昔教汝志願佛道，汝今悉忘，此等即是[六六]菩提心聲聞；第三云内祕菩薩行，外現是聲聞等，此是變化。依《法華經論》説有四種，論云：聲聞有四種，一者，決定聲聞；二者，增上慢聲聞；三、退菩提心聲聞；四者，應化聲聞。若緣覺人，准《法華論》，但説一種；《楞伽》第二，説有二種，謂定、不定性，《大般若》同；准《雜集論》等，説有二種，一謂衆出，二謂麟角；准《菩薩瓔珞》第十四云辟支乘三者，如前已引，即有三種；准《首楞嚴三昧》第三説文殊師利云，我念過去世照明劫，我於其中三百六十億世以辟支佛乘入於涅槃，乃至云是諸[六七]衆生無處得種善根因緣，我於爾時爲教化故，自稱我身是辟支佛，菩薩如是以辟支佛乘入於涅槃而不永滅，乃至廣説化四果等；《法華》第二説不定性，以趣大故，第三説定性，論釋令知種種乘異故，第七復説菩薩化作，但未見文説有增上慢緣覺。

問[六八]：聲聞、緣覺各有多種，爲一切能取無上菩提，爲非一切。答：非一切。何以得知。准梁《攝大乘》本論云：若爾，聲聞、緣覺非〔六九〕共得如此衆德相應諸佛法身，以何意故，説彼俱趣一乘，與佛乘同。釋云：若諸佛無前五異，由法身五業是同；二乘人有五業異，不得法身，無五業同。如來爲何義故，説二乘人同趣一乘，皆得成佛。准此問詞意，不説一切皆能回趣，但爲引接不定根性，令速趣大故。釋論云：爲顯説一乘意，是故説偈。前偈以了義説一乘，後偈以祕密義説一乘。此意前偈爲引接不定性得作佛故，一乘爲了義。後偈爲定性二乘不作佛故，但依真如無我解脱等故説一。正同《解深密經》云：故於其中説一乘，非有情性無差別。又説：趣寂終不坐道場，唯不定性方能作佛。無性《攝論》文亦相似。

《楞伽》第七云：大慧，聲聞有三〔七〇〕種，言入八地寂滅門者，此是先修菩薩行者墮聲聞地，還依本心修菩薩行，同入八地寂滅樂門，非增上慢寂滅聲聞。第八復云：佛告大慧，我爲曾行菩薩行諸聲聞等，依無餘依涅槃而與授記。大慧，我與聲聞授記者，爲怯弱衆生生勇猛心。大慧，此世界中及餘佛國，有諸衆生行菩薩行而復樂於聲聞法，佛〔七一〕爲轉彼取大菩提。准此經文，此國他〔七二〕方總不説寂滅聲聞有趣大者。《入大乘論》第二云：聲聞有二種，一者，懃修禪定，是鈍根人；二者，回向菩提，能斷知障，是利根人。樂行禪定〔七三〕者，如《寶良〔七四〕經》説，猶如水精，終不能成摩尼寶珠；聲聞修禪亦復如是，終不能成菩提果也。《楞伽》第四云：大慧，何者斯陀含果相。謂一往見色相現前生心，非虚妄分別想見，以善見禪修行相故，一往來世間，便斷苦盡，入於涅槃。此文不同住三昧樂門，生涅槃〔七五〕想。彼有變易，生涅槃想，未盡苦故。此云苦盡，入於涅槃，不云生涅槃想，明是定性入無餘滅故。次下云：大慧菩薩白佛言，世尊説三種阿羅漢，此説何等羅漢名阿羅漢。乃至佛告大慧，爲説得決定寂滅聲聞[七六]羅漢，非餘羅漢。梁《攝大乘論》云：由恒差別，於無餘涅槃不墮斷盡邊際故。釋云：二乘猶於無餘涅槃無應、化二身，以不觀他利益事故。無應身故墮斷，無化身故墮盡。菩薩於無餘涅槃恒起二身，無有邊際。乃至云：有應身故不墮斷，有化身故不墮盡。

《入大乘論》第一云，問云：菩薩度空，出於生死，云何能得勝於聲聞。答云：菩薩得世間利、出世間利，度爾焰地故，雖出世間，能住世間，教化衆生。聲聞不然，悕[七七]畏生死，求速滅度，以出世間道見於法界，見於法界已，到涅槃岸。菩薩不爾。《涅槃經》第三十二[七八]解有行、無行般那含中，俱云盡壽入於涅槃。又無行般中云：亦以有爲三昧力故，盡壽則得入於涅槃。准此文説入於三昧，化火燒身，盡其壽命[七九]，入於涅槃。若住三昧樂，謂爲涅槃，云何得言以有爲三昧力故，盡壽則得入於涅槃。以有爲三昧則涅槃故。以此故知，住滅定已，化火燒身，始得涅槃。有行亦同，故云亦以。是故定性入無餘依，不受變易。《楞伽》第四亦云：聲聞、緣覺未證於法無我，未得離不思議變易生。准此故知，定性二乘趣無餘依，不受變易生死。《勝鬘》等説阿羅漢、辟支佛、大力菩薩受變易者，是不定性。《佛地論》第二、《瑜伽》第八十皆説不定回趣，得受變易。《大莊嚴論》第一云：四、由善根無盡。何以故。非諸聲聞等善根如是明淨故，非一切人善根攝力、無畏等故，餘人善根無他利故，餘人善根涅槃時盡故。菩薩善根不爾。以此故知，不定性入無餘，不能回趣；不定性者住有餘依，即回趣故。《法華》第二頌云：得脱三界，苦惱之患，住最後身，有餘涅槃。《瑜伽》第八十云，答：唯住有餘依涅槃界中可有此事。何以故[八〇]。以無餘依涅槃界中遠離一切發起事業，一切功用皆悉止息。《佛地論》同。《勝鬘》亦云：世尊，阿羅漢、辟支佛觀察時，得不受後有，觀第一蘇息處涅槃地。世尊，彼先所得地，不愚於法，不由於他，亦自知得有餘地，必當得阿耨菩提。何以故。聲聞、辟支佛乘皆入大乘。准此諸文，無説二乘入無餘依涅槃界已方能回趣，故知回趣必不定性住有餘依涅槃，但言八萬劫住涅槃等，不言無餘。此不定人所修善根是大方便，亦同菩薩善根無盡，故《法華》云汝等所行是菩薩道等。

又《首楞嚴經》第二[八一]云：諸天聞佛説如是義，悉皆涕淚，而作是言：世尊，若人已入聲聞、辟支佛位，永失首楞嚴三昧。又[八二]寧作五逆重罪，得聞是首楞嚴三昧，不入法位，作漏盡阿羅漢。所以者何。五逆罪人聞是首楞嚴三昧，發阿耨菩提心，還得作佛。世尊，漏盡阿羅漢猶如破器，永不堪任受是三昧。後廣喻況説不能受。又《菩提資糧論》云，如無糠米，種必不生，聲聞之人亦復如是，定不作佛。言《法華經》中説聲聞舍利弗等得作佛者，是佛菩薩之所化作。梁《攝大乘論》亦云：於《法華》《大集》中，有諸菩薩各[八三]同舍利弗等，此菩薩得此意，佛爲授記，故説一乘。復次，佛化作舍利弗等聲聞，爲其受記等。《法華經論》云：二種聲聞，如來與授記，謂應化聲聞、退已還發菩提心者。決定、增上慢二種聲聞根未熟故，如來不與授記。菩薩與授記者，方便令發菩提心故。不定説言令發趣向心，但決定者發信大心，成不愚法，亦得云發心，前言爲利益二種人故。若亦作佛，只是不定，何名定性。麟角喻獨覺，必是定性，不得見佛。故《華嚴經》説：菩薩將下，先以右手放光，名嚴淨世界。獨覺之人遇斯光者，即入涅槃；不覺之者，以其神力，移置他方。由此故知，麟角獨覺必是定性，定不趣大。部行之中，有定、不定，不定者回，定者不回。由此善順《涅槃經》説：若云須陀洹人等皆得佛道，或言皆不得，云不解我意。故知定性不作佛，不定性作佛。《瑜伽》等皆説不定回心向大，不説皆得、皆不得故，故《瑜伽》八十云：何因緣故，一切阿羅漢不皆回向無上菩提。答：由彼種種[八四]有差別故等。《大莊嚴論》云：由界差別者，衆生有種種界無量差別，如《多界修多羅》說。由界差別故，應知三乘種性有差別。乃至云：若無性差別，則亦無果差別等。又《善戒經》《地持論》《瑜伽論》釋十因中，解定異因，有性及三乘性皆悉定異。

## 二死不等五

一、名字不等。二、體性不等。三、得人不等。

名字不等者：一、約過失不同，分段、變易准《勝鬘經》，如次名無常懷〔八五〕世間、無常病世間。二、約凡聖別，如次名有爲生死、無爲生死，由有空、無空別故。三、約智境不同，煩惱發業所感生死，名分段；因所知障無漏爲緣所得生死，名不思議變易死。四、約漏無漏緣別，分段生死亦名界内生死。准《無上依經》云有有生死，如三界内生難故，變易生亦名界外生死。《佛性論》云：以出三界外有三種聖人。乃至云：住無漏界，有四〔八六〕怨障。既云出三界外人，明彼〔八七〕生死名爲界外。五、約任〔八八〕業定力不同，古基法師云：《無相論》中，分段死名果報身，變易死名變化身。六、依變易約位證不同，《入楞伽經》第五名三種意生身，經云：佛告大慧，有三種意生身，何等爲三。一者，得三昧樂三摩拔提意生身；二者，如實覺知諸法相意生身；三者，種類俱生無作行意生身。七、約性用不同，二死各分四種，分段生死名爲四難，變易即名四種生死。故《無上依經》云：阿難，於三界中，有四種難。一者，煩惱難；二者，業難；三者，生難；四者，過失難。無明住地所起方便生死，如三界内煩惱難；無明住地所起因緣生死，如三界内業難；無明住地所起有有生死，如三界内生難；無明住地所起無有生死，如三界内過失難。

體性〔八九〕不等者，分段生死以見道惑爲正發業，修惑正潤，感得三界六道異熟四蘊五蘊爲分段體，體唯有漏，苦集攝故，以惑、業、苦俱名生死，俱生滅故。變易生死由所知障爲緣，起無漏有分別業，資感現身所有故業，通三天下、六欲、四禪禪[九〇]不動業，除諸難處及五淨居，所令感身五蘊相續，轉勝轉妙，得佛地，爲變易體，體通有漏及以無漏，果唯有漏，因通二故。問：何故除難處。答：入見道已，黄門、二形女及難處得非擇滅，皆永不受故。問：何故除淨居。答：無回趣故。《入大乘論》云：如尊者拘摩羅陀所説偈言，諸趣悉變化，唯除淨居天，隨業種種轉，無處不受生。以是故知諸菩薩常同利益，隨其受生而化導之，以方便力，但爲衆生，不隨煩惱菩提[九一]業報所繫。准此文意，既云常同利益，隨其受生而化導之，既除淨居，明無利益。彼自得證小乘涅槃，不似菩薩，若能回趣，何不生彼而教化之。問：何故除無色。答：准《雜集論》，得聖菩薩不生無色，小乘聖者必定性故，又無五根可資勝妙爲變易故，又不更生下二界故。問：何故不許地上菩薩、小乘無學別受五蘊爲變易身，身資故業，減[九二]現身因，令有勝力，長時引果，得生佛位。答：二乘無學沈空[九三]故，死不更生；大力菩薩，《十地論》云後報利益，摩醯首羅智處生故，故若許現起新無漏業，招[九四]別別正感變易生死，何名後報。又《入大乘論》云，問云：如來以何行得斷結使而成佛耶。答曰：經中説言，佛告阿難：能修四如意足者，若住一劫，若住多劫，乃盡生死。一切諸經皆同是説。汝若云無煩惱者，我亦如是。若有親愛信歸於我，當爲汝説。問曰：云何住壽。答曰：阿羅漢無煩惱，與八住菩薩同，善修如意足故，能隨意住世，乃至盡於生死。羅睺羅、賓頭盧等[九五]盡住於世，爲以此身住世，爲更有餘身住。答[九六]以實身而住世者，則無其義；若變化身住壽多劫，斯有是處。亦如《僧祇》中説，青眼如來爲化菩薩故，在光音天，與諸聲聞衆無量百千億那由他劫住，如彼天中聲聞住壽多劫。當知此界亦有聲聞能如是住。准此論文，明説住壽不別受生，故知變易定資舊業[九七]。亦不可云此論釋四十年前教。何者。一切諸經皆同是説，亦引《法華》爲證義故。又《佛性論》云：因緣生死者，如須陀洹已上但用舊業。既言如彼用其舊業，明非新造，新無漏業正即能感[九八]，但資故業。又《涅槃》三十四云無漏無報，若許無漏親感變易，與此相違。又同《瑜伽論》《佛地》等説，既説住壽，明資故業所感第八，令長時住，乃至[九九]盡生死，故是有漏。然餘處説名無漏者，如《成唯識》云，依助緣説。今又更解：是得無漏人因所知障起無漏業，資故感身，名爲無漏，非變易生體是無漏。何者。生死正體，第八識是，若無漏，與佛何殊。又即是善，應不受熏。又既無漏，如何能持諸有漏識所知障種。以此故知體是有漏，三界所攝，故《正法華》以其五道喻五百由旬。若變易身非界繫者，非五道攝，即應化城過五百由旬，何故但過三百。言是無漏出三界者，是得無漏人及出三界人所受生死，名爲無漏及出三界。若名無漏即體無漏者，所知障亦[一〇〇]應體無漏。《勝鬘經》云：阿羅漢、辟支佛斷四種住地，無漏[一〇一]不盡，不得自在力，亦不作證。無漏不盡者，是即無明住地。此所知障雖名無漏，實非無漏，變易亦爾。又若云出三界即變易，體實是無漏。出三界者，説名無爲，應外[一〇二]生滅，故《勝鬘經》名爲無爲生死。第八既外無漏，現有生滅，體是有爲，明變易生死體是有漏，是界所攝。《仁王般若》云：於三界外無別衆生[一〇三]故。

得人不等者，一切凡夫、定性二乘及不定性未迴心者，不得變易生死，唯諸不定二乘聖者迴心已去，及頓悟菩薩初地已上，皆容得受。以有學人及七地以前有未受者，如《瑜伽論》《佛地經論》及《入大乘論》《入楞伽經》廣説，應知。問：何以得知定性二乘不受變易。答：《入楞伽》第四云，未證法無我，未得不思議變易故，無分明説定性聲聞得受變易。第二復云，大慧，何者聲聞内身證得聖相。謂無常、苦、空。乃至云[一〇四]，得禪定解脱三昧道果、三摩跋提，不退解脱故，離不思議熏習變易死故，内身證得生[一〇五]樂行法住聲聞地故。此說定性。既云離不思議熏習變易死，住涅槃[一〇六]，以此故知不得變易。問：云何得知不定種性未迴心前不受變易。答：即彼前文云離不思議熏習變易死，住涅槃地。又《瑜伽》《佛地》《顯揚》《入大乘論》等皆唯說不定迴心已去，方受變易故。問：不定二乘亦未證法無我，應不得變易生。答：以能信證，常隨入故，得變易生，不同定性。問：何以得知初地已上即得變易。答：《入楞伽》第五說三意生身，不唯八地已上故。然《入大乘論》云同[一〇七]八住已上菩薩及《勝鬘》等云阿羅漢、辟支佛、大力菩薩得者，據決定說，故并無違。發業受生不同，斷、捨、入位有異，此等義門，廣如餘辨。

### 明佛三身常無常異六

諸佛功德離分別，絕四句，不可說言三身差別常與無常，而寄詮顯。三身功德、能所智證、心色理智、性相不同、常無常別，廣如《攝論》智、斷殊勝中明，及《大莊嚴論》《瑜伽》《佛地》《解深密經》等說，煩不能引，今但略引餘少文證。如《楞伽經》第七云，大慧白佛言：世尊，如來、應、正遍知爲是常耶，爲無常耶。佛告聖者大慧：如來、應、正遍知非常，非無常。何以故。二邊有過故。此遮分別，離四句故，故下云：大慧，譬如虛空，非常，非無常。何以故。離常、無常故。以不墮一異、俱不俱、有無、非有非無、常無常、非常非無常，是故離於一切諸過，不得證[一〇八]說。乃至云：是故我遮一切凡夫不得分別常與無常，以得真實寂靜法者得盡分別，不生分別。第六《法身品》大意亦同。若寄詮顯，報佛可是無常，修因成故；自性法身，體是常住，不由修生，因修顯故。《楞伽》第七云：大慧，如來非常。何以故。虛空之性亦無修行諸功德故。此意反顯報、化有修行諸功德，故知[一〇九]無常。故第六云：大慧，若如來法身非作法者，則是無身，言有修行無量功德一切行者，則是虛妄。大慧，若不作者，應同兔角、石女兒，以無作因亦無身故。此説報身以功德法所集成故，亦名法身。又云：如來法身與五蘊不一，若言一者，應是無常，以五陰所作法身[一〇]故。此説自性，法[一一]身不爾。《涅槃經》説捨無常色，獲得常色，受、想、行、識亦復如是，即是五陰，豈言不一，非是作法。若報身佛非自性常，從如説常故。《楞伽》第七云：若言常者，同於兔、馬、駝、驢、龜、蛇、蠅、魚等角，是故不得言如來常。若從所證、所依常故，得言爲常。又云：復次，大慧，更有餘法，依彼法故，得言如來世尊是常。何以故。依内證智證常法，是故得言如來是常。大慧，諸佛如來内證智法，常恒清涼不變。大慧，諸佛、如來、應、正遍知若出於世，不出於世，法性常如是，法體常如是。准此，正名所證理常，能證智者依所證常，故名爲常，非自性常，亦同《涅槃經》説無[一二]明等常。又正同《攝論》《大莊嚴論》等。

《金光明經》第一[一三]云：如是三身，以有義故而説於常，以有義故説於無常。化身者，恒轉法輪，處處如如[一四]方便，相續不斷絶故，是故説常；非是本故，具足大用不顯現故，説爲無常。應身者，從無始來相續不斷，一切諸佛不共之法能攝持故，衆生未[一五]盡，用亦未斷[一六]盡，是故説常；非是本故，具足用不顯現故，説爲無常。法身者，非是行，法無有異[一七]，異無有故[一八]，是本[一九]故，猶如虚空，是故説常。《無上依經》云：阿難，何者無上菩提常住法。而此常住有二種法爲作因緣，一者，不生不滅；二者，無窮無盡。是名菩提常住法。准此二因，初是法身，後是應化。《佛性論》第四云：此三身者，恒能生起世間利益[二〇]事，故説常住。常住者，依十種因緣：一、因緣無邊，二、衆生界無邊，三、大悲無邊，四、如意足無邊，五、無分別智無邊，六、恒在禪定無散，乃至十、本性法然無生無滅[二一]。

無量劫來，捨身命財，爲攝正法，正法既無邊際，無窮無盡，以無窮之因，感無窮之果，即是三身，故得是常〔一二二〕。衆生不盡，弘願無盡，是故化身常在世間教導衆生，無有窮盡〔一二三〕。菩薩少分〔一二四〕有大悲〔一二五〕，尚能恒救衆生〔一二六〕，不入涅槃，何況如來衆德圓滿，常在大悲，救拔恒思〔一二七〕，豈有邊際。是故言常〔一二八〕。世間〔一二九〕得四神足者尚能住壽四十小劫，豈況如來〔一三〇〕而當不〔一三一〕住壽自在億百千劫〔一三二〕。是故名常。乃至〔一三三〕云：性無生滅，故是常者，法身非本無今有，本有今無，雖行三世，非三世法。何以故。此是本有，非始〔一三四〕今有，過三世法，是故名常。准此，所明性無生滅，故是常者，唯説法身，非本無今有，本有今無。應化既是本無今有，復不〔一三五〕説是性無生滅，故是常住，明有生滅相續名常。《寶性論》第四亦同此説十因緣常，彼頌云：世尊體常住，以修無量因，衆生界無盡，慈悲心如意。智成就相應，法中得自在，降伏諸魔怨，體〔一三六〕寂靜故常。下六〔一三七〕頌釋但〔一三八〕廣略異，繁故不舉。

准諸經論，皆言應化非自性常，不無生滅，因緣生法，故是無常。故《楞伽》第七云：凡作法者，皆是無常，如瓶、衣、車、屋及疊、席等，皆是作法，是故無常。准此，因修方成應化，即是作法，是本無今有，故是常〔一三九〕。自性法身是自性常，無生無滅，非因〔一四〇〕緣法，非本無今有故，常是本有故。又《涅槃》説凡因生者皆是無常，常住之法即非因生，廣如前引。問：若應化身是有生滅五蘊作法，何故《楞伽》第七云，若言一切皆無常者，一切智、一切智人、一切功德亦應無常，以同一切作法相故。准此經文，雖修因得，而是常住。經文復云：又復有過，若云一切皆無常者，諸佛如來應是作法，而佛如來非是作法。准此經文，應化常性非作法故，何得説言應化無常。答：准彼經文，以應化身因圓果滿，更無可修，名非作法。既無勝因，果即無異，前後相似，故名爲常，非不由因，令彼果起，故經自云以無更説有勝因故。准此文意，不遮因生，但更無勝因可修作，令勝因同餘類故。

**雜決擇七**

問：若一切衆生法爾五性有差別者，何故《善生優婆塞戒經》第一云，若說衆生有菩薩性，是名外道。又云，三種菩提無有定性，若有定性已發聲聞、緣覺心者，則不能發阿耨菩提心。乃至云，若有定性者，是名外道。何以故。諸外道等無因果故。答：彼《善生經》遮執因中有果性等，或如言執，云同外道，不遮有因。不爾，則違《楞伽經》說五乘性相。言三菩提〔一四一〕無有定性者，據不定性說，及遮執常，云無〔一四二〕因果故。不爾，《楞伽經》說云：大慧，我說五種乘性證法。何等爲五。一者，聲聞乘性證法。二者，辟支佛乘性證法。三者，如來乘性證法。四者，不定乘性證法。五者，無性乘性證法。《善戒經・調伏品》云有聲聞性得聲聞道等，《地持》論清淨十因中云彼聲聞種性以聲聞乘而般涅槃等，無著、彌勒亦說有五別，豈〔一四三〕同外道耶。又彼自許五性新成亦名菩薩性等，應同外道。經文不云若本有菩薩性等，同外道故。

問：若其五性法爾先有，何故《入楞伽》第四云，大慧，分別彼迷惑法顛倒、非顛倒者，能生二種性。何等二種。一者，能生凡夫性；二者，能生聖人性。大慧，彼聖人性者，能生三種差別之性，所謂聲聞、辟支佛、佛國土差別性故。答：此言生者，由現熏習，令得現起。《攝大乘論》云：聞等熏習無〔一四四〕，果生非道理。不約種子本來是無，今時始生。不爾，凡性亦說云生是本來無，今始起耶。

問：若云佛性有則本有，應如虛空常；無則恒無，應同兔角。若爾，則違《涅槃經》說。彼云：有故破〔一四五〕兔角，無故破虛空。如是說者，不謗三寶。答：《涅槃經》意，令觀事性因緣生滅故，非常如虛空，緣生約有故，非無如兔角，不遮有情有無性別。

問：雖事佛性有無不同，理性遍有。若爾，則許一切有情皆得成佛。何以故。《佛性論》等引云：故經云，若有清淨性，不成佛者，無有是處。答：據平等意樂，非皆成佛。又如《佛性論・功德品》云，於善根人身中有功能，無善根人身中無功能[一四六]。既於無善根人身中無功德[一四七]，云何能令無行性人身中有行性。又如《資糧論》據決定性云，諸益[一四八]得無學果，必不作佛，如無糠米，種必不生。豈一切[一四九]皆[一五〇]不作佛耶。故諸經論各據一義，皆不相違。

問：若事佛性，有即本有，非新熏生，何文顯説。答：《瑜伽》五十七云，生那落迦，三根現行定不成就。種子或成或不成，謂般涅槃法者成就，不般涅槃法者不成就。此文據趣生説，非約化生；據現有種子，非據當來。不爾，現行當亦現起，寧説不成。《大莊嚴論》第一《種性品》中亦言：種性有體，由四種差別：一、由界差別，二、由信差別，三、由行差別，四、由果差別。乃至云：若無性差別，則無信、行、果差別。由此四種差別故，是故[一五一]應知種性有體。又《瑜伽》二十一云：云何種性。謂住種性補特伽羅有種子法，由現有故，安住種性補特伽羅若遇勝緣，便有堪任，便有勢力，於其涅槃，能得能證。又云，問：今此種性以何爲體。答：附在所依，有如是相，六處所攝，從無始世展轉傳來，法爾所得。又云：如是種子，非於六處有別異相，即於如是種類、分位、六處殊勝，從無始世展轉傳來，法爾所得，有如是相及以言説，謂爲種性、種子、界、性。《菩薩地》文及《善戒經・善行品》等文皆相似，不得異釋，云性種性由修成性。論云：非種性人，無種性故，雖復發心，勤修精進，必不究竟阿耨菩提。是故當知，雖不發心，不修行方便，猶得名爲種性持。《無上依經》第一云：阿難，何[一五二]者是如來界，云何如來爲界不可思議。阿難，一切衆生有陰、界、入勝相種類，內外所現，無始時節相續流來，法爾所得，生[一五三]明妙善。既云有陰、入、界勝相種類，內外所現，無始流來，明非如理，亦非[一五四]新生。《瑜伽》又云[一五五]：次復[一五六]住種性者所有諸相，謂與一切無涅槃法補特伽羅諸相相違，當知即名安住種性補特伽羅所有諸相。六相相對，廣如彼辨。又云：或有唯住種性，而未趣入，亦未出離。謂如有一補特伽羅，成就出世聖法種子，而未獲得親近善士，聽聞正法，未於如來正覺正説法毘奈耶獲得正信，未受持淨戒，未攝受多聞，未增長慧捨，未調柔諸見，如是名爲唯住種性，而未趣入，亦未出離。又《瑜伽論》第三十八解[一五七]十因中，及《善戒》《地持》辨於十因，明性本有，文皆相似，繁不具引。

《佛性論》第四云：五、無初相應善性爲法者，釋云：無初者，以性得般若、大悲、禪定，法身并本有，故言無初。若是無漏從有漏[一五八]生，即般若、大悲、禪定等因是有始法，何得無初從有漏生，何名性得。《寶性論》第四云：佛性有二，一者，如地藏；二、如樹菓等。准彼文意，地藏譬真如，樹菓喻般若等。故次云：依初譬喻故，知有初法身，依第二譬喻，知有二佛身。二種佛性俱云無始世界，未明無漏本有，不[一五九]唯新生。又無漏種若唯[一六〇]新生[一六一]，即有漏聞熏[一六二]與出世正見爲親因緣，云何梁《攝大乘論》云佛世尊説，從他聞[一六三]音及自正思惟，由此二因，正見得生，釋曰清淨品以正見爲上首，此正見以何法爲增上緣。謂從他聞音及自正思惟。此二因[一六四]即是正見增上緣。乃至云，由此二因，正見得生，此二因於正見是增上緣，今所言因是通名，即説緣爲因。又論云世間心與正思惟相應，出世淨心與正見相應，無時得共生共滅，釋曰正思惟、正修慧從四念處生[一六五]世第一法是其位，此心未證見四諦故名世間心，已證見四諦故名出世。離自性法，是修得法，故名淨心。正見即八聖道中之第一分，此正見與三十七品不相離，乃至云由三十七品生故得出世，從無始以來，世、出世心不有俱生俱滅義，以性相違故；論曰是故此世間心非開[一六六]淨心所[一六七]熏，既無熏習，不應得成出世種子，釋曰思慧若爲出世心所熏，可得成出世種子，既無被熏義，故出世種子義不成。准此論文，無漏種子若新熏生，由無漏俱方始得生。見道已前既無無漏，有漏如何熏成無漏。若許有漏熏無漏種，不應難他非無漏俱不得熏種，自許非無漏俱熏無漏種故。

問：若見道前有漏聞熏不能生無漏，如何論云雖[一六八]復世間法，成出世心，釋云如意識雖是世間法，能通達四諦真如，對治四諦障故，成出世心。聞熏習亦爾，雖是世間法，以因果皆是出世法故，亦成出世心。答：以本無漏微隱難知，寄有漏熏習勝增上緣，顯本無漏種子，即此種子在熏習位，亦名聞熏習。故次論云何以故，釋云：何以故，此法但是出世，非世間法。有四種對治故。准此，既云但是出世，非世間法，明非有漏。又論云：此種子出世淨心未起時，一切上心惑對治。准此故知，見道已前有漏熏習位，已有無漏心之種子。又云：種子即是聞熏習，菩薩未知欲知根，名出世淨心。此心未在[一六九]之前是聞熏習屬聞、思慧位，在聞、思位中。准此故知，說有漏熏習成出世心者，據增上緣說。又廣如彼解，略更不引。

問：既諸有情齊有真如及第八識，如何不許爲佛正因。答：如自不生，亦不親爲正因生法，如前已明。若許第八爲佛正因，即是無漏。又復對治有漏第八方能成佛，許第八識爲佛正因，即應能治第八自識。若爾，即違梁《攝論》云云何一切種子果報識成不淨品因，若能作染濁對治出世淨心[一七〇]因，釋云若立本識是染濁[一七一]對治出世因，則不得以本識爲不淨品因，不淨品即集諦及苦諦。是業、煩惱種子，故[一七二]是集諦，乃至云既立爲染濁對治及出世心因故，不應復說爲不淨品因。准此，有漏第八非佛正因。又復[一七三]第八，一切同有，無三乘別，即《善戒》《地持》《菩薩地》等明定異因，三乘性別及調伏中，三乘性別皆不淨[一七四]成故，依附此識本無漏種是佛正因。

問：若不許真如爲佛正因，如何《佛性論》

説真如理爲佛正因，信、般若等爲佛緣因，《瑜伽》復云從真如所緣緣種子生。答：此二論文如前已會，今更重[一七五]釋。云真如所緣緣種子生者，似[一七六]説所緣緣爲種子，真如實非所[一七七]爲法種。如説信、般若等爲四德種子，法身四德非彼所生，是常住法由彼顯故，似[一七八]名爲種。故梁《攝論》云：聞熏習但是四德道種子，四德道能成顯四德，四德本來是有，不從種子生，從因作名，故稱種子。准此故知，四智心品緣彼如生，似説真如名爲種子。若許真如實是種子，能生有爲，即違《瑜伽》種子七義第一無常法爲因等，亦違《佛性論》三性[一七九]中一、有體能生有體文。

問：若有定性二乘不作佛者，違《涅槃經》三十六説須陀洹人、斯陀含人、阿那含人、阿羅漢人、辟支佛人悉當[一八〇]成佛。聞是説已，不生[一八一]信心，乃至云是名常没；《法華經》云聲聞若菩薩，聞我所説法，乃至於一偈，皆成佛無疑等。答：此説不定性聲聞四果、辟支佛悉當成佛，聞而不信，名爲常没等，非説一切定、不定性皆當成佛。不爾，云何《涅槃》自云皆得作佛，不解我意。又《菩提[一八二]資糧論》等，豈不見《涅槃經》而云不作佛。

問：有闡提定不成佛者，云何《涅槃經》三十六云，若人心口異相[一八三]異説，言一闡提不得菩提，是人亦謗佛、法、僧。答：准此文意，若説一闡提定不得菩提，名謗佛、法、僧，非遮少入[一八四]。若爾，復違《寶性論》説，云：向説闡提常不入涅槃，無涅槃性者[一八五]，爲欲迴轉誹謗大乘心，不求大乘心故，依無量時，故如是説，以彼實有清淨性故。

《佛性論》云[一八六]，言有性者，是顯了説，言無性者，是不了説，乃至重[一八七]故佛觀一切衆生有自性清淨故，後時決定得清淨法身。准此故知，無闡提人無佛性者，亦無有情不成佛者。答：此據理性平等意樂，及《涅槃經》常没之中第二，雖非闡提，亦名常没；《無上依》等三種無涅槃〔一八八〕法中第二人說。《楞伽》第五無性乘人亦同此會，不會闡提名爲常没，七人各一，及《無上依經》第一無涅槃法。

問：若爾，何故《寶性》《佛性》俱引經説一闡提人墮邪定聚，有二種身：一、本性法身，二、隨意身。佛日慧光照此二身，法身法〔一八九〕者，即真如理；隨意身者，即從如理起佛光明，爲憐愍闡提。闡提二身者，一、爲令法身得生，二、爲令加行得長修菩薩行，故觀得成。答：此據有性闡提人說。不爾，自違前《事能品》云不定聚衆生起此二事爲用，不言定聚爲用。又云：是人由淨分爲緣，淨性爲因，故成此觀，非無因緣。若不由於此二事成觀，無因緣如闡提〔一九〇〕無涅槃性，應得此觀，與〔一九一〕一闡提既無此觀，故知定須因緣，觀方可現〔一九二〕。無性既不許有觀，明知無性不得作佛。又亦同《涅槃》第九云大涅槃光入於一切衆生毛孔，而能作菩提因者，此義不然。何以故。世尊，犯四重禁、作五逆人及一闡提，光明入身作菩提因者，如是等輩，與淨持〔一九三〕戒、修習諸善法有差〔一九四〕別，乃至佛言，善男子，除一闡提，其餘衆生聞是經已，悉皆能作菩提因緣；法聲光明入毛孔者，必定當得阿耨菩提。准此故知，《佛性論》等，引經所說佛日慧光照闡提身，令生長者〔一九五〕，是有性人；《涅槃經》說除一闡提者，是無性人。不爾，何以除、不除別。又云若得聞是《大涅槃經》，雖犯四禁及五無間，猶故能作〔一九六〕菩提因緣。一闡提輩則不如是，雖得聽受是妙經典，而不能生菩提道因。又多譬喻，如枯木石山，水所不住，譬如燋種，雖遇甘雨終不生。又云假使一切無量衆生一時成就阿耨菩提已，此諸如來亦復不見彼一闡提得成菩提。此乃《涅槃》顯了之說，如何不信有不成佛。故知經說有一闡提名爲無性，而復說言當得成佛，據有種子，密意說無〔一九七〕。諸乘差別，增減不同，廣如餘辨。略釋大綱，餘難思准〔一九八〕。

能顯中邊慧日論第四

寶曆十二年十二月，於平安城寓舍以讚岐國多度郡善通寺經藏本寫之了。回向四恩法界海，回向無上大菩提。

東大寺西室傳法相宗沙門基辨。

安永二年癸巳十月，於興福寺慈門院以春日社本談義屋本校合，補脱文、正寫誤竟，每字傍注本字者是也。

法相末學大同坊基辨，生五十六歲。

本談義屋所藏御本云：承元二年戊辰十二月十二日申刻，於西小田原東谷寶塔院南面部屋書寫之。願以書寫力，上生都率天，聞法爲悟解，決定證不退。

同年十二月十八日移點了。

執筆　永祐　覺範

享保八年五月中旬，以御本寫之一校了。

秀信

## 校勘記

〔一〕「密性」，底本原校云甲本作「性密」。

〔二〕「佛」，底本原校云甲本無。

〔三〕「過」，底本原校云一本作「執」。

〔四〕「三」，底本原校云甲本作「二」。

〔五〕「十」，底本原校云甲本前有「三」字。

〔六〕「二」，底本原校云甲本作「三」。

〔七〕「芽」，底本原校云甲本無。

〔八〕「則」，底本原校云甲本無。

〔九〕「光」，底本原校云甲本作「鮮」。

〔一〇〕「無」，底本原校云一本前有「無」字。

〔一一〕「説」，底本原校云一本後有「亦」字。

〔一二〕「是」，據《大乘莊嚴經論》（《大正藏》本），疑衍。

〔一三〕「如」，底本原校云甲本作「四」。

〔一四〕「困」，據《大般涅槃經》（曇無讖譯，《大正藏》本，下同），疑爲「因」。

〔一五〕「亦」，底本原校云經作「不」。

〔一六〕「六」，底本原校云甲本作「大」。

〔一七〕「藏」，底本原校云甲本無。

〔一八〕「空」，底本原校云甲本無。

〔一九〕「法」，底本原校云一本作「性」。

〔二〇〕「熏習」，底本原校云甲本作「習盡」。

〔二一〕「滅」，底本原校云甲本作「藏」。

〔二二〕「來界」，底本原校云甲本作「界來」。

〔二三〕「得出三種佛性」，底本原校云一本無。

〔二四〕「依」，底本原校云甲本無。

〔二五〕「實」，據《究竟一乘寶性論》（《大正藏》本），疑前脱「如」字。

〔二六〕「爲」，底本原校云甲本作「名」。

〔二七〕「德」，底本原校云一本後有「住如來」三字。

〔二八〕「謂」，底本原校云甲本作「種」。

〔二九〕「芽」，底本原校云甲本作「可」。

〔三〇〕「果」，底本原校云甲本無。

〔三一〕「初云」，底本原校云一本無。

〔三二〕「信樂」至「行故」十四字，據《佛性論》及文意，疑衍。

〔三三〕「佛」，底本原校云一本後有「性論」二字。

〔三四〕「者同」，底本原校云甲本作「因者」。

〔三五〕「不成」，底本原校云甲本無。

〔三六〕「通」，底本原校云甲本後有「慧」字。

〔三七〕「立闡提人」，底本原校云經作「令闡提人立」。

〔三八〕「善根」，據《大般涅槃經》，疑爲「菩提」。

〔三九〕「若」，底本原校云甲本作「云」。

〔四〇〕「二」，底本原校云甲本作「三」。

〔四一〕「三」，底本原校云甲本作「二」。

〔四二〕「作佛」，底本原校疑衍。

〔四三〕「續」，底本原校疑爲「斷」。

〔四四〕「因」，底本原校云甲本作「同」。

〔四五〕「定位」，底本原校云甲本作「住」。

〔四六〕「人」，底本原校疑後脱「有性」二字。

〔四七〕「得」，底本原校云甲本後有「成」字。

〔四八〕「畏煩惱」，底本原校云甲本作「異具二」。

〔四九〕「煩惱」，底本原校云甲本無。

〔五〇〕「沈」，底本原校云甲本無。

〔五一〕「云」，底本原校云甲本作「六」。

〔五二〕「或本有六字」，底本爲正文，據文意改爲註文。

〔五三〕「六」，底本原校云一本作「二」。

〔五四〕「何」，底本原校云一本後有「以」字。

〔五五〕「上」，底本原校云一本後有「所言」二字。

〔五六〕「世」，據《大般涅槃經》及文意，疑爲「施」。

〔五七〕「觀」，底本原校云甲本作「視」。

〔五八〕「加」，疑爲「如」。

〔五九〕「已復」，底本原校云甲本作「後」。

〔六〇〕「者」，底本原校云甲本無。

〔六一〕「求」，底本原校疑爲「著」。

〔六二〕「聲聞有」，據《菩薩瓔珞經》（《大正藏》本）及文意，疑爲「有聲聞」。

〔六三〕「行願」，底本原校云一本作「慧造」。

〔六四〕「及」，底本原校云甲本作「乃」。

〔六五〕「作」，底本原校云甲本作「化」。

〔六六〕「是」，底本原校疑爲「退」。

〔六七〕「諸」，底本原校云甲本後有「比丘」二字。

〔六八〕「問」，底本原校云甲本無。

〔六九〕「非」，底本原校云甲本後有「所」字。

〔七〇〕「三」，底本原校云甲本作「二」。

〔七一〕「佛」，底本原校云甲本作「行」。

〔七二〕「他」，底本原校云甲本作「陀」。

〔七三〕「定」，底本原校云一本作「論」。

〔七四〕「良」，底本原校云甲本作「梁」。

〔七五〕「涅槃」，底本原校云甲本作「聲聞」，下一「涅槃」二字同。

〔七六〕「聲聞」，底本原校云甲本作「涅槃」。

〔七七〕「悕」，據《入大乘論》，疑爲「怖」。

〔七八〕「二」，底本原校云甲本作「三」，又一本作「六」。

〔七九〕「壽命」，底本原校云甲本作「命壽」。

〔八〇〕「何以故」，底本原校云甲本作「所以者何」。

〔八一〕「二」，底本原校云一本作「三」。

〔八二〕「又」，底本原校云甲本作「世尊人」。

〔八三〕「各」，底本原校云一本作「名」。

〔八四〕「種」，據《瑜伽師地論》，疑爲「性」。

〔八五〕「懷」，據《勝鬘師子吼一乘大方便方廣經》（《大正藏》本），疑爲「壞」。

〔八六〕「四」，底本原校云甲本後有「種」字。

〔八七〕「彼」，底本原校云甲本作「被」。

〔八八〕「任」，底本原校疑爲「潤」。

〔八九〕「性」，底本原校云甲本作「生」。

〔九〇〕「禪」，底本原校云甲本作「色」，又一本作「四禪福」。

〔九一〕「提」，底本原校云一本作「薩」。

〔九二〕「滅」，底本原校云甲本作「滅」，又一本作「感」。

〔九三〕「沈空」，底本原校云一本作「無煩惱」。

〔九四〕「招」，底本原校云甲本無。

〔九五〕「等」，底本原校云甲本無。

〔九六〕「答」，據《入大乘論》，疑爲「若」。

〔九七〕「業」，底本原校云一本作「菩提」。

〔九八〕「感」，底本原校云甲本作「滅」。

〔九九〕「至」，底本原校云甲本無。

〔一〇〇〕「亦」，底本原校云甲本作「品」。

〔一〇一〕「漏」，底本原校疑爲「明」。

〔一〇二〕「外」，底本原校云一本作「非」，下一「外」字同。

〔一〇三〕「生」，底本原校云甲本後有「界藏」二字。

〔一〇四〕「云」，底本原校云一本作「至」。

〔一〇五〕「生」，底本原校云一本作「聖」。

〔一〇六〕「涅槃」，底本原校云一本作「聲聞」，下一「涅槃」二字同。

〔一〇七〕「同」，底本原校云一本作「與」。

〔一〇八〕「得證」，底本原校云甲本作「可得」。

〔一〇九〕「知」，底本原校云甲本無。

〔一一〇〕「身」，疑衍。

〔一一一〕「法」，底本原校云甲本作「報」。

〔二二〕「無」，底本原校云甲本作「覺」。

〔二三〕「一」，底本原校云甲本作「二」。

〔二四〕「如如」，底本原校云甲本作「隨緣」。

〔二五〕「未」，底本原校云甲本作「無」。

〔二六〕「未斷」，底本原校云甲本作「無」。

〔二七〕「異」，底本原校云一本作「差」。

〔二八〕「異無有故」，底本原校云甲本作「相」。

〔二九〕「本」，底本原校云甲本作「根本」，又一本作「自本」。

〔三〇〕「益」，底本原校云甲本後有「等」字。

〔三一〕「滅」，底本原校云甲本後有「一因緣無邊故常者」八字。

〔三二〕「常」，底本原校云論後有「二衆生無邊故常者初發心時結四弘誓起十無盡大願若衆生不可盡我願無盡」等文。

〔三三〕「盡」，底本原校云論後有「三大悲無邊故常者若諸」十字。

〔三四〕「少分」，底本原校云甲本作「分少」。

〔二五〕「悲」，底本原校云一本後有「心」字。

〔二六〕「生」，底本原校云論後有「心無齊限久住生死」八字。

〔二七〕「思」，底本原校云甲本作「恩」。

〔二八〕「常」，底本原校云論後有「四四如意足無邊故常者」十字。

〔二九〕「間」，底本原校云甲本後有「有」字。

〔三〇〕「來」，底本原校云論後有「爲大神足師」五字。

〔三一〕「不」，底本原校云論後有「有能」二字。

〔三二〕「劫」，底本原校云論後有「廣化衆生」四字。

〔三三〕「至」，底本原校云甲本後有「十」字。

〔三四〕「始」，底本原校云一本作「如」。

〔三五〕「復不」，底本原校云甲本作「不復」。

〔三六〕「體」，底本原校云甲本作「然」。

〔三七〕「六」，底本原校云甲本作「十」。

〔三八〕「但」，底本原校云甲本作「俱」。

〔三九〕「常」，底本原校云一本前有「無」字。

〔一四〇〕「因」，底本原校云甲本無。

〔一四一〕「菩提」，底本原校云甲本作「種菩提」，又一本作「乘」。

〔一四二〕「無」，底本原校云甲本作「覺」。

〔一四三〕「豈」，底本原校云甲本無。

〔一四四〕「熏習無」，底本原校云甲本作「無熏習」。

〔一四五〕「破」，底本原校云甲本無。

〔一四六〕「能」，底本原校云一本後有「見」字。

〔一四七〕「德」，底本原校云甲本作「能」。

〔一四八〕「益」，底本原校云一本作「聲聞」。

〔一四九〕「豈一切」，底本原校云甲本作「一切豈」。

〔一五〇〕「皆」，底本原校云一本前有「聲聞」二字。

〔一五一〕「故」，底本原校云甲本無。

〔一五二〕「何」，底本原校云甲本作「佛」。

〔一五三〕「生」，底本原校云甲本作「至」。

〔一五四〕「亦非」，底本原校云甲本作「前」。

〔一五五〕「云」，底本原校云甲本無。

〔一五六〕「次復」，據《瑜伽師地論》，疑爲「云何」。

〔一五七〕「解」，底本原校云甲本作「列」。

〔一五八〕「有漏」，底本原校云甲本無。

〔一五九〕「不」，底本原校疑爲「云」。

〔一六〇〕「唯」，底本原校云甲本作「准」。

〔一六一〕「生」，底本原校云甲本作「云二」。

〔一六二〕「熏」，底本原校云甲本後有「一一」字。

〔一六三〕「他聞」，底本原校云甲本作「聞他」。

〔一六四〕「因」，底本原校云甲本無。

〔一六五〕「生」，底本原校云甲本作「至」。

〔一六六〕「開」，底本原校云甲本作「闕」。

〔一六七〕「所」，底本原校云甲本無。

〔一六八〕「雖」，底本原校云甲本作「離」。

〔一六九〕「在」，據《攝大乘論釋》，疑爲「起」。

〔一七〇〕「心」，底本原校云甲本作「信」。

〔一七一〕「獨」，據《攝大乘論釋》，疑爲「濁」。

〔一七二〕「故」，底本原校云甲本無。

〔一七三〕「復」，底本原校云甲本作「後」。

〔一七四〕「淨」，底本原校云甲本作「得」。

〔一七五〕「重」，底本原校云甲本後有「一」字。

〔一七六〕「似」，底本原校云一本作「假」，又疑爲「以」。

〔一七七〕「所」，底本原校云一本作「有」。

〔一七八〕「似」，底本原校云一本作「假」，下一「似」字同。

〔一七九〕「性」，底本原校云甲本前有「乘」字。

〔一八〇〕「當」，底本原校云甲本作「皆」。

〔一八一〕「不生」，底本原校云甲本作「生不」。

〔一八二〕「菩提」，底本原校云甲本無。

〔一八三〕「相」，底本原校云甲本作「想」。

〔一八四〕「入」，底本原校云一本作「分」。

〔一八五〕「者」，底本原校云論後有「此義云何爲欲示現謗大乘因故此明何義」十七字。

〔一八六〕「云」，底本原校云甲本無。

〔一八七〕「重」，據《佛性論》，疑衍。

〔一八八〕「涅槃」，底本原校云甲本作「聲聞」，下一「涅槃」二字同。

〔一八九〕「法」，底本原校云甲本無。

〔一九〇〕「提」，底本原校云一本後有「八」字。

〔一九一〕「與」，底本原校云一本作「而」。

〔一九二〕「現」，底本原校云甲本作「觀」。

〔一九三〕「淨持」，底本原校云甲本作「持淨」。

〔一九四〕「差」，底本原校云一本前有「何」字。

〔一九五〕「者」，底本原校云甲本無。

〔一九六〕「作」，底本原校云一本作「生」。

〔一九七〕「無」，底本原校疑爲「有」。

〔一九八〕「准」，底本原校云甲本作「惟」。

（申婷、張莘豐整理）